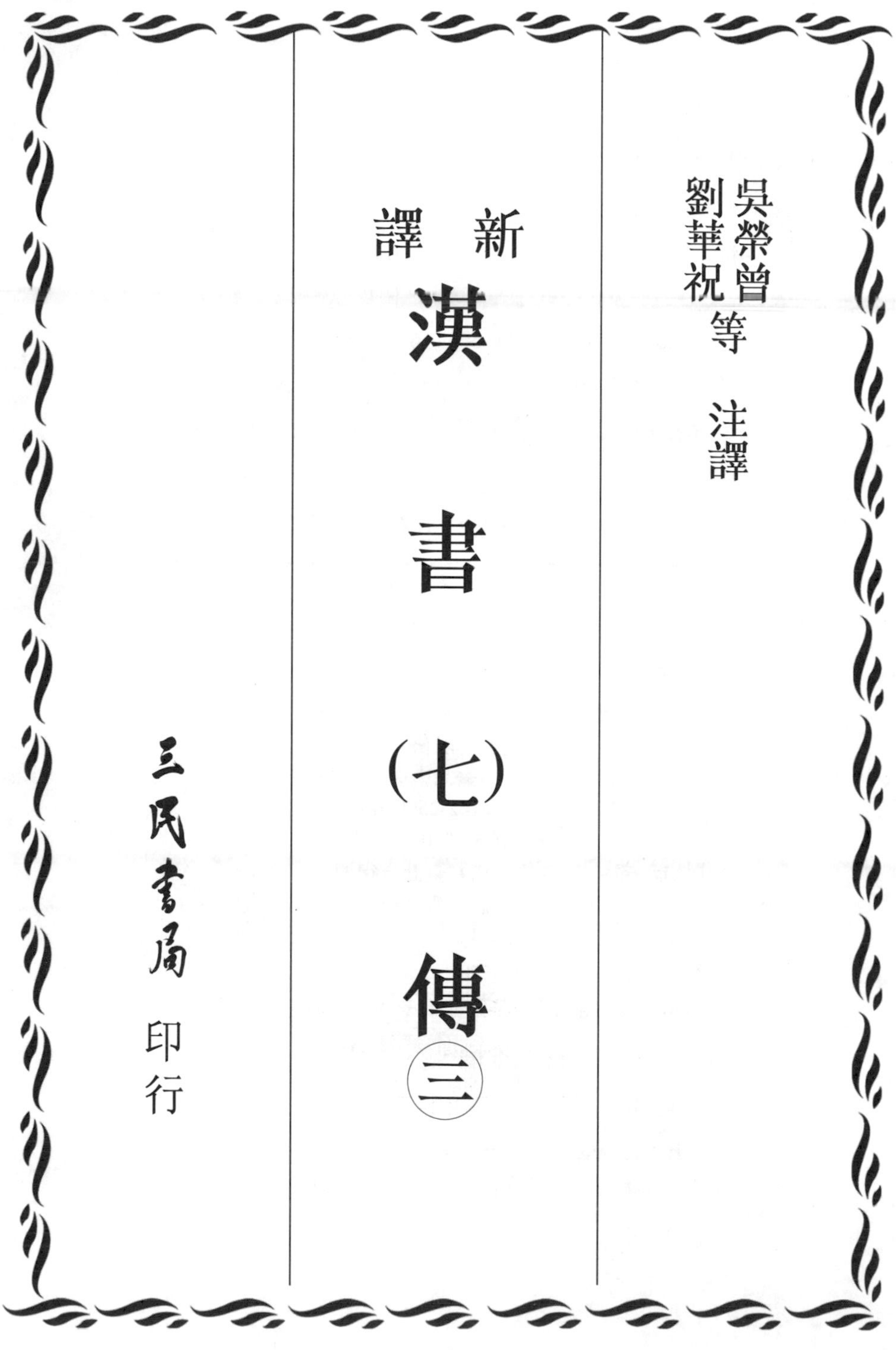

吳榮曾 劉華祝 等 注譯

新譯漢書（七）傳（三）

三民書局 印行

國家圖書館出版品預行編目資料

新譯漢書(七)傳㈢／吳榮曾,劉華祝等注譯.－－初版一刷.－－臺北市: 三民, 2013
面；　公分.－－(古籍今注新譯叢書)

ISBN 978-957-14-5654-6　(平裝)

1.漢書 2.注釋

622.101　　101003246

© 新譯漢書(七)傳㈢

注譯者	吳榮曾　劉華祝等
責任編輯	三民古籍編輯小組
美術設計	陳宛琳
發行人	劉振強
著作財產權人	三民書局股份有限公司
發行所	三民書局股份有限公司
	地址　臺北市復興北路386號
	電話　(02)25006600
	郵撥帳號　0009998-5
門市部	(復北店) 臺北市復興北路386號
	(重南店) 臺北市重慶南路一段61號
出版日期	初版一刷　2013年6月
編號	S 033550

行政院新聞局登記證局版臺業字第〇二〇〇號

ISBN　978-957-14-5654-6　(平裝)

http://www.sanmin.com.tw　三民網路書店

新譯漢書 目次

第七冊

卷五十八

公孫弘卜式兒寬傳第二十八

【題解】本卷是武帝時期的名臣公孫弘、卜式、兒寬三人的合傳。公孫弘，少為獄吏，四十多歲始學《春秋》雜說，後因對策文章為武帝所賞識而平步青雲，官至丞相。卜式，曾在山中牧羊，後為郎，官至御史大夫，為人質樸忠直。兒寬，精通儒學，始為廷尉張湯所識拔，後薦於武帝，得重用。《史記》、《漢書》都有〈公孫弘傳〉，不同的是，《漢書》增載了公孫弘的對策文章和奏疏，是研究西漢政治思想史的珍貴資料。〈卜式傳〉和〈兒寬傳〉記述了兩人的出身、仕宦經歷和政績，重點記載了兒寬在封禪大典中的活動，其中所載書辭具有很高的史料價值。

1 公孫弘，菑川[1]薛[2]人也。少時為獄吏[3]，有罪，免[4]。家貧，牧豕海上[5]。年四十餘，乃[6]學春秋[7]雜說[8]。

2 武帝[9]初即位，招[10]賢良文學[11]士，是時弘年六十，以賢良徵為博士[12]。使匈奴[13]，還報[14]，不合意[15]，上[16]怒，以為不能[17]，弘乃移病免歸[18]。

3 元光五年⑲，復⑳徵賢良文學，菑川國復推上㉑弘。弘謝㉒曰：「前已嘗西㉓，用不能罷㉔，願更選㉕。」國人固推㉖弘，弘至太常㉗。上策詔㉘諸儒：

4 「制㉙曰：蓋聞上古至治㉚，畫衣冠，異章服㉛，而民不犯㉜；陰陽和㉝，五穀登㉞，六畜蕃㉟，甘露㊱降，風雨時㊲，嘉禾興㊳，朱屮㊴生，山不童㊵，澤㊶不涸㊷；麟鳳在郊藪㊸，龜龍游於沼㊹，河洛出圖書㊺；父不喪子，兄不哭弟㊻；北發渠搜㊼，南撫交阯㊽，舟車所至，人迹所及，跂行㊾喙息㊿，咸得其宜(51)。朕(52)甚嘉(53)之，今何道而臻乎此(54)？子大夫(55)修先聖(56)之術，明君臣之義，講論(57)洽聞(58)，有聲(59)乎當世，敢問子大夫：天人之道，何所本始(60)？吉凶之效(61)，安所期焉(62)？禹湯(63)水旱，厥咎何由(64)？仁義禮知四者之宜(65)，當安設施(66)？屬統垂業(67)，物鬼(68)變化，天命(69)之符(70)，廢興(71)何如(72)？天文地理人事之紀(73)，子大夫習(74)焉。其悉意正議(75)，詳具(76)其對，著之于篇(77)，朕將親覽(78)焉，靡有(79)所隱。」

5 弘對曰：

6 「臣(80)聞上古堯舜(81)之時，不貴爵賞而民勸善(82)，不重刑罰而民不犯，躬率以正而遇民信也(83)；末世貴爵厚賞而民不勸，深刑重罰而姦(84)不止，其上不正，遇民不信也。夫厚賞重刑未足以勸善而禁非，必信而已矣(85)。是故(86)因能任官(87)，則分職治[88]；去無用之言，則事情得[89]；不作無用之器，即賦斂省[90]；不奪民時[91]，不妨民力，則百姓富；有德者進，無德者退，則朝廷尊；有功者上，無功者下，則群臣逡[92]；罰當[93]罪，則姦邪止；賞當賢，則臣下勸：凡此八者，治民之本也。故民者[94]，業之[95]即不爭，理得[96]則不怨，有禮則不暴[97]，愛之則親上，此有天下[98]之急者[99]也。故法不遠[100]義，則民服而不離；和不遠禮，則民親而不暴。故法之所罰，義之所去[101]也；和之所賞，禮之所取也。禮義者，民之所服也，而賞罰順之，則民不犯禁矣。故畫衣冠，異章服，而民不犯者，此道素[102]行也。

7 「臣聞之，氣同則從，聲比則應[103]。今[104]人主[105]和德於上，百姓和合於下。故[106]心和則氣和，氣和則形和，形和則聲和，聲和則天地之和應矣。故陰陽和，風雨時，甘露降，五穀登，六畜蕃，嘉禾興，朱草生，山不童，澤不涸，此和之至[107]也。故形和則無疾，無疾則不夭[108]，故父不喪子，兄不哭弟。德配天地[109]，明並日月[110]，則麟鳳至，龜龍在郊，河出圖，洛出書，遠方之君莫不說義，奉幣而來朝[111]，此和之極也。

8 「臣聞之，仁者愛也，義者宜也，禮者所履[112]也，智者術之原[113]也。致[114]利除害，兼愛[115]無私，謂之仁；明是非，立可否[116]，謂之義；進退有度，尊卑有分[117]，謂之禮；擅殺生之柄[118]，通壅塞之塗[119]，權[120]輕重之數，論得失之道，使遠近情偽[121]必見[122]於上，謂之術：凡此四者，治之本，道之用[123]也，皆當設施，不可廢也。得其要[124]，則天下安樂，法設而不用；不得其術，則主蔽[125]於上，官亂於下。此事之情，屬統垂業之本也。

9 「臣聞堯遭鴻[126]水，使禹治之，未聞禹之有水[127]也。若[128]湯之旱，則桀之餘烈[129]也。桀紂[130]行惡，受天之罰；禹湯積德，以王[131]天下。因此[132]觀之，天德無私親[133]，順之和起，逆之害生。此天文地理人事之紀。

10 「臣弘愚戇[134]，不足以奉大對[135]。」

11 時對者[136]百餘人，太常奏[137]弘第[138]居下[139]。策奏[140]，天子[141]擢[142]弘對為第一。召見，容貌甚麗，拜[143]為博士，待詔金馬門[144]。

12 弘復上疏[145]曰：「陛下有先聖[146]之位而無先聖之民，有先聖之名而無先聖之吏，是以[147]勢[148]同而治異。先世之吏正，故其民篤[149]；今世之吏邪[150]，故其民薄[151]。政弊[152]而不行，令倦而不聽[153]。夫使邪吏行弊政，用倦令治薄民，民不可得而化[154]，此治之所以異也。臣聞周公旦[155]治天下，朞年[156]而變，三年而化，五年而定。唯[157]陛下之所志[158]。」書奏，天子以冊書[159]答曰：「問：弘稱[160]周公之治，弘之材能自視孰與周公賢[161]？」弘對曰：「愚臣淺薄，安敢[162]比材於周公！雖然[163]，愚心曉然見治道之可以然也[164]。夫虎豹馬牛，禽獸之不可制[165]者也，及其教馴服習之[166]，至可牽持[167]駕服[168]，唯人之從[169]。臣聞揉曲木者不累日[170]，銷[171]金石者不累月，夫人之於[172]利害好惡[173]，豈[174]比禽獸木石之類哉[175]？朞年而變，臣弘尚[176]竊[177]遲之。」上異其言[178]。

13 時方[179]通西南夷[180]，巴蜀苦之[181]，詔使弘視[182]焉。還奏事，盛毀[183]西南夷無所用，上不聽。

14 每朝會議[184]，開陳其端[185]，使人主自擇[186]，不肯面折庭爭[187]。於是上察[188]其行慎厚[189]，辯論[190]有餘，習文法吏事[191]，緣飾以儒術[192]，上說之，一歲中至左內史[193]。

15 弘奏事，有所不可[194]，不肯庭辯[195]。常與主爵都尉[196]汲黯[197]請間[198]，黯先發之[199]，弘推其後[200]，上常說，所言皆聽，以此日益親貴。嘗與公卿[201]約議[202]，至上前，皆背[203]其約以順上指[204]。汲黯庭詰[205]弘曰：「齊人[206]多詐而無情[207]，始為與臣等建[208]此議，今皆背之，不忠。」上問弘，弘謝[209]曰：「夫知臣者以臣為忠，不知臣者以臣為不忠。」上然弘言[210]。左右幸臣每毀弘[211]，上益厚遇之[212]。

16 弘為人談笑多聞[213]，常稱以為人主病不廣大[214]，人臣病不儉節[215]。養後母孝謹，後母卒，服喪三年[216]。

17 為內史數年，遷御史大夫[217]。時又東置蒼海[218]，北築朔方之郡[219]。弘數諫[220]，以為罷弊中國以奉無用之地[221]，願罷之。於是上迺使朱買臣[222]等難[223]弘置朔方之便[224]。發十策，弘不得一[225]。弘迺謝曰：「山東[226]鄙人[227]，不知其便若是[228]，願罷西南夷、蒼海，專奉朔方。」上迺許之。

18 汲黯曰：「弘位在三公[229]，奉祿[230]甚多，然為布被，此詐[231]也。」上問弘，弘謝曰：「有之。夫九卿[232]與臣善[233]者無過黯，然今日庭詰弘，誠中弘之病[234]。夫以三公為布被，誠飾詐[235]欲以釣名[236]。且臣聞管仲相齊[237]，有三歸[238]，侈擬於君[239]，桓公以霸[240]，亦上僭[241]於君；晏嬰[242]相景公[243]，食不重肉[244]，妾[245]不衣絲[246]，齊國亦治，亦下比[247]於民。今臣弘位為御史大夫，為布被，自九卿以下至於小吏[248]無差[249]，誠如黯言。且無黯，陛下安聞此言？」上以為有讓[250]，愈益賢之[251]。

19 元朔[252]中，代薛澤[253]為丞相。先是[254]，漢常以列侯[255]為丞相，唯[256]弘無爵，上於是下詔曰：「朕嘉先聖之道，開廣[257]門路[258]，宣招四方之士。蓋古者任賢而序位[259]，量[260]能以授官，勞大者厥祿厚，德盛者獲爵尊，故武功以顯重[261]，而文德以行褒[262]。其以高成[263]之平津鄉戶六百五十封丞相弘為平津侯。」其後以為故事[264]，至丞相封[265]，自弘始也。

20 時上方興功業，婁[266]舉賢良。弘自見[267]為舉首[268]，起徒步[269]，數年至宰相[270]封侯，於是起客館[271]，開東閣[272]以延[273]賢人，與參[274]謀議。弘身[275]食一肉[276]，脫粟飯[277]，故人賓客仰衣食[278]，奉祿皆以給[279]之，家無所餘。然其性意忌[280]，外寬內深[281]。諸常[282]與弘有隙[283]，無近遠[284]，雖陽與善[285]，後竟報其過[286]。殺主父偃[287]，徙董仲舒[288]膠西[289]，皆弘力也[290]。

21 後淮南、衡山謀反[291]，治黨與方急[292]，弘病甚[293]，自以為無功而封侯，居宰相位，宜佐[294]明主填[295]撫國家，使人由[296]臣子之道。而諸侯有畔逆[297]之計[298]，此大臣奉職不稱[299]也。恐病死無以塞責[300]，乃上書曰：「臣聞天下之通道五[301]，所以行之者三[302]。君臣、父子、夫婦、長幼、朋友之交，五者天下之通道也；仁、知、勇三者，所以行之也。故曰：『好問近乎[303]知，力行近乎仁，知恥近乎勇。知此三者，知所以[304]自治；知所以自治，然後知所以治人。』未有不能自治而能治人者也。陛下躬[305]孝弟[306]，監三王[307]，建周道[308]，兼文武[309]，招倈四方之士，任賢序位，量能授官，將以厲[310]百姓勸賢材也。今臣愚駑[311]，無汗馬之勞[312]，陛下過意[313]擢臣弘卒伍[314]之中，封為列侯，致[315]位三公。臣弘行能[316]不足以稱，加有負薪之疾[317]，恐先狗馬填溝壑[318]，終無以報德塞責。願歸侯[319]，乞骸骨[320]，避賢者路[321]。」上報[322]曰：「古者賞有功，褒有德，守成上文[323]，遭禍右武[324]，未有易此者也。朕夙夜[325]庶幾[326]，獲承至尊[327]，懼不能寧，惟[328]所與共為治者，君宜知之。蓋君子善善及後世[329]，若茲行[330]，常在朕躬[331]。君不幸罹[332]霜露之疾[333]，何恙不已[334]，乃[335]上書歸侯，乞骸骨，是章[336]朕之不德也！今事少[337]間，君其存[338]精神，止念慮，輔助醫藥以自持。」因賜告[339]牛酒雜帛[340]。居數月，有瘳[341]，視事[342]。

22 凡為丞相御史[343]六歲，年八十，終丞相位[344]。其後李蔡[345]、嚴青翟[346]、趙周[347]、石慶[348]、公孫賀[349]、劉屈氂[350]繼踵[351]為丞相。自蔡至慶，丞相府客館邱虛[352]而已；至賀、屈氂時壞[353]以為馬廄車庫奴婢室矣。唯慶以惇謹[354]，復終相位，其餘盡伏誅[355]云[356]。

23 弘子度嗣[357]侯，為山陽[358]太守[359]十餘歲，詔徵鉅野令史成詣公車[360]，度留不遣[361]，坐論為城旦[362]。

24 元始[363]中，脩功臣後[364]，下詔曰：「漢興以來，股肱[365]在位，身行儉約，輕財重義，未有若公孫弘者也。位在宰相封侯，而為布被脫粟之飯，奉祿以給故人賓客，無有所餘，可謂減於制度[366]，而率下篤俗[367]者也，與內厚富而外為詭服[368]以釣虛譽者殊[369]科[370]。夫表德章[371]義，所以率世厲俗，聖王之制也。其賜弘後子孫之次[372]見為適者[373]，爵關內侯[374]，食邑[375]三百戶。」

【章旨】以上為〈公孫弘傳〉，記述了公孫弘起自布衣、數年而至丞相的仕宦經歷，並記載了他的對策文章和奏疏。

【注釋】❶菑川　諸侯國名。建都劇縣（今山東壽光南）。❷薛　縣名。在今山東滕州南。❸獄吏　管理監獄的官吏。❹免　免職。被動用法。❺牧豕海上　在海邊放豬。豕，豬。海上，海邊。菑川國臨海（今渤海）。❻乃　才。❼春秋　書名。是一部魯國編年史，依年、時、月、日時間順序記載魯國自隱公元年至哀公十四年（西元前七二二－前四八一年）時期的史實。相傳《春秋》曾經孔子修訂，成為儒家經典之一。❽雜說　指各家解釋《春秋》之說。❾武帝　指漢武帝劉徹。他統治時期內改制度，外攘四夷，國力達到鼎盛。參見本書卷六〈武帝紀〉。❿招　徵召。⓫賢良文學　意為有德行、通經學。這是漢代選拔人才的科目。西漢後期，儒生多藉此取得出身。⓬博士　官名。為九卿之一太常的屬官，掌通古今，備顧問。⓭使匈奴　出使匈奴。使，出使。匈奴，北方部族名，也稱「胡」。戰國時活動於長城以北地區，秦漢之際，匈奴勢力強大，戰勝了周圍很多部族，統一了大漠南北廣大地區。漢初，匈奴不斷侵擾漢朝的北部邊境。武帝時曾幾次征伐匈奴，匈奴勢力漸衰。⓮還報　回來彙報。還，返回。報，彙報。⓯不合意　顏師古注曰：「奏事不合天子之意。」⓰上　特指皇帝。這裡指武帝。⓱不能　無能。⓲乃移病免歸　就呈遞書信稱自己有病，罷官回家。乃，於是；就。移病，顏師古注曰：「移病，謂移書言病也。一曰，以病移居。」這裡指呈遞書信稱自己有病。免歸，指罷官回家。⓳元光五年　西元前一三〇年。元光，漢武帝的第二個年號。⓴復　又；再。㉑推上　推舉；推薦。㉒謝　推辭。㉓嘗西　指曾經去長安應召。嘗，曾經。西，西去。因都城長安（今陝西西安西北）在菑川國的西面，因此公孫弘把去長安應召稱為「西」。㉔用不能罷　因無能被罷免。用，介詞，表示原因。㉕願更選　希望另選別人。願，希望；請。更，另外。㉖固推　堅決推選。固，堅決。㉗太常　又稱「泰常」，九卿之一。秦代設「奉常」，掌管宗廟禮儀，漢初沿設，景帝時改稱「泰常」。㉘策詔　下詔策問。策，即「策問」。皇帝拿政事或經義設問，問題寫在簡冊上，讓人按問對答，叫做策問。應對者按策上問題陳述意見，稱為「對策」（以皇帝言為策問，以應對者言為對策）。㉙制　制詔。皇帝的命令稱「制」，這裡指皇帝設問之言。㉚蓋聞句　蓋，語氣助詞。用於句首，引出下文議論。至治，太平盛世。至，到達頂點。治，指國家治理得好。㉛畫衣冠二句　本書卷六〈武帝紀〉顏師古注引應劭曰：「（堯舜）二帝但畫衣冠，異章服，而民不敢犯。」又引《白虎通義》云：「畫象者，其衣服象五刑也。犯墨者蒙巾，犯劓者以赭著其衣，犯髕者以墨蒙其髕，象而畫之，犯宮者扉，犯大辟者布衣無領。」即對應處以墨（在額頰部刺刻，然後塗上墨）、劓（割鼻）、髕（削去膝蓋骨）、宮（男割勢，女幽閉）、大辟（殺頭）之刑者，分別施以麻布巾蒙蓋頭面、赭色（土紅色）塗衣、墨塗膝蓋、使穿草鞋、使穿無領布衣等象徵性懲罰。異，不同。動詞。使動用法。章服，以日、月、星辰等圖文作為等級標誌的禮服。這裡泛指衣服及其圖文。㉜犯　觸犯刑律。㉝陰陽和　陰陽和諧。陰陽，古人用陰陽二氣來解釋萬物的生成變化消長，凡天地、日月、四季、晝夜、男女以至氣血等都分別屬於陰陽二氣。陰陽和則萬物順，如果陰陽不和，不論是自然界還是人類社會，就會有異常現象發生。㉞五穀登　五穀豐登。五穀，五種穀物。具體所指，眾說不一。主要有以下幾種：㈠麻、黍、稷、麥、豆。㈡稻、黍、稷、麥、豆。㈢稻、稷、麥、豆、麻。一般言「五穀」，大多泛指各種穀物。登，莊稼成熟。㉟六畜蕃　牲畜興旺。六畜，六種牲畜，指馬、牛、羊、雞、狗、豬。一般言「六畜」，大都用來泛指各種牲畜。蕃，繁殖；滋生。㊱甘露　甘美的雨露。天降甘露，被視為祥瑞的徵兆。㊲時　按時；適時。指不違常時。㊳嘉禾興　嘉禾出現。嘉禾，生長得特別茁壯的禾稻。古時認為嘉禾出現是祥瑞的徵兆。興，出現；興盛。㊴朱屮　紅色的草。屮，古「草」字。㊵童指山嶺光禿不長草木。㊶澤　聚水的窪地。㊷涸　乾涸；水乾。㊸麟鳳句　麟，麒麟。古代傳說中的一種仁獸。形狀像鹿，頭上有角，全身鱗甲，尾像牛尾，為祥瑞之物。鳳，鳳凰。古代傳說中的神鳥，雄性叫鳳，雌性叫凰，亦是祥瑞之物。郊，指城邑外的周邊地區。藪，湖澤。㊹沼　水池。㊺河洛出圖書　儒家關於《周易》、〈洪範〉來源的傳說。傳說上古時龍馬背負圖出黃河，神龜背負書出洛水。伏羲據此圖畫成八卦，即後來《周易》的來源。大禹據此演為〈洪範〉。㊻父不喪子二句指子、弟不先於父、兄而亡。㊼北發渠搜　北面徵發渠搜。發，徵發。渠搜，古代西戎部落名。㊽南撫交阯　南面安撫交阯。交阯，亦作「交趾」，古代地區名。泛指今五嶺以南地區。㊾跂行　這裡指有足能行者。跂，蟲爬行的樣子。㊿喙息　泛指用口呼吸的動物。喙，鳥獸的嘴。息，呼吸。(51)咸得其宜　都各得其所。咸，全；都。(52)朕　第一人稱代詞。秦始皇之後為皇帝自稱。(53)嘉　讚美；讚賞。(54)今何道句　道，途徑；方法。臻，達到。乎，介詞。相當於「於」。(55)子大夫　大夫的美稱。漢代對於沒有大夫官位的男子，也可用「子大夫」或「大夫」作為尊美之稱。(56)先聖　前代聖人。(57)講論　研究。(58)洽聞　博聞；見識廣博。洽，廣博。(59)聲　名聲；聲望。(60)天人之道二句　順天理民之道以何為本。本始，根本；根基。(61)效　效驗。62安所期焉 怎樣能預知它。安，疑問指稱詞。怎樣；如何。期，期望；預知。焉，疑問代詞。相當於「之」。63禹湯 指大禹和商湯。禹，亦稱「大禹」、「夏禹」。遠古部落聯盟領袖，曾奉舜命治水有功，後繼舜位。其子啟建立夏王朝。湯，商王朝的建立者。原為商族領袖，後滅掉夏朝，建立商朝。64厥咎何由 其禍患的原因是什麼。厥，其；它的。咎，災禍。由，來由；原因。65仁義禮知四者之宜 指合乎仁義禮智四者的正確做法。知，通「智」。66設施 施行。動詞。67屬統垂業 指帝業承續。屬，連接；繼續。統，一脈相承的統治系統，指帝位世襲。垂，流傳。業，功業。指帝王大業。68物鬼 鬼怪。69天命 指上天的意志。70符 即符命，祥瑞的徵兆。古人把它說成是君主受命於天的憑證，藉以神化最高統治者。71廢興 興亡；出現和停息。72何如 即「如何」。怎樣。73紀 要領；法則。74習 熟悉；通曉。75其悉意正議 其，表示語氣的副詞。這裡表示的是希望、勸勉、命令等祈使語氣。悉，盡；全部。動詞。意，想法；意見。76具 陳述。77著之于篇 寫在簡冊上。著，寫；撰述。篇，簡冊。78覽 看。79靡有 沒有。靡，無。80臣 自稱的謙詞。81堯舜 相傳為遠古的兩位部落聯盟首領。堯，名放勳，陶唐氏，史稱「唐堯」。舜，名重華，有虞氏，史稱「虞舜」。當時實行禪讓制，堯傳位於舜。堯舜都是儒家稱道的聖明君主，所以常常「堯舜」連稱。82不貴句 不崇尚尊爵厚賞而人民自勉向善。貴，尊貴；崇尚。動詞。勸，鼓勵；勉勵。83躬率句 指位居人上者行為正派，親自作表率，信誠待民。躬，自身；親自。率，率領。這裡指做表率。遇，對待。信，信誠；講信用。84姦 指作奸犯科。85必信而已矣 一定要待民信誠，如此而已。必，必然；一定。矣，語氣詞。表示感歎。86是故 因為這個原因；所以。87因能任官 根據才能任用官吏。因能，根據才能。任，任用。此語出自《韓非子》。88則分職治 就能各自履行好職責。分職，職分；各自的職責。治，治理得好。89則事情得 就能掌握真實情況。情，指真實的情況。得，獲得；掌握。90即賦斂省 則賦斂減少。即，則；就。賦斂，徵收賦稅。省，減少。91不奪民時 不侵占農時。奪，占奪。民時，即農時。指農民耕種、收穫等時令。92逡 退讓。93當 適當；相當。94者 代詞。用於主語後，引出下文判斷。95業之 使各得其業。96理得 指得以各申其理。97暴 暴慢；粗暴無禮。98有天下 「有天下者」的省稱。指帝王。99急者 指急務、要務。100遠 遠離；違背。101去 除去。102素 向來；一向。103氣同則從二句 指氣味相同則互相融合，聲音相合則互相應和。此語出自《易・乾》：「同聲相應，同氣相求。」比，合。104今 假如；如果。連詞。105人主 指君主。106故 因此。107至 極點；頂點。108夭 夭折；短命。109德配天地 德行與天地匹配。配，匹配。110明並日月 英明與日月並列。並，並列。111奉幣而來朝 奉，恭敬地捧著。這裡指進獻。幣，用作禮物的絲織品。這裡泛指用作禮物的金玉布帛等。朝，朝見。112履 履行；實行。113原 本原；根本。114致 顏師古注曰：「致謂引而致也。」

即招來。(115)兼愛　指無差別等級地愛人。這是墨家學說的重要內容。(116)立可否　指明確表示贊成或反對的態度。(117)分　名分。(118)擅殺生之柄　專擅生殺的權柄。擅，專；獨攬。殺生，殺死或免死。指讓人死或活。柄，權柄。(119)通壅塞之塗　舊本無「壅」字。依錢大昭說及景祐、殿本加。通，打通；疏通。壅塞，堵塞。塗，道路。這裡指言路。(120)權　權衡；衡量。動詞。(121)情偽　真假。(122)見　通「現」。顯現。(123)用　功用。(124)要　要領。(125)蔽　蒙蔽。被動用法。(126)鴻　通「洪」。(127)禹之有水　禹在位時發生洪水。之，用於主、謂語間，起取消句子獨立性的作用。(128)若　至於；言及。(129)桀之餘烈　夏桀留下的禍患。桀，名履癸，夏朝的亡國之君，中國古代的著名暴君。餘烈，指先人留下的功績或禍患。這裡取後者。(130)桀紂　指夏桀和商紂王。此二人是中國古代有名的暴君和亡國之君，故常並稱。紂，名帝辛，商朝的亡國之君。統治殘酷，荒淫暴虐。後被周武王推翻，兵敗自焚。(131)王　稱王；統治。動詞。(132)因此　據此。(133)私親　私愛。(134)愚戇　愚蠢戇直。自謙之辭。(135)不足以句　不足以，配不上。自謙之辭。奉，奉答。敬詞。大對，大問之對。大，敬詞。(136)對者　指參加對策的人。(137)奏　向皇帝進言或上書。(138)第　等第；名次。(139)居下　居於下等。(140)策奏　指對策文章呈進御前。(141)天子　指帝王。古時認為皇帝受命於天，故稱皇帝為天子。(142)擢　選拔；提拔。(143)拜　授予官職。(144)待詔金馬門　指在未央宮內之金馬門等待皇帝的詔令。待詔，等待詔令。詔，皇帝的命令。金馬門，漢宮門名。其來由說法不一。顏師古注引如淳曰：「武帝時相馬者東門京作銅馬法獻之，立馬于魯班門外，更名魯班門為金馬門。」《三輔黃圖》稱：「金馬門，宦者署，在未央宮。武帝得大宛馬，以銅鑄像，立于署門，因以為名。」(145)上疏　書面向皇帝陳述政見。疏，即條陳，指臣下向皇帝陳奏的文書。(146)先聖　前代聖明帝王。(147)是以　因此。(148)勢　權勢；權力。(149)篤　顏師古注曰：「篤，厚也。」即厚道。(150)邪　奸邪。(151)薄　不淳厚；狡詐刻薄。(152)弊　破敗。(153)令倦而不聽　法令鬆弛就無人聽從。令倦，指法令鬆弛，貫徹不力。聽，聽信服從。(154)化　改變；變好。(155)周公旦　姬姓，名旦。周武王之弟，因采邑在周（今陝西岐山東北），故又稱周公。武王死後，因成王年幼，故由他攝政。曾出師東征、平定管蔡叛亂、大封諸侯。又制作禮樂，建立典章制度。為後世所敬慕。(156)朞年　一週年。(157)唯　句首語氣詞。表示希望。(158)志　記住；認識。(159)冊書　指一般詔書。(160)稱　稱頌。(161)弘之材能句　你自認為你的才能與周公相比誰更賢能。材能，才能。材，通「才」。自視，自認為。孰與，古文中常見的比較用語。孰，誰。(162)安敢　怎麼敢。安，怎麼。(163)雖然　縱然如此。轉折詞。(164)愚心句　愚，愚鈍；愚魯。自謙之辭。曉然，明白的樣子；清清楚楚地。曉，知道；明瞭。可以然，可以做到那樣。然，指示代詞。這樣；那樣。(165)制　控制；節制。(166)及其句　及，等到。教馴，馴化訓練。服習之，使牠習慣、適應。服習，習慣；適應。動詞。使動用法。(167)持　控制；制約。(168)駕服　拉車。(169)唯人之從　顏師古注曰：「從人意。」(170)臣聞

句　我聽說把木頭弄彎曲不需要很多天。揉，使木彎曲以造車輪等物。累日，連日；連續很多天。171銷　熔化（金屬等）。172於　對於。173好惡　喜歡和厭惡。好，喜愛。惡，厭惡。174豈　難道。175哉　語氣詞。表示反問。176尚　尚且。177竊　私下；私自。自謙之辭。178異其言　認為他的言論與眾不同。異，特異；與眾不同。動詞。意動用法。179方　正當。180西南夷　古代西南地區少數民族的總稱。漢代對分布在今雲南、貴州、四川南部和西部以及甘肅南部各部族的總稱。元光五年，唐蒙、司馬相如先後通西南夷，不少部族歸服漢朝，漢設犍為郡及十餘縣於其地。詳見卷九十五〈西南夷傳〉。181巴蜀苦之　即「巴蜀以之為苦」。苦，痛苦。這裡用作動詞。意動用法。武帝徵發巴蜀百姓數萬人修築通往西南夷的道路，使百姓遭受痛苦。巴，郡名。治江洲（今重慶嘉陵江北岸）。蜀，郡名。治成都（今四川成都）。182視　視察。183盛毀　極力詆毀。184每朝會議　每當朝見議事。朝，朝見。會議，聚會議事。185開陳其端　指發表意見時只開個頭作提示，不把主見直說出來。陳，陳述。端，開頭；開端。186擇　挑選。187面折庭爭　當面反駁，當庭爭辯。折，駁斥對方使之折服。庭爭，當庭爭辯。庭，通「廷」。朝廷；朝堂。188察　覺察；看出。189慎厚　謹慎厚重。190辯論　指言談。191習文法吏事　通曉文書法令和行政公務。文法，文書法令。吏事，指政府行政公務。192緣飾以儒術　引經據典地用儒術加以文飾。緣飾，文飾。指為某些言論、措施等找出處、找根據。儒術，儒家的學術思想和政治主張。193左內史　官名。秦代設內史掌理京師。漢代沿設，至景帝時分為左、右，武帝後期改稱左內史為左馮翊、右內史為京兆尹。194所不可　指皇帝不同意之事。195庭辯　在朝堂上辯駁。196主爵都尉　官名。秦代設主爵中尉，漢代沿設，景帝時改稱主爵都尉，掌管列侯封爵之事。武帝後期改稱右扶風，為京畿地區行政長官之一，原職掌變更屬大鴻臚。197汲黯　景帝、武帝時期的大臣。好黃老之術，為人忠直，常直言勸諫。卷五十有傳。198請間　顏師古注曰：「求空隙之暇。」即在皇帝閒暇時求見。199發之　將意見提出。200推其後　在後面跟著推究。指公孫弘將汲黯提出的意見、建議等加以解說，講明道理。201公卿　三公諸卿。泛指朝廷高級官員。202約議　事前約定某項建議。203背　違背；背棄。204上指　皇帝的旨意。上，特指皇帝。指，通「旨」。意圖。205庭詰　當庭責問。詰，責問。206齊人　齊地之人，指公孫弘。因公孫弘的家鄉菑川國屬齊國故地。207無情　不老實。208建　提出。209謝　謝罪。210上然弘言　即「上以弘言為然」。然，對；正確。這裡用作動詞，意動用法。211左右句　左右寵臣經常詆毀公孫弘。左右，指在旁侍候的人或近臣。幸臣，寵愛親信之臣。每，常常。毀，詆毀；誹謗。212上益厚遇之　皇上更加厚待禮遇他。益，更加。213談笑多聞　善於談笑而且見識廣博。214常稱句　常說君王怕的是胸懷不廣闊博大。稱，聲稱；說。病，毛病；缺點。廣大，指胸懷廣闊博大。215儉節　指生活節約簡樸且行為不放縱。216服喪三年　服喪，即守孝。按規定，父母死，喪服為三年。公孫弘為繼母服喪三年，說明他對繼母孝謹。(217)御史大夫　官名。是僅次於丞相的中央最高官員，為「三公」之一。掌監察、執法，兼掌重要圖籍文書。(218)東置蒼海　在東方設置蒼海郡。蒼海，郡名。在今朝鮮半島。(219)北築朔方之郡　在北方修築朔方郡城。朔方，郡名。治朔方（今內蒙古杭錦旗北）。設置此郡時曾徵發十餘萬人修築朔方城。(220)數諫　屢次勸諫。數，屢次。(221)以為句　罷弊，疲憊衰敗。動詞。使動用法。罷，通「疲」。中國，指漢朝政府或中原地區。奉，供養。(222)朱買臣　武帝時期的大臣，曾任會稽太守、主爵都尉等職。後被殺。卷六十四有傳。(223)難　質問；反駁。(224)便　便利；好處。(225)發十策二句　顏師古注曰：「言其利害十條，弘無以應之。」即提了十個問題，公孫弘一個也沒回答出來。(226)山東　地區名。秦漢時通稱崤山（今河南境內）或華山（今陝西境內）以東地區為山東。有時也泛指戰國時秦國以外的六國領土。(227)鄙人　愚昧淺陋之人。自謙之辭。(228)若是　像這樣。(229)三公　西漢時期以丞相（後改為大司徒）、太尉（後改為大司馬）、御史大夫（後改為大司空）合稱三公，是共同掌理全國軍政的最高長官。(230)奉祿　官吏得到的薪給。奉，通「俸」。(231)詐　欺詐；欺騙。(232)九卿　秦漢時以奉常（後改為太常）、郎中令（後改為光祿勳）、衛尉、太僕、廷尉、典客（後改為大鴻臚）、宗正、治粟內史（後改為大司農）、少府為九卿，是中央各行政機關的總稱。西漢時主爵都尉的品級大致與九卿相同。故公孫弘將汲黯說成是「九卿」中人。(233)善　要好。(234)誠中弘之病　確實切中我的要害。誠，的確；確實。中，切中；符合。(235)飾詐　裝樣子騙人。(236)釣名　沽名釣譽。(237)管仲相齊　管仲在齊國為相。管仲，姓管，名夷吾。仲是他的字。春秋時著名政治家。初事公子糾。桓公繼位，公子糾被殺，經鮑叔牙極力推薦，桓公任管仲為相，管仲輔佐桓公稱霸諸侯。相，輔佐君主掌管國事的最高官員。這裡用作動詞。齊，古國名。西元前十一世紀西周初年分封的諸侯國，開國君主是呂尚。(238)三歸　顏師古注曰：「三歸，娶三姓女也。婦人謂嫁曰歸。」(239)侈擬於君　奢侈比擬於國君。侈，奢侈。擬，比擬；類似。(240)桓公以霸　齊桓公靠他得以稱霸。桓公，齊國國君。在管仲輔佐下力行改革、富國強兵、討伐戎狄、安定周室，多次大會諸侯，成為春秋首霸。(241)僭　僭越。指低級冒用高級的器物、禮儀等。(242)晏嬰　春秋時期齊國著名政治家。歷仕靈公、莊公、景公三世，以力行節儉名聞於世。(243)景公　指齊景公。齊國國君。(244)重肉　兩種肉食。(245)妾　在正妻之外娶的女子。(246)衣絲　穿絲製的衣服。衣，穿（衣服）。動詞。絲，絲織品。(247)比　比照；接近。(248)小吏　指地位低微的官吏。(249)無差　沒有差別。差，區別。(250)有讓　有謙讓之德。(251)賢之　即「以之為賢」。賢，動詞。意動用法。(252)元朔　漢武帝的第三個年號。(253)薛澤　漢高祖功臣薛歐之孫。武帝元光四年（西元前一三一年）任丞相。(254)先是　此前。(255)列侯　爵位名。也稱「徹侯」，為秦漢二十等爵制中的最高一級。(256)唯　獨。(257)開廣　廣開。(258)門路　指選拔人才的途徑和範圍。(259)蓋古者句　蓋，語氣助詞。用於句首，引出下文議論。古者，古時候。者，代詞，用在「今」、

「古」、「昔」等時間詞後表示在某某時候。序位，指區分等第並安排適當的官位、爵位。序，次序。這裡用作動詞。260量衡量。261故武功以顯重　因此武功因功勞卓著而受到尊重。顯，顯著；卓著。重，受到尊重。262以行褒　因德行高尚受到褒揚。行，品行；德行。褒，褒揚。263高成　縣名。在今河北鹽山東南。264故事　成例；慣例。265至丞相封　官至丞相而被封侯。266妻　通「屢」。267見　入見皇帝。268舉首　指名列所舉賢良之首。269起徒步　起自平民百姓。起，起身。指從某種身分、地位被起用。徒步，步行。古時平民出行因無車而步行，故以徒步代指平民。270宰相　泛指輔佐君主、統率百官、總攬政務的高官。271起客館　建造客館。起，建造。客館，招待賓客的處所。272東閣　在庭東開小門以迎賓客，表示不與屬員一樣待遇。後引申此義，以「東閣」為款待賢人之所。273延　招納；邀請。274與參　參與。275身　自身；自己。276一肉　一樣肉菜。277脫粟飯　僅脫大穀皮的糙米飯。278故人賓客句　平生故交和賓客依靠他穿衣吃飯。故人，故交；老朋友。賓客，指門客。仰，仰賴；依靠。279給　供給。280意忌　顏師古注曰：「意忌，多所忌害也。」281外寬內深　表面寬宏大量，內心深不可測。282常　通「嘗」。曾經。283隙　嫌隙。284無近遠　無論親疏遠近。近遠，指關係密切的或疏遠的。285雖陽與善　雖然表面上與之友好。陽，表面上；假裝。286後竟報其過　後來終於藉別人的過失予以報復。竟，終於。報，報復。過，過失。287主父偃　複姓主父，名偃。武帝元光元年上書言事，一年四次升遷，自郎中升至中大夫，提出削弱諸侯國勢力的「推恩法」。後任齊王國相，揭發齊王淫亂行為，齊王自殺，主父偃也因此獲罪被族滅。卷六十四有傳。288董仲舒　西漢時期著名哲學家、經學大師，著有《春秋繁露》等書。武帝採納其「廢黜百家，獨尊儒術」之議，開此後兩千餘年以儒學為正統的先河。卷五十六有傳。289膠西　諸侯國名。建都高密（今山東高密西南）。290皆弘力也　指主父偃的被殺和董仲舒的被徙，都是公孫弘起的作用。主父偃力主設朔方郡，公孫弘反對，武帝採納主父偃的建議。後主父偃獲罪，武帝本不想殺他，公孫弘則主殺，主父偃終遭族滅。董仲舒學問高於公孫弘，且為人正直，為公孫弘所忌恨。膠西王劉端驕橫，多次殘殺國相，因此公孫弘勸武帝派董仲舒為膠西國相，意在借刀殺人。291淮南衡山謀反　指淮南王劉安和衡山王劉賜謀反之事。武帝元狩元年（西元前一二二年），劉安與劉賜謀反，事洩被殺，牽連被殺者數萬人。292治黨與方急　指正急於追究懲處兩王的朋黨。治，懲處。黨與，朋黨。293病甚　病得很厲害。294宜佐　理應輔助。宜，理應。佐，輔助。295填　通「鎮」。鎮撫。296由　遵循。297畔逆　造反；叛亂。畔，通「叛」。298計　陰謀。299奉職不稱　不稱職。稱，相稱；符合。300塞責　搪塞責任。301天下通道五　自此句至「然後知所以治人」出自《禮記．中庸》，語言稍有出入。通道，常道。指古往今來人們共同遵循的正常人際關係。302所以行之者三　指用以實踐常道的美德有三種。303乎　於。介詞。304所以　怎樣。305躬　躬行；身體力行。306弟　通「悌」。

敬愛兄長。古人提倡的一種道德規範。307監三王　借鑑三王。監，借鑑。三王，指夏商周三代的開國君主，即夏禹、商湯、周文王與周武王。308周道　周代的治國原則和方法。周，朝代名。西元前十一世紀周武王建立。周初建立宗法制度及各種典章制度，對後世影響深遠，並為後人所稱頌。309文武　指周文王姬昌和周武王姬發。文王為周朝的建立奠定了基礎，武王滅商建立了周朝。史稱文王敬老愛幼、禮賢下士，武王繼承父業並發揚光大，故父子二人皆被奉為帝王楷模。310厲　通「勵」。勉勵。311駑　劣馬。這裡指才能低下。312汗馬之勞　原指戰功，後泛指功勞。313過意　特意；格外降恩。314卒伍　古代軍隊編制，一百人為一卒，五人為一伍。後以卒伍泛指軍隊或士兵。此處借指平民。315致　給予。316行能　德才。行，品行。能，才能。317負薪之疾　自稱有病的委婉說法。意思是背柴勞累，體力尚未恢復。318先狗馬填溝壑　自稱朝不保夕，很快就會先於狗馬而死去。這是把自己放在極卑賤地位的自謙之辭。填溝壑，屍體被拋入山溝，轉指死亡。319歸侯　指交回列侯印信，免去侯爵。320乞骸骨　古時官員因年老自請退休的委婉之辭。乞，討求。骸骨，屍骨。321避賢者路　給賢者讓路。避，讓開；躲開。路，指晉身之路。322報　答覆。323守成上文　守成，保持前人的功業。上，通「尚」。崇尚。324遭禍右武　遭逢亂世時重視武功。遭禍，指遭逢亂世。右武，尚武，即重視武功。古代以右為尊，故引申「右」意為崇尚、尊重。325夙夜　朝夕；早晚。326庶幾　差不多；勉強。自謙之辭。327至尊　最高貴的地位。指皇位。328惟　思考。329蓋君子句　君子好善，澤及後世。善善，讚許善；喜歡善。前「善」字為動詞，後「善」字為名詞。及後世，指澤及後世。及，傳到。330若茲行　像這樣行事。若，如；像。茲，此；這樣。行，做。331常在朕躬　武帝自言賞罰之權在我掌握。332罹　遭遇。333霜露之疾　風寒之疾。334何恙不已　為什麼擔心病不能痊癒。恙，憂慮；擔心。已，停止。指病癒。335乃　竟然；卻。336章　通「彰」。顯揚；彰明。337少　稍微。338存　保全；保養。339賜告　古代官吏休假稱「告」。假期已滿而賜予續假稱賜告。340雜帛　各種絲織品。341有瘳　指病癒。342視事　辦公。343御史　御史大夫的省稱。344終丞相位　死於丞相之位。終，死。345李蔡　名將李廣之堂弟。因從衛青擊匈奴有功，被封為侯。元狩二年（西元前一二一年）官至丞相。因盜賣墳地及侵占景帝陵園墓道外地被治罪，自殺。346嚴青翟　為漢初功臣之後。本姓莊，後世史家將其改姓為「嚴」以避漢明帝劉莊之諱。元狩五年（西元前一一八年）繼李蔡為丞相。後朱買臣等三長史致御史大夫張湯於死，他與聞其事。武帝殺三長史，他亦自殺。347趙周　元鼎二年（西元前一一五年）繼嚴青翟為丞相。因身為丞相知列侯酎金（諸侯給皇帝的助祭金）分量不足且不予揭發被治罪，下獄死。348石慶　萬石君石奮第四子。元鼎五年（西元前一一二年）繼趙周為丞相。石氏父子五人以恭謹著稱，都曾任俸祿二千石的大官，故時稱石奮為萬石君。卷四十六有傳。349公孫賀　祖先為匈奴人，因出擊匈奴有功而封侯。太初二年（西元前一

○三年）繼石慶為丞相。後因其子犯罪，牽連下獄死。卷六十六有傳。(350)劉屈氂　漢武帝庶兄中山靖王之子。征和二年（西元前九一年）繼公孫賀為丞相。後因巫蠱之罪被處死。卷六十六有傳。(351)繼踵　前後相繼。踵，腳後跟。(352)邱虛　即丘虛。廢墟；荒地。(353)壞　敗壞；破敗。(354)惇謹　惇厚謹慎。(355)伏誅　伏法；被殺。(356)云　句末語氣詞。(357)嗣　承襲；繼承。(358)山陽　郡名。治昌邑（今山東金鄉西北）。(359)太守　官名。為一郡的最高行政長官。戰國時設郡守，秦、漢沿設。景帝時普遍改稱郡守為太守。(360)詔徵句　下詔徵召鉅野令史成到公車司馬署。鉅野，縣名。在今山東巨野東北。令史成，令史名成。令史，縣令的屬官。詣，往；到。公車，官署名。西漢皇宮中有公車司馬門，設公車司馬令以掌之，凡臣民上書和徵召出入皆由其接待管理。(361)不遣　不予遣送。鉅野縣屬山陽郡，當時規定郡太守對郡內吏民被徵召者應及時遣送，否則即犯法。(362)坐論為城旦　因犯法被判城旦之刑。坐，指辦罪的因由。論，定罪；判罪。城旦，刑罰名。刑期四年，男築城，女舂米。(363)元始　漢平帝的年號。(364)脩功臣後　指收錄功臣後代，予以封賜。(365)股肱　比喻輔佐得力之人。股，大腿。肱，胳膊從肩到肘的部分。(366)滅於制度　比制度規定的標準低。(367)篤俗　使風俗淳厚。篤，淳厚。動詞。使動用法。(368)詭服　假裝做。詭，虛偽；欺詐。服，做；從事。(369)殊　不同。(370)科　品類。(371)章　通「彰」。彰明。(372)子孫之次　子孫之中。(373)見為適者　現為嫡系者。見，通「現」。適，通「嫡」。古代宗法制度以正妻為嫡，正妻所生之子為嫡子。(374)關內侯　爵位名。秦漢二十等爵的第十九等，僅次於最高級的列侯。一般無封邑。(375)食邑　本指諸侯分封給卿、大夫作為世祿的田邑（包括土地上的人民在內），盛行於周代。秦漢時實行郡縣制，封君在封邑上沒有治民權，只能徵斂封邑內民戶的租稅。

【語　譯】公孫弘，菑川國薛縣人。年輕時擔任管理監獄的官吏，後來有罪被免職。家中貧窮，他在海邊放豬謀生。四十多歲時，才開始學習《春秋》和諸家雜說。

2 武帝即位之初，徵召賢良文學之士，當時公孫弘六十歲，以賢良身分應徵，被任命為博士。出使匈奴，回來彙報情況，不合皇上心意，皇上生氣，認為他無能，他便呈遞書信稱自己有病，罷官回家了。

3 元光五年，又一次徵召賢良文學，菑川國又推舉公孫弘。公孫弘推辭說：「我曾西去京師應召，以無能被罷官，希望另選他人。」菑川國人堅決推薦他，他便來到太常。皇上下詔策問應徵的儒生們：

4 「制詔曰：聽說上古太平盛世，對違法者給予塗畫衣冠或使其禮服有別於常人的象徵性懲罰，而吏民卻不觸犯刑律；陰陽和諧，五穀豐登，六畜興旺，甘露常降，風雨適時，嘉禾茂盛，朱草生長，山不光禿，澤不乾涸；麒麟、鳳凰棲息在郊野的湖澤，靈龜、神龍游於池沼，龍馬背負圖出黃河，神龜背負書出洛水；兒子不先於父親而死，弟弟不先於哥哥而亡；北面徵發渠搜，南面安撫交阯，凡車船所到之地，人跡所至之處，一切生靈全都各得其所。朕非常讚賞，如今有何辦法才能達到這種太平盛世呢？您們研究先聖的學術，明白君臣的大義，造詣高深，見識廣博，名聞當代，朕冒昧地向您們請教：順天理民之道以何為根本？吉凶禍福的效驗，怎樣才能預知？夏禹商湯時發生水旱災害，其禍患的原因是什麼？合乎仁義禮智四者的正確做法，應當怎樣施行？帝業承續，鬼物變化，天命符瑞，其出現和停息的規律如何？天文地理人事間相互關係的法則，是大夫您們所通曉的。請您們暢所欲言，正議宏論，詳陳其對，寫在簡冊上，我將親自看，不要有所隱諱。」

5 公孫弘回答說：

6 「我聽說上古堯舜的時候，不崇尚尊爵厚賞而人民自勉向善，不看重施用刑罰而人民不觸犯法律，這是因為位居人上者行為正派，親自做表率，信誠待民；末世尊爵厚賞而人民不肯勉勵向善，苛刑重罰而作奸犯科不能禁止，這是因為位居人上者自身不正、待民無信。可見厚賞重刑不足以勉勵向善、禁止為非，必須待民信誠，如此而已。所以，根據才能任用官吏，就能各自履行好職責；摒棄無用之言，就能掌握真實情況；不製作無用的器物，則能減少賦斂；不奪農時，不妨民力，百姓就會富裕；有德者進用，無德者斥退，朝廷就會尊顯；有功者上，無功者下，群臣就會退讓；罰當其罪，則奸邪止息；賞當其賢，則吏民自勉：以上這八項，是治理百姓的根本。所以對百姓來說，讓他們各得其業就不會發生爭執，讓他們各申其理就不會產生怨恨，讓他們有禮儀就不會暴慢，愛護他們，他們就會親近尊長，這些就是帝王的急務。所以，法律不違背義，人民就會歸服而不離棄；和諧而不違背禮，人民就會親近而不暴慢。所以，法所懲罰的，正是義所摒棄的；和所讚賞的，正是禮所擇取的。禮義是人民所信服的，而賞罰能夠順應禮義，人民就不會觸犯法禁了。所以，對犯法者僅施以塗畫衣冠或使其禮服有別於常人的象徵性懲罰，而吏民卻不觸犯刑律，這是由於禮義的功用一直施行的緣故。

7 「我聽說氣味相同則互相融合，聲音相合則互相應和。假如君主發揚和德於上，百姓應和和德於下。所以心和則氣和，氣和則形和，形和則聲和，聲和則天地之和就應合而生了。因此陰陽和諧，風雨適時，甘露常降，五穀豐登，六畜興旺，嘉禾茂盛，朱草生長，山不光禿，澤不乾涸，這是天地之和的極點。身體和諧則不生疾病，不生疾病則不短命夭折，所以兒子不先於父親而死，弟弟不先於哥哥而亡。君主的德行與天地匹配，英明與日月並列，則麟鳳來到，龜龍在郊，河出圖，洛出書，遠方部族的君主無不傾慕禮義，紛紛納貢朝見，這是人事之和的極點。

8 「我聽說，仁就是愛人，義就是思想行為合宜，禮就是按規範做事，智就是治術方略的本原。興利除害，兼愛無私，叫做仁；明辨是非，明確表示贊成或反對的態度叫做義；進退有節度、尊卑有名分叫做禮；獨攬生殺的權柄，疏通堵塞的言路，權衡輕重之數，論說得失之道，使遠近事情的真假一定顯現於上，叫做術：這四項，是治國的根本，大道的功用，都應當施行，不可偏廢。得其要領，則天下安樂，法律雖然設立但因無人違犯而無需施用；不得其術，則君主被蒙蔽於上，官吏亂政於下。這是真情實理，帝業承續的根本。

9 「我聽說，堯在位時遭遇洪水之災，派禹治理洪水，沒聽說禹在位時發生過洪水之災。至於說到湯在位時出現旱災，則是夏桀留下的禍患。夏桀、商紂作惡，受到上天的懲罰；夏禹、商湯積德，得以稱王於天下。據此來看，上天之德是沒有私心偏愛的，順之則和興，逆之則禍生。這就是天文地理人事間相互關係的法則。

10 「我公孫弘愚蠢戇直，配不上回答皇上的大問題。」

11 當時參加對策的有一百多人，太常上奏，以公孫弘的對策文章為下等。對策文章呈進御前，皇帝將公孫弘的對策文章提升為第一。宣召公孫弘入見，見他相貌堂堂，便任命他為博士，待詔金馬門。

12 公孫弘又上疏說：「陛下有先代聖王的地位而無先代聖王的人民，有先代聖王的名聲而無先代聖王的官吏，所以與先代聖王權勢相同而治效相異。先代官吏正直，所以百姓厚道；今世官吏奸邪，所以百姓刻薄。政治敗壞便不能施行，法令鬆弛便無人聽從。用奸邪的官吏施行敗壞之政，用鬆弛法令治理刻薄之民，人民就不可能得到教化而變好，這是今世之治不同於先代之治的原因。我聽說周公旦治理天下，一年而有轉變，三年而百姓變好，五年而四方安定。希望陛下對此有所認識。」條陳上奏以後，天子用冊書答覆說：「請問：公孫弘稱頌周公之治，您自認為您的才能與周公相比，誰更賢能？」公孫弘回答說：「我學識淺薄，怎麼敢與周公比較才能的高低！但是，我清清楚楚地認識到治國之道是可以達到那樣的。虎、豹、馬、牛，是禽獸中不可控制的，等到通過馴化訓練使牠們習慣適應，以至可以牽拉、控制、駕車，唯人意是從。我聽說把木頭弄彎曲以造車輪等物，用不著很多天就能辦到，熔化金屬用不著幾個月就能辦到，而人對於利害好惡，難道還不如禽獸木石之類嗎？花費一年時間而有所改變，我尚且私下認為還慢了呢。」皇上對公孫弘的話感到很驚異。

13 當時正通西南夷，巴蜀兩郡的百姓苦於修路等勞役，皇上下詔派公孫弘前往視察。公孫弘歸來彙報情況，極力詆毀西南夷沒有用處，皇上沒有聽從他的意見。

14 每當朝見議事時，公孫弘發表意見時只開頭作提示，不把意見直說出來，讓皇上自己裁奪，不肯當面反駁、當庭爭辯。皇上看出他行事謹慎厚重，言談有餘，熟悉文書法令和行政公務，又善於引經據典地用儒術加以文飾，皇上喜歡他，一年間讓他遷升到左內史。

15 公孫弘上朝奏事，有皇上不同意的，他也不在朝堂上公開辯駁。經常與主爵都尉汲黯乘皇帝閒暇時求見，汲黯先將有關事情及處理意見提出來，公孫弘跟著在後面加以推究解說，皇上常常高興，他所說的意見都聽從，由此他與皇上的關係越來越親密，他在朝中的地位越來越尊貴。他曾跟公卿大臣們事前約定了某項建議，等到了皇上面前，卻完全背棄了約定的建議，以順從皇上的旨意。汲黯當庭責讓公孫弘說：「齊人多詐而不老實，當初他與臣等提出這項建議，現在又完全背棄，這是對皇上不忠。」皇上質問公孫弘，公孫弘謝罪說：「了解臣的人會以臣為忠，不了解臣的人會以臣為不忠。」皇上認為他說得對。左右寵臣經常詆毀公孫弘，而皇上更加厚待禮遇他。

16 公孫弘為人善於談笑而且見識廣博，常聲稱做君主怕的是心胸不廣闊博大，當臣子怕的是不節儉自制。他贍養繼母既孝順又謹慎細心，繼母去世，他為繼母守孝三年。

17 公孫弘擔任左內史數年，升遷為御史大夫。這時候漢朝又在東方設置了蒼海郡，在北方修築朔方郡城。公孫弘屢次勸諫皇上，認為耗費大量人力物力去經營這些無用之地，使漢朝疲憊不堪，沒有好處，請求停止下來。於是，皇上便叫朱買臣等人就設置朔方郡有利這一問題，對公孫弘進行反駁論辯。提了十個問題，公孫弘一個也沒有答上來。公孫弘謝罪說：「我是山東鄙陋之人，不知道設置朔方郡有這樣的好處，希望停止西南夷、蒼海郡方面的事情，集中精力經營朔方郡。」皇上才答應了他的請求。

18 汲黯說：「公孫弘身居三公之位，俸祿非常多，可是卻蓋麻布被子，這是欺詐。」皇上問公孫弘，公孫弘謝罪說：「有這回事。朝廷諸卿中與我關係親近的，沒有誰超過汲黯，可是他今天當庭責難我，的確切中我的毛病。以三公的身分使用麻布被子，確實是裝樣子騙人，藉以沽名釣譽。我聽說管仲在齊國為相，娶了三個不同姓的妻子，奢侈比擬於國君，而桓公靠他輔佐得以稱霸，他這是對上僭越國君；晏嬰為相輔佐景公，自己一餐不吃兩種肉食，侍妾不穿絲織衣服，齊國也治理得很好，這是向下比於平民。現在我官居御史大夫，用麻布被子，弄得從九卿以下直到小吏都沒有高低貴賤的差別，確實像汲黯所說。再說如果沒有汲黯，陛下怎麼能聽到這些話？」皇上認為公孫弘有謙讓之德，更加覺得他賢明。

19 元朔年間，公孫弘代薛澤為丞相。此前，漢朝通常以列侯為丞相，只有公孫弘沒有爵位而被任命為丞相，皇上於是下詔說：「朕讚賞先聖之道，廣開選拔人才的門路，宣招四方之士。古時帝王任用賢能而安排適當官爵之位，衡量才能以授予官職，功勞大的，其俸祿就豐厚，德行高的，所得爵位就尊貴，所以武功以功勞卓著而受到尊重，而文德以德行高尚受到褒揚。茲以高成縣之平津鄉六百五十戶封丞相公孫弘為平津侯。」此後成為慣例，凡官至丞相便被封為列侯，這是從公孫弘開始的。

20 當時皇上正大興功業，屢次詔舉賢良。公孫弘自從入見皇上，名列所舉賢良之首，起自平民，不過幾年就登上宰相之位，被封為列侯，於是他建造客館，開東閣以招納賢能人士，參與謀劃議事。他自己每餐只吃一種肉菜和僅僅脫去穀皮的糙米飯，平生故交和賓客都依靠他穿衣吃飯，他的俸祿都用來供養他們，自家無所剩餘。但他生性多所忌害，表面寬宏大量，內心深不可測。他對那些曾經與自己有嫌隙的人，無論親疏遠近，雖然表面與之友好，後來終於藉人家的過失予以報復。皇上誅殺主父偃、外調董仲舒到膠西國，都是公孫弘起的作用。

21 後來，淮南王劉安和衡山王劉賜謀反，朝廷正急於追究懲處兩王的朋黨。公孫弘病得很厲害，自認為無功而被封侯，身居宰相之位，理應輔佐明主安定國家，使人遵循臣子之道。然而諸侯有叛逆之謀，這是大臣不稱其職導致的。恐怕自己病死，無法搪塞責任，於是上書說：「我聽說天下的常道有五個，用以實踐五個常道的有三種美德。君臣、父子、夫婦、長幼、朋友之交，這五個就是天下的常道；仁、智、勇這三個，就是用以實踐常道的美德。所以說：『好問近於智，力行近於仁，知恥近於勇。懂得這三條，就懂得如何自我約束，然後懂得怎樣治人。』沒有不能自我約束而能治人的人。陛下親行孝悌，借鑑三王，建立像周代那樣的典章制度，兼具周文王和周武王的才德，招來四方之士，任用賢能之人，安排合適的職位，衡量才能授予官職，這是為了激勵百姓、勸勉賢才。現在我愚陋才劣，無汗馬之勞，陛下特意將我從平民中提拔出來，封為列侯，給予三公之位。我的德行才能不能與此地位相稱，加上有負薪之疾，恐怕要先於狗馬而亡，最終無法報答皇上恩德和搪塞責任。希望交回列侯印信，辭職退休，給賢者讓路。」皇上答覆說：「古時獎賞有功者，褒揚有德者，守成時崇尚文治，遇亂時重視武功，沒有改變這一原則的。朕勉強獲承皇帝之位，憂懼不能安寧，思考與諸位大臣共同治理好天下，您理應知道這一點。君子好善，澤及後世，像您這樣行事，賞罰之權都在於朕。您不幸身染風寒之疾，為什麼擔心病不能治癒，卻上書請求交回列侯印信，辭職退休，這是彰明朕的無德啊！現在朝中事情稍少，希望您保養精神，停止思慮，輔以醫藥，安心養病。」於是賜予續假，又賜給牛肉、美酒、雜帛。過了幾個月，公孫弘病癒，上任處理公務。

22 公孫弘擔任丞相、御史大夫總共六年，八十歲時死於丞相之位。在他之後，李蔡、嚴青翟、趙周、石慶、公孫賀、劉屈氂相繼擔任丞相。從李蔡到石慶，丞相府客館不過是荒地空屋而已；到了公孫賀、劉屈氂在位時，丞相府客館更加破敗，變成了馬廄、車庫、奴婢居室了。六人之中，只有石慶以惇厚謹慎得以終老於丞相任上，其餘五人全都伏法被殺了。

23 公孫弘之子公孫度承襲平津侯的爵位，擔任山陽太守十餘年，皇帝下詔徵召鉅野令史成到公車府，公孫
度留而不送，犯法被判城旦之刑。
24 平帝元始年間，收錄功臣後代予以封賜，下詔說：「漢朝興起以來，股肱大臣在位，能夠躬行節儉，輕
財重義，沒有比得上公孫弘的。位居宰相，被封為列侯，而用麻布被子，吃糙米飯，俸祿用於供養故交、賓
客，自家沒有餘財，這種做法可稱低於制度規定的標準而為百姓做表率，使風俗淳厚，與那些背地裡豪華奢
侈而表面裝作節儉以沽名釣譽的人是不一樣的。表彰德義，為的是引導世人、移風易俗，這是聖王的遺制。
茲賜予公孫弘後世子孫中現今為嫡者爵關內侯，食邑三百戶。」

1 卜式，河南❶人也。以田畜❷為事。有少弟❸。弟壯❹，式脫身出，獨取畜羊❺
百餘，田宅財物盡與弟。式入山牧，十餘年，羊致千餘頭，買田宅。而弟盡破其
產，式輒❻復分與弟者數矣。
2 時漢方事匈奴❼，式上書，願輸家財半助邊❽。上使使❾問式：「欲為官乎？」
式曰：「自小牧羊，不習仕宦，不願也。」使者曰：「家豈❿有冤，欲言事乎？」
式曰：「臣生與人亡所爭，邑人⓫貧者貸⓬之，不善者教之，所居⓭，人皆從⓮式，
式何故見冤⓯！」使者曰：「苟⓰，子何欲？」式曰：「天子誅⓱匈奴，愚⓲以為
賢者宜死節⓳，有財者宜輸之，如此而匈奴可滅也。」使者以聞⓴。上以語㉑丞相
弘㉒。弘曰：「此非人情㉓。不軌㉔之臣不可以為化㉕而亂法，願陛下勿許。」上

不報[26]，數歲乃罷式[27]。式歸，復田牧。

3 歲餘，會[28]渾邪[29]等降，縣官[30]費眾[31]，倉府空[32]，貧民大徙[33]，皆卬給縣官[34]，無以盡贍[35]。式復持錢二十萬與河南[36]太守，以給徙民。河南上[37]富人助貧民者，上識[38]式姓名，曰：「是[39]固[40]前欲輸其家半財助邊。」乃賜式外繇四百人[41]，式又盡復與官。是時富豪皆爭匿財[42]，唯式尤欲助費。上於是以式終[43]長者[44]，乃召拜式為中郎[45]，賜爵左庶長[46]，田十頃[47]，布告天下，尊顯[48]以風[49]百姓。

4 初[50]式不願為郎[51]，上曰：「吾有羊在上林[52]中，欲令子牧之。」式既[53]為郎，布衣草蹻[54]而牧羊。歲餘，羊肥息[55]。上過其羊所，善之[56]。式曰：「非獨羊也，治民亦猶是[57]矣。以時[58]起居[59]，惡者輒去[60]，毋令敗群[61]。」上奇其言，欲試使治民。拜式緱氏令[62]，緱氏便之[63]；遷[64]成皋[65]令，將漕[66]最[67]。上以式朴忠[68]，拜為齊[69]王太傅[70]，轉為相[71]。

5 會呂嘉[72]反，式上書曰：「臣聞主媿臣死[73]。群臣宜盡死節，其駑下者宜出財以佐軍，如是則強國不犯[74]之道也。臣願與子男及臨菑習弩博昌習船者請行，死之[75]以盡臣節。」上賢之，下詔曰：「朕聞報德以德，報怨以直[76]。今天下不幸有事，郡縣諸侯未有奮繇直道者也[77]。齊相雅行[78]躬耕，隨牧畜[79]蕃[80]，輒分昆弟[81]，更造[82]，不為利惑。日者北邊有興[83]，上書助官。往年西河[84]歲惡[85]，率齊人入粟[86]。今又首奮[87]，雖未戰，可謂義形於內矣。其賜式爵關內侯，黃金四十斤，田十頃，布告天下，使明知之。」

6 元鼎[88]中，徵式代石慶為御史大夫。式既在位，言郡國不便鹽鐵而船有算[89]，可罷。上由是不說式。明年當封禪[90]，式又不習文章[91]，貶秩[92]為太子太傅[93]，以兒[94]寬代之。式以壽終[95]。

【章旨】以上是〈卜式傳〉，記述了卜式從牧羊山中到位至三公的過程，刻劃了卜式質樸忠直的性格。

【注釋】❶河南 縣名。在今河南洛陽西郊澗水東岸。❷田畜 種田畜牧。❸少弟 小弟弟；年幼的弟弟。❹壯 壯年。《禮記》曰：「三十而壯」。❺畜羊 所飼養的羊。❻輒 總是；就。❼事匈奴 指對匈奴進行戰爭。❽願輸 願意輸納一半家財支援邊境軍事。輸，輸納。邊，邊事。指邊境地區抗擊匈奴的軍事。❾使使 派遣使者。前「使」字是動詞，後「使」字是名詞。❿豈 難道。⓫邑人 指同鄉人。⓬貸 借給；施捨。⓭所居 所住的地方。⓮從 順從；聽從。⓯見冤 被冤枉。見，副詞。置於動詞前，表示被動。⓰苟 如果（是這樣）。⓱誅 討伐。⓲愚 自稱的謙詞。⓳死節 盡節而死。⓴以聞 將情況上報皇帝。聞，上聞。動詞。使動用法。㉑語 告訴。㉒丞相弘 指公孫弘。㉓人情 人之常情。㉔不軌 不法；不規矩老實。㉕為化 作為教化（的楷模）。㉖不報 指皇帝對吏民上書言事不予答覆。㉗罷式 讓卜式回去。㉘會 適逢。㉙渾邪 指渾邪王。匈奴西部地區的重要首領。元狩二年（西元前一二一年）秋，殺休屠王，并其眾共四萬餘人投降漢朝。㉚縣官 指天子、朝廷、官府。㉛費眾 耗費錢財多。當時匈奴降者四萬餘人入漢，武帝厚賞降者及漢軍有功將士。又衛青、霍去病連年擊匈奴，大批將士受賞，府庫為之空虛。㉜倉府空 國庫空虛。倉，儲糧的倉庫。府，儲錢的倉庫。㉝貧民大徙 指元狩三年（西元前一二〇年）遷徙山東貧民七十餘萬口於關西及新秦中（今內蒙古河套一帶）。㉞印給縣官 依賴官府供給。

印，通「仰」。㉟無以盡贍　無法全部保證供應。無以，無從；無法。贍，供養；供給。㊱河南　郡名。治雒陽（今河南洛陽東北）。㊲上　上報。㊳識　記住。㊴是　這個人。㊵固　本來。㊶賜式外繇四百人　顏師古注引蘇林曰：「外繇謂戍邊也。一人出三百錢，謂之過更。式歲得十二萬錢也。一說，在繇役之外得復除四百人也。」這裡採用前一種說法，即賜給卜式每年四百人的過更錢。繇，通「徭」。㊷匿財　隱匿財產。為籌集軍費，漢朝於元光六年（西元前一二九年）開始徵收車船稅，元狩四年（西元前一一九年）開始徵收商人、高利貸者、手工業者的財產稅，因此當時富豪爭相匿財逃稅。㊸終　終歸。㊹長者　忠厚有德之人。㊺中郎　官名。為九卿之一郎中令的屬官。掌侍衛皇帝，入守門戶，出充車騎。㊻左庶長　爵位名。秦漢二十等爵的第十級。㊼頃　一百畝為一頃。㊽尊顯　尊貴顯達。動詞。使動用法。㊾風　通「諷」。勸告；勉勵。㊿初　當初。古文中常用以追記往事。(51)郎　官名。亦稱「郎官」、「郎吏」。秦置，漢沿設，為九卿之一郎中令的屬官。有議郎、中郎、侍郎、郎中等名目，職責為護衛陪從、隨時建議、備顧問及差遣。(52)上林　即「上林苑」。故址在今陝西西安西南，秦漢時為帝王射獵遊樂之所。(53)既　已經。(54)草蹻　草鞋。蹻，通「屩」。草鞋。(55)肥息　肥且繁殖很多。息，繁殖。(56)善之　即「以之為善」。善，好。動詞。意動用法。(57)猶是　如此。(58)以時　按時。(59)起居　作息。(60)去　除去。(61)毋令敗群　不要讓他危害群體。毋，不；不要。敗，敗壞；損害。(62)緱氏令　緱氏縣的縣令。緱氏，縣名。在今河南偃師東南。令，縣令的簡稱。為一縣之最高行政長官。(63)緱氏便之　緱氏吏民認為他治理得好。緱氏，指緱氏縣的吏民。便，有利；好。這裡用作動詞。意動用法。(64)遷　調遷。(65)成皋　縣名。在今河南滎陽西汜水鎮。(66)將漕　管理水運。將，管領。漕，水運。當時漢朝政府將關東糧食經黃河、渭水等運往都城長安。(67)最　古代考核政績或軍功的等級，成績第一為最。(68)朴忠　質樸忠誠。(69)齊　諸侯國名，建都臨淄（今山東淄博東北）。(70)太傅　官名。為輔佐君主的高官。諸侯王的太傅，掌輔導諸侯王。(71)相　指諸侯王的相。為諸侯王國的最高行政長官。(72)呂嘉　南越國的丞相，先後輔佐趙胡、趙嬰齊、趙興三王。武帝元鼎五年（西元前一一二年）起兵反漢，殺趙興、太后及漢朝使者，漢發兵擊之。次年敗死。(73)主媿臣死　指君主遭受困辱，臣子應捨生忘死為其分憂雪恥。(74)強國不犯　顏師古注曰：「國家威強而不見侵犯」。(75)臣願二句　子男，對自己兒子的稱呼。臨菑習弩，臨淄地方善於射箭的人。臨菑，即「臨淄」（今山東淄博東北）。弩，一種利用機械發射箭的弓。當時的臨淄人善於射箭。博昌，縣名。在今山東博興東南。習船者，善於駕船的人。博昌東臨渤海，故習船者多。請行，請求隨軍出征。死之，指效死於疆場。(76)報德以德二句　指以恩德回報恩德，以正直回報怨恨。此語出自《論語・憲問》，文字稍有出入。直，正直。(77)郡縣句　郡縣，秦漢時期地方行政實行郡縣制，郡下設縣。諸侯，指諸侯國。奮繇直道，顏師古注曰：「奮厲而從于報怨之道。」

繇，通「由」。78雅行　指品行雅正。79畜　畜養。80蕃　繁殖滋生。81昆弟　兄弟。昆，兄。82更造　另外經營。更，另外。造，創造。這裡指經營。83日者句　以前北部邊境有軍事行動。日者，往日。北邊，北方邊境。有興，指有興兵討伐匈奴之事。興，發動；興兵。84西河　郡名。治平定（今內蒙古東勝境內）。85歲惡　指年景不好。86入粟　送糧食給官府。粟，泛指糧食。87首奮　指帶頭要求從軍。88元鼎　漢武帝的第五個年號。89言郡國句　稱各郡和諸侯王國不便於鹽鐵官營和徵收船稅。郡國，指諸郡與諸侯國。漢代實行郡國並行體制。不便，不方便；不宜。動詞。意動用法。鹽鐵，指煮鹽、鑄鐵器由官府經營，即鹽鐵官營政策。船有算，指徵船稅。當時規定船長五丈以上納稅一算。算，納稅額，一百二十文為一算。90封禪　古代帝王祭祀天地的大典。泰山為五嶽之最，在泰山上築土為壇祭天，報天之功，謂之「封」。在泰山下的梁父山闢基祭地，報地之德，謂之「禪」。91文章　文辭。92秩　官吏的品級等次。93太子太傅　官名。掌輔導太子。94兒　通「倪」。姓氏。95以壽終　高壽而死。

【語譯】卜式，河南人。他以種田畜牧為業。有個小弟弟。弟弟長大後，他從家裡脫身出來，只取了一百多頭羊，田地、房屋和財物全都給了弟弟。他入山放牧，十餘年後，羊群達到一千多頭，買了田地和房屋。而弟弟則破盡家產，卜式就又把田宅財物分給他，像這樣好多次了。

2　當時，漢朝正同匈奴進行戰爭，卜式上書表示願意輸納一半家財支援邊境軍事。皇上派使者問卜式：「您想做官嗎？」卜式回答說：「我從小放羊，不熟悉為官之事，不願當官。」使者問：「難道家中有蒙受冤枉之事，想要申訴吧？」卜式說：「我平生跟人沒有什麼爭執，同鄉的人窮困的，我救濟他，品行不好的我教導他，所居住的地方，人們都順從我，我怎麼會蒙受冤枉呢！」使者問道：「如果是這樣，您為什麼捐獻家財呢？」卜式回答說：「天子討伐匈奴，我認為賢能的人應該效忠盡節，捐軀疆場，有錢的人應該拿出錢財支援國家，這樣匈奴就會被消滅啊。」使者將情況彙報給皇上。皇上把這件事告訴丞相公孫弘。公孫弘說：「這不合乎人之常情。這種不規矩老實的人，不可以作為教化的楷模而敗亂國家的法度，希望陛下不要答應他的要求。」皇上於是便不答覆卜式，過了幾年，才下詔讓卜式回去。卜式回家以後，繼續種田畜牧。

3　一年多後，恰逢匈奴渾邪王等投降漢朝，朝廷耗費巨大，府庫空虛，又大批遷徙貧民，都靠政府供給衣食錢物，政府無法完全保證供應。卜式又拿出二十萬錢給河南郡太守，用以供給遷徙外地的貧民。河南郡將富人援助貧民之事上報朝廷，皇上記得卜式姓名，說：「這個人本來以前就想輸納一半家財支援邊疆軍事。」於是賜給卜式每年四百人的過更錢，卜式又全都交給官府。當時，富豪都爭著隱匿財產，只有卜式更加想要支援國用。皇上於是認為卜式終歸是一位忠厚有德之人，便徵召他，任命他為中郎，賜給左庶長的爵位和十頃田地，並宣告天下，使他尊貴顯達以勸勉百姓。

4 起初，卜式不願意做郎官，皇上說：「我有一些羊在上林苑中，想讓您去牧養牠們。」卜式已身為郎官，卻穿著麻布衣服和草鞋牧羊。過了一年多，羊都養得很肥，且繁殖了很多。皇上經過卜式牧羊的地方，認為卜式牧羊有方。卜式說：「不僅是牧羊，治理百姓也是如此。讓他們按時作息，發現壞的就除去，不讓他危害群體。」皇上對他的話感到很驚奇，想讓他試著做官治理百姓。於是任命卜式為緱氏縣縣令，緱氏縣吏民覺得他治理得很好；又調遷卜式為成皋縣令，管領漕運事務，政績考核名列第一。皇上認為卜式質樸忠誠，任命他為齊王太傅，轉任為相。

5 適逢南越國相呂嘉反叛，卜式上書說：「我聽說君主遭受困辱，臣子應當盡節赴死，為君主分憂雪恥。現在群臣理應盡忠死節，那些才能低劣的應拿出錢財以助軍用，這樣做則是國家威強、敵人不敢侵犯之道。我願與我的兒子們以及臨菑地方善於用弩弓的人、博昌地方善於駕船的人一起隨軍出征，效死疆場以盡人臣之節。」皇上認為卜式德行高尚，下詔說：「朕聽說以恩德回報恩德，以正直回報怨恨。現在天下不幸發生南越反叛之事，郡縣和諸侯國沒有能奮起遵循以直報怨之道的。齊相品行雅正，親自耕田，畜牧增殖，便分給兄弟，自己另外經營，不被財利所迷惑。以前北部邊境有軍事行動，他上書請求拿出家財支援官府。往年西河郡年景不好，他率領齊地百姓送糧食給官府。現在他又首先奮起請求從軍出征，雖然尚未到戰場殺敵，但可稱是正義之氣發自內心了。賜予他關內侯爵位，黃金四十斤，田地十頃，並宣告天下，使吏民明知。」

6 元鼎年間，徵召卜式代石慶為御史大夫。卜式在御史大夫任上，奏稱各郡和諸侯王國不便於鹽鐵官營和徵收船稅，應予廢止。皇上由此不喜歡卜式。次年要舉行封禪大典，卜式又不通曉文辭，皇上便將卜式降職為太子太傅，以兒寬代替他為御史大夫。後來卜式高壽而死。

1 兒寬，千乘❶人也。治❷尚書❸，事歐陽生❹。以郡國選詣博士，受業孔安國❺。
貧無資用，嘗為弟子都養❻。時行❼賃作❽，帶經❾而鉏❿，休息輒讀誦，其精⓫如
此。以射策⓬為掌故⓭，功次⓮補廷尉文學卒史⓯。

2 寬為人溫良，有廉知⓰自將⓱，善屬文⓲，然懦⓳於武，口弗能發明⓴也。時
張湯㉑為廷尉，廷尉府盡用文史㉒法律之吏，而寬以儒生在其間，見謂不習事㉓，
不署曹㉔，除㉕為從史㉖，之㉗北地㉘視畜㉙數年。還至府，上畜簿㉚，會廷尉時有
疑奏㉛，已再㉜見卻㉝矣，掾史㉞莫知㉟所為。寬為言其意，掾史因㊱使寬為奏㊲。
奏成，讀之皆服，以白㊳廷尉湯。湯大驚，召寬與語，乃奇其材，以為掾。上寬
所作奏，即時㊴得可㊵。異日㊶，湯見上。問曰：「前奏非俗吏所及，誰為之者？」
湯言兒寬。上曰：「吾固聞之久矣！」湯由是鄉學㊷，以寬為奏讞掾㊸，以古法
義決疑獄㊹，甚重㊺之。及湯為御史大夫，以寬為掾，舉㊻侍御史㊼。見上，語經
學。上說之，從問尚書一篇。擢為中大夫㊽，遷左內史。

3 寬既治民，勸農業，緩㊾刑罰，理獄訟㊿，卑體下士[51]，務[52]在於得人心。擇

用仁厚士，推情與下[53]，不求聲名，吏民大信愛之。寬表奏開六輔渠[54]，定水令[55]以廣溉田。收租稅，時裁闊狹[56]，與民相假貸[57]，以故租多不入。後有軍發[58]，左內史以負租課[59]殿[60]，當免。民聞當免，皆恐失之，大家牛車，小家擔負[61]，輸租繈屬不絕[62]，課更[63]以最。上由此愈奇寬。

4 及議欲放[64]古巡狩[65]封禪之事，諸儒對者五十餘人，未能有所定。先是，司馬相如[66]病死，有遺書，頌功德，言符瑞，足以封泰山[67]。上奇其書，以問寬，寬對曰：「陛下躬發聖德，統楫群元[68]，宗祀[69]天地，薦禮百神[70]，精神[71]所鄉，徵兆必報，天地並應，符瑞昭明。其封泰山，禪梁父[72]，昭姓[73]考瑞，帝王之盛節[74]也。然享薦[75]之義[76]，不著于經，以為封禪告成，合祛於天地神祇[77]，祗戒精專以接神明[78]。總百官之職，各稱事宜[79]而為之節文[80]。唯聖王所由[81]，制定其當[82]，非群臣之所能列[83]。今將舉大事，優游[84]數年，使群臣得人自盡[85]，終莫能成。唯天子建中和[86]之極[87]，兼總條貫[88]，金聲而玉振之[89]，以順成天慶[90]，垂[91]萬世之基。」上然之，乃自制儀[92]，采儒術以文[93]焉。

5 既成，將用事[94]，拜寬為御史大夫，從東封泰山，還登明堂[95]。寬上壽[96]曰：「臣聞三代[97]改制，屬象相因[98]。間者[99]聖統[100]廢絕，陛下發憤，合指天地[101]，祖立[102]明堂辟雍[103]，宗祀泰山，六律[104]五聲[105]，幽[106]贊聖意，神樂[107]四合，各有方象[108]，以承嘉祀[109]，為萬世則[110]，天下幸甚[111]。將建大元本瑞[112]，登告岱宗[113]，發祉[114]闓[115]門，以候景至[116]。癸亥[117]宗祀，日宣重光[118]；上元甲子[119]，肅邕永亨[120]。光輝充塞[121]，天文[122]粲然[123]，見[124]象日昭，報降符應[125]。臣寬奉觴[126]再拜，上千萬歲壽。」制[127]曰：「敬[128]舉君之觴。」

6 後太史令[129]司馬遷[130]等言：「曆紀壞廢[131]，漢興未改正朔[132]，宜可正[133]。」上乃詔寬與遷等共定漢太初曆[134]。語在律曆志[135]。

7 初梁相[136]褚大[137]通五經[138]，為博士，時寬為弟子。及御史大夫缺，徵褚大，大[139]自以為御史大夫。至洛陽[140]，聞兒寬為之，褚大笑。及至，與寬議封禪於上前，大不能及，退而服曰：「上誠[141]知人。」寬為御史大夫，以稱意[142]任職，故久無有所匡諫[143]於上，官屬易[144]之。居位九歲，以官卒[145]。

【章　旨】以上是〈兒寬傳〉，記述了兒寬以儒學為武帝所重及其參與封禪活動的情況。

【注　釋】❶千乘　縣名。在今山東高青東南。❷治　研究。❸尚書　先秦時稱《書》，漢初稱《尚書》。尚，通「上」。以其記上古之事，故名。為儒家經典之一，亦是中國古代著名史籍，其中保存商周特別是西周初年的一些重要史料。漢武帝獨尊儒術，置《五經》博士，將其列入必授儒家經典之一，故又名《書經》。❹事歐陽生　拜歐陽生為師。事，師事。歐陽生，指歐陽和伯。西漢《今文尚書》學「歐陽學」的開創者，漢初大儒伏生的弟子。卷八十八有傳。❺孔安國　西漢著名經學家。

孔子後裔。相傳他曾得孔子宅壁中所藏《古文尚書》，開《古文尚書》學派。卷八十八有傳。❻都養　顏師古注曰：「都，凡眾也。養，主給烹炊者也。貧無資用，故供諸弟子烹炊也。」❼時行　有時出行。❽賃作　給人做雇工。❾經　指儒家經典。❿鉏　通「鋤」。鋤地。泛指農活。⓫精　專心。⓬射策　漢代考試法之一。主試者提出問題，書之於策，分為甲乙科。射策者隨意解答，按其難易而分優劣。解答專門性問題稱對策，作一般性論述稱射策。⓭掌故　官名。西漢置。掌文獻制度等古舊之事以備諮詢。據《漢舊儀》，太常博士弟子試射策，中甲科補郎，中乙科補掌故。⓮功次　按功勞大小排列。指功績考核。⓯補廷尉文學卒史　補為廷尉文學卒史。補，補缺。廷尉，官名。為九卿之一。掌理刑獄。文學卒史，官名。掌文書之事，為屬官。中央和地方行政機構中多設此官。⓰廉知　廉潔而有智謀。知，通「智」。⓱自將　自我約束和自我保護。⓲屬文　作文章。屬，撰著；編輯。⓳懦　軟弱；怯懦。⓴口弗能發明　不能暢所欲言。弗，不。發明，指把自己的想法、觀點充分表達出來。㉑張湯　武帝時期的重臣。參與定律令，任廷尉，治法峻酷。後被人所陷，自殺。卷五十九有傳。㉒史　顏師古注曰：「史謂善史書也。」㉓見謂不習事　被認為不懂刑獄之事。見謂，被說成。不習事，指不擅長刑獄之事。㉔不署曹　不署為列曹。指不安排在分科辦事的官署裡。署，安置。曹，分科辦事的官署。㉕除　任命。㉖從史　官名。顏師古注曰：「從史者，但只隨官僚，不主文書。」即跟隨上級官員辦事，為屬官。㉗之　往。㉘北地　郡名。治馬嶺（今甘肅慶陽西北）。㉙視畜　視察畜牧生產情況。㉚畜簿　記錄牲畜情況的帳冊。㉛疑奏　指意思沒有表達清楚或對某事沒有判斷明白的奏章。㉜再　兩次。㉝見卻　被退回。卻，退。㉞掾史　長官手下分曹辦事官吏的通稱。掾史多由長官自行選任。㉟莫知　沒有誰知道。莫，沒有誰。㊱因　於是；就。㊲為奏　草擬奏章。㊳白　告白；稟告。用於下級對上級。㊴即時　立即。㊵可　認可；同意。㊶異日　另一天。㊷鄉學　重視治學和尊重學者。鄉，通「向」。㊸奏讞掾　負責審理各郡國疑難案件並向皇帝上報審議結果的廷尉府屬官。讞，議罪；審理定罪。㊹以古法句　用古代法律義理決斷難以判決的疑案。古法義，古代法律義理。決，決斷；判決。疑獄，難以判決的案件。㊺重　推重。動詞。㊻舉　舉薦。㊼侍御史　官名。為御史大夫的屬官，或給事殿中，或舉劾非法，或督察郡縣，或奉使外出執行指定任務等。㊽中大夫　官名。掌議論。為九卿之一郎中令的屬官。武帝太初元年（西元前一〇四年）更名為光祿大夫。㊾緩　寬緩；減緩。㊿理獄訟　審理訴訟案件。理，審理。獄訟，訴訟案件。51卑體下士　放下官架子禮待士人。卑體，低頭彎腰。52務　致力。53推情與下　與下屬推誠相處並體察民情。54六輔渠　古代關中地區六條人工灌溉渠道的總稱。元鼎四年（西元前一一三年）兒寬為左內史，六年即表奏並主持此水利工程，於鄭國渠上游南岸開鑿六道小渠，以輔助灌溉鄭國渠所不能達到的高地。55定水令　顏師古注曰：「為用水之次具立法，令皆得其所也。」即制定灌溉區內使用渠水先後次序等問題的法令。[56]時裁闊狹 指裁量上級催徵租稅的緩急情況，寬緩時不急於徵收租稅。裁，審度；裁量。闊，寬緩。指徵斂放寬之時。狹，指徵斂急迫之時。[57]與民相假貸 顏師古注曰：「謂有貧弱及農要之時不即徵收也。」假，借。[58]軍發 指發兵出征。[59]課 按規定內容和標準考核軍功、政績等。[60]殿 古代考核軍功政績劃分的等級，卜等為殿。[61]擔負 肩挑背扛。[62]繈屬不絕 像繩索那樣連續不斷。比喻人、車前往繳租不絕於路。繈，繩索。屬，接連；連續。[63]更 改變。[64]放 通「仿」。仿效。[65]巡狩 帝王巡察諸侯或地方官治理的地方。[66]司馬相如 字長卿，西漢著名辭賦家。其賦為武帝所賞識，曾任孝文園令。明人輯有《司馬文園集》。卷五十七有傳。[67]泰山 中國名山，為「五嶽」之首，所存歷代古蹟甚多。其主峰在今山東泰安北。[68]統楫群元 總攬安輯百姓。統楫，總攬安輯。楫，通「輯」。安撫。群元，民眾。元，民眾；百姓。[69]宗祀 敬祀。宗，尊崇；尊敬。[70]薦禮百神 進獻祭品，祭祀諸神。薦，進；進獻。指進獻祭品。禮，祭神致福。百神，指諸神。[71]精神 指專誠的心意。[72]梁父 古山名。在今山東泰安東南。[73]昭姓 顯揚皇族。昭，顯揚。姓，這裡指皇族。[74]盛節 盛事。[75]享薦 祭獻。享，神靈享用祭品。[76]義 指禮儀。[77]合祛於天地神祇 合奉於天地神祇。合祛，王先謙《漢書補注》認為當釋為「合奉」。祇，地神。[78]祗戒句 恭敬虔誠心意專一地禮接神明。祗，恭敬。戒，虔誠。精專，心意專一。[79]稱事宜 符合事情的道理。稱，符合。[80]節文 度禮儀。節，節度；制定。文，禮儀。[81]由 從；經由。這裡指決定。[82]當 適當；適中。[83]列 列入；參與。[84]優游 悠閒自得的樣子。這裡指沒有抓緊時間，消磨時光。[85]得人自盡 得以人人自盡其說。[86]中和 儒家倫理思想。《禮記・中庸》說：「喜怒哀樂之未發謂之中，發而皆中節謂之和。」認為人的修養能達到中和境界，則會產生「天地位焉，萬物育焉」的效果。[87]極 中正；準則。[88]兼總條貫 綜合歸納，分析整理。[89]金聲而玉振之 顏師古注曰：「言振揚德音，如金玉之聲也。」[90]慶 獎賞。[91]垂下垂。引申為留傳後代。[92]儀 儀式；禮儀。這裡指封禪大典儀式。[93]文 文飾。[94]用事 指舉行封禪大典。[95]明堂 古代天子宣明政教之所，凡朝會、祭祀、慶賞、選士、養老、教學等大典均於其中舉行。[96]上壽 敬酒。表示祝頌之意。[97]三代 指夏商周三代。[98]屬象相因 顏師古注引李奇曰：「政教之法象相因屬也。」指政教法象連續相承。屬，連續。象，法象，中國哲學用語。指各種現象的總和。因，因襲；沿襲。[99]間者 近來；後來。[100]聖統 聖人的遺業。這裡指典章制度等。[101]合指天地 指契合天地之意。合，投契。指，通「旨」。意圖；意思。[102]祖立 創立。祖，開始；起初。[103]辟雍 本為西周天子設立的大學。後世大多為祭祀之所。[104]六律 律是古代音樂中用來正音的一種竹管。用律管定出來的音亦稱律，有十二律，即用三分損益法將一個八度分為十二個不完全相等的半音的一種律制。各律從低到高依次為黃鐘、大呂、太簇、夾鐘、姑洗、仲呂、蕤賓、林鐘、夷則、南呂、無射、應鐘。一般稱奇數各律為「律」，偶數各律為「呂」，總稱「六律六呂」。(105)五聲　亦稱五音。為中國古代五聲音階中的宮、商、角、徵、羽五個音級。(106)幽　深。(107)神樂　祭祀神靈時所奏的樂曲。(108)各有方象　顏師古注引如淳曰：「四方色及五神祭祀聲樂各有等。」中央及四方色為東方青色、南方赤色、西方白色、北方黑色、中央黃色。(109)以丞嘉祀　以輔助美好的祭祀。丞，輔助。嘉，美；善。(110)則　準則。(111)幸甚　即「甚幸」。非常幸運。(112)將建大元本瑞　當時認為改元（改建年號）應本之於「天瑞」（天所降符瑞）。此年封禪，即是應合某些「天瑞」之舉，並打算改元（夏四月封泰山，下詔以當年歲首冬十月改元為元封元年），故兒寬如此說。(113)登告岱宗　登上泰山祭告天帝。岱宗，泰山的別稱。(114)發祉　啟引福祉。祉，福。(115)闓　開。(116)以候景至　武帝登泰山封禪，以為天必降符瑞，所以開門以候其至。候，守望；等候。景，這裡指特異景象。(117)癸亥　用干支記日的日期。(118)日宣重光　顏師古注引李奇曰：「太平之世，日抱重光，謂日有重日也。」宣，顯現。重光，當指日暈或日珥現象。古人認為是一種瑞應。(119)上元甲子　古代以天干地支法記日，甲子為干支六十日開始的第一天，所以稱為上元（元即開始之意）。(120)肅邕永享　指祭祀時態度恭敬、氣氛和諧，則祭品長為神靈所享，即長久地獲得神靈的佑護。肅，恭敬。邕，通「雍」。和諧；和睦。(121)充塞　充滿。(122)天文　天象。(123)粲然　明亮的樣子。(124)見　顯示。(125)報降符應　指天降符瑞，以表示對皇帝聖德的褒獎。報，迷信者所指天地鬼神對人事的報應（福佑或災難、警告等）。符應，祥瑞徵兆。(126)觴　飲酒器的一種。(127)制　皇帝的命令。(128)敬　表示尊敬之辭。(129)太史令　官名。秦漢時設太史令，執掌天時星曆，又掌記祥瑞與災異。為奉常（太常）屬官。(130)司馬遷　中國古代偉大的史學家、文學家和思想家。元封三年（西元前一〇八年）繼父司馬談為太史令。後因李陵之事下獄受腐刑，出獄後發憤完成了中國第一部紀傳體通史《史記》，對後世影響巨大。卷六十二有傳。(131)曆紀壞廢　曆法衰亂。漢朝沿用秦朝的《顓頊曆》，至漢武帝元封年間，積累的誤差較大，故有壞廢之說。(132)改正朔　中國古時改朝換代，新王朝為表示其所謂「應天承運」而興，通常都要改定正朔，所以正朔便指帝王頒行的新曆法，改正朔即改行新曆法。正，一年之始。朔，一月之始。(133)可正　允准改定（曆法）。(134)太初曆　司馬遷與唐都等奉命創制《太初曆》，於漢武帝元封七年（西元前一〇四年）完成並頒行。《太初曆》是中國古代第一部比較完整的曆法，該曆一直使用到東漢初年。(135)語在律曆志　有關情況記載在〈律曆志〉中。(136)梁相　梁國丞相。梁，諸侯國名。建都睢陽（今河南商丘南）。(137)褚大　董仲舒的弟子，治《公羊春秋》。(138)五經　五部儒家經典。即《詩》、《書》、《禮》、《易》、《春秋》。(139)大　原作「夫」。據宋祁說改。(140)洛陽　即「雒陽」，在今河南洛陽東北。漢高祖劉邦最初建都洛陽，後遷都長安。(141)誠　確實。(142)稱意　指辦事合乎皇帝心意。(143)匡諫　進諫匡正。(144)易　輕視。(145)以官卒　指死在任上。

【語　譯】兒寬，千乘縣人。他研究《尚書》，拜歐陽生為師。後來由郡國推選到博士那裡，受業於孔安國。他生活貧困，沒有錢用，曾經為博士弟子們做飯。他有時外出給別人當雇工，帶著經書幹農活兒，中間休息時總是讀誦經書，他專心好學竟到了如此地步。他通過射策考試擔任掌故，又以功績考核遞補為廷尉屬官中的文學卒史。

2 兒寬為人溫和善良，廉潔而有智謀，能自我約束和自我衛護，善於寫文章，而懦於勇武，不能暢所欲言。當時張湯擔任廷尉，廷尉府所用的都是善史書、通曉法律的官吏，而兒寬以儒生側身其間，被認為是不懂刑獄之事，所以不把他安排在分科辦公的官署裡，將他任命為從史，往北地郡視察畜牧生產情況，在那裡待了好幾年。兒寬回到廷尉府，交上登記畜牧情況的帳冊，適逢廷尉府中有一份意思沒有表達清楚的奏章，已經兩次被皇上退了回來，廷尉府的掾史們沒有誰知道該怎麼辦。兒寬為他們指出那份奏章中存在的問題，掾史們便請他草擬奏章。奏章寫成，大家讀後都心服，並將此事彙報給廷尉張湯。張湯大吃一驚，召來兒寬，同他交談，才認識到他的才能不同一般，便讓他擔任廷尉掾。張湯將兒寬所寫的奏章呈上，立即得到皇上的同意。事後某一天，張湯見皇上。皇上問道：「前日您呈上的奏章絕非俗吏所能寫出的，是誰寫的呢？」張湯說是兒寬所為。皇上說：「我本就久聞其名了！」張湯由此重視學問和尊重學者，讓兒寬擔任奏讞掾，以古代法律義理決斷那些難以判決的疑案，很推重兒寬。等到張湯擔任御史大夫後，讓兒寬做他的屬官，舉薦他做侍御史。兒寬拜見皇上，談論經學。皇上喜歡他，向他請教《尚書》中的一篇。皇上提拔他為中大夫，後來遷升為左內史。

3 兒寬治理百姓後，勸課農桑，減緩刑罰，審理訴訟案件，放下官架子禮待士人，致力於爭取民心。他選用寬仁忠厚之士為官，自己與下屬推誠相待並體察民情，不求虛名，吏民對他非常信賴熱愛。兒寬上奏請求開鑿六輔渠，工程完工後，制定灌溉區內使用渠水先後次序等問題的法令，以擴大灌溉面積。他徵收租稅時，裁量上級催徵租稅的緩急情況，寬緩時不急於徵收租稅，對貧弱之人或在農要之時不急於徵收租稅，將應繳的租稅暫時以借貸的名義給農民以改善其生產生活條件，因此許多租稅沒有按時徵收上來。後來朝廷有發兵出征之事，左內史因欠繳租稅而在政績考核時被評為下等，按規定要被免職。老百姓聽說兒寬要被免職，都害怕失去他，於是大戶人家趕著牛車、小戶人家肩挑背扛前去繳納租稅，繳稅的隊伍像繩索那樣連續不斷，結果兒寬的政績考核成績改為第一。皇上由此更加認為兒寬不同一般。

4 等到朝廷議論打算仿效古代帝王巡狩封禪之事，有五十多位儒生應對有關問題，但什麼也沒有決定下來。此前，司馬相如因病去世，留有他的遺書，遺書中歌功頌德，談符瑞之事，認為皇上的功德足以在泰山舉行封禪大典。皇上對此書甚感驚奇，就封禪之事詢問兒寬。兒寬回答說：「陛下親自發揚聖德，總攬安輯百姓，敬祀天地，進獻祭品，祭祀諸神，誠意所向，徵兆必現，天地一同應和，符瑞之象顯明。封泰山，禪梁父，顯揚皇族，應合符瑞，是帝王的盛事。然而祭獻的禮儀，經書沒有記載，認為封禪告成，合奉於天地神祇，恭敬虔誠心意專一地禮接神明。總攬百官之職，使各自符合事情道理而為此制定禮儀，行之有度。皇上自己決定，制定適當辦法，不是群臣所能參與的。現在將要舉行封禪大典，卻悠閒地消磨數年時間，使群臣人人得以自盡其說，結果什麼也沒有辦成。希望天子制定中和的準則，對諸說加以綜合歸納、分析整理，金聲玉振，以順成天賜福慶，為後代留下萬世基業。」皇上認為他說得對，就自己制定封禪大典的儀式，採擇儒術加以文飾。

5 封禪儀式制定完成，將舉行封禪大典，皇上任命兒寬為御史大夫，隨同東封泰山，禮成而返，登上明堂。兒寬祝頌皇上說：「我聽說夏商周三代改建制度，而政教法象連續相承。後來聖王遺業廢絕，陛下發憤，投合天地之意，創立明堂、辟雍，敬祀泰山，六律五聲，深贊聖意，神樂四合，各有方象，以輔助美好的祭典，成為萬世的準則，天下非常幸運。又將依據天降符瑞改元元封，登上岱宗祭告天帝，啟引福祉，開門守望祥瑞景象出現。癸亥日敬祀天地，太陽顯現出重光；上元甲子日祭祀，恭敬肅穆，群神永享。光輝充滿宇宙，天象光亮耀眼，上天顯示景象，日日清晰分明，降下符瑞，以報聖德。臣兒寬捧觴再拜，敬祝皇上萬壽無疆。」皇上下令說：「敬舉您的酒觴。」

6 後來，太史令司馬遷等人奏言：「曆法壞亂，漢朝建立後沒有改行曆法，應允准改定。」皇上於是命令兒寬與司馬遷等人一起制定漢朝的《太初曆》。有關情況記載在〈律曆志〉中。

7 起初，梁國丞相褚大精通《五經》，擔任博士，當時兒寬是博士弟子。等到御史大夫之位空缺時，皇上徵召褚大，褚大自以為能得到御史大夫之職。到達洛陽後，聽說兒寬當上了御史大夫，褚大大笑起來。等他到了長安，與兒寬在皇上面前討論封禪問題，其學識比不上兒寬，退下來後歎服地說：「皇上確實有知人之明。」兒寬擔任御史大夫，辦事合乎皇上心意，所以很久沒有對皇上進諫匡正，官屬輕視他。在位九年，死於御史大夫任上。

贊曰：公孫弘、卜式、兒寬皆以鴻漸之翼❶困於燕爵❷，遠迹羊豕之間❸，非遇其時，焉能❹致此位乎？是時，漢興六十餘載❺，海內艾安❻，府庫充實，而四夷未賓❼，制度多闕❽。上方❾欲用文武❿，求之如弗及⓫，始以蒲輪⓬迎枚生，見主父而歎息⓭。群士慕嚮⓮，異人⓯並出。卜式拔於芻牧⓰，弘羊擢於賈豎⓱，衛青奮於奴僕⓲，日磾出於降虜⓳，斯亦曩時版築飯牛之朋已⓴！漢之得人，於茲㉑為盛，儒雅則公孫弘、董仲舒、兒寬，篤行㉒則石建㉓、石慶，質直則汲黯、卜式，推賢則韓安國、鄭當時㉔，定令則趙禹、張湯㉕，文章㉖則司馬遷、相如，滑稽則東方朔、枚皋㉗，應對則嚴助、朱買臣㉘，曆數則唐都、洛下閎㉙，協律則李延年㉚，運籌則桑弘羊，奉使則張騫、蘇武㉛，將率則衛青、霍去病㉜，受遺則霍光、金日磾㉝。其餘不可勝紀㉞。是以興造功業，制度遺文㉟，後世莫及。孝宣㊱承統㊲，纂脩洪業㊳，亦講論六藝㊴，招選茂異㊵，而蕭望之㊶、梁丘賀㊷、夏侯勝㊸、韋玄成㊹、嚴彭祖㊺、尹更始㊻以儒術進，劉向㊼、王褒㊽以文章顯㊾，將相則張安世㊿、趙充國(51)、魏相(52)、丙吉(53)、于定國(54)、杜延年(55)，治民則黃霸(56)、王成(57)、龔遂(58)、鄭弘(59)、召信臣(60)、韓延壽(61)、尹翁歸(62)、趙廣漢(63)、嚴延年(64)、張敞(65)之屬(66)，皆有功迹見述於世(67)。參其名臣(68)，亦其次(69)也。

【章　旨】以上是作者的論贊。作者描述了武帝時期人才輩出的景象，並與宣帝時期的人才相比較，盛讚漢代名臣將相的功業。

【注　釋】❶鴻漸之翼　鴻雁飛升之翼（翅膀）。比喻非凡的才幹。漸，進。❷燕爵　即「燕雀」，泛指小鳥。比喻才能庸劣之輩。爵，通「雀」。❸遠迹羊豕之間　遠遠混跡於豬羊群中。這裡指在偏僻遙遠的地方放牧豬羊。公孫弘曾牧豬海邊，卜式曾在山中牧羊。❹焉能　豈能；哪裡能夠。❺漢興六十餘載　指漢王劉邦元年（西元前二〇六年）至武帝即位之年（西元前一四一年），其間六十餘年。❻艾安　安定。艾，通「乂」。安定；治理。❼四夷未賓　周邊部族沒有歸服。四夷，四方蠻夷部族。古代對少數民族的蔑稱。這裡指漢朝周邊地區各部族。賓，賓服；歸服。❽闕　缺點；缺失。這裡指制度不健全。❾方　正當。❿文武　指有文武才能的人才。⓫求之如弗及　搜羅他們，好像害怕追趕不上似的。形容武帝求賢若渴。弗及，趕不上。⓬蒲輪　以蒲葦裹輪的車子。因其行駛時震動顛簸小，常用以迎請德高望重的賢士。枚生，指枚乘，西漢著名辭賦家。卷五十一有傳。⓭見主父而歎息　主父偃等人上書後，武帝奇其才，立即召見，對他們說：「公皆安在？何相見之晚也！」歎息，讚歎；嘉許。⓮慕嚮　羨慕嚮往。⓯異人　指有傑出才能的奇士。⓰芻牧　割草牧畜。即從事畜牧工作的人。芻，割草。⓱弘羊擢於賈豎　弘羊，即桑弘羊。出身於商人家庭。武帝時任治粟都尉，領大司農，制定和推行鹽鐵官營制度，設立平準、均輸機構控制全國商品，打擊巨商，增加財賦。賈豎，對商人的蔑稱。西漢時實行「重本抑末」、「重農抑商」政策，商人地位較低。賈，商人。豎，小子。對人的蔑稱。⑱衛青奮於奴僕　衛青，武帝衛皇后之弟。曾先後七次出擊匈奴，解除了匈奴對漢朝的威脅。官至大司馬大將軍。卷五十五有傳。奮，鳥類振羽展翅。引申為舉拔提升。奴僕，衛青曾在平陽侯家當騎奴。⑲日磾出於降虜　日磾，即金日磾。本為匈奴休屠王太子，武帝時隨同渾邪王歸服漢朝，後被武帝委以重任，為武帝託孤大臣之一。卷六十八有傳。降虜，歸降的俘虜。虜，俘虜。對敵人的蔑稱。⑳斯亦句　斯，此。指示代詞。曩時，從前。版築，築土牆。用兩板相夾，內填土，以杵層層築實。商王武丁的大臣傅說，原為從事版築工作的奴隸，後被武丁重用。飯牛，餵牛。春秋時衛國人甯戚有大才而不得志，某夜宿於齊都東門外，桓公夜出，遇見他一邊餵牛，一邊唱歌。桓公從歌詞中知其賢，用為客卿。朋，類。已，語氣詞。㉑於兹　在這一時期（指武帝在位時期）。㉒篤行　誠心誠意地做事。㉓石建　萬石君石奮長子，參見「石慶」條注文。㉔推賢句　推賢，推薦賢才。韓安國，初為梁孝王中大夫，武帝時任御史大夫等職。能推舉賢於己者。卷五十二有傳。鄭當時，為人好交遊，常濟人危難，聲望很高。景帝時任太子舍人，武帝時任右內史、大農令等職。他推舉賢才不遺餘力。卷五十有傳。㉕定令句　定令，制定法令。趙禹，武帝時任太中大夫、廷尉等職。元光五年（西元前一三〇年）奉詔與張湯編訂律令。卷九十有傳。張湯，見前注。㉖文章　文辭。㉗滑稽句　滑稽，原指一種盛酒器，能不斷往外流酒。用以比喻人能言善辯、語言辯捷、應對不窮。東方朔，武帝時任太中大夫。生性詼諧滑稽，善辭賦。卷六十五有傳。枚皋，枚乘之子。武帝時為郎，善辭賦。卷五十一有傳。㉘應對句　嚴助，本姓莊，被史家改為「嚴」以避漢明帝劉莊之諱。他善應對、有辯才，長於文辭。卷六十四有傳。朱買臣，見前注。㉙曆數句　曆數，指天文曆算之學。唐都，天文曆法學家。武帝時和司馬遷等一同制定《太初曆》。洛下閎，天文曆法學家。曾參與制定《太初曆》。㉚協律句　協律，校正樂律。李延年，著名樂師。出自樂工之家，其妹為武帝寵姬李夫人。他善歌，又善造新聲，曾任協律都尉。㉛奉使句　張騫，曾兩次出使西域，加強了中原和西域的聯繫，促進了漢朝與中亞地區的經濟文化交流。卷六十一有傳。蘇武，武帝時奉命出使匈奴，被扣留。他威武不屈，被流放到北海（今西伯利亞貝加爾湖）邊牧羊。十九年後歸漢。卷五十四有傳。㉜將率句　率，通「帥」。霍去病，衛青的外甥。曾六次出擊匈奴，打通了通往西域的道路，解除了匈奴對漢朝的威脅。官至大司馬驃騎將軍，封冠軍侯。卷五十五有傳。㉝受遺句　受遺，指接受先帝遺詔輔佐新主。霍光，霍去病的同父異母弟。受武帝遺命，輔佐年幼的昭帝。昭帝死後，他迎立昌邑王為帝，後又改立宣帝，執政二十餘年。卷六十八有傳。㉞不可勝紀　不可盡記。勝，盡。紀，通「記」。記述。㉟遺文　遺留後世的文辭或文物。㉚孝宣　即漢宣帝劉詢。孝宣是他的謚號。詳見卷八〈宣帝紀〉。㊲承統　繼承大統，即繼承帝位。㊳纂脩洪業　承續大業。纂，通「纘」。繼承；繼續。脩，治。洪業，大業。指帝業。㊴六藝　指《詩》、《書》、《禮》、《樂》、《易》、《春秋》等六種儒家經典。㊵茂異　才能非凡的人。㊶蕭望之　宣帝時為太子太傅（皇太子的老師），曾主持石渠閣會議，評議《五經》異同。元帝時，以師傅甚受尊重。後遭宦官排擠，被迫自殺。卷七十八有傳。㊷梁丘賀　今文易學「梁丘學」的開創者，複姓梁丘。先後師從京房、田王孫學《易》。曾任太中大夫、少府等職。卷八十八有傳。㊸夏侯勝　西漢《今文尚書》學「大夏侯學」的開創者。師從夏侯始昌學《今文尚書》，又從歐陽生問學，稱「大夏侯」（夏侯建稱「小夏侯」）。宣帝時立為博士。詳見卷七十五。㊹韋玄成　大儒韋賢之子，元帝時官至丞相。卷七十三有傳。㊺嚴彭祖　西漢公羊春秋「嚴氏學」的創立者。師從大儒眭孟習《公羊春秋》，宣帝時立為博士。為人廉直，不事權貴。卷八十八有傳。㊻尹更始　西漢經學家。師從大儒蔡千秋學《穀梁春秋》，又學《左氏春秋》。㊼劉向　西漢著名經學家、目錄學家、文學家。楚元王劉交四世孫，所撰《別錄》為中國目錄學開山之作。所作辭賦大多亡佚，明人輯有《劉中壘集》。今傳《洪範五行傳》、《說苑》、《列女傳》等。卷三十六有傳。㊽王褒　西漢辭賦家。卷六十四有傳。㊾顯　顯貴；顯揚。㊿張安世　張湯之子。昭帝時任右將軍等職，封富平侯。後與霍光擁立宣帝即位，任大司馬。其家奴僕眾多，十分富有。卷五十九有傳。(51)趙充國　西漢著名將領。武帝、昭帝時曾出擊匈奴，勇敢善戰，任後將軍。宣帝時率軍擊羌，屯田於西北，促進了當地農業的發展。卷六十九有傳。(52)魏相　由縣令累遷至丞相。他居官抑制豪強，主張整頓吏治。卷七十四有傳。(53)丙吉　初任獄吏，累遷至廷尉監，治巫蠱獄，救護皇曾孫（宣帝）。後建議迎立宣帝，曾任丞相。以識大體、能知人、不伐功為世人所稱。卷七十四有傳。(54)于定國　宣帝時任廷尉，以「決疑平法」著稱。後任御史大夫、丞相。卷七十一有傳。(55)杜延年　御史大夫杜周之子。宣帝時曾任御史大夫。卷六十有傳。(56)黃霸　歷任揚州刺史、潁川太守，治理有方，為政外寬內明，後官至丞相。後世把他和龔遂作為循吏的典型，合稱「龔黃」。卷八十九有傳。(57)王成　為膠東國相，治政有聲。宣帝曾下令褒獎他。卷八十九有傳。(58)龔遂　初為昌邑王郎中令，屢次直諫。宣帝時渤海及臨郡饑荒，當地農民起兵反抗官府，他被任命為渤海太守。到任後措施得當，農民歸田。他躬行儉約，勸課農桑，郡中大治。卷八十九有傳。(59)鄭弘　以好學明經、通法律政事歷任守、相，治政有聲。元帝時遷御史大夫。後被免官，自殺。卷六十六有傳。(60)召信臣　元帝時曾任南陽郡太守。在南陽興修水利，並制定用水制度。當時被民眾稱為「召父」。卷八十九有傳。(61)韓延壽　曾任郡太守、左馮翊，政績卓著。後遭誣陷身死。卷七十六有傳。(62)尹翁歸　少為獄小吏，通法律，善擊劍。後被郡太守田延年賞識提拔，曾任東海太守、右扶風等職。在任抑制豪強，懲治惡霸。卷七十六有傳。(63)趙廣漢　少為郡吏，曾任潁川太守、京兆尹等職。

在任誅殺豪強，執法不避權貴，後被殺。卷七十六有傳。64嚴延年　宣帝時曾任涿郡太守、河南太守等職。在任誅殺豪強，至流血數里，被稱為「屠伯」。後以誹謗罪被殺。卷九十有傳。65張敞　宣帝時曾任京兆尹等職。他治政有聲，政績卓著。卷七十六有傳。66屬　類；同類。67見述於世　為世人所稱述。68參其名臣　指與武帝時期諸名臣相比。參，參驗；比較。69其次　指次於武帝時期的名臣。

【語譯】史官評議說：公孫弘、卜式、兒寬都曾以鴻雁奮飛之翼，受困於燕雀之群，遠遠混跡於豬羊之間，倘若不遇其時，怎能取得這樣的地位呢？當時，漢朝立國已經六十多年，海內安定，府庫充實，而四方蠻夷尚未歸服，制度多不健全。皇上正想選用文武人才，搜求他們好像害怕追趕不上似的，開始曾用安車蒲輪迎接枚生入朝，召見主父偃而讚歎不已。於是群士羨慕嚮往，才能高異之人並出。卜式提拔於放牧之人，桑弘羊提拔於商賈，衛青奮勵於奴僕，金日磾出於歸降之俘虜，他們也是從前那些曾經從事築牆、餵牛等賤業而後成為國家棟梁的一類人物啊！漢朝選用獲得的人才，以武帝時為最多，儒雅的，有公孫弘、董仲舒、兒寬，忠誠老實的，有石建、石慶，質樸正直的，有汲黯、卜式，熱心薦賢的，有韓安國、鄭當時，制定律令的，有趙禹、張湯，擅長文辭的，有司馬遷、司馬相如，能言善辯的，有東方朔、枚皋，善於應對的，有嚴助、朱買臣，精通天文曆法的，有唐都、洛下閎，協調樂律的，有李延年，精於籌劃財政的，有桑弘羊，奉命出使的，有張騫、蘇武，將帥之才，有衛青、霍去病，接受遺詔、輔佐新帝的，有霍光、金日磾。其他各種人才，不可勝記。因此當時創立的功業、制度和遺留下來的文物，後世不能企及。孝宣皇帝承繼帝位，繼承大業，也講論《六經》，招選優秀人才，而蕭望之、梁丘賀、夏侯勝、韋玄成、嚴彭祖、尹更始以精通儒術而進用，劉向、王褒以擅長文辭而顯名，著名的將相有張安世、趙充國、魏相、丙吉、于定國、杜延年，治民能力卓著的，有黃霸、王成、龔遂、鄭弘、召信臣、韓延壽、尹翁歸、趙廣漢、嚴延年、張敞等，他們都有功勳事跡被後世稱述。但同武帝時期那些名臣比較起來，也是次一等了。

【研析】西漢建立之初，社會經濟凋敝蕭條，統治者尊崇道家的黃老之術，實行無為而治。經過文、景時期，社會經濟逐漸恢復。武帝時，黃老之術已不再適合統治者的需要，而儒家入世有為思想逐漸受到重視。武帝時，「外攘四夷，內事興作」，不拘一格地選用人才，以致「異人並出」。一些出身貧賤但才能高異的人得以憑藉儒學進入仕途。

作者記載了公孫弘、卜式、兒寬三人的出身和仕宦經歷。三人皆出身貧賤，又都位至三公。公孫弘以明習文法吏事，又善以儒術文飾而平步青雲。兒寬則因精通儒學，且以古法義決疑而見重。卜式雖不善文辭，但質樸正直，治民有方，亦得重用。作者對公孫弘率先節儉、卜式忠心報國、兒寬寬厚待民的品德進行褒揚，同時揭示了公孫弘的嫉賢妒能和陰險狡詐。文中贅述武帝與公孫弘的對話，以突出公孫弘的曲學阿世。文中詳載書辭，以突出公孫弘和兒寬的以儒學進用。

武帝時期是歷史上文治武功都有所開創的盛世，論者以為武帝的雄才大略與知人善任是其中最重要的因素。班固在《漢書》中成功塑造出一個大有為形象的漢武帝，除了卷六〈武帝紀〉備載其一生重要紀事與詔令外，許多卷中也多有述及武帝之作為。本卷尤其是了解武帝如何識才重才的重要篇章。文中引述褚大的話說：「上誠知人。」贊語更盛稱武帝一朝各方人才之盛，都令讀者印象深刻。

卷五十九

張湯傳第二十九

【題　解】張湯，杜陵（今陝西西安）人，漢武帝時期重要的政治家。初任長安吏，因熟悉吏事，善於結交，遷茂陵尉、侍御史、太中大夫。任太中大夫期間，與趙禹共同修訂律令，制定《越宮律》、《朝律》，作見知故縱、監臨部主之法，嚴格官吏法。升廷尉，喜弄權術，結交私黨。迎合武帝所好，以《春秋》、《尚書》決獄。用法深刻，審理案件多以皇帝意旨為準繩，因此深得武帝賞識，升至御史大夫。為解決當時的財政困難，在武帝的授意下，提出造白金、行五銖錢、鹽鐵專營、算緡告緡等重大經濟改革措施，打擊富商大賈，誅鋤豪強兼併之家。反對與匈奴和親，主張對匈奴採取強硬政策。時「天下事皆決湯」，權勢隆貴遠在丞相之上。因樹敵太多，遭丞相三長史誣陷，被迫自殺。死後，家產不過五百金，皆得自俸祿和賞賜。武帝知其被誣陷，遂誅殺三長史，丞相莊青翟也引咎自殺。他的兒子張安世以父任入仕，他一反其父的做法，謹言慎行，恪盡職守，得到武帝賞識。昭帝時與霍光等共同輔政。昭帝死後，與霍光共立昌邑王，旋廢之，改立宣帝。他為官如履薄冰、如臨深淵，因此不僅能在武、昭、宣複雜多變的政治局勢中得以保全，而且深得幾代皇帝的信任倚重。張安世的兒子張延壽、孫子張勃等繼承了張安世的處事風格。曾孫張放因深得成帝寵倖，行為放縱，但也得以善終。至玄孫張純，重修張安世之行，侯位傳至東漢不絕。張氏家族的經歷在西漢列侯中絕無僅有。

1 張湯，杜陵[1]人也。父為長安丞[2]，出，湯為兒[3]守舍[4]。還，鼠盜肉，父怒，笞[5]湯。湯掘熏得鼠及餘肉，劾[6]鼠掠治[7]，傳[8]爰書[9]，訊鞫[10]論報[11]，并取鼠與肉，具獄[12]磔[13]堂下。父見之，視文辭如老獄吏[14]，大驚，遂使書獄[15]。

2 父死後，湯為長安吏。周陽侯[16]為諸卿[17]時，嘗[18]繫[19]長安，湯傾身[20]事[21]之。及[22]出為侯，大與湯交[23]，徧見[24]貴人。湯給事[25]內史[26]，為甯成[27]掾[28]，以湯為無害[29]，言大府[30]，調[31]茂陵[32]尉[33]，治[34]方中[35]。

3 武安侯[36]為丞相[37]，徵[38]湯為史[39]，薦補[40]侍御史[41]。治陳皇后[42]巫蠱[43]獄，深竟[44]黨與[45]，上以為能，遷[46]太中大夫[47]。與趙禹[48]共定諸律令[49]，務[50]在深文[51]，拘[52]守職[53]之吏。已而[54]禹至少府[55]，湯為廷尉[56]，兩人交驩[57]，兄事[58]禹。禹志在奉公孤立[59]，而湯舞知[60]以御[61]人。始為小吏，乾沒[62]，與長安富賈[63]田甲、魚翁叔之屬交私[64]。及列九卿[65]，收接[66]天下名士大夫[67]，己心內雖不合，然陽浮道與之[68]。

4 是時，上方[69]鄉[70]文學[71]，湯決[72]大獄，欲傅[73]古義[74]，乃請博士[75]弟子[76]治尚書[77]、春秋[78]，補廷尉史[79]，平亭疑法[80]。奏讞疑[81]，必奏[82]先為上分別其原[83]，上所是[84]，受而著[85]讞法廷尉挈令[86]，揚主之明[87]。奏事即[88]譴[89]，湯摧謝[90]，鄉上意所便[91]，必引正[92]監[93]掾史[94]賢者，曰：「固[95]為臣議，如上責臣[96]，臣弗用，愚抵此[97]。」罪常釋[98]。間[99]即奏事，上善[100]之，曰：「臣非知為此奏，乃監、掾史某所為。」其欲薦吏，揚人之善解[101]人之過如此[102]。所治即上意所欲辠[103]，予[104]監吏[105]深刻[106]者；即上意所欲釋，予監吏輕平[107]者。所治即豪[108]，必舞文巧詆[109]；即下戶[110]羸弱[111]，時口言[112]「雖文致法，上裁察[113]」。於是往往釋湯所言。湯至於大吏[114]，內行脩[115]，交通[116]賓客[117]飲食[118]，於故人[119]子弟為吏及貧昆弟[120]，調護[121]之尤厚。其造請[122]諸公[123]，不避寒暑。是以湯雖文深[124]意忌[125]不專[126]平，然得此聲譽。而深刻吏多為爪牙[127]用[128]者，依於文學之士。丞相弘[129]數稱其美。

5 及治淮南[130]、衡山[131]、江都[132]反獄，皆窮根本[133]。嚴助[134]、伍被[135]，上欲釋之，湯爭曰：「伍被本造[136]反謀，而助親幸[137]出入禁闥[138]腹心之臣，乃交私諸侯，如此弗誅，後不可治。」上可[139]論之。其治獄所巧排[140]大臣自以為功，多此類。繇[141]是益尊任[142]，遷御史大夫[143]。

6 會[144]渾邪[145]等降漢，大興[146]兵伐匈奴[147]，山東[148]水旱[149]，貧民流徙[150]，皆卬給[151]縣官[152]，縣官空虛。湯承[153]上指[154]，請造白金[155]及五銖錢[156]，籠[157]天下鹽鐵，排富商大賈，出告緡令[158]，鉏[159]豪彊并兼[160]之家，舞文巧詆以輔[161]法。湯每朝[162]奏事，語國家用，日旰(163)，天子(164)忘食。丞相(165)取充位(166)，天下事皆決湯。百姓不安其生，騷動，縣官所興未獲其利，姦吏並(167)侵漁(168)，於是痛繩(169)以辠。自公卿(170)以下至於庶人(171)咸(172)指(173)湯。湯嘗病，上自(174)至舍視(175)，其隆貴(176)如此。

7 匈奴(177)求和親(178)，群臣議前(179)，博士狄山曰：「和親便。」上問其便，山曰：「兵，凶器，未易(180)數動。高帝(181)欲伐匈奴，大困平城(182)，乃遂(183)結和親。孝惠(184)、高后(185)時，天下安樂，及文帝(186)欲事(187)匈奴，北邊蕭然(188)苦兵(189)。孝景(190)時，吳楚七國反(191)，景帝往來東宮(192)閒，天下寒心(193)數月。吳楚已破，竟(194)景帝不言兵，天下富實。今自陛下興兵擊匈奴，中國以空虛，邊大(195)困貧。由是觀之，不如和親。」上問湯，湯曰：「此愚儒(196)無知。」狄山曰：「臣固愚忠(197)，若御史大夫湯，乃詐忠(198)。湯之治淮南、江都，以深文痛詆諸侯，別疏(199)骨肉(200)，使藩臣(201)不自安，臣固知湯之詐忠。」於是上作色(202)曰：「吾使生(203)居一郡(204)，能無使虜(205)入盜乎？」山曰：「不能。」曰：「居一縣(206)？」曰：「不能。」復曰：「居一鄣(207)閒？」山自度(208)辯窮(209)且(210)下吏(211)，曰：「能。」迺遣山乘(212)鄣。至月餘，匈奴斬山頭而去。是後群臣震讋(213)。

8 湯客田甲雖賈人，有賢操(214)，始湯為小吏，與錢通(215)，及為大吏，而甲所以責[216]湯行義[217]，有烈士[218]之風[219]。

9 湯為御史大夫七歲[220]，敗[221]。

10 河東[222]人李文，故嘗與湯有隙[223]，已而為御史中丞[224]，薦[225]數[226]從中[227]文事[228]有可以傷[229]湯者，不能為地[230]。湯有所愛史魯謁居，知湯弗平，使人上飛變[231]告文姦事。事下[232]湯，湯治論殺文，而湯心知謁居為之。上問：「變事從[233]迹安[234]起？」湯陽[235]驚曰：「此殆[236]文故人怨之。」謁居病臥閭里[237]主人，湯自往視病，為謁居摩[238]足。趙國[239]以冶鑄為業，王[240]數訟[241]鐵官[242]事，湯常排趙王。趙王求湯陰事[243]。謁居嘗案[244]趙王，趙王怨之，并上書告：「湯大臣也，史謁居有病，湯至為摩足，疑與為大姦。」事下廷尉。謁居病死，事連[245]其弟，弟繫導官[246]。湯亦治它囚導官，見謁居弟，欲陰為之[247]，而陽不省[248]。謁居弟不知而怨湯，使人上書，告湯與謁居謀，共變[249]李文。事下減宣[250]。宣嘗與湯有隙，及得此事，窮竟[251]其事，未奏也。會人有盜發[252]孝文園[253]瘞錢[254]，丞相青翟[255]朝，與湯約俱謝[256]，至前[257]，湯念獨丞相以四時行園[258]，當謝，湯無與[259]也，不謝。丞相謝，上使御史案其事。湯欲致其文[260]丞相見知[261]，丞相患[262]之。三長史[263]皆害湯，欲陷之。

11 始，長史朱買臣[264]素[265]怨湯，語在其傳。王朝，齊[266]人，以術[267]至右內史[268]。

邊通學短長[269]，剛暴[270]人也，官至濟南[271]相[272]。故皆居湯右[273]，已而失官，守[274]長史，詘體[275]於湯。湯數行[276]丞相事，知此三長史素貴，常陵折[277]之，故三長史合謀曰：「始湯約與君[278]謝，已而賣[279]君；今欲劾君以宗廟[280]事，此欲代君耳。吾知湯陰事。」使吏捕案湯左[281]田信等，曰湯且欲為請奏，信輒[282]先知之，居物[283]致富，與湯分之。及他姦事。事辭頗聞[284]。上問湯曰：「吾所為，賈人輒知，益[285]居其物，是類[286]有以吾謀告之者。」湯不謝，又陽驚曰：「固宜[287]有。」減宣亦奏謁居事。上以湯懷詐面欺[288]，使使八輩[289]簿責[290]湯。湯具[291]自道無此，不服。於是上使趙禹責湯。禹至，讓[292]湯曰：「君何不知分[293]也！君所治，夷滅[294]者幾何[295]人矣！今人言君皆有狀[296]，天子重[297]致君獄，欲令君自為計[298]，何多以對為[299]？」湯迺為書謝曰：「湯無尺寸之功，起刀筆吏[300]，陛下幸致三公[301]，無以塞[302]責。然謀陷湯者，三長史也。」遂自殺。

12 湯死，家產直[303]不過五百金[304]，皆所得奉賜[305]，無它贏[306]。昆弟諸子欲厚葬湯，湯母曰：「湯為天子大臣，被[307]惡言而死，何厚葬為！」載以[308]牛車，有棺而無槨[309]。上聞之，曰：「非此母不生此子。」乃盡按誅三長史。丞相青翟自殺。出[310]田信。上惜湯，復稍進[311]其子安世。

【章　旨】以上為第一部分，述張湯生平始末。

【注　釋】❶杜陵　縣名。在今陝西西安東南。原名杜縣，漢宣帝在此築陵墓，改名杜陵。❷長安丞　官名。長安縣丞。長安縣令的副手。長安縣，在今陝西西安西北郊。❸為兒　指尚在少年。兒，男孩。❹舍　官舍；官吏居住的房屋。❺笞　用鞭子或竹板抽打。❻劾　彈劾；舉報罪狀。❼掠治　拷打審訊。掠，捶打審問。❽傳　傳遞。❾爰書　審訊記錄。爰，換。古代為了防止官吏徇私枉法，制定複審制度，在本縣進行初審後，要將審訊記錄移交他縣進行複審，故名。❿訊鞫　審訊。訊、鞫均為審問的意思。⓫論報　定罪上報。論，定其罪名；判處。⓬具獄　書寫結案案卷。⓭磔　拉四肢分裂其身體的一種酷刑。⓮獄吏　主管司法的吏。吏，地位較低的官員。⓯書獄　抄寫法律文書。書，書寫；抄寫。獄，判案的文書。⓰周陽侯　即田勝。漢武帝母王太后的同母異父弟，武安侯田蚡的弟弟。武帝初以外戚封侯。周陽，邑名。在今山西聞喜東北。⓱諸卿　秦漢時期位次於公的中央高級官員，包括太常、光祿勳、衛尉、太僕、廷尉、大鴻臚、宗正、大司農、少府等，秩中二千石。也稱「九卿」、「列卿」。⓲嘗　曾經。⓳繫　拘禁；囚禁。⓴傾身　傾力；竭盡全力。㉑事　服事；侍奉。㉒及　等到。㉓大與湯交　傾心與張湯交往。㉔見　引見；介紹。㉕給事　供職；當差。㉖內史　官名。漢承秦置，掌治京師，秩二千石。景帝二年（西元前一五五年）分為左、右內史。㉗甯成　南陽郡穰縣（今河南鄧州）人。景帝時入仕，歷任中尉、內史、關都尉、南陽太守等職。執法嚴峻，摧辱豪強。後犯法亡命。詳見卷九十〈酷吏傳〉。㉘掾　屬吏的通稱。㉙無害　指最為優秀，無人能比。㉚大府　指丞相府。㉛調　調任；選任。㉜茂陵　陵名、縣名。建元二年（西元前一三九年）武帝在槐里縣（今陝西興平東南）茂鄉築陵，並置茂陵縣（今興平東北）。武帝茂陵是漢代帝陵中規模最大的一座。㉝尉　縣尉。掌管縣軍事和治安。㉞治　主持；掌管。㉟方中　茂陵修築工程。方，土方。掘地為坑稱方。㊱武安侯　指田蚡。長陵（今陝西咸陽）人。武帝母王太后同母異父弟。武帝初以外戚封侯，歷任太尉、丞相，驕橫專斷。詳見卷五十二〈田蚡傳〉。武安，縣名。在今河北武安西南。㊲丞相　官名。漢代中央最高行政長官，掌輔佐皇帝處理全國政務。㊳徵　徵召；徵調。㊴史　即丞相史。丞相府屬吏，掌管文書等。㊵薦補　推薦補任。㊶侍御史　官名。御史大夫屬官，員十五人。掌管監察、國家檔案文書等，可受命到地方辦理大案。㊷陳皇后　武帝第一任皇后陳阿嬌。武帝姑母館陶公主劉嫖與堂邑侯陳午的女兒。無子，因巫蠱被廢。皇后，皇帝的正妻。㊸巫蠱　古代巫術之一。當時人認為，製作木偶人作為所仇恨者的替身，將其埋入地下，對其實施詛咒，可給所仇恨者帶來災難。武帝時巫蠱之風尤盛，終釀成著名的「巫蠱之禍」。㊹竟　窮究；窮盡。㊺黨與　同黨；朋黨。[46]遷 升遷。[47]太中大夫 官名。光祿勳屬官，掌參議朝政，秩比千石。[48]趙禹 扶風斄（今陝西武功）人。武帝時，以小吏積勞至御史、中大夫。與張湯共同修訂律令。後任廷尉、燕國相。以清廉倨傲著稱。詳見卷九十〈酷吏傳〉。[49]律令 法律。律、令是古代法律的兩種形式。[50]務 致力。[51]深文 指制定的法律條文苛細繁瑣，使人動輒觸法犯禁。深，使深刻。作動詞。[52]拘 約束；限制。[53]守職 擔任職務。[54]已而 不久；隨即。[55]少府 官名。為列卿之一，秩中二千石。掌管皇室財政，管理宮廷侍從。[56]廷尉 官名。漢承秦置。為列卿之一，秩中二千石。執掌全國司法監獄。[57]交驩 相交甚好。驩，通「歡」。[58]兄事 以兄長的禮節對待。[59]孤立 特立獨行，不與人朋黨。[60]舞知 舞弄智慧；耍聰明。舞，舞弄；耍弄。知，通「智」。[61]御 控制；駕御。[62]乾沒 不出資而取得利潤。乾，空；不持資本。一說，奪取他人財貨據為己有。[63]賈 有店鋪的商人。古人稱行商為「商」，坐商為「賈」。[64]交私 私下來往。[65]九卿 古代位次於「公」的九個卿級官員。漢文帝時，隨著大一統思想的興起，三公九卿說始流行。漢九卿一般指太常、光祿勳、衛尉、太僕、廷尉、大鴻臚、宗正、大司農、少府，秩中二千石。參見前文「諸卿」條。[66]收接 接納結交。[67]士大夫 指官僚、知識階層。[68]陽浮道與之 表面上假裝讚許他們。陽浮，表面上。道，稱道；稱讚。與，許；同意。[69]方 正在；剛剛。[70]鄉 通「嚮」。嚮往；趨向。[71]文學 指儒家學說。[72]決 判案。[73]傅 通「附」。附會。[74]古義 此指古代儒家經義。[75]博士 官名。漢承秦置，屬太常，秩比六百石，員數無常。執掌充當皇帝顧問，參與議政，制禮。漢初諸子、術數、方伎等皆立博士，武帝時專置《五經》博士。兼具學官功能。東漢以後，議政職能逐漸削弱。[76]弟子 學生。武帝元朔五年（西元前一二四年）為博士官置弟子五十人，免除其本人徭役，跟隨博士學習儒家經典，每歲課試，通過者可為官。後員數時有增減。[77]尚書 書名。現存最早的上古典章文獻彙編，相傳由孔子編撰。為儒家經典《五經》之一。也單稱《書》。[78]春秋 書名。相傳孔子據魯國國史修訂而成，起於魯隱公元年（西元前七二二年），終於魯哀公十四年（西元前四八一年），共二百四十二年。為儒家經典《五經》之一。[79]廷尉史 官名。廷尉屬官。[80]平亭疑法 調整修正有疑問的法令。《史記》本傳無「平」字，王先謙《漢書補注》據此認為「平」為衍文。亭，通「平」。平均；調正。[81]奏讞疑 上報對疑案的判決。讞，議罪；平議罪名。[82]奏 王念孫說此「奏」字為衍文。[83]原 原委；原由。[84]是 肯定；批准。[85]著 書寫。[86]挈令 漢代法令集的一種。挈的含義學界有爭論。一說，挈為懸持的意思。一說，挈當讀為「絜」，一耑、一束的意思。[87]揚主之明 宣揚君主的英明。表明這是根據皇上的意思做出的審判。[88]即 倘若；如果。[89]譴 受到譴責；受到責備。[90]摧謝 深深地謝罪。摧，摧折。[91]鄉上意所便 按照皇上認為是對的方法。鄉，通「嚮」。便，方便；有利。意動用法。[92]正 指廷尉正。廷尉的主要佐理官員。秩千石。[93]監 即廷尉監。

廷尉的主要佐理官員，分左、右監。秩千石。[94]掾史　分曹辦事的屬吏。[95]固　本來；原本。[96]如上責臣　正如皇上所責備臣的那樣。原本作「如此上責臣」。《史記》本傳「如」下無「此」字。王先謙《漢書補注》據此認為「此」字為衍文。[97]愚抵此　愚昧以至於此。抵，到；到達。[98]罪常釋　罪過常常被寬赦。釋，被原諒；被赦免。被動用法。[99]間　有時。[100]善　嘉許；讚揚。[101]解　解除；開脫。[102]如此　諸如此類；像這樣。[103]皋　通「罪」。加罪；懲辦。作動詞。[104]予　給；交給。[105]吏　《史記》本傳作「史」。[106]深刻　嚴峻苛刻。[107]輕平　和緩公平。[108]豪　指豪強。[109]舞文巧詆　玩弄法律條文想辦法誣陷其有罪。詆，誣陷；詆譭。[110]下戶　下等人家。[111]羸弱　瘦弱。指下層弱勢人群。[112]口言　指親口對皇上說。[113]裁察　裁決明察。[114]大吏　高官。[115]內行脩　注重家庭倫理修為。內，內室；家內。脩，整治；修整。[116]交通　交往；來往。[117]賓客　投奔貴族官僚門下的幕僚、食客。[118]飲食　供給飲食。作動詞。[119]故人　舊交；老朋友。[120]昆弟　兄弟。昆，兄。[121]調護　安排照顧。調，令得其所；安排。護，保護；護佑。[122]造請　拜訪問候。造，拜訪。請，謁問。[123]公　官階名。漢代最高級別的中央高級官員，包括丞相、太尉、大將軍等。[124]文深　用法嚴刻。[125]意忌　心胸狹隘。忌，嫉妒；嫉恨。[126]專純；獨一。[127]爪牙　輔佐的人；幫手。[128]用　為其所用；受其驅使。[129]弘　公孫弘，薛（今山東滕州）人。四十多歲始學《春秋》。以對策第一受武帝賞識，元朔（西元前一二八年—前一二三年）年間官至丞相，封侯。詳見卷五十八《公孫弘傳》。[130]淮南　指淮南王劉安（西元前一七九—前一二二年）。淮南厲王劉長之子，漢高祖劉邦之孫。文帝十六年（西元前一六四年）立。善為文辭，招賓客編纂《淮南子》二十一篇。後與衡山王劉賜謀反，事發覺自殺。事見卷四十四《淮南王傳》。[131]衡山　即衡山王劉賜（？—西元前一二二年）。淮南厲王劉長之子。文帝十六年（西元前一六四年）立為廬江王，景帝前四年（西元前一五三年）徙衡山王。武帝初，因犯法被剝奪他任免二百石以上吏的權力，心懷怨望，與淮南王劉安密謀造反。事發覺自殺，國除。事見卷四十四《衡山王傳》。[132]江都　即江都王劉建。江都易王劉非子，漢景帝孫。武帝元朔二年（西元前一二七年）嗣位。荒淫暴虐。聞淮南、衡山王謀反，亦暗作準備。事發覺，自殺，國除。詳見卷五十三《景十三王傳・江都王劉建》。[133]窮根本　意為深挖其黨羽。[134]嚴助　即莊助。因避漢明帝劉莊諱改。會稽郡吳縣（今江蘇蘇州）人。武帝時舉賢良，對策第一，任中大夫。曾奉命赴南越、淮南曉諭帝旨，故與淮南王劉安結交。淮南王事發，受牽連被棄市。詳見卷六十四《嚴助傳》。[135]伍被　楚人。武帝時任淮南中郎，以才能著名。劉安欲謀反，伍被屢次勸諫不聽，劉安囚其父母脅迫他出謀劃策。淮南王事發，被殺。詳見卷四十五《伍被傳》。[136]造　建造；發起。[137]親幸　親近寵幸。[138]禁闥　宮禁之中。禁，指皇宮。皇宮禁止人隨便出入。闥，宮中小門。[139]可　認可；批准。即批准張湯的上奏。[140]排　排擠；排斥。[141]繇　通「由」。[142]尊任　受尊寵任用。143御史大夫　官名。位次於丞相，掌輔佐丞相，主管監察、執法等職。144會　適逢；正當。145渾邪　即渾邪王。也作「昆邪王」。匈奴西部地區重要首領之一，王庭在觻得（今甘肅張掖西北），武帝元狩二年（西元前一二一年）率部四萬餘人歸降漢。146興　發；徵發。147匈奴　北方部族名。亦稱胡。西元前三世紀興起於長城以北地區。漢初不斷南下侵擾漢邊。詳見卷九十四〈匈奴傳〉。148山東　戰國秦漢時期稱崤山或華山以東地區為山東，以西為山西。149水旱　水災、旱災。150貧民流徙　貧民流亡遷徙。指元狩四年（西元前一一九年）冬，國家遷徙山東貧民七十二萬五千口到隴西、北地、西河、上郡、會稽等地。151印給　依靠他人或他地供給。印，通「仰」。仰仗；依靠。152縣官　指朝廷或皇帝。《史記・絳侯周勃世家》《索隱》注：所以稱國家為縣官，是因為〈夏官〉王畿內縣為國都。王者官天下，所以稱縣官。153承　接受；秉承。154指　通「旨」。旨意。155白金　古代指白銀。貨幣銀由銀錫合金製成。156五銖錢　重量和標注單位均為五銖的銅錢。銖，古代重量單位，為一兩的二十四分之一。十六兩為一斤。157籠　壟斷。此處指國家專營。158告緡令　武帝元狩（西元前一二二年—前一一七年）年間實行算緡錢，令人們自行申報緡錢數，進行納稅。不據實申報，一旦發現，沒收緡錢，告發者可得到緡錢的一半。一說，緡為穿錢的繩子。用絲繩將一千枚銅錢穿成一串叫做一緡。緡錢指儲藏的現金。王先謙《漢書補注》認為緡是「鏹」的借字，「鏹」義為成本。159鉏　同「鋤」。剷除；打擊。160并兼　也稱「兼併」。指富家吞併他人財產。161輔　助；佐助。162朝　上朝。163旰　晚。164天子　即皇帝。皇帝認為其皇權受命於天，故以天帝之子自居，稱天子。165丞相　指當時先後任丞相的李蔡、莊青翟。166充位　只充任其位，而無所建樹。167並　傍；依緣。168侵漁　侵占掠奪。漁，掠奪。169痛繩　嚴厲制裁。繩，繩之以法。170公卿　指官居公和卿位的大臣，成帝後為三公九卿的簡稱。171庶人　無爵位的平民。172咸　都；全。173指　指責；指斥。174自　親自。175視　探視；看望。176隆貴　尊貴；顯貴。隆，尊崇。177匈奴　指伊穉斜單于。178和親　漢朝皇帝與匈奴單于之間為兩國的和平友好進行聯姻。始於漢高祖劉邦。武帝馬邑之謀後，和親中斷。179議前　在皇上面前議事。180未易　不易；難以。181高帝　西漢王朝的開國皇帝劉邦。謚號高皇帝。西元前二〇六—前一九五年在位。事跡詳見卷一〈高帝紀〉。182大困平城　西元前二〇〇年，漢高祖率軍迎擊入境的匈奴，被圍困在平城東白登山七天。平城，縣名。在今陝西大同東北。183乃遂　於是就；於是才。184孝惠　西漢第二任皇帝劉盈，劉邦與呂后的兒子。西元前一九五—前一八八年在位。詳見卷二〈惠帝紀〉。185高后　漢高帝皇后呂雉。西元前一八八—前一八〇年執政。詳見卷三〈高后紀〉。186文帝　西漢第三任皇帝劉恒。漢高帝庶子。西元前一八〇—前一五七年在位。詳見卷四〈文帝紀〉。187事　對付。188蕭然　騷動的樣子。189苦兵　苦於戰爭。190孝景　西漢第四任皇帝劉啟，西元前一五六—前一四一年在位。事詳見卷五〈景帝紀〉。191吳楚七國反　即吳楚七國之亂。漢景帝三年（西元前一五四年），以吳王劉濞、楚王劉戊為首，聯合膠西、膠東、菑川、濟南、趙王，以誅鼂錯、清君側為名，發動武裝叛亂。景帝命太尉周亞夫率兵平亂，三個月後平息。(192)東宮　即長樂宮。在長安城東南，因位於未央宮東，又稱東宮，為太后所居。此時為景帝母竇太后。(193)寒心　擔憂、恐懼的意思。(194)竟　終；盡。(195)大　極；非常。(196)愚儒　愚昧的儒生。(197)愚忠　盡忠而不明事理。(198)詐忠　假裝忠心。(199)別疏　分離疏遠。(200)骨肉　指皇上和諸侯王的關係。因他們都是劉姓宗室。(201)藩臣　指諸侯王。藩，遮蔽。古代封建諸侯作為朝廷的屏蔽，故稱之為藩國，諸侯王則稱藩臣。(202)作色　臉色大變；發怒的樣子。(203)生　讀書人的通稱。漢以來儒生皆稱「生」，即先生的省稱。(204)居一郡　駐守一郡。即任郡太守。郡，地方行政區劃單位。郡下設縣。(205)虜　對匈奴的蔑稱。(206)縣　地方行政區劃單位。郡下設縣，萬戶以上置縣令，以下置縣長。縣下設鄉、里。(207)鄣　在邊塞險要處修築的城堡，令士兵把守，防備匈奴入侵。(208)度　計；考慮。(209)辯窮　無話可辯。指辭窮。窮，窮盡。(210)且　將要。(211)下吏　交給司法官吏審問治罪。(212)乘　登。登障守之。(213)震讋　震驚恐懼。震，懼。讋，恐懼的樣子。(214)操　志節；品行。(215)與錢通　用金錢交往。(216)責　要求；責求。(217)行義　品行道義。(218)烈士　古代指堅貞不屈的剛強之士或有志建功立業的人。(219)風　風範；風度。(220)歲　年。(221)敗　失敗。(222)河東　郡名。轄區包括今山西西部。治安邑（今山西夏縣西北）。(223)隙　嫌隙；隔閡。(224)御史中丞　官名。御史大夫兩個副手之一，亦稱御史中執法。在殿中蘭臺，掌圖籍祕書，外督部刺史，內領侍御史，受公卿奏事，彈劾大臣。權力頗重。(225)薦　仍；一再。(226)數　查閱。(227)中　殿中。(228)文事　文書記錄的事情。(229)傷　中傷；打擊。(230)為地　留餘地。地，道地。(231)飛變　告發緊急事變的奏章。變，一般指謀反等非常事變。(232)下　下達。(233)從　通「蹤」。(234)安　怎麼；如何。(235)陽　通「佯」。假裝。(236)殆　近；大概。(237)閭里　居住的社區。秦漢時，人們以里為居住社區。閭，里中的門。(238)摩　按摩；揉搓。(239)趙國　封國名。在今河北西南部，王都邯鄲（今邯鄲）。(240)王　指趙敬肅王劉彭祖。漢景帝子。詳見卷五十三〈景十三王傳・趙敬肅王劉彭祖〉。(241)訟　起訴。(242)鐵官　漢代在產鐵郡縣置鐵官，進行鐵的生產管理和徵稅。(243)陰事　隱祕的事情。(244)案　通「按」。審問。(245)連　牽連。(246)導官　官名。少府屬官，主管皇帝御用和祭祀的米食乾糧。(247)陰為之　偷偷地解救他，為他脫罪。(248)省　視；理睬。(249)變　王先謙《漢書補注》據《史記》本傳認為「變」下脫「告」字。(250)減宣　即咸宣，河東楊（今山西洪洞）人。以郡吏遷至御史、御史中丞，用法深刻，數廢數起，幾二十年。後為右扶風，犯法自殺。詳見卷六十〈酷吏傳・咸宣〉。(251)窮竟　追究到底。(252)發　挖掘。(253)園　陵園。(254)瘞錢　埋錢於園陵用以送葬。瘞，埋。(255)青翟　即莊（嚴）青翟。文帝後二年（西元前一六二年）嗣爵為武彊侯，武帝時歷任御史大夫、太子少傅等職，元狩五年（西元前一一八年）任丞相。政治上無甚才能。後因張湯事下獄自殺。256約俱謝 約定一起謝罪。約，約定。257至前 到皇上跟前。258丞相以四時行園 根據禮制，丞相每年四季要率人巡視陵園。四時，四季。行，巡視。259無與 與此事不相干。與，通「豫」。260致其文 定其罪名。261見知 罪名。即見知故縱罪。見知他人犯罪而不舉報，故意放縱，與之同罪。262患 擔心；憂慮。263三長史 丞相三長史。丞相長史為丞相主要屬員，設二人，秩千石，分管刑獄等事宜。此處說「三」，據顏師古推測，可能一人為代理長史。264朱買臣 字翁子，會稽郡吳縣（今江蘇蘇州）人。家貧，以賣樵為生。好讀書，任中大夫。出任會稽太守，參與擊破東越。徵入為主爵都尉。數歲，坐法免官，復為丞相長史。他與王朝、邊通等合謀告發御史大夫張湯陰事，張湯自殺。後以此被誅。詳見卷六十四〈朱買臣傳〉。265素 一向；素來。266齊 封國名。在今山東北部，王都臨淄（今淄博東北）。後被分為幾個小國。267術 指儒術。268右內史 官名。漢景帝二年（西元前一五五年）把內史所轄京師地分為左、右二部，稱左、右內史，共治京畿。秩二千石。武帝太初元年（西元前一〇四年），改右內史為京兆尹。269短長 短長術。即戰國時縱橫遊說之術。270剛暴 剛烈暴躁。271濟南 封國名。在今山東濟南以東到淄博以西一帶。都城東平陵（今章丘西北）。272相 諸侯國相。漢初，諸侯王國官屬設置與漢中央同，設丞相，為最高行政長官。景帝中五年（西元前一四五年）降低諸侯國官署級別，改丞相為相。273居湯右 官位高於張湯。漢代以右為尊，故稱地位高者為右。274守 代理。275詘體 拜伏。詘，通「屈」。276行 兼理職務。277陵折 欺侮折服。278君 尊稱。此稱丞相莊青翟。279賣 出賣。280宗廟 祭祀祖宗的場所。281左 證佐；證人。282輒 就。283居物 囤積物資以待高價出賣。居，儲藏。284聞 指為皇上所聞。285益 多；更加。286類 似；好像。287宜 應當。288面欺 當面欺騙。289輩 批。290簿責 根據文書所列罪狀逐條審問。簿，文簿。291具 全；都。292讓 責；責備。293分 輕重；分限。294夷滅 消滅；誅殺。295幾何 多少。意為數量很多。296狀 情狀；事實。297重 難；為難。298自為計 自己想辦法。指自殺。299何多以對為 何用多對；何必回答那麼多。對，回答。300刀筆吏 掌管文書的官吏。古時書寫，用毛筆寫在竹簡、木牘上，寫錯後用刀削去，重新寫上。故將掌管文書的官吏稱作「刀筆吏」，多用作貶義，譏諷他們舞文弄法。301三公 當時習稱三位中央最高行政長官丞相、太尉（大司馬）、御史大夫為三公，但事實上御史大夫僅為上卿。成帝綏和元年（西元前八年）改御史大夫為大司空，始備三公官。302塞 當；彌補。303直 通「值」。價值。304金 漢代上等貨幣。稱黃金一斤為一金。305奉賜 俸祿和賞賜。奉，通「俸」。306贏 餘。307被 蒙；受。308以 用。309椁 棺外的套棺。310出 釋放。311進 提拔。

【語　譯】張湯，杜陵縣人。父親任長安縣丞，有事外出，讓年幼的張湯看家。父親回來時，老鼠偷走了肉，父親很生氣，抽打了張湯。張湯挖開老鼠洞，用煙薰，抓到老鼠並找到剩餘的肉，他列舉老鼠的罪狀，進行拷問，傳遞審訊記錄，複審後定罪上報，拿來老鼠和肉，結案書寫案卷，在堂下對老鼠處以分屍的刑罰。他父親看到這一幕，看他書寫的文辭像一個老獄吏，非常吃驚，於是讓他抄寫法律文書。

2 他父親死後，張湯任長安縣吏。周陽侯田勝任諸卿時，曾因犯法被關押在長安縣獄，張湯竭力服侍他。等到田勝出獄後封為列侯，傾心與張湯交往，給他引見那些有權勢的人。張湯供職內史，作甯成的屬僚，因為張湯政績突出，甯成將他推介給丞相府，調任茂陵縣尉，負責茂陵的修建工程。

3 武安侯田蚡擔任丞相後，徵召張湯任丞相史，之後又推薦補任侍御史。張湯負責陳皇后的巫蠱案，深入追查她的同黨，皇上認為他有才能，提拔為太中大夫。他和趙禹共同修訂法律，務求苛文峻法，限制任職的官吏。不久趙禹升任少府，張湯任廷尉，兩人關係甚好，他以兄禮對待趙禹。趙禹的志向是奉公守職不結黨營私，但是張湯卻玩弄智謀來控制別人。當初做小吏時，利用職權謀取私利，和長安富商田甲、魚翁叔之流私下交往。等到他官至九卿，接納結交天下有名的士大夫，自己內心即使對他們不以為然，但表面上仍假裝讚許他們。

4 那時，皇上正崇尚儒家學說，張湯審理大案，想要附會古代儒家經義，於是就請學習《尚書》、《春秋》的博士弟子補任廷尉史，調整修正有疑問的法令。每次上奏對疑案的處理意見，張湯一定事先為皇上分析原委，皇上認為判決得當，接到皇上的回覆後就寫入疑案案例和廷尉挈令中，宣揚君主的英明。如果上奏受到皇上的責罵，張湯就做深刻的檢討謝罪，按照皇上的意思，總是引出廷尉正、廷尉監、掾史中賢能的人，說：「他們本來為臣建議，正如皇上批評臣的那樣，臣沒有採納，是臣的愚昧導致這樣。」他的罪過常常被寬赦。有時奏事得到皇上的褒獎，他就說：「臣原本並沒有想上此奏，是廷尉監、掾史某某建議的。」他想要推薦官吏，就是這樣宣揚人的優點、開脫人的過失的。他辦理的案子，如果是皇上想治罪的，他就交給嚴厲苛刻的屬吏負責；如果是皇上想寬赦的，就交給寬厚公正的屬吏負責。犯案的如果是豪強，他一定舞文弄法羅織成罪；如果是貧弱人家，他就找機會親口對皇上說「雖然按照法令應當判罪，但尚請皇上裁定」。皇上往往就照他的意思寬赦了。張湯升任高官後，注重家內修為，廣交賓客，供給他們飲食，對故交子弟中任吏的以及貧窮的兄弟，安排照顧得尤其周到。他親自到諸公府上拜訪問候，不論嚴寒酷暑從不間斷。因此，張湯雖然用法深刻，心胸狹隘，執法不公，但是卻享有很高的聲譽。而那些成為其爪牙為其所用的嚴厲刻薄的官吏，也多依附儒學之士。丞相公孫弘多次讚揚張湯。

5 等到審理淮南王劉安、衡山王劉賜、江都王劉建謀反案時，都深挖其黨羽。皇上想要寬大處理嚴助、伍被，張湯爭辯說：「伍被本是謀反的主謀，而嚴助受皇上親近寵幸，出入宮中，是皇上的心腹之臣，卻私下與諸侯交往，這樣的人還不殺掉，以後就沒有辦法治理了。」皇上批准了他的意見，處死了兩人。他辦案大都像這樣巧妙地排擠大臣，來為自己邀功。他因此也越來越受到皇上的尊崇和任用，升任御史大夫。

6 當時正值渾邪王等投降漢，漢大肆發兵討伐匈奴，山東地區發生了水、旱災害，貧民流亡遷徙，這些都要依賴國家供給，國庫因此空虛。張湯秉承皇上的旨意，請求鑄造銀幣和五銖錢，壟斷全國鹽、鐵的生產和銷售，打擊富商大賈，頒布告緡令，剷除豪強兼併之家，玩弄法律條文巧妙地羅織罪名來輔助法律的實行。張湯每每上朝奏事，談到國家的財用，都說到很晚，皇上竟然忘了吃飯。當時的丞相只是充其位而已，國事都由張湯決斷。百姓無法安心生活，發生騷亂，朝廷新興的事業並未獲得利潤，奸猾的官吏還趁機進行侵占掠奪，於是張湯對他們嚴加治罪。從公卿以下到平民都指責張湯。張湯曾經生病，皇上親自到他的家中去看望他，他顯貴到了這種程度。

7 匈奴請求和親，群臣在皇上面前商議此事，博士狄山說：「和親有利。」皇上問利在何處，狄山說：「戰爭是凶器，難以頻繁地動用它。高帝當初想要討伐匈奴，卻被圍困在平城，於是才締結了和親。孝惠皇帝和高后時，百姓安居樂業，到文帝時想要討伐匈奴，北邊騷動不安，苦於戰爭。孝景皇帝時，吳楚七國謀反，景帝頻繁往來東宮，天下為此憂心恐懼數月。吳楚被平定後，終景帝之世不再談論戰爭，天下因此富裕充實。現在自從陛下發兵攻打匈奴以來，國內財物空虛，邊境人民極其窘困貧窮。由此來看，戰爭不如和親。」皇上問張湯，張湯說：「這是愚昧儒生的無知之見。」狄山說：「臣固然是愚忠，但像御史大夫張湯，卻是假裝忠心。張湯審理淮南王、江都王案時，用嚴峻的法律治諸侯以重罪，分離疏遠皇上的骨肉，使藩臣人人自危，臣本來就知道張湯是假裝忠心。」皇上聽罷勃然大怒道：「我讓先生駐守一郡，能不讓匈奴入侵為盜嗎？」狄山說：「不能。」皇上又問：「駐守一縣呢？」說：「不能。」皇上又問：「駐守一鄣呢？」狄山自忖如果再說不能就會送交司法官吏治罪，只好說：「能。」於是皇上派遣狄山去駐守一個鄣。過了一個多月，匈奴人砍下狄山的頭後離開。此後群臣都非常震驚恐懼。

8 張湯的賓客田甲雖然是商人，但是有好的品行，當初張湯任小吏的時候，他是用金錢和張湯結交的，但是等到張湯做了大官，田甲卻要求張湯注意品行道義，有剛烈之士的風範。

9 張湯任御史大夫七年，事敗。

10 河東人李文，過去曾經與張湯有過節，不久擔任了御史中丞，一再查閱殿中文書案卷，尋找可以用來中傷張湯的事情，不給他留一點餘地。張湯有個喜愛的廷尉史魯謁居，知道張湯為此心中不平，就派人上緊急事變的文書揭發李文的壞事。此案下到張湯，張湯審理判決處死李文，而張湯心中明白這是魯謁居告發的。皇上問張湯：「緊急事變的蹤跡是如何發現的？」張湯假裝吃驚說：「這大概是李文的熟人怨恨他。」魯謁居一次生病在里的主人家臥床休息，張湯親自前去探視病情，為謁居按摩腳。趙國人以冶鐵鑄造為業，趙王劉彭祖屢次為鐵官的事上訴，張湯常常駁回趙王。趙王四處探求張湯的隱私。魯謁居曾經審訊過趙王，趙王也怨恨他，上書一起告發他們：「張湯身為大臣，屬吏魯謁居有病，張湯居然為他按摩腳，懷疑他們一起幹了大壞事。」此案下到廷尉。魯謁居病死，案子牽連到他的弟弟，他的弟弟被關押在導官。張湯審理其他關押在導官的囚犯，見到謁居的弟弟，想暗地裡為他脫罪，假裝不理睬他。謁居的弟弟不知其意而怨恨他，讓人上書，告發張湯和謁居密謀，一起以緊急事變告發李文。此案下到減宣處。減宣曾經和張湯有嫌隙，等到接手此案，深入追查，不上報皇上。適逢有人盜挖孝文皇帝陵園中陪葬的錢，丞相莊青翟臨上朝，與張湯約好一起謝罪，到了皇上面前，張湯想到只有丞相每年四季巡視陵園，理應謝罪，和我張湯沒有任何關係，就沒有謝罪。丞相謝罪，皇上派御史立案處理此事。張湯想要給丞相定見知故縱的罪名，丞相很憂慮這件事。

丞相三長史都十分忌憚張湯，想要陷害他。

11 當初，長史朱買臣與張湯有積怨，此事記載在〈朱買臣傳〉中。王朝是齊國人，因通儒術升至右內史。邊通學習合縱連橫術，性格剛烈暴躁，官至濟南相。以前他們的地位都在張湯之上，後來丟了官，代理長史，地位低於張湯。張湯多次兼理丞相的職務，知道這三個長史素來尊貴，常常欺侮壓制他們，所以三長史一起謀劃說：「當初張湯約定和丞相君一起謝罪，屆時卻出賣了君；現在又想用宗廟那件事彈劾君，無非是想取代君罷了。我們知道張湯的隱密勾當。」他們派吏抓捕之前審問張湯時的證人田信等，說張湯每次要奏請某項措施時，田信都會預先知道，囤積居奇發了財，然後和張湯一起分贓。還有其他一些壞事。這些事情和供詞多傳到皇上耳中。皇上問張湯說：「我一想有所舉措，商人就知道了，越發地囤積貨物，好像有人把我的計劃告訴他們似的。」張湯不謝罪，又假裝吃驚地說：「確實好像有。」減宣也把魯謁居的事情上報給皇上。皇上認為張湯心懷詭詐，當面欺騙，派八批使者按簿書逐條責問張湯。張湯都自稱沒有這些事，不服罪。於是皇上派趙禹責備張湯。趙禹到後，責備張湯說：「您怎麼這麼不知輕重！您辦理的案子，誅殺了多少人！現在人家告發您證據確鑿，皇上不願將您下獄，想讓您自裁，何必回答那麼多？」張湯於是上書謝罪說：「張湯沒有尺寸之功，出身於刀筆吏，陛下寵幸讓我做了三公，沒有什麼可以彌補自己的罪責。但是陰謀陷害張湯的，是三長史。」於是自殺。

12 張湯死後，他的家產價值不過五百斤黃金，都是得於俸祿和賞賜，沒有多餘的財產。他的兄弟兒子們想要厚葬他，張湯的母親說：「張湯身為皇上的大臣，受到惡毒的汙衊而死，為什麼要厚葬！」棺材用牛車拉著，沒有套棺的槨。皇上聽說了，說：「不是這樣的母親養不出這樣的兒子。」於是盡數將三長史逮捕處死。丞相莊青翟自殺。釋放了田信。皇上痛惜張湯之死，就逐步提拔他的兒子張安世。

1 安世字子孺，少以父任❶為郎❷。用❸善書❹給事❺尚書❻，精力於職，休沐❼

未嘗出。上行幸[8]河東，嘗亡[9]書三篋[10]，詔[11]問莫[12]能知，惟[13]安世識[14]之，具作其事[15]。後購[16]求得書，以相校[17]無所遺失。上奇[18]其材，擢[19]為尚書令[20]，遷光祿大夫[21]。

2 昭帝[22]即位，大將軍[23]霍光[24]秉[25]政，以安世篤行[26]，光親重之。會左將軍[27]上官桀[28]父子及御史大夫桑弘羊[29]皆與燕王[30]、蓋主[31]謀反誅，光以朝無舊臣，白[32]用安世為右將軍光祿勳[33]，以自副[34]焉。久之，天子下詔曰：「右將軍光祿勳安世輔政宿衛[35]，肅敬[36]不怠，十有三年，咸以康寧。夫親親[37]任賢[38]，唐虞[39]之道也，其封安世為富平[40]侯。」

3 明年[41]，昭帝崩，未葬，大將軍光白太后[42]，徙安世為車騎將軍[43]，與共徵立[44]昌邑王[45]。王行淫亂[46]，光復與安世謀廢[47]王，尊立宣帝[48]。帝初即位，褒賞[49]大臣，下詔曰：「夫褒有德，賞有功，古今之通義[50]也。車騎將軍光祿勳富平侯安世，宿衛忠正[51]，宣德明恩[52]，勤勞國家，守職秉義，以安宗廟[53]，其益封[54]萬六百戶，功次大將軍光。」安世子千秋、延壽、彭祖，皆中郎將[55]侍中[56]。

4 大將軍光薨[57]後數月，御史大夫魏相[58]上封事[59]曰：「聖王褒有德以懷[60]萬方[61]，顯[62]有功以勸[63]百寮[64]，是以朝廷尊榮，天下鄉風[65]。國家承祖宗之業，制[66]

諸侯之重，新失大將軍，宜宣[67]章[68]盛德以示天下，顯明功臣以填[69]藩國[70]。毋[71]空大位[72]，以塞[73]爭權，所以安社稷[74]絕[75]未萌[76]也。車騎將軍安世事孝武皇帝三十餘年，忠信謹厚，勤勞政事，夙夜[77]不怠，與大將軍定策，天下受其福，國家重臣也，宜尊其位，以為大將軍，毋令領光祿勳事，使專精神，憂念[78]天下，思惟[79]得失。安世子延壽重[80]厚，可以為光祿勳，領宿衛臣。」上亦欲用之。安世聞指，懼不敢當，請問[81]求見，免冠[82]頓首[83]曰：「老臣耳妄[84]聞，言之為先事[85]，不言情不達[86]，誠[87]自量[88]不足以居大位，繼大將軍後。唯天子財[89]哀[90]，以全老臣之命。」上笑曰：「君言泰[91]謙。君而不可，尚誰可者[92]！」安世深辭弗能得[93]。後數日，竟拜為大司馬[94]車騎將軍，領尚書事。數月，罷[95]車騎將軍屯兵[96]，更為衛將軍[97]，兩宮衛尉[98]，城門[99]、北軍[100]兵屬焉。

時霍光子禹為右將軍，上亦以禹為大司馬，罷其右將軍屯兵，以虛[101]尊加之，而實[102]奪其眾。後歲餘，禹謀反，夷[103]宗族。安世素小心畏忌[104]，已內憂矣。其女孫[105]敬為霍氏外屬[106]婦[107]，當相坐[108]，安世瘦懼，形於顏色[109]。上怪而憐之，以問左右[110]，乃赦敬，以慰其意。安世寖[111]恐。職典[112]樞機[113]，以謹慎周密自著[114]，外內無間[115]。每定大政，已決，輒移病[116]出，聞有詔令，乃驚，使吏之[117]丞相府問焉[118]。

自朝廷大臣莫知其與(119)議也。

6 嘗有所薦，其人來謝，安世大恨，以為舉賢達能(120)，豈(121)有私(122)謝邪？絕弗復為通(123)。有郎功高不調(124)，自言，安世應曰：「君之功高，明主所知。人臣(125)執事(126)，何長短(127)而自言乎！」絕不許。已而郎果遷(128)。莫府(129)長史(130)遷，辭去之官(131)，安世問以過失(132)。長史曰：「將軍為明主股肱(133)，而士無所進(134)，論者(135)以為譏(136)。」安世曰：「明主在上，賢不肖(137)較然(138)，臣下自修(139)而已(140)，何知士而薦之？」其欲匿(141)名迹遠(142)權勢如此。

7 為光祿勳，郎有醉小便殿上，主事(143)白(144)行法(145)，安世曰：「何以知其不反(146)水漿(147)邪？如何(148)以小過成罪(149)！」郎淫官婢(150)，婢兄自言，安世曰：「奴以恚怒(151)，誣汙(152)衣冠(153)。」告署(154)適(155)奴。其隱人過失，皆此類也。

8 安世自見父子尊顯(156)，懷(157)不自安，為子延壽求出補吏(158)，上以為北地太守(159)。歲餘，上閔(160)安世年老，復徵延壽為左曹(161)太僕(162)。

9 初，安世兄賀幸(163)於衛太子(164)，太子敗，賓客皆誅，安世為賀上書，得下蠶室(165)。後為掖庭令(166)，而宣帝以皇曾孫(167)收養掖庭。賀內傷(168)太子無辜(169)，而曾孫孤幼，所以視養拊循(170)，恩甚密焉。及曾孫壯大，賀教書，令受詩(171)，為取(172)許妃(173)，以家財聘之。曾孫數有徵怪[174]，語在宣紀。賀聞知，為安世道之，稱其材美[175]。安世輒絕止，以為少主[176]在上，不宜稱述曾孫。及宣帝即位，而賀已死。上謂安世曰：「掖庭令平生稱我，將軍止之，是也。」上追思賀恩，欲封其冢[177]為恩德侯，置守冢[178]二百家。賀有一子蚤[179]死，無子[180]，子[181]安世小男彭祖。彭祖又小與上同席研書，指[182]欲封之，先賜爵[183]關內侯[184]。故[185]安世深辭[186]賀封，又求損[187]守冢戶數，稍[188]減至三十戶。上曰：「吾自為掖庭令，非為將軍也。」安世乃止，不敢復言。遂下詔曰：「其為故掖庭令張賀置守冢三十家。」上自處置[189]其里[190]，居[191]冢西鬬雞翁舍南，上少時所嘗[192]游處也。明年，復下詔曰：「朕[193]微眇[194]時，故掖庭令張賀輔道[195]朕躬，修[196]文學經術[197]，恩惠卓異[198]，厥[199]功茂[200]焉。詩云：『無言不讎，無德不報[201]。』其封賀弟子侍中關內侯彭祖為陽都[202]侯，賜賀謚曰陽都哀侯。」時賀有孤孫霸，年七歲，拜[203]為散騎[204]中郎將，賜爵關內侯，食邑[205]三百戶。安世以父子封侯，在位大盛，乃[206]辭祿[207]。詔都內[208]別[209]臧[210]張氏無名錢[211]以百萬數。

安世尊為公侯[212]，食邑萬戶，然身衣[213]弋[214]綈[215]，夫人自紡績[216]，家童[217]七百人，皆有手技[218]作事，內治產業[219]，累積纖微[220]，是以能殖[221]其貨[222]，富於大將軍光。

天子甚尊憚(223)大將軍，然內親安世，心密(224)於光焉。

11 元康四年(225)春，安世病，上疏(226)歸侯，乞骸骨(227)。天子報(228)曰：「將軍年老被(229)病，朕甚閔之。雖不能視事(230)，折衝(231)萬里，君先帝(232)大臣，明於治亂，朕所不及，得數問焉(233)，何感(234)而上書歸衛將軍富平侯印？薄朕忘故(235)，非所望也！願將軍彊(236)餐食，近(237)醫藥，專(238)精神，以輔天年(239)。」安世復強起視事，至秋薨。天子贈印綬(240)，送(241)以輕車(242)介士(243)，諡曰敬侯。賜塋(244)杜(245)東，將作(246)穿復土(247)，起冢祠堂(248)。子延壽嗣。

【章旨】以上為第二部分，述張湯子張安世生平。張安世以父任入仕，恪盡職守，得到武帝賞識，遷尚書令、光祿大夫等職。昭帝時受武帝遺詔與霍光共同輔政，昭帝死後，與霍光共立昌邑王，後廢之，改立宣帝。為官以謹慎周密著稱，深得幾代皇帝的親信。

【注釋】❶父任　因父親保舉為官。漢制，凡祿秩二千石以上的官員，任滿三年，可保任子弟為郎官。任，保舉。❷郎　泛指郎官。漢代依職責不同，有郎中、中郎、外郎、侍郎、議郎等。執掌守衛皇宮殿廊門戶，皇帝出行時充車騎扈從。❸用　因；以。❹善書　擅長書法。❺給事　供事；供職。給，供。❻尚書　官名。屬少府，執掌殿中文書，傳達記錄詔命章奏。西漢中期以後職權漸重，典掌機要，中朝大臣常兼此職，參與議政決策。❼休沐　漢代官吏每隔五天放假一天回家休息洗沐。❽行幸　巡行視察。幸，皇上御駕親臨為幸。❾亡　丟失。❿篋　小箱子。⓫詔　詔書。指皇帝頒發的命令文告。⓬莫　沒有。⓭惟　只有；獨有。⓮識　通「誌」。記得。⓯具作其事　全部復述其內容。作，這裡指憑記憶復述。⓰購　懸賞。⓱相校　彼此對校。校，校對。⓲奇　驚奇；以為奇。⓳擢　提拔。⓴尚書令　官名。尚書的長官，掌殿中文書，屬少府。初秩六百石。武帝以後職權稍重，秩千石。㉑光祿大夫　官名。光祿勳屬官，原名中大夫，掌議論朝政。武帝太初元年（西元前一〇四年）更名光祿大夫，秩比二千石。㉒昭帝　漢昭帝劉弗陵，西元前八六—前七四年在位。詳見卷七〈昭帝紀〉。㉓大將軍　將軍名號。將軍中地位最高者。執掌統兵征戰。漢初不常設。武帝以後多由貴戚擔任，為中朝官之首，執掌朝政。㉔霍光　字子孟，河東平陽（今山西臨汾）人。霍去病異母弟。昭帝即位後，與金日磾、上官桀等受遺詔輔政，任大司馬大將軍，封博陸侯，掌管朝政。昭帝死，立昌邑王為帝，不久廢之，迎立宣帝。詳見卷六十八〈霍光傳〉。㉕秉　執掌；把持。㉖篤行　品行敦厚。篤，厚；誠實。㉗左將軍　將軍名號。漢代有前、後、左、右將軍，位上卿，不常置。掌統兵征戰，常兼任他官，為中朝官。㉘上官桀　複姓上官，名桀，字少叔，上邽（今甘肅天水）人。武帝時官至太僕，武帝臨終以為左將軍，與霍光等受遺詔輔政，封為安陽侯。後與霍光爭權，勾結桑弘羊、燕王旦、蓋主等陰謀殺霍光，廢昭帝，立燕王。事發覺，被夷宗族。㉙桑弘羊　洛陽商人之子。因善於理財，武帝時被重用，官至御史大夫，參與並主持鹽鐵專賣、平準均輸、酒榷等經濟改革。武帝臨終時與霍光等受遺詔輔佐昭帝。後因霍光廢止酒榷等事，怨恨霍光，謀反，事敗被滅宗族。㉚燕王　燕剌王劉旦。武帝子，昭帝異母兄。對武帝捨長立幼心懷不滿，謀反，事敗自殺，國除。詳見卷六十三〈武五子傳・燕剌王劉旦〉。㉛蓋主　鄂邑蓋主。武帝女，昭帝姊。食邑鄂邑（今湖北鄂城）。嫁武帝舅父王信之孫蓋（今山東沂源東南）侯王受，故稱蓋主。王受早死，蓋主與丁外人私通，想為丁外人求官爵，霍光不許，故怨恨霍光。謀反失敗，自殺，丁外人被滅宗族。㉜白　稟告；陳請。㉝光祿勳　官名。武帝太初元年（西元前一〇四年）由郎中令改。掌管宮廷宿衛，職甚親重，為列卿之一，秩中二千石。㉞副　副手。㉟宿衛　在宮中值宿，擔任警衛。㊱肅敬　嚴肅恭敬。㊲親親　親愛其親屬。㊳任賢　任用有才德的人。㊴唐虞　古史傳說陶唐氏堯和有虞氏舜，皆以揖讓有天下，以唐、虞時為太平盛世。㊵富平　縣名。在今山東惠民東。一說，在陵縣東北。㊶明年　次年；翌年。㊷太后　皇帝或諸侯王母親的稱號。此處指昭帝皇后上官氏，上官桀的孫女，霍光的外孫女。㊸車騎將軍　將軍名號。漢文帝始設，不常置。位次大將軍、驃騎將軍。掌統兵征戰，常兼任他官，為中朝官。㊹立　立為皇帝。㊺昌邑王　指劉賀。漢武帝孫。昭帝死後無嗣，被迎立為帝。旋遭廢黜，賜湯沐邑二千戶。宣帝元康三年（西元前六三年）封海昏侯。病死。詳見卷六十三〈武五子傳・昌邑哀王劉髆〉。㊻淫亂　荒淫悖亂。㊼廢　廢黜帝位。㊽宣帝　漢宣帝劉詢。西元前七四—前四九年在位。詳見卷八〈宣帝紀〉。㊾褒賞　褒獎賞賜。㊿通義　普遍適用的道理。51忠正　忠心正直。52宣德明恩　宣揚道德彰顯恩義。53宗廟　祭祀祖宗的場所。代指皇室基業。54益封　加封食邑。55中郎將　官名。郎中令（光祿勳）屬官，統領宮內侍衛中郎的長官。西漢中郎分五官、左、右三署，各置中郎將以統領之。56侍中加官名。漢承秦置，為從列侯以下至郎中的加官，加此官可入侍禁中，侍從皇帝，應對顧問。57薨 諸侯王、列侯等死，諱稱薨。58魏相 字弱翁，濟陰定陶（今山東定陶）人。精通《易經》。昭帝時舉賢良，以對策高第為茂陵令，遷河南太守等職。宣帝時官至丞相，封高平侯，卒官。詳見卷七十四〈魏相傳〉。59封事 密封的奏章。漢代臣下奏事，為防洩露，用皁囊封板，稱封事，也稱封章。60懷 徠；使歸順。61方 同「邦」。商、周時期對周圍少數部族的通稱。62顯 顯揚。63勸 勸導；勸勉。64百寮 百官。寮，通「僚」。65鄉風 仰慕。鄉，通「嚮」。66制 節制；控制。67宣 宣揚。68章 通「彰」。表彰。69填 通「鎮」。安定。70藩國 諸侯國。藩，遮蔽。古代帝王以諸侯國藩屏王室，故稱。71毋 不要。72大位 重要、顯要的官位。指大將軍位。73塞 堵住；阻止。74社稷 指國家。社為土地神，稷為穀神。古代帝王以社稷為國家政權的象徵。75絕 斷。76未萌 指變故尚未萌芽。77夙夜 朝夕；早晚。夙，早。78憂念 擔心思慮。79惟 獨；只。80重 莊重；端重。81間 私下。82免冠 摘下頭上戴的冠。83頓首 叩頭。84妄 虛妄；不實。85先事 事情尚未施行卻先說出來。86達 到達。指為皇上所知。87誠 真是；確實。88量 估量；思忖。89財 通「才」。少；稍微。90哀 可憐；憐惜。91泰 通「太」。過甚。92君而不可二句 君如果不行，還有誰可以。而，如果。93弗能得 不能得到皇上的允許。94大司馬 武帝元狩四年（西元前一一九年）初置，為加官，以冠將軍之號。初多授功勳卓著者，後常授於顯貴外戚，位中朝官之首，執掌國政。宣帝地節三年（西元前六七年）不冠將軍。成帝綏和元年（西元前八年），出居外朝，置官署。至東漢建武二十七年（西元五一年）改名太尉，或為加官或置官署，變化無常。95罷 撤銷；解散。96屯兵 駐軍；駐兵。97衛將軍 將軍名號。掌統兵征戰。位次大將軍、驃騎將軍、車騎將軍。常兼任他官，為中朝官。不常置。98兩宮衛尉 即未央衛尉和長樂衛尉。未央衛尉，掌戍衛未央宮，統領屯駐衛士。景帝時曾一度改名中大夫令。秩中二千石。長樂衛尉，掌戍衛長樂宮。不常置。99城門 指城門校尉。漢武帝征和二年（西元前九一年）始置，秩二千石。掌守衛京城長安十二城門，領城門屯兵。職顯任重，常以重臣監領。100北軍 漢代京師衛戍部隊，地位顯要。以軍營在未央、長樂兩宮北，故名。武帝平百粵後，擴充北軍編制，置八校尉。以中壘校尉掌北軍。其後北軍亦出外征戰。101虛 虛職；沒有實權的官職。102實 實際。103夷 削平；消滅。104畏忌 指畏懼、忌諱盈滿之禍。105女孫 即孫女。106外屬 外家親屬。107婦 妻子；媳婦。108相坐 連坐。古代一人犯法，親屬、鄉里等要受牽連治罪。109形於顏色 表現在臉色上。形，見。110左右 在旁侍候的人；近侍。111寖 益；更加。112典 掌管。113樞機 指朝廷機要部門或職位，如尚書、中書、宰輔等職。114著 明顯；顯露。115間 隙；漏洞。116移病 上書稱病休假。117之 前往；去。118焉 此；這件事。119與 通「豫」。參與。120達能 引薦有才能的人。達，引進。121豈 難道。

表示反問，副詞。122私　私下；私自。123絕弗復為通　告訴此人與他斷交，不再來往。通，交往。124調　選任；升職。125人臣　臣下。126執事　執掌政事；擔任工作。127長短　職位高低；得失。128已而郎果遷　不久郎官果然被升遷了。張安世表面上假裝拒絕他，實際上卻提拔了他。已而，不久。果，果然。129莫府　本義指將帥出征時在駐地設置的大帷帳，後借代指將帥的官署。莫，通「幕」。130長史　即將軍府長史。將軍府副官，主管將軍府事宜，秩千石。131之官　上任。之，往；至。動詞。132安世問以過失　張安世問自己的過失。133股肱　比喻輔佐得力的大臣。股，大腿。肱，上臂。134進　推舉；推薦。135論者　議論的人。136譏　批評；諷刺。137不肖　品行不端；不像樣子。138較然　清楚、明顯的樣子。139自修　自我修養。140而已　僅止於此，猶言「罷了」。語末助詞。141匿　隱藏。142遠　離；遠離。143主事　漢代光祿勳屬官有南北廬主事、三署主事，以郎中察茂才高第者為之，秩四百石。144白　彙報；請示。145行法　依法處置。146反　通「翻」。傾倒。147漿　一種酸味的飲料。148如何　奈何；為何。149成罪　構成罪名。150郎淫官婢　王念孫說「郎」下當有「有」字。淫，姦淫。官婢，因犯罪等被官府沒入為奴隸的女子。151恚怒　發怒；怨恨。152誣汙　誣衊栽贓。153衣冠　本指士大夫的穿戴。故借指士大夫。冠，禮帽。154署　官署。155適　通「謫」。處罰。156尊顯　尊貴顯赫。157懷　懷藏。158出補吏　指出京補任地方官吏。159北地太守　官名。北地，郡名。在今甘肅東北部至寧夏東南端，治馬嶺（今甘肅慶陽西北）。太守，官名。秦漢時郡行政長官，秩二千石。原名郡守，景帝中二年（西元前一四八年）更名太守。本書卷十九〈百官公卿表下〉有北海太守張延壽。不知孰是。160閔　通「憫」。憐憫。161左曹　加官名。武帝時置左、右曹，掌受尚書奏事，典掌樞機。162太僕　官名。列卿之一，秩中二千石。執掌皇帝車馬。163幸　為帝王所寵愛。164衛太子　即漢武帝長子、衛皇后子劉據。元狩元年（西元前一二二年）立為太子。後因被江充誣陷巫蠱，起兵殺江充後自殺。又稱戾太子。詳見卷六十三〈武五子傳‧戾太子劉據〉。165下蠶室　即受宮刑。受宮刑者忌風須暖，故將其置於密室如蠶室，因以名。166掖庭令　官名。武帝太初元年（西元前一〇四年）由永巷令更名，屬少府。掌後宮宮女及供御雜務，管理宮中詔獄。由宦官充任，在皇帝左右，權勢頗重。掖庭（永巷），帝王嬪妃居住的地方，詔獄犯人也關押於此。167皇曾孫　宣帝是武帝的曾孫，故稱。168內傷　心中感傷。169辜　罪。170拊循　撫慰；安撫。拊，通「撫」。循，通「揗」。撫摩。171詩　即《詩經》。中國第一部詩歌總集，收錄從西周到春秋的詩歌。現存三百零五篇，包括風、雅、頌三部分。相傳由孔子刪訂而成，為儒家經典之一。172取　通「娶」。173許妃　許廣漢的女兒，後立為皇后。詳見卷九十七〈外戚傳上‧孝宣許皇后〉。妃，皇帝的姬妾、太子的正妻。174徵怪　奇異的徵兆。徵，證；兆。175材美　才能出眾。材，通「才」。176少主　指漢昭帝。昭帝即位時年僅八歲，其時年少，故稱少主。177封其冢　死後追封列侯，並表其墓。

冢，墳墓。(178)守家　守護墳墓的人。(179)蚤　古「早」字。(180)無子　顧炎武說「無子」指無現存之子，其子早死，後文中「孤孫霸」即其親生子之子。(181)子　以為子；過繼為子。(182)指　通「旨」。旨意。(183)爵　秦漢以爵位劃分人的社會等級。漢承秦制，實行二十等爵制。(184)關內侯　二十等爵第十九級，在京畿有封邑。(185)故　但。表轉折相承。(186)深辭　態度極堅決、誠懇地推辭。(187)損　減少。(188)稍　逐漸。(189)處置　安排；設置。(190)里　秦漢時期基層社會組織或社區單位名。縣下設鄉，鄉下置里。一里有二十五戶、五十戶、百戶說。(191)居　置；設。(192)嘗　曾經。(193)朕　古時自稱語，無貴賤之分，自秦始皇始專用為皇帝自稱語。(194)微眇　低微；微小。眇，細小；低微。(195)道　通「導」。(196)修　學習；修習。(197)文學經術　指儒家經典、學說。(198)卓異　超群不凡。(199)厥　其。代詞。(200)茂　盛；多。(201)無言不讎二句　出自《詩經・大雅・抑》詩。讎，匹配；對等。(202)陽都　縣名。在今山東沂南南。(203)拜　授予官職的儀式。(204)散騎　加官名。加此官可侍從皇帝出巡。(205)食邑　漢代賜封給列侯、關內侯、公主等的田邑，可徵收邑內民戶租稅作為俸祿。(206)乃　就。(207)辭祿　辭掉俸祿。祿，俸祿；薪水。(208)都內　大司農屬官，設令、丞。掌管國家所藏貨幣、布帛等財物。(209)別　另外；專門。(210)臧　通「藏」。(211)無名錢　張安世退還給國家、國家無法按照常規記錄在簿的錢。(212)公侯　張安世任大司馬，位公；爵富平侯，為列侯。(213)衣　穿。作動詞。(214)弋　黑色。(215)綈　質地較厚的絲織物，是絲織品中的下品，價格低廉。(216)紡績　紡絲織布。績，緝麻。(217)童　通「僮」。奴僕。(218)手技　手藝。(219)產業　生產與作業。(220)纖微　細微；細小。(221)殖　生長；繁殖。(222)貨　財貨；財產。(223)尊憚　尊重、畏憚。(224)密　親密；親近。(225)元康四年　西元前六二年。元康，漢宣帝年號。(226)上疏　書面向皇帝陳述政見。(227)乞骸骨　古代官員請求退休時的說法。乞，乞求。骸骨，對自己身體的賤稱。(228)報　答覆。(229)被　受；遭。(230)視事　任職；辦公。(231)折衝　使敵人的戰車後撤，即擊退敵人。衝，一種戰車。(232)先帝　去世的皇帝。此處指漢昭帝。(233)朕所不及二句　意為我不清楚的地方，就屢屢向您諮詢。數，屢屢；多次。問，諮詢。(234)感　通「憾」。恨。(235)薄朕忘故　待我不厚，忘了舊恩。薄，薄待；不厚。(236)彊　努力；勉強。(237)近　貼近。(238)專　專一。(239)天年　自然的壽數。(240)綬　繫在官印上的絲帶，以顏色區別官吏的身分和等級。(241)送　送葬。(242)輕車　古代戰車之一種。(243)介士　甲士。穿甲冑的士兵。介，甲冑。(244)塋　墓地。(245)杜　王啟原說「杜」後疑脫「陵」字。杜陵，縣名。(246)將作　即將作大匠的省稱。漢景帝中六年（西元前一四四年）以將作少府更名。執掌領刑徒奴隸修建宮室、宗廟、路寢、陵園等土木工程，秩二千石。(247)穿復土　指挖墓穴和填埋覆土。(248)祠堂　祭祀祖宗或賢能有功德者的廟堂。

【語譯】張安世字子孺，少年時因父親是高官被保舉為郎官。因擅長書法供職尚書，專心全力投入到自己的職務，放假也不回家休息。皇上巡行視察河東郡，曾經丟失了三箱文書，皇上下詔問屬官，無人能記得其中內容，只有張安世記得，全都能復述下來。後來懸賞找到這些文書，將兩者進行互校，沒有一點遺漏。皇上驚奇他的才能，提拔他為尚書令，升遷至光祿大夫。

2 昭帝即位，大將軍霍光主持朝政，因張安世品行敦厚，霍光親近重用他。適逢左將軍上官桀父子及御史大夫桑弘羊都和燕王劉旦、蓋主謀反被誅殺，霍光因為朝中沒有舊臣，稟告皇上任用張安世為右將軍光祿勳，作為自己的副手。過了很長時間，皇上下詔說：「右將軍光祿勳張安世輔佐朝政，值宿守衛，認真恭敬不怠慢，已經十三年了，所以一切都康泰安寧。親信親屬、任用賢才，是唐虞的治國之道，封張安世為富平侯。」

3 隔年，昭帝駕崩，還未下葬，大將軍霍光稟告太后，提拔張安世為車騎將軍，與他共同徵召立昌邑王為帝。昌邑王行為荒淫悖亂，霍光又和張安世商議廢黜昌邑王，尊立宣帝。宣帝剛剛即位，褒獎賞賜大臣，下詔說：「褒獎有德，賞賜有功，這是古今普遍適用的道義。車騎將軍光祿勳富平侯張安世，值宿守衛忠心正直，宣揚道德彰顯恩義，辛勤勞苦為國家，恪守職責主持正義，來安定漢室宗廟，加封給他食邑一萬零六百戶，功僅次於大將軍霍光。」張安世的兒子張千秋、張延壽、張彭祖，都被任命為中郎將侍中。

4 大將軍霍光死後數月，御史大夫魏相呈上密封的奏章說：「聖王褒獎有德行的人以招徠眾邦國，顯揚有功的人以勸勉百官，所以朝廷威望崇高名聲顯耀，天下聞風仰慕。國家繼承祖宗的基業，控制著諸侯的權柄，剛剛失去大將軍，應當宣揚表彰有崇高德行的人以昭示天下，凸顯宣明功臣來安定諸侯國。不要空著重要的職位，以防止爭奪權位，是為了安定國家社稷，防患於未然。車騎將軍張安世侍奉孝武皇帝三十多年，忠誠守信，嚴謹厚道，勤勞政事，朝夕不怠，和大將軍制定安邦大策，天下人都受到他的福澤，是國家的重臣，應當尊崇他的職位，任命他為大將軍，不要再兼管光祿勳的事，讓他專一精神，憂慮天下，只思考國家的得失。張安世的兒子張延壽穩重忠厚，可以任命為光祿勳，統領值宿警衛之臣。」皇上也想用他。張安世聽說皇上有此意，害怕不能擔此重任，請求私下進見皇上，摘下頭冠叩頭說：「老臣妄自聽到一個傳言，說了是說尚未施行的事，不說又無法讓皇上了解臣的心意，確實感到自己不足以擔當重大的位子，接替大將軍的後任。希望皇上對臣稍加憐惜，以保全老臣的命。」皇上笑著說：「您這樣說是過於謙虛了。您如果不行，還有誰可以呢！」張安世堅決推辭，但未能如願。幾天後，終任命他為大司馬車騎將軍，兼領尚書事務。數月後，撤掉車騎將軍統帥的駐兵，改任他為衛將軍，未央、長樂衛尉、城門校尉、北軍的部隊都歸他統屬。

5 當時霍光的兒子霍禹任右將軍，皇上也封霍禹為大司馬，但撤消了右將軍統帥的駐兵，以虛職尊寵加封他，實際上奪走了他的部隊。一年多以後，霍禹謀反，皇上殺光他的宗族。張安世一向小心畏忌，內心已十分憂慮。他的孫女張敬是霍氏外家的媳婦，按照法律應當受連坐，張安世消瘦恐懼，表現在容貌上。皇上感到奇怪，憐惜他，就詢問左右近臣其中的緣由，於是赦免了張敬，來安撫他的心情。張安世更加恐懼。他執掌朝廷機要部門，以謹慎周密著稱，內外都處理得十分圓滿，沒有漏洞。每次參與制定國家大政，決策已定，就上書稱病出外休息，聽到有詔令下來，就很害怕，派吏到丞相府詢問情況。朝廷中的大臣都不知道他參與了決策。

6 曾經推薦一個人，那人前來致謝，張安世非常惱恨，認為推舉引薦賢能，豈能夠私下來致謝？拒絕和他繼續來往見面。有一個郎官立了大功卻未被提拔，自己找張安世談此事，張安世回答說：「您的功高，英明的君主是知道的。臣下供職任事是分內之事，為什麼要計較得失自己來說呢！」表面上拒不應允。但不久郎官就被升遷了。將軍府長史被升遷，上任前來辭行，張安世問他自己有什麼過失。長史說：「將軍作為明君的得力輔佐大臣，但是卻沒有推薦士人，議論的人都批評這一點。」張安世說：「英明的君主高高在上，賢良與不肖一下就分得十分清楚，臣下只要注重自我修養就可以了，為什麼要了解士人並推薦他們呢？」他想要隱藏自己的聲名行跡，遠離權勢，就像這樣。

7 張安世任光祿勳時，有郎官喝醉酒在殿上小便，主事請示依法處置他，張安世說：「怎麼就知道那不是水漿灑了？為什麼用小過錯構成罪名！」有郎官姦淫官婢，官婢的哥哥親自來告發，張安世說：「官奴因為怨恨，誣衊陷害士大夫。」下令官署處罰她。他隱瞞別人的過失，大都像這樣。

8 張安世看到自己父子地位均尊貴顯赫，心裡感到很不安，替兒子張延壽請求出京補任地方官吏，皇上任命他為北地太守。過了一年多，皇上憐憫張安世年老，又徵調張延壽回京任左曹太僕。

9 當初，張安世的哥哥張賀得到衛太子的寵愛，衛太子自殺後，他的賓客都被處死，張安世為張賀上書求情，得以處宮刑保全性命。後來張賀任掖庭令，而宣帝因是皇曾孫被收養在掖庭。張賀內心憐惜衛太子無罪，而曾孫孤單幼小，所以小心照顧養育，恩情深厚。等到曾孫長大，張賀教他讀書，讓他學習《詩》，為他娶了許妃，用自家財物做的聘禮。曾孫屢屢出現奇異的徵兆，事情記載在〈宣帝紀〉。張賀聽說了，向張安世說起，稱讚曾孫才能出眾。張安世每每制止他，認為少主在上，不宜稱讚評論曾孫。等到宣帝即位，張賀已經死了。皇上對張安世說：「掖庭令平時稱讚我，將軍制止他，是對的。」皇上追憶思念張賀的恩情，想要追封他為恩德侯，為他設守墓的人二百家。張賀有一個兒子早死，現在沒有兒子，張安世的小兒子張彭祖過繼給他做兒子。張彭祖小時又和皇上同席讀過書，皇上想要加封他，先賜給他關內侯的爵位。但張安世堅決推辭給張賀的封賜，又請求減少守墓的戶數，逐漸減到三十戶。皇上說：「我是為了掖庭令，不是為了將軍你。」張安世才停止，不敢再說什麼。皇上於是下詔說：「令為前掖庭令張賀設置守墓三十家。」皇上親自為他安排守墓的里，置於墳冢西邊鬥雞翁舍的南面，那是皇上年輕時曾經遊玩的地方。第二年，又下詔說：「我地位低微的時候，前掖庭令張賀親自輔導我，修習儒家經書，恩惠深重，他的功勞太大了。《詩》云：『沒有出言而得不到回響的，沒有恩德而得不到回報的。』令封張賀弟弟的兒子侍中關內侯張彭祖為陽都侯，賜張賀諡號為陽都哀侯。」當時張賀獨有一孫張霸，年齡七歲，任命他為散騎中郎將，賜給關內侯的爵位，食邑三百戶。張安世因自己父子都封了侯，在位過於隆盛，於是就辭去俸祿。皇上下詔都內專門儲藏張氏退回的各種錢，以百萬計。

10 張安世貴為公、侯，食邑萬戶，但是身穿黑色厚絲作的衣服，夫人親自紡絲織布，家中奴僕七百人，都有手藝活計，家中經營各種產業，從細微之處積累，所以能夠繁殖他的財貨，比大將軍霍光富裕。天子非常尊重、畏憚大將軍，但內心親近張安世，比對霍光更親密。

11 元康四年春天，張安世生病，上疏歸還侯爵官位，請求退休。皇上答覆說：「將軍年老遭病，我十分憐惜您。即使不能任職，在萬里沙場衝鋒陷陣，但您作為先帝的大臣，深明國家治亂之機，我有什麼想不到的，可以不斷向您請教，有什麼憾事非要上書歸還衛將軍富平侯的印？對我如此薄情，忘了我的舊恩，這實在不是我所期望的！希望將軍努力加餐飯，及時治療，修養精神，益壽延年。」張安世又強打精神出來主事，到了秋天病逝。皇上贈給他印和綬帶，用輕車甲士作儀仗隊給他送葬，起謚號為敬侯。賜給他杜陵東面的地作墓地，將作大匠負責穿穴蓋土，築起墳冢、祠堂。他的兒子張延壽繼承侯位。

1 延壽已歷位九卿，既❶嗣侯，國❷在陳留❸，別❹邑在魏郡❺，租❻入歲千餘萬。延壽自以身❼無功德，何以❽能久堪❾先人大國，數上書讓❿減戶邑，又因⓫弟陽都侯彭祖口陳⓬至誠⓭。天子以為有讓⓮，迺徙封平原⓯，并⓰一國，戶口如故，而租稅⓱減半。薨，謚曰愛侯。子勃嗣，為散騎諫大夫⓲。

2 元帝⓳初即位，詔列侯⓴舉茂材㉑，勃舉太官㉒獻丞㉓陳湯㉔。湯有罪，勃坐削戶二百㉕，會薨，故賜謚曰繆㉖侯。後湯立功西域㉗，世以勃為知人㉘。子臨嗣。

3 臨亦謙儉㉙，每登閣殿㉚，常歎曰：「桑、霍為我戒㉛，豈不厚哉！」且死，分施㉜宗族故舊，薄葬㉝不起墳㉞。臨尚㉟敬武公主㊱。薨，子放嗣。

4 鴻嘉㊲中，上欲遵㊳武帝㊴故事㊵，與近臣游宴，放以公主子開敏㊶得幸。放取[42]皇后弟[43]平恩[44]侯許嘉[45]女，上為放供張[46]，賜甲第[47]，充以乘輿[48]服飾，號為天子取婦，皇后嫁女。大官[49]私官[50]並供其第，兩宮[51]使者冠蓋[52]不絕，賞賜以千萬數[53]。放為侍中中郎將，監[54]平樂[55]屯兵[56]，置莫府，儀[57]比將軍。與上臥起，寵愛殊絕[58]，常從為微行[59]出游，北至甘泉[60]，南至長楊[61]、五柞[62]，鬬雞走馬[63]長安中，積數年。

5 是時上諸舅[64]皆害[65]其寵，白[66]太后[67]。太后以上春秋富[68]，動作[69]不節，甚以過[70]放。時數有災異[71]，議者歸咎放等。於是丞相宣[72]、御史大夫方進[73]奏：「放驕蹇[74]縱恣，奢淫不制[75]。前侍御史修等四人奉使至放家逐[76]名捕賊[77]，時放見在[78]，奴從者閉門設兵弩[79]射吏，距[80]使者不肯內[81]。知男子李游君欲獻女，使樂府[82]音監[83]景武[84]強求不得，使奴康等之[85]其家，賊傷[86]三人。又以縣官[87]事怨樂府游徼[88]莽[89]，而使大奴[90]駿等四十餘人群黨[91]盛[92]兵弩，白晝[93]入樂府攻射官寺[94]，縛束[95]長吏[96]子弟，斫[97]破器物，宮中[98]皆犇[99]走伏匿[100]。莽自髡鉗[101]，衣[102]赭衣[103]，及守[104]令史[105]調[106]等皆徒跣[107]叩頭謝[108]放，放乃止。奴從者支屬[109]並乘[110]權勢為暴虐，至求吏妻不得，殺其夫，或恚一人，妄[111]殺其親屬，輒亡入放第，不得[112]，幸得勿治。放行輕薄，連犯大惡，有感動陰陽[113]之咎，為臣不忠首[114]，罪名雖顯，前蒙恩[115]。驕逸悖[116]理，與背畔[117]無異，臣子之惡，莫大於是[118]，不宜宿衛[119]在位。臣請免[120]放歸國，以銷[121]眾邪之萌[122]，厭[123]海內之心。」

6 上不得已[124]，左遷[125]放為北地都尉[126]。數月，復徵入侍中。太后以放為言，出放為天水[127]屬國都尉[128]。永始[129]、元延[130]間，比[131]年日蝕[132]，故久不還放，璽書[133]勞問[134]不絕。居歲餘，徵放歸第視母公主疾。數月，主有瘳[135]，出放為河東都尉。上雖愛放，然上迫[136]太后，下用大臣，故常涕泣而遣之。後復徵放為侍中光祿大夫，秩中二千石[137]。歲餘，丞相方進復奏放，上不得已，免放，賜錢五百萬，遣就國[138]。數月，成帝崩，放思慕[139]哭泣而死。

7 初，安世長子千秋與霍光子禹俱為中郎將，將[140]兵隨度遼將軍[141]范明友[142]擊烏桓[143]。還，謁[144]大將軍光，問千秋戰鬭方略[145]，山川形勢，千秋口對兵事，畫地成圖，無所忘失。光復問禹，禹不能記，曰：「皆有文書。」光由是賢[146]千秋，以禹為不材[147]，歎曰：「霍氏世[148]衰，張氏興矣！」及禹誅滅，而安世子孫相繼，自宣、元以來為侍中、中常侍[149]、諸曹散騎[150]、列校尉[151]者凡十餘人。功臣之世，唯有金氏[152]、張氏，親近寵貴，比[153]於外戚。

8 放子純嗣侯，恭儉[154]自修，明習[155]漢家制度故事，有敬侯遺風。王莽[156]時不失爵，建武157中歷位至大司空158，更封富平之別鄉為武始159侯。

9 張湯本居杜陵，安世武、昭、宣世輒隨陵160，凡三徙161，復還杜陵。

【章　旨】以上為第三部分，述張安世子嗣情況。其子延壽，官至九卿，主動要求削減封邑。孫張勃為散騎諫大夫，謙讓節儉，元帝時曾舉薦陳湯，陳湯後立功西域，世人認為張勃知人。曾孫張放深得成帝寵倖，常隨成帝微行遊樂，行為放縱，受到皇太后和大臣彈劾，但也以善終。玄孫張純有張安世之風，故能保全侯爵，東漢光武帝時官至三公。

【注　釋】❶既　既然；已經。❷國　列侯的封國。❸陳留　郡名。在今河南中部，治陳留（今開封東南）。❹別　另。❺魏郡　郡名。在今河北、河南、山東三省交界處，治鄴縣（今河北臨漳西南）。❻租　田租。❼身　自身；自己。❽何以　以何；憑什麼。❾堪　承受。❿讓　推讓。⓫因　憑藉；通過。⓬口陳　親口陳說。⓭至誠　極其真誠、懇切。⓮讓　謙讓。⓯平原　郡名。在今山東西北部，治平原（今山東平原西南）。⓰并　合併。⓱稅　此處指芻稾稅。⓲諫大夫　官名。掌議論朝政，屬郎中令（光祿勳）。⓳元帝　漢元帝劉奭（西元前七六－前三三年）。西元前四九－前三三年在位。詳見卷九〈元帝紀〉。⓴列侯　秦漢二十等爵最高一級爵位為徹侯，武帝時避武帝名諱，稱通侯或列侯。㉑茂材　漢代薦舉科目之一。本作「秀才」，後避漢光武帝名諱，改稱「茂材」。㉒太官　官名。少府屬官，負責皇帝膳食。㉓獻丞　官名。太官屬官，掌管地方貢獻食品。一說，獻丞即為主管飲食的左丞。㉔陳湯　字子公，山陽瑕丘（今山東兗州）人。元帝時，被張勃薦舉為郎。詳見卷七十〈陳湯傳〉。㉕湯有罪二句　陳湯待遷期間，父死不奔喪，司隸彈劾陳湯無品行，張勃選舉故不以實，陳湯被下獄，張勃被削奪食邑二百戶。㉖繆　以其舉薦不當，故加惡諡。繆，通「謬」。妄；錯誤。㉗後湯立功西域　建昭三年（西元前三六年），陳湯以西域副校尉與西域都護騎都尉甘延壽矯制發兵擊康居，誅郅支單于。賜爵關內侯，遷射聲校尉。西域，漢以來對玉門關以西地區的總稱。狹義專指蔥嶺以東而言，廣義則包括中亞、西亞、印度半島、歐洲東部及非洲北部地區。此處指狹義。㉘知人　指善於識別人的賢愚善惡。㉙謙儉　謙讓節儉。㉚閣殿　自家閣樓上的大殿。㉛桑霍為我戒　桑弘羊、霍禹成為我的警示。戒，警告；警示。桑，桑弘羊。霍，霍禹。兩人均因太過驕奢而被滅族。㉜分施　將財產分割施予。㉝薄葬舉行簡單的葬禮。薄，與「厚」相對。簡單；儉約。(34)墳　古代土葬制度，地面是平的稱墓，堆土隆起的稱墳。墳較墓隆重。(35)尚　娶公主稱尚。(36)敬武公主　元帝妹妹。(37)鴻嘉　漢成帝年號。西元前二〇—前一七年。(38)遵　遵循。(39)武帝　漢武帝劉徹。詳見卷六〈武帝紀〉。(40)故事　先例；舊日的典章制度。(41)開敏　開通機敏；明達。(42)取　通「娶」。(43)弟　當為女弟，即妹妹。(44)平恩　縣名。在今河北曲周東南。(45)許嘉　許廣漢的姪子。元帝初元元年（西元前四八年）封平恩侯，奉許廣漢後，永光三年（西元前四一年）為大司馬車騎將軍。成帝建始二年（西元前三一年），其女立為皇后。後成帝專任元舅王鳳，遂被策免，以特進侯就朝位。參見卷九十七〈外戚傳下・孝成許皇后〉。(46)供張　也作「供帳」。供應、布置各種器物。(47)甲第　貴族官僚的住宅有甲、乙第次，甲第為頭等第宅。(48)乘輿　帝王、諸侯等乘坐的車輛。(49)大官　即太官。(50)私官　主管皇后宮飲食之官。(51)兩宮　即皇帝宮和皇后宮。(52)冠蓋　頭冠、車蓋。冠，頭上戴的帽子。蓋，車篷的頂子。指官員和車馬。(53)數　計數；計算。作動詞。(54)監　監督。(55)平樂　即平樂館。西漢上林苑內宮館名，舊址在今陝西西安西。(56)屯兵　駐軍。(57)儀　禮儀規格。(58)殊絕　極其特殊；絕無僅有。(59)微行　不使人知其尊貴身分，便裝出行。(60)甘泉　離宮名。又名雲陽宮，在今陝西淳化西北甘泉山。(61)長楊　離宮名。在今陝西周至東南。(62)五莋　離宮名。在今陝西周至東南。因宮前有五棵柞樹而得名。莋，通「柞」。(63)走馬　放馬奔馳；疾馳。(64)諸舅　指元后王政君的弟弟王鳳、王崇諸兄弟。(65)害　害怕；擔心。(66)白　稟告；彙報。(67)太后　即成帝母元后王政君。詳見卷九十八〈元后傳〉。(68)春秋富　意指年輕。春秋，指歲月。富，富裕；多。年輕人未來的歲月多，故稱春秋富。(69)動作　舉止；行為。(70)過　怪罪。作動詞。(71)災異　自然災害和反常的自然現象。(72)宣　即薛宣，字贛君，東海郯（今山東郯城）人。元帝時為官，成帝鴻嘉年間官至御史大夫、丞相，封高陽侯。後被免官。詳見卷八十三〈薛宣傳〉。(73)方進　即翟方進，字子威，汝南上蔡（今河南上蔡）人。家世微賤，後學《春秋》，以射策甲科為郎。成帝時歷任朔方刺史、丞相司直、京兆尹等職，糾舉大臣，打擊豪強。後任御史大夫、丞相，封高陵侯。為政公廉，以儒雅緣飾法律，持法深刻。後為成帝所責，自殺。詳見卷八十四〈翟方進傳〉。(74)蹇　傲慢；不順服。(75)制　節制。(76)逐　追捕。(77)名捕賊　明令追捕的罪犯；通緝的盜賊。(78)見在　正好在家。見，通「現」。(79)弩　一種利用機械力量射箭的弓。(80)距　通「拒」。拒絕。(81)內　通「納」。接受；讓進入。(82)樂府　主管音樂的官署。(83)音監　官名。樂府屬官。(84)景武　人名。姓景名武。(85)之　去；前往。作動詞。(86)賊傷　打傷。賊，敗壞；傷害。(87)縣官　指朝廷或皇帝。《史記・絳侯周勃世家》《索隱》注：所以稱國家為縣官，是因為〈夏官〉王畿內縣為國都。王者官天下，所以稱縣官。(88)游徼　官名。可能與縣、鄉兩級游徼職責同，掌治安。(89)莽　人名。其姓失載。(90)大奴　奴僕中地位較高者。(91)群黨　成幫結夥。(92)盛完備；齊全。93白晝　大白天。94官寺　官府府邸；衙署。95縛束　捆綁。96長吏　地位較高的官吏，一般指六百石以上官員。縣吏四百石至二百石亦稱長吏。97斫　砍；劈。98宮中　周壽昌說「宮中」當為「室中」，古代宮、室兩字通。99犇通「奔」。100伏匿　躲藏。伏，藏匿。101髡鉗　古代兩種刑罰名。髡，剪短頭髮。鉗，以鐵圈束住脖頸。102衣　穿著。作動詞。103赭衣　紅褐色的衣服，古代刑徒所穿。104守　代理官職。105令史　管理文書的官吏。106調　人名。姓失載。107徒跣赤足。徒，空。跣，光著腳。108謝　謝罪。109支屬　旁系親屬；遠親。110乘　利用；憑藉。111妄　不法；越軌。112不得　沒有抓到。113陰陽　古代人認為宇宙由陰陽組成，如天地、日月、寒暑、男女以至腑臟、氣血皆分屬陰陽。這裡泛指自然現象。114首　第一；最。115前蒙恩　指罪行發生在大赦前，故已蒙受皇恩被赦免。116悖　乖；背離。117畔　通「叛」。118是　此；這個。119宿衛　值宿守衛。指在皇帝身邊服侍。120免　罷免；罷黜。121銷　銷毀；毀滅。122萌　剛剛生長出來的；萌芽。123厭通「饜」。滿足；心服。124已　止。125左遷　降職。古以右為尊，左為卑，故稱降職為左遷。126都尉　官名。秦及漢初稱郡尉，景帝中二年（西元前一四八年）更名都尉，郡太守副職。執掌郡內軍事，備盜賊。127天水　郡名。在今甘肅天水一帶，治平襄（今通渭西北）。128屬國都尉　官名。漢將歸順的部族置為屬國，不改其俗治之，設都尉監護。129永始　成帝年號。西元前一六—前一三年，共四年。130元延　成帝年號。西元前一二—前九年，共四年。131比　頻；連。132日蝕　即日食。月亮運行到太陽與地球之間，三者成一直線，太陽被月亮遮擋，稱日食。古人認為日食是上天對人行為的譴責警告。133璽書　皇帝頒敕的、蓋有皇帝印章的文書。璽，自秦始皇時起為皇帝印章專稱。134勞問　慰問；慰勞問候。135瘳　病癒。136迫　受逼迫；受壓制。137中二千石　漢代官秩品級之一。秩中二千石，一歲得穀二千一百六十石，舉成數言之，故曰中二千石。中，滿。列卿中太常、光祿勳、衛尉、太僕、廷尉、大鴻臚、宗正、大司農、少府、執金吾等均秩中二千石。張放任光祿大夫，秩應為比二千石，成帝對張放特加恩寵，增秩為中二千石。138就國　諸侯王、列侯回自己的封國居住稱就國。139慕　想念；思念。140將　率領；統率。作動詞。141度遼將軍　漢代將軍名號。昭帝元鳳三年（西元前七八年）時始以范明友為度遼將軍，平定遼東烏桓反叛。宣帝時罷。東漢時復設。142范明友　昭帝時歷任中郎將、度遼將軍，因功封平陵侯。後為霍光女婿，任未央衛尉。宣帝時徙為光祿勳，參與霍禹謀反，事敗自殺。143烏桓　部族名。也叫烏丸。東胡族的一支。漢武帝時歸附漢朝，遷居東北邊境塞外。144謁　拜見；進見。145方略　方法策略。146賢　以為賢；認為有才能。意動用法。147不材　沒有才能；無能。材，通「才」。148世　後世；後人。149中常侍　官名。元帝時設，為加官，列侯至郎中等加此官，即可出入禁中，常侍皇帝左右。無定員。東漢以後為專職，安帝以後專用宦官。150散騎　加官名。隨皇帝出行，無定員。武帝元鼎三年（西元前一一四年）以後，掌顧問應對。151列校尉　指司隸校尉、城門校尉及武帝時所置八校尉（中壘、屯騎、步兵、越騎、長水、胡騎、射聲、虎賁）等校尉官。152金氏　指金日磾及其弟金倫家族。詳見卷六十八〈金日磾傳〉。153比　比擬；相等。154恭儉　謙恭節儉。155明習　明瞭熟悉。156王莽　新朝皇帝。事跡見卷九十九〈王莽傳〉。157建武　東漢光武帝年號（西元二五—五六年）。158大司空　官名。成帝綏和元年（西元前八年），改御史大夫為大司空，與丞相、大司馬並為三公，管理政務，不復領侍御史。其後一度復名御史大夫。東漢光武帝建武二十七年（西元五一年），改名司空。159武始　鄉名。屬富平。160隨陵　跟隨侍奉的皇帝，搬到帝陵所在縣，武帝的茂陵，昭帝的平陵，宣帝的杜陵。陵，陵墓。161徙　遷徙；搬遷。

【語譯】張延壽已經官至九卿，又繼承了侯爵，封國在陳留郡，另有食邑在魏郡，租稅收入每年一千餘萬。張延壽認為自己沒有功德，憑什麼能夠長久承受先人遺留下來的大封國，屢屢上書推讓減少戶邑，又通過弟弟陽都侯張彭祖親口轉達，十分懇切。皇上認為他謙讓，於是就把他改封到平原郡，只有一個封國，戶口數和過去一樣，但租稅減少了一半。他死後，起諡號叫愛侯。兒子張勃繼承侯爵，擔任散騎諫大夫。

2　元帝剛即位，下詔列侯薦舉茂材，張勃推舉太官獻丞陳湯。不久陳湯犯罪，張勃受牽連削去食邑二百戶，正逢他病逝，因此元帝賜給他諡號叫繆侯。後來陳湯在西域立功，世人都認為張勃善於識別人才。他的兒子張臨繼承侯爵。

3　張臨也謙讓節儉，每每登上自家閣樓大殿，常常歎息說：「桑弘羊、霍禹作為我的警示，難道還不夠深刻嗎！」臨死前，分家產施予宗族舊友，葬禮很簡單，沒有起墳。張臨娶敬武公主為妻。他死後，兒子張放繼承侯爵。

4　鴻嘉年間，皇上想遵循武帝舊例，和近臣遊玩宴樂，張放因為是公主的兒子，為人機敏，得到皇上的寵幸。張放娶皇后的妹妹、平恩侯許嘉的女兒為妻，皇上為張放置辦婚禮，賜給他甲等第宅，添置車馬、服裝、飾品，號稱皇帝娶妻、皇后嫁女。皇帝太官和皇后私官都到他家服務，兩宮的使者、車輛絡繹不絕，賞賜用千萬來計算。張放任侍中中郎將，監督平樂館駐軍，設置幕府，禮儀比照將軍。他和皇上同起同臥，被寵愛到了極點，常常隨從皇上便裝出遊，北邊抵達甘泉宮，南邊到了長楊、五莋宮，在長安城中鬥雞跑馬，有數年之久。

5 當時皇上的幾個舅舅都擔心他過於受寵，稟告太后。太后因為皇上年輕，行為不節制，很怪罪張放。這時屢屢出現災害和反常的事情，議論此事的人都將過錯歸於張放等人。於是丞相薛宣、御史大夫翟方進上書彈劾：「張放傲慢放縱，奢侈荒淫沒有節制。前侍御史修等四人奉命到張放家追捕通緝的盜賊，當時張放正好在家，奴僕隨從關上門設置兵弩射擊官吏，拒絕使者不讓他們進去。明知男子李游君想要把女兒獻給皇上，卻派樂府音監景武強行要人，遭到拒絕，就派家奴康等人到李家，打傷了三個人。又因為朝廷的事怨恨樂府游徼莽，而派大奴駿等四十餘人成群結隊帶著裝備精良的兵弩，大白天闖入樂府攻打射擊衙署，捆綁長吏及其隨從，砸爛東西，樂府中的人紛紛奔走躲藏。莽自己剪短頭髮、戴上鐵鉗，穿上囚衣，和代理令史調等人都光著腳，向張放叩頭謝罪，張放才罷休。家奴、隨從、遠親都倚仗他的權勢為非作歹，以致強奪官吏的妻子不成，殺了她的丈夫，或者因怨恨一個人，無辜殺死他的親屬，然後逃入張放的府第，官府抓不到，僥倖逃脫懲罰。張放行為輕薄，連犯大罪，有觸怒上天的罪惡，是臣下不忠之首，罪名雖然明顯，但已蒙受皇恩被赦免了。仍然驕奢淫逸，違背天理，與背叛無異，臣子的罪惡，沒有比這更大的了，不適宜再在宮中值宿守衛擔任職務。臣等請求罷免張放讓他回到封國，以剷除各種邪惡的萌芽，來滿足海內人的心願。」

6 皇上沒有辦法，把張放降職擔任北地都尉。幾個月後，又徵調他進京侍中。太后對皇上說張放的事，皇上無奈讓張放出京擔任天水屬國都尉。永始、元延年間，連年發生日食，所以很長時間沒有讓張放回京，但皇上慰勞問候的璽書絡繹不絕。過了一年多，徵調張放回家探視母親敬武公主的疾病。幾個月後，公主病癒，讓張放出京擔任河東都尉。皇上雖然喜愛張放，但是上面迫於太后的壓力，下面有大臣的彈劾，所以常常流淚讓他出京。後來又徵調張放擔任侍中光祿大夫，秩中二千石。一年多，丞相翟方進又上書彈劾張放，皇上沒辦法，罷免了張放，賞賜錢五百萬，讓他回到自己的封國。幾個月後，成帝駕崩，張放思念傷心，哭泣而死。

7 當初，張安世的長子張千秋與霍光的兒子霍禹都擔任中郎將，統率軍隊隨度遼將軍范明友攻打烏桓。回師後，拜見大將軍霍光，霍光問張千秋戰鬥策略，張千秋口述軍事情況，在地上畫成圖，沒有什麼遺漏。霍光又問霍禹，霍禹不記得，說：「都有文書。」霍光由此認為張千秋賢能，認為霍禹無能，感慨說：「霍氏後代要衰敗，張氏要興旺了！」等到霍禹被誅滅，而張安世子孫代代相傳，自宣帝、元帝以來擔任侍中、中常侍、諸曹散騎、列校尉的共有十餘人。功臣之家，只有金氏、張氏受到皇帝的親信寵貴，和外戚差不多。

8 張放的兒子張純繼承侯爵，謙恭節儉，注重自我修養，明瞭熟悉漢王朝制度慣例，有敬侯的遺風。王莽時沒有失去爵位，建武中官做到大司空，改封富平縣另一個鄉為武始侯。

9 張湯本來居住在杜陵，張安世在武、昭、宣時期則隨著服侍的皇帝搬到帝陵所在縣，共搬了三次，後來又搬回到杜陵。

贊曰：馮商❶稱張湯之先❷與留侯❸同祖，而司馬遷❹不言，故闕❺焉。漢興以來，侯者百數，保國持寵，未有若富平者也。湯雖酷烈❻，及身蒙咎❼，其推賢揚善，固❽宜有後。安世履道❾，滿而不溢❿。賀之陰德⓫，亦有助云。

【章 旨】以上為班固的議論。馮商續補《史記》時，說張湯和張良同祖，但因為《史記》未載此事，所以班固認為不可靠，未採其說。西漢王朝封侯以百數，但是沒有人能像富平侯張安世這樣持國長久，班固認為這是張湯、張安世、張賀行善所致。

【注 釋】❶馮商　字子高。精通《易經》。成帝時受詔續《太史公書》十餘篇。❷先　祖先；先人。❸留侯　張良。西漢開國功臣，封留侯。留，縣名。在今江蘇沛縣東南。❹司馬遷　字子長，夏陽（今陝西韓城南）人。著名史學家。武帝時接替父親任太史令，編纂了中國第一部紀傳體通史《史記》。詳見卷六十二〈司馬遷傳〉。❺闕　通「缺」。❻酷烈　殘暴。❼咎災禍；不幸之事。❽固　本來；原本。❾履道　躬行正道。❿滿而不溢　器物已滿盈但不溢出。此處指張安世位高權重而不自傲，善於節制守度。⓫陰德　暗中做的有德於人的事。

【語　譯】史官評議說：馮商說張湯的先人和留侯張良同祖，但是司馬遷沒有記載此事，所以此處也缺而不載。漢朝建立以來，封侯的人以百數，但保住封國長久受寵的，沒有像富平侯的。張湯雖然殘暴，但他本人已經受到懲罰，他推舉賢良宣揚善舉，本來就應當有繼嗣的人。張安世躬行正道，地位尊崇但卻不自傲。張賀暗中助人積德，也應有一定幫助。

【研　析】張湯是漢武帝時期最重要的政治家之一，歷任太中大夫、廷尉、御史大夫等職，深得武帝的信任和倚重，對武帝時期國策的制定和實施產生了重大影響。其任太中大夫期間，曾與趙禹共同修訂律令，主要針對官吏法，並制定了《越宮律》、《朝律》，對漢代法律體系的最終形成和完善起了重要作用。但是，他也因此受到「深文」、「酷烈」的批評。而且，極具諷刺意味的是，張湯本人並不是一個尊重法治的人，辦案多以皇帝的意志為準繩。由此也可以看出，當時的法律尚不完善，為奸吏舞文弄法提供了可能。

張湯擔任御史大夫時，正值武帝展開對匈奴大規模戰爭之際，他為了幫武帝籌措戰爭經費，提出包括貨幣改革、鹽鐵專營、算緡告緡等一系列重大經濟改革措施，為武帝所採納。張湯喜弄權術，結交私黨，但最終也為之所敗，不得善終。張湯的行事為人，與漢初名臣蕭何、曹參等形成強烈反差。這樣的人之所以在武帝朝被重用，可以從一個側面投射出武帝朝的價值取向和時代特色。

張湯的兒子張安世，歷武、昭、宣三世為官。武帝後期發生的巫蠱事件給西漢中期的政局帶來巨大影響。武帝臨終前，立年僅八歲的昭帝，命霍光、上官桀、桑弘羊等輔政。上官桀、桑弘羊因與霍光政見不同，且不滿霍光專權，聯合燕王劉旦謀反，被霍光鎮壓。在此背景下，行事低調謹慎的張安世被啟用，與霍光共同輔政，並被封為富平侯。昭帝英年早逝，霍光與張安世共立昌邑王為帝，不久又廢昌邑王，立宣帝。宣帝忌憚霍氏的權勢，因此對忠心耿耿、謙讓恭謹的張安世深為倚重，並最終滅霍氏。張安世能在如此錯綜複雜的政局中立於不敗之地，當是深刻汲取了其父的教訓。

張安世的兒子張延壽、孫子張勃行事與張安世相仿，因此頗得朝野讚譽。曾孫張放由於深得成帝寵倖，驕逸放縱，對成帝時的政治腐敗負有一定責任，他也因此受到王氏外戚和大臣們的指責和排擠。玄孫張純重行謙儉，被認為有張安世之風，傳國至東漢。朝廷政治風雲變幻、動盪莫測，歷代王朝中能像張氏家族這樣國祚久遠的尚不多見，這顯然和他們嚴守謙謹密不可分。

卷六十

杜周傳第三十

【題解】本傳敘述杜周及其子杜延年、其孫杜緩、杜欽以及玄孫杜業等人的事跡。杜周，初為張湯部下，擢為廷尉，用法刻深，惟君主意旨是從，官至御史大夫。杜延年，明習法律，附從霍光，頗受信用，也官至御史大夫。杜緩，官至九卿。杜欽，少好經書，初諫成帝抑女寵，躬節儉；作為王鳳幕僚，他常與議朝政。杜業有才能，不依附權貴，兩度任太常。杜氏家族自武帝時起，至哀帝時為止，世代在朝中為官，幾乎涵蓋了西漢的大半時間，經歷了西漢由盛而衰的過程，從這篇傳記中可以反映出漢朝衰敗的緣由。本篇傳文中杜周部分基本延用《史記》原文。《史記》將杜周列於〈酷吏列傳〉，《漢書》則立專傳，因其子孫貴盛之故，如張湯例。

1 杜周，南陽杜衍❶人也。義縱❷為南陽太守，以周為爪牙❸，薦之張湯❹，為廷尉史❺。使案邊失亡❻，所論❼殺甚多。奏事中意❽，任用，與減宣更為中丞❾者十餘歲。

2 周少言重遲⑩，而內深次骨⑪。宣為左內史⑫，周為廷尉，其治大抵放⑬張湯，而善候司⑭。上所欲擠⑮者，因而陷⑯之；上所欲釋，久繫待問而微見其冤狀⑰。客有謂周曰：「君為天下決平⑱，不循三尺法⑲，專以人主意指為獄⑳，獄者固㉑如是乎？」周曰：「三尺安出哉？前主所是著為律，後主所是疏為令㉒；當時㉓為是，何古之法㉔乎！」

3 至周為廷尉，詔獄㉕亦益多矣。二千石繫者新故相因㉖，不減百餘人。郡吏大府舉之廷尉㉗，一歲至千餘章㉘。章大者連逮證案數百㉙，小者數十人；遠者數千里，近者數百里。會獄㉚，吏因責如章告劾㉛，不服，以掠笞定之㉜。於是聞有逮證，皆亡匿。獄久者至更數赦十餘歲而相告言㉝，大氐盡詆以不道以上㉞。廷尉及中都官㉟，詔獄逮至六七萬人㊱，吏所增加十有餘萬㊲。

4 周中廢㊳，後為執金吾㊴，逐捕桑弘羊、衛皇后昆弟子刻深㊵，上以為盡力無私，遷為御史大夫㊶。

5 始周為廷史㊷，有一馬，及久任事㊸，列三公㊹，而兩子夾河為郡守㊺，家訾累巨萬㊻矣。治皆酷暴，唯少子延年行寬厚㊼云。

【章　旨】以上記杜周。杜周平素沉默寡言，老成持重，外寬柔而內深刻，史稱「內深次骨」。任廷尉之後，善於揣摩武帝的旨意行事。杜周為官大抵仿效張湯，但遠不如張湯廉潔。

【注　釋】❶南陽杜衍　南陽，郡名。在今河南西南部與湖北交界地區，治宛縣（今河南南陽）。杜衍，縣名。在今河南南陽西南。❷義縱　（西元前？—前一一七年），詳見本書卷九十〈酷吏傳〉。❸爪牙　羽翼。比喻輔佐得力的人。❹張湯　（西元前？—前一一五年），詳見本書卷五十九〈張湯傳〉。❺廷尉史　廷尉屬下的小吏，一般是協理廷尉處理文書事務。❻案邊失亡　查辦邊塞遭受外患寇略而損失人口、牲畜、武器、糧食的情況。案，通「按」。調查審理、案驗。邊，邊境。失亡，指邊塞遭受外患寇掠而損失人口、牲畜、武器、糧食等。❼論　判罪；定罪。❽中意　指符合君主的旨意。中，合乎。❾與減宣更為中丞　減宣，見本書卷九十〈酷吏傳〉。更，更互；輪流更替。中丞，官名。即御史中丞，為御史大夫的副職，執掌接受公卿奏事，舉劾案章。❿重遲　指處事慎重，決斷不急躁。重，莊重。遲，不急躁。⓫內深次骨　意謂用法陰險毒辣，深刻至骨。深，深入。次骨，至骨。形容程度深。⓬左內史　官名。秦朝設內史，掌治京畿地方。漢景帝分為左右內史，左內史與右內史同治京師。⓭大抵放　大抵，大都；大概。放，通「倣」。仿照；仿效。⓮候司　窺測。指觀察揣摩天子之意。司，通「伺」。探查。⓯擠　排擠。⓰陷　陷害。⓱久繫待問而微見其冤狀　長期囚禁不審問，待天子詢問時，則暗中稍稍顯露其冤狀。繫，繫獄；囚禁。問，指皇上過問。微見，暗中顯露。見，通「現」。顯露。冤狀，冤屈的情狀。⓲決平　審判公平；判案公平。⓳循三尺法　遵循法律。循，遵照；遵循。三尺法，漢代法律寫在漢尺三尺長的竹木簡上，故以「三尺法」代稱法律。⓴專以人主意指為獄　專以皇上的意旨來斷案。人主，君主。意指，旨意；意向。為獄，指審理案件、判案。㉑固　本來；原本。㉒前主所是著為律二句　謂先前君主認為審理正確的，就列為法律；後來君主認為審理正確的，就列為法令。主，君主。是，正確。著，謂列入、列為。疏，謂分條記載。㉓當時　合乎當世。這裡指符合當今皇帝之旨意。㉔法　效法。㉕詔獄　指皇帝交辦的案子，以及奉詔囚禁有關案犯的監獄。㉖二千石繫者新故相因　被關押的二千石官吏新的與老的相接連。二千石，漢代內自九卿郎將，外至郡守尉的俸祿等級都是二千石。二千石又分為中二千石、真二千石、二千石、比二千石四等。新故相因，指舊的案犯尚未了結，新的案犯又關押進來。相因，前後相連接。㉗郡吏大府舉之廷尉　郡吏大府的獄事皆歸廷尉。郡吏，指郡太守。大府，指丞相、御史大夫之府。舉，全；都。㉘章　指記錄獄案的奏章。㉙章大者連逮證案數百　大的獄案卷宗中被牽連拘捕的證人有數百人。證案，與案件有關的證人。㉚會獄　會審案件。㉛吏因責如章告劾　官吏於是要求證人按照奏章所說的罪狀來揭發。因，於是。責，責令；要求。如章告劾，按照奏章所說的罪狀來揭發犯人的罪證。㉜以掠笞定之　通過拷打來使犯人服罪。掠，拷打。笞，以竹板或荊條打人臀部。定，定案；使之服罪。㉝獄久者句　獄久者，指長期拖延的案子。更數赦十餘歲而相告言，意謂經過多次赦免、時過十多年，仍然不獲赦免了結，而仍相告發。更，經歷。數赦，屢次赦免。相告言，仍在訴訟。㉞大氐盡詆以不道以上　大氐，大都。詆以不道，誣陷為不道之罪（指大逆、殺害無辜等）。詆，誣陷。以上，指將獄案上奏於天子。㉟中都官　京師諸官府。㊱逮至六七萬人　言被牽連拷問者達六七萬人。㊲吏所增加十有餘萬　謂官吏又於此外羅織罪狀，使被逮捕的人數增加了十餘萬。㊳中廢　中途免職。㊴執金吾　官名。掌京師治安。漢武帝太初元年改中尉為執金吾。杜周於天漢二年（西元前九九年）擔任執金吾。㊵逐捕句　桑弘羊，洛陽人，漢昭帝元鳳元年（西元前八〇年）死於燕王旦事件中。見〈食貨志〉及〈霍光傳〉。此處所言非指桑弘羊本人事，實為其親屬之事。衛皇后昆弟子，蓋指漢武帝皇后衛子夫之弟大將軍衛青之子伉、不疑和登坐法或坐酎金事。衛皇后，即衛子夫，漢武帝皇后，見〈外戚傳〉。昆弟，兄弟。刻深，嚴苛酷烈。㊶遷為御史大夫　杜周於天漢二年為執金吾，天漢三年二月為御史大夫。任御史大夫四年，於太始二年（西元前九五年）卒。㊷廷史　即廷尉史。㊸任事　被委任大事、承擔大事。指身居要職。㊹列三公　在三公（丞相、太尉、御史大夫）之列。㊺兩子夾河為郡守　兩子，即杜延壽、杜延考。夾河，在黃河兩岸。按杜延壽任河內郡（在黃河北岸）太守，杜延考任河南郡（在黃河南岸）太守。㊻訾累巨萬　訾，通「貲」。錢財。巨萬，萬萬；億。㊼行寬厚　行，品行。寬厚，寬和厚道。

【語譯】杜周，南陽郡杜衍縣人。義縱任南陽太守時，把杜周當做得力助手，後來薦舉給張湯，擔任了廷尉史。派他查辦邊塞遭受外患寇掠而造成損失的情況，被判死刑的很多。他上奏章所作回報合乎皇上的心意，被委以重任，同減宣輪流做御史中丞十多年。

2 杜周話語不多，處事慎重，決斷不急躁，而內心深刻切骨。減宣當左內史，杜周當廷尉，他處理政事大都仿效張湯，而善於窺測皇上的意圖。皇上想要排擠的，他就順勢加以陷害；皇上想要寬釋的，就長期囚禁不審問，待天子詢問時，則稍稍顯露其冤情。門客有人責備杜周說：「你執掌為天下人公平斷案，不遵循三尺法律，卻專以皇上的意旨來斷案，司法官原本應當這樣嗎?」杜周說：「法律是怎樣產生的?先前的國君認為審理正確的，就列為法律，後來的國君認為審理正確的，就列為法令；適合當時的情況就是正確的，何必要效法過去呢！」

3 等到杜周當了廷尉，皇上命令辦的案子也越發多了。二千石一級的官員被拘捕的新舊相連，不少於一百人。郡國官員和上級官府送交廷尉辦的案件，一年中多達一千多個。每個奏章所涉及的案件，大的要牽連逮捕有關證人數百人，小的也要逮捕數十人；這些人，遠的幾千里，近的數百里。案犯被押到京師會審時，官吏就要求證人像奏章上說的那樣來提供罪證，如果不服，就用刑具拷打定案。於是人們聽到逮捕證人的消息，都逃跑和藏匿起來。案件拖得久的，甚至經過幾次赦免，十多年後還會被告發，大多數都以大逆不道的罪名加以誣陷，然後把案件上報皇上。廷尉及中都官所部監獄奉詔囚禁的案犯多達六、七萬，下面的官吏又自行增加逮捕的有十多萬。

4 杜周中途被罷官，後來當了執金吾，追捕查辦桑弘羊及衛皇后兄弟的兒子，嚴苛酷烈，天子認為他盡職而無私，升任御史大夫。

5 杜周當廷尉史時，只有一匹馬，等到他長久身居要職，位置在三公之列，而他的兩個兒子，分別當了河內郡和河南郡太守，家中錢財積累數目上億。兩個兒子治理政事都殘暴酷烈，只有最小的兒子杜延年為人寬和厚道。

1 延年字幼公，亦明法律。昭帝❶初立，大將軍霍光秉政❷，以延年三公子❸，吏材有餘，補軍司空❹。始元四年❺，益州蠻夷❻反，延年以校尉將南陽士擊益州❼，還，為諫大夫❽。左將軍上官桀父子與蓋主、燕王謀為逆亂❾，假稻田使者燕倉❿知其謀，以告大司農楊敞⓫。敞惶懼，移病⓬，以語延年。延年以聞⓭，桀等伏辜⓮。

延年封為建平侯。

2 延年本大將軍霍光吏，首發[15]大姦，有忠節，由是擢為太僕右曹給事中[16]。光持刑罰嚴，延年輔之以寬。治燕王獄時，御史大夫桑弘羊子遷亡，過父故吏侯史吳[17]。後遷捕得，伏法。會赦，侯史吳自出繫獄，廷尉王平與少府徐仁雜治反事[18]，皆以為桑遷坐父謀反而侯史吳藏之[19]，非匿反者，迺匿為隨者[20]也。即以赦令除吳罪。後侍御史治實[21]，以桑遷通經術[22]，知父謀反而不諫爭[23]，與反者身無異；侯史吳故三百石吏[24]，首匿[25]遷，不與庶人匿隨從者等[26]，吳不得赦。奏請覆治，劾廷尉、少府縱[27]反者。少府徐仁即丞相車千秋[28]女壻也，故千秋數為侯史吳言[29]。恐光不聽，千秋即召中二千石、博士會公車[30]門，議問吳法[31]。議者知大將軍指[32]，皆執[33]吳為不道。明日，千秋封上眾議[34]，光於是以千秋擅召中二千石以下，外內[35]異言，遂下廷尉平、少府仁獄。朝廷皆恐丞相坐之。延年乃奏記光爭[36]，以為「吏縱罪人，有常法，今更詆[37]吳為不道，恐於法深[38]。又丞相素無所守持[39]，而為好言於下，盡其素行[40]也。至擅召中二千石，甚無狀[41]。延年愚，以為丞相久故[42]，及先帝用事[43]，非有大故[44]，不可棄也。間者民頗言獄深[45]，吏為峻詆[46]，今丞相所議，又獄事也，如是以及丞相[47]，恐不合眾心。群下讙譁[48]，庶人私議，流言四布，延年竊重[49]將軍失此名於天下也！」光以廷尉、少府弄法輕重[50]，皆論棄市，而不以及丞相，終與相竟[51]。延年論議持平，合和朝廷，皆此類也。

3 見國家承武帝奢侈師旅[52]之後，數為大將軍光言：「年歲比不登[53]，流民[54]未盡還，宜修孝文[55]時政，示以儉約寬和，順天心，說民意[56]，年歲宜應[57]。」光納其言，舉賢良[58]，議罷酒榷鹽鐵[59]，皆自延年發之。吏民上書言便宜[60]，有異[61]，輒下延年平處復奏[62]。言可官試[63]者，至為縣令[64]，或丞相、御史除用[65]，滿歲以狀聞[66]；或抵其罪法[67]，常與兩府及廷尉分章[68]。

4 昭帝末，寢疾，徵天下名醫，延年典領方藥[69]。帝崩，昌邑王[70]即位，廢，大將軍光、車騎將軍張安世[71]與大臣議所立。時宣帝養於掖廷[72]，號皇曾孫，與延年中子[73]佗相愛善，延年知曾孫德美，勸光、安世立焉。宣帝即位，褒賞大臣，延年以定策安宗廟[74]，益戶二千三百[75]，與始封所食邑[76]凡四千三百戶。詔有司[77]論定策功，大司馬大將軍光功德過太尉絳侯周勃[78]，車騎將軍安世、丞相楊敞[79]功比丞相陳平[80]，前將軍韓增、御史大夫蔡誼功比潁陰侯灌嬰[81]，太僕杜延年功比朱虛侯劉章[82]，後將軍趙充國、大司農田延年、少府史樂成功比典客劉揭[83]，皆封侯益土。

5 延年為人安和，備[84]於諸事，久典[85]朝政，上任信之，出即奉駕，入給事中[86]。居九卿[87]位十餘年，賞賜賂遺[88]，訾數千萬。

6 霍光薨[89]後，子禹與宗族謀反，誅。上以延年霍氏舊人，欲退之，而丞相魏相奏延年素貴用事[90]，官職多姦[91]。遣吏考案，但得苑馬多死[92]，官奴婢乏衣食[93]，延年坐免官，削戶二千。後數月，復召拜為北地[94]太守。延年以故九卿外為邊吏，治郡不進[95]，上以璽書讓延年[96]。延年乃選用良吏，捕擊[97]豪強，郡中清靜。居歲餘，上使謁者[98]賜延年璽書，黃金二十斤，徙為西河[99]太守，治甚有名。五鳳[100]中，徵入為御史大夫[101]。延年居父官府，不敢當舊位，坐臥皆易其處。是時四夷[102]和，海內平，延年視事[103]三歲，以老病乞骸骨[104]。天子優之，使光祿大夫持節[105]賜延年黃金百斤、酒，加致醫藥。延年遂稱病篤[106]。賜安車駟馬[107]，罷就第[108]。後數月薨，諡曰敬侯，子緩嗣。

【章旨】以上記杜延年。杜延年主要生活在昭帝、宣帝時期，為杜周第三子，明習法令。昭帝時，霍光執政，延年以蔭補軍司空，拜諫大夫，成為霍光的親信。終霍光一世，杜延年入侍皇帝，出參朝議，尊貴無比。霍光尚嚴，而杜延年以寬為補，多所匡救。宣帝時坐霍禹案免官，後召拜北地太守，徙西河太守。五鳳中拜御史大夫，卒謚曰敬侯。

【注釋】❶昭帝　漢昭帝劉弗陵（西元前九四—前七四年），西元前八六—前七四年在位。詳見卷七〈昭帝紀〉。❷大將軍霍光秉政　大將軍，官名。位列三公，多由貴戚擔任。霍光（西元前？—前六八年），詳見卷六十八〈霍光傳〉。秉政，主持政務。❸三公子　三公之子。杜周曾任御史大夫，位列三公。❹軍司空　軍中主管刑獄之官。如淳注曰：「律，營軍司空、軍中司空各二人。」陳直疑為軍司空令或丞，原文脫一「令」字或「丞」字。❺始元四年　即西元前八三年。始元（西元前八六—前八一年），漢昭帝年號。❻益州蠻夷　益州，郡名。在今雲南西南部，治滇池（今雲南晉寧東）。蠻夷，古代對少數民族的貶稱。❼延年以校尉將南陽士擊益州　據〈昭帝紀〉始元四年冬，派遣大鴻臚田廣明攻打益州反叛的蠻夷。杜延年率兵擊益州當在此時。校尉，武官名。為一校的長官，位略次於將軍。南陽，郡名。治宛（今河南南陽）。士，兵士。❽諫大夫　官名。掌論議，屬郎中令（光祿勳）。❾左將軍句　指上官桀父子與蓋長公主、燕王劉旦謀劃殺死霍光，奪取政權。上官桀，姓上官，名桀。武帝時任左將軍，是昭帝的岳祖父。蓋主，即鄂邑長公主，昭帝的異母姊。因其丈夫封蓋侯，故名蓋長公主。蓋，縣名。在今山東沂源東南。燕王，即燕王劉旦，昭帝的異母兄。以上三人可參閱卷六十三〈燕刺王劉旦傳〉、卷六十八〈霍光傳〉、卷九十七〈外戚傳〉等。❿假稻田使者燕倉　假稻田使者，職官名。主管稻田事務的使者。漢代的「某某使者」，都是皇帝為處理某重要事務而臨時派遣的主管人員，不屬於常設職官。假，當如「軍假司馬」、「假侯」之「假」，表示為副職。燕倉，蓋主舍人之父，見卷六十三〈燕刺王劉旦傳〉。⓫大司農楊敞　大司農，官名。九卿之一。主管租稅錢糧鹽鐵和財政收支等事務。楊敞，詳見卷六十六〈楊敞傳〉。⓬移病　謂移書聲稱自己有病。一說假託有病而移居私第，不在官府辦公。⓭以聞　把所知道的情況上報給皇帝。⓮伏辜　伏罪；應受到的懲處。⓯首發　首先揭發。⓰擢為太僕右曹給事中　擢，選拔；提升。太僕，官名。九卿之一，掌天子車馬及馬政。右曹，加官名。受理尚書事務。給事中，加官名。執掌顧問應對，可出入宮禁侍從皇帝。⓱過父故吏侯史吳　謂桑遷在逃亡過程中曾到過父親先前的屬吏侯史吳的家。過，拜訪；過訪。故吏，先前的屬吏。侯史吳，姓侯史，名吳。⓲廷尉王平與少府徐仁雜治反事　謂王平與徐仁共同審理桑弘羊等謀反的案件。王平，字子心，齊人。少府，官名。九卿之一。掌山海池澤收入和皇室手工業製造，為皇帝的私府。徐仁，字中孫，齊人。參考本書〈百官公卿表〉。雜治，共同治之。這裡指共同審理案件。雜，共同；一起。⓳皆以為句　桑遷坐父謀反，謂桑遷因為父親謀反而受牽連有罪。⓴隨者　指隨坐的人、連坐的人。不屬於自己謀反。㉑侍御史治實　侍御史，官名。御史中丞屬吏。掌監察，受理公卿百官奏書，糾舉不法；在朝廷舉行郊廟、大朝會、大封拜等場合，監督威儀；或奉皇帝之命出外執行指定任務時，稱使者。治實，謂重新審理核實。㉒通經術　精通儒家經學。意即有學問，明事理。㉓諫爭　極力直率勸諫。爭，通「諍」。㉔三百石吏　秩級為三百石的官吏。相當於縣長或縣丞、縣尉等的級別。㉕首匿　言身為謀首而藏匿犯人。首，謀首，即出謀劃策的人。㉖不與庶人匿隨從者等　庶人，泛指沒有官爵的平民。等，相等；等同。㉗縱　放過。㉘車千秋　漢武帝晚期至昭帝時任丞相。本姓田，因其年高，昭帝特許其乘坐小車出入朝中，號稱「車丞相」。詳見卷六十六〈車千秋傳〉。㉙言　此指說情。㉚公車　漢代官署名。衛尉的下屬機構，設公車令，掌管宮殿中司馬門的警衛工作。臣民上書或被徵召，皆由公車接待。㉛議問吳法　議論侯史吳於法律當得何罪。㉜指　通「旨」。意旨。㉝執　堅持……主張。㉞封上眾議　謂將眾人議論的結果密封上奏給皇上。㉟外內　指外朝與內朝。內朝又稱中朝，由皇帝左右的親信和賓客構成。外朝又稱外廷，由丞相、御史大夫和九卿等構成。內外朝之分始自漢武帝。漢代內朝掌決策，支配外朝，丞相等的決策權力日益轉移到內朝。㊱奏記光爭　向霍光奏記，加以規勸。奏記，是漢代官府之間的上行文書，有時亦單稱記。爭，通「諍」。勸說；規勸。㊲詆　誣陷。㊳深　指執法嚴酷。㊴素無所守持　一向沒有自己所堅持的意見。素，一直；向來。㊵盡其素行　完全和他平時的做法一樣。盡，全部；完全。素行，一向的做法。㊶無狀　無善狀。㊷久故　顏師古注曰：「言在位已久，是為故舊。」㊸及先帝用事　謂在先帝時任事。及，趕上。用事，任職；任事。㊹大故　大的事情。這裡指嚴重過失。㊺間者民頗言獄深　近來很多百姓說刑罰殘酷。間者，近來。獄深，刑罰嚴酷；判案嚴酷。㊻峻詆　誣陷嚴重。峻，謂峭刻、深刻。㊼如是以及丞相　謂如果因為此案而把丞相牽連進來。是以，猶「以是」。因為這件事。及，連帶；牽連。㊽讙譁　喧鬧；喧譁。㊾重　看重；重視。即為他人感到惋惜。㊿弄法輕重　玩弄法律，隨意判案。輕重，指判罪或輕或重。(51)終與相竟　謂霍光最終與丞相共事到底，始終沒有貶黜丞相。終，終身；最終。相竟，共事到底。(52)師旅　軍隊的編制單位。此處代指戰爭。(53)年歲比不登　接連數年糧食歉收。年歲，指年成，糧食收成。比，頻頻；接連。登，指糧食豐收。(54)流民　因自然災害或戰亂而流亡在外，生活沒有著落的人。(55)孝文　漢文帝劉恆。詳見卷四〈文帝紀〉。(56)說民意　使民心高興。說，通「悅」。(57)年歲宜應　謂施行儉約寬和等新政策之後，就會有豐年出現。應，應和。(58)賢良　漢代選拔官吏的科目之一。(59)議罷酒榷鹽鐵　討論停止國家對酒和鹽、鐵的專賣政策。漢武帝時，為彌補浩大的財政開支，陸續推行國家對鹽、鐵和酒類產品的生產、銷售專營。漢昭帝始元六年（西元前八一年）鹽鐵會議後，酒的釀造和銷售可以私營，由政府收取酒稅；鹽鐵因事關國家財政收入，仍舊官營。罷，停止。榷，專賣；專營。(60)便宜　指對國家有利應辦的事。(61)異　特殊。(62)平處復奏　先平處其可否，然後上奏給皇帝。平處，評判裁決。63 官試　試用做官。64 縣令　官名。秦漢時，一縣的人口在萬戶以上的，其行政長官稱「令」，不滿萬戶的則稱「長」。65 除用　拜官授職任用。除，除舊職任新職。66 滿歲以狀聞　任職滿一年後，將政績上報考核。漢代，官吏每年都要上報政績，進行考核。67 抵其罪法　上書言事之人若有奸妄者，則按法律治其罪。68 常與兩府及廷尉分章　漢代凡上章只上兩府與廷尉。因霍光信任杜延年，遇上書有特殊者，每命尚書先下其章於太僕寺，使延年審閱處理，此即所謂常與兩府及廷尉分章（呂忱說）。兩府，指丞相、御史大夫二府。69 典領方藥　掌管對醫生所開藥方和用藥的監督、檢查。典領，掌管。一般指對臨時具體事務的兼管。方，醫方；藥方。藥，醫藥。70 昌邑王　劉賀，武帝孫子。詳見卷六十三〈武五子傳〉。昌邑，諸侯國名，都昌邑（今山東金鄉西北）。71 車騎將軍張安世　車騎將軍，將軍名號，位次三公。張安世，張湯之子，詳見卷五十九〈張湯傳〉。72 掖廷　皇宮中旁邊的房舍，為妃嬪居住之處。73 中子　第二個兒子。處於長子與幼子之間的所有兒子都稱仲子。中，通「仲」。74 定策安宗廟　參與重大決策而使漢家安定。定策，這裡指決定皇帝人選，擁立宣帝。宗廟，古代帝王、諸侯和大夫、士祭祀祖宗的場所，常用作王室的代稱。75 戶二千三百　卷十七〈景武昭宣元成功臣表〉作「三千三百六十戶」，「三千」乃「二千」之訛。〈傳〉不數「六十」，乃舉大數。76 食邑　封地。秦漢以前及漢初，封爵者在封地內不但食祿，還有統治封地的權力。後來，封爵者在封地內失去了統治權力，只能徵收封地內民戶的賦稅以供享用。食邑戶數隨爵位升降而增減。77 有司　古代設官分職，各有專司，所以稱官吏曰「有司」。78 功德過太尉絳侯周勃　此及下文「功比」云云，皆以誅諸呂時功為比。絳，縣名，在今山西侯馬東。周勃（西元前？—前一六九年），秦末從劉邦起義，以軍功為將軍，封絳侯。呂后死後，諸呂謀篡權，他與陳平定計，誅殺諸呂，迎立文帝。詳見卷四十〈周勃傳〉。79 楊敞　華陰（今陝西華陰）人。在大將軍霍光幕府為軍司馬，後逐漸升任至大司農、御史大夫、丞相。封安平侯。詳見卷六十六〈楊敞傳〉。80 陳平（西元前？—前一七八年），陳留郡人。秦末參加項羽起義隊伍，後從劉邦，為劉邦的重要謀臣之一。仕至丞相。封曲逆侯。曾與周勃等定計誅殺諸呂，迎立文帝。詳見卷四十〈陳平傳〉。81 潁陰侯灌嬰　潁陰，縣名。在今河南許昌。灌嬰（西元前？—前一七五年），漢初曾任太尉、丞相。詳見卷四十一〈灌嬰傳〉。82 朱虛侯劉章　朱虛，縣名。在今山東臨朐東南。劉章，漢高帝之孫。參見卷三〈高后紀〉和卷三十八〈齊悼惠王劉肥傳〉。83 後將軍句　後將軍，將軍名號。趙充國（西元前一三七—前五二年），字翁孫，西漢隴西上邽（今甘肅天水）人。善騎射，通兵法。以定策功，封營平侯。後平定羌亂。詳見卷六十九〈趙充國傳〉。大司農，官名。九卿之一。掌管租稅和財政。田延年，詳見卷九十〈田延年傳〉。史樂成，〈霍光傳〉作「使樂成」，〈功臣表〉作「便樂成」。漢印有「使賢之印」，因此，陳直曰：「疑使樂成本為『使樂成』，『史』字為省文，『便』

字為誤字，後人因「使」姓少見，故改「使」為「使」。」典客，官名。後改稱大鴻臚，為九卿之一。主要掌管少數民族事務。84備 全部熟悉了解。85典 主管；執掌。86給事中 供事於宮中。指直接協助皇帝辦理章奏事務或備顧問。87九卿 西漢時九卿是列卿或眾卿之意，即京城各官府二千石以上長吏的總稱。《漢書》所稱為卿的，有太常、光祿勳、太僕、廷尉、大行、大鴻臚、宗正、大司農、少府、衛尉、執金吾、右內史、左內史、主爵都尉、太子太傅等十幾種官職。88賂遺 贈送財物。賂遺，皆贈送之意。89薨 古代稱諸侯死曰「薨」。90魏相奏延年素貴用事 魏相，詳見卷七十四〈魏相傳〉。用事，執政；當權。91官職多姦 官職，為官做事。姦，做壞事。92遣吏考案二句 杜延年官為太僕，所屬有邊郡六牧師令三十六苑之馬，蓋就邊郡所上畜簿考核之（陳直說）。苑馬，漢代在北邊、西邊的上郡、北地、安定、天水、武都、金城、河西等郡設牧苑養馬，以郎為苑監，官奴婢三萬人，養馬三十萬匹，另養牛、驢、駱駝等。太僕的職責之一即牧苑馬匹的放養。93官奴婢乏衣食 官奴婢，指牧苑中承擔日常牧養勞務的官府奴婢。乏，缺少。94北地 郡名。在今甘肅東北及寧夏東南部。治馬嶺（今甘肅慶陽西北）。95不進 謂比於諸郡不為最，不突出。96以璽書讓延年 璽書，用皇帝的印章封緘的詔書，一般是專門頒布給某人的，與通行詔書不同。璽，秦兼併六國後，規定天子的印章稱璽，臣民的印章稱印。漢承秦制，皇帝的印章仍稱璽（皇太后、諸侯王的也可稱璽）。讓，責備。97捕擊 抓捕打擊。98謁者 官名。光祿勳（原郎中令）屬官，掌管接待和傳達。99西河 郡名。在今內蒙古、山西交界地區。治平定（今內蒙古鄂爾多斯境內）。100五鳳 漢宣帝年號（西元前五七—前五四年）。101徵入為御史大夫 時在五鳳三年（西元前五五年），見卷十七〈功臣表〉。102四夷 古代對華夏族以外各族的泛稱，含有輕貶意味。分開則稱東夷、西戎、南蠻、北狄。103視事 就職治事，辦公。104乞骸骨 古代官員因為年老自請退休，自稱為「乞身」或「乞骸骨」。105光祿大夫持節 光祿大夫，官名。光祿勳屬官，掌顧問應對。節，古代使者奉命出使時所持的信物憑證。106病篤 病得很重。篤，病重。107安車駟馬 安車，坐乘之車。古代車多為立乘。車可坐乘，故曰「安車」。乘坐安車代表一種身分地位。《續漢書・輿服志》曰：「公列侯安車，朱斑輪，倚鹿較，伏熊軾，皁蓋。」駟馬，一車套四匹馬。108罷就第 免官回家。罷，罷免官職。就，回歸。第，府第；住所。

【語譯】杜延年字幼公，也通曉法律。昭帝剛登上帝位，大將軍霍光當政，因為杜延年是三公之子，有管理政務的充分才幹，就補他做軍司空。始元四年，益州郡的蠻夷造反，杜延年以校尉的身分統領南陽郡的士卒攻打益州，回來後，擔任了諫大夫。左將軍上官桀父子與蓋長公主、燕王劉旦陰謀作亂，假稻田使者燕倉知道他們的陰謀，把這件事稟告了大司農楊敞。楊敞驚惶害怕，假託有病回家，把這件事告訴了杜延年。杜延年把這件事報告了朝廷，上官桀等人伏法。杜延年被封為建平侯。

2 杜延年本是大將軍霍光的屬吏，首先揭發了大陰謀，有忠誠的節操，因此被提拔為太僕兼右曹給事中。霍光主張用刑罰要嚴酷，杜延年以寬緩的措施來輔助他。審理燕王謀篡的案件時，御史大夫桑弘羊的兒子桑遷逃跑，到過他父親先前的屬吏侯史吳家。後來桑遷被捕獲，處死。遇上大赦，侯史吳投案自首，廷尉王平與少府徐仁共同審理燕王謀篡的案件，都認為桑遷犯的是父親謀反連坐罪，侯史吳藏匿他，不是窩藏叛逆的人，而是窩藏連坐的人。就根據大赦令免除了侯史吳的罪名。後來侍御史複查案件，認為桑遷通曉經書，明白事理，知道父親謀反而不勸阻，與謀反者自身沒有差別；侯史吳原是三百石的官吏，身為謀首而藏匿桑遷，不能與普通百姓藏匿隨從罪犯相等同，侯史吳不能赦免。上奏書請求重新審理判罪，彈劾廷尉、少府放過謀反者而不予治罪。少府徐仁是丞相車千秋的女婿，所以車千秋多次為侯史吳辯護。擔心霍光不聽他的意見，車千秋就召集中二千石官吏、博士會集公車門，討論侯史吳於法律當得何罪。參加討論的人知道大將軍霍光的旨意，都堅持認為侯史吳犯的是不道罪。第二天，車千秋將眾人討論的結果密封上報，霍光當時就認為車千秋擅自召集中二千石以下官吏議事，使外朝與內朝意見不一致，於是把廷尉王平、少府徐仁關進監獄。朝廷官員都擔心丞相因此而犯罪。杜延年就上奏記給霍光加以規勸，認為「官吏放過罪犯而不予治罪，該如何處置，法律有明確規定，如今又誣陷侯史吳犯了不道罪，恐怕是執法過於嚴酷。再說丞相平時沒有自己堅持的主張，只是喜歡為下面的人說好話，這次完全符合他一向的行為。至於擅自召集中二千石官吏，是很不像話。延年我愚笨，認為丞相在位時間長久，自先帝時就任職，不是犯有重大的過失，不能廢棄。近來百姓中有很多人談論說刑罰嚴酷，官吏誣陷嚴重，如今丞相所議論的，又是關於案件的事，如果因為這個案件而牽連丞相，恐怕不合民心。如果朝廷內外為此議論紛紛，百姓背地裡議論，流言四處散布，延年我私下認為將軍不能為此而在天下丟失名聲！」霍光認為廷尉、少府玩弄法律，隨意判案，都判決死罪，卻不因此牽連丞相，並與丞相共事終生。杜延年論斷事情持公平態度，協調朝廷百官的關係，都是像這樣。

3 杜延年看到國家承接在武帝奢侈浪費和多次戰爭之後經濟凋敝，多次對大將軍霍光說：「糧食連年歉收，流落在外的百姓沒有都回到家園，應該施行文帝時的政策，提倡勤儉節約和寬厚仁和，順應天意，讓百姓高興，豐收的年成應該會到來。」霍光採納了他的意見，推舉賢良，討論停止國家對酒和鹽、鐵的專營，這些都是由杜延年倡議的。官吏和百姓上書建議國家應辦的事情，有特殊的，總是轉交給杜延年審批處理，然後上奏給皇帝。杜延年說可以試用做官的人，有的甚至擔任了縣令，有的被丞相、御史大夫兩府任用，滿一年後，將他們的情況上報考核；上書言事者若有奸妄，則按法律治其罪，經常與兩府及廷尉分受、審批奏章。

4 昭帝末年，臥病在床，徵求天下名醫，杜延年主管昭帝的醫方和藥物等事務。昭帝逝世，昌邑王登帝位，不久被廢掉，大將軍霍光、車騎將軍張安世與大臣商議所立的皇帝人選。當時宣帝被撫養於掖廷，號稱皇曾孫，與杜延年的次子杜佗相友善，杜延年了解皇曾孫品德美好，勸霍光、張安世立皇曾孫為帝。宣帝即位，褒獎賞賜大臣，杜延年因為決策而安定國家，增加食邑戶數二千三百，與最初所封食邑共計四千三百戶。宣帝詔令有關部門評定決策擁立者的功勞，大司馬大將軍霍光功德超過太尉絳侯周勃，車騎將軍張安世、丞相楊敞功勞可比丞相陳平，前將軍韓增、御史大夫蔡誼功勞可比潁陰侯灌嬰，太僕杜延年功勞可比朱虛侯劉章，後將軍趙充國、大司農田延年、少府史樂成功勞可比典客劉揭，都被封侯或增加封邑。

5 杜延年為人安詳平和，熟悉了解各種事務，長期管理朝政，皇上任用並信任他，出行就讓他駕車馬，入宮就讓他在宮中供事。他居於九卿的位子上十多年，皇上賞賜，大臣贈送，家中的財產多達幾千萬。

6 霍光去世後，他的兒子霍禹與他的宗族謀反，被誅滅。皇上因為杜延年是霍氏的舊部屬，想要罷免他，而丞相魏相上奏章說杜延年向來官居高位，會攬權，為官多奸邪不正派。皇上派遣官吏考核調查，只查得馬苑中的馬匹死亡很多，官府奴婢缺少衣食，杜延年因此被免掉官職務，削減食邑二千戶。數月之後，再次召回他並任命為北地郡太守。杜延年以原來的九卿而被外派做邊郡太守，治理郡中事務表現不突出，皇上發一封以帝璽封印的詔書責備杜延年。杜延年就選用好的官吏，抓捕打擊豪強，郡中清靜。過了一年多，皇上派謁者賜給杜延年璽書予以表彰，以及黃金二十斤，調任為西河郡太守，治績很有名聲。五鳳年間，調進京城擔任御史大夫。杜延年居處於父親住過的官府，不敢坐臥於父親當年坐臥過的位置，坐臥都改換到別的地方。這時四邊的外族與漢朝和睦相處，天下平安，杜延年當了三年御史大夫，因為年老有病，請求退休回家。皇上優待他，派光祿大夫持節賞賜杜延年黃金一百斤、酒，另外還送來醫藥。杜延年於是聲稱病得厲害。皇上賜給他由四匹馬駕的安車，辭官回家。數月之後去世，謚號叫敬侯，兒子杜緩繼承爵位。

緩少為郎❶，本始中以校尉從蒲類將軍❷擊匈奴，還為諫大夫，遷上谷❸都尉，雁門❹太守。父延年薨，徵視喪事❺，拜為太常❻，治諸陵縣❼，每冬月封具獄❽日，常去酒省食，官屬稱其有恩。元帝❾初即位，穀貴民流，永光中西羌反❿，緩輒上書入⓫錢穀以助用，前後數百萬。

緩六弟，五人至大官，少弟熊歷五郡二千石，三州牧刺史⓬，有能名，唯中弟欽官不至⓭而最知名。

【章旨】以上記杜緩。杜緩年少為郎，官至九卿。開始時主要在軍中或邊郡任職，後拜為太常，直至去世。漢元帝時，西羌反叛，杜緩捐資數百萬錢支援軍隊，受到朝野稱讚。

【注釋】❶郎　官名。帝王的侍從護衛官，有中郎、侍郎、郎中。屬光祿勳。❷本始中句　本始，漢宣帝年號（西元前七三—前七〇年）。蒲類將軍，指趙充國。本始二年，命後將軍趙充國為蒲類將軍，與其他四將軍統兵十五萬出征匈奴。蒲類，西域國名。❸上谷　郡名。在今河北西北及中部。治沮陽（今河北懷來東南）。❹雁門　郡名。在今山西北部和內蒙古南部。治善無（今山西右玉南）。❺徵視喪事　被皇上徵召回來辦理父親喪事。徵，徵召。❻太常　官名。掌宗廟禮儀，兼掌選試博士。杜緩於甘露三年（西元前五一年）始為太常。❼諸陵縣　漢代前期，各帝陵寢都建在京畿附近，並於陵園所在地設縣邑，稱為陵縣，統歸太常管轄。❽封具獄　言獄案已定，當報經皇上批准，故封上。封，這裡指封緘上報。具獄，定案；判決結果以及用來作為定罪依據的全部案卷。❾元帝　（西元前七六—前三三年），漢元帝劉奭。詳見卷九〈元帝紀〉。❿永光中西羌反　永光，漢元帝年號（西元前四三—前三九年）。慶元本、蔡琪本、白鷺洲書院本、殿本誤作「元光」，北宋本、正統本、汲古閣本作「永光」，不誤。西羌，西方部族羌族的泛稱，主要分布在今甘肅、青海、四川一帶。⓫入　捐納；捐獻。⓬州牧刺史　州牧，官名。由刺史改稱。監督郡縣長官，職位比刺史高。刺史，官名。漢武帝時分全國為十三（州）部，部置刺史，以六條察問郡縣，為監察性質的職官。但秩級不高，低於郡太守。⓭中弟欽官不至　仲弟杜欽做官的職位不高。中弟，即仲弟，指第二個弟弟。

【語譯】杜緩年輕時做了郎官，本始年間作為校尉而跟隨蒲類將軍趙充國攻打匈奴，回來後擔任諫大夫，升任為上谷郡都尉，後升任雁門郡太守。父親杜延年去世，被召回辦理喪事，任命為太常，管理各帝陵所在的縣，每到冬天審案結束，封上案卷的日子，經常戒酒節食，屬官稱讚他有仁恩。元帝剛登帝位時，糧食價格昂貴，百姓外出流浪，永光年間，西羌反叛，這些時候，杜緩總是上書捐獻錢糧來補充國家用度，前後有數百萬。

杜緩有六個弟弟，五個人做到大官，最小的弟弟杜熊擔任過五任郡太守，三任州牧刺史，以能幹著名，只有仲弟杜欽沒有做過大官，卻最有名。

1 欽字子夏，少好經書，家富而目偏盲❶，故不好為吏❷。茂陵杜鄴與欽同姓字❸，俱以材能稱京師❹，故衣冠❺謂欽為「盲杜子夏」以相別。欽惡以疾見詆❻，乃為小冠，高廣財二寸❼，由是京師更謂欽為「小冠杜子夏」，而鄴為「大冠杜子夏」云。

2 時帝舅大將軍王鳳❽以外戚輔政，求賢知❾自助。鳳父頃侯禁❿與欽兄緩相善，故鳳深知欽能，奏請欽為大將軍軍武庫令⓫。職閒⓬無事，欽所好也。

3 欽為人深博有謀。自上⓭為太子時，以好色聞，及即位，皇太后⓮詔采良家女。欽因是說⓯大將軍鳳曰：「禮壹娶九女⓰，所以極陽數⓱，廣嗣⓲重祖也；必鄉舉求窈窕⓳，不問華色⓴，所以助德理內也；娣姪㉑雖缺不復補，所以養壽塞爭㉒也。故后妃有貞淑㉓之行，則胤嗣㉔有賢聖之君；制度有威儀之節，則人君有壽考㉕之福。廢而不由㉖，則女德不厭㉗；女德不厭，則壽命不究於高年㉘。書云『或四三年』㉙，言失㉚欲之生害也。男子五十，好色未衰；婦人四十，容貌改前。以改前之容侍於未衰之年，而不以禮為制，則其原不可救而後徠異態㉛；後徠異態，則正后自疑而支庶有間適之心㉜。是以晉獻被納讒之謗，申生蒙無罪之辜㉝。今聖主富於春秋㉞，未有適嗣㉟，方鄉術入學㊱，未親后妃之議㊲。將軍輔政，宜因始初之隆㊳，建九女之制，詳擇有行義之家，求淑女之質，毋必有色聲音技能，為萬世大法。夫少，戒之在色㊴，小卞㊵之作，可為寒心㊶。唯㊷將軍常以為憂。」

4 鳳白之太后，太后以為故事㊸無有。欽復重㊹言：「詩云『殷監不遠，在夏后氏之世』[45]。刺戒者至迫近，而省聽者常怠忽[46]，可不慎哉！前言九女，略陳其禍福，甚可悼懼[47]，竊恐將軍不深留意。后妃之制，夭壽、治亂、存亡之端[48]也。迹三代之季世，覽宗、宣之饗國[49]，察近屬之符驗[50]，禍敗曷常不由女德？是以佩玉晏鳴，關雎歎之[51]，知好色之伐性短年[52]，離制度之生無厭[53]，天下將蒙化[54]，陵夷[55]而成俗也。故詠淑女，幾以配上[56]，忠孝之篤[57]，仁厚之作[58]也。夫君親壽尊[59]，國家治安，誠臣子之至願，所當勉之也。易曰：『正其本，萬物理。』[60]凡事論有疑未可立行者[61]，求之往古則典刑[62]無，考之來今則吉凶同，卒搖易之則民心惑[63]，若是者誠難施也。今九女之制，合於往古，無害於今，不逆於民心，至[64]易行也，行之至有福也，將軍輔政而不蚤[65]定，非天下之所望也。唯將軍信[66]臣子之願，念關雎之思，逮委政之隆[67]，及始初清明[68]，為漢家建無窮之基，誠難以忽[69]，不可以遴[70]。」鳳不能自立法度，循故事而已。會皇太后女弟司馬君力[71]與欽兄子私通，事上聞，欽慙懼，乞骸骨去。

後有日蝕、地震之變，詔舉賢良方正[72]能直言士，合陽侯梁放[73]舉欽。欽上對曰：「陛下畏天命，悼變異，延見公卿[74]，舉直言之士，將以求天心，迹得失[75]也。臣欽愚戇[76]，經術淺薄，不足以奉大對[77]。臣聞日蝕地震，陽微陰盛[78]也。臣者，君之陰也；子者，父之陰也；妻者，夫之陰也；夷狄者，中國之陰也。春秋日蝕三十六，地震五，或夷狄侵中國[79]，或政權在臣下，或婦乘[80]夫，或臣子背君父[81]，事雖不同，其類一也。臣竊觀人事以考變異，則本朝大臣無不自安之人，外戚親屬無乖刺[82]之心，關東[83]諸侯無強大之國，三垂[84]蠻夷無逆理之節；殆[85]為後宮。何以言之？日以戊申[86]蝕，時加未[87]。戊未，土也。土者，中宮之部也[88]。其夜地震未央宮[89]殿中，此必適妾將有爭寵相害[90]而為患者，唯陛下深戒之。變感以類相應，人事失於下，變象[91]見於上。能應之以德，則異咎[92]消亡；不能應之以善，則禍敗至。高宗遭雊雉之戒[93]，飭[94]己正事，享百年之壽，殷道復興，要在所以應[95]之。應之非誠不立，非信不行[96]。宋景公小國之諸侯耳，有不忍移禍之誠，出人君之言三，熒惑為之退舍[97]。以陛下聖明，內推至誠，深思天變，何應而不感？何搖而不動？孔子曰：『仁遠乎哉[98]！』唯陛下正后妾，抑女寵，防奢泰[99]，去佚游，躬節儉，親萬事，數御安車，由輦道[100]，親二宮之饔膳[101]，致昏晨之定省[102]。如此，即堯舜[103]不足與比隆，咎異何足消滅！如不留聽於庶事[104]，不論材而授位，殫[105]天下之財以奉淫侈，匱萬姓之力以從耳目[106]，近諂諛之人而遠公方[107]，信讒賊之臣以誅忠良，賢俊失在巖穴[108]，大臣怨於不以[109]，雖無變異，社稷[110]之憂也。天下至大，萬事至眾，祖業至重，誠不可以佚豫為[111]，不可以奢泰持[112]也。唯陛下忍無益之欲，以全眾庶之命。臣欽愚戇，言不足采。」

6 其夏，上盡召直言之士詣白虎殿對策[113]，策曰：「天地之道何貴？王者之法何如？六經[114]之義何上[115]？人之行何先？取人之術何以[116]？當世之治何務[117]？各以經對[118]。」

7 欽對曰：「臣聞天道[119]貴信，地道貴貞[120]；不信不貞，萬物不生。生，天地之所貴也。王者承天地之所生，理而成之，昆蟲草木靡[121]不得其所。王者法[122]天地，非仁無以廣施，非義無以正身[123]；克己就義[124]，恕以及人[125]，六經之所上也。不孝，則事君不忠，涖官不敬，戰陳無勇，朋友不信[126]。孔子曰：『孝無終始，而患不及者，未之有也。』[127]孝，人行之所先也。觀本行於鄉黨[128]，考功能於官職；達觀其所舉，富觀其所予；窮觀其所不為，乏觀其所不取[129]；近觀其所為，遠觀其所主[130]。孔子曰：『視其所以，觀其所由，察其所安，人焉廋哉？』[131]取人之術也。殷因於夏尚質[132]，周因於殷尚文[133]，今漢家承周秦[134]之敝，宜抑文尚質，廢奢長[135]儉，表[136]實去偽。孔子曰『惡紫之奪朱[137]』，當世治之[138]所務也。臣竊有所憂，言之則拂心逆指[139]，不言則漸日長，為禍不細，然小臣不敢廢道而求從[140]，違忠而耦[141]意。臣聞玩色無厭，必生好憎之心；好憎之心生，則愛寵偏於一人；愛寵偏於一人，則繼嗣之路不廣，而嫉妒之心興矣。如此，則匹婦[142]之說，不可勝[143]也。唯陛下純德普施，無欲是從[144]，此則眾庶咸說[145]，繼嗣日廣，而海內長安。萬事之是非何足備言[146]！」

8 欽以前事病[147]，賜帛罷，後為議郎[148]，復以病免。

9 徵詣大將軍莫府[149]，國家政謀，鳳常與欽慮[150]之。數稱達名士王駿、韋安世、王延世等[151]，救解馮野王、王尊、胡常[152]之罪過，及繼功臣絕世[153]，填[154]撫四夷，當世善政，多出於欽者。見鳳專政泰重[155]，戒之曰：「昔周公[156]身有至聖之德，屬有叔父之親，而成王有獨見之明，無信讒之聽，然管蔡[157]流言而周公懼。穰侯[158]，昭王[159]之舅也，權重於秦，威震鄰敵，有旦莫偃伏之愛[160]，心不介然有間[161]，然范雎起徒步[162]，由異國，無雅信[163]，開一朝之說，而穰侯就封[164]。及近者武安侯之見退[165]，三事之跡，相去各數百歲，若合符節，甚不可不察。願將軍由[166]周公之謙懼，損穰侯之威，放[167]武安之欲，毋使范雎之徒得間[168]其說。」

10 頃之，復日蝕，京兆尹王章上封事[169]求見，果言鳳專權蔽主之過，宜廢勿用，以應天變。於是天子感悟，召見章，與議，欲退鳳。鳳甚憂懼，欽令鳳上疏謝罪，乞骸骨，文指[170]甚哀。太后涕泣為不食。上少而親倚[171]鳳，亦不忍廢，復起鳳就位。鳳心慙，稱病篤，欲遂退。欽復說之曰：「將軍深悼[172]輔政十年，變異不已，故乞骸骨，歸咎於身。刻己[173]自責，至誠動眾，愚知[174]莫不感傷。雖然，是無屬之臣[175]，執進退之分[176]，絜[177]其去就之節者耳，非主上所以待將軍，非將軍所以報主上也。昔周公雖老，猶在京師，明不離成周[178]，示不忘王室也。仲山父異姓之臣，無親於宣，就封於齊[179]，猶歎息永懷[180]，宿夜[181]徘徊，不忍遠去，況將軍之於主上，主上之與將軍哉！夫欲天下治安變異之意，莫有[182]將軍，主上照然[183]知之，故攀援[184]不遣，書稱『公毋困我！』[185]唯將軍不為四國流言自疑於成王，以固[186]至忠。」鳳復起視事。上令尚書劾奏京兆尹章，章死詔獄。語在元后傳。

11 章既死，眾庶冤之，以譏[187]朝廷。欽欲救其過，復說鳳曰：「京兆尹章所坐事密[188]，吏民見章素好言事，以為不坐官職[189]，疑其以日蝕見對有所言也。假令章內有所犯，雖陷正法[190]，事不暴揚[191]，自京師不曉，況於遠方。恐天下不知章實有罪[192]，而以為坐言事也。如是，塞爭引之原[193]，損寬明之德。欽愚以為宜因章事舉直言極諫，並見郎從官[194]展盡其意，加於往前[195]，以明示四方，使天下咸知主上聖明，不以言罪下也。若此，則流言消釋，疑惑著明。」鳳白行其策。欽之補過將[196]美，皆此類也。

12 優游[197]不仕，以壽終。欽子及昆弟支屬至二千石者且十人。欽兄緩前免太常，以列侯奉朝請[198]，成帝時乃薨，子業[199]嗣。

【章　旨】以上記杜欽。杜欽少喜儒家經典，博學多才，有謀略。敢於直言進諫。不斷上書勸成帝抑女寵，躬節儉，勤政治國，成帝接受勸告。後作為王鳳幕僚，他常參與大政方針之謀劃與決策。

【注　釋】❶偏盲　一曰失明。❷不好為吏　謂不適宜做官。好，適宜；適於。漢代做官的條件之一是身體健全，不可有殘疾。❸茂陵杜鄴與欽同姓字　茂陵，縣名。在今陝西興平東北。以漢武帝陵墓茂陵在此，故名。杜鄴，詳見卷八十五〈杜鄴傳〉。同姓字，即同姓杜、同字子夏。❹稱京師　見稱於京師。❺衣冠　代指士大夫。❻惡以疾見詆　惡，討厭。以疾見詆，因為殘疾而被貶損。❼高廣財二寸　謂冠的高度、寬度僅僅二寸。財，通「才」。❽王鳳　漢元帝王皇后的大弟。詳見卷九十八〈元后傳〉。❾賢知　賢，德才兼備的人。知，通「智」。指有謀略的人。❿頃侯禁　指陽平侯王禁，死後諡為頃侯。⓫大將軍軍武庫令　大將軍軍，大將軍之軍。武庫令，官名。主兵器，秩六百石。⓬閒　通「閑」。⓭上　指漢成帝。⓮皇太后　指漢成帝的母親王政君。⓯說　勸說。⓰壹娶九女　指天子一人娶九女。壹，通「一」。⓱極陽數　陽數為一、三、五、七、九，九為陽數之極。極，最大。⓲嗣　繼承人。⓳鄉舉求窈窕　鄉舉，謂博問鄉里而舉之。窈窕，優雅美好的樣子。⓴華色　美色。華，通「花」。㉑娣姪　指隨嫁的妹妹和姪女。隨嫁的女子中，兄弟的女兒謂之姪，自己的妹妹謂之娣。㉒養壽塞爭　保養壽命，杜絕爭寵。塞，杜絕。㉓貞淑　指女子品行端莊賢淑。㉔胤嗣　後代。㉕壽考　長壽。㉖由　從；遵循。㉗女德不厭　特別好色。㉘究於高年　究，竟；終。高年，指壽命長。㉙書云或四三年　《尚書．周書．無逸》云：「惟耽樂之從，罔或克壽，或十年，或七八年，或五六年，或四三年。」謂逸欲過度則損壽。書，指《尚書》、《書經》。儒家經典之一，是中國上古歷史文獻和部分追述古代事跡文獻的彙編。㉚失　通「佚」、「逸」。㉛原不可救而後徠異態　原，根本；本性。救，制止；阻止。徠，通「來」。招致。異態，反常的情態或情況。㉜正后句　正后，皇帝的正妻，即皇后。支庶，指姬妾。間，代替。適，通「嫡」。嫡子。㉝晉獻被納讒之譖二句　春秋時，晉獻公寵幸驪姬，驪姬生奚齊，欲立為太子，於是進讒言，使晉獻公殺太子申生，並逐群公子，立奚齊為太子。蒙，遭受。(34)富於春秋　年紀輕。富，富裕。春秋，指年齡。(35)適嗣　正妻生的兒子，為皇位的繼承人。(36)鄉術入學　指嚮往儒家學術。鄉，通「嚮」。術，道。入學，指學習文化知識。(37)親后妃之議　謂皇帝就選擇后妃之事聽取大臣意見。(38)隆　威望崇高。(39)夫少二句　語出《論語・季氏》，孔子曰：「君子有三戒，少之時血氣未定，戒之在色。」言好色無節則致損敗，故需戒之。(40)小卞　通作「小弁」。《詩經・小雅》篇名之一。周幽王寵愛褒姒，廢申后，逐太子宜臼，立褒姒為后，立褒姒之子伯服為太子。據說此詩為太子宜臼之傅諷刺幽王，斥責讒人，哀憫太子而作。(41)寒心　有所戒懼的意思。(42)唯　句首助詞，表示希望。(43)故事　舊例；先例。(44)重　再。(45)詩云殷監不遠二句　見《詩經・大雅・蕩》。顏師古曰：「言殷之所監見，其事不遠，近在夏后氏之時。」(46)忽　忘也。(47)悼懼　恐懼；害怕。(48)端　端倪；苗頭。(49)宗宣之饗國　宗，指殷高宗。宣，指周宣王。殷高宗、周宣王，都是所謂中興之君。饗國，在位的時間。饗，通「享」。享有。(50)近屬之符驗　近屬，猶近今。屬，近。符驗，符合應驗、驗證。(51)佩玉晏鳴二句　傳說周康王貪戀女色，早晨晏起，夫人不鳴璜，宮門不擊柝，故詩人感歎，作〈關雎〉之詩，思得淑女，以配君子。關雎，《詩經・周南》篇名，為全書首篇。〈詩序〉說該詩是歌頌「后妃之德」，《魯詩》說是大臣畢公刺康王好色晏起之作。後人（如朱熹等）始認為是描寫男女戀愛之作。(52)伐性短年　伐性，損害身心。短年，使年壽縮短。(53)無厭　指享樂無節制。(54)蒙化　受感化。這裡指受到不好影響。(55)陵夷　衰落。(56)故詠淑女二句　〈關雎〉有「窈窕淑女，君子好逑」等詩句。淑女，賢良的好女子。幾，通「冀」。希望。(57)篤　深厚。(58)作　詩作。(59)君親壽尊　君親，君主和父母。壽尊，年壽高；長壽。(60)易曰三句　語出《易緯坤靈圖》，曰：「正其本，萬物理。差之毫釐，謬以千里。」(61)論有疑未可立行者　有疑，有疑問；拿不定主意。立行，立即執行。(62)典刑　舊法；常規。(63)卒搖易之則民心惑　卒，通「猝」。突然；匆忙。搖易，變換。惑，亂。(64)至　極；最。(65)蚤　通「早」。(66)信　通「申」。申述；表明。(67)逮委政之隆　逮，及；趁。委政之隆，言王鳳受天子之委政，權寵隆盛。委政，以政事相託。(68)始初清明　言天子新即位，政治宜清明有法度。清明，指政治有法度，有條理。(69)誠難以忽　誠，的確；真的。忽，疏忽。(70)遴　畏難；畏懼。(71)司馬君力　皇太后王政君的妹妹王君力，為司馬氏之婦。(72)賢良方正　漢朝舉薦人才的科目之一。有時簡稱賢良或方正。(73)合陽侯梁放　合陽，縣名。即今陝西合陽。梁放，合陽侯梁喜（宣帝功臣）之子，承襲父爵。(74)延見公卿　延，聘請；引進。公卿，原指三公九卿，後泛指朝廷中的高級官員。(75)迹得失　尋求得失之蹤跡。迹，尋求。(76)戇　魯莽而剛直。(77)奉大對　謂奉命回答大的提問。(78)陽微陰盛　陽氣微弱，陰氣旺盛。陰陽，是我國古代哲學的一對範疇，最初指日光的背向。後來作為解釋自然與社會中所有對立統一事物的概念。(79)中國　古代稱京師為「中國」，後來稱華夏族居住生活的地區為中國，主要指黃河中下游地區。[80]乘　欺淩。[81]君父　君主和父親。[82]乖刺　意見不一致。[83]關東　指函谷關以東地區。[84]三垂　謂東、南、西三面之邊境。此時北方已經與匈奴和親。垂，邊境。[85]殆　大概；恐怕。[86]戊申　古代以干支記日的日期。此指漢成帝建始三年（西元前三〇年）冬十二月戊申（初一）日。[87]未　未時。相當於今之十三時至十五時。[88]土者二句　按照五行說，土行配中央方位，而中宮為后妃住的地方。[89]未央宮　漢宮名。在今陝西西安西北郊，漢長安故城內西南隅。[90]適妾將有爭寵相害　適，通「嫡」。指正后。相害，互相傷害。[91]象　天象。[92]異咎　自然界某些現象的變異所預兆的災禍。[93]高宗遭雊雉之戒　古人認為，人間若有不幸或災難發生，其前一定會有徵兆出現。殷高宗祭祀宗廟後，有雉雞飛到鼎耳上鳴叫。殷高宗害怕，從此小心治國，任用賢才，改革政治，使殷朝由衰轉盛。高宗，指商朝高宗武丁。雊，雉雞鳴叫。[94]飭　謹慎修養。[95]應　回應；回報。[96]非信不行　信，誠實。行，實行。[97]宋景公四句　據《左傳》記載，春秋末年，宋景公時熒惑侵占心宿天區。古人迷信，認為這是災禍的預兆，災禍會降落在國君身上。太史子韋勸宋景公用祈禱的辦法把災禍轉移到大臣及國人與糧食收成上，景公不聽，甘願自己承當災禍。上天被他的誠心所感動，熒惑後退一宿天區，景公因而享延祚。宋景公，春秋時宋國國君。熒惑，火星的別稱。舍，即宿，指以二十八宿為標誌的天區。[98]仁遠乎哉　見《論語．述而》。言仁道不遠，求之而至。[99]奢泰　奢侈得很。[100]數御安車二句　此針對漢成帝好微行外出而發。由，從。輦道，帝王車駕所經過的道路。輦，原指人力推挽的車，後特指帝王乘坐的車。[101]二宮之饔膳　二宮，指成帝祖母（元帝養母、宣帝邛成王皇后，王奉光女）與成帝母親（元帝皇后王政君）。饔膳，即用餐。熟食曰「饔」，具食曰「膳」。[102]定省　即昏定晨省。指子孫輩早晚向父母或祖父母問安。[103]堯舜　傳說時期的部落聯盟首領。堯，即陶唐氏，號放勳，史稱唐堯。舜，即有虞氏，號重華，史稱虞舜。古人認為他們是兩位最為聖明的君主。[104]庶事　眾多的事務。[105]殫　盡。[106]匱萬姓之力以從耳目　匱，盡。從，通「縱」。放縱；無節制。[107]公方　正直無私的人。方，正。[108]賢俊失在巖穴　謂賢俊隱處巖穴，朝廷失之。失，通「逸」。隱逸。巖穴，山林洞穴。[109]怨於不以　指因不被任用而生怨。以，用。[110]社稷　古代帝王所祭祀的土地神和穀神。常用作國家的代稱。[111]佚豫為　佚豫，安閒享樂。為，治。[112]持　保持。[113]白虎殿對策　白虎殿，殿名，在未央宮。對策，皇帝為選拔人才，舉行考試，事先把問題寫在竹木簡冊上，曰策（冊、策通）。應考之人針對所提出的問題陳述自己的見解，稱為對策。[114]六經　《詩》、《書》、《禮》、《樂》、《易》、《春秋》六部儒家經典的總稱。[115]上　通「尚」。崇尚。[116]以　用。[117]務　致力；從事。[118]以經對　據經書上所說的道理來回答。[119]天道　上天所昭示的規律。古人認為它是支配人類命運的天神意志。[120]地道貴貞　地道，地所昭示的道理、法則。貞，正；堅定不移。[121]靡　沒有。[122]法　效法。[123]正身　修身；

使自身的行為端正。124義　正義；原則。125恕以及人　言以仁愛為心，施之於人。恕，仁。126事君不忠四句　見《禮記・祭義》曾子之言。涖官不敬，做官不慎重嚴肅。涖，臨；到。陳，通「陣」。戰場。127孔子曰四句　語出《孝經》所載孔子之言。意思是能始終行孝的人，卻擔心不能獲得「道」（倫理綱常），這是沒有的事。128觀本行於鄉黨　本行，原來的行為。鄉黨，鄉里。129達觀其所舉四句　見《說苑・臣術篇》李克對魏文侯語。《周書》及《大戴禮・官人篇》略同。達，職位顯貴、地位高。乏，缺少財物。130近觀其所為二句　謂觀其所交，可知其人之賢否。所為，謂依靠別人引薦進用。所主，推舉引薦他人。131孔子曰五句　語出《論語・為政》。此言觀察一個人的舉止行為、經歷、習慣，就可以了解這個人的好壞，他的真實情況就無法隱藏了。以，用。所由，所以從由的道路，即經歷。由，由此行之意。所安，謂安於什麼，即習慣。焉，何處。廋，隱藏；藏匿。132尚質　崇尚質樸。133尚文　崇尚文采。即講奢侈，講排場。134周秦　周朝和秦朝。135長　助長；提倡。136表　表明；發揚。137惡紫之奪朱　語出《論語・陽貨》。意思是厭惡用紫色取代朱色。古代以朱色為正，喻正統。紫色取代朱色，比喻邪惡勝過正義，或異端冒充正理。138治之　當為「之治」，以對上文策曰「當世之治何務」（王念孫說）。139拂心逆指　違背心意。拂，違背。指，通「旨」。140從　順；服從。141耦　配合；迎合。142匹婦　普通婦人。泛指婦人。143勝　盡。144無欲是從　即無縱欲。動賓倒置。意思是不放縱自己的欲望。從，通「縱」。145說　通「悅」。快樂。146何足備言　哪裡值得詳述。147以前事病　謂因前事為累。前事，指上文司馬君力與杜欽兄子私通事。病，妨礙。148議郎　官名。光祿勳（郎中令）屬吏。掌顧問應對。149徵詣大將軍莫府　徵詣，徵召到。莫府，即幕府。古代將帥的營帳。古時軍旅無固定住所，以帳幕為府署，故稱幕府。150慮　計劃；商討。151數稱達句　稱達，推舉進用。王駿，王吉之子。參閱卷七十二〈王吉傳〉。韋安世，韋賢之孫，方山之子。參閱卷七十三〈韋賢傳〉。王延世，字長叔，犍為資中（今四川資陽）人。成帝時以校尉為河堤使者，指揮堵塞黃河決口，有功，被任命光祿大夫，賜爵關內侯。參見《華陽國志》、本書卷十〈成帝紀〉。152救解句　救解，解救、解脫罪名。馮野王，馮奉世之子，卷七十九〈馮奉世傳〉附其傳。何焯曰：「馮野王以京兆尹王尊薦以代王鳳，王鳳諷御史中丞劾之，杜欽之救解，亦為王氏補過。」王尊，詳見卷七十六〈王尊傳〉。胡常，參閱卷八十四〈翟方進傳〉、卷八十八〈儒林傳〉。153繼功臣絕世　使斷絕了爵位的功臣後代恢復爵位。繼，使接續。絕，指爵位繼承的斷絕。卷十六〈高惠高后文功臣表・序〉記杜業納說，於是成帝復紹蕭何。此乃杜業（杜欽兄之子）之事，而非欽事（齊召南說）。154填　通「鎮」。鎮懾。155泰重　過分重。泰，通「太」。過甚。156周公　即姬旦。西周初年政治家，周武王的弟弟。因采邑在周（今陝西岐山北），稱為周公。曾協助武王滅商。武王死後，成王年幼，由他攝政。157管蔡　管叔、蔡叔。都是周公旦的兄弟。因不服周公攝政，聯合武庚和東方夷族發動叛亂。後被周公平定，管叔被殺，蔡叔被流放。[158]穰侯　魏冉。戰國時秦國大臣，秦昭王母宣太后異父弟。秦武王死後，秦國內亂，他擁立昭王，初任將軍，後一再任相。封於穰（今河南鄧州），稱穰侯。秦昭王四十一年，昭王起用范睢為相，他被罷免。[159]昭王　即秦昭襄王。西元前三〇六－前二五一年在位。在位期間為秦取得統一戰爭的勝利奠定了基礎。[160]有旦莫偃伏之愛　言秦昭王幼小時，旦夕偃伏戲弄於其舅（魏冉）之旁側。旦，早晨。莫，通「暮」。傍晚。偃，仰臥。[161]介然有間　謂有隔閡。介然，分離的樣子。間，縫隙；隔閡。[162]范睢起徒步　范睢，戰國時魏國人，入秦後遊說秦昭王取得信任，取代了魏冉的地位，為秦相，封為應侯。徒步，步行。古時平民出門無車，因以徒步為平民代稱。[163]雅信　謂素相信任、一貫地信任。雅，平素；向來。[164]就封　謂罷退官職而回到封地。[165]武安侯之見退　武安侯，即田蚡，漢景帝王皇后異父弟，漢武帝時封武安侯，官至丞相。他所推薦的人，有的開始就被任命為二千石秩級的官職，權移主上。曾上奏希望得到少府考工的地方來擴大宅第，武帝發怒，說：「你為什麼不連武庫也拿走！」拒絕並斥走他。詳見卷五十二〈田蚡傳〉。[166]由　從；用。[167]放　猶「屏」。[168]間　乘間。[169]京兆尹王章上封事　京兆尹，官名。治理京畿地區的三輔之一，管理京城長安以東十二縣。王章，詳見卷七十六〈王章傳〉。封事，密封的奏章。漢代臣下直接上奏給皇帝的機密奏章，一般要用皂囊（黑色的袋子）密封起來，由皇帝親自開封批閱。[170]文指　文章的意思。指，通「旨」。[171]倚　靠；依賴。[172]深悼　很傷感。[173]刻己　嚴格要求自己。[174]愚知　愚人與智士。知，通「智」。[175]無屬之臣　與皇帝沒有親屬關係的臣子。[176]執進退之分　掌握……分寸。[177]絜　通「潔」。使清潔。[178]成周　當作「宗周」。成王都於鎬京，未曾東遷。這裡既說「周公雖老，猶在京師」，則當為不離「宗周」（吳恂說）。[179]仲山父異姓之臣三句　此處所說有誤。周宣王時，齊太公之祀未絕，不可能有封仲山父於齊之事。《詩經・大雅・烝民》「仲山甫徂齊，式遄其歸」云云，不足為仲山父就封於齊之據。鄧展注曰：「《詩》言『仲山甫徂齊』者，言銜命往治齊城郭也，而《韓詩》以為封於齊，此誤耳。」仲山父，即仲山甫。周宣王時大臣。父，通「甫」。《詩經・大雅・烝民》是頌揚仲山父功德的詩作。宣，周宣王。齊，周朝分封的諸侯國名，在今山東北部，都臨淄（今山東淄博東北臨淄）。[180]永懷　長時間懷念。永，長久。[181]宿夜　夜晚。[182]有　當作「若」，形近致誤（楊樹達說）。[183]照然　明顯地。照，有的版本作「昭」。[184]攀援　挽留。[185]書稱公毋困我　顏師古注曰：「此《周書・洛誥》成王告周公詞也。」意思是：「您一定要留此，不要離開而讓我陷入困窘。」大約當時漢成帝給王鳳的詔書中引用了這句話。今本《尚書》作「公無困哉」。[186]固　固守；堅持。[187]譏　指責。[188]所坐事密　定罪的事祕密。[189]坐官職　因工作職務而犯罪。[190]正法　對判死罪者依法處決。[191]暴揚　暴露宣揚。[192]章實有罪　當時京兆尹王章不是因為彈劾王鳳獲罪，而是因為舉薦馮野王、詆毀張美人獲罪，故杜欽想要王鳳暴揚之（周壽昌說）。193塞爭引之原　塞，堵塞。爭引，謂引事類以諫諍（顏師古說），即直言諫諍。原，通「源」。來源；源頭。194郎從官　郎和其他侍從人員。195加於往前　超過以往。196將　助成。197優游　悠閒自得。198以列侯奉朝請　列侯，爵位名。秦漢二十等爵的最高一級（第二十級），原稱徹侯，後來為避武帝名諱，改為通侯，或稱列侯。奉朝請，漢代對退職大臣、將軍、皇室及外戚多給以奉朝請的待遇，使得參加朝會。漢代諸侯春季朝見皇帝曰朝，秋季朝見曰請。199業　杜業，字君都，見卷十九〈公卿表〉。

【語　譯】 杜欽字子夏，年少時就喜好讀經書，家中富有，但有一隻眼睛失明，所以不適宜做官。茂陵杜鄴與杜欽同姓杜、同字子夏，都以才能在京師聞名，所以上層社會都稱杜欽為「盲杜子夏」，以便與杜鄴相區別。杜欽不喜歡因為自己的殘疾而被貶損，就做了一頂小冠戴上，高寬僅二寸，從此京城裡的人們改稱杜欽為「小冠杜子夏」，而稱杜鄴為「大冠杜子夏」。

2 這時，皇帝的舅舅大將軍王鳳以外戚身分輔佐朝政，尋求德才兼備、有謀略的人來幫助自己。王鳳的父親頃侯王禁與杜欽的兄長杜緩相友好，所以王鳳很了解杜欽能幹，就上奏皇上請求任命杜欽為大將軍軍武庫令。這個職位閒散無事，是杜欽所喜好的。

3 杜欽為人深沉博學，有謀略。自從皇上為太子時，就以好色聞名，等到登上帝位後，皇太后下詔為他選擇良家女子。杜欽因此勸說大將軍王鳳說：「禮制規定，皇上一人可以娶九位女子，規定奇數中的最大數的原因，是為了增加繼承人，重視祖宗基業的傳承；必須從地方上推舉尋求性情沉靜安閒的女子，不講究美貌，目的是為了外能幫助皇上推行德政，內能管理好宮廷；陪嫁的女子缺損了也不再補充，是為了保養皇上的身體長壽，杜絕宮中妃嬪爭寵。所以后妃品行端莊，性情賢淑，那麼她所生養的子嗣中一定會產生德才兼備的聖明君主；制度莊嚴而周密，那麼君主就有長壽的福氣。如果廢棄掉這個制度而不加遵循，就會過分貪戀女色；貪戀女色，就會壽命不長。《書經》上說『有的三四年』，說的是過分貪戀女色而導致減壽的禍患。男子到了五十歲，好色的欲望沒有減退；女人到了四十歲，容貌已經不同於以前。用容貌已衰的女子去伺候情欲未減的男子，卻不用禮制約束，那麼其本性就無法控制，而後招致反常的情況；後來招致反常情況，那麼正式冊立的皇后就會產生疑慮，姬妾會產生離間嫡子的想法。因此晉獻公遭受聽信讒言的指責，申生遭受無罪的懲罰。如今皇上正年輕，還沒有嫡親的後代，正嚮往儒學，學習文化知識，沒有就選擇后妃之事聽取大臣討論。將軍您輔佐朝政，應該趁著開始時的有利形勢，確立帝王娶九女的制度，仔細選擇品行端正的人家的女子，要求女子有賢淑的品質，不必要求美貌和能歌善舞，為子孫萬代樹立榜樣。男子年輕時要戒女色，〈小卞〉這首詩，讀了真叫人寒心。希望將軍常常憂慮這樣的事。」

4 王鳳把杜欽的話告訴了太后，太后認為本朝沒有這樣的先例。杜欽又對王鳳強調說：「《詩經》說『殷代可借鑑的事不遠，就在夏后氏的末年』。批評告誡人們的心情極為迫切，可是聽取意見的人卻常常懈怠疏忽，可以不慎重嗎！前次說了建九女之制的事，大略陳述了它的禍福後果，很令人害怕，我個人擔心將軍您沒有深刻留意。后妃的禮制，是關係到君王壽命長短、政治好壞、國家存亡的緣由。推究三代的衰敗時期，觀看殷高宗、周宣王在位的長久，考察近代君王的驗證，國家的災禍和衰敗何嘗不是由女色引起的呢？因此周康王沉溺於女色，〈關雎〉詩表示感傷，知道君王好色一定會危害身心，縮短壽命，離開禮制就會享樂無節制，天下人將會蒙受影響，逐漸衰敗而形成壞的風俗。所以〈關雎〉詩詠歎善良賢淑的女子，希望能與君主匹配，表達出深厚的忠孝之心，是仁義厚道的詩作。君主與父母長壽，國家太平，確實是臣子的最大願望，這是我們應當共同努力的。《易經》說：『端正根本，則萬物調理。』凡事情在爭論中拿不定主意而無法立即推行的，從往古尋求則沒有舊法可循，從近代來考察則吉凶相同，倉猝改變做法則百姓心中會產生疑惑，像這樣的事確實難以施行。但如今建立九女之制，符合往古的制度，對今天沒有害處，不違背民心，最容易推行，推行之後又最能得福，將軍您輔佐朝政，如不早定下來，就不是天下人所期望的了。希望將軍您能申述我的願望，想著〈關雎〉的旨意，趁著皇上委政於您的崇高威望，趕著皇上剛登位的政治清明之際，為漢家建立永垂不朽的基業，確實不容疏忽，不可以畏難。」王鳳不能自行創立法度，只是遵慣例做事罷了。恰逢皇太后的妹妹司馬君力與杜欽兄長的兒子私通，事情被皇上知道，杜欽感到慚愧又害怕，請求辭官回家。

5 後來發生了日食、地震等變故，皇上下詔書要求推薦賢良方正且能直言的士人，合陽侯梁放推舉了杜欽。

杜欽上書對策說：「陛下畏懼上天意志，警惕變異現象，接見公卿大臣，推舉能直言的士人，打算探求天意，考察過失產生的根源。我杜欽愚蠢剛直，經學淺薄，無能力回答陛下提出的大問題。我聽說日食地震的發生，是由於陽衰陰盛。臣子對君主處於從屬的地位；兒子對父親處於從屬的地位；妻子對丈夫處於從屬的地位；外族對中國處於從屬的地位。《春秋》記載有日食三十六次，地震五次，有時是由於外族侵犯中國，有時是由於政權被臣子掌握，有時是由於婦人欺凌丈夫，有時是由於臣子背叛君父，事因雖不相同，它們的道理卻是一致的。我個人觀察人事關係來考究變異發生的原因，本朝大臣沒有一個不安分的人，外戚皇族沒有不和順的心思，關東各諸侯沒有強梁的封國，三邊外族沒有違背道理的態度；大概是在於後宮。為什麼這樣說呢？日食是在戊申日的未時發生的。戊和未屬土。土行應在中宮的部位。那天晚上，地震發生在未央宮殿中，這一定是皇后和妃嬪們之間將有因爭寵而相互傷害造成禍患，希望陛下對此高度警惕。變異與同類事務相感應，下面的人事有過錯，變異就在天象上反映出來。如果能用美德回應天象，變異所預兆的災禍就可以消除；如果不能用善行來回應它，災禍就會降臨。殷高宗遇到野雞鳴叫的警戒，就嚴格要求自己，端正政事，享受了百年的高壽，殷商的國運又復興起來，重要的在於用什麼態度回應天象。回應不誠心，不能產生效果，不忠信也不能推動事態的發展。宋景公只是小國的諸侯，有不忍心將禍患轉移給他人的誠意，三次說出了堂堂國君的言論，熒惑終於後退，離開了心宿。憑著陛下的聖明，誠心誠意從內心出發，深深思考天象的變異，有什麼回應不能感動天心？有什麼災禍不能化解呢？孔子說：『仁道離得很遠嗎！』希望陛下端正皇后與妃嬪的關係，抑制對女人的寵愛，防止奢侈無度，去掉安逸享樂的思想，自身生活簡樸，親自處理國家大事，經常乘坐安車，經由御道，親自侍候太皇太后和皇太后的飲食起居，早晚按規定向她們請安。這樣做了，即使唐堯、虞舜也比不上陛下的興隆，變異所預兆的災禍何愁不能消滅！如果對萬民的事不注意留心，不按照才能授予官職，取盡天下財富來供自己奢侈浪費，用盡百姓的勞力來供自己耳目享樂，接近阿諛奉承的人而遠離公正耿直的人，聽信讒臣去殺害忠良，使得有才德的人隱居在山林洞穴，使大臣們因為不被重用而怨恨，即使上天沒有變異，也是國家的憂患。國家無比大，萬事無比多，祖宗留下的基業無比重要，確實不能用貪圖安逸享樂的態度去治理，也不可用奢侈浪費的辦法去保持。希望陛下抑制無好處的欲望，以保全百姓的生命。我杜欽愚蠢剛直，我的話也許不值得採納。」

6　這年夏天，皇上把所有敢於直言的人都召集到白虎殿回答策問，策問：「天地的規律以什麼最重要？帝王的法制應如何制定？《六經》的道理以哪條為首要？人的品行以哪條為第一？選拔人才用什麼辦法？當今國家的治理應該致力於何事？每個問題都要根據經書的道理來回答。」

7　杜欽回答說：「我聽說天道以誠信為貴，地道以堅貞為貴；不誠信不堅貞，萬物就不能生長。生命是天地之間最可貴的。做帝王的人接受天地間的生物，調理它們，造就它們，昆蟲草木沒有一樣不各得其所。做帝王的人應當效法天地，沒有仁心就無法廣施恩澤，沒有義行就無法端正自身；克制自己，做到有義行，推仁愛之心於廣大人民，這是《六經》所推崇的。不講孝道，事奉君主就不會忠誠，臨做官就不會嚴肅認真，打仗就不會勇敢，交朋友就不會守信用。孔子說：『始終行孝的人，而擔心不能達到道的境界，這是沒有的事。』孝道是人們行為準則的第一條。考察一個人的行為，要看他在鄉里的表現，考察一個人的功績能力，要看他是如何做官任職的；對做高官的人，要看他舉薦任用的是些什麼樣的人，對富有的人，要看他施予些什麼人；對窮困的人，要看他不做什麼，對貧乏的人，要看他是否拿別人的東西；近看他依靠什麼人引薦而進用，遠看他引薦什麼人做官。孔子說：『觀察他的舉止行為，看他的經歷，考察他的習慣，他還能隱藏什麼真實情況呢？』這就是選拔人才的辦法。殷商繼承夏朝，崇尚質樸，周朝繼承殷商，崇尚文采，如今漢朝承襲周朝、秦朝的弊病，應該抑制文采，崇尚質樸，廢除奢侈，提倡節儉，發揚求實的精神，去掉虛假的惡習。孔子說『討厭紫色取代朱紅色』，這就是當今治國所要努力去做的。我個人有所憂慮，說出來可能違背您的心意，不說出來，壞風氣就會一天天滋長，給國家帶來的禍患不小，然而小臣我不敢廢棄正道而一味順從，違背忠誠來迎合您的心意。我聽說好色過度，必定產生偏憎偏愛的心理；偏憎偏愛的心理一產生，就會只寵愛某一個人；寵愛集中在一個人身上，那麼生育兒子的途徑就不寬廣，而嫉妒之心卻滋生了。這樣一來，則婦人的讒言就不能壓制住了。希望陛下把高尚的德性普遍施予後宮，不要放縱情欲於某一人，這樣全國百姓都會高興，繼承人會日益增多，國內也會長治久安。眾多事情的是非哪裡值得詳述呢！」

8 杜欽因為先前事情的妨礙，皇上賜給他帛讓他回家休養，後來擔任議郎，又因病免職。

9 杜欽被徵召到大將軍幕府任事，國家政事的謀劃，王鳳經常與杜欽商討處置。杜欽多次舉薦有名望的士人王駿、韋安世、王延世等，解脫馮野王、王尊、胡常的罪過，以及延續前代功臣已經斷絕了的爵位繼承，平定安撫四周邊境的外族，當時好的政策措施，大多出於杜欽的建議。他看到王鳳主政專權過分嚴重，就告誡王鳳說：「過去的時候，周公自身的品德那麼高尚，又是周成王的親叔父，而周成王有獨到、明白的見識，從不聽信讒言，然而管叔、蔡叔一散布流言，周公就害怕了。穰侯是秦昭王的舅舅，在秦國權力很大，威望震動鄰近敵國，秦昭王小時候早晚在穰侯身邊戲耍，心裡對他沒有一點隔閡，然而范睢出身平民，從異國來到秦國，平時毫無信任，一旦對昭王施展遊說，穰侯就被趕回到封邑。以及近代武安侯被逐退的事，這三件事，相距各有數百年，情況這麼符合相近，很是應該考察一番。希望將軍您效仿周公的謙虛恐懼，減少穰侯的威風，放棄武安侯的貪欲，不要使范睢之類的人能夠有機會施展他們的遊說。」

10 不久又發生日食，京兆尹王章向皇上呈上密奏求見，果然說王鳳犯有獨攬大權、蒙蔽皇上的過錯，應該廢棄不予任用，以此回應天變。當時皇上有所感悟，召見王章，與他商量，打算辭退王鳳。王鳳很擔憂害怕，杜欽讓王鳳上奏疏向皇上請罪，請求辭官回家，文中的語意很是哀傷。王太后哭泣不吃飯。皇上從小與王鳳親近並有所倚賴，也不忍心廢棄，又起用王鳳，恢復其職位。王鳳心裡慚愧，推說病重，想要退職。杜欽再次勸王鳳說：「將軍您輔佐政事十年，而天地災變沒有停止過，您自己對此很感傷，所以要求退休回家，把過錯歸在自己身上。您嚴格要求自己，責備自己，這樣的真誠感動了眾人，愚者智者沒有不傷感的。雖然如此，這樣做乃是屬於那些與皇帝沒有親屬關係的臣子，把握進退的分寸，保持自己去留的清高風格罷了，不是皇上厚待將軍的本意，也不是將軍報答皇上的方式。從前，周公雖然老了，仍然留在京師，表示不離開周的都城，不忘記王室。仲山父是異姓的臣子，與周宣王沒有親戚關係，封於齊地後，還歎息並長久地懷念，夜夜徘徊，不忍心遠離宣王，何況將軍您對皇上如此忠誠，皇上對將軍如此親密呢！想要天下消除災異的心願，沒有人比得上將軍您，皇上清楚地知道這一點，所以挽留不讓您離開，《書經》上說『您不要難為我！』希望將軍不要因為四方的流言蜚語而認為皇上懷疑自己，應該堅持自己的耿耿忠心。」王鳳重新出來管理朝政。皇上讓尚書揭發彈劾京兆尹王章，王章死在獄中。這些話記載在〈元后傳〉裡。

11 王章死後，大家都認為他死得冤枉，因此指責朝廷。杜欽想要替王鳳補救過失，再次勸王鳳說：「京兆尹王章所犯的事情是祕密的，官吏和百姓知道王章一向喜好上書發表意見，以為他不是犯了職務上的罪過，懷疑他被處死是因為發生日食進見皇上回答問題發表意見的緣故。假使王章是因為進宮內見皇帝答問時觸犯律條，雖然已經正法，事情真相沒有暴露宣揚，在京城裡都沒有人知道，何況遠方呢。我擔心天下人不知道王章確實有罪，還以為他是進諫犯法。這樣的話，就會堵塞進諫之路，損害皇上寬明的德行。我愚蠢的認為，應該就王章這件事，讓皇上發動大家直言進諫，並接見郎官和所有侍從人員，讓他們把想說的話都說出來，超過以往，以此向全國表明，讓天下人都知道皇上的聖明，不會因為進言而怪罪下面的人。如果這樣，那麼流言就會消失，懷疑也會解除。」王鳳把杜欽的話告訴皇上，並按照他說的去做了。杜欽為君王和長官彌補過失，助成美名，都是這樣的。

12 杜欽悠閒自得，沒有做官，直到老死。杜欽的兒子以及兄弟的後代做官到二千石秩級的有十人。杜欽的兄長杜緩先前被免除太常職位，後以列侯身分參加朝會，成帝時才去世，兒子杜業繼承爵位。

1 業有材能，以列侯選，復為太常。數言得失，不事權貴，與丞相翟方進、衛尉定陵侯淳于長不平❶。後業坐法免官❷，復為函谷關都尉❸。會定陵侯長有罪，當就國，長舅紅陽侯立與業書❹曰：「誠哀老姊垂白❺，隨無狀❻子出關，願勿復用前事相侵❼。」定陵侯既出關，伏罪復發❽，下雒陽❾獄。丞相史搜得紅陽侯書❿，奏業聽請⑪，不敬⑫，坐免就國。

2 其春⑬，丞相方進薨，業上書言：「方進本與長深結厚，更相稱薦，長陷大惡，獨得不坐，苟欲障塞⑭前過，不為陛下廣持平例⑮，又無恐懼之心，反因時信其邪辟⑯，報睚眦⑰怨。故事，大逆朋友⑱坐免官，無歸故郡者。今坐長者歸故郡，已深⑲一等；紅陽侯立坐子受長貨賂故就國耳，非大逆也，而方進復奏立黨友後將軍朱博、鉅鹿太守孫宏、故少府陳咸⑳，皆免官，歸咸故郡。刑罰無平，在方進之筆端，眾庶莫不疑惑，皆言孫宏不與紅陽侯相愛㉑。宏前為中丞㉒時，方進為御史大夫，舉掾隆可侍御史㉓，宏奏隆前奉使欺謾㉔，不宜執法近侍，方進以此怨宏。又方進為京兆尹時，陳咸為少府，在九卿高弟㉕，陛下所自知也。方進素與司直師丹㉖相善，臨御史大夫缺，使丹奏咸為姦利㉗，請案驗㉘，卒不能有所得，而方進果自得御史大夫。為丞相，即時詆欺㉙，奏免咸，復因紅陽侯事歸咸故郡。眾人皆言國家假㉚方進權太甚。案師丹行能無異㉛，及光祿勳許商被病殘人㉜，皆但以附從㉝方進，常獲尊官㉞。丹前親薦邑子㉟丞相史能使巫下神，為國求福，幾㊱獲大利。幸賴陛下至明，遣使者毛莫如㊲先考驗，卒㊳得其姦，皆坐死。假令丹知而白之，此誣罔㊴罪也；不知而白之，是背經術惑左道㊵也。二者皆在大辟㊶，重於朱博、孫宏、陳咸所坐。方進終不舉白，專作威福，阿黨㊷所厚，排擠英俊㊸，託公報私，橫厲㊹無所畏忌，欲以熏轑㊺天下。天下莫不望風而靡㊻，自尚書近臣皆結舌杜口㊼，骨肉親屬莫不股栗㊽。威權泰盛而不忠信，非所以安國家也。今聞方進卒病死㊾，不以尉示㊿天下，反復賞賜厚葬。唯陛下深思往事，以戒來今。」

3 會成帝崩，哀帝(51)即位，業復上書言：「王氏世權(52)日久，朝無骨骾(53)之臣，宗室諸侯微弱，與繫囚無異，自佐史以上至於大吏(54)皆權臣之黨。曲陽侯根(55)前為三公輔政，知趙昭儀(56)殺皇子，不輒白奏(57)，反與趙氏比周(58)，恣意妄行，譖愬(59)故許后，被加以非罪(60)，誅破(61)諸許族，敗元帝外家。內嫉妒同產兄姊(62)紅陽侯立及淳于氏，皆老被放棄(63)。新喋血(64)京師，威權可畏。高陽侯薛宣(65)有不養母之名，安昌侯張禹(66)姦人之雄，惑亂朝廷，使先帝負謗(67)於海內，尤不可不慎。陛下初即位，謙讓未皇(68)，孤獨特立，莫可據杖(69)，權臣易世(70)，意若探湯(71)。宜蚤(72)以義割恩，安百姓心。竊見朱博忠信勇猛，材略不世出(73)，誠國家雄俊之寶臣也，宜徵博置左右，以填(74)天下。此人在朝，則陛下可高枕而臥矣。昔諸呂(75)欲危劉氏，賴有高祖遺臣周勃、陳平尚存，不(76)者，幾為姦臣笑。」

4 業又言宜為恭王[77]立廟京師，以章[78]孝道。時高昌侯董宏[79]亦言宜尊帝母定陶王丁后為帝太后。大司空[80]師丹等劾宏誤朝不道，坐免為庶人，業復上書訟[81]宏。前後所言皆合指施行，朱博果見拔用。業由是徵，復為太常。歲餘[82]，左遷上黨都尉[83]。會司隸[84]奏業為太常選舉不實[85]，業坐免官，復就國。

5 哀帝崩，王莽[86]秉政，諸前議立廟尊號者皆免，徙合浦[87]。業以前罷黜，故見闊略[88]，憂恐，發病死。業成帝初尚[89]帝妹潁邑公主，主無子，薨，業家上書求還京師與主合葬，不許，而賜謚曰荒侯，傳子至孫絕[90]。初，杜周武帝時徙茂陵[91]，至延年徙杜陵[92]云。

【章旨】以上記杜業。杜業為杜緩之子，有才能，官至太常。剛直不阿，不依附權貴，痛恨宦官與外戚專權，被罷官。漢成帝即位（西元前三二年）後，復拜杜業為太常。

【注釋】❶與丞相句　翟方進，詳見卷八十四〈翟方進傳〉。衛尉，官名。九卿之一。掌宮門警衛。定陵，汝南郡屬縣。在今河南郾城西北。淳于長，其母乃元后與王立之姊。詳見卷九十三〈淳于長傳〉。不平，不和。❷業坐法免官　杜業於鴻嘉元年（西元前二〇年）為太常，七年免（見〈公卿表〉）。當在永始三年（西元前三年）免官。❸函谷關都尉　函谷關，關名。原址在今河南靈寶東北。漢武帝時向東移至新安東（今河南新安），離故關三百里。關都尉，武官名。掌管關禁，維持治安。❹會定陵侯長有罪三句　定陵在汝南郡，定陵侯淳于長就國，當出函谷關，故王立與關都尉杜業書。就國，回到封國。紅陽，南陽郡屬縣。在今河南葉縣南。立，王立。漢成帝的舅父，亦為淳于長舅父。❺垂白　白髮下垂，即年老。❻無狀　不肖。❼侵　冒犯；欺凌。這裡指製造麻煩。❽伏罪復發　指淳于長與許后書。見卷九十七〈外戚傳〉。伏罪，未被揭發的罪。❾雒

陽　都邑名。在今河南洛陽東北。❿丞相史搜得紅陽侯書　丞相史，丞相府屬吏。主要協助處理文書等事務。搜得，在定陵侯淳于長之處搜得。紅陽侯書，即紅陽侯王立與杜業書。⓫聽請　言挾私枉法，聽從接受請求託付。按，杜業在淳于長過關時未因個人恩怨加以冒犯，不屬於枉法行為。定其罪名曰「聽請」，乃深文巧詆。⓬不敬　接受有罪人的囑託請求為不敬。⓭其春　綏和二年（西元前七年）春。⓮苟欲障塞　苟，苟且、不遵循禮法。障塞，掩蓋；隱瞞。⓯廣持平例　樹立主持公道的範例。⓰因時信其邪辟　因，乘機；趁機。信，通「伸」。邪辟，乖戾不正。辟，通「僻」。⓱睚眦　張大眼睛表示憤怒。引申為小的不滿和怨恨。睚，抬眼。眦，眼瞼接合處。⓲大逆朋友　犯了大逆罪的人的朋友。⓳深　加深；加重。⓴黨友句　黨友，幫夥；朋友。朱博，詳見卷八十三〈朱博傳〉。鉅鹿，郡名。在今河北滹沱河以南。治鉅鹿（今河北平鄉西南）。孫宏，詳見卷八十四〈翟方進傳〉。陳咸，詳見卷八十六〈陳萬年傳〉。㉑相愛　相友愛。㉒中丞　即御史中丞。官名。御史大夫的副手，負責查舉官吏非法等事。㉓舉掾隆可侍御史　掾隆，此為御史大夫的掾，名隆。掾，漢代官府的小吏。侍御史，御史大夫的屬官。掌管監察，或奉命外出執行指定任務。㉔謾　欺騙；誑騙。㉕高弟　即高第。考試或官吏政績考核結果位居優等曰高第。㉖司直師丹　司直，丞相屬官。輔助丞相檢舉不法。師丹，詳見卷八十六〈師丹傳〉。㉗姦利　用不正當的手段取得利益。㉘案驗　查訊驗證。㉙詆欺　誣陷（別人），欺騙（皇上）。㉚假　借；給予。㉛案師丹行能無異　案，考察。行能，品行與才能。無異，不特殊；不出眾。㉜光祿勳許商被病殘人　光祿勳，官名。掌領宿衛侍從之官。原稱郎中令，為九卿之一。許商，曾任大司農。被病殘人，有病的殘疾之人。被，遭受。㉝但以附從　但，只是。附從，依附跟隨。㉞常獲尊官　常，通「嘗」。曾經。尊官，高官。㉟邑子　同邑人之子。㊱幾　通「冀」。希望；企圖。㊲毛莫如　太山郡（治所在博縣，今山東泰安東南三十里，後移治奉高縣，今泰安東北）人，官至常山郡太守。或說「毛」字當作「屯」（錢大昭說）。㊳卒　終於。㊴誣罔　欺騙。㊵左道　不正之道；邪門歪道。㊶大辟　死刑。㊷阿黨　阿私、偏袒一方。㊸英俊　指才智傑出的人物。㊹橫厲　強橫霸道，氣勢淩人。㊺熏轑　煙燻火烤。指恐嚇威脅。轑，通「燎」。以火烤焦。㊻靡　倒下。㊼自尚書句　尚書，官名。少府屬官。在皇帝左右協助辦理文書章奏。結舌，不敢說話。杜口，閉口不言。杜，閉塞。㊽股栗　大腿發抖，形容十分恐懼。㊾卒病死　卒，通「猝」。病死，實際上是自殺。因成帝祕其事，故此云病死。㊿尉示　安慰晤示。尉，通「慰」。51哀帝　西元前六—前一年在位。詳見卷十一〈哀帝紀〉。52王氏世權　王家世代掌權。指王鳳等掌權日久。53骨鯁　亦作「骨骾」。比喻剛直。54白佐史以上至於大吏　佐史，書佐與史。皆官府的小吏，級別較低，所謂斗食小吏。一般協助辦理文書事務。大吏，指級別較高的職官。55曲陽侯根　即王根。曾任大司馬驃騎將軍。曲陽，縣名。在今安徽淮南東南。56趙昭

儀 漢成帝的妃子趙合德。57不輒白奏 輒，立即。白，陳述。58比周 結成同夥。59譖愬 誣陷。愬，通「訴」。60被加以非罪 被加，加給。被，覆；加。非罪，莫須有的罪名。61誅破 誅殺破滅。62同產兄姊 同產，漢代稱同一父親所生即為同產，不必同母。兄，紅陽侯王立。姊，即淳于氏，淳于長之母，為漢成帝母親王太后的姊姊。63被放棄 被，遭受。放棄，放逐。64喋血 血流遍地。65高陽侯薛宣 高陽，縣名。在今山東莒縣東南。薛宣，詳見卷八十三〈薛宣傳〉。66安昌侯張禹 安昌，縣名。在今河南確山縣西。張禹，詳見卷八十一〈張禹傳〉。67負謗 受到指責。68謙讓未皇 謙虛禮讓，來不及（理政）。皇，通「遑」。閒暇。69據杖 依靠。杖，通「仗」。70權臣易世 謂世代執掌朝政之權。易世，一代接一代。71意若探湯 內心極為戒懼，如同以手探入沸水裡一樣。比喻小心戒懼。72蚤 通「早」。73不世出 謂世所希有。74填 通「鎮」。75諸呂 指漢高后呂雉的姪兒呂產、呂祿等。76不 通「否」。77恭王 指定陶恭王劉康，哀帝的生父。其妻丁姬，即下文所說的「定陶王丁后」，哀帝的生母。詳見卷八十〈定陶恭王劉康傳〉及卷九十七〈定陶丁姬傳〉。78章 通「彰」。彰顯；彰明。79高昌侯董宏 高昌，縣名。在今山東博興西南。董宏（西元前？—前四年），繼承父爵為高昌侯。80大司空 官名。御史大夫改名。三公之一。負責監察百官。成帝時，改稱大司空。哀帝時一度復稱御史大夫。81訟 為人申辯冤屈。82歲餘 杜業於哀帝建平四年（西元前三年）為太常，三年之後，被貶。（見卷十九〈公卿表〉）此處曰「歲餘」，誤。83左遷上黨都尉 左遷，降職。上黨，郡名。在今山西東南部。治長子（今山西長子西）。84司隸 即司隸校尉。漢武帝征和四年（西元前八九年）始置，率領中都官徒卒一千二百人，捕巫蠱，督奸猾，糾察三輔（京兆尹、左馮翊、右扶風）以及三河（河內、河東、河南）、弘農等郡，相當於州刺史。85選舉不實 推選舉薦人才不符合實際情況。漢代規定，官員推舉人才必須符合實際，不得虛假，否則，推舉官員要承擔責任，受到處罰。86王莽 詳見卷九十九〈王莽傳〉。87徙合浦 徙，流放。合浦，郡名。在今廣東、廣西交界地區。治合浦（今廣西合浦東北）。88闊略 謂寬縱不問、寬容。89尚 娶皇帝的女兒為妻。尚，同「上」。有攀親之意。90傳子至孫絕 杜業之子名輔，輔之子名憲，見卷十七〈功臣表〉。91茂陵 縣名。在今陝西興平東北。以漢武帝茂陵在此，故名。92杜陵 縣名。在今陝西西安東南。以漢宣帝杜陵在此，故名。

【語譯】杜業有才能，以列侯的身分被選拔，再次出任太常。多次講論朝政的得失，不事奉有權有勢的人，與丞相翟方進、衛尉定陵侯淳于長相處不和。後來杜業犯法被免去官職，又做了函谷關都尉。遇上定陵侯淳于長犯了罪，被處應回封國，淳于長的舅父紅陽侯王立給杜業寫了一封書信，說：「實在是同情我的老姊姊滿頭白髮了，還要跟隨不肖兒子出關，希望不要因為過去的事為難他們。」定陵侯淳于長出關之後，先前未發現的罪狀又被揭發出來了，被捕關進雒陽的監獄。丞相史搜出了紅陽侯王立給杜業的書信，上奏說杜業接受別人的請託，犯了不敬之罪，杜業因此被免官，回到封國。

2 這年春天，丞相翟方進去世，杜業上書說：「翟方進本與淳于長交往深厚，常互相稱讚舉薦，淳于長犯了大罪，唯獨沒有給他定罪。他卑劣地想要掩蓋自己以前的過失，不為陛下樹立公平執法的榜樣，又沒有害怕的意思，反而憑藉時機施展他的邪惡手段，報自己的小仇怨。按照先例，犯大逆罪人的朋友牽連免除官職，沒有遣送回老家的。如今受淳于長牽連的人罰回老家，已經加重了一等；紅陽侯王立因為兒子接受淳于長財物的緣故回到封國，不是犯了大逆罪，翟方進還上奏舉報王立的朋友後將軍朱博、鉅鹿郡太守孫宏、前少府陳咸，都免去官職，還把陳咸罰回老家。刑罰不公平，在翟方進的筆端可以隨意判罪，老百姓沒有不迷惑的，都說孫宏不與紅陽侯相友好。孫宏以前擔任御史中丞時，翟方進擔任御史大夫，翟方進舉薦掾隆擔任侍御史，孫宏上奏章揭發隆先前奉命出使做過欺騙人的事，不適合在皇帝身邊做執法的工作，翟方進因此怨恨孫宏。另外，翟方進擔任京兆尹時，陳咸擔任少府，在九卿中屬於優等，這是陛下自己所知道的。翟方進向來與司直師丹相友善，等到御史大夫官位空缺，他就讓師丹上奏舉報陳咸幹了壞事，請求查訊驗證，最終沒有查到什麼，而翟方進自己果然得到了御史大夫的職位。翟方進擔任了丞相，立即誣陷陳咸，欺騙皇上，上奏章免去陳咸的官職，又因紅陽侯的事，罰陳咸回老家。大家都說國家給予翟方進的權力太大。查師丹的品行與才能沒有特殊的地方，而光祿勳許商是個有病的殘疾人，都只是由於依附翟方進，曾經獲得高官。師丹此前親自舉薦他同鄉的兒子以及丞相史，說他們能使用巫術請神靈顯現，為國家求福，企圖從中獲取大的好處。幸虧仰賴陛下至為英明，派遣使者毛莫如先考察驗證，終於戳穿了他們的詭計，都因此被處死。假如師丹明知道他們是騙局還去稟奏皇上，這就是犯了欺騙罪；如果他不知實情而去稟奏皇上，這就是背離經術而迷信歪門邪道。這兩種情況都應判處死刑，比朱博、孫宏、陳咸所犯的罪過要嚴重。翟方進始終沒有檢舉稟奏，專門作威作福，包庇自己的同黨，排擠傑出人才，公報私仇，橫行霸道，無所畏忌，想用恐嚇威脅的手段統治天下。天下人沒有不被他的威勢所懾服的，即便尚書等皇帝身邊的臣子，都閉口不言，他自己的親屬骨肉沒有不恐懼害怕的。大臣的威勢權力太大，卻不忠誠可靠，是不能使國家安定的。如今聽說翟方進突然得病死了，皇上不因此昭示翟方進的罪過，來安慰天下人，反而又賞賜厚葬他。希望陛下深刻思考過去的事情，作為今後的鑑戒。」

3 正值漢成帝逝世，哀帝登位，杜業又上奏書說：「王家世代把持朝中大權，時間長久了，朝廷沒有正直的大臣，皇族諸侯力量微弱，他們和囚禁在監獄中的犯人一樣，從級別很低的書佐、小史以上直到朝廷中的高級官員，都是王家的黨羽。曲陽侯王根先前擔任三公輔佐朝政，知道趙昭儀殺死了皇子，不立即奏明皇上，反而與趙氏結成同黨，任意胡為，誣陷原先的許后，使她蒙受莫須有的罪名，誅殺破滅了許氏家族，使元帝的外家破敗。在內則嫉妒同產兄長紅陽侯王立和姊姊淳于氏，都已經年老而被放逐。新近在京城殺人遍地流血，他的威權勢力令人畏懼。高陽侯薛宣有不贍養母親的惡名，安昌侯張禹是最奸壞的人，他們蠱惑人心，擾亂朝廷，使先帝受到全國人的指責和批評，對他們尤其不可不慎重對待。陛下剛剛登上帝位，謙虛禮讓，還未來得及親理朝政，一個人處境孤立，沒有依靠，面對權臣代代相傳，心裡謹慎戒懼，就像要把手伸進沸水裡一樣。陛下應該及早以國家利益為重，割斷個人的恩情，安撫百姓的心。我個人觀察朱博忠誠可靠，勇猛敢為，材幹謀略世間少有，確實是國家的雄俊寶貴的大臣，應該徵召朱博，把他安排在身邊任職，來鎮撫天下。有這個人在朝中，那麼陛下就可以高枕而臥了。過去呂氏家族想要危害劉氏王朝，依靠有跟隨高祖打天下的大臣周勃、陳平還在，否則的話，幾乎被奸臣恥笑了。」

4 杜業又說應該為恭王在京城立廟，來宣揚孝道。這時高昌侯董宏也說應該尊封皇上的母親定陶王丁后為帝太后。大司空師丹等揭發董宏誤導朝廷，犯了不道罪，董宏因此被免官成為平民，杜業又上書為董宏申辯。杜業前前後後所說的話都符合皇帝的旨意，得到施行，朱博果然被提拔任用。杜業因此被徵召，再次擔任太常。一年多以後，降職為上黨郡都尉。恰好遇上司隸校尉上奏章說杜業任太常期間推選舉薦人才不合實情，杜業因此被免官，又回到封國。

5 哀帝逝世，王莽執掌朝政，所有以前建議立廟尊號的官員都被免除官職，流放到合浦。杜業因為在此前被罷免，所以受到寬宥，但他憂慮恐懼，發病死去。杜業在成帝初娶了成帝的妹妹潁邑公主為妻，公主沒有兒子，去世了，杜業家人上書請求把杜業的遺體運回京城與公主合葬，朝廷不准許，而賜給杜業諡號曰荒侯，爵位傳給兒子，到孫子時斷絕。當初，杜周在武帝時遷居茂陵，到杜延年時遷居杜陵。

贊曰：張湯、杜周並起文墨小吏❶，致位三公，列於酷吏❷。而俱有良子，德器自過❸，爵位尊顯，繼世立朝❹，相與提衡❺，至於建武❻，杜氏爵乃獨絕❼。迹其福祚❽，元功儒林❾之後莫能及也。自謂唐杜苗裔，豈其然乎❿？及欽浮沉⓫當世，好謀而成，以建始⓬之初深陳女戒，終如其言，庶幾乎關雎之見微⓭，非夫浮華博習之徒所能規也⓮。業因勢而抵陒⓯，稱朱博，毀師丹，愛憎之議可不畏哉！

【章旨】以上為本卷的議論。班固在贊中對杜周這樣的酷吏，其後代反而能夠世代顯貴，感到不解。對其後代的品德與才能也給予了適當的評價。

【注釋】❶文墨小吏　辦理文書的小吏。❷酷吏　指用刑嚴酷的官吏。❸德器自過　言其子之品德與才能都超過二人自身。過，超過。❹繼世立朝　指世代在朝中為官。繼，接續。❺相與提衡　雙方相齊、兩家一樣。衡，平衡。❻建武　漢光武帝劉秀年號（西元二五－五六年）。❼杜氏爵乃獨絕　建武之後，張氏尚有張純為侯，而杜家卻沒有繼承爵位的了，所以說杜氏獨絕。❽迹其福祚　考察他們世代的富貴。祚，福。❾元功儒林　元功，開創基業的元勳之功。指蕭何、曹參、張良、陳平等開國功臣。儒林，指貢禹、薛宣、韋賢、匡衡等人。❿自謂唐杜苗裔二句　此乃史家微辭，斷言其非唐杜氏之後裔。苗裔，後代。⓫浮沉　指官場上職位的升降，得意與失意。⓬建始　漢成帝年號（西元前三二—前二九年）。⓭庶幾乎關雎之見微　此即指上文杜欽勸說王鳳「佩玉晏鳴，〈關雎〉歎之」云云，已知治化之將衰，故曰「見微」。庶幾乎，差不多。見，見解。微，微妙。⓮非夫浮華句　浮華，華而不實。博習，無所不學卻不深入。規，謀劃。⓯因勢而抵隙　謂乘其衰敗而排擠。彈劾翟方進於已死，及哀帝立而排擊王氏，都是杜業「因勢而抵隙」之顯例。

【語　譯】史官評議說：張湯、杜周都是從文書小吏發跡，升職到三公的高位，列入酷吏的行列。而兩人都有好兒子，品德和才能超過了他們自己，爵位尊貴顯赫，世代在朝中做官，兩家都是一樣，直到東漢建武時，杜家的爵位才斷絕。考察他們兩家的福澤，即使那些元老功臣、儒家大師的後代也沒有能比得上的。杜家自己說是唐杜氏的後代，難道真是這樣嗎？傳到杜欽，隨波逐流於當時的社會，喜好為當政者謀劃而且有所成就，他在建始初年深刻地陳述了慎戒女色的道理，結果正如他所說的那樣，幾乎就像〈關雎〉詩的洞察隱微，這不是那些虛飾浮誇的人能夠謀劃的。杜業藉用機會落井下石，稱讚朱博，毀謗師丹，偏愛偏憎的議論能不使人畏懼嗎！

【研　析】本篇記錄了《史記》入於〈酷吏列傳〉的杜周，及其後人在西漢時期的仕宦經歷。就篇中單個人物的經歷來說，在西漢時代並無特別之處，而作為一個群體，卻在一定程度上，反映了西漢中後期一個特殊的社會階層——「世家」的形成。關於「世家」，並無確定的定義。《史記》作〈世家〉三十篇，記錄王侯將相及對歷史發展起過重要作用的人物事跡，對後來作為社會層面的「世家」概念的形成，自然有很大的影響，但又並不相同。

在本篇末，班固感慨張湯、杜周同起於「文墨小吏，致位三公，列於酷吏」，但其後代人才輩出，「俱有良子，德器自過，爵位尊顯，繼世立朝，相與提衡」，長期能保持家族在政壇的影響力，「元功儒林之後莫能及也」。這也應是班固在上篇及本篇，分別將張氏、杜氏人物集於一篇之中，如同家傳的原因。班固是反對嚴刑峻法的，其態度在本書〈刑法志〉中有充分的表現，因而他對張湯、杜周這樣的酷吏，竟然能福祚綿長，頗感疑惑。在本篇中他將杜氏的「福祚」歸因於聖人之後：「自謂唐杜苗裔，豈其然乎？」在上篇則將張湯後代興盛，歸因於張湯「推賢揚善」所積的陰德，這顯然是不正確的。茲根據篇中內容，結合時代背景，對西漢中後期以杜氏為代表的「世家」出現的原因，作一些梳理。

「世家」得世代為官。本書〈食貨志〉記：「世家子弟、富人或鬥雞走狗馬，弋獵博戲，亂齊民。」如淳注稱：「世家，謂世世有祿秩家也。」亦即班固所稱「爵位尊顯，繼世立朝」。杜周從小吏官至與丞相並稱「三公」的御史大夫，其子杜延壽、杜延考「夾河為郡守」，杜延年因宣帝在民間時有保護之功，封侯，官至御史大夫。杜延年有子七人，長子杜緩繼承其侯爵，官至居「九卿」之首的太常，杜緩六個弟弟，「五人皆至大官」，按現在的話說，應是「省部級」高官。杜緩「昆弟支屬至二千石者且十人」，則延年、延考也應有兒子仕至「大官」。杜緩之子杜業，復繼承侯爵，娶漢成帝妹，官至太常，杜業之子、孫相繼承襲侯爵，在東漢初才被取消。杜氏無疑是「世世有祿秩家」。

世代有人才，即篇中所說「材能」，是「世家」形成的重要因素。杜周在漢武帝時以治獄起家，他對法律的解釋被稱作「大杜律」，其子延年亦以法律見長，在任太僕時，常與丞相、御史大夫及廷尉「分章」，處理國家疑難大事，他對法律的解釋，被稱作「小杜律」，在東漢時仍被人尊重、學習。延年子杜欽因一眼致盲，影響了仕途，但他才能出眾，在王鳳以帝舅執政時入其幕府，參議國家大事，王鳳對他言聽計從。可以說杜周後人一直保持著對法律的特有的興趣，而法律正是秦漢治國的根本，這使他們較之不學無術的開國功臣之後，以及後來只能空談仁政教化而缺實際才幹的「俗儒」，更能適應帝國官僚的角色。西漢後期，儒學畢竟已是「大官」不可或缺的修養。杜周三個兒子中，延壽、延考繼承其父為官之法，「治皆酷暴」，延年則「行寬厚」，他輔助霍光輔政，「論議持平，合和朝廷」，甚至批評「獄深，吏為峻詆」，顯示受儒學影響，與父輩兄弟不一樣的文化特質。延年子杜緩、杜緩子杜業，相繼擔任主管禮儀教化的太常一職，說明他們儒學修養相當精深，杜欽更是「少好經書」，篇中記其有關政事的議論甚多，均以儒家經典為據。在西漢後期重儒者的時代氛圍中，只通律條而不通儒術，只堪作刀筆小吏，難至「大官」；而只通儒術，不懂法條，則難於從政。

杜氏人物兼有二者之長，正是他們世代為高官的原因，與他們是否是「唐杜苗裔」，毫無關係。張湯後人之所以長盛不衰，亦在於他們既嫻習法律，具有政治操作能力，又能趕上時代潮流，積極與儒學靠攏。班固在本書〈地理志下〉說京城長安附近，「五方雜厝，風俗不純，世家則好禮文，富人則商賈為利，豪桀則游俠通姦」。「世家則好禮文」，其實已正確地指出了「世家」與儒學之間有著密切的關係。當然，「世家」之所以成立，還必須子孫繁衍，身體強健，如果人物委瑣卑劣或子孫斷絕，自然亦不可能成其為「世家」。杜欽雖才名超過其兄弟，卻未像他們那樣當上「大官」，身帶殘疾，應是主要原因。

當然，西漢的杜氏、張氏，還只是「世家」形成時期的狀態。到了東漢，隨著重法治的「秦政」，與重教化的「漢政」全面合流，世家大族於是成為影響政治、文化的主導力量。至於促成「世家」形成與發展的經濟基礎、制度因素，在此不予深究。

卷六十一

張騫李廣利傳第三十一

【題解】本卷是張騫和李廣利的合傳，兩人均是武帝時期與西域關係史上的重要人物。張騫，漢中成固（今陝西城固）人。漢武帝即位後，決心改變對匈奴政策，抗擊匈奴，在國內招募使者出使西域，聯繫大月氏，張騫以郎應募。他第一次出使歷時十餘年，兩度被匈奴扣押，他始終不忘自己的使命。回國後，向漢武帝詳細報告了西域情況，並建議武帝開通西南道，促使武帝重新經營西南。此後，張騫曾兩次率兵參加北擊匈奴戰役。元狩四年又請求第二次出使西域，聯合烏孫，並分遣副使到大宛、康居、月氏、大夏等國。隨後西域諸國相繼與漢建立外交往來，從此開通了中國通往西方的絲綢之路。李廣利是武帝寵姬李夫人之兄。太初元年，漢武帝派使臣攜帶金帛到大宛換取好馬，大宛拒絕，並劫殺漢使。武帝大怒，任命李廣利為貳師將軍，領兵伐大宛。由於路途遙遠，後援、糧草不繼，李廣利初征不利，武帝動員全國力量，再次發兵，於太初四年攻克其首都，從此大宛服屬漢朝。十一年後李廣利再度率兵出征匈奴，兵敗，降匈奴被殺。

1 張騫，漢中❶人也，建元❷中為郎❸。時匈奴❹降者言匈奴破月氏❺王，以其頭為飲器❻，月氏遁而怨匈奴，無與❼共擊之。漢方❽欲事❾滅胡❿，聞此言，欲通使，道必更[11]匈奴中，迺募能使[12]者。騫以郎應募，使月氏，與堂邑氏奴甘父[13]俱出隴西[14]。徑[15]匈奴，匈奴得之，傳[16]詣[17]單于[18]。單于曰：「月氏在吾[19]北[20]，漢何以[21]得往使？吾欲使越[22]，漢肯聽我乎？」留[23]騫十餘歲[24]，予[25]妻，有子，然騫持漢節[26]不失。

2 居匈奴西，騫因[27]與其屬[28]亡[29]鄉[30]月氏，西走數十日至大宛[31]。大宛聞漢之饒[32]財，欲通不得[33]，見騫，喜，問欲何之[34]。騫曰：「為漢使月氏而為匈奴所閉[35]道，今[36]亡，唯[37]王使人道[38]送我。誠[39]得至，反[40]漢，漢之賂遺[41]王財物不可勝[42]言。」大宛以為然[43]，遣騫，為發[44]譯[45]道[46]，抵[47]康居[48]。康居傳[49]致大月氏[50]。大月氏王已為胡所殺，立其夫人為王。既[51]臣[52]大夏[53]而君之[54]，地肥饒[55]，少寇[56]，志安樂，又自以遠[57]遠[58]漢，殊[59]無報[60]胡之心。騫從月氏至大夏，竟不能得月氏要領[61]。

3 留歲餘，還，並[62]南山[63]，欲從羌[64]中歸，復為匈奴所得。留歲餘，單于死，國內亂[65]，騫與胡妻及堂邑父俱[66]亡歸漢。拜[67]騫太中大夫[68]，堂邑父為奉使君[69]。

4 騫為人彊力[70]，寬大[71]信人[72]，蠻夷[73]愛之。堂邑父故胡人[74]，善射，窮急[75]射禽獸給[76]食。初，騫行時百餘人，去[77]十三歲，唯[78]二人得還。

【章 旨】以上為第一部分。敘述張騫身世和第一次出使西域始末。

【注 釋】❶漢中 郡名，在今陝西南部、湖北西北部。治西城（今陝西安康西北）。❷建元 漢武帝年號，西元前一四〇—前一三五年，凡六年。❸郎 泛指郎官。漢代依職責不同，有郎中、中郎、外郎、侍郎、議郎等。執掌守衛皇宮殿廊門戶，皇帝出行時充當車騎扈從。❹匈奴 北方部族名，亦稱胡。西元前三世紀興起於長城以北地區。詳見卷九十四〈匈奴傳〉。❺月氏 部族名。分布在今甘肅西部祁連山地區。漢文帝時，匈奴攻月氏，被逼西遷者稱大月氏，入祁連山者稱小月氏。❻飲器 飲酒的器皿。❼與 同盟者。❽方 正；剛好。❾事 從事；做某事。❿胡 古代泛稱西、北方各部族。此處指匈奴。⓫更過；經過。⓬使 出使。⓭堂邑氏奴甘父 堂邑氏的奴隸，名甘父，胡人。堂邑，姓，漢人。下文中的堂邑父，是取主的姓以為氏，而單稱其名叫父。⓮隴西 郡名。在今甘肅東部，治狄道（今甘肅臨洮南）。⓯徑 路過；通過。⓰傳 傳遞。這裡指遞解、押送。⓱詣 前往；到。⓲單于 匈奴部族最高首領的稱號。匈奴語，「廣大」之意。⓳吾 我。⓴北 當為「西」。㉑何以 即以何。憑什麼。㉒越 古代南方部族名。在長江以南，分東越、閩越、南越。㉓留 扣留。㉔歲 年。㉕予 給予。㉖節 古代官員出使時所持信物，以示朝廷委派。以竹杖為之，上繫犛牛尾。㉗因 就。副詞。㉘屬 屬下；隨從。㉙亡 逃亡；逃跑。㉚鄉 通「向」。㉛大宛 西域國名。約在今中亞烏茲別克國境內費爾干納盆地，納倫河橫貫其中。王都在貴山城（今中亞卡散賽）。產汗血馬。㉜饒 富裕；多。㉝不得 不能；無法辦到。㉞何之 即「之何」。去哪裡。之，往；去。㉟閉 阻；阻攔。㊱今 原作「脫」，據王先謙《漢書補注》說改。㊲唯 句首語氣詞，表示希望。㊳道 通「導」。引導。㊴誠 果真；如果。㊵反 通「返」。㊶賂遺 贈送。賂、遺同義，均指贈送財物。㊷勝 盡。㊸以為然 認為正確。㊹發 徵發；派遣。㊺譯 翻譯。㊻道 通「導」。嚮導。㊼抵 至；到達。㊽康居 古西域國名。約在今巴爾喀什湖和鹹海之間（今中亞塔什干一帶），王都卑闐城。北部是游牧區，南部是農業區。南部城市較多，有五小王分治。㊾傳 傳送；遞送。㊿大月氏 古部族名。原居敦煌、祁連山間，漢文帝初年為匈奴攻破，一部分遷至今伊犁河上游流域，稱大月氏。文帝末，遭烏孫攻擊，又西遷大夏（今阿姆河上游）。分為五部翕侯，西元一世紀中葉，貴霜翕侯兼併其他四部，建立貴霜王國。(51)既 已經。(52)臣 使臣服；征服。作動詞用。(53)大夏 古國名。音譯巴克特里亞(Bactria)，也叫希臘·巴克特里亞王國。在今阿姆河以南至阿富汗北部一帶。(54)君之 做了他們的君主。君，作動詞用。(55)肥饒 肥沃富饒。(56)寇 劫匪；入侵者。(57)遠 遙遠。(58)遠 遠離。作動詞用。(59)殊 甚；極。(60)報 報復；報仇。(61)要領 關鍵。要，通「腰」。領，衣領。拿衣服要抓腰和領，比喻事物的核心、關鍵。月氏始終不答應與漢共擊匈奴，張騫無法實現他出使的主要目的，故稱。(62)並　通「傍」。沿著。(63)南山　指祁連山。(64)羌　部族名。西漢時散居在今甘肅、青海一帶。(65)單于死二句　指武帝元朔三年（西元前一二六年），匈奴軍臣單于死，其弟左谷蠡王伊稺斜自立為單于，攻破軍臣單于太子於單，於單出奔降漢。(66)俱　一起。(67)拜　授予官職、爵位的儀式。(68)太中大夫　官名。郎中令（光祿勳）屬官，掌參議朝政，秩比千石。(69)奉使君　賜封的爵號。君，位次於侯。(70)彊力　堅韌不拔；有毅力。(71)寬大　心胸寬闊大度。(72)信人　對人誠實守信。(73)蠻夷　古代華夏族對周圍四方部族帶貶義的通稱。亦專指南方少數民族。(74)故胡人　故字原缺，據宋祁與王先謙《漢書補注》說補。(75)窮急　窮困窘迫。(76)給　供；供給。(77)去　離開；過。(78)唯　只；僅。

【語　譯】張騫，漢中人，建元年間被任為郎官。當時匈奴投降的人說匈奴攻破月氏王，用他的頭骨做成飲酒器，月氏逃走而仇恨匈奴，苦於沒有幫手共同攻打匈奴。漢正要消滅匈奴，聽到此言，想和他們聯絡，道路必須經過匈奴境內，於是就招募能出使的人。張騫以郎官的身分應召，出使月氏，和堂邑氏的奴隸甘父一起從隴西郡出發。路過匈奴，匈奴抓到他，將他送去見單于。單于說：「月氏在我的西面，漢憑什麼能派使者？我想要出使越，漢肯答應我嗎？」扣留張騫十餘年，送給他妻子，生了兒子，但是張騫手持漢節從未丟失。

2 張騫住在匈奴的西邊，就和他的屬下逃往月氏，向西走了數十天抵達大宛。大宛聽說漢十分富足，想通使往來卻無緣實現，見到張騫，很高興，問他想要去哪裡。張騫說：「我為漢出使月氏，被匈奴阻攔，現在逃出來，希望王派人引路送我去。如果真的能到月氏，返回漢，漢一定贈送給王數不盡的財物。」大宛認為張騫說得有道理，就送張騫前往，為他配備翻譯和嚮導，抵達康居。康居將其送至大月氏。大月氏王已被匈奴人殺害，立他的夫人做了王。已經征服大夏，做了他們的君主，其地肥沃富饒，少有寇賊侵擾，人們志在安居樂業，又認為離漢十分遙遠，全然沒有報復匈奴的想法了。張騫從月氏到大夏，始終無法得到月氏的承諾。

3 張騫逗留了一年多，返回，沿著祁連山南麓，想從羌的境內回國，又被匈奴抓到。被扣留一年多，軍臣單于死，匈奴國內發生戰亂，張騫和胡人妻子及堂邑父一起逃出來，回到漢。武帝拜張騫為太中大夫，封堂邑父為奉使君。

4 張騫為人堅強，有毅力，寬厚大度，講信用，外族人很喜歡他。堂邑父以前是胡人，擅長射箭，窮困窘迫時就射殺禽獸來充飢。當初，張騫出行時有一百多人，過了十三年，只有他們二人得以回漢。

騫身❶所至者，大宛、大月氏、大夏、康居，而傳聞❷其旁大國五六，具❸為天子❹言其地形、所有❺。語❻皆在西域傳❼。

騫曰：「臣❽在大夏時，見邛竹杖❾、蜀❿布⓫，問安⓬得此，大夏國人曰：『吾賈人⓭往市⓮之身毒⓯國。身毒國在大夏東南可⓰數千里。其俗土著⓱，與大夏同，而卑⓲溼暑熱。其民乘象以戰。其國臨⓳大水焉。』以騫度⓴之，大夏去漢萬二千里，居西南。今身毒又居大夏東南數千里，有蜀物，此其㉑去蜀不遠矣。今使大夏，從羌中，險㉒，羌人惡㉓之；少㉔北㉕，則為匈奴所得；從蜀，宜㉖徑㉗，又無寇。」天子既聞大宛及大夏、安息㉘之屬㉙皆大國，多奇物㉚，土著，頗㉛與中國同俗，而兵弱，貴㉜漢財物；其北則大月氏、康居之屬，兵彊㉝，可以賂遺設利㉞朝㉟也。誠得而以義屬之㊱，則廣地萬里，重㊲九㊳譯，致㊴殊㊵俗，威德徧於四海㊶。天子欣欣㊷以騫言為然。迺令因㊸蜀犍為㊹發間使㊺，四㊻道並出：出駹㊼，出莋㊽，出徙㊾、邛㊿，出僰(51)，皆各行一二千里。其北方閉氏(52)、莋，南方閉巂[53]、昆明[54]。昆明之屬無君長[55]，善寇盜，輒[56]殺略[57]漢使，終莫得通。然聞其西可千餘里，有乘象國，名滇越[58]，而蜀賈間出物[59]者或[60]至焉，於是漢以[61]求大夏道始通滇國。初，漢欲通西南夷[62]，費[63]多，罷之。及[64]騫言可以通大夏，乃復事[65]西南夷。

【章旨】以上為第二部分。張騫回國後將西域各國的情況告知武帝，建議武帝從西南道通大夏，武帝為此重新經營西南夷。

【注釋】[1]身　親身；親自。[2]傳聞　聽他人轉述；聽說。[3]具　全部。[4]天子　古人認為皇權授命於天，故稱皇帝為天子。[5]所有　指物產。[6]語　記載；記錄。[7]西域傳　指卷九十六〈西域傳上〉。[8]臣　官吏、百姓對君主的自稱。[9]邛竹杖　邛崍山的竹杖。邛，山名。即今四川西部邛崍山。此地產的竹子節高實中，適合作杖。[10]蜀　古族名、國名。分布在今四川西部。西元前三一六年併於秦，秦於其地置蜀郡，治成都（今四川成都）。漢沿置。[11]布　蜀地生產的細布。[12]安　怎麼；如何。[13]賈人　開設店鋪做買賣的商人。古人稱行商為「商」，坐商為「賈」。[14]市　買。[15]身毒　印度的古譯名之一。也稱天竺、賢豆。[16]可　大約。[17]土著　定居。與「游牧」相對。[18]卑　地勢低窪。[19]臨　靠近。[20]度　估計；推測。[21]其　表推測的語氣詞。一定；應當。[22]險　地勢險惡。[23]惡　忌諱；討厭。[24]少　稍微。[25]北　向北；往北。[26]宜　王先謙《漢書補注》引宋祁說古本作「直」。[27]徑　直；不彎曲。[28]安息　古國名。在今伊朗高原。[29]屬　類。[30]奇物　稀有的物產。[31]頗　甚；很。[32]貴　以……貴。作動詞。[33]彊　同「強」。[34]設利　以利誘。設，施；設置。[35]朝　使入朝。指外國遣使者入朝並進貢特產。[36]以義屬之　用道義使之歸屬。義，道義。屬，使歸屬。使動用法。[37]重　重複；重疊。[38]九　言其多，非實數。[39]致　招徠；引來。[40]殊　差異；不同。[41]四海　古人以為中國四境有海環繞，此泛指當時的世界範圍。[42]欣欣　高興的樣子。[43]因　由；從。[44]犍為　郡名。在今四川、貴州、雲南交界地區，治僰道（今四川宜賓）。[45]間使　祕密使者。[46]四　原作「數」，據景祐本等改。[47]駹　即冉駹。部族名。分布在今四川茂汶一帶。[48]莋　即莋都。部族名。分布在今四川西昌一帶。㊾徙　部族名。分布在四川天全以東。㊿邛　部族名。分布在今四川西昌一帶。51僰　部族名。分布在今四川南部和雲南東部一帶。52氐　部族名。分布在今陝西、甘肅、四川交界地區。53嶲　部族名。分布在今四川西南端。54昆明　部族名。分布在今雲南大理一帶。55君長　君主；酋長。56輒　每每；總是。57略　掠奪；搶劫。58滇越　古國名。也叫滇國。在今雲南晉寧東滇池附近地區。戰國時，楚將莊蹻於其地建立滇國。59間出物　私自販運貨物。即走私貨物。間，偷偷地；祕密地。60或　有的。61以　為了；因為。62西南夷　古代對分布在西南地區（今四川西部、南部和雲南、貴州一帶）各部族的總稱，含輕蔑意。63費　花費；耗費。64及　等到。65事　從事；經略。

【語　譯】張騫親自到過的國家，有大宛、大月氏、大夏、康居，還聽說了旁邊五六個大國的情況，他向天子詳細彙報了這些國家的地形、物產，記錄在〈西域傳〉。

張騫說：「臣在大夏時，看到邛的竹杖、蜀的細布，問他們是怎麼得到這些東西的，大夏國人說：『我國商人從身毒國買來的。身毒國在大夏東南大約數千里。他們的習俗為定居，和大夏相同，但是地勢低窪，潮溼炎熱。當地人乘著大象作戰。他們的國家瀕臨大海。』以臣推測，大夏距離漢一萬二千里，位居漢西南。如今身毒又在大夏東南數千里，有蜀的物產，它一定離蜀不遠。現在出使大夏，從羌人境內走，地勢險惡，羌人又忌憚漢使；稍向北行，就會被匈奴抓住；從蜀地走，道路順直不迴遠，又沒有敵寇。」皇上聽張騫說大宛和大夏、安息等國都是大國，盛產稀有的物品，百姓定居，和中國的風俗大體相同，但兵力弱，看重漢的財物；它們的北面則是大月氏、康居等國，兵力強，可以饋贈財物利誘它們來朝見。如果真的能用道義讓它們歸屬漢，就可以拓展疆土一萬里，設置多重翻譯，招徠不同習俗的異族，威信恩德遍布世界。皇上很高興，認為張騫的話很有道理。於是就命令從蜀郡、犍為郡徵派祕密使者，分四路一起出發：一路從駹出發，一路從莋出發，一路從徙、邛出發，一路從僰出發，每路都行進了一二千里。北方一路被氐、莋阻攔，南方被嶲、昆明阻擋。昆明等國沒有君長，擅長搶劫偷盜，經常劫殺漢使者，最終未能通過。不過，聽說在它西面大約一千餘里的地方，有一個乘象的國家，名叫滇越，蜀地走私販運貨物的商人有的到了那裡，於是漢為了尋求通往大夏的道路開始與滇國交往。當初，漢想要開通西南夷，由於費用太多，作罷。等到張騫說可以聯絡大夏，於是準備重新經營西南夷。

騫以校尉❶從大將軍❷擊匈奴，知水草處，軍得以不乏，迺封騫為博望侯❸。是歲元朔六年❹也。後二年，騫為衛尉❺，與李廣❻俱出右北平❼擊匈奴。匈奴圍李將軍，軍失亡❽多，而騫後期❾當❿斬，贖⓫為庶人⓬。是歲驃騎將軍⓭破匈奴西邊，殺數萬人，至祁連山。其秋，渾邪王⓮率眾降漢，而金城⓯、河西⓰並南山至鹽澤⓱，空無匈奴。匈奴時有候者⓲到，而希⓳矣。後二年，漢擊走單于於幕北⓴。

【章旨】以上為第三部分。敘述張騫參與漢、匈奴戰爭的經過，先因功封侯，後因失期貶為庶人。

【注釋】❶校尉　武官名。將軍屬官。漢代軍隊編制，將軍分部統領軍隊，部置校尉一人。❷大將軍　將軍名號。將軍中地位最高者。執掌統兵征戰。漢初不常設。武帝以後多由貴戚擔任，為中朝官領袖，執掌朝政。此指衛青。❸博望侯　列侯名。封地在博望縣（今河南方城西南）。博望，取廣博瞻望之意。❹元朔六年　西元前一二三年。元朔，武帝年號。西元前一二八—前一二三年。❺衛尉　官名。列卿之一，秩中二千石。掌皇宮禁衛，統領屯駐衛士。景帝時曾一度改名中大夫令。❻李廣　隴西成紀（今甘肅秦安）人。善射。文帝時因對匈奴作戰勇猛，為郎。歷任北邊邊郡太守，聲震匈奴，號稱「飛將軍」。官至衛尉。多次獨領一路軍攻打匈奴。後因失道誤期被責，自殺。詳見卷五十四〈李廣傳〉。❼右北平　郡名。在今河北、遼寧、內蒙古交界地區，治平剛（今內蒙古寧城西南）。❽失亡　亡失；喪失。❾後期　比約定的期限晚到達；遲誤期限。❿當　判處。⓫贖　出錢物抵償刑罰。⓬庶人　沒有爵位的平民百姓。⓭驃騎將軍　將軍名號。也稱票騎將軍。執掌統兵征戰，位僅次於大將軍。不常設。此指霍去病。⓮渾邪王　匈奴西部地區重要首領之一，王庭在觻得（今甘肅張掖西北）。武帝元狩二年（西元前一二一年）率部四萬餘人歸降漢。也作「昆邪王」。⓯金城　郡名。在今甘肅西南和青海東部，治允吾（今甘肅永靖西北）。⓰河西　指今甘肅、青海兩省黃河以西，即河西走廊與湟水流域一帶。⓱鹽澤　即今新疆羅布淖爾。一名蒲昌海。⓲候者　偵察兵。候，伺望；偵察。⓳希　通「稀」。稀少。⓴幕北　即漠北。幕，通「漠」。沙漠。

【語譯】張騫任校尉跟隨大將軍衛青攻打匈奴，由於知道水草所在，軍隊因此未受困乏，皇上於是封張騫為博望侯。這一年是元朔六年。兩年後，張騫任衛尉，和李廣一起從右北平出擊匈奴。匈奴包圍了李將軍，軍隊傷亡慘重，而張騫沒有如期趕到，被判處斬刑，他花錢贖罪，降為平民。這一年驃騎將軍攻破匈奴西部，殺死數萬人，追擊到祁連山。秋天，渾邪王率領部眾投降漢，從金城郡、河西走廊沿著祁連山直到鹽澤，已完全不見匈奴人。匈奴間或派偵察兵來，但為數已很少。兩年後，漢擊退單于到大漠以北。

天子數❶問騫大夏之屬。騫既失侯❷，因曰：「臣居匈奴中，聞烏孫❸王號昆莫。昆莫父難兜靡本與大月氏俱在祁連、敦煌間❹，小國也。大月氏攻殺難兜靡，奪其地，人民亡走❺匈奴。子昆莫新生❻，傅父❼布就翎侯❽抱亡❾置❿草中，為求食⓫，還，見狼乳之⓬，又烏銜⓭肉翔⓮其旁，以為神，遂持歸匈奴，單于愛養之。及壯⓯，以其父民眾⓰與⓱昆莫，使將⓲兵，數有功。時⓳，月氏已為匈奴所破，西擊塞⓴王。塞王南走㉑遠徙㉒，月氏居㉓其地。昆莫既健㉔，自請㉕單于報㉖父怨㉗，遂西攻破大月氏。大月氏復西走，徙大夏地。昆莫略其眾，因㉘留居，兵稍彊，會㉙單于死，不肯復朝事㉚匈奴。匈奴遣兵擊之，不勝，益㉛以為神而遠㉜之。今單于新㉝困㉞於漢，而昆莫地空。蠻夷戀故地，又貪漢物，誠以此時厚㉟賂烏孫，招以東[36]居故地，漢遣公主[37]為夫人，結[38]昆弟[39]，其勢[40]宜聽[41]，則是斷匈奴右臂[42]也。既連烏孫，自其西大夏之屬皆可招來而為外臣[43]。」天子以為然，拜騫為中郎將[44]，將三百人，馬各[45]二匹，牛羊以萬數[46]，齎[47]金幣帛[48]直[49]數千鉅萬[50]，多持節副使[51]，道可[52]便遣之[53]旁國。騫既至烏孫，致賜[54]諭指[55]，未能得其決[56]。語在西域傳。騫即[57]分遣副使使[58]大宛、康居、月氏、大夏。烏孫發譯道送騫，與烏孫使數十人，馬數十匹，報謝[59]，因[60]令窺[61]漢，知其廣大。

騫還，拜為大行[62]。歲餘，騫卒[63]。後歲餘，其所遣副使通大夏之屬者皆頗[64]與其人[65]俱來，於是西北國始通於漢矣。然騫鑿空[66]，諸後使往者皆稱博望侯，以為質[67]於外國，外國由是[68]信之。其後，烏孫竟與漢結婚[69]。

【章旨】以上為第四部分。述張騫第二次出使西域情況及其影響。

【注釋】❶數　屢屢；多次。❷失侯　失去列侯爵位。❸烏孫　西域部族名、國名。原居住在今甘肅西北，後被匈奴所迫，西遷今伊犁河上游一帶，建立烏孫國，王都在赤穀城（今新疆阿克蘇河上源中亞伊什提克一帶）。❹祁連敦煌間　祁連山以東、敦煌以西地區。❺亡走　逃往；逃向。❻新生　剛剛出生。❼傅父　負責教育和奉養王子的人。如漢之師傅。❽布就翎侯　烏孫大臣官號。翎侯，官名，設置多人。翎，通「翕」。布就，翎侯號。❾抱亡　抱著逃走。❿置　放置；擱在。⓫求食　尋找食物。⓬乳之　給他餵奶。乳，餵奶。作動詞。⓭銜　叼。⓮翔　翱翔；盤旋。⓯壯　長大。⓰其父民眾　他父親統領的部眾。指「亡走匈奴」的烏孫人。⓱與　給予。⓲將　統率；率領。⓳時　當時；其時。⓴塞　西域部族名、國名。分布在今伊犁河一帶。塞王被大月氏迫走後，南遷到阿富汗喀布爾河下游和克什米爾一帶，建立罽賓國。㉑南走　向南走。㉒徙遷徙。㉓居　住在；占據。㉔健　健壯；成年。㉕自請　自己請求。㉖報　報復。㉗怨　怨恨；仇恨。㉘因　就；就勢。㉙會正逢；恰遇。㉚朝事　以臣禮對待；臣服。朝，入朝。事，對待；侍奉。㉛益　更加。㉜遠　離；遠離。㉝新　剛剛。㉞困受困；窘迫。㉟厚　多。㊱以東　向東來。㊲公主　皇帝女兒稱號。㊳結　締結。㊴昆弟　兄弟。㊵勢　趨勢；情勢。㊶聽聽從。㊷匈奴右臂　指匈奴西部地區，即今甘肅河西走廊一帶。當時以東為左，以西為右。匈奴分三部，單于統領中部，下設左、右賢王，分領東、西部。㊸外臣　藩臣屬國。㊹中郎將　官名。郎中令（光祿勳）屬官，統領宮內侍衛中郎的長官。西漢中郎分五官、左、右三署，各置中郎將以統領之。㊺各　指每人。㊻數　計算；計數。㊼齎　攜帶。㊽幣帛　繒帛；絲綢。古代用作聘問、饋贈的禮物。幣，繒帛。㊾直　通「值」。㊿鉅萬　億；萬萬。鉅，大；巨大。(51)副使　副使者，為張騫的副手。(52)道可　道路情況尚可；道路暢通。(53)之　去；前往。(54)致賜　轉交漢武帝賞賜的東西。致，送達。(55)諭指　轉達皇上的旨意。諭，上告下。指，通「旨」。旨意。(56)決　決定。(57)即　就。(58)使　出使。作動詞。(59)報謝　回報致謝；答謝。(60)因　趁機；就勢。(61)窺　察看。(62)大行　官名。即大行令。秦時稱典客，景帝中六年（西元前一四四年）更名大行令。武帝太初元年（西元前一〇四年）更名大鴻臚。為列卿之一，秩中二千石。執掌少數民族及諸侯王事務。(63)卒　古代指大夫死亡，後為死亡的通稱。(64)頗　甚；很。(65)其人　指那些國家的人。(66)鑿空　指張騫始開闢西域道路。鑿，開鑿。空，孔；孔道。(67)以為質　以此作為信用；以此取信。質，信；抵押品。(68)由是　因為這個；因此。(69)烏孫竟與漢結婚　武帝元封六年（西元前一〇五年），烏孫王為擺脫匈奴的控制，派使者來漢，進貢良馬千匹，請求與漢和親。漢以江都王劉建的女兒細君為公主，嫁給烏孫王昆莫，稱右夫人。竟，最終；終於。結婚，締結婚姻。指和親。

【語　譯】皇上屢屢向張騫詢問大夏等國的情況。張騫失去列侯爵位後，就說：「臣住在匈奴時，聽說烏孫國王稱為昆莫。昆莫的父親難兜靡本來和大月氏都居住在祁連山與敦煌之間，都是小國。大月氏攻打烏孫，殺了難兜靡，奪走他的領地，他的部眾逃入匈奴。他的兒子昆莫剛剛出生，昆莫的師傅布就翎侯抱著他逃亡，將他放在草叢中，為他尋找食物，回來時，看見狼在給他餵奶，還有烏叼著肉在他附近盤旋，認為他是神，於是抱著他投靠了匈奴，單于很喜歡他，親自撫養他。等到昆莫長大，單于把他父親的部眾都還給他，派他帶兵，屢立戰功。這時，月氏已被匈奴攻破，於是向西攻打塞王。塞王向南逃走遠遷，月氏占據了他的領地。昆莫成年後，向單于請求要為父報仇，於是向西進軍打敗了大月氏。大月氏又向西逃走，遷徙到大夏境內。

昆莫搶奪了大月氏的百姓，就勢留在當地居住，兵力逐漸強大，恰巧此時單于死了，昆莫不肯再臣服匈奴。匈奴派兵攻打他，沒有戰勝他，更加認為他是神而遠離他。現在單于正為漢所困，而昆莫原來的領地空下來無人居住。蠻夷人留戀舊地，又貪圖漢的物品，如果在這時多送禮物給烏孫，招他們東遷回到舊地，漢嫁公主給他做夫人，兩國結為兄弟，這種情勢下他們應當會聽從，這樣就等於斬斷了匈奴的右臂。等到聯合了烏孫，自烏孫以西的大夏等國就都可以招撫來做漢的藩臣屬國。」皇上認為他說得有道理，就拜張騫為中郎將，率領三百人，馬每人二匹，牛羊以萬計，攜帶價值數以萬億的黃金絲綢，多置手持漢節的副使，如果道路通暢就派他們到附近的國家。張騫抵達烏孫後，轉交皇帝賞賜的禮物，並將皇帝的旨意轉達昆莫，但未能得到他肯定的答覆。此事記錄在〈西域傳〉。張騫就分別派遣副使出使大宛、康居、月氏、大夏。烏孫派翻譯、嚮導護送張騫，並派烏孫使者數十人，攜馬數十匹，和張騫一起回漢答謝，順便讓他們察看漢的情況，知道了漢疆域廣大。

張騫回國後，任命他為大行令。過了一年多，張騫病故。又過了一年多，張騫當初派出去聯絡大夏等國的副使，很多都偕同那些國家的使者來到漢，從此西北國家開始和漢正式往來。不過，由於是張騫打通了西域的通道，那些後來出去的使者都自稱博望侯，以此取信於外國，外國也因此信任他們。後來，烏孫最終和漢締結了婚姻。

1 初，天子發書❶易❷，曰「神馬當從西北來」。得烏孫馬好，名曰「天馬」。及得宛汗血馬❸，益壯❹，更名烏孫馬曰「西極❺馬」，宛馬曰「天馬」云。而漢始築令居以西❻，初❼置酒泉郡❽，以通西北國。因益發使抵安息、奄蔡❾、犛靬❿、條支⓫、身毒國。而天子好宛馬，使者相望於道⓬，一輩⓭大者數百人，少者百餘人，所齎操⑭，大放⑮博望侯時。其後益習⑯而衰少⑰焉。漢率⑱一歲中使者多者十餘，少者五六輩，遠者八九歲，近者數歲而反⑲。

2 是時，漢既滅越，蜀所通西南夷皆震⑳，請吏㉑。置牂柯㉒、越嶲㉓、益州㉔、沈黎㉕、文山郡㉖，欲地接㉗以前通大夏。迺遣使歲十餘輩，出此初郡㉘，皆復閉昆明㉙，為所殺，奪幣物。於是漢發兵擊昆明，斬首㉚數萬。後復遣使，竟不得通。語在西南夷傳。

3 自騫開外國道以㉛尊貴，其吏士㉜爭上書言外國奇怪㉝利害，求使㉞。天子為其絕㉟遠，非人所樂，聽其言，予節，募吏民㊱無問所從來㊲，為備眾㊳遣之，以廣㊴其道。來還不能無侵㊵盜幣物，及使失指㊶，天子為其習之㊷，輒覆按㊸致重罪，以激怒令贖，復求使㊹。使端㊺無窮，而輕㊻犯法。其吏卒㊼亦輒復盛推㊽外國所有，言大者予節，言小者為副㊾，故妄言㊿無行(51)之徒皆爭相效(52)。其使皆私(53)縣官(54)齎物，欲賤市以私其利(55)。外國亦厭漢使人人有言輕重，度(56)漢兵遠，不能至，而禁其食物，以苦(57)漢使。漢使乏絕(58)，責怨，至相攻擊。樓蘭(59)、姑師(60)小國，當空道(61)，攻劫漢使王恢(62)等尤甚(63)。而匈奴奇兵(64)又時時遮(65)擊之。使者爭言外國利害(66)，皆有城邑(67)，兵弱易擊。於是天子遣從票侯破奴(68)將屬國(69)騎及郡兵數萬以擊胡，胡皆去。明年，擊破姑師，虜樓蘭王。酒泉列(70)亭鄣(71)至玉門(72)矣。

4 而大宛諸國發使隨漢使來，觀漢廣大，以大鳥(73)卵(74)及犛靬眩人(75)獻於漢，天子大說。而漢使窮(76)河(77)源(78)，其山多玉石，采來(79)，天子案(80)古圖書，名(81)河所出山曰崑崙云。

5 是時，上方(82)數巡狩(83)海上，迺悉(84)從(85)外國客，大都(86)多人(87)過之則散(88)財帛賞賜，厚具(89)饒(90)給之，以覽視(91)漢富厚焉。大(92)角氐(93)，出奇戲(94)諸怪物，多聚觀者，行賞賜，酒池肉林，令外國客徧(95)觀各倉庫(96)府臧(97)之積，欲以見(98)漢廣大，傾駭(99)之。及加(100)其眩者之工(101)，而角氐奇戲歲增變，其益興(102)，自此始。而外國使更(103)來更去。大宛以西皆自恃(104)遠，尚驕恣(105)，未可詘(106)以禮羈縻(107)而使也。

6 漢使往既多，其少從(108)率(109)進孰(110)於天子，言大宛有善馬在貳師城(111)，匿不肯示漢使。天子既好宛馬，聞之甘心(112)，使壯士(113)車令(114)等持千金及金馬(115)以請宛王貳師城善馬。宛國饒(116)漢物，相與(117)謀曰：「漢去(118)我遠，而鹽水(119)中數有敗(120)，出其北有胡寇，出其南乏水草，又且往往而絕邑(121)，乏食者多。漢使數百人為輩(122)來，常乏食，死者過半，是(123)安能致大軍乎？且貳師馬，宛寶馬也。」遂不肯予漢使。漢使怒，妄言(124)，椎(125)金馬而去。宛中貴人(126)怒曰：「漢使至輕我！」遣漢使去，今其東邊郁成127王遮128攻，殺漢使，取其財物。天子大怒。諸嘗使宛姚定漢等言：「宛兵弱，誠以漢兵不過三千人，彊弩129射之，即破宛矣。」天子以嘗使浞野侯130攻樓蘭，以七百騎先至，虜其王，以定漢等言為然，而欲侯寵姬李氏131，迺以李廣利為將軍，伐宛。

【章旨】以上為第五部分。述張騫死後漢經營西南、交通西域諸國的情況，引出派李廣利伐大宛的理由。

【注釋】❶發書　翻開書。特指打開卦書。❷易　即《周易》，簡稱《易》。古代卜筮之書。傳說為周公所作，被儒家奉為《五經》之一，故也稱《易經》。❸汗血馬　西域大宛國產的良種馬。流汗如血，故稱。❹益壯　更加強健。益，更加。❺西極　謂西方極遠之處。❻築令居以西　從令居以西至酒泉修築長城。築，修築長城。令居，縣名。屬金城郡，在今甘肅永登西北。❼初　最初；始。❽酒泉郡　郡名。在今甘肅西部，治祿福（今甘肅酒泉）。❾奄蔡　古族名。一作闔蘇。約分布於今鹹海至裏海一帶。從事游牧。東漢時稱阿蘭聊，三國時稱阿蘭。❿犛靬　古國名。又名大秦，即著名的羅馬帝國，位於歐洲南部（今義大利）。⓫條支　古國名。在今伊拉克境內。⓬相望於道　道路上彼此可以望見。形容前後距離很近。⓭輩　批。⓮齎操　攜帶。操，持；拿。⓯大放　基本模仿。放，通「仿」。依照；模仿。⓰益習　逐漸習慣；更加熟悉。⓱衰少　減少。⓲率　大約；平均。⓳反　通「返」。⓴震　震動。㉑請吏　請求漢派遣官吏，加以管轄。㉒牂柯　郡名。在今貴州、雲南、廣西交界地區，治故且蘭（今貴州黃平西南）。㉓越巂　郡名。在今四川、雲南交界地區，治邛都（今四川西昌東南）。㉔益州　郡名。在今雲南西南部，治滇池（今雲南晉寧東）。㉕沈黎　郡名。在今四川漢源一帶，治莋都（今漢源東北）。㉖文山郡　郡名。在今四川北部，治汶江（今茂汶）。㉗接　接壤。㉘初郡　指新設的牂柯等五郡。㉙閉昆明　被昆明所閉；被昆明阻攔。閉，被動用法。㉚首　頭；首級。㉛以　因。㉜吏士　泛指官吏士卒。㉝奇怪　不尋常的人或事物。㉞求使　請求出使。㉟絕　極；特別。㊱吏民　官吏與庶民。㊲所從來　指出身來歷。㊳備眾　準備隨行人員。㊴廣　拓寬；使寬廣。

作動詞。40侵　侵占；奪取。41失指　違背皇帝的旨意。指，通「旨」。旨意。42習之　指熟悉出使事宜。習，熟習。43覆按　審查；追究。44以激怒令贖二句　以此激怒他們，讓他們花錢贖罪，從而使他們（為了得到錢財）再度請求出使。45端事由；原委。46輕　輕視；不重視。47吏卒　官兵。48盛推　極力推許；極力誇耀。49副　指副使。50妄言　胡說；隨口亂說。51無行　沒有善行；品行不端。52效　仿效；模仿。53私　占為己有。54縣官　指朝廷或國家。《史記・絳侯周勃世家》《索隱》注：所以稱國家為縣官，是因為〈夏官〉王畿內縣為國都。王者官天下，所以稱縣官。55欲賤市以私其利　故意低報交易的價格以侵吞差價。56度　計；揣測。57苦　令其困苦。作動詞。58乏絕　匱乏斷絕（食物）。59樓蘭　西域國名，後改名鄯善。在今新疆羅布淖爾西。都城扜泥城（今若羌），是漢代通西域南路必經之地。60姑師　西域國名，後改名車師。漢宣帝時分為前後兩國，前國都交河城（今新疆吐魯番雅爾和屯）；後國都務塗谷（今新疆吉木薩爾南山）。61空道　孔道。空，通「孔」。當時漢朝通西域有兩條道路，南道經樓蘭，北道經姑師，它們均是漢出使西域的要道。62王恢　漢武帝時任中郎將，元封三年（西元前一〇八年）助趙破奴攻樓蘭有功，因捕獲車師王封為浩侯。與武帝元光年間策劃馬邑之謀的王恢非一人。63甚　過分；嚴重。64奇兵　出人意料突然襲擊的軍隊。65遮　攔；阻攔。66言外國利害　說征服它們則有利，不征討它們則有害。67邑　有圍牆的聚落。68從票侯破奴　即趙破奴，太原（今山西太原）人。數次參加攻打匈奴戰役，始封從票侯，後因擊敗俘虜樓蘭王，改封浞野侯。從票，封侯號。因跟隨驃（票）騎將軍霍去病立功，故以為號。69屬國　漢將歸順的部族置為屬國，不改其本國之俗以治之，設都尉監護。70列　眾；各。71亭鄣　古代在邊塞要地修建的軍事設施，用以觀察敵方動靜，防止敵人入侵。72玉門　即玉門關。古關名。在今甘肅敦煌西北。73大鳥　指鴕鳥。74卵　蛋。75眩人　古代魔術師之稱。眩，通「幻」。76窮　窮盡；走到盡頭。77河　古代黃河的專稱。78源　源頭；源流。79采來　採挖運送到漢。80案　通「按」。查考。81名　命名。作動詞。82方　正當。83巡狩　指帝王出行，視察諸侯或地方郡縣治理的地方。84悉　盡；全都。85從　使跟從；使跟隨。即帶領。86都　都市；城市。87多人　人口多。88散　散布；分發。89厚具　準備豐盛的酒宴。厚，豐盛；豐厚。具，原指飲食之器。引申為筵席，酒食。90饒　豐盛；豐富。91覽視　觀看。92大　舉辦大型的。作動詞。93角氐　徒手搏鬥的技藝，類似現代的摔跤。角，角力。氐，通「抵」。以力相搏。94戲　指歌舞雜技等表演。95徧　周遍；全部。96倉庫　貯藏糧食之處為倉，貯藏兵甲戰車之處為庫。也泛指貯存保管大宗物品的建築物或場所。97府臧　古代國家儲存文書、財物之所。臧，通「藏」。98見　通「現」。顯示。99傾駭　驚駭。傾，指受驚嚇後站立不住。100加　增加。101工　精巧。102益興　更加興旺；更加興盛。103更　輪流更換。104恃　依仗。105驕恣　驕傲放縱。106詘　通「屈」。

屈服。(107)羈縻 束縛；控制。(108)少從 指出國使者中少年隨從者。(109)率 大概；一般。(110)進孰 進虛美之言。孰，通「熟」。成熟，指美言。一說指熟習者。(111)貳師城 大宛地名。在今中亞吉爾吉斯南部馬爾哈馬特。(112)甘心 羨慕；嚮往。(113)壯士 意氣豪壯而勇敢的人；勇士。(114)車令 人名。(115)金馬 金製的馬。(116)饒 多；富。(117)相與 共同；一道。(118)去 離。(119)鹽水 指今敦煌西北羅布淖爾周圍鹽鹼沙漠地帶，不適合人通行。(120)數有敗 意為經常發生死亡。(121)絕邑 沒有城郭聚落。(122)輩 批；群。(123)是 這樣。(124)妄言 此指罵詈、責罵。(125)椎 捶擊的工具。此處用作動詞，指用椎打擊。(126)中貴人 近臣中地位尊貴的官員。(127)郁成 西域國名。在今中亞烏茲別克奧希。(128)遮 攔截；阻攔。(129)彊弩 強勁有力的弓箭。弩，一種利用機械力量射箭的弓。(130)浞野侯 即趙破奴。始封從票侯，後因擊敗俘虜樓蘭王，改封浞野侯。浞野，封侯名。封地不詳。(131)侯寵姬李氏 封寵愛妃子李氏的兄弟為侯。侯，封侯爵。作動詞。姬，皇帝妃的稱呼。《集韻・之部》：「姬，妾稱。」

【語譯】 當初，皇上打開《易經》占卜，書上說「神馬當從西北來」。後來得到的烏孫馬好，就命名為「天馬」。等到得到大宛的汗血馬，更加強健，於是就將烏孫馬改名為「西極馬」，稱大宛馬為「天馬」。這時漢開始從令居往西修築長城直到敦煌，新增設酒泉郡，以便和西北國家聯絡。於是派了更多的使者到安息、奄蔡、犛靬、條支、身毒國。皇上喜歡大宛馬，派了一批又一批使者前往大宛，在路上前後可以望見，一批多的有數百人，少的有一百多人，所攜帶的物品，和博望侯出使時基本相仿。後來由於對西域的情況愈來愈熟悉，出使的人逐漸減少。漢大約一年中使者多的十餘批，少的五六批，遠的八、九年，近的數年就返回了。

2 這時，漢已經消滅了越，與蜀郡接壤的西南夷均十分震動，請求漢在那裡設置官吏。漢設置了牂柯、越巂、益州、沈黎、文山五郡，想使漢的國土延伸通往大夏。於是派遣使者每年十餘批，從這些新設的郡出發，結果都被昆明阻擋，他們殺害漢使，奪走漢使攜帶的禮物。於是漢徵發軍隊進擊昆明，殺死數萬人。後來又派遣使者，始終不能通過。此事記錄在〈西南夷傳〉。

3 自從張騫因開通外國的道路而得到尊貴的地位，官吏士卒競相上書談外國稀奇古怪的事情和通使的利害得失，請求出使。皇上因為這些地方極其遙遠，一般人不樂意去，就聽從他們的請求，給他們漢節，招募官民不問出身來歷，作為隨行人員派他們出使，以此拓寬出使外國的渠道。使者來往途中不可能不發生侵占盜竊禮品，以及出使違背皇上旨意的事情，皇上因為他們熟悉外國事宜，就將他們繩之以法判以重罪，讓他們花錢贖罪，激發他們為了籌錢而再度請求出使。這樣就不斷有出使的人，而輕視犯法。那些官兵也就極力吹噓外國的物產，吹得大的就賜給他們漢節，吹得小的就讓他們做副使，因此信口雌黃、品行不端的人都競相仿效。他們出使都私吞攜帶的國家財物，向國家低報交易價格以侵吞差價。外國也討厭漢使人人說法不一，推測路途遙遠，漢軍隊無法到達，因而斷絕了食物供應，以此窘困漢使。漢使供應匱乏，就責難埋怨外國，以致互相攻打。樓蘭、姑師小國，處於漢與西域的交通要道，攻打搶劫漢使王恢等最為嚴重。而匈奴的遊動部隊又時時阻擊漢使。使者競相上書談外國的事情，說它們都有城郭聚落，兵力弱，容易擊破。於是皇上派遣從票侯趙破奴率領屬國騎兵及郡國兵數萬人去攻打匈奴，匈奴人撤走了。第二年，打敗姑師，俘虜了樓蘭王。漢在酒泉郡修建亭鄣一直修到玉門關。

4 而大宛等國派使者隨漢使來到漢，觀看漢疆域之廣大，將鴕鳥蛋和犛靬的魔術師獻給漢，皇上十分高興。而漢使者找到黃河的源頭，那山上盛產玉石，漢使採挖後運回漢，皇上查考古代的地圖和書籍，命名黃河發源的那座山為昆侖。

5 這時，皇上正多次到海邊巡視，就讓外國客人全部跟隨，從人口眾多的大都市經過便散發金錢絲綢進行賞賜，讓地方準備豐盛的酒席隆重地款待他們，讓他們觀看漢的富庶。舉辦大型的摔跤比賽，演出各種稀奇古怪的遊藝雜技，聚集眾多的圍觀者，進行賞賜，用池子盛酒，懸掛的肉像森林，讓外國客人四處參觀各地倉庫府藏儲存的財物，想以此展示漢的廣大，令他們為此感到驚駭。後來魔術師的技藝越來越精湛，摔跤雜技年年花樣翻新，越來越流行，就是從這時開始的。而外國使者來了一批又一批。大宛以西的國家都自恃離漢遙遠，仍然傲慢放縱，漢無法用禮儀來約束控制它們。

6 出使西域的漢使多了以後，那些年輕的隨從都向皇帝進獻浮誇不實之辭，說大宛良種馬在貳師城，大宛將其藏起來不肯讓漢使看到。皇帝因為喜歡宛馬，聽說後十分嚮往，派壯士車令等拿著千金和金馬向宛王請求貳師城良馬。宛國已有很多漢的財物，大臣們一起商議道：「漢離我們遙遠，而鹽水中路途艱險，經常有人死在那兒，從它北面出兵有匈奴劫匪，從它南面出兵缺乏水草，而且幾乎沒有城郭聚落，遭遇糧食匱乏的情況很多。漢使來我國，數百人為一批，常常缺乏食物，死的人過了半數，這樣怎麼可能派大軍來？況且貳師馬，是宛的寶馬。」於是不肯給漢使良馬。漢使大怒，出言不遜，砸破金馬揚長而去。宛近臣貴族生氣地說：「漢使竟然輕視我們！」送漢使離開後，命令它東邊的郁成王進行阻擊，殺了漢使，奪取他們攜帶的財物。皇帝大怒。曾經出使過宛的姚定漢等人說：「宛兵力薄弱，如果派漢兵不用三千人，用強弩射擊他們，就可以攻破宛。」皇帝因為曾經派浞野侯趙破奴攻打樓蘭，率領七百騎兵先行抵達，俘虜了樓蘭王，所以認為定漢等人說得對，又想封寵妃李氏的兄弟為侯，於是就任命李廣利為將軍，討伐宛。

騫孫猛，字子游，有俊才❶，元帝❷時為光祿大夫❸，使匈奴，給事中❹，為石顯❺所譖❻，自殺。

【章　旨】以上為第六部分。簡略敘述張騫孫張猛事跡。

【注　釋】❶俊才　卓越、出色的才能。❷元帝　漢元帝劉奭（西元前七六—前三三年）。西元前四九—前三三年在位。詳見卷九〈元帝紀〉。❸光祿大夫　官名。光祿勳屬官，原名中大夫，掌議論朝政。武帝太初元年（西元前一〇四年）更名光祿大夫，秩比二千石。❹給事中　加官名。列侯、將軍、謁者等可加此官，入宮侍衛皇帝。執掌顧問應對，參議政事。因執事於殿中，故名。❺石顯　字君房，濟南（今山東章丘西）人。少犯法受宮刑，為中黃門，選為中尚書。宣帝時任中書僕射。元帝時委以朝政，與中書令弘恭誣陷前將軍蕭望之，致其自殺。後代弘恭為中書令。成帝初遷長信中太僕，失勢。復坐專權擅勢免官，徙歸故里，途中病死。❻譖　說壞話誣陷他人。

【語　譯】張騫的孫子張猛，字子游，才能出眾，元帝時任光祿大夫，出使匈奴，加官給事中，後被石顯誣陷，自殺。

1 李廣利，女弟①李夫人有寵於上，產②昌邑哀王③。太初④元年，以廣利為貳師將軍，發屬國六千騎及郡國惡少年⑤數萬人以往，期⑥至貳師城取善馬，故號「貳師將軍」。故⑦浩侯⑧王恢使道軍。既西過鹽水，當道小國各堅⑨城守⑩，不肯給⑪食，攻之不能下。下者得食，不下者數日則去。比⑫至郁成，士⑬財⑭有數千，皆飢罷⑮。攻郁成城，郁成距之，所殺傷甚眾⑯。貳師將軍與左右⑰計：「至郁成尚不能舉⑱，況至其王都⑲乎？」引⑳而還。往來二歲，至敦煌，士不過什一二㉑。使使上書言：「道遠，多乏食，且士卒不患㉒戰而患飢。人少，不足以拔㉓宛。願㉔且㉕罷兵㉖，益㉗發而復往。」天子聞之，大怒，使使遮玉門關，曰：「軍有敢入，斬之。」貳師恐，因㉘留屯㉙敦煌。

2 其夏，漢亡㉚浞野之兵二萬餘於匈奴，公卿㉛議者㉜皆願罷宛軍，專力致㉝胡。天子業㉞出兵誅㉟宛，宛小國而不能下，則大夏之屬漸輕漢，而宛善馬絕㊱不來，烏孫、輪臺㊲易㊳苦㊴漢使，為外國笑。迺案㊵言伐宛尤不便㊶者鄧光等。赦囚徒扞㊷寇盜，發惡少年及邊騎㊸，歲餘而出敦煌六萬人，負私從者㊹不與㊺。牛十萬，馬三萬匹，驢橐駝㊻以萬數齎㊼糧，兵弩甚㊽設㊾。天下騷動㊿，轉[51]相奉[52]伐宛，五十餘校尉。宛城中無井，汲[53]城外流水，於是遣水工[54]徙[55]其城下水空以穴其城[56]。益發戍[57]甲卒[58]十八萬酒泉、張掖北，置居延[59]、休屠[60]以衛酒泉。而發天下七科適[61]，及載[62]糒[63]給貳師，轉車人徒[64]相連屬[65]至敦煌。而拜習馬[66]者二人為執驅馬校尉[67]，備[68]破宛擇取其善馬云。

3 於是貳師後復行，兵多，所至小國莫不迎，出食給軍。至輪臺，輪臺不下，攻數日，屠[69]之。自此而西，平行[70]至宛城，兵到者三萬。宛兵迎擊漢兵，漢兵射敗之，宛兵走[71]入保[72]其城。貳師欲攻郁成城，恐留行[73]而令宛益生詐[74]，迺先至宛，決[75]其水原[76]，移之，則宛固[77]已憂困。圍其城，攻之四十餘日。宛貴人[78]謀曰：「王毋寡[79]匿善馬，殺漢使。今殺王而出善馬，漢兵宜[80]解[81]；即[82]不[83]，迺力戰而死，未晚也。」宛貴人皆以為然，共殺王。其外城壞，虜[84]宛貴人勇將煎靡[85]。宛大恐，走入中城，相與謀曰：「漢所為[86]攻宛，以[87]王毋寡。」持其頭，遣人使貳師，約[88]曰：「漢無[89]攻我，我盡[90]出善馬，恣[91]所取，而[92]給漢軍食。即不聽[93]我，我盡殺善馬，康居之救又且[94]至。至，我居內，康居居外，與漢軍戰。孰計[95]之，何從[96]？」是時，康居候視[97]漢兵尚盛[98]，不敢進。貳師聞宛城中新得[99]漢人知[100]穿井，而其內食尚多。計[101]以為來誅首惡[102]者毋寡，毋寡頭已至，如此[103]不許[104]，則堅守，而康居候漢兵罷來救宛，破漢軍必[105]矣。軍吏[106]皆以為然，許宛之約。宛迺出其馬，令漢自擇之，而多出食食[107]漢軍。漢軍取其善馬數十匹，中馬以下牝[108]牡[109]三千餘匹，而立宛貴人之故時[110]遇[111]漢善者名昧蔡[112]為宛王，與盟[113]而罷兵。終不得入中城，罷而引歸。

4 初，貳師起[114]敦煌西，為[115]人多，道上國[116]不能食，分為數軍，從南北道[117]。校尉王申生、故鴻臚[118]壺充國等千餘人別[119]至郁成，城守不肯給食。申生去大軍二百里，負而輕之[120]，攻郁成急[121]。郁成窺[122]知申生軍少，晨[123]用三千人攻殺申生等，數人脫亡[124]，走[125]貳師。貳師令搜粟都尉[126]上官桀[127]往攻破郁成，郁成降。其王亡走康居，桀追至康居。康居聞漢已破宛，出郁成王與[128]桀。桀令四騎士縛守[129]詣[130]大將軍[131]。四人相謂：「郁成，漢所毒[132]，今生將[133]，卒[134]失[135]大事。」欲殺，莫適先擊[136]。上邽[137]騎士[138]趙弟拔劍擊斬郁成王。桀等遂追及[139]大將軍。

5 初，貳師後行[140]，天子使使告烏孫大發兵[141]擊宛。烏孫發二千騎往，持兩端[142]，不肯前[143]。貳師將軍之東[144]，諸所過小國聞宛破，皆使其子弟從入[145]貢獻[146]，見[147]天子，因[148]為質[149]焉。軍還[150]，入玉門者萬餘人，馬千餘匹。後行，非乏食，戰死不甚多，而將吏貪，不愛卒，侵牟[151]之，以此[152]物故[153]者眾。天子為萬里而伐，不錄[154]其過[155]，迺下詔[156]曰：「匈奴為害久矣，今雖徙幕[157]北，與旁國謀共要[158]絕[159]大月氏使，遮殺中郎將江(160)、故鴈門(161)守(162)攘(163)。危須(164)以西及大宛皆合約殺期門(165)車令(166)、中郎將朝(167)及身毒國使，隔(168)東西道。貳師將軍廣利征討厥(169)罪，伐勝大宛。賴天之靈(170)，從泝河山(171)，涉(172)流沙(173)，通西海(174)，山雪不積(175)，士大夫(176)徑度(177)，獲王首虜(178)，珍怪之物畢(179)陳(180)於闕(181)。其封廣利為海西(182)侯，食邑八千戶。」又封斬郁成王者趙弟為新畤(183)侯；軍正(184)趙始成功最多，為光祿大夫；上官桀敢深入，為少府(185)；李哆有計謀，為上黨(186)太守。軍官吏(187)為九卿(188)者三人，諸侯相(189)、郡守、二千石(190)百餘人，千石以下千餘人。奮行(191)者官過其望(192)，以適過行者皆黜其勞(193)。士卒賜直(194)四萬錢。伐宛再反(195)，凡(196)四歲而得罷焉。

【章　旨】以上為第七部分。述李廣利兩次率兵攻打大宛的情況。

【注　釋】❶女弟　妹妹。❷產　生育。❸昌邑哀王　即劉髆。漢武帝子，昌邑王劉賀的父親。詳見卷六十三〈武五子傳·昌邑哀王劉髆〉。❹太初　漢武帝年號（西元前一〇四－前一〇一年）。❺惡少年　即惡少。無品行的無賴子弟。❻期　期望；希望。❼故　以前的。❽浩侯　元封四年（西元前一〇七年）王恢因捕獲車師王封為浩侯。浩，封侯名。封地不詳。❾堅　堅固；牢固。❿城守　城邑的守衛。⓫給　供給；供應。⓬比　等到；及。⓭士　指騎士、騎兵。⓮財　通「才」。只有。⓯罷　通「疲」。疲勞。⓰眾　多。⓱左右　指身邊的副將等隨從。⓲舉　攻克；占領。⓳王都　指大宛國的王都貴山城（今中亞卡散賽）。⓴引　引導；帶領。㉑什一二　十分之一、二。㉒患　憂慮；擔心。㉓拔　攻取；攻伐。㉔願　希望。㉕且　暫且；姑且。㉖罷兵　停戰；休戰。㉗益　多。㉘因　就；於是。㉙屯　駐紮。㉚亡　損失；失去。㉛公卿　指官至公、卿位的高官。㉜議者　議論的人。㉝致　對付；應付。㉞業　既；已經。㉟誅　討伐。㊱絕　斷；斷絕。㊲輪臺　西域國名。

在今新疆輪臺東南一帶。㊳易　輕易；容易。㊴苦　困擾；困辱。㊵案　通「按」。查辦；審理。㊶不便　不利；不適宜。㊷扞　通「悍」。兇狠；強悍。㊸邊騎　沿邊諸郡騎兵。㊹負私從者　一說當從本書卷九十四〈匈奴傳〉作「私負從者」。私自運送糧食和私自隨從的人。指非由國家正式徵發的人。負，用背馱東西。私，私自。從，跟隨；跟從。㊺與　通「豫」。參與；計算在內。㊻橐駝　即駱駝。㊼齎　遣送；送。㊽甚　多。㊾設　設置；安排。㊿騷動　動盪；不安寧。(51)轉　傳送物資。(52)奉　供應；進獻。(53)汲　汲取；取水。(54)水工　負責水利工程的技工。(55)徙　遷；移。(56)空以穴其城　利用原來水道在城下挖洞。空，通「孔」。挖洞。作動詞。穴，穿穴；挖洞。(57)戍　守邊；防守邊疆。(58)甲卒　披甲的士卒。泛指士兵。甲，古時戰士的護身衣，用皮革或金屬做成。(59)居延　縣名。在今內蒙古額濟納旗東南。一說在此置都尉。(60)休屠　縣名。在今甘肅武威北。一說在此置都尉。(61)七科適　秦漢時期被視為賤民的七類人，包括：有罪的官吏、逃亡的罪犯、贅婿、有市籍的商人、以前有市籍、父母有市籍、祖父母有市籍。戰時國家兵力不足時，通常會臨時徵派這七種人服兵役。(62)載　裝載；車載。(63)糒　乾飯；乾糧。(64)徒　刑徒。(65)連屬　連接。(66)習馬　熟悉馬；精通馬。(67)執驅馬校尉　一人為執馬校尉，一人為驅馬校尉。(68)備　準備。(69)屠　屠城；大肆殘殺。(70)平行　未遇抵抗平安行進。(71)走　逃跑。(72)保　守；保衛。(73)留行　指滯留無法前進。(74)詐　變；奇詭多變。(75)決　斷；截斷。(76)原　通「源」。源頭。(77)固　本來；原本。(78)貴人　貴族；地位顯貴的人。(79)毋寡　大宛國王名。(80)宜　應當。(81)解　排解；和解。(82)即　假如；如果。(83)不　通「否」。不是這樣。(84)虜　俘虜；捕獲。(85)宛貴人勇將煎靡　宛國的貴族、勇敢的將領名叫煎靡。(86)所為　之所以。表示行為的原因。(87)以　因為。(88)約　約定；談判。(89)無　不要。(90)盡　全部；都。(91)恣　隨意；任憑。(92)而　並且。(93)聽　聽從；接受。(94)且　將；將要。(95)孰計　認真考慮；仔細斟酌。孰，通「熟」。仔細；周詳。(96)何從　即「從何」。選擇哪種辦法。(97)候視　伺望；偵察。候，偵察。(98)盛　興盛；眾多。(99)新得　剛剛得到；新近得到。(100)知　知道；熟悉。(101)計　考慮；商議。(102)首惡　元兇；罪魁禍首。(103)如此　如果這樣。(104)許　答應；允許。(105)必　一定；必然。(106)軍吏　泛指軍中的將帥官佐。(107)出食食　拿出食物供給。前「食」指食物，後「食」指供給。(108)牝　雌性動物。(109)牡　雄性動物。(110)故時　以前；從前。(111)遇　對待。(112)昧蔡　人名。(113)盟　結盟；訂立盟約。(114)起　發；出發。(115)為　因為；由於。(116)道上國　沿途各國。(117)從南北道　從南北兩路進軍。從，由。南北道，當時漢通往西域有兩條道路，一路從樓蘭傍南山（阿爾金山、崑崙山）北麓西行，越葱嶺，或西南至罽賓、身毒（今印度、巴基斯坦），或西行到大月氏、安息（今伊朗），再往西可達條支（今伊拉克）、犁軒（今地中海東岸）等國，稱南路。一路從車師前王庭傍北山（天山）南麓西行，越葱嶺，到大宛、康居，再往西南經安息，而西達犁軒，稱北路。(118)鴻

臚　官名。大鴻臚省稱。119別　另。120負而輕之　仗恃大軍的威勢而輕視敵人。負，恃。121急　猛烈；劇烈。122窺　窺視；覺察。123晨　天亮；日出時。124脫亡　逃脫；逃走。125走　跑；奔向。126搜粟都尉　官名。執掌農業生產和軍需供應。不常置。127上官桀　複姓上官，名桀。字少叔，上邽（今甘肅天水）人。武帝時官至搜粟都尉，此役後因功遷至太僕，武帝臨終以為左將軍，與霍光、金日磾受遺詔輔政，封為安陽侯。後與燕王劉旦等謀廢昭帝，發覺，被誅。128與　給。129縛守　捆綁看守。130詣　前往；到。131大將軍　即貳師將軍李廣利。因當時多分別將，故稱全軍統帥李廣利為大將軍。132毒　恨。133生將　即押送。生，活著。將，帶領；攜帶。134卒　通「猝」。突然。135失　失去。此指逃走。136莫適先擊　不知道應該誰先動手。適，主；專主；作主。137上邽　縣名。在今甘肅天水西南。138騎士　即騎兵。西漢時根據地方特點訓練兵種，西北產馬，人善騎射，故西北各郡置騎士。139追及　追上。及，趕上。140後行　指李廣利第二次出兵大宛。141大發兵　大肆徵發軍隊。142持兩端　即首鼠兩端，左右搖擺，猶豫不決。143前　前進。144之東　到東面去；前往東面。此處指軍隊凱旋回朝。145從入　跟隨入京。146貢獻　把物品進獻給皇帝。147見　朝見。148因　就勢；順便。149為質　做人質。質，人質。兩國交往中，一方派往對方留居作為履行某項諾言或約定的保證人。150還　返回。151侵牟　侵害掠奪。牟，食苗根的一種昆蟲，亦作「侔」、「蛑」。152以此　因此。153物故　死。意為同於鬼物而故。一說，為了避免直言死，故稱其所服用之物已故。154錄　登記以備查。155過　過失；過錯。156詔　詔書。皇帝的命令或文告。157幕　通「漠」。大沙漠。158要　通「邀」。邀約；約定。159絕　攔阻；阻斷。160江　人名。161鴈門　郡名。在今山西北部和內蒙古南部，治善無（今山西右玉南）。162守　官名。太守簡稱。秦漢時郡行政長官，秩二千石。原名郡守，景帝中二年（西元前一四八年）更名太守。163攘　人名。164危須　西域國名。在今新疆焉耆一帶。165期門　禁軍名。漢武帝建元三年（西元前一三八年）置，比郎，以僕射主之。無員數，多至千人。隸屬光祿勳。執掌執兵護從皇帝，偶被徵調作戰。後改名虎賁。166車令　人名。姓車名令。167朝　人名。168隔　阻隔；阻斷。169厥　其。代詞。170賴天之靈　仰賴上天的神靈保佑。171從泝河山　上溯黃河源頭，到達崑崙山。從，由。泝，逆流而上。172涉　行走；跋涉。173流沙　一說泛指沙漠；一說指流沙澤，後稱居延海，今已淤積為嘎順諾爾與蘇古諾爾兩湖，在今內蒙古額濟納旗北。174西海　湖名。一說是今青海的青海；一說是今內蒙古的居延海。175山雪不積　據載此年少雪，故山上不積雪。176士大夫　指官僚、知識階層。這裡指出征的將士。177徑度　徑直渡過。徑，直。度，亦作「渡」。178首虜　首級。179畢　都；全部。180陳　陳列；陳設。181闕　宮門兩側的高臺，中間有道路，臺上起樓觀。代指皇宮。182海西　縣名。在今江蘇灌南東南。183新畤　封侯名。封地不詳。184軍正　官名。軍隊中掌執法的官吏。185少府　官名。為列卿之一，秩中二千石。掌皇室財政，及管理宮廷侍從。186上黨　郡名。在今山西東南部，治長子（今長子西）。187軍官吏　指軍隊大小官吏。188九卿　古代位次於「公」的九個卿級官員。漢文帝時，隨著大一統思想的興起，三公九卿說始流行。漢九卿一般指太常、光祿勳、衛尉、太僕、廷尉、大鴻臚、宗正、大司農、少府，秩中二千石。189諸侯相　官名。諸侯國最高行政長官。漢初，諸侯王國官屬設置與漢中央同，設丞相。景帝中五年（西元前一四五年）降低諸侯國官署級別，改丞相為相，職與郡太守同。190二千石　漢代重要的官秩等級。主要包括太子太傅、將作大匠、大長秋、水衡都尉、三輔、司隸校尉、八校尉等及郡太守等官。191奮行　自告奮勇前往。奮，迅；猛然用力。192望　期望；願望。193以適過行者皆黜其勞　因罪謫而前往的人，免其所犯，不敘功勞。適，通「謫」。即前囚徒、七科謫者。黜，減損；廢除。勞，功勞；功績。194直　通「值」。價值。有的以財物獎賞，故需計算其價值。195再反　兩次往返。196凡　總計；總共。

【語譯】李廣利的妹妹李夫人受到皇上的寵愛，生下昌邑哀王。太初元年，皇上任命李廣利為貳師將軍，徵發屬國六千騎兵及郡國無賴子弟數萬人前往，期望到貳師城奪取良馬，所以稱李廣利為「貳師將軍」。派前浩侯王恢做大軍的嚮導。向西過了鹽水後，沿途的小國都堅守城邑，不肯供應糧食，攻打他們又無法攻克。攻克的就得到了食物，攻不下的幾天後就離開。等到達郁成，騎士只剩下數千人，都飢餓疲勞。攻打郁成城，郁成進行抵抗，殺傷漢士兵很多。貳師將軍和身邊隨從商議道：「到郁成尚且不能攻克，何況到了宛的王都？」於是率軍撤退。往返花了兩年時間，回到敦煌時，士兵不超過十分之一、二。李廣利派使者上書說：「路途遙遠，經常斷絕糧食，士兵不害怕戰鬥卻害怕飢餓。士兵少，不足以攻克宛。希望暫時休戰，多徵發士卒後再去。」皇上得知所奏，大怒，派人擋住玉門關，說：「軍中若有敢進關的，就斬殺他。」貳師將軍很害怕，就留駐敦煌。

2 這年夏天，漢損失浞野侯的軍隊兩萬多人投降匈奴，公卿參與商議的人都希望撤回進攻宛的部隊，集中力量對付匈奴。皇上考慮到已經出兵討伐宛，宛是小國尚且不能攻克，那麼大夏等國家就會漸漸輕視漢，宛的良馬不僅無法得到，烏孫、輪臺也會輕易困辱漢使，被外國恥笑。於是查處說伐宛甚為不利的鄧光等人。赦免囚徒和兇悍的盜賊讓他們從軍，徵發無賴子弟和邊郡騎兵，經過一年多的徵調，從敦煌出兵的共有六萬人，私自運送物資和隨從的人尚且不計算在內。牛十萬頭，馬三萬匹，驢、駱駝以萬計，用以運送糧食，武器、弓弩都準備得十分充分。全國都被動員起來，傳送物資來供應討伐宛之用，設置了五十多個校尉。宛城中沒有井，從城外河水中引水入城，於是派水工將河水改道，利用原來的水道在城下挖洞。又增發戍邊的甲卒十八萬到酒泉、張掖北面，建立居延、休屠兩縣保衛酒泉。徵發全國七類賤民，讓他們運送糧食供應貳師部隊，運送的車輛、人徒一直綿延到敦煌。任命兩名熟悉馬性者為執馬校尉和驅馬校尉，準備攻破宛以後選取良馬。

3 於是貳師將軍第二次出征，由於士兵眾多，路過的小國無不出來迎接，拿出糧食供給大軍。抵達輪臺，輪臺不降，圍攻數日，進行大肆屠殺。從輪臺往西行進，一路上毫無阻攔地抵達宛城，漢兵到達的有三萬人。宛兵出城阻擊漢兵，漢兵射箭打敗了他們，宛兵逃入城內保衛城堡。貳師將軍想攻打郁成城，擔心滯留太久讓宛又想出新的詭計，就先抵達宛，截斷它的水源，改變它的流向，使宛陷入憂慮困窘中。接著包圍了城堡，攻打了四十多天。宛貴族商議說：「王毋寡藏匿良馬，殺了漢使。現在殺了王，交出良馬，漢兵應當會和解；假如他們不和解，再力戰而死也不遲。」宛貴族都認為這話有道理，一起殺了王。漢兵攻破外城，俘虜了宛貴族中勇敢的將領煎靡。宛貴族十分驚恐，逃入內城，互相商議說：「漢之所以攻打宛，都是因為王毋寡。」拿著他的頭，派人面見貳師將軍，與漢談判說：「漢不要進攻我們，我們全部交出良馬，任憑你們挑選，並且供應漢軍食物。假如不接受我們的要求，我們就殺光良馬，康居的救援馬上就到了。到了以後，我們在城內，康居在城外，和漢軍戰鬥。你們好好考慮考慮，選擇哪個方法？」這時，康居窺伺到漢兵尚且強盛，不敢進攻。貳師將軍聽說宛城中剛剛得到一個懂挖井的漢人，而且城內的食物還很多。認為此次來攻打宛就是為了誅殺元兇毋寡，毋寡的頭已經送來，如果這樣還不答應宛的求和，那麼宛一定會堅守城池，而康居等到漢兵疲勞了來救宛，一定會打敗漢軍。軍中將吏都認為貳師將軍分析得對，就答應了宛的和約。宛於是交出馬，讓漢挑選，還拿出許多糧食供給漢軍。漢軍挑選了數十匹良馬，中馬以下母馬、公馬共三千多匹，立以前對漢友好的名叫昧蔡的宛貴族為宛王，和他訂立盟約後停戰。最終未能進入內城，停戰後班師回國。

4 當初，貳師從敦煌西出發時，因為率領的士兵多，沿途各國沒有能力供應飲食，於是分為幾路，從南北道分別出發。校尉王申生、前大鴻臚壺充國等率領一千多人另路抵達郁成，郁成堅守城邑不肯供應食物。申生距離大軍二百里，自恃漢軍人多輕視郁成，猛烈進攻郁成。郁成窺探到申生率領的軍隊兵少，凌晨用三千人進攻殺了申生等人，只有幾人逃脫，投奔貳師將軍。貳師將軍命令搜粟都尉上官桀前去進攻打敗郁成，郁成投降。郁成王逃往康居，上官桀追到康居。康居聽說漢已攻破宛，就將郁成王交給上官桀。上官桀命令四個騎士捆綁押解送往大將軍幕府。途中四人商量說：「郁成王是漢痛恨的人，現在活著押送，如果猝不及防逃走，就不得了。」想要殺了他，又不知道應該誰先動手。最後上邽縣的騎士趙弟拔出劍砍殺了郁成王。上官桀等隨後追上大將軍隊伍。

5 當初，貳師將軍第二次進軍時，皇帝派使者告訴烏孫要大量徵發軍隊攻打宛。烏孫徵發了二千騎兵前往，首鼠兩端，不肯前進。貳師將軍凱旋回朝，沿途路過的小國聽說宛被攻破，都派王的子弟跟隨貳師將軍進京進獻貢品，朝見皇帝，順便留下來做人質。軍隊返回時，進入玉門關的有一萬多人，馬一千多匹。第二次出征，不缺少糧食，戰死的也不很多，主要是軍官貪婪，不愛惜士兵，欺壓掠奪他們，因此死的人很多。皇帝因為他們是遠行萬里進行征伐，就不追究他們的過錯，下詔書說：「匈奴為害很久了，現在雖然遷徙到大漠北面，仍然與周圍的國家共同謀議約定攔阻出使大月氏的使者，截殺了中郎將江、前雁門太守攘。危須以西的國家以及大宛一起合謀殺了期門郎車令、中郎將朝和出使身毒國的使者，阻隔東西交通要道。貳師將軍李廣利征討他們的罪惡，討伐戰勝大宛。仰賴上天的神靈保佑，溯流而上找到黃河源頭昆侖山，渡過流沙，通過西海，山上不積雪，將士們順利地通過，取得大宛王的首級，珍奇怪異的物品都陳列在皇宮。封李廣利為海西侯，食邑八千戶。」又封殺郁成王的趙弟為新時侯；軍正趙始成立功最多，任命為光祿大夫；上官桀敢於深入險境，任命為少府；李哆有計謀，任命為上黨太守。軍隊官吏被任命為九卿的有三人，被任命為諸侯相、郡守、二千石的有一百多人，任命為千石以下的有一千多人。自告奮勇前往出征的人封的官超過了他們的期望，因罪過被罰前往的人赦免他們的罪行，但不給予封賞。賞賜士兵約合四萬錢。討伐宛兩次往返，總共花了四年時間才告結束。

後十一歲，征和❶三年，貳師復將七萬騎出五原❷，擊匈奴，度郅居水❸。兵敗，降匈奴，為單于所殺。語在匈奴傳❹。

【章　旨】以上為第八部分。簡略記載李廣利擊匈奴兵敗投降的結局，詳見〈匈奴傳〉。

【注　釋】❶征和　漢武帝年號，西元前九二—前八九年。❷五原　郡名（亦為縣名）。在今內蒙古包頭一帶，治九原（今包頭西北）。❸郅居水　水名。即今蒙古國色楞格河。❹匈奴傳　即本書卷九十四上下〈匈奴傳〉。

【語　譯】十一年後，即征和三年，貳師將軍又率領七萬騎兵從五原出兵，攻打匈奴，渡過郅居水。兵敗，貳師將軍投降匈奴，被單于殺害。此事記錄在〈匈奴傳〉。

贊曰：禹本紀❶言河出昆侖❷，昆侖高二千五百里餘，日月所相避隱為光明也。自張騫使大夏之後，窮河原，惡❸睹所謂昆侖者乎？故言九州山川，尚書近之矣❹。至禹本紀、山經❺所有，放❻哉！

【章　旨】以上為班固的評論。此評論與傳主無關，而是通過張騫等的實地發現，評價各種地理書的優劣。

【注　釋】❶禹本紀　最古的帝王傳記。❷昆侖　指崑崙山。在今新疆、西藏、青海一帶。❸惡　疑問代詞。相當於「何」、

「安」、「怎麼」。❹尚書近之矣　《尚書》記載接近事實。《尚書》說：「道河積石。」說河源出於積石。積石即今阿尼瑪卿山，在青海東南部，延伸至甘肅南部邊境。為崑崙山脈中支，黃河繞流東南側。❺山經　《山海經》的簡稱。❻放　放蕩迂闊，不可信。

【語　譯】史官評議說：《禹本紀》說黃河出於崑崙山，崑崙山高二千五百餘里，日月交替從山上升起放射光芒。自從張騫出使大夏之後，尋找到黃河的源頭，哪裡見到所謂的崑崙山？所以記載九州山川的書中，《尚書》最貼近事實。至於《禹本紀》、《山海經》的記載，則迂闊不可信呀！

【研　析】張騫是中西交通史上的重要歷史人物。他兩次出使西域，前後經歷二十餘年，歷盡艱險，鑿通了中原王朝與西域諸國的聯繫，使東西方文明第一次以官方的形式正式交會，開創了絲綢之路的新紀元。他還建議武帝打通從西南通往南亞的交通道路，對武帝時期的西南邊疆政策產生了重要影響。西域諸國當時無史籍記載，張騫了解的西域諸國的情況，被史家記錄下來，成為研究這一地區古代文明的珍貴史料。

漢與西域交往之初，關係尚不穩定，最終因換馬不成導致漢朝出兵征討大宛。李廣利是武帝寵姬李夫人的哥哥，憑藉這一關係被任命為對大宛戰爭的主帥。由於糧草不繼，李廣利第一次出征失利。武帝盛怒之下，傾全國之力，再次發兵，最終打敗大宛。大宛之戰的勝利，令漢朝聲威大震，對此後漢與周邊國家和民族關係產生了重要影響。

本卷以武帝時的對外關係為線索，從張騫應募出使西域開始，詳細記述了張騫的生平，張騫死後，乃接著敘述漢王朝與西域諸國關係的發展情況，最終引出對大宛戰爭的主帥貳師將軍李廣利。因此，此卷將張騫和李廣利合為一卷，並非因兩人性格或功業有相通之處，而在於他們都是武帝時期與西域有重要關係的人物。這是《漢書》合傳的一個典型形式。而本卷也是了解漢代與西域關係的重要史料，可與卷九十六〈西域傳〉相參補。本卷還詳細描寫了張騫出使西域後，吏士紛紛請求出使，以及武帝向西域使節誇耀漢朝國力的細節，生動地反映了武帝的個性和武帝朝的時代特色。

卷六十二

司馬遷傳第三十二

【題　解】司馬遷，字子長，出生於左馮翊夏陽（今陝西韓城南），主要活動於漢武帝時期。中國第一部紀傳體通史《史記》的作者。司馬遷的父親司馬談在武帝初年任太史令。曾作〈論六家要旨〉，對當時流行的陰陽、儒、墨、名、法、道六家思想學說的特點進行分析。又搜集資料，立志著史。元封元年（西元前一一〇年），漢武帝在泰山舉行封禪大典，司馬談未能參與，鬱悶而卒，臨終前囑託司馬遷完成其遺願。司馬遷十歲開始學習古文，二十歲遊歷名勝古蹟，采風訪學。後為郎中，曾奉命隨軍征西南夷。司馬遷接受父親的遺命，三年後任太史令，開始通覽皇家藏書，收集資料。太初元年（西元前一〇四年），他與公孫卿、壺遂、鄧平、唐都、落下閎等修訂曆法，制定了以正月為歲首的《太初曆》。此後即著手著史。天漢三年（西元前九八年），因替投降匈奴的李陵辯解，被處宮刑，出獄後任中書謁者令。他忍辱發憤，艱苦撰述，終於完成一百三十篇的《史記》（時稱《太史公書》），他開創的紀傳體通史體例為後世正史所遵循，影響深遠。此間，故交益州刺史任安曾寫信給他，責備他身兼銓選之職，卻不能推賢進士。司馬遷藉回信之機，申明了自己欲「究天人之際，通古今之變，成一家之言」的撰史理想。

昔在顓頊❶，命南正❷重❸司❹天❺，火正❻黎❼司地。唐❽虞❾之際，紹❿重黎之後⓫，使復典⓬之，至于夏⓭商⓮，故重黎氏世⓯序⓰天地。其在周⓱，程伯休甫⓲其後也。當宣王⓳時，官失其守⓴而為司馬㉑氏㉒。司馬氏世典周史㉓。惠㉔襄㉕之間，司馬氏適晉㉖。晉㉗中軍㉘隨會犇魏㉙，而司馬氏入少梁㉚。

自司馬氏去㉛周適晉，分散，或㉜在衛㉝，或在趙㉞，或在秦㉟。其在衛者，相中山㊱。在趙者，以傳㊲劍論㊳顯，蒯聵㊴其後也。在秦者錯㊵，與張儀爭論㊶，於是惠王㊷使錯將兵伐蜀㊸，遂拔，因而守之。錯孫蘄㊹，事㊺武安君白起㊻。而少梁更名夏陽㊼。蘄與武安君阬趙長平軍㊽，還而與之㊾俱賜死杜郵㊿，葬於華池(51)。蘄孫昌，為秦王(52)鐵官(53)。當始皇(54)之時，蒯聵玄孫卬為武信君(55)將而徇(56)朝歌(57)。諸侯(58)之相王(59)，王卬於殷(60)。漢(61)之伐楚(62)，卬歸(63)漢，以其地為河內郡(64)。昌生毋懌，毋懌為漢市長(65)。毋懌生喜，喜為五大夫(66)，卒，皆葬高門(67)。喜生談(68)，談為太史(69)公(70)。

【章旨】以上為第一部分，述司馬遷的家世淵源。

【注釋】❶顓頊　傳說中上古帝王名。黃帝孫，昌意子，號高陽氏。為「五帝」之一。❷南正　傳說上古官名。掌管天文。《國語・楚語下》：「顓頊受之，乃命南正重司天以屬神；命火正黎司地以屬民。」南為陽位。正，長。❸重　人名。❹司主；掌管。❺天　古人以天為萬物主宰者。❻火正　傳說古官名。掌管地理。❼黎　人名。❽唐　傳說遠古部落名，即陶唐氏。居於平陽（今山西臨汾西南），堯是他們的首領。亦作堯的代稱。❾虞　傳說遠古部落名，即有虞氏。居於蒲阪（今山西永濟西），舜是他們的首領。也作舜的代稱。❿紹　承繼；接續。⓫後　後代。⓬典　掌管；主持。⓭夏　朝代名。相傳為夏后氏部落首領禹之子啟所建，是中國歷史上的第一個王朝，共傳十三代，十六王。先後建都陽城、斟鄩（均在河南登封附近）、安邑（今山西夏縣北）。至桀時為商所滅。⓮商　朝代名。西元前十六世紀商湯滅夏所建，都亳（今河南商丘北）。中經幾次遷都，盤庚時遷殷（今河南安陽小屯），故商亦稱殷。傳至紂，為周武王所滅。共傳十七代，三十一王。⓯世　世代；累代。⓰序　按次序區分、排列。⓱周　朝代名。姬姓。西元前十一世紀周武王滅商建周。都城鎬京（今陝西西安），史稱西周。西元前七七一年，申侯聯合犬戎攻殺周幽王。次年周平王東遷洛邑（今河南洛陽），史稱東周。西元前二五六年為秦所滅。共歷三十四王，八百多年。❿程伯休甫　人稱謂。程，封國名，在今陝西咸陽東。伯，封國爵位名。周時封國爵位分五等：公、侯、伯、子、男，伯居第三等。休甫，字。⓳宣王　即周宣王姬靜。西元前八二八—前七八二年在位。⓴官失其守　失去其官所守之職。此處指失去「序天地」的官職。㉑司馬　官名。相傳少昊始置。周時為六卿之一，掌軍旅之事。後世沿用而職權不一。據《晉書・宣帝紀》，程伯休甫在周宣王時由於平定徐地有功，被賜以官姓司馬，其後代遂為司馬氏。㉒氏　上古貴族表明宗族的稱號，為姓的分支。漢魏以後，姓與氏合。㉓司馬氏世典周史　據《史記索隱》：「司馬，夏官卿，不掌國史，自是先代兼為史。」㉔惠　周惠王姬閬。東周國君。西元前六七六—前六五二年在位。㉕襄　周襄王姬鄭。惠王子。西元前六五一—前六一九年在位。㉖司馬氏適晉　周惠王、襄王時周王室發生子頹、叔帶叛亂，司馬氏逃奔晉國。適，到；去。㉗晉　周初分封的姬姓諸侯國。周成王封其弟叔虞於堯的故墟唐（今山西翼城西），南臨晉水。至叔虞子燮父時改國號為晉。故地包括今山西大部、河北南部、陝西中部及河南西北部。西元前四世紀前期，晉為其大夫韓、趙、魏瓜分，滅國。㉘中軍　指中軍統帥。古代行軍作戰分左、中、右或上、中、下三軍，由主將所在的中軍發號施令。㉙隨會犇魏　隨會，名士會。春秋時晉國大夫，隨是他的采邑，故稱隨會。又稱隨武子。犇，古奔字。敗逃；逃亡。魏，晉獻公時封畢萬於魏地，在今山西芮城北。其後代逐漸興盛，成為晉國六卿之一。西元前四〇三年，魏文侯都列為諸侯。西元前四世紀前期，魏與趙、韓三家分晉，都安邑（今山西夏縣西北）。魏惠王時遷都大梁，因而魏也稱梁。西元前二二五年為秦所滅。據《春秋》，隨會奔秦，其後自秦入魏而還晉。與本傳說法異。㉚少梁　西周時梁國，西元前六四一年為秦所滅，稱少梁邑。在今陝西韓城南。㉛去　離開。㉜或　有的；有的人。㉝衛　古國名。西元前十一世紀周公封周武王少弟康叔於衛，領地包括今河南北部、河北南部地區。

先後建都於朝歌（今河南淇縣）、楚丘（今河南滑縣）、帝丘（今河南濮陽）和野王（今河南沁陽）等地。西元前二五四年成為魏國附庸，西元前二〇九年為秦所滅。㉞趙　西元前四〇三年晉卿趙籍建立趙國。疆域在今山西中部、陝西東北角及河北西南部。初都晉陽（今山西太原西南），趙敬侯時遷都邯鄲（今河北邯鄲）。為戰國七雄之一。西元前二二二年為秦所滅。㉟秦　國名、朝代名。嬴姓，周孝王時封伯翳之後非子為附庸，封於秦（今甘肅張家川東）。周平王時，秦襄公建立秦國，都雍（今陝西鳳翔東南）。春秋時佔有今陝西地，故習稱陝西為秦。至秦孝公時，遷都咸陽（今陝西咸陽東北），日益富強。為戰國七雄之一。西元前二二一年秦王政統一中國，建立中國歷史上第一個統一王朝。西元前二〇六年，秦王朝為漢高祖劉邦所滅。㊱相中山　做中山國的相。相，官名。輔佐國君的最高行政長官，此處用作動詞。中山，古國名。春秋末年鮮虞人所建，在今河北定州、唐縣一帶。戰國中期為趙所滅。據說做中山相的為司馬喜。㊲傳　傳播；傳授。㊳劍論　劍術理論。㊴蒯聵　人名。顏師古注引如淳說：「〈刺客傳〉之蒯聵也。」但今本《史記・刺客列傳》無蒯聵其人，而載有荊軻遊榆次與蓋聶論劍事。《史記考證》引張文虎的意見認為蓋聶可能是「蒯聵」的訛文。㊵錯　人名。即司馬錯。秦惠王時大臣。㊶與張儀爭論　秦惠王後元九年（西元前三一六年），惠王想要伐蜀，張儀認為不如伐韓，司馬錯認為應當先伐蜀。惠王採納司馬錯的意見，奪取蜀地。張儀，戰國時魏貴族後代，先遊說於楚，後入秦，為客卿。秦惠文王十年（西元前三二八年）任秦相，輔佐秦惠文君稱王，採用連橫策略，遊說各國附秦，瓦解合縱聯盟，使秦的疆域得到很大擴展，因功封五邑，號武信君。秦武王即位，被逐之魏，任魏相一年卒。㊷惠王　秦惠王嬴駟，即惠文王。西元前三三七—前三一一年在位。㊸蜀　族名、國名。分布在今四川西部。相傳最早的首領名蠶叢，稱蜀王。西元前三一六年併於秦，秦於其地置蜀郡。㊹蘄　《史記》卷一百三十〈太史公自序〉作「靳」。㊺事　侍奉；追隨。㊻武安君白起（西元前？—前二五七年），郿（今陝西眉縣）人。戰國時秦名將，秦昭王時，官至大良造。曾多次率秦軍攻取魏地。昭王二十九年（西元前二七八年）攻占楚都郢（今湖北江陵西北），因功封武安君。四十七年，在長平（今山西高平西北）大敗趙軍，坑殺趙降卒四十餘萬。後因與相范睢有隙，被迫自殺。㊼少梁更名夏陽　事在秦惠文王前元十一年（西元前三二七年），在司馬錯伐蜀（西元前三一六年）之前。此處係補述。㊽蘄與武安君阬趙長平軍　事在秦昭王四十七年（西元前二六〇年），秦趙戰於長平（今山西高平西北），趙軍陷入秦軍包圍圈，困守四十六日，趙將趙括被射死，趙軍四十餘萬被秦軍坑殺。阬，通「坑」。坑殺；活埋。㊾之　指白起。㊿杜郵　地名。在今陝西咸陽東北。(51)華池　地名。在今陝西韓城西南。(52)王　《史記》卷一百三十〈太史公自序〉作「主」。當是。主，主管。(53)鐵官　官名。執掌治鐵事務。(54)始皇　即秦始皇嬴政（西元前二五九—前二一〇年）。秦莊襄王之子，年十三歲即位，二十二歲親政，平定嫪毒叛亂。先後滅六國，至秦王政二十六年（西元前二二一年）完成統一大業，建立中國歷史上第一個統一王朝，自稱始皇帝。[55]武信君　陳縣（今河南淮陽）人。秦末起義軍將領武臣，被陳勝任命為將軍，率軍攻取趙地，號武信君，後自立為趙王，旋為部將李良所殺。[56]徇　掠取；招撫。[57]朝歌　地名。曾為殷商都城。在今河南淇縣。項羽封趙將司馬卬為殷王，建都於此。西漢置縣。[58]諸侯　指秦末各路起兵反秦勢力領袖，也包括章邯等秦降將。[59]相王　互相尊封為王。漢元年（西元前二〇六年）二月，項羽自立為西楚霸王，並分封劉邦等十七人為王。[60]王卬於殷　項羽封司馬卬為殷王。王，封王。作動詞。[61]漢　國名、朝代名。西元前二〇六年，項羽封劉邦為漢王，封地包括巴、蜀、漢中四十一縣，都南鄭（今陝西漢中東）。西元前二〇二年，劉邦打敗項羽，統一中國，稱帝，國號漢，建都長安（今陝西西安西北），史稱西漢或前漢。[62]楚　指漢元年（西元前二〇六年）項羽自立為西楚霸王所建立的楚國，都城下邳（今江蘇睢寧西北），漢高帝五年（西元前二〇二年）為劉邦所滅。[63]歸　歸降；歸順。[64]河內郡　郡名。在今河南黃河以北，治懷縣（今河南武陟西南）。[65]市長　官名。執掌市場管理。漢代在長安設四市長、丞，屬左馮翊。[66]五大夫　爵位名。秦漢時二十等爵第九級。[67]高門　地名。在今陝西韓城西南。[68]談　司馬談（西元前？—前一一〇年）。司馬遷的父親，官至太史令。他開始撰著史記，死後由其子司馬遷續成。[69]太史　官名。即太史令，秦漢時屬太常（奉常），掌記載史事、起草文書，兼管國家典籍和天文曆法等。[70]公　尊稱。

【語　譯】從前，顓頊時，任命南正重掌管天文，火正黎掌管地理。唐堯、虞舜時，讓重、黎的後代繼承祖先的官職，讓他們繼續掌管天文地理，一直到夏、商時，所以重、黎氏世代掌管天文地理。周時，程伯休甫是他們的後人。周宣王時，重、黎氏失去了他們的官職而成為司馬氏。司馬氏世代做周的史官。周惠王、襄王統治之際，司馬氏去了晉國。晉國中軍統帥隨會逃奔魏國，而司馬氏來到少梁。

自從司馬氏離開周到晉國後，族人便分散了，有的在衛國，有的在趙國，有的在秦國。在衛國的，做了中山國相。在趙國的，因傳授劍術理論名顯當世，司馬蒯聵是他們的後代。在秦國的司馬錯，曾就出兵攻蜀還是攻韓的問題與張儀發生爭論，惠王聽從司馬錯的意見，派他領兵攻打蜀，最終攻克，惠王於是命他鎮守蜀。司馬錯的孫子司馬蘄，追隨奉事武安君白起。當時少梁已改名夏陽。司馬蘄和武安君坑殺了趙國長平降軍，返回秦國後和白起都被秦王賜死在杜郵，埋葬在華池。司馬蘄的孫子司馬昌，做了秦的鐵官。秦始皇在位時，蒯聵的玄孫司馬卬曾擔任武信君武臣的將領攻占朝歌。項羽分封諸侯王時，封司馬卬為殷王。漢王劉邦討伐楚王項羽時，司馬卬歸順漢，漢將他的封地設置為河內郡。司馬昌生司馬毋懌，司馬毋懌任漢長安城的市長。司馬毋懌生司馬喜，司馬喜爵至五大夫，死後都葬在高門。司馬喜生司馬談，司馬談擔任太史令。

1 太史公學天官[1]於唐都[2]，受易[3]於楊何[4]，習道論[5]於黃子[6]。太史公仕於建元[7]、元封[8]之間，愍[9]學者不達其意[10]而師誖[11]，乃論六家[12]之要指[13]曰：

2 「易大傳[14]曰：『天下一致而百慮，同歸而殊塗[15]。』夫陰陽[16]、儒[17]、墨[18]、名[19]、法[20]、道德[21]，此務[22]為治者也，直[23]所從言[24]之異路，有省[25]不省耳。嘗[26]竊[27]觀陰陽之術，大[28]詳[29]而眾[30]忌諱[31]，使人拘[32]而多畏[33]，然其敘[34]四時[35]之大順[36]，不可失也。儒者博而寡要[37]，勞而少功，是以其事難盡從，然其敘[38]君臣父子之禮，列[39]夫婦長幼之別，不可易[40]也。墨者儉而難遵，是以其事不可徧循，然其彊本[41]節用，不可廢也。法家嚴而少恩，然其正君臣上下之分，不可改也。名家使人儉[42]而善[43]失真，然其正名實[44]，不可不察也。道家使人精神專一，動合無形[45]，澹[46]足萬物，其為術也，因[47]陰陽之大順，采儒墨之善，撮[48]名法之要，與時遷徙[49]，應物變化，立俗[50]施事，無所不宜，指約[51]而易操[52]，事少[53]而功多。

儒者則不然，以為人主[54]天下之儀表[55]也，君唱[56]臣和[57]，主先臣隨。如此，則主勞而臣佚[58]。至於大道之要，去[59]健羨[60]，黜[61]聰明，釋[62]此而任術。夫神[63]大[64]用則竭，形大勞則敝；神形蚤[65]衰，欲與天地長久，非所聞也。

3 「夫陰陽，四時、八位[66]、十二度[67]、二十四節[68]各有教令[69]，曰順[70]之者昌[71]，逆[72]之者亡，未必然也，故曰『使人拘而多畏』。夫春生夏長，秋收冬藏，此天道[73]之大經[74]也，弗[75]順則無以為天下紀綱[76]，故曰『四時之大順，不可失也』。

4 「夫儒者，以六藝[77]為法[78]，六藝經[79]傳[80]以千萬數[81]，累世不能通其學，當年[82]不能究其禮[83]，故曰『博而寡要，勞而少功』。若夫列君臣父子之禮，序夫婦長幼之別，雖[84]百家[85]弗能易也。

5 「墨者亦上[86]堯舜，言其德行曰：『堂[87]高三尺，土階[88]三等[89]，茅茨[90]不翦[91]，採椽[92]不斲[93]；飯[94]土[95]簋[96]，歠[97]土刑[98]，糲[99]粱[100]之食[101]，藜[102]藿[103]之羹[104]；夏日葛[105]衣，冬日鹿裘[106]。』其送死，桐[107]棺三寸，舉音[108]不盡其哀。教喪禮，必以此為萬民率。故天下共若此，則尊卑無別也。夫世異時移，事業不必同，故曰『儉而難遵』也。要曰[109]彊本節用，則人給[110]家足之道也。此墨子[111]之所長，雖百家不能廢也。

6 「法家不別[112]親疏[113]，不殊[114]貴賤，壹[115]斷[116]於法，則親親[117]尊尊[118]之恩絕矣，可以行一時之計，而不可長用也，故曰『嚴而少恩』。若[119]尊主卑[120]臣，明分職[121]不得相踰越，雖百家不能改也。

7 「名家苛察[122]繳繞[123]，使人不得反[124]其意，剸[125]決於名，時[126]失人情，故曰『使人儉而善失真』。若夫控名責實[127]，參伍[128]不失[129]，此不可不察也。

8 「道家無為，又曰無不為[130]，其實[131]易行，其辭難知[132]。其術以虛無為本，以因循[133]為用。無成勢[134]，無常形[135]，故能究萬物之情[136]。不為物先後[137]，故能為萬物主[138]。有法無法，因時為業[139]；有度無度，因物與舍[140]。故曰『聖人不巧，時變[141]是守』。虛[142]者道之常也，因[143]者君之綱也。群臣並至，使各自明也。其實中[144]其聲者謂之端[145]，實不中其聲者謂之款[146]。款言不聽，姦[147]迺不生，賢不肖自分，黑白迺形[148]。在所欲用耳，何事不成！迺合大道，混混冥冥[149]。光耀天下，復反無名[150]。凡人所生者神[151]也，所託者形也。神大用則竭，形大勞則敝，形神離[152]則死。死者不可復生，離者不可復合，故聖人重之。由此觀之，神者生之本，形者生之具[153]。不先定其神形，而曰『我有以治天下』，何由哉[154]？」

【章　旨】以上為第二部分，記司馬遷父親司馬談的事跡。司馬談自幼跟隨名師，學習天文、《易》、道等百家之學。所作「六家要旨」，論說顯名當時的六家之學的要旨與優劣，是後人了解六家學說的重要文獻。由於司馬談本人學道學，難免過於褒頌道家，但對其他六家的論說尚切中肯綮。

【注　釋】❶天官　天文；天象。古人認為天上的星座和人間一樣有官階列位、尊卑貴賤之分，因以天官代稱天文。❷唐都　西漢前中期天文學家，曾與司馬遷共同制定《太初曆》。❸易　即《周易》，又稱《易經》。儒家《五經》之一。內容包括「經」、「傳」兩部分。相傳伏羲畫卦，周文王作辭，孔丘作傳。通過八卦形式推測事物變化，認為陰陽相互作用而生萬物。❹楊何　字叔元，菑川（今山東壽光）人。曾受《易》於田何，武帝時任中大夫。❺道論　道家的理論。❻黃子　景帝時人，亦稱黃生。愛好黃老之術，曾與轅固在景帝面前就湯武革命的性質發生爭論。參見卷八十八〈儒林傳·轅固〉。❼建元　漢武帝年號。是中國歷史上的第一個年號。西元前一四〇—前一三五年，凡六年。❽元封　漢武帝第六個年號。西元前一一〇—前一〇五年，共六年。❾愍　通「憫」。憂慮；憐憫。❿其意　指各家學說的要旨。⓫師誖　指各承師法，囿於門戶之見，認識混亂。誖，惑；糊塗。⓬六家　指春秋戰國以來興起的陰陽、儒、墨、法、名、道六個學派。⓭要指　通「要旨」。主要思想。⓮易大傳　指《周易》「傳」中的〈繫辭〉。「傳」包含解釋卦辭、爻辭的七種文字，共十篇，統稱「十翼」。〈繫辭〉上下二篇為其中代表作。⓯天下一致而百慮二句　見於〈繫辭下〉，原文作「天下同歸而殊塗，一致而百慮」。百，形容多。慮，思考；想法。歸，歸宿；目的。殊，差異；不同。塗，通「途」。途徑；道路。⓰陰陽　中國古代哲學的一對概念。指宇宙間貫通物質和人事的兩大對立面，天地間化生萬物的二氣。此指陰陽家學派，即戰國時以鄒衍為代表提倡的陰陽五行說。⓱儒　儒家學派。以孔子為宗師的重要學派。崇尚禮樂仁義，提倡忠恕中庸，主張德治仁政，重視倫常關係。西漢中期武帝罷黜百家，獨尊儒術後，成為中國古代占統治地位的學派。⓲墨　墨家學派。戰國初年由墨翟創立。主張節儉、兼愛、尚賢、尊鬼神、非命、尚同等。戰國時期與儒家共為顯學。⓳名　名家學派。戰國時諸子百家之一。研究名實關係，主張正名辨義。主要代表為鄧析、惠施、公孫龍等。《莊子·天下》有名家辯辭的記錄。名，概念。⓴法　法家學派。起源於春秋時的管仲、子產，發展於戰國時的李悝、商鞅、申不害、慎到等人，戰國末韓非集法家之大成。主張以法治代替禮治，反對貴族特權，厲行嚴刑峻法，建立專制極權國家。㉑道德　道德家，即道家學派。以老子、莊子為代表。崇尚自然，主張清靜無為，反對鬥爭，與儒、墨對立。後與名、法結合，形成黃老之學。漢初黃老、刑名並稱，頗為統治者所推重。㉒務　從事；致力於。㉓直　但；

只是。㉔所從言　所遵從的學說。言，學說；主張。㉕省　一說，省察、覺悟。一說，相宜。㉖嘗　曾經。㉗竊　私下；私自。多作謙詞。㉘大　以之為大；崇尚。㉙詳　通「祥」。指吉凶的預兆，特指吉兆。㉚眾　形容多。㉛忌諱　禁忌某些認為不吉利的話和事。㉜拘　拘束；束縛。㉝畏　畏懼；害怕。㉞敘　排序；排列。㉟四時　春、夏、秋、冬四季。㊱順　順序。㊲寡要　缺乏根本性的、綱領性的主張。寡，少。要，要領；綱要。㊳敘　使有次序；排列次序。㊴列　排列。㊵易變；改變。㊶本　本業。墨家的「本」，指一般生產勞動，包括農業、手工業和商業。與儒家專指農業有別。㊷儉　梁玉繩說當為「檢」字之誤。檢，約束；限制。㊸善　容易。㊹名實　中國哲學中兩個相對的概念。名稱與實質。㊺動合無形　指行動（行為）合乎無形之道。無形，即老子所說的「道」。「道」不是物質實體，而是「無」，道是萬物之宗，是世間萬物生長發展的規律，而「有生於無」，故其所謂「無」就是所謂「道」。㊻澹　古「贍」字。豐足。這裡為使動用法。㊼因　因緣；順著。㊽撮　總取；綜合。㊾遷徙　遷移。㊿俗　習俗；風俗。51指約　意旨簡明。指，通「旨」。約，簡約；簡單。52操執持；掌握。53少　原作「小」，據景祐等舊本改。54人主　即人君。君主。55儀表　表率；法式。56唱　通「倡」。倡導。57和　附和；響應。58佚　通「逸」。樂；安逸。59去　去除；捨棄。60健羨　貪欲。健，貪。羨，因喜愛而希望得到。61黜罷退；廢棄。62釋　鬆開；放棄。63神　精神；心神。64大　過度；過於。65蚤　古「早」字。66八位　八卦的方位。八卦，《周易》中的八種符號，由陰、陽兩爻組成。67十二度　中國古代為量度日、月、行星的位置和運動，把黃道分為十二個部分，稱十二度，也稱十二次。每度以若干星宿作為標誌。68二十四節　即二十四節氣。中國古代曆法根據太陽在黃道上的位置，將一年劃分為二十四節氣，包括：立春、雨水、驚蟄、春分、清明、穀雨、立夏、小滿、芒種、夏至、小暑、大暑、立秋、處暑、白露、秋分、寒露、霜降、立冬、小雪、大雪、冬至、小寒、大寒。每段開始的一日為節名。二十四節氣反映氣候變化和農事季節，是中國夏曆的特點。69教令　指關於「宜」、「忌」的種種規定。70順　順應；依順。71昌　興盛；昌盛。72逆　違背；拂逆。73天道　指自然運行變化的規律。74經　常法；常道。75弗　不。76紀綱　法度。指社會秩序和國家法紀。77六藝　指儒家《六經》。即《禮》、《樂》、《書》、《詩》、《易》、《春秋》。78法　法則；模式。79經　指《六經》經文。80傳　對經文的解釋。81數　計數。作動詞。82當年　丁年；丁壯之年。83禮　儀式；典禮。古代講五禮：吉、凶、軍、賓、嘉。有九事：冠、婚、朝、聘、喪、祭、賓主、鄉飲酒、軍旅。84雖　即使。85百家　指儒家以外的眾多學派。後文類此。86上　通「尚」。崇尚；看重。87堂　建於高臺基之上的廳房。古時，整幢房子建築在一個高出地面的臺基上。前面是堂，通常是行吉凶大禮的地方，不住人；堂後面是室，用於休息居住。88土階　夯土築成的臺階。89等　臺階的層級。90茅茨　用茅草蓋的屋頂。茨，屋頂。(91)翦 通「剪」。修剪；修整。(92)採椽 柞木做的房梁。採，柞木。椽，放在檩子上架起屋頂板和瓦的條木。(93)斲 通「斫」。砍；削。(94)飯 吃飯。作動詞。(95)土 指燒土製成，即陶器。(96)簋 盛飯的器皿。(97)歠 飲；喝。(98)刑 通「鉶」。盛羹的器皿。(99)糲 粗米；糙米。(100)粱 小米。(101)食 食物。此處專指主食飯。(102)藜 一年生草本植物。嫩葉可食。(103)藿 豆葉。(104)羹 濃汁糊狀食物。(105)葛 多年生藤本植物。塊根含澱粉，可食用，亦可入藥。莖皮可製葛布。(106)裘 用毛皮製成的禦寒衣服。(107)桐 桐木。(108)舉音 指葬禮上放聲哭泣的禮儀。(109)要曰 總之；總的來說。要，總之；總歸。(110)給 豐足；充裕。(111)墨子 即墨翟（約西元前四六八－前三七六年），戰國時魯國（一說宋國）人。墨家學派的創始人，曾為宋國大夫，死於楚國。現存《墨子》五十三篇，是墨子及其後學的著作總集。(112)別 區分；辨別。(113)親踈 親近疏遠。指關係或感情的遠近。踈，同「疏」。(114)殊 區分；區別。(115)壹 皆；一概；一律。(116)斷 判別；區分。(117)親親 愛自己的親屬。第一個「親」為動詞，意為親近、親愛；第二個「親」為名詞，指親屬。(118)尊尊 尊敬長輩或地位高的人。第一個「尊」為動詞，指尊敬、尊重；第二個「尊」為名詞，指尊者。(119)若 至於。連詞。(120)卑 降低；使卑下。(121)分職 各司其職；各授其職。(122)苛察 苛刻地追究、考察。(123)繳繞 纏繞；糾纏不清。(124)反 通「返」。(125)剸 通「專」。(126)時 時常；不時。(127)控名責實 規定概念，責求實際，尋求名實相符。責，索取；求取。(128)參伍 交錯比較；錯綜驗證。(129)失 遺漏。(130)道家無為二句 本於《老子》第三十七、四十八章。道家的「無為」，指順應自然的變化。做到了「無為」，則「萬物將自化」，就可水到渠成，自然而然什麼事都可以成功。所以說「無為而無不為」。(131)實 指道家的實際主張。(132)其辭難知 道家表述其思想的言詞深奧隱晦，難以理解。辭，文辭；言詞。(133)因循 指順應自然。(134)成勢 一成不變的形勢。(135)常形 固定的形態或形狀。(136)情 本性；本真。(137)不為物先後 不受客觀事物的牽制而進退，要因物而制之。(138)主 主宰。(139)有法無法二句 道家之術也有法，但不墨守成規，要順應時勢的變化，以成其功業。(140)有度無度二句 道家也有自己的準則，但不盲目固守準則，而是根據事物的變化決定興廢取捨。度，法度；準則。興，起。舍，廢。(141)時變 因時而變。(142)虛 指「虛無」。(143)因 因循；順應。(144)中 符合；中的。(145)端 正；直。(146)款 空。(147)姦 奸邪；罪惡。(148)形 見；露形。作動詞。(149)混混冥冥 指陰陽二氣混沌未分、純樸未散的狀態。(150)復反無名 重又返歸於無名。反，通「返」。還。老子認為在天地未形成時不存在「名」，「名」是有了天地萬物之後才由人制定的，「道」也是「無名」、「虛無」的。老子主張「無名」，實際上是反對一切人為的禮樂、仁義等等，同儒家的「正名」主張對立。(151)神 精神；心神。(152)離 分離。(153)具 器具。(154)何由哉 意為「由何哉」。靠什麼呢。

【語　譯】太史公向唐都學習天文，師從楊何接受《易》學，跟隨黃子學習道家理論。太史公在武帝建元、元封年間任官，對學習的人不通曉百家之說的精髓而囿於師說、認識混亂感到憂慮，於是論述六家的主要思想說：

2 「《易大傳》說：『天下人想法一致，但思考問題的方法卻多種多樣，要達到的目標相同，但選擇的途徑卻各有不同。』陰陽、儒、墨、名、法、道德諸家，都務求達到治理國家的目的，只是所遵從、主張的道路不同，有的切合實際，有的脫離實際而已。我曾經私下研究陰陽學說，它過於重視吉凶祥瑞，忌諱太多，使人拘束而畏首畏尾，但是它排列四季交替這樣重要的順序，卻是不能丟失的。儒家學說廣博但不得要領，花費的力氣多而收效甚微，所以它提倡的事情很難全部遵從，但是它排列君臣父子的禮儀，重視夫婦長幼的區別，卻是不可改變的。墨家主張節儉但難以施行，所以它提倡的事情不可能全部遵循，但是它強調加強本業、節約財用，卻不能廢棄。法家主張嚴刑酷法，但缺乏恩惠，然而它主張端正君臣上下的名分，卻是不能更改的。名家讓人們謹慎言行，但過於拘泥小節而容易失去本真，但它辨正名與實的關係，卻不可不重視。道家使人的精神專一，行為合乎無形之道，使萬物豐贍富足，它創立的學說，以陰陽家所主張的順序為基礎，採擷儒、墨學說的長處，撮取名家、法家的精髓，與時俱進，順應事物的變化，樹立風俗，並付諸實踐，沒有什麼不適宜的，它的思想主張簡明扼要，易於掌握，費力少而功效多。儒家學說則不然，它認為人君是天下的儀表楷模，凡事都應君主倡導臣下附和，君主先行然後臣下跟著實行。這樣就會君主辛勞而臣下安逸。至於大道的要義，是要去除剛烈欲望，廢黜聰明智慧，放棄這些而使用道術。精神過多使用就會枯竭，身體過於勞累就會疲憊；精神、肉體過早衰老，還想和天地一樣長久，從來沒有聽說過。

3 「陰陽家，對四時、八位、十二度、二十四節氣各有『宜』、『忌』的規定，說順應它就會昌盛，違背它就會滅亡，其實未必如此，所以說它『使人拘束而畏首畏尾』。但春生夏長，秋收冬藏，是自然界最基本的規律，不遵循它就無法為天下制定法度，所以說它『排列四季交替這樣重要的順序，是不能丟失的』。

4 「儒家，以《六經》為法則，《六經》的經文、傳記數以千萬計，幾代人都難以通曉其學，青壯之年不能全部了解它的禮儀，所以說它『廣博但不得要領，花費的力氣多而收效甚微』。至於它重視君臣父子之禮，區分夫婦長幼之別，即使是百家之說也不能改變它。

5 「墨家也崇尚堯、舜，稱頌他們的道德品行說：『他們住的廳堂地基只有三尺高，夯土臺階只有三級，茅草蓋的屋頂不加修剪，柞木做的房梁不經削飾；用陶器簋吃飯，陶器刑喝水，吃粗糙的小米飯，喝藜葉、藿豆葉做的菜羹；夏天穿葛布衣，冬天穿鹿皮裘。』他們給死者送葬，桐木棺材僅三寸厚，放聲哭泣也有所節制。教育百姓舉行喪禮，一定要以此作為萬民的表率。如果天下都這樣的話，那麼尊卑就沒有區別了。世道不同，時代在變化，人們的事業也不一定相同，所以說它『節儉但難以施行』。總的來說，強化本業、節約用度，是使人們人人豐給、家家富足的方法。這是墨家學說的長處，即使是百家之說也不能廢棄。

6 「法家不區分人的親疏，不分別人的貴賤，一律用法來決斷，這樣親近親人、尊重尊者的恩義就不復存在，可以作為一時之計，卻不可長久運用，所以說它『嚴酷而缺少恩惠』。至於尊寵君主、抑壓臣下，明確職守不能相互逾越，即使是百家之說也不能更改。

7 「名家苛刻詳察，糾纏不清，使人不能返回事物的本意，一切由名稱來判斷，常常忽略人情常理，所以說它『使人的思維拘束而容易失去本真』。至於規定事物的名稱，以此責求實際，進行比較驗證而沒有遺漏，卻不能不加以注意。

8 「道家主張『無為』，又說『無不為』，其主張容易施行，但文辭卻難以理解。道家學說以虛無為本，以順應自然為實踐原則。沒有一成不變的形勢，沒有常存不變的形態，所以它能夠探索萬物的真情實理。不受事物的牽制，所以能成為萬物的主宰。有法則卻又不受其束縛，順應時勢以成就功業；有法度但又不為其所拘，根據萬物的變化決定興廢。所以說『聖人不取巧，遵循因時而變』。『虛無』是道的永恆規律，『順應時勢』是君主治國的綱領。群臣並肩齊至，讓他們各自表明自己的主張。其實際情況與其名聲相符的稱之為端正，實際情況與其名聲不符的稱之為浮誇。不聽浮誇的言論，奸邪就不會產生，賢與不肖自然就分開，白黑就會一目了然。只要想這樣做，什麼事情辦不成！這樣就合乎大道，混混沌沌，深邃莫測。光輝普照天下，重又返歸於『無名』。大凡人賴以生存的是精神，得以依託的是形體。精神過度消耗就會枯竭，形體過於勞累就會疲憊，形體精神分離就會死亡。死去的人不可能復生，分離的東西不可能重新組合，所以聖人很重視這一點。由此來看，精神是生命的根本，形體是生命的載體。如果不先安定自己的精神形體，而說『我有辦法治理天下』，靠什麼呢？」

1 太史公既掌天官，不治民。有子曰遷。

2 遷生龍門❶，耕牧河山之陽❷。年十歲則誦古文❸。二十而南游江淮❹，上會稽❺，探禹穴❻，窺九疑❼，浮沅❽湘❾。北涉汶❿泗⓫，講業⓬齊魯之都⓭，觀夫子⓮遺風，鄉射⓯鄒⓰嶧⓱；阸困⓲蕃⓳、薛⓴、彭城㉑，過梁㉒楚㉓以歸。於是遷仕為郎中㉔，奉使西征巴㉕蜀以南，略㉖邛㉗、筰㉘、昆明㉙，還報命㉚。

3 是歲㉛，天子㉜始建漢家之封㉝，而太史公留滯周南㉞，不得與㉟從事，發憤且㊱卒。而子遷適㊲反㊳，見父於河雒㊴之間。太史公執遷手而泣曰：「予先，周室之太史也。自上世㊵嘗顯功名虞夏㊶，典天官事。後世中衰㊷，絕於予乎？女㊸復為太史，則續㊹吾祖矣。今天子接千歲之統㊺，封泰山，而予不得從行，是命也夫！命也夫！予死，爾㊻必為太史；為太史，毋忘吾所欲論著矣。且夫孝，始於事親，中於事君，終於立身；揚名於後世，以顯父母，此孝之大也㊼。夫天下稱周公[48]，言其能論歌[49]文[50]武[51]之德，宣周[52]召[53]之風，達大王[54]王季[55]思慮，爰[56]及公劉[57]，以尊后稷[58]也。幽[59]厲[60]之後，王道[61]缺[62]，禮樂[63]衰，孔子[64]脩舊起[65]廢，論詩[66]書[67]，作春秋[68]，則學者至今則之[69]。自獲麟[70]以來四百有餘歲，而諸侯相兼[71]，史記[72]放[73]絕。今漢興，海內壹統[74]，明主賢君，忠臣義士，予為太史而不論載，廢天下之文，予甚懼焉，爾其[75]念[76]哉！」遷俯首流涕曰：「小子[77]不敏[78]，請悉[79]論先人[80]所次[81]舊聞[82]，不敢闕[83]。」卒三歲，而遷為太史令，紬[84]史記石室[85]金鐀[86]之書。五年而當[87]太初元年[88]，十一月甲子[89]朔[90]旦[91]冬至[92]，天歷始改[93]，建於明堂[94]，諸神受記[95]。

4 太史公[96]曰：「先人有言：『自周公卒五百歲而有孔子，孔子至於今五百歲[97]，有能紹[98]而明之，正[99]易傳，繼[100]春秋，本[101]詩書禮[102]樂[103]之際。』意在斯[104]乎！意在斯乎！小子何敢攘[105]焉！」

5 上大夫[106]壺遂[107]曰：「昔孔子為何作春秋哉？」太史公曰：「余聞之董生[108]：『周道廢，孔子為魯司寇[109]，諸侯害之[110]，大夫壅之[111]。孔子知時之不用，道之不行也，是非[112]二百四十二年[113]之中，以為天下儀表[114]，貶諸侯，討大夫[115]，以達王事而已矣。』子曰：『我欲載之空言[116]，不如見之於行事之深切著明也。』春秋上明三王[117]之道，下辨人事[118]之經紀[119]，別嫌疑，明是非，定猶與[120]，善善惡惡[121]，賢賢[122]賤不肖[123]，存亡國[124]，繼絕世[125]，補敝[126]起[127]廢，王道之大者也。易著[128]天地陰陽四時五行，故長於變[129]；禮綱紀[130]人倫[131]，故長於行；書記先王之事，故長於政；詩記山川谿谷禽獸草木牝[132]牡[133]雌雄，故長於風[134]；樂樂所以立，故長於和[135]；春秋辨是非，故長於治人。是故禮以節[136]人，樂以發和[137]，書以道[138]事，詩以達意，易以道化[139]，春秋以道義[140]。撥亂世反[141]之正，莫近於春秋。春秋文成數萬[142]，其指[143]數千。萬物[144]之散聚皆在春秋。春秋之中，弒[145]君三十六，亡國五十二，諸侯奔走[146]不得保社稷[147]者不可勝數。察其所以，皆失其本已[148]。故易曰『差以豪氂，謬以千里[149]』。故『臣弒君，子弒父，非一朝一夕之故，其漸久矣[150]』。有國者不可以不知春秋，前有讒[151]而不見，後有賊而不知。為人臣者不可以不知春秋，守[152]經事[153]而不知其宜，遭變事[154]而不知其權[155]。為人君父者而不通於春秋之義者，必蒙[156]首惡之名。為人臣子不通於春秋之義者，必陷篡[157]弒誅死[158]之罪。其實皆以善為之，而不知其義，被之空言不敢辭[159]。夫不通禮義之指，至於君不君[160]，臣不臣，父不父，子不子。夫君不君則犯[161]，臣不臣則誅，父不父則無道，子不子則不孝。此四行者，天下之大過也。以天下大過予之，受而不敢辭。故春秋者，禮義之大宗[162]也。夫禮禁未然[163]之前，法施已然[164]之後；法之所為用者易見，而禮之所為禁者難知。」

6 壺遂曰：「孔子之時，上無明君，下不得任用，故作春秋，垂[165]空文[166]以斷[167]禮義，當[168]一王之法。今夫子[169]上遇明天子，下得守職，萬事既具，咸各序其宜[170]，夫子所論，欲以何明？」太史公曰：「唯唯[171]，否否[172]，不然。余聞之先人曰：『虙戲[173]至[174]純厚[175]，作易八卦[176]。堯舜之盛，尚書載之，禮樂作焉。湯[177]武之隆，詩人歌之。春秋采善貶惡，推三代[178]之德，褒周室，非獨刺譏[179]而已也。』漢興已來，至明天子，獲符瑞[180]，封禪，改正朔[181]，易服色[182]，受命於穆清[183]，澤流罔[184]極[185]，海外殊俗[186]，重譯[187]款[188]塞[189]，請來獻[190]見[191]者，不可勝道。臣下百官力[192]誦[193]聖德，猶不能盡宣其意。且士賢能矣，而不用，有國者恥也；主上明聖，德不布聞[194]，有司[195]之過也。且余掌其官，廢明聖盛德不載，滅功臣賢大夫之業[196]不述，墮[197]先人所言，罪莫大焉。余所謂述故事，整齊[198]其世傳[199]，非所謂作也，而君比之春秋，謬矣。」

7 於是論次[200]其文。十年而遭李陵之禍[201]，幽[202]於纍紲[203]。迺喟然[204]而歎曰：「是余之辠夫！身虧[205]不用矣。」退而深惟[206]曰：「夫詩書隱約[207]者，欲遂[208]其志之思也。」卒[209]述陶唐以來，至於麟止[210]，自黃帝[211]始。五帝[212]本紀[213]第一，夏本紀第二，殷本紀第三，周本紀第四，秦本紀第五，始皇本紀[214]第六，項羽[215]本紀第七，高祖[216]本紀第八，呂后本紀[217]第九，孝文[218]本紀第十，孝景[219]本紀第十一，今上本紀[220]第十二。三代世表[221]第一，十二諸侯年表[222]第二，六國[223]年表第三，秦楚之際[224]月表[225]第四，漢諸侯年表[226]第五，高祖功臣年表[227]第六，惠景間功臣年表[228]第七，建元以來侯者年表[229]第八，王子侯者年表[230]第九，漢興以來將相名臣年表[231]第十。禮書[232]第一，樂書[233]第二，律書[234]第三，曆書[235]第四，天官書[236]第五，封禪書[237]第六，河渠書[238]第七，平準書[239]第八。吳太伯[240]世家[241]第一，齊太公[242]世家第二，魯周公[243]世家第三，燕召公[244]世家第四，管蔡[245]世家第五，陳[246]杞[247]世家第六，衛康叔[248]世家第七，宋微子[249]世家第八，晉世家第九，楚[250]世家第十，越世家[251]第十一，鄭[252]世家第十二，趙世家第十三，魏世家第十四，韓[253]世家第十五，田完世家[254]第十六，孔子世家第十七，陳涉[255]世家第十八，外戚世家[256]第十九，楚元王[257]世家第二十，荊燕王世家[258]第二十一，齊悼惠王[259]世家第二十二，蕭相國[260]世家第二十三，曹相國[261]世家第二十四，留侯[262]世家第二十五，陳丞相[263]世家第二十六，絳侯世家[264]第二十七，梁孝王[265]世家第二十八，五宗[266]世家第二十九，三王[267]世家第三十。伯夷[268]列傳[269]第一，管[270]晏[271]列傳第二，老子[272]韓非[273]列傳第三，司馬穰苴[274]列傳第四，孫子[275]吳起[276]列傳第五，伍子胥[277]列傳第六，仲尼弟子列傳[278]第七，商君[279]列傳第八，蘇秦[280]列傳第九，張儀列傳第十，樗里甘茂列傳[281]第十一，穰侯[282]列傳第十二，白起王翦[283]列傳第十三，孟子[284]荀卿[285]列傳第十四，平原虞卿列傳[286]第十五[287]，孟嘗君[288]列傳第十六[289]，魏公子[290]列傳第十七，春申君[291]列傳第十八，范睢[292]蔡澤[293]列傳第十九，樂毅[294]列傳第二十，廉頗[295]藺相如[296]列傳第二十一，田單[297]列傳第二十二，魯仲連列傳[298]第二十三，屈原[299]賈生[300]列傳第二十四，呂不韋[301]列傳第二十五，刺客[302]列傳第二十六，李斯[303]列傳第二十七，蒙恬[304]列傳第二十八，張耳陳餘[305]列傳第二十九，魏豹[306]彭越[307]列傳第三十，黥布[308]列傳第三十一，淮陰侯韓信列傳[309]第三十二，韓王信盧綰列傳[310]第三十三，田儋[311]列傳第三十四，樊酈滕灌[312]列傳第三十五，張丞相倉列傳[313]第三十六，酈生陸賈[314]列傳第三十七，傅靳蒯成侯列傳[315]第三十八，劉敬叔孫通[316]列傳第三十九，季布欒布[317]列傳第四十，爰盎朝錯列傳[318]第四十一，張釋之馮唐[319]列傳第四十二，萬石[320]張叔[321]列傳第四十三，田叔[322]列傳第四十四，扁鵲[323]倉公[324]列傳第四十五，吳王濞[325]列傳第四十六，魏其武安列傳[326]第四十七，韓長孺[327]列傳第四十八，李將軍[328]列傳第四十九，衛將軍驃騎[329]列傳第五十[330]，平津主父列傳[331]第五十一[332]，匈奴[333]列傳第五十二[334]，南越[335]列傳第五十三，閩越列傳[336]第五十四，朝鮮[337]列傳第五十五，西南夷[338]列傳第五十六，司馬相如[339]列傳第五十七，淮南衡山[340]列傳第五十八，循吏[341]列傳第五十九，汲鄭[342]列傳第六十，儒林[343]列傳第六十一，酷吏[344]列傳第六十二，大宛[345]列傳第六十三，游俠[346]列傳第六十四，佞幸[347]列傳第六十五，滑稽[348]列傳第六十六，日者[349]列傳第六十七，龜策[350]列傳第六十八，貨殖[351]列傳第六十九。

8 惟[352]漢繼五帝末流[353]，接三代絕業[354]。周道既廢，秦撥去[355]古文[356]，焚滅詩書[357]，故明堂石室金鐀玉板[358]圖籍散亂。漢興，蕭何次[359]律令[360]，韓信申[361]軍法，張蒼為[362]章程[363]，叔孫通定禮儀，則文學[364]彬彬[365]稍[366]進[367]，詩書往往間[368]出。自曹參薦蓋公[369]言黃老[370]，而賈誼、朝錯明[371]申[372]韓[373]，公孫弘以儒顯[374]，百年之間[375]，天下遺文古事靡[376]不畢[377]集。太史公仍[378]父子相繼纂[379]其職，曰：「於戲[380]！余維先人嘗[381]掌斯[382]事，顯於唐虞[383]。至於周，復典之。故司馬氏世主天官，至於余乎，欽[384]念哉！」罔羅[385]天下放失[386]舊聞，王迹[387]所興，原始[388]察終，見盛觀衰，論考[389]之行事，略[390]三代，錄秦漢，上記軒轅，下至於茲[391]，著十二本紀，既科條[392]之矣。並時異世，年差不明，作十表[393]。禮樂損益[394]，律曆改易，兵權[395]山川鬼神，天人之際[396]，承敝[397]通變[398]，作八書。二十八宿環北辰，三十輻共一轂[399]，運行無窮[400]，輔弼[401]股肱[402]之臣配焉，忠信行道以奉主上，作三十世家。扶義[403]俶儻[404]，不令己失時[405]，立功名於天下，作七十列傳。凡百三十篇，五十二萬六千五百字，為太史公書[406]。序略，以拾遺[407]補藝[408]，成一家言，協[409]六經異傳[410]，齊[411]百家雜語，藏之名山，副[412]在京師[413]，以俟[414]後聖君子。第七十[415]，遷之自敘云爾[416]。而十篇缺，有錄無書[417]。

【章　旨】以上為第三部分。敘述司馬遷受司馬談臨終囑託完成續寫史書的經過。藉由與壺遂的對話，表達了他撰作《史記》的理念與理想。他立志著書的第十年，遭遇李陵之禍。飛來橫禍更堅定了他的信念，最終撰寫出中國歷史上第一部紀傳體通史。

【注　釋】❶龍門　即禹門口。相傳為禹所鑿，在今山西河津西北、陝西韓城東北。黃河至此，兩岸峭壁對峙，形如門闕，故名。❷河山之陽　黃河的北面、龍門山的南面。河，古代黃河的專稱。山，指龍門山。山的南面或東面、水的北面或西面，稱陽。❸古文　指秦以前用古文字書寫的文獻典籍，與今文相對。西漢以隸書書寫的書文稱今文。❹江淮　指長江、淮河流域。❺會稽　山名。一名防山，又名茅山，在今浙江紹興東南。相傳夏禹於此大會諸侯計功，故名。❻禹穴　相傳禹巡狩至會稽山而死，遂葬於此。山上有孔穴，相傳禹曾進入此穴。❼九疑　山名。又名蒼梧山，山有九峰，在今湖南寧遠南。相傳舜葬於此。❽沅　水名。即湖南西部沅江。發源貴州雲霧山，上游稱清水江，自湖南黔城以下始名沅江，東北流經黔陽、常德到漢壽入洞庭湖。❾湘　水名。發源廣西，流入湖南，為湖南最大的河流，最後匯入長江。❿汶　水名。即今大汶河。發源山東萊蕪北，西南流至梁山東南入濟水。⓫泗　水名。發源於今山東泗水東，因有四個源頭匯為一水，故名。西南流，從淮陰西南流入淮水。⓬講業　講學；討論學術。⓭齊魯之都　指先秦時齊國的都城臨淄（今山東淄博東北）和魯國的都城曲阜（今山東曲阜）。臨淄在春秋戰國時期是經濟文化中心。曲阜是孔子講學之地，有「文教聖地」之稱。⑭夫子　孔門尊稱孔子為夫子，後因以特指孔子。⑮鄉射　古代一種禮儀活動。州長於春秋兩季在州序（州的學校）會集士大夫習射，以禮會民。秦漢時一些地方仍在舉行。⑯鄒　縣名。在今山東鄒縣一帶，孟子的家鄉。⑰嶧　山名。即鄒山，又名鄒嶧山、邾嶧山。在山東鄒縣東南。秦始皇曾登此山刻石記功。⑱阸困　困窘；窘迫。⑲蕃　縣名。在今山東滕州。⑳薛　縣名。在今山東滕州東南。㉑彭城　縣名。在今江蘇徐州。㉒梁　指戰國時魏國故地。魏惠王時遷都大梁（今河南開封西北），因稱梁。㉓楚　指戰國時楚國故地。在今湖北、湖南至河南、安徽、江蘇、浙江、江西和四川一帶。此指西楚，即彭城（今江蘇徐州）一帶。㉔郎中　官名。郎中令（光祿勳）屬官。執掌守衛皇宮殿廊門戶，皇帝出行時充車騎扈從。㉕巴　郡名，治江州（今重慶嘉陵江北岸）。㉖略　奪取；平定。㉗邛　古代西南部族名。即邛都，分布在四川西昌東南一帶。㉘筰　古代西南部族名。也稱筰都。分布於今四川漢源一帶。㉙昆明　古代西南部族名。分布在今雲南大理一帶。㉚報命　復命。奉命辦事完畢，回來報告。㉛是歲　這一年。指武帝元封元年（西元前一一〇年）。㉜天子　即皇帝。皇帝認為其皇權受命於天，故以天帝之子自居，稱天子。㉝封　指封禪。古代帝王在泰山堆土築壇祭天，叫作「封」；又在山南的梁父山上闢場祭地，稱「禪」。㉞周南　地名。一說指洛陽；一說指自陝西以東洛陽以南的廣大地區。㉟與　通「豫」。參與；參加。㊱且　就要；快要。㊲適　適逢；碰巧。㊳反　通「返」。返回；回來。㊴雒　洛水。發源於陝西洛南，流經河南盧氏、洛寧、洛陽南，至鞏義東北入黃河。㊵上世　上古、遠古時代。㊶虞夏　指有虞氏之世和夏代。㊷中衰　中道衰落。㊸女　同「汝」。你。㊹續　繼承；繼續。㊺今天子接千歲之統　指漢武帝繼承千年以來的傳統，舉行封禪大典。相傳自黃帝以來至漢武帝，曾有七十二位君主上泰山舉行封禪典禮，故此云「接千歲之統」。統，傳統；系統。㊻爾　你。㊼且夫孝七句　出自《孝經・開宗明義章第一》。且夫，況且。承接上文，表示更進一層的語氣。親，指父母親。中，中間；居中的位置。立身，安身立命；為人處世。㊽周公　姓姬名旦，也稱叔旦。西周初期政治家。周文王子，武王弟。輔佐武王滅商，建立周朝。武王死後，成王年幼，周公攝政。平定武庚、管叔、蔡叔之叛，釐定周朝典章、制度，營洛邑為東都。後世將其奉為聖賢的典範。㊾論歌　論贊歌頌。㊿文　指周文王姬昌。商末周族領袖，統治期間周的勢力得到很大擴展，建都豐邑（今陝西西安灃水西岸）。(51)武　指周武王姬發。文王子。繼承其父文王的遺志，滅商，建立西周，都鎬（今陝西西安灃水東岸）。(52)周　指周公。(53)召　指召公姬奭。曾輔佐周武王滅商，被封於燕，成王時任太保，與周公分陝而治。(54)大王　即「太王」。大，通「太」。周文王的祖父古公亶父，周族的首領，統治時期周族逐漸強大，武王時追尊為太王。(55)王季　名季歷，周太王子、文王父，武王時追尊為王季。(56)爰　句首語助詞。無義，起調節語氣的作用。一說，於。57公劉　古代周族的領袖。相傳為后稷的曾孫。他率領部分族人從邰（今陝西武功西南）遷徙至豳（今陝西旬邑）定居，發展農業生產。58后稷　周的始祖。相傳姜嫄踐天帝足跡，懷孕生子，因曾棄而不養，故名為「棄」。虞舜命為農官，封於邰，教民耕稼，稱「后稷」，別姓姬氏。59幽　指周幽王姬宮涅。西元前七八一—前七七一年在位。任用虢石父執政，殘酷剝削百姓，加上天災，人民流離失所。後被申侯聯合犬戎等殺死於驪山下，西周滅亡。60厲　指周厲王姬胡。西元前八七八—前八四二年在位。任用榮夷公，壟斷產業，引起國人不滿，於是又用衛國的巫者濫殺議論者，以「止謗」。西元前八四一年國人暴動，他逃奔到彘（今山西霍州），死於其地。61王道　指古代聖王治理天下的主張和方法。儒家將其詮釋為以仁義治天下。與霸道相對。62缺　破損；殘缺。63禮樂　禮與樂的合稱。規定社會行為的法則、規範、儀式總稱為禮。樂，音樂。古人認為樂有教化作用，故把樂和禮一起視為規範社會秩序、整齊風俗的兩個重要手段。64孔子　（西元前五五一—前四七九年），姓孔名丘，字仲尼，春秋魯國人。古代著名的思想家、教育家，儒家學派的創始人。事跡見《史記．孔子世家》。65起　興起；振興。66詩　即《詩經》。中國第一部詩歌總集，收錄從西周到春秋的詩歌。現存三百零五篇，分「風」、「雅」、「頌」三部分。相傳由孔子刪訂而成，為儒家經典之一。67書　指《尚書》。現存最早的上古典章文獻彙編，為儒家經典《五經》之一，相傳由孔子編撰。先秦時稱《書》，漢初稱《尚書》，「尚」同「上」，意即上古之書。68春秋　書名。相傳孔丘據魯國國史修訂而成，起於魯隱公元年（西元前七二二年），終於魯哀公十四年（西元前四八一年），共二百四十二年。為儒家經典《五經》之一。69則之　以之為準則。則，準則；法則。70獲麟　指春秋魯哀公十四年（西元前四八一年）獵獲麒麟事。見《春秋．哀公十四年》：「春，西狩獲麟。」當時人認為麟是仁獸，是出於聖王之世的嘉瑞。然而當時並無明王，孔子感傷周道不興，嘉瑞無應，故作《春秋》，至「獲麟」絕筆。71兼　兼併。72史記　史書記載。73放　散失；散落。74壹統　一統；統一。75其　語氣詞。表示期望、命令。76念　惦念；想著。77小子　晚輩、後生自謙稱謂。78不敏　不才；不聰敏。自謙詞。79悉　全部；盡。80先人　指司馬談。81次　編次；編纂。82舊聞　指往昔的典籍和傳聞。83闕　缺漏；疏忽。84紬　綴集；編纂。85石室　古代國家收藏圖書檔案處。86金鐀　銅製的櫃子。古時用以收藏文獻或文物。鐀，通「匱」。87當　正值；恰好。88太初元年　西元前一〇四年。太初，武帝年號（西元前一〇四—前一〇一年）。89甲子　甲子日。甲，天干的首位。子，地支的首位。古代以天干和地支遞次相配，如甲子、乙丑、丙寅之類，用以紀日或紀年。90朔　舊曆每月初一。此日月球運行到地球和太陽之間，和太陽同時出沒，地球上看不到月光的月相。91旦　凌晨。92冬至　二十四節氣之一。在農曆十二月二十二日前後，這一天太陽經過冬至點，北半球白天最短，夜間最長。93天

歷始改 歷，通「曆」。曆法開始改變。秦用《顓頊曆》，以夏曆十月為歲首，漢初沿而未改。太初元年，武帝改用鄧平、落下閎、司馬遷等所造《太初曆》，以夏曆正月（即建寅之月）為歲首。94明堂 古代帝王宣布政教的地方。凡朝會、祭祀、慶賞、選士、養老、教學等大典，都在此舉行。95諸神受記 眾神靈接受改曆祭祀。武帝為行用新曆，故立明堂，在正朔日召集諸侯王、百官，舉行宣用儀式，祠禱山川百神，故稱。96太史公 此指司馬遷。97自周公卒二句 司馬談採用孟子「五百年必有王者興」的說法。孟子稱堯舜至商湯五百餘歲，商湯至周文王五百餘歲，文王至孔子五百餘歲。但是，孔子卒於西元前四七九年，至司馬談時僅三百餘年。98紹 承繼；延續。99正 訂正；作正確解釋。100繼 繼續；續寫。101本 推原；探究。102禮 即《儀禮》。又稱《禮經》或《士禮》，十七篇。為儒家經典《五經》之一。103樂 指《樂經》。儒家關於音樂方面的經典，為《六經》之一。據說秦焚書時被毀，漢代已失傳。一說，樂本無經。104斯 此；這裡。105攘 古「讓」字。謙讓；推讓。106上大夫 古代官位名。周王室及各諸侯國在士之上設大夫位，大夫又分上、中、下三級，上大夫執政者為卿。漢時仍沿用，指二千石及比二千石官。107壺遂 人名。梁國（治睢陽，今河南商丘）人，官至詹事，曾同司馬遷等人共同制定《太初曆》。108董生 指董仲舒（西元前一七九—約前一〇四年），廣川（今河北棗強）人。少學《春秋》，景帝時任博士，武帝時因獻「天人三策」得賞識，任江都王相，遷中大夫。建議武帝罷黜百家，獨尊儒術，為武帝採納。後為公孫弘所嫉，出為膠西王相，懼獲罪，藉病歸。主治公羊春秋學，宣傳「天人感應說」，對漢代社會和後來經學發展有廣泛影響。著有《春秋繁露》。詳見本書卷五十六〈董仲舒傳〉。109司寇 古官名。夏、殷已有之。周為六卿之一，掌管刑獄、糾察等事。春秋列國亦多置之。孔子曾為魯司寇。110諸侯害之 據《史記．孔子世家》，孔子為魯司寇，魯國大治，齊國擔心魯國強大後兼併齊國，於是離間孔子與魯君的關係，孔子遂離開魯國。害，傷害；損害。111大夫壅之 列國執政的卿大夫，如魯季孫氏、楚令尹子西、陳蔡大夫等，都曾阻撓孔子用事。壅，阻擋；阻撓。112是非 指辨別是非、評論得失。113二百四十二年 指《春秋》記載的歷史時間（西元前七二二—前四八一年）。114儀表 準則；法式。115貶諸侯二句 貶斥諸侯，聲討大夫。當時諸侯僭越奢侈，大夫擅權，故孔子貶斥、聲討他們。貶，斥退。討，聲討。116空言 指空洞、不切實際的言論、主張。117三王 指夏、商、周三代開國明君。一說為夏禹、商湯、周武王；一說為夏禹、商湯、周文王。118人事 人間世事。119經紀 綱常；法度。120猶與 通「猶豫」。121善善惡惡 意為愛善憎惡、揚善抑惡。第一個「善」、「惡」均為動詞。122賢賢 尊重賢能的人。第一個「賢」為動詞，尊重之意。123賤不肖 鄙視不肖的人。賤，鄙視；賤視。124存亡國 恢復滅亡的國家。存，使存續、存立。125繼絕世 接續斷絕的世系。繼，繼續；接續。126敝 殘破；破敗。127起 建立；使立起。128著 記載；撰述。129長於變 以變化為其所長。130綱紀 規範；約束。131人倫 人與人之間所應有的關係。特指禮教規定的尊卑長幼之間的等級關係。132牝 雌性；母。與「牡」相對。133牡 雄性；公。134風 風土自然。135和 和諧；協調。136節 節制；管束。137發和 指誘發和睦之心。138道 言；說。139化 事物的發展變化。140義 道義；義理。141反 通「返」。返回。142春秋文成數萬 《春秋》共一萬八千字，以極數言之，故稱「數萬」。143指 通「旨」。旨意；主張。144萬物 指自然事物和社會變遷。145弒 古代卑幼殺死尊長叫弒。多指臣子殺死君主、兒子殺死父母。146奔走 逃走；敗逃。147社稷 指國家。社為土地神，稷為穀神。古代帝王以社稷為國家政權的象徵。148已 句末語氣詞。149差以豪氂二句 見《易緯・通卦驗》。今本《易經》無此語。豪，通「毫」。氂，古代長度單位，「分」的十分之一。今簡作「厘」。謬，錯。150臣弒君四句 見《易・坤卦・文言》。漸，逐漸發展的過程。151讒 指進讒言的佞臣。152守 任事；任職。153經事 常規之事。154變事 變故；突發事件。155權 權宜；變通。156蒙 被受；蒙受。157篡 特指臣子奪取君位。158誅死 殺戮。159其實皆以善為之三句 其心雖善，因為不懂義理的緣故，枉受惡名而不敢推辭。事出《左傳・宣公二年》：晉靈公無道，大臣趙盾的族人趙穿殺靈公。史官以趙盾在事變時出奔而未離國境，返回後又不討伐趙穿，故記其事為「趙盾弒其君」。趙盾不敢推卸這個罪名。被，加於其上。空言，指本無其事而從「義」上推論強加的罪名。160君不君 做國君的不像國君。下文類此。161犯 被冒犯；被侵犯。被動用法。162大宗 根本；本源。163未然 還沒有成為事實；還未如此。164已然 既成事實；已經如此。165垂 流傳。166空文 指與實際功業相對的空泛文章。167斷 決；決斷。168當 當作；作為。169夫子 古代對男子特別是學者的敬稱。170各序其宜 各得其所。序，按次序區分、排列。171唯唯 是是。謙虛的應答聲。172否否 不不。表示不同意對方的意見。173虙戲 即「伏羲」。亦作「伏戲」、「伏犧」。風姓。虙，通「伏」。古代傳說中的三皇之一。相傳其始畫八卦，又教民漁獵，取犧牲以供庖廚，因也稱庖犧。174至 極。175純厚 純樸厚道。176八卦 參見前文「八位」注。177湯 即商湯。商朝的開國之君。又稱成湯、成唐、武湯、天乙等。178三代 指夏、商、周三代王朝。179刺譏 譏刺；諷刺。180符瑞 吉祥的徵兆。猶言「吉兆」。西元前一二二年，武帝在雍獵獲一隻白麟，認為是祥瑞，特將年號改為元狩。181改正朔 修改曆法。指改用《太初曆》。正，一年之始。朔，一月之始。古代帝王易姓受命，必改正朔；故夏、殷、周、秦及漢的正朔各不相同。自漢武帝太初元年改用《太初曆》後，直至現今，農曆均以夏曆正月即建寅之月為歲首。182服色 指車馬、祭牲的顏色。根據「五德終始」說，每代帝王所受「德」不同，其所崇尚的服色也相應不同。183穆清 即「太清」，指天。184罔 無；沒有。185極 止；終。186殊俗 指風俗與漢朝不同的國家或民族。殊，不同。187重譯 多重輾轉翻譯。188款 叩；敲。189塞 邊塞；關塞。190獻 貢獻；進獻貢品。191見 朝見。192力 勤；

盡力。193誦 通「頌」。頌揚；稱頌。194布聞 傳布；傳播。195有司 主管部門；主管官員。古代設官分職，事各有專司，故稱有司。196業 功業。197墮 毀；背棄。198整齊 整理。指文字加工。199世傳 家世傳記。200論次 論定編次。201李陵之禍 李陵（西元前？—前七四年），字少卿，隴西成紀（今甘肅秦安）人。漢初名將李廣之孫。善騎射，拜騎都尉。天漢二年（西元前九九年），貳師將軍李廣利出擊匈奴，李陵自請率步卒五千出居延。至浚稽山，被匈奴單于八萬餘騎圍困。雖率軍力戰，終因寡不敵眾、糧盡矢絕投降匈奴。後武帝聽信謠傳，以為李陵教匈奴用兵，遂族滅其家。司馬遷曾上書為李陵求情，觸怒武帝，被處以宮刑。詳見本書卷五十四〈李廣傳附孫陵〉。202幽 囚禁。203纍紲 捆綁。纍，繫。紲，長繩。204喟然 歎息的樣子。205虧 殘缺；損傷。206惟 思考。207隱約 其意隱晦而言詞簡約。208遂 完成；達成。209卒 最後；終於。210至於麟止 司馬遷作《史記》仿照《春秋》，止於武帝元狩元年（西元前一二二年）獲麟。211黃帝 姓公孫，居軒轅之丘，故號軒轅氏。又居姬水，因改姓姬。國於有熊，亦稱有熊氏。傳說中華夏民族的祖先。少典之子，曾率領各部族擊敗炎帝，殺蚩尤，被擁戴為部落聯盟領袖。以土德王，土色黃，故曰黃帝。212五帝 上古傳說中的五位帝王，說法不一。司馬遷《史記》依《世本》、《大戴禮》，以黃帝（軒轅）、顓頊（高陽）、帝嚳（高辛）、唐堯、虞舜為五帝。213本紀 史書體例之一。按世系和年代次序記載帝王大事，表示帝王為天下本統，故稱本紀。清趙翼《廿二史箚記・各史例目異同》：「古有《禹本紀》、《尚書》、《世紀》等書，遷用其體，以述帝王。」《史記・五帝本紀》唐張守節《正義》說：「本者，繫其本系，故曰本；紀者，理也，統理眾事，繫之年月，名之曰紀。」214始皇本紀 《史記》作〈秦始皇本紀〉。215項羽 即項籍。事跡見本書卷三十一〈項籍傳〉。216高祖 漢高帝劉邦。西元前二〇六—前一九五年在位。詳見卷一〈高帝紀〉。217呂后本紀 《史記》作〈呂太后本紀〉。呂后，漢高帝皇后呂雉。西元前一八七—前一八〇年臨朝稱制。見卷三〈高后紀〉。218孝文 漢文帝劉恆。西元前一八〇—前一五七年在位。見卷四〈文帝紀〉。219孝景 漢景帝劉啟。西元前一五六—前一四一年在位。見卷五〈景帝紀〉。220今上本紀 今本《史記》作〈孝武本紀〉。今上，指漢武帝劉徹。西元前一四〇—前八七年在位。見卷六〈武帝紀〉。221三代世表 世表，歷史世系表。〈三代世表〉起自黃帝，至於「共和」（西元前八四一年）前夕。222十二諸侯年表 記共和元年（西元前八四一年）到周敬王四十三年（西元前四七七年）間周、吳與十二諸侯國的紀年及大事。十二諸侯，指春秋時魯、齊、晉、秦、楚、宋、衛、陳、蔡、曹、鄭、燕十二諸侯國。因周為天子，吳到春秋後期才興起，故周、吳不在十二諸侯之列。年表，紀傳體史書體例之一。按照年代次序臚列歷史事件的表格。223六國 戰國時位於函谷關以東的魏、韓、趙、楚、燕、齊六國。〈六國年表〉還列有周、秦，因周為天子，而秦滅六國及周，統一全國，故不計。224秦楚之際 指秦二世元年至漢高帝五年（西元前二〇九—前二〇二年）前後八年時間。[225]月表　《史記》體例之一。秦楚之際時間雖然只有八年，但形勢變化劇烈，故按月紀事。[226]漢諸侯年表　《史記》作〈漢興以來諸侯王年表〉。表列高帝元年（西元前二〇六年）至武帝太初四年（西元前一〇一年）各諸侯王國分封承嗣情況。[227]高祖功臣年表　《史記》作〈高祖功臣侯者年表〉。表中記錄高帝功臣封侯者一百三十七人，兼外戚及王子，共一百四十三人。[228]惠景間功臣年表　《史記》作〈惠景間侯者年表〉。表中記有惠帝、呂后、文帝至景帝前後五十餘年間功臣、宗室封侯者共九十三人，其事延記至武帝時。[229]建元以來侯者年表　本表記有武帝建元以後所封七十二侯國。今本《史記》有褚少孫另表補列四十餘侯國，其中武帝時所封者四國，餘為昭、宣、元帝時所封。[230]王子侯者年表　《史記》作〈建元已來王子侯者年表〉。記有武帝元光至太初前後七十年間諸侯王子封國（侯國）共一百六十一個。[231]漢興以來將相名臣年表　今本《史記》記有高帝元年（西元前二〇六年）至成帝鴻嘉元年（西元前二〇年）前後一百八十七年間擔任丞相、將、御史大夫者二百餘人次。據考證司馬遷所作原表已佚，今表係後人所補。[232]禮書　據考證，司馬遷所著〈禮書〉已佚，今本為後人取《荀子・禮論》補。書，《史記》的一種體例，用以記述國家典章制度等沿革史。[233]樂書　據考證，司馬遷所作〈樂書〉已佚，今本〈樂書〉為後人取《禮記・樂記》所補。[234]律書　律指音律，古時出師皆聽律聲，故〈律書〉開篇即記錄軍事。此外，還包括有樂律、星象、氣象等多方面內容。[235]曆書　記述古代曆法的專文。據考證司馬遷原著已殘缺，今本〈曆書〉大抵是它的前言部分，其中還有許多竄改之處。[236]天官書　記述古代天文學的專文，其中也夾雜有占星、望氣、候歲之類占卜術。據考證，此書為後人所補。[237]封禪書　記載舜至漢武帝時歷代有關封禪制度的專文。[238]河渠書　記載水利史的專文。敘述從夏禹到漢武帝時期的水利發展史，特別記載了黃河的氾濫、治理以及水利灌溉事業的發展。[239]平準書　記載經濟史的專文。記述漢初到武帝時一百多年間財政經濟的發展過程、貨幣制度的變化以及控制商品流通和物價的均輸、平準等政策。[240]吳太伯　也作「吳泰伯」。周代吳國的始祖，周太王的長子。太王欲立幼子季歷，他與弟弟仲雍同避江南，改從當地風俗，斷髮紋身，成為當地的君長。[241]世家　《史記》用以記載世襲封國諸侯的一種傳記。「世家」之體古已有之，司馬遷撰《史記》時以之記王侯諸國之事，但個別特殊重要的歷史人物如孔丘、陳勝等也被列入「世家」。[242]齊太公　姓姜名尚，周文王時號太公望，其祖先曾封於呂，又稱呂尚，後人稱姜子牙或姜太公。周武王滅商後，太公望被封於齊，故稱齊太公。[243]魯周公　即周公姬旦，因封於魯，故稱魯周公。[244]燕召公　即召公姬奭，被周武王封於燕，因采邑在召（今陝西岐山西南），故稱召公。[245]管蔡　周武王弟叔鮮與叔度受封的國名。故以此作為兩人的並稱。管，都城在今河南鄭州。蔡，都城在今河南上蔡西南。武王崩，成王幼，周公攝政，管蔡散播流言說「公將不利于孺子」，周公避居東都，後成王迎周公歸，管蔡懼，挾紂子武庚叛，成王命周公討伐，誅殺武庚與管叔鮮，流放蔡叔度。246陳　古國名。嬀姓。西元前十一世紀，周武王封舜之後嬀滿於陳，轄今河南東部和安徽部分地區，都宛丘（今河南淮陽）。西元前四七九年為楚所滅。247杞　古國名。姒姓。西元前十一世紀，周武王封夏禹後代東樓公於杞，稱杞國，都雍丘（今河南杞縣）。春秋時遷至淳于（今山東安丘東北）。西元前四四五年滅於楚。248衛康叔　周武王之少弟姬封。西元前十一世紀封於康（今河南禹州西北），後改封衛，都於朝歌（今河南淇縣），故稱衛康叔。西元前二〇九年為秦所滅。249宋微子　名啟，殷紂王的庶兄，封於微（今山東梁山西北）。因見紂淫亂將亡，數諫，紂不聽，遂出走。周武王滅商，復其官。周公承成王命誅武庚，乃命微子統率殷族，奉其先祀，封於宋。轄今河南東部及山東、江蘇、安徽三省之間，都今河南商丘。春秋時為十二諸侯之一，西元前二八六年為齊所滅。250楚　國名。周成王封鬻熊於楚，芈姓。立國於荊山一帶，都丹陽（今湖北秭歸東南）。周人稱為荊蠻。後建都於郢（今湖北江陵西北紀王城）。春秋戰國時國勢強盛，疆域由湖北、湖南擴展到今河南、安徽、江蘇、浙江、江西和四川一帶。為五霸七雄之一。戰國末，漸弱，屢敗於秦，遷都陳（今河南淮陽），又遷壽春（今安徽壽縣）。西元前二二三年為秦所滅。251越世家　《史記》作〈越王句踐世家〉。越，國名。都會稽（今浙江紹興）。春秋時興起。句踐是春秋戰國之際越國國君，西元前四九七—前四六五年在位。曾被吳國打敗，屈服求和。他臥薪嘗膽，發憤圖強，終於滅吳，繼而在徐州（今山東滕州南）大會諸侯，成為霸主。西元前三〇六年越滅於楚。252鄭　古國名。西元前八〇六年，周宣王封其弟姬友（鄭桓公）於鄭，都城在今陝西華縣西北。平王東遷，鄭徙於溱洧之上，都新鄭（今河南新鄭）。西元前三七五年為韓所滅。253韓　古國名。西元前十一世紀周分封的姬姓諸侯國。其地在今山西河津東北。西周、春秋間為晉所滅。春秋時晉封韓國後裔韓武子於韓原（今陝西韓城南），為晉大夫。韓武子後三代韓厥（韓獻子），從封地改姓為韓氏，為晉六卿之一。傳七世至韓景侯虔，於西元前四〇三年與魏、趙瓜分晉國而成為諸侯國。疆域約當今山西東南和河南中部，曾都平陽（今山西臨汾西南）、陽翟（今河南禹州），後遷新鄭（今河南新鄭）。西元前二三〇年為秦所滅。254田完世家　《史記》作〈田敬仲完世家〉。田完，即陳完，陳國君陳厲之子。齊桓公十四年（西元前六七二年）陳國內亂，出奔齊，改為田氏。後代逐漸強大，至田常殺齊簡公，立平公，為齊相，終奪齊國之權。西元前二二一年，為秦所滅。255陳涉　即陳勝。見卷三十一〈陳勝傳〉。256外戚世家　外戚指帝王的母族、妻族。〈外戚世家〉主要記述皇后、皇太后及外戚事跡。257楚元王　漢高帝劉邦少弟劉交。見卷三十六〈楚元王傳〉。258荊燕王世家　《史記》作〈荊燕世家〉。荊，荊王劉賈，漢高帝堂兄。燕，燕王劉澤，高帝從祖昆弟。見卷三十五〈荊王劉賈傳〉、〈燕王劉澤傳〉。259齊悼惠王　漢高帝庶長子劉肥。見卷三十八〈高五王傳・齊悼惠王劉肥傳〉。260蕭相國　蕭何。見卷三十九〈蕭何傳〉。261曹相國　曹參。見卷三十九〈曹參傳〉。262留侯　張良。見卷四十〈張良傳〉。263陳丞相　陳平。見卷四十〈陳平傳〉。264絳侯世家　《史記》作〈絳侯周勃世家〉。絳侯，周勃所封侯名。見卷四十〈周勃傳〉。265梁孝王　漢文帝次子劉武。見卷四十七〈文三王傳・梁孝王劉武傳〉。266五宗　漢景帝子十四人，其一為武帝劉徹，餘十三人被封為諸侯王，為母五人所生，同母者為一宗，故稱「五宗」。見卷五十三〈景十三王傳〉。267三王　指武帝子齊懷王劉閎、燕刺王劉旦、廣陵厲王劉胥。見卷六十三〈武五子傳〉。268伯夷　商末孤竹君長子。相傳其父遺命要立次子叔齊為繼承人。孤竹君死後，叔齊讓位給伯夷，伯夷不受，叔齊也不願登位，先後逃到周。周武王伐紂，二人叩馬諫阻。武王滅商後，他們恥食周粟，採薇而食，餓死於首陽山。269列傳　紀傳體史書中列敘歷史人物事跡的傳記，也有記載部族和外國歷史的。270管　管夷吾。字仲，任齊桓公相，進行改革，使齊國力大增，輔齊桓公稱霸。世傳《管子》是後人託名的著作。271晏　晏嬰。字平仲，春秋時齊國大夫，以節儉力行見重。世傳《晏子春秋》是戰國時人搜集他的言行編輯而成。272老子　姓李名耳，字伯陽，又名老聃，春秋戰國之際楚人。老莊學派創始人。著《老子》一書，又名《道德經》，五千餘字。273韓非　戰國末韓國人，法家著名代表人物。與李斯同為荀子的學生，曾建議韓王變法，不用。後使秦，遭李斯陷害，自殺於獄中。著有《韓非子》。274司馬穰苴　即田穰苴。春秋時齊國大夫，任司馬，深通兵法，戰國時齊威王命大夫整理古司馬兵法，附其兵法於內，稱《司馬穰苴兵法》。275孫子　指孫武，齊國人。春秋末軍事家，曾任吳將。著有《孫子兵法》。276吳起　戰國時衛國人。最初在魯國做官，後至魏，為將軍，任西河守，為大臣王錯排擠，投奔楚國。楚悼王任為令尹，主持變法，明法申令，裁減冗員，廢除世卿世祿制，務在富國強兵，遭貴戚大臣怨恨。悼王死後，被宗室大臣殺害。277伍子胥　即伍員。春秋時楚國人。父兄都被楚平王殺害，子胥奔吳，吳封以申地，故稱申胥。與孫武共佐吳王闔閭伐楚，取得大勝，吳遂稱霸。後吳王夫差敗越，越請和，子胥諫阻不從，夫差信伯嚭讒言，迫子胥自殺。278仲尼弟子列傳　仲尼，孔子字。本傳根據《論語》等書所載孔子學生七十七人的事跡編輯而成。279商君　即商鞅（西元前三九〇—前三三八年），姓公孫，名鞅，衛國人。初為魏相公叔痤家臣，後入秦遊說秦孝公，兩次實行變法，使秦富強。官至大良造，封於商（今陝西商縣東南），號商君，亦稱商鞅。孝公死後，為貴族陷害，殺死後車裂。280蘇秦　戰國時東周洛陽（今河南洛陽）人。奉燕昭王命入齊從事反間活動，齊湣王末年被任為齊相，約五國合縱攻秦，他遊說諸侯，為合縱約長，並相六國。281樗里甘茂列傳　《史記》作〈樗里子甘茂列傳〉。樗里，即嬴疾。戰國時秦惠王異母弟，居樗里，故稱樗里子。初任庶長，因戰功封嚴君。秦武王時與甘茂為左、右丞相。為人滑稽多智，人稱「智囊」。甘茂，戰國時楚國下蔡（今安徽鳳臺）人。少時學百家之術，入秦為惠王將，武王時為左丞相，因遭讒言出奔齊國，齊留任上卿。後死於魏。(282)穰侯　即魏冉。楚國人，秦昭王母宣太后異父弟。武王死，秦內亂，擁立昭王。初任將軍，後任秦相，封於穰（今河南鄧州），號穰侯。(283)王翦　秦王政時為將軍，率軍破趙、燕，滅楚。封武成侯。子賁亦為秦將，率軍滅魏、趙、齊、燕，封通武侯。(284)孟子　（西元前三七二—前二八九年），名軻，字子輿，鄒人。戰國時儒家學派主要代表人物，有亞聖之稱。曾遊歷宋、滕、魏、齊等國，退而著書立說，教授弟子。主張「民貴君輕」，反對武力兼併；主張「仁政」，效法「先王」。著《孟子》一書。(285)荀卿　（西元前三一三—前二三〇年），名況，趙國人。戰國時著名思想家，時人尊稱為卿。曾遊學於齊，在稷下三任祭酒。主張「人性本惡」、「人定勝天」。著有《荀子》。(286)平原虞卿列傳　《史記》作〈平原君虞卿列傳〉。平原，指平原君趙勝。戰國四公子之一。趙武靈王子，惠文王弟，封於東武城（今山東武城西北），號平原君。相惠文王及孝成王。喜賓客，食客多至數千人。趙孝成王七年（西元前二五九年），秦圍邯鄲，他堅守三年，用毛遂計，與楚定縱約，又求救於魏信陵君，使趙轉危為安。虞卿，一作虞慶、吳慶。趙孝成王曾以為上卿，故稱虞卿。主張以趙為主，合縱抗秦。卷三十〈藝文志〉儒家有《虞氏春秋》十五篇，今有輯本。(287)第十五　今本《史記》列於第十六，與此不同。(288)孟嘗君　田文。戰國齊貴族，襲封於薛（今山東滕州南），稱薛公，號孟嘗君。為戰國四公子之一，以善養士著稱。一度入秦，秦昭王要殺害他，賴門客中擅長狗盜雞鳴者的幫助而逃歸。後卒於薛。(289)第十六　今本《史記》將〈孟嘗君列傳〉置於第十五，與此不同。(290)魏公子　即魏無忌。戰國時魏安僖王異母弟，封信陵君，好養客，有客三千。戰國四公子之一。(291)春申君　即黃歇（？—西元前二三八年）。戰國楚貴族。頃襄王時，出使秦，諫止秦昭王攻楚，與楚結盟。考烈王元年（西元前二六二年）任相，封為春申君，賜淮北地十二縣；後改封於江東。考烈王五年，救趙退秦，八年攻滅魯國。好養客，為戰國四公子之一。相楚二十五年，考烈王死後，為李園所殺。(292)范睢　戰國末魏國人。後任秦相，封於應（今河南寶豐），稱應侯。(293)蔡澤　戰國末燕國人，曾遊說各國，秦昭王時為秦相，號綱成君。(294)樂毅　戰國時中山國靈壽（今河北平山）人。燕昭王時任亞卿，後為將軍，掛相印，封於昌國（今山東淄博東南），號昌國君。燕惠王即位，中齊反間計，奪其兵權，奔趙，封於觀津（今河北武邑東南），號望諸君，卒於趙。(295)廉頗　戰國時趙國名將。惠文王時任上卿，後任相國，封信平君。(296)藺相如　戰國時趙國大臣。惠文王時，秦國強索趙國國寶和氏璧，他奉命持璧入秦，當庭力爭，完璧歸趙，以功任上卿。廉頗不服，有意作對，他從大局出發容忍謙讓，使廉頗覺悟，成為知交。(297)田單　臨淄人。戰國時齊將。初為市吏，燕破齊，他堅守即墨（今山東平度東南），用火牛陣破敵，一舉收復七十餘城，任相國，封安平君。後入趙，任相國，封平都君。(298)魯仲連列傳　《史記》作〈魯仲連鄒陽列傳〉。魯仲連，戰國齊人。善謀劃，常遊歷各國，排難解紛。(299)屈原　（約西元前三四〇—前二七八年），名平，字原，戰國楚（今湖北秭歸）人。楚懷王時歷任左徒、三閭大夫，主張聯齊抗秦。後遭誣陷，被放逐，作〈離騷〉。頃襄王時再遭讒毀，貶於江南，見楚國政治腐敗，無力挽救，遂投汨羅江而死。其賦文辭優美，對後世文學的發展影響很大。(300)賈生　即賈誼。見卷四十八〈賈誼傳〉。(301)呂不韋　戰國末韓國陽翟（河南禹州）大商人。在趙都邯鄲遇見秦公子子楚為質於趙，認為「其貨可居」，入秦為子楚活動，使嗣位，為莊襄王，因得為相，封文信侯。秦始皇年幼即位，尊不韋為仲父，主政。始皇親政後，先解除其相位，後賜死。曾命門客編撰《呂氏春秋》。(302)刺客　懷揣武器進行暗殺的人。本傳記載春秋戰國時刺客曹沫、專諸、豫讓、聶政、荊軻五人的事跡。(303)李斯　戰國末楚上蔡（今河南上蔡）人。後入秦，秦統一後任丞相。秦始皇死後，夥同趙高謀害始皇長子扶蘇，立次子胡亥為二世皇帝。西元前二〇八年，被趙高誣陷誅殺。(304)蒙恬　秦名將。祖先齊人，自祖父時起世代為秦名將。秦朝建立後，率三十萬人擊退匈奴，收復河套地區，並築長城。西元前二一〇年被秦二世逼迫自殺。(305)張耳陳餘　見卷三十二〈張耳陳餘傳〉。(306)魏豹　見卷三十三〈魏豹傳〉。(307)彭越　見卷三十四〈彭越傳〉。(308)黥布　見卷三十四〈黥布傳〉。(309)淮陰侯韓信列傳　《史記》作〈淮陰侯列傳〉。淮陰侯，韓信的最後封號。見卷三十四〈韓信傳〉。(310)韓王信盧綰列傳　《史記》作〈韓信盧綰列傳〉。韓信，即韓王信。見卷三十三〈韓王信傳〉。盧綰，見卷三十四〈盧綰傳〉。(311)田儋　狄縣（今山東高青）人。戰國齊王後裔，秦末陳勝起義，他起兵自立為齊王，略定齊地。章邯攻魏，他率兵相救，兵敗被殺。本傳兼記田儋堂弟田榮、田橫等人事跡。(312)樊酈滕灌　樊，樊噲。酈，酈商。滕，滕公，即夏侯嬰。灌，灌嬰。見卷四十一〈樊噲傳〉、〈酈商傳〉、〈夏侯嬰傳〉、〈灌嬰傳〉。(313)張丞相倉列傳　《史記》作〈張丞相列傳〉。張丞相，張蒼。見卷四十二〈張蒼傳〉。(314)酈生陸賈　酈生，即酈食其。見卷四十三〈酈食其傳〉、〈陸賈傳〉。(315)傅靳鄘成列傳　《史記》作〈傅靳蒯成列傳〉。傅，傅寬。靳，靳歙。鄘成，周緤的封號。鄘，《史記》作「蒯」，兩字可通。見卷四十一〈傅寬傳〉、〈靳歙傳〉、〈周緤傳〉。(316)劉敬叔孫通　劉敬，亦稱婁敬。見卷四十三〈婁敬叔孫通傳〉。(317)季布欒布　見卷三十七〈季布傳〉、〈欒布傳〉。(318)爰盎朝錯列傳　《史記》作〈袁盎鼂錯列傳〉。朝錯，即鼂錯。見卷四十九〈爰盎鼂錯傳〉。(319)張釋之馮唐　見卷五十〈張釋之傳〉、〈馮唐傳〉。(320)萬石　指石奮。見卷四十六〈石奮傳〉。(321)張叔　指張歐。見卷四十六〈張歐傳〉。(322)田叔　見卷三十七〈田叔傳〉。(323)扁鵲　原名秦越人，渤海郡鄚（今河北任丘）人。戰國時名醫，學醫於長桑君，醫術精湛，擅長各科，行醫時「隨俗為變」，在趙為「帶下醫」，至周為「耳目痺醫」，入秦為「小兒醫」，名聞天下。秦太醫令李醯自知醫術不如扁鵲，使人刺殺之。本書卷三十〈藝文志〉有《扁鵲內經》九卷、《外經》十二卷，不傳。(324)倉公　漢初醫學家淳于意。齊臨淄（今山東臨淄）人，曾任齊太倉長，故稱倉公。他擅長辯證審脈，治病決生死多驗。曾犯法，當處肉刑，其女緹縈上書願入為官婢贖父刑，文帝為其所感，下令廢肉刑。325吳王濞　即吳王劉濞。見卷三十五〈吳王劉濞傳〉。326魏其武安列傳　《史記》作〈魏其武安侯列傳〉。魏其，竇嬰封侯號。武安，田蚡封侯號。見卷五十二〈竇嬰傳〉、〈田蚡傳〉。327韓長孺　即韓安國。見卷五十二〈韓安國傳〉。328李將軍　指李廣。見卷五十四〈李廣傳〉。329衛將軍驃騎　衛將軍，指衛青。驃騎，驃騎將軍霍去病。見卷五十五〈衛青霍去病傳〉。330第五十　此傳在今本《史記》為第五十一。331平津主父列傳　《史記》作〈平津侯主父列傳〉。平津，公孫弘封侯號。見卷五十八〈公孫弘傳〉。主父，主父偃。見卷六十四〈主父偃傳〉。332第五十一　此傳在今本《史記》為第五十二。333匈奴　北方部族名，亦稱胡。見卷九十四上、下〈匈奴傳〉。334第五十二　本傳在今本《史記》為第五十。335南越　族名、國名。亦作南粵。見卷九十五〈南粵傳〉。336閩越列傳　《史記》作〈東越列傳〉。閩越，族名、國名。也稱東越。見卷九十五〈閩粵傳〉。337朝鮮　族名、國名。見卷九十五〈朝鮮傳〉。338西南夷　秦漢時對西南各部族的統稱，帶歧視意。見卷九十五〈西南夷傳〉。339司馬相如　見卷五十七上、下〈司馬相如傳〉。340淮南衡山　淮南，指淮南厲王劉長。衡山，衡山王劉賜。見卷四十四〈淮南厲王劉長傳〉、〈衡山王劉賜傳〉。341循吏　奉法循理的官吏。本傳記載春秋時楚相孫叔敖、鄭相子產、魯相公儀休、楚相石奢、晉獄官李離的事跡。342汲鄭　指汲黯、鄭當時。見卷五十〈汲黯傳〉、〈鄭當時傳〉。343儒林　指儒家學者群體。本傳主要記載秦漢時期（武帝以前）儒家著名學者的事跡。見卷八十八〈儒林傳〉。344酷吏　施行嚴刑峻法，以殘酷著稱的官吏。見卷九十〈酷吏傳〉。345大宛　古國名。為西域三十六國之一，約在今中亞費爾干納盆地，盛產汗血馬。見卷九十六上〈西域傳上・大宛國〉。346游俠　古稱豪爽好結交、輕生死、重義氣、能救人急難的人為游俠。見卷九十二〈游俠傳〉。347佞幸　以諂諛得君主寵幸的大臣。見卷九十三〈佞幸傳〉。348滑稽　謂能言善辯，言詞流利。後指言語、動作或神態令人發笑。349日者　古時以占候卜筮為業的人。此篇原缺，有目無書，今本係褚少孫所補。350龜策　以龜甲和蓍草占卜。一般認為篇首之序為司馬遷作，其餘為褚少孫所補。351貨殖　指經商營利。見卷九十一〈貨殖傳〉。352惟　也作「唯」、「維」。句首語氣助詞。353末流　餘緒；遺業。354絕業　中斷的事業。355撥去　廢棄；去除。356古文　與「今文」（漢代通行的隸書）相對的文字，通常指小篆以前各諸侯國所用的文字。357焚滅詩書　秦始皇三十四年（西元前二一三年），聽從丞相李斯建議，下令焚書，除醫藥卜筮種樹之書外，史官非秦記以外，私藏《詩》、《書》、百家語者皆毀，違者處以重刑。358玉板　古代用以刻字的玉片。亦泛指珍貴的典籍。359次　編次；編纂。360律令　中國古代法律文書的兩種載體形式。361申　申明；告誡。362為　制定。363章程　原指曆數和度量衡的推算法式。章，曆數的推演方式。程，權衡丈尺斛斗的確定方法。後引申指制度、法規或程序、規定。364文學　儒生。亦泛指有學問的人。365彬彬　文質兼備貌。366稍　逐漸。

367進　進用；進仕。368間　間或；斷斷續續。369蓋公　漢初膠西（治今山東高密）人，擅長黃老之學。漢惠帝初年，曹參為齊相國，請他談治國之道，他提出要崇尚清靜，使民自定。曹參採納其說，齊國大治。參見〈曹參傳〉。370黃老　即黃老學。黃指黃帝，老指老子。戰國後期以道家哲學為基礎，兼採儒、墨之長，攝名、法之要，形成黃老學派，政治上主張無為而治。漢初盛行，被作為統治的基本指導思想。371明　申明；宣揚。372申　指申不害（西元前？—前三三七年），戰國時鄭國京（河南滎陽）人。韓昭侯用為相，內修政教，外應諸侯，十五年而國治兵強。373韓　指韓非。《史記》作「商」，指商鞅。374顯顯名；著名。375百年之間　指西漢建國至司馬遷撰作時的一百年間。376靡　無；沒有。377畢　都；全。378仍　接續；連續。379篹　通「撰」。380於戲　同「嗚呼」。感歎詞。381嘗　曾經。382斯　此；這。383唐虞　唐堯與虞舜的合稱。384欽　敬；恭敬。385罔羅　通「網羅」。廣泛搜集；收集。386放失　散失。失，通「佚」。387王迹　帝王興起的事跡。388原始　考察本始。原，探求本源。作動詞。389論考　討論研究。390略　使（記述）簡略。使動用法。391茲　今；現在。指作者生活的時代。392科條　指分類整理成條目。393並時異世三句　將同一時代不同世系的事跡合而論之，年代容易混淆，所以作表。394損益　增減。指發生變化。395兵權　用兵的權謀；軍事策略。指〈律書〉所記事。396天人之際　天道與人事之間的關係。397承敝　指面臨漢初殘破的局面。398通變　即變通。不拘常規，因時變通。399二十八宿環北辰二句　比喻眾星共同環繞北辰，車輻都聚於車轂，如同文武之臣尊輔天子。二十八宿，中國古代天文學家把周天黃道（太陽和月亮所經天區）的恆星分成二十八個星座。東方：角、亢、氐、房、心、尾、箕；北方：斗、牛、女、虛、危、室、壁；西方：奎、婁、胃、昴、畢、觜、參；南方：井、鬼、柳、星、張、翼、軫。環，環繞。北辰，北極星。輻，車輪中湊集於中心轂上的直木。轂，車輪中心部位，周圍與車輻的一端相接，中有圓孔，用以插軸。，400窮　盡；終。401輔弼　輔佐；輔助。402股肱　比喻輔佐得力的大臣。股，大腿。肱，上臂。403扶義　猶仗義。404俶儻　通「倜儻」。卓異不凡，豪爽灑脫，不拘小節。405時　時機；機遇。406太史公書　《史記》原名，東漢時始稱《史記》。407拾遺　採錄遺逸的事跡。408埶　通「藝」。指《六藝》。即《詩》、《書》、《易》、《禮》、《樂》、《春秋》。409協　集合同異，折衷取裁。410傳　解釋經義的著作。如《春秋左氏傳》。411齊　整齊；平齊。412副　副本；抄本。413京師　指國都。414竢　古「俟」字。等待。415第七十　此前為司馬遷自敘之辭。自此以後，是班固所作。416云爾　常用於句子或文章的末尾，表示結束。417而十篇缺二句　據張晏說，司馬遷死後，亡佚〈景紀〉、〈武紀〉、〈禮書〉、〈樂書〉、〈漢興以來將相年表〉、〈日者列傳〉、〈三王世家〉、〈龜策列傳〉、〈傅靳列傳〉。元、成之際，褚少孫補《史記》缺佚，作〈武帝紀〉、〈三王世家〉、〈龜策列傳〉、〈日者列傳〉，但言詞鄙陋，非司馬遷本意。此外，據《史記索隱》，〈景紀〉取《漢書》補，〈武紀〉取〈封禪書〉，〈禮書〉取《荀子．禮論》，〈樂書〉取《禮．樂記》。〈兵書〉本無，不補，略述〈律書〉而言兵。又據清梁玉繩《史記志疑》考證，〈曆書〉亦殘缺不全，只餘前言部分。

【語譯】太史公既已掌管天文，不治理百姓。有兒子叫司馬遷。

2 司馬遷生於龍門，少時在黃河之北、龍門山之南耕田放牧。年方十歲就能誦讀古文書籍。二十歲開始南遊長江、淮河流域，登上會稽山，探察大禹住過的洞穴，觀覽九疑山，泛舟於沅江、湘江之上。北渡汶水、泗水，在齊、魯的舊都講學，觀看孔夫子的遺風流韻，在鄒嶧山舉行鄉射禮；在蕃、薛、彭城縣遭遇困窘，經過梁、楚之地返回家鄉。隨後司馬遷被任命為郎中，奉命出使西征巴、蜀以南地區，平定邛、筰、昆明，回京復命。

3 這一年，漢武帝初次舉行漢朝的封禪典禮，而太史公司馬談被命令留守周南，不能參與這一典禮，心中鬱悶發病，生命垂危。其子司馬遷恰好這時返回，在黃河、雒水之間見到父親。太史公抓著司馬遷的手流淚道：「我的祖先，是周王室的太史。上古的時候曾經在虞夏立功顯名，掌管天官事務。後代中道衰落，難道要在我這一代斷絕嗎？你如果繼任太史，就可以繼承我們祖先的事業了。現在皇上繼承千年以來的傳統，舉行封泰山大典，而我卻不能隨從前往，這是天命啊！是天命啊！我死後，你一定要擔任太史；你擔任太史，切勿忘記我平生想要撰述的史書啊。況且講孝道，首先要侍奉雙親，其次侍奉君主，最後建立自己的功業；揚名後世，來光耀父母，這是最大的孝。天下人稱頌周公，說他能論述歌頌周文王、周武王的德行，宣揚周公、召公的風範，傳達大王、王季的思想，甚至追溯到公劉的理想，來尊顯周的始祖后稷。周幽王、厲王以後，王道殘缺，禮樂衰敗，孔子修復重建過去的禮儀，論述《詩》、《書》，撰寫《春秋》，學者直到現在仍以此為準則。自從魯哀公獲麟以來，四百餘年間，諸侯互相兼併，史書散失斷絕。現在漢家興起，海內統一，明主賢君、忠臣義士的事跡，我身為太史卻不能論述記載下來，曠廢了天下文章，我甚為恐懼，你一定要記著這件事啊！」司馬遷低下頭流著淚說：「小子雖然愚鈍，但請允許我論述先人編次的故事舊聞，不敢有所缺漏。」太史公故世三年，司馬遷任太史令，將前代史書和皇家石室金鐀的藏書加以編纂。五年後，正值太初元年，十一月甲子初一凌晨冬至日，皇上下令改用夏曆，建立明堂，宣用新曆，祭祀諸神。

4 太史公司馬遷說：「先父說過：『自周公去世五百年之後而有孔子，孔子去世到現在也有五百年了，應該有人能繼承發揚孔子事業，訂正《易傳》，續寫《春秋》，推原《詩》、《書》、《禮》、《樂》本義了。』其用意就在於此吧！其用意就在於此吧！小子我怎麼敢推讓這一責任呢！」

5 上大夫壺遂問：「從前孔子為什麼撰作《春秋》呢？」太史公說：「我聽董生說：『周末王道廢弛，孔子任魯司寇，諸侯嫉恨他，大夫阻撓他。孔子知道自己不為時代所用，王道不能實行，便將是非褒貶蘊含在二百四十二年的歷史中，以此作為天下的準則，貶斥諸侯，譴責大夫，只是為了闡述王道之事罷了。』孔子說：『我想與其記載那些不切實際的空洞言論，還不如通過具體實事反映得更深刻鮮明。』《春秋》所載，上闡明三王之道，下分辨人事綱常，辨別嫌疑，明斷是非，決定猶豫不決之事，褒揚善良，厭憎邪惡，尊崇賢能，鄙棄不肖，救存滅亡的國家，延續斷絕的世系，彌補殘破，復興衰廢，這才是王道的根本大事。《易》專講天地、陰陽、四時、五行，所以長於變化；《禮》規範人倫，所以長於行事；《書》記錄先土的事跡，所以長於政事；《詩》記述山川溪谷禽獸草木公母雌雄，所以長於風土自然；《樂》闡明音樂形成的原因，所以長於和諧；《春秋》明辨是非，所以長於治理人事。因此《禮》用來節制人的行為，《樂》用來誘發人的和睦之心，《書》用來闡述政事，《詩》用來抒發情懷，《易》用來闡明事物的變化，《春秋》用來說明義理。治理亂世，使它重新回到正道，沒有比《春秋》更合適的。《春秋》文字數萬，旨意數千。世間萬物的聚散離合都包含在《春秋》之中。《春秋》記載的事情，包括臣子弒殺君主之事三十六件，滅亡國家之事五十二件，諸侯出奔逃亡不能保住國家社稷之事則不可勝數。考察他們之所以會如此，都是因為喪失了立國的根本。所以《易》說『雖只有毫釐之差，但卻造成極大的錯誤』。因此『臣子殺死君主，兒子弒殺父親，不是一朝一夕造成的，而是逐漸演變而來』。擁有國家的君主不能不了解《春秋》，否則前面有進讒佞臣卻看不到，後面有亂臣賊子卻渾然不知。做人臣子的也不能不了解《春秋》，否則處理日常事務卻不知道應該怎樣做，遇到變故而不知道權宜變通。做君主、父親的如果不通曉《春秋》之義，必定會背上首惡之名。做大臣、兒子的如果不通曉《春秋》之義，必定會身陷篡國弒君的死罪。其實他們都以為是對的才去做的，但由於不明白其中的義理，結果枉受惡名卻不敢推辭。不通曉禮義的要旨，以至於君主不像君主，大臣不像大臣，父親不像父親，兒子不像兒子。君主不像君主就會被臣下冒犯，大臣不像大臣就會被誅殺處死，父親不像父親就會昏憒無道，兒子不像兒子就會忤逆不孝。這四種行為，是天下最大的罪過。以天下最大的罪過加在他們身上，他們卻不敢推辭。所以《春秋》是禮義的根本。禮是在惡行未發生之前進行防範禁絕，法是在罪行發生之後進行懲戒；法的作用容易看到，而禮所起的防患未然的作用卻不容易被認識。」

6 壺遂說：「孔子那個時代，上沒有賢明的君主，下不被任用，所以撰作《春秋》，垂示文章來裁斷禮義，權當一代聖王之法。如今您上遇到英明的天子，下得以居官任職，萬事具備，均各得其所，您所論述的，想要闡明什麼呢？」太史公說：「是是，不不，不是這樣的。我聽先人說：『伏羲最為純樸敦厚，撰作《易》八卦。堯舜的盛德，被《尚書》記載下來，禮樂由此興起。商湯、周武王功業隆盛，詩人歌頌他們。《春秋》採錄善行貶抑惡舉，推崇三代的德政，褒舉周王室，並非只是譏刺嘲諷。』漢建立以來，到當今聖明天子，獲得符瑞，舉行封禪大典，修訂曆法，變更車馬祭牲的顏色，從上天接受大命，恩澤浩蕩沒有止境，海外不同風俗的國家和民族帶著多重翻譯叩響邊塞，請求來進貢朝見的人，多得說不完。臣下百官竭力歌頌皇上的聖德，仍然不能充分表達自己的心意。況且士賢能，而不被任用，是做國君的恥辱；主上聖明，而不將他的恩德向世人傳播，是主管官吏的過失。何況我掌管這一官職，廢棄英明聖主的盛德而不記載，泯滅功臣賢大夫的功業而不記述，背棄我父親的囑託，沒有比這罪過更大的了。我所要做的只是綴述舊事，整理那些世系傳記，並不是所說的創作，而您將它與《春秋》相比，是不對的。」

7 於是司馬遷開始編撰其文。著書的第十年因替李陵辯解遭受禍殃，被關押在監獄。於是喟然歎息道：「這是我的罪過啊！身體殘缺不能再被任用了。」退而深思道：「《詩》、《書》之所以含蓄簡約，原來是出於要實現自己志向的考慮啊。」最終記述陶唐以來，直至武帝獲麟為止的史事，從黃帝起始。〈五帝本紀〉第一，〈夏本紀〉第二，〈殷本紀〉第三，〈周本紀〉第四，〈秦本紀〉第五，〈始皇本紀〉第六，〈項羽本紀〉第七，〈高祖本紀〉第八，〈呂后本紀〉第九，〈孝文本紀〉第十，〈孝景本紀〉第十一，〈今上本紀〉第十二。〈三代世表〉第一，〈十二諸侯年表〉第二，〈六國年表〉第三，〈秦楚之際月表〉第四，〈漢諸侯年表〉第五，〈高祖功臣年表〉第六，〈惠景間功臣年表〉第七，〈建元以來侯者年表〉第八，〈王子侯者年表〉第九，〈漢興以來將相名臣年表〉第十。〈禮書〉第一，〈樂書〉第二，〈律書〉第三，〈曆書〉第四，〈天官書〉第五，〈封禪書〉第六，〈河渠書〉第七，〈平準書〉第八。〈吳太伯世家〉第一，〈齊太公世家〉第二，〈魯周公世家〉第三，〈燕召公世家〉第四，〈管蔡世家〉第五，〈陳杞世家〉第六，〈衛康叔世家〉第七，〈宋微子世家〉第八，〈晉世家〉第九，〈楚世家〉第十，〈越世家〉第十一，〈鄭世家〉第十二，〈趙世家〉第十三，〈魏世家〉第十四，〈韓世家〉第十五，〈田完世家〉第十六，〈孔子世家〉第十七，〈陳涉世家〉第十八，〈外戚世家〉第十九，〈楚元王世家〉第二十，〈荊燕王世家〉第二十一，〈齊悼惠王世家〉第二十二，〈蕭相國世家〉第二十三，〈曹相國世家〉第二十四，〈留侯世家〉第二十五，〈陳丞相世家〉第二十六，〈絳侯世家〉第二十七，〈梁孝王世家〉第二十八，〈五宗世家〉第二十九，〈三王世家〉第三十。〈伯夷列傳〉第一，〈管晏列傳〉第二，〈老子韓非列傳〉第三，〈司馬穰苴列傳〉第四，〈孫子吳起列傳〉第五，〈伍子胥列傳〉第六，〈仲尼弟子列傳〉第七，〈商君列傳〉第八，〈蘇秦列傳〉第九，〈張儀列傳〉第十，〈樗里甘茂列傳〉第十一，〈穰侯列傳〉第十二，〈白起王翦列傳〉第十三，〈孟子荀卿列傳〉第十四，〈平原虞卿列傳〉第十五，〈孟嘗君列傳〉第十六，〈魏公子列傳〉第十七，〈春申君列傳〉第十八，〈范睢蔡澤列傳〉第十九，〈樂毅列傳〉第二十，〈廉頗藺相如列傳〉第二十一，〈田單列傳〉第二十二，〈魯仲連列傳〉第二十三，〈屈原賈生列傳〉第二十四，〈呂不韋列傳〉第二十五，〈刺客列傳〉第二十六，〈李斯列傳〉第二十七，〈蒙恬列傳〉第二十八，〈張耳陳餘列傳〉第二十九，〈魏豹彭越列傳〉第三十，〈黥布列傳〉第三十一，〈淮陰侯韓信列傳〉第三十二，〈韓王信盧綰列傳〉第三十三，〈田儋列傳〉第三十四，〈樊酈滕灌列傳〉第三十五，〈張丞相倉列傳〉第三十六，〈酈生陸賈列傳〉第三十七，〈傅靳蒯成侯列傳〉第三十八，〈劉敬叔孫通列傳〉第三十九，〈季布欒布列傳〉第四十，〈爰盎朝錯列傳〉第四十一，

〈張釋之馮唐列傳〉第四十二，〈萬石張叔列傳〉第四十三，〈田叔列傳〉第四十四，〈扁鵲倉公列傳〉第四十五，〈吳王濞列傳〉第四十六，〈魏其武安列傳〉第四十七，〈韓長孺列傳〉第四十八，〈李將軍列傳〉第四十九，〈衛將軍驃騎列傳〉第五十，〈平津主父列傳〉第五十一，〈匈奴列傳〉第五十二，〈南越列傳〉第五十三，〈閩越列傳〉第五十四，〈朝鮮列傳〉第五十五，〈西南夷列傳〉第五十六，〈司馬相如列傳〉第五十七，〈淮南衡山列傳〉第五十八，〈循吏列傳〉第五十九，〈汲鄭列傳〉第六十，〈儒林列傳〉第六十一，〈酷吏列傳〉第六十二，〈大宛列傳〉第六十三，〈游俠列傳〉第六十四，〈佞幸列傳〉第六十五，〈滑稽列傳〉第六十六，〈日者列傳〉第六十七，〈龜策列傳〉第六十八，〈貨殖列傳〉第六十九。

8 漢繼五帝餘緒，接續三代中斷的事業。周時王道已經衰落，秦廢棄了古文，焚毀《詩》、《書》，所以明堂石室金匱中的玉板圖籍散失錯亂。漢王朝建立，蕭何編次律令，韓信申明軍法，張蒼制定曆法章程，叔孫通制定禮儀，於是有才華的文人學者逐漸被進用，《詩》、《書》等典籍陸續從各地出現。自從曹參舉薦蓋公講述黃老之說，而賈誼、鼂錯宣揚申不害、韓非的理論，公孫弘憑藉儒家學說顯達，百年之間，天下的遺文古事全都彙集到中央朝廷。太史公父子相繼擔任太史令之職，司馬談說：「嗚呼！我的祖先曾經掌管這一職務，顯名於唐虞時。到了周，又掌管這一職守。所以司馬氏世代掌管天官，一直到我這一代，你要恭敬銘記啊！」搜集天下散失的舊聞軼事，帝王興起的事跡，探索原因，考察結局，了解盛衰的原因和過程，考察論證史事，簡略追述三代，詳細記錄秦漢，上記錄自軒轅，下直至當代，撰著十二本紀，將史事分類編輯。而同一時代不同世系的事跡合而論之，年代容易混淆，所以撰作十表。禮樂時有增損，律曆不斷改變，兵法權謀山川鬼神，天道與人事之間的關係，承繼漢初殘破的局面，因時變通，撰作八書。就像二十八宿環繞北極星，三十根輻條湊成一個車轂，運行無窮那樣，輔佐股肱之臣配合君主，忠誠講信用，奉行王道以侍奉主上，撰作三十世家。扶持正義，倜儻不群，不令自己錯失機遇，建立功業揚名天下，撰作七十列傳。共一百三十篇，五十二萬六千五百字，名為《太史公書》。作序記述書的概略，採錄遺逸的事跡，補充六藝，成為一家之言，綜合《六經》的不同解說，齊同百家雜語，將它藏在名山，副本留在京師，來等待後世的聖賢君子。第七十篇，是司馬遷的自敘。而其中的十篇缺漏，有目錄但無文字。

1 遷既被❶刑之後，為中書令❷，尊寵任職。故人❸益州❹刺史❺任安❻予遷書❼，責❽以古賢臣之義。遷報❾之曰：

2 「少卿❿足下⓫：曩者⓬辱⓭賜書，教以慎⓮於接物⓯，推賢進士為務，意氣勤勤懇懇⓰，若望⓱僕⓲不相師用⓳，而流俗人之言⓴。僕非敢如是㉑也。雖罷駑㉒，亦嘗側聞㉓長者遺風矣。顧㉔自以為身殘處穢㉕，動而見㉖尤㉗，欲益反損，是以抑鬱㉘而無誰語㉙。諺曰：『誰為為之㉚？孰令聽之㉛？』蓋鍾子期死，伯牙終身不復鼓琴㉜。何則㉝？士為知己用，女為說己容㉞。若僕大質㉟已虧㊱缺，雖材懷隨㊲和㊳，行若由夷㊴，終不可以為榮，適㊵足以發笑而自點㊶耳。

3 「書辭宜答㊷，會㊸東從上㊹來，又迫㊺賤事㊻，相見日淺㊼，卒卒㊽無須臾㊾之間㊿得竭指意。今少卿抱不測(51)之罪，涉(52)旬月(53)，迫(54)季冬(55)，僕又薄(56)從上上雍(57)，恐卒然(58)不可諱(59)。是僕終已不得舒(60)憤懣(61)以曉(62)左右(63)，則長逝(64)者魂魄(65)私恨(66)無窮。請略陳(67)固陋(68)。闕然(69)不報，幸(70)勿過(71)。

4 「僕聞之，修身者智之府(72)也，愛施(73)者仁之端(74)也，取予(75)者義之符(76)也，恥辱者勇之決[77]也，立名者行之極[78]也。士有此五者，然後可以託[79]於世，列於君子之林矣。故禍莫憯[80]於欲利[81]，悲莫痛於傷心，行莫醜於辱先[82]，而詬[83]莫大於宮刑[84]。刑餘[85]之人，無所比數[86]，非一世[87]也，所從來[88]遠矣。昔衛靈公與雍渠載，孔子適陳[89]；商鞅因景監見，趙良寒心[90]；同子驂乘，爰絲變色[91]：自古而恥之。夫中材[92]之人，事關於宦豎[93]，莫不傷氣[94]，況忼慨[95]之士乎！如今朝雖乏人，奈何令刀鋸之餘[96]薦天下豪雋[97]哉！僕賴[98]先人緒業[99]，得待罪輦轂下[100]，二十餘年矣。所以自惟[101]：上之，不能納忠效[102]信，有奇策材力[103]之譽，自結明主；次之，又不能拾遺補闕[104]，招賢進能，顯巖穴[105]之士；外之，不能備[106]行伍[107]，攻城野戰，有斬將搴[108]旗之功；下之，不能累日積勞，取尊官厚祿[109]，以為宗族交遊[110]光寵[111]。四者無一遂[112]，苟合[113]取容[114]，無所短長之效，可見於此矣。鄉[115]者，僕亦嘗廁[116]下大夫[117]之列，陪外廷[118]末議[119]。不以此時引維綱[120]，盡[121]思慮，今已虧形為埽除之隸[122]，在闒茸[123]之中，迺欲卬[124]首信[125]眉，論列[126]是非，不亦輕朝廷，羞[127]當世之士邪[128]！嗟乎[129]！嗟乎！如僕，尚[130]何言[131]哉！尚何言哉！

「且事本末[132]未易明也。僕少負[133]不羈[134]之才，長無鄉曲[135]之譽，主上幸以先人之故，使得奉薄技[136]，出入周衛[137]之中。僕以為戴盆何以望天[138]，故絕賓客之知[139]，

忘室家[140]之業[141]，日夜思竭其不肖之材力，務壹心營職，以求親媚[142]於主上。而事
乃有大謬不然[143]者。夫僕與李陵俱居門下[144]，素[145]非相善也，趣舍[146]異路，未嘗銜
盃酒接殷勤[147]之歡。然僕觀其為人自[148]奇士，事親孝，與[149]士信，臨財廉，取予義，
分別有讓，恭儉下[150]人，常思奮不顧身以狥[151]國家之急。其素所畜積[152]也，僕以為
有國士[153]之風。夫人臣出萬死[154]不顧一生之計，赴公家[155]之難，斯已奇矣。今舉事
壹不當，而全軀[156]保妻子之臣隨而媒孽[157]其短，僕誠私心痛之。且李陵提[158]步卒不
滿五千，深踐戎馬之地[159]，足歷[160]王庭[161]，垂餌[162]虎口，橫挑彊胡，卬[163]億萬之師，
與單于連戰十餘日，所殺過當[164]。虜[165]救死扶傷不給[166]，旃裘[167]之君長咸震怖，迺
悉徵左右賢王[168]，舉引弓[169]之民，一國共攻而圍之。轉鬭千里，矢盡道窮，救兵
不至，士卒死傷如積[170]。然李陵一呼勞[171]軍，士無不起，躬[172]流涕，沬血[173]飲泣，
張空弮[174]，冒[175]白刃，北首[176]爭死敵[177]。陵未沒[178]時，使有來報，漢公卿[179]王侯[180]皆
奉觴[181]上壽[182]。後數日，陵敗書聞，主上為之食不甘味[183]，聽朝[184]不怡[185]。大臣憂
懼，不知所出。僕竊不自料[186]其卑賤，見主上慘悽怛悼[187]，誠欲效其款款[188]之愚。
以為李陵素與士大夫絕甘分少[189]，能得人之死力[190]，雖古名將不過也。身雖陷敗，
彼觀其意，且欲得其當而報漢[191]。事已無可奈何，其所摧[192]敗，功亦足以暴[193]於天

下。僕懷[194]欲陳之，而未有路。適會召問，即以此指[195]推言陵功，欲以廣主上之意，塞睚眦[196]之辭。未能盡明，明主不深曉，以為僕沮[197]貳師[198]，而為李陵游說，遂下於理[199]。拳拳[200]之忠，終不能自列[201]，因為誣上，卒[202]從吏議[203]。家貧，財賂[204]不足以自贖[205]，交游[206]莫救，左右親近不為壹言。身非木石，獨與法吏[207]為伍，深幽[208]囹圄[209]之中，誰可告愬[210]者！此正少卿所親見，僕行事豈不然邪？李陵既生降[211]，隤其家聲[212]，而僕又茸[213]以蠶室[214]，重為天下觀笑[215]。悲夫！悲夫！

6 「事未易一二[216]為俗人言也。僕之先人非有剖符[217]丹書[218]之功，文史[219]星曆[220]近乎卜祝[221]之間，固[222]主上所戲弄，倡優[223]畜[224]之，流俗之所輕也。假令[225]僕伏法受誅，若九牛亡一毛，與螻蟻[226]何異？而世又不與[227]能死節[228]者比[229]，特以為智窮罪極，不能自免，卒就死耳。何也？素所自樹立使然。人固有一死，死有重於太山，或輕於鴻毛，用之所趨[230]異也。太上[231]不辱先，其次不辱身，其次不辱理色[232]，其次不辱辭令，其次詘體[233]受辱，其次易服[234]受辱，其次關木索[235]被箠楚[236]受辱，其次鬄[237]毛髮嬰[238]金鐵受辱，其次毀肌膚斷支體[239]受辱，最下腐刑[240]，極矣。傳曰『刑不上大夫』，此言士節不可不厲[241]也。猛虎處深山，百獸震恐，及其在穽[242]檻[243]之中，搖尾而求食，積威約之漸[244]也。故士有畫地為牢勢不入，削木為吏議不對，定計於鮮[245]也。今交手足，受木索，暴肌膚，受榜[246]箠，幽於圜牆[247]之中，當此之時，見獄吏則頭槍[248]地，視徒隸[249]則心惕[250]息[251]。何者？積威約之勢也。及已至此，言不辱者，所謂彊顏[252]耳，曷[253]足貴乎！且西伯[254]，伯也，拘牖里[255]；李斯，相也，具五刑[256]；淮陰，王也，受械於陳[257]；彭越、張敖[258]南鄉[259]稱孤[260]，繫獄[261]具罪[262]；絳侯誅諸呂[263]，權傾五伯[264]，囚於請室[265]；魏其，大將也，衣赭[266]關三木；季布為朱家[267]鉗奴[268]；灌夫[269]受辱居室[270]。此人皆身至王侯將相，聲聞鄰國，及罪至罔加，不能引決自財[271]。在塵埃之中，古今一體，安在其不辱也！由此言之，勇怯，勢也；彊弱，形也。審[272]矣，曷足怪乎！且人不能蚤自財繩墨[273]之外，已稍陵夷[274]至於鞭箠之間，迺欲引節[275]，斯不亦遠乎！古人所以重[276]施刑於大夫者，殆[277]為此也。夫人情莫不貪生惡死，念親戚，顧妻子，至激於義理者[278]不然，迺有不得已也。今僕不幸，蚤失二親，無兄弟之親，獨身孤立，少卿視僕於妻子何如[279]哉？且勇者不必死節，怯夫慕義，何處不勉焉[280]！僕雖怯耎[281]欲苟活，亦頗[282]識去就[283]之分矣，何至自湛[284]溺累紲[285]之辱哉！且夫臧獲[286]婢妾[287]猶能引決，況若僕之不得已乎！所以隱忍苟活，函[288]糞土之中而不辭者，恨私心有所不盡，鄙[289]沒世而文采[290]不表於後也。

7 「古者富貴而名摩滅[291]，不可勝記，唯俶儻非常之人稱焉。蓋西伯拘而演[292]周易；仲尼厄而作春秋；屈原放逐，乃賦離騷[293]；左丘[294]失明，厥[295]有國語[296]；孫子臏[297]腳，兵法脩列[298]；不韋[299]遷[300]蜀，世傳呂覽[301]；韓非囚秦，說難、孤憤[302]。詩三百篇，大氐[303]賢聖發憤之所為作也。此人皆意有所鬱結[304]，不得通其道，故述往事，思來者[305]。及如左丘明[306]無目，孫子斷足，終不可用，退論書策[307]以舒其憤，思垂空文以自見[308]。僕竊不遜[309]，近自託[310]於無能之辭，網羅天下放失舊聞，考之行事，稽[311]其成敗興壞之理，凡百三十篇，亦欲以究天人之際，通古今之變，成一家之言。草創未就，適會此禍，惜其不成，是以就極刑[312]而無慍色[313]。僕誠已著此書，藏之名山，傳之其人[314]通邑[315]大都，則僕償前辱之責，雖萬被戮，豈有悔哉！然此可為智者道，難為俗人言也。

8 「且負下[316]未易居，下流[317]多謗議。僕以口語[318]遇遭此禍，重為鄉黨[319]戮笑[320]，汙辱先人，亦何面目復上父母之丘[321]墓乎？雖累百世，垢彌[322]甚耳！是以腸一日而九回，居則忽忽[323]若有所亡[324]，出則不知所如[325]往。每念斯恥，汗未嘗不發背霑衣也。身直為閨閤[326]之臣，寧得自引深藏於巖穴[327]邪！故且[328]從俗浮湛，與時俯仰，以通其狂惑[329]。今少卿迺教以推賢進士，無乃[330]與僕之私指[331]謬乎？今雖欲自彫瑑[332]，曼[333]辭以自解，無益，於俗不信，祇[334]取辱耳。要之死日，然後是非迺定。書不能盡意，故略陳固陋。」

【章旨】以上為第四部分。收錄了司馬遷給益州刺史任安的回信，即著名的〈報任安書〉。司馬遷藉此抒發了長久以來積壓在心中的幽憤，表明之所以甘願忍受世人不恥的宮刑，是為了完成撰寫《史記》的心願。

【注釋】❶被　受；遭受。❷中書令　官名。漢承秦制，設尚書令，千石，掌管選拔任用官吏和傳達文書奏章。漢武帝時初以宦官擔任，改名中書謁者令。❸故人　舊交；老友。❹益州　漢武帝設置的十三刺史部（州）之一，其地大部在今四川、雲南、貴州境內。❺刺史　官名。漢武帝元封五年（西元前一〇六年）將全國分為十三州部，每州部設置刺史一人，秩六百石。執掌奉詔條監察州內官吏和強宗大族。❻任安　字少卿，滎陽（今河南滎陽）人。歷任益州刺史、護北軍使者等職。與司馬遷交好。征和二年（西元前九一年）因受戾太子巫蠱案牽連，處死。這封信是任安坐牢待斬時，司馬遷回覆給他的。❼書　信。❽責　要求；期望。❾報　回覆；回答。❿少卿　任安字。⓫足下　古代下稱上或同輩相稱的敬詞。⓬曩者　先時；以前。⓭辱　猶言「承蒙」。謙詞。⓮慎　慎重；謹慎。⓯接物　謂與人交往。⓰勤勤懇懇　懇切至誠。勤，殷切。懇，真誠。⓱望　怨；怨恨。⓲僕　古人對自己的謙稱。⓳師用　謂尊奉而重用。⓴流俗人之言　隨俗人之言，而流移自己的志向。㉑如是　如此；這樣。㉒罷駑　低劣的馬。比喻人的才能低下。罷，通「疲」。㉓側聞　從旁聽到；聽說。自謙詞。㉔顧　但是；只是。㉕穢　汙濁；骯髒。此指受宮刑，身分卑賤。㉖見　被。㉗尤　指責；歸罪。㉘抑鬱　憂憤煩悶。㉙無誰語　指沒有誰可以訴說。㉚誰為為之　為誰做這件事。第一個「為」為介詞，「誰為」意為「為誰」；第二個「為」是動詞，做。㉛孰令聽之　又令誰聽我說。孰，誰。㉜蓋鍾子期死二句　伯牙、鍾子期都是春秋時楚國人。伯牙善彈琴，子期精於音律。伯牙彈琴，意在高山流水，子期聽而知之。子期死後，伯牙認為世無知音，遂摔破琴終身不再彈琴。蓋，副詞。大概；恐怕。㉝何則　為什麼。多用於自問自答。㉞容　化妝；打扮。㉟大質　指身體。㊱虧　殘缺。㊲隨　隨侯珠。隨，周初小國，在今湖北隨州境內。傳說隨侯曾救活一條受傷的大蛇，後來此蛇從江中銜來一粒大珍珠報答他，後人稱之為隨侯珠。㊳和　和氏璧。

春秋時楚國人卞和得到一塊璞玉，先後獻給兩代楚王，均被認為是石，以欺君之罪斬去雙足，及至楚文王時才治璞得玉，因命名為和氏璧。後世以隨、和比喻人的才華。㊴由夷　由，許由。傳說堯曾要把天下讓給他，他不受，躲避到潁水之陽、箕山之下。夷，伯夷。後世以由、夷比喻品德高潔之士。㊵適　正當；適當。㊶點　汙；汙辱。㊷宜答　宜早答；及時回信。㊸會　恰好；正巧。㊹從上　隨從皇上。從，跟隨；隨從。上，皇上。指漢武帝。㊺迫　被逼迫。被動用法。㊻賤事　卑賤之事。指所供職事。自謙詞。㊼淺　少。㊽卒卒　通「猝猝」。促遽、倉猝之意。㊾須臾　片刻。極言時間短暫。㊿間　隙；空閒。(51)不測　無法預測後果。指罪行深重。(52)涉　渡過。(53)旬月　一個月。(54)迫　迫近；臨近。(55)季冬　冬季的最後一個月，即農曆十二月。漢律規定，十二月是行刑的時期。(56)薄　迫近。(57)上雍　前往雍縣。雍，縣名，在今陝西鳳翔南。雍縣地勢較高，故云「上」。(58)卒然　通「猝然」。突然。(59)不可諱　死的委婉說法。指任安被處死刑。(60)舒　抒發；發洩。(61)憤懣　抑鬱煩悶。(62)曉　告喻。(63)左右　代指任安。敬語。(64)長逝　逝世；去世。(65)魂魄　古人認為存在一種能脫離人體而獨立存在的精神。附體則人生，離體則人死。(66)私恨　私下怨恨。指任安怨恨司馬遷不回信。(67)陳　陳述；述說。(68)固陋　閉塞；淺陋。(69)闕然　間斷；延擱貌。(70)幸　希望；期望。(71)過　怪罪；責備。(72)府　聚集之處。(73)施　給予；施捨。(74)端　開始。(75)取予　索取和給予。(76)符　信；憑證。(77)決　決斷；判斷。(78)極　頂點；最高地位。(79)託　寄託；寄寓。(80)憯　通「慘」。慘痛；傷痛。(81)欲利　貪求利益。(82)先　祖先；先人。(83)詬　羞辱；恥辱。(84)宮刑　古代殘害生殖器的一種酷刑。(85)刑餘　此處指閹人，即受過宮刑的人。(86)比數　相與並列；相提並論。(87)一世　一代。(88)從來　由來；來源。(89)昔衛靈公與雍渠載二句　衛靈公和夫人乘車出遊，令宦官雍渠坐在旁邊，讓孔子坐在後面的車上，孔子認為這是恥辱，便離衛去陳。衛靈公，春秋時衛國國君，西元前五三四—前四九三年在位。適，去；往。(90)商鞅因景監見二句　商鞅通過景監的介紹得見秦孝公，並被重用，趙良感到寒心。景監，秦孝公寵幸的太監，姓景。趙良，秦國賢者，曾勸商鞅功成引退。(91)同子驂乘二句　趙談為皇帝駕車，爰絲正色直諫。同子，指漢文帝時宦官趙談。司馬遷因趙談與自己的父親同名，為避父諱，故稱之為「同子」。驂乘，或作「參乘」。陪乘或陪乘的人。古代乘車，尊者居左，駕御者居中，又有一人處車之右，以防車傾斜。軍事出征的場合稱車右，其餘場合均稱驂乘。爰絲，即爰盎，字絲。變色，臉色大變。事見卷四十九〈爰盎傳〉。(92)中材　中等才能。(93)宦豎　對宦官的賤稱。豎，對人的鄙稱。(94)傷氣　心志受挫；氣短。(95)忼慨　通「慷慨」。性格豪爽。(96)刀鋸之餘　指受過刑罰的人。刀鋸，指刑具。(97)豪儁　通「豪俊」。指才智傑出的人。(98)賴　依賴；仰仗。(99)緒業　事業；遺業。(100)待罪輦轂下　指侍從天子之車輿。待罪，古代官吏任職的謙稱，意謂不勝其職而將獲罪。輦轂，皇帝的車輿。代指皇帝。(101)惟思考；想。(102)效　致。(103)材力　才能；能力。(104)補闕　匡補君王的缺失。闕，通「缺」。(105)巖穴　山洞。(106)備　充任；充當。常用作謙詞。(107)行伍　古代兵制，五人為伍，五伍為行，因以指軍隊。(108)搴　拔。(109)祿　官吏的薪俸。(110)交遊　交際；結交朋友。(111)光寵　光榮；榮耀。(112)遂　如願；達到目標。(113)茍合　附和；迎合。(114)取容　討好別人以求安身。(115)鄉　通「向」。過去；從前。(116)廁　通「側」。側身而立。居官的謙辭。(117)下大夫　漢太史令秩六百石，位下大夫。(118)外廷　外朝。國君聽政的地方，相對內廷、禁中而言。也借指朝臣。(119)末議　謙稱自己的議論。(120)維綱　綱紀；法度。(121)盡　用盡；竭盡。作動詞。(122)埽除之隸　指打掃房間的僕役。謙詞，意為自己淪落為皇帝的家臣。(123)闒茸　卑賤。闒，下。茸，細毛。(124)卬　通「仰」。(125)信　通「伸」。舒展。(126)列　陳；陳說。(127)羞　辱。(128)邪　語氣助詞。表感歎。(129)嗟乎　歎詞。表示感歎。(130)尚　尚且。(131)何言　即「言何」。說什麼。(132)本末　始末；原委。(133)負　自負。(134)不羈　指材質高遠，不可拘繫。(135)鄉曲　指鄉里。古代居民組織的基層單位。(136)薄技　薄材。(137)周衛　宿衛周密。此指宮禁。(138)戴盆何以望天　頭戴盆就不能望天，望天就不能戴盆，不可同時做兩件事。意思是專心職務，無暇顧及他事。(139)知　結交；交遊。(140)室家　通「家室」。(141)業　家業經營。(142)親媚　親信喜愛。(143)大謬不然　指大錯特錯，完全不是這樣。(144)門下　指皇帝近侍之官，如侍中、常侍、給事黃門等。李陵曾任侍中建章監，與太史令皆得出入宮中。(145)素　平素；平常。(146)趣舍　取捨。趣，興趣所向。舍，所廢；沒有興趣。(147)殷勤　情意深厚。(148)自　本來。(149)與　相與；結交。(150)下　居於人下；謙讓。(151)狥　通「殉」。為達目的、理想而犧牲生命。(152)畜積　蓄積；積累。畜，通「蓄」。(153)國士　一國中才能最優秀的人士。(154)萬死　死一萬次。形容冒著極大的生命危險。(155)公家　指朝廷、國家或官府。(156)全軀　保全自己的身體、生命。(157)媒孽　酒母。比喻藉端誣罔構陷，釀成其罪。(158)提　率領。(159)戎馬之地　指匈奴生活的北方游牧地區。(160)歷　經歷；穿過。(161)王庭　指匈奴單于居住的場所。又稱「龍庭」。在今內蒙古烏蘭察布盟陰山一帶。匈奴被衛青、霍去病挫敗後，北遷，在今蒙古國鄂爾渾河西側和碩柴達木湖附近。(162)餌　引誘動物上鉤、中圈套、陷阱的物品。(163)卬　一說，通「仰」。漢軍北向，匈奴南下，北方地高，故云「卬」。一說，迎之。(164)過當　指殲敵的數量遠遠超過其所率領的軍隊數量。(165)虜　對匈奴的蔑稱。(166)不給　供不上；來不及。給，供。(167)旃裘　古代北方游牧民族用獸毛等製成的衣服。代指北方各游牧民族。旃，毛氈。裘，動物皮毛。(168)左右賢王　匈奴官名。匈奴分左、中、右部，中部由單于親自統領，東西兩部由左、右賢王分領。匈奴尚左，左賢王地位高於右賢王，常以單于太子任此職。(169)引弓　開弓。(170)積　堆積；成堆。(171)勞　慰勞。(172)躬　彎腰鞠躬。(173)沫血　形容血流滿面。沫，灑面。(174)拳　扣弩臂之繩。(175)冒　犯；頂著。(176)首　向；朝著。(177)死敵　意死戰。(178)沒　陷落；敗亡。(179)公卿　秦漢時期位於公卿的最高兩級官吏。漢成帝時建立三公九卿制度。180王侯　諸侯王和列侯、關內侯的合稱。181觴　盛滿酒的杯。182上壽　漢代禮儀。向人敬酒，祝頌長壽。183甘味　覺得味道美。184聽朝　臨朝聽政。185怡　喜悅；快樂。186料　量；衡量。187怛悼　憂傷；悲傷。188款款　誠懇、忠實的樣子。189絕甘分少　指自絕旨甘，即使很少，也與眾人共同分享。190死力　拼死效力。形容盡最大的力量。191欲得其當而報漢　指想伺機而動以報答漢朝。當，適宜；適當。192摧　指摧破匈奴之兵。193暴　顯露；披露。194懷　心內；心中。195指　意；意思。196睚眦　瞋目怒視；瞪眼看人。借指微小的怨恨。197沮　詆毀；誹謗。198貳師　指貳師將軍李廣利。武帝寵姬李夫人兄，被漢武帝派往貳師城出征而封此號。後出征匈奴，兵敗投降，被殺。199理　掌刑獄的官署。200拳拳　忠誠謹慎貌。亦作「惓惓」。201列　陳；陳述。202卒　最終。203議　議處；論罪。204財賂　錢財貨物。205自贖　以資財入官贖罪。漢律規定可以入錢贖罪。206交游　指朋友。207法吏　指獄吏。208幽　囚禁。209囹圄　監獄。210告愬　通「告訴」。訴說；對人說明。211生降　投降。212隤其家聲　毀壞他家的聲名。李陵家世代為將，聞名於世。隤，墜；崩頹。213茸　一說，當為「佴」。次；相次。一說，推入。214蠶室　剛受宮刑的人所居溫密之室，以利於其創口恢復。216觀笑　觀看而笑。216一二　一一；逐一。217剖符　猶剖竹為信。古代帝王分封諸侯、功臣時，以竹符為信證，剖分為二，君臣各執其一，後因以「剖符」、「剖竹」為分封、授官之稱。218丹書　古代帝王賜給功臣世襲的享有免罪等特權的證書，用朱砂寫成，故稱丹書。219文史　文書記事。220星曆　天文曆法。221卜祝　專管占卜、祭祀的人。222固　原來；本來。223倡優　古代稱以音樂歌舞或雜技戲謔娛人的藝人。224畜　養；豢養。225假令　假如；即使。226螻螘　螻蛄蚍蜉。比喻卑微、微小。螘，通「蟻」。227與　一說，許。允許。一說，謂。228死節　為保全節操而死。229比　一說，「比」為衍字。230趨　通「趣」。趣；向。231太上　最上；最高。232理色　顏色。理，指肌膚之紋理。色，臉色。233詘體　屈身拜伏。234易服　改換服裝。指穿赭色的囚服。235木索　刑具。木，指「三木」。古代加在犯人頸、手、足上的三件刑具。索，繩索，用以拘繫犯人。236箠楚　用棍杖之類拷打。箠、楚，均為古代的刑杖。237鬄　通「剃」。剃髮。漢代指剃髮的髡刑。238嬰　繞。此指戴鉗刑具。239支體　通「肢體」。240腐刑　即宮刑。古代閹割男子生殖器的酷刑。241厲　「礪」的古字。磨礪。242穽　通「阱」。在地上挖的陷阱用以捕獸。243檻　關動物的籠子。244積威約之漸　受人威力制約，漸成這樣。245鮮　善。246榜　古代刑法之一。杖擊或鞭打。247圜牆　指監獄。《周禮》稱圜土。248槍　突；撞。249徒隸　刑徒奴隸；服勞役的犯人。250惕　恐懼。251息　喘息。252彊顏　勉強做出樣子。253曷　何；什麼。254西伯　指周文王。商紂曾命周文王為西方諸侯之長，得專征伐，故稱西伯。255牖里　地名。即羑里。在今河南湯陰北。256五刑　古代五種輕重不等的刑法。不同時期內容不同。秦以前為：墨、劓、剕(刖)、宮、大辟(殺)。秦漢時為：

黥、劓、斬左右趾，梟首，菹其骨肉。[257]淮陰三句 高祖假裝遊雲夢，淮陰侯韓信至陳上謁，被抓獲囚禁。事見卷三十三〈韓信傳〉。械，指枷杻、鐐銬之類的刑具。[258]張敖 （西元前？—西元一八二年），秦末漢初人。張耳之子，秦末隨父參加陳勝、吳廣起義，曾封成都君。高帝五年（西元前二〇二年）嗣父為趙王，娶高帝長女魯元公主為妻。後因國相貫高等謀反，貶為宣平侯。事跡詳見卷三十二〈張耳傳〉。[259]南鄉 面朝南。常指居帝王之尊位。鄉，通「向」。[260]孤 古代諸侯君王的自稱。[261]繫獄 囚禁於牢獄。繫，拘囚；拘禁。[262]具罪 定罪。一說，「具罪」當為「氐罪」，「氐」通「抵」。[263]諸呂 指呂后家族。高帝死後，呂后當權，封姪子呂產為呂王，後更為楚王，任相國；封姪子呂祿為趙王，為上將軍。詳見卷三〈高后紀〉及卷九十七〈外戚傳上・高祖呂皇后〉。[264]五伯 春秋時五個霸主。有不同說法。伯，通「霸」。[265]請室 囚禁有罪官吏的牢獄。請，一說通「清」，清洗罪過之意；一說為請示之請。[266]赭 赭衣。古代囚犯所服。[267]朱家 西漢初魯人，以任俠聞名，好赴人急難，曾脫季布於危難。事跡見卷九十二〈游俠傳・朱家〉。[268]鉗奴 髡鉗為奴者。[269]灌夫 （西元前？—前一三一年），字仲孺，潁陰（今河南許昌）人。因平定吳楚七國之亂，立功顯名。武帝時官至太僕、燕相。喜任俠，廣招賓客。因得罪丞相田蚡，下獄處死。事跡見本書卷五十二〈灌夫傳〉。[270]居室 少府屬官。其下設有拘禁犯人的官署。參見卷十九上〈百官公卿表上〉。[271]引決自財 引志決裂以自裁毀。指自殺。引決，也作引訣。財，通「裁」。[272]審 看明白；看清楚。[273]繩墨 比喻法律、法度。[274]陵夷 平夷；砍削。陵，丘陵。夷，削平。[275]引節 守節自殺。[276]重 難；重視。[277]殆 大概。[278]激於義理者 指有感於義理，不顧念生死親戚妻子的人。激，感發；激發。[279]何如 如何；怎麼樣。[280]且勇者不必死節三句 勇敢之人不明道理，未必能為名節而死。怯懦之夫心知嚮慕道義，則處處都能勉勵自己。怯夫，懦夫；膽小的人。[281]耎 通「軟」。柔弱；懦弱。[282]頗 很；大抵。[283]去就 指捨生取義。[284]湛 通「沉」。[285]累紲 捆綁罪人的繩索。引申為牢獄。累，通「縲」。[286]臧獲 古代對奴婢的賤稱。[287]婢妾 女奴隸。[288]函 包含；容納。[289]鄙 恥；羞恥。[290]文采 泛指文辭。[291]摩滅 磨損消滅；消亡。摩，通「磨」。[292]演 推演；闡發。[293]離騷 屈原所作賦名。離，指離別。騷，愁緒。屈原被放逐後，心中愁悶，遂作〈離騷〉，以抒發情感，諷喻諫君。後遂成為一種流行的文體。[294]左丘 即左丘明，姓左丘，春秋時魯國人。相傳曾任魯太史，曾為魯國國史《春秋》作傳，稱《春秋左氏傳》，亦稱《左氏春秋》，簡稱《左傳》。與《穀梁傳》、《公羊傳》並稱《春秋》三傳。[295]厥 乃；才。副詞。[296]國語 書名。又稱《春秋外傳》，相傳春秋末人左丘明作。分國記述春秋時周、魯、齊、晉、鄭、楚、吳、越八國史事，以晉最詳，上起周穆王十二年（西元前九九〇年），迄於周貞定王十六年（西元前四五三年）。[297]臏 古代一種剔去膝蓋骨的酷刑。[298]脩列 編纂撰述。[299]不韋 即呂不韋。見前注。[300]遷 古代一種刑罰，即流放刑。[301]呂

覽 即《呂氏春秋》。秦國末年秦相呂不韋使其門客各著所聞，集論成書，雜揉各家之說。以書中有〈有始〉、〈孝行〉、〈慎大〉、〈先識〉、〈審分〉、〈審應〉、〈離俗〉、〈恃君〉八覽，故別稱《呂覽》。302說難孤憤 皆《韓非子》中的篇名。303大氐 大抵；大多。氐，抵；歸。304鬱結 謂憂思煩冤糾結不解。305思來者 期待將來的人能夠見到自己的志向。306左丘明 越本、景祐本及《文選》皆無「明」字。307書策 書冊；書籍。308見 通「現」。309不遜 謙詞。不自量。310自託 自己有所依託。311稽考 查。312極刑 酷刑；嚴刑。313慍色 怨恨的臉色。314其人 指流傳其書的人。315通邑 交通便利的城市。316負下 所憑汙下。指背負汙辱之名。317下流 河流的下游。比喻眾惡所歸的地位。318口語 指言論或議論。319鄉黨 家鄉的人；鄉親。周制，一萬二千五百家為鄉，五百家為黨。320戮笑 恥笑。321丘 墳墓。《方言》第十三：「冢，自關而東謂之丘。小者謂之塿，大者謂之丘。」322彌 益；更加。323忽忽 恍惚；迷糊。324亡 丟失；喪失。325如 去；前往。326閨閤 指宮禁、宮內。327深藏於巖穴 指隱士。巖穴，山洞。328且 副詞。姑且；暫且。329狂惑 狂妄糊塗。《文選》注引鬻子：「知善不行者謂之狂，惡不改者謂之惑。」330無乃 恐怕是；莫非。表示委婉測度的語氣。331指 通「旨」。意；想法。332瑑 刻。333曼 美。334祗適；正。

【語譯】司馬遷被處腐刑之後，擔任中書令，受到尊寵，任職用事。舊友益州刺史任安給司馬遷去了一封信，以古代賢臣的義行來要求他。司馬遷回覆他說：

2 「少卿足下：前些時候承蒙賜書，教我注意待人接物，以推舉賢人志士為己任，情意懇切至誠，好像怨我沒有尊重聽從這個意見，而為世俗的輿論所左右。我不敢這樣啊。我雖然愚鈍無能，但也曾經聽說過長者的遺風。只是自認為身體殘缺，地位卑賤，動輒得咎，本想對事情有所補益，卻反招致損害，因此心情抑鬱而無處訴說。諺語說：『為誰去做呢？讓誰聽我說呢？』這大概就是鍾子期死後，伯牙終身不再彈琴的原因。為什麼？士人為知己者效力，女人為喜歡自己的人打扮。像我這樣身體殘缺不堪的人，即使懷有隨侯珠、和氏璧那樣的才具，行為操守如同許由、伯夷，也終不會以此為榮，只會令人恥笑、自取其辱罷了。

3 「書信本該早點回覆，適逢隨皇上東巡歸來，又忙於日常事務，能與您相見的日子很少，倉猝忙碌之中沒有片刻空閒時間來傾訴我的心意。如今少卿身負無法預測後果的罪行，再過一個月，就要到季冬月了，我又不得不隨從皇上前往雍，擔心您在這期間遭遇不幸。如果是這樣，我將終究不能一抒胸臆，把心中的憤懣告訴您，而長逝者的靈魂也將會一直怨恨我。請允許我略陳鄙陋之見。隔了這麼久沒有給您回信，希望不要見怪。

4 「我聽說，修養身心是智慧的寶庫，樂善好施是仁慈的開端，取予適度是義氣的標誌，知道恥辱才能做出勇敢的決斷，建立功名是操行的極致。士人具備了這五種品德，然後就可以託身於世，列入君子的行列了。所以禍患沒有比貪求利益更慘痛的，悲哀沒有比傷心更痛苦的，行為沒有比辱沒祖先更醜陋的，而恥辱沒有比受宮刑更大的。受過宮刑的人，人們不願和他們相提並論，不是現在才如此，很久以前就這樣了。昔日衛靈公和宦官雍渠一起乘車，孔子立即離開衛前往陳國；商鞅靠宦官景監得以謁見秦孝公，趙良感到寒心；和我父親同名的宦官趙談做文帝的驂乘，爰盎勃然作色：自古以來就鄙視他們。即使是資質平庸的人，如果事情與宦官有關，沒有不感到灰心氣短的。何況是慷慨激昂之士！如今朝廷雖然缺乏人才，但又怎麼能讓受過宮刑的人來推薦天下的豪傑才俊呢！我仰賴祖先的餘業，得以任官侍奉皇帝車前，已經二十多年了。所以自己思忖：首先，我不能報效忠心信義，享有計策奇妙和才能出眾的讚譽，來取得明主的賞識；其次，又不能彌補國家政治的缺失，招覽賢才推舉能士，顯揚隱居山林之士；對外，我不能參軍入伍，攻城野戰，建立斬殺敵將拔掉敵人旗幟的功勞；最後，不能累積時日積攢勞苦，取得高官厚祿，成為宗族朋友的榮耀。這四條沒有一條能做到，只是苟且迎合，取悅主上以求容身，沒有一丁點貢獻，由此就可以看出來了。以前，我也曾躋身下大夫之列，陪在外朝發表些膚淺的議論。不在那個時候匡正綱紀，盡心思考國家大事，如今身體已經殘缺不全，身為宮中掃除的僕隸，處身卑賤人之中，卻要昂首揚眉，議論陳說是非曲直，不也太輕視朝廷，羞辱當世之士了嘛！唉！唉！像我這樣的，還說什麼呢！還說什麼呢！

5 「況且事情的原委不容易說清楚。我少年時自負懷有不可限量的才能，長大後卻沒有得到鄉里的讚譽，主上因我先人的緣故寵幸於我，使我得以奉小技，出入宮禁之中。我以為戴著盆就無法望天，所以斷絕賓客的交往，忘卻了家室的產業，日夜想著竭盡自己不像樣的才幹，致力一心做好自己的本職事務，以求得到皇上的親近喜愛。但是事情卻大謬不然。我和李陵一同在門下供職，平時關係並不親近，興趣愛好也各不相同，更沒有交杯換盞互敘衷腸之歡。然而我觀察他的為人本是個奇士，侍奉雙親孝順，結交士人誠信，面對錢財廉潔，取捨給予義氣，尊卑有別，謙讓有禮，恭敬謙遜甘居人下，常想奮不顧身解救國家危難。他平素的所作所為，我認為有國士的風度。作為人臣，出入萬死之危險而不顧及一次自己的生死，奔赴國家之危急，這已經很奇特了。現在辦事一有不當，那些保全了自身和妻子的大臣就隨即編造誇大他的過錯，我對此實在很痛心。況且李陵率領步卒不足五千人，深入匈奴戎馬之地，足跡到達匈奴王庭，以自己為誘餌深入虎口，勇敢地挑戰強胡，北向攻打匈奴的億萬軍隊，與單于連續戰鬥十餘日，殺死的敵人遠遠超過損失的。胡虜救死扶傷不暇，穿著旃裘的胡人首領為之震驚恐懼，於是悉數徵調左右賢王各部，出動所有能彎弓射箭的百姓，全國共同攻打包圍他。李陵轉戰千里，箭矢用光，進退無路，救兵不到，士卒死傷如同山積。然而李陵一聲呼喊慰勞士兵，士兵無不奮起，鞠躬流涕，血流滿面，咽下淚水，張開無矢的弩弓，冒著白刃，衝向北方爭著與敵人決一死戰。李陵沒有覆沒時，有使者來報告消息，漢公卿王侯舉觴向皇上祝賀。幾天後，李陵戰敗的書信傳來，皇上為此吃飯沒有滋味，臨朝聽政也沒有心情。大臣憂心恐懼，不知道該怎麼辦。我私下不自量自己的卑微低賤，看到皇上淒慘悲痛，真心想進獻自己的愚見。我認為李陵平日裡與士大夫同甘共苦，能使將士為他拼死效力，即使是古代名將也不過如此。他雖然陷落戰敗，但觀察他的心意，可能是想尋找機會將功抵罪報效漢。事已至此也沒有辦法了，然而他殺傷挫敗敵人，功勞也足以顯揚天下。我想向皇上陳說這些想法，卻無路進言。恰巧遇到皇上召見詢問此事，就按此意申說李陵的功勞，想要開闊皇上的想法，堵塞那些偏頗仇恨之辭。未能完全表明心意，明主不能深入了解，以為我要詆毀貳師將軍，而為李陵遊說辯護，就把我送交大理問罪。一片忠心，始終不能向皇上陳明，因此被定為欺誣主上，最終皇上同意官吏的論罪。家境貧窮，財產不足以為自己贖罪，朋友沒有人救我，左右親近的人也不為我說一句話。我不是木頭石塊，卻與獄吏為伴，深深地幽禁在監獄之中，又有誰可以傾訴呢！這些正是少卿你親眼所見的，我做事難道不是這樣嗎？李陵既然已經投降，毀壞了他的家族聲譽，而我又在蠶室受了宮刑，被天下觀看恥笑。可悲啊！可悲啊！

6 「事情不容易一一對俗人說清楚。我的祖先沒有立下剖符丹書的功勞，掌管文書史事、天文曆法，近乎於卜、祝之間，本來就是皇上玩弄的對象，當成倡優來豢養，被社會上流行的看法輕視。即使我伏法被殺，就如同九牛失去一毛，與螻蛄螞蟻有什麼不同？而世人也不說我是能為氣節而死的人，只是以為智力窮盡罪大惡極，無法自己免罪，最終只能就死罷了。為什麼呢？平素自己的所作所為導致這樣。人終有一死，有的死重於泰山，有的輕於鴻毛，是因為死的意義不同。最好的是不辱沒祖先，其次不辱自身，再次不辱顏面，再次不辱言詞，再次屈膝下跪受辱，再次穿上囚服受辱，再次戴枷綁繩杖打受辱，再次剃去毛髮鐵鉗束頸受辱，再次毀壞肌膚殘斷肢體受辱，最下一等的是受腐刑，受辱之極了。書傳上說『刑罰不用於大夫以上的人』，這是說士的節操不能不磨礪。猛虎處於深山中，百獸都感到震驚恐懼，等到牠落入陷阱籠檻之中，卻搖著尾巴乞求食物，是因為長期受人制約漸成這樣的。所以有的士人看到地上畫的牢房絕不進入，木頭刻的獄吏絕不回答，是做好了寧死不屈的打算。現在把手腳並在一起，戴上枷鎖，暴露肌膚，遭受杖擊棰打，幽禁在監牢之中，在這個時候，看見獄吏就把頭磕到地上，看見刑徒奴隸就心驚肉跳屏住呼吸。為什麼呢？是長期受到威力制約造成的。等已經到了這一地步，再說不受辱，就是所謂的強要面子了，有什麼值得寶貴的呢！況且西伯周文王，身為伯，被關押在牖里；李斯，身為相，受了五刑；淮陰侯韓信，曾為王，在陳被戴上刑具；彭越、張敖是南向稱孤的諸侯王，都被捕入獄定罪；絳侯周勃誅殺諸呂，權勢超過春秋五霸，被囚禁在請室；魏其侯灌嬰，身為大將，被穿上囚服，戴上木枷；季布曾經賣身到朱家做頸戴鐵圈的奴隸；灌夫曾被關押在居室監獄受辱。這些人都身至王侯將相，聲名遠播於鄰國，等到犯了大罪，卻不能下決心自殺。人生活在塵世之中，古今都一樣，哪裡能不受屈辱呢！由此說來，勇敢、怯懦是勢決定的；強大、弱小是形決定的。明白這些道理，還有什麼值得奇怪的！況且人不能早點自行了斷以避免法律的制裁，已經漸受淩辱到了接受鞭打杖棰的地步，才想到為了節操而自殺，這不也太遲了嗎！古人之所以重視對大夫施刑，大概就是因為這一點吧。人之常情，都貪生惡死，顧念父母親戚，眷戀妻子兒女，至於受道義理想激勵者不這樣，是有不得已的原因。如今我十分不幸，早早地失去了雙親，沒有兄弟之親，孤身一人獨自活在世上，少卿看我對妻子兒女又怎麼樣呢？況且勇敢的人不一定會為氣節而死，懦夫仰慕道義的話，何處不能奮發自勉呢！我雖然怯懦想苟且活命，但也還是知道應該如何選擇的，何至於使自己深陷牢獄的恥辱啊！況且奴僕婢妾尚且能夠自殺，何況像我這樣已到了不得已的地步呢！之所以偷偷忍受恥辱苟且活著，將自己置於糞土之中而不推辭，是遺憾自己尚有未了的心願，恥於死後文采無法在後世顯揚。

7「古時人富貴但名字被人遺忘的，多得記不過來，只有傑出超凡的人才會被人稱道。所以西伯被拘禁，才推演出《周易》；仲尼受困厄，才寫出《春秋》；屈原遭放逐，才賦成《離騷》；左丘雙目失明才集有《國語》；孫子受了臏刑，《孫子兵法》才編纂出來；呂不韋被流放到蜀，世上才流傳開《呂覽》；韓非子被囚禁秦國，才有了〈說難〉、〈孤憤〉。《詩》三百篇，大多都是聖賢為了抒發憤懣而作。這些人都是心情抑鬱不舒，不能達成自己的志向，所以才追述往事，期待將來有人能夠理解他們。而像左丘明失明，孫子被砍斷腿，最終不能夠被任用，回家著書立策來抒發心中的憤怒，期望留下文章來表明自己的心跡。我私下不自量力，近來寄託於沒有才情的文辭，搜集天下散佚的古代傳聞，考證以往的行事，考察成敗、興衰的道理，總共一百三十篇，也想以此探究天道人事之間的關係，了解古今的變化，成就一家之言。文稿初具規模，還沒有完成，就遇到這次大禍，痛惜它尚未完成，所以就接受了極刑而面無怨恨之色。我如果能夠著成此書，將它藏在名山，流傳於都會城市的人中，那麼我也就償還了以前受辱的債，即使被殺一萬次，難道有什麼可後悔的！然而這些可以跟智者說，卻難以向俗人講。

8「況且背負汙辱之名不容易處世，居於下流多受誹謗非議。我因言論遭遇這一禍殃，深為鄉里恥笑，玷汙辱沒祖先，又有什麼臉面再去上父母的墳墓？即使過了百代，汙垢只會更嚴重罷了！所以愁腸一天之中九轉，在家時恍恍惚惚好像丟了什麼，出門時則不知道自己要去哪裡。每每一想到這個恥辱，背上未嘗不流出汗水沾溼衣服。自己只是一個宮禁之臣，怎麼能引退為深藏於世上的隱士呢！所以暫且隨從世俗沉浮，與時代一起俯仰，迎合它的狂妄糊塗。如今少卿卻教我去推舉賢人進薦士人，這不是和我私下的想法相違背嗎？

現在即使想要修飾偽裝自己，用漂亮話來為自己解脫，也沒有用，不能取信於世俗，只會自取其辱罷了。總之只有等到死的那天，然後是非才可以確定。書信無法全部表達我的心意，所以大致陳述一下淺陋的想法。」

遷既死後，其書稍出。宣帝❶時，遷外孫平通侯楊惲❷祖述❸其書，遂宣布❹焉。至王莽❺時，求封遷後，為史通子❻。

【章　旨】以上為第五部分。述司馬遷死後，《史記》的流傳和其後代情況。

【注　釋】❶宣帝　漢宣帝劉詢。西元前七四－前四九年在位。詳見卷八〈宣帝紀〉。❷平通侯楊惲　（西元前？－西元五四年），華陰（今陝西華陰）人。司馬遷外孫。宣帝時因告發霍氏謀反，封平通侯。事跡見卷六十六〈楊敞傳附子惲〉。❸祖述　闡述；發揚。祖，尊崇。❹宣布　公諸於眾。❺王莽　新朝皇帝。事跡見卷九十九〈王莽傳〉。❻史通子　史通國，子爵。因司馬遷世代為史官，通於古今，故以此為封國名。

【語　譯】司馬遷死後，他的書逐漸在世上流傳。宣帝時，司馬遷外孫平通侯楊惲宣傳他的書，於是將其書公諸於眾。到王莽時，尋找分封司馬遷的後人，封為史通子。

贊曰：自古書契❶之作而有史官❷，其載籍❸博矣。至孔氏纂❹之，上繼唐堯❺，下訖❻秦繆❼。唐虞以前雖有遺文❽，其語不經❾，故言黃帝、顓頊之事未可明也。及孔子因魯史記而作春秋，而左丘明論輯❿其本事⓫以為之傳，又纂異同為國語。又有世本⓬，錄黃帝以來至春秋時帝王公侯⓭卿大夫祖世⓮所出。春秋之後，七國⑮並爭，秦兼⑯諸侯，有戰國策⑰。漢興伐秦定天下，有楚漢春秋⑱。故司馬遷據左氏⑲、國語，采世本、戰國策，述楚漢春秋，接其後事，訖于天漢⑳。其言秦漢，詳矣。至於采經摭㉑傳，分散數家之事，甚多疏略㉒，或有抵梧㉓。亦其涉獵者廣博，貫穿經傳，馳騁古今，上下數千載間，斯以勤矣。又其是非頗繆㉔於聖人，論大道則先黃老而後六經，序㉕遊俠㉖則退㉗處士㉘而進姦雄㉙，述貨殖則崇勢利而羞賤貧，此其所蔽㉚也。然自劉向㉛、揚雄㉜博極群書，皆稱遷有良史之材，服其善序事理，辨而不華㉝，質㉞而不俚㉟，其文直，其事核㊱，不虛美，不隱惡㊲，故謂之實錄㊳。嗚呼！以遷之博物㊴洽聞㊵，而不能以知自全㊶，既陷極刑，幽而發憤，書亦信矣㊷。迹㊸其所以自傷悼，小雅㊹巷伯㊺之倫㊻。夫唯大雅㊼「既明且哲，能保其身㊽」，難矣哉！

【章　旨】以上為班固的評論。班固敘述了司馬遷作《史記》之前的史籍情況，司馬遷撰寫《史記》所使用的資料，並對《史記》的得失進行評價。

【注　釋】❶書契　指文字。書，文字。契，古代刻木在其側面書寫。❷史官　主管文書、典籍，並負責修撰前代史書和搜集記錄當代史料的官員。❸載籍　書籍；典籍。❹籑　通「撰」。❺唐堯　姓伊祁（亦作伊耆），名放勳。傳說古帝王名。帝嚳之子，初封於陶，又封於唐，號陶唐氏。以子丹朱不肖，傳位於舜。詳見《史記・五帝本紀》。❻訖　通「迄」。到；至。❼秦繆　即秦穆公，名任好。繆，通「穆」。春秋時秦國國君，秦德公之子，西元前六五九－前六二一年在位。統治期間，選賢任能，任用百里奚、由余、孟明治國，東奪晉河西地，西霸西戎，秦自此強大。❽遺文　古人或死者留下的詩文。❾不經　非經典所說，不足信。❿論輯　編次輯集。輯，通「集」。⓫本事　原事；舊事。⓬世本　書名。作者不詳。記載自黃帝至秦代（一說春秋）帝王公侯卿大夫的世系及事跡。本書卷三十〈藝文志〉著錄有十五篇，唐人避太宗諱，或稱系本，約在宋時亡佚。現存數種清代人輯本。⓭公侯　周代分封諸侯的前二等：公爵和侯爵。《禮記・王制》：「王者之制祿爵，公侯伯子男凡五等。」⓮祖世　世代。⓯七國　指戰國時國力強大的秦、楚、燕、齊、韓、趙、魏七國。⓰兼　併吞；兼併。⓱戰國策　記載戰國史事和策士議論、權謀的書。作者不詳。原有《國策》、《短長》、《事語》等名稱，西漢劉向整理後命為今名。共三十三篇。⓲楚漢春秋　書名。西漢陸賈撰。記秦末楚漢戰爭時期至漢文帝時史事。〈藝文志〉著錄有九篇，唐以後散佚，現存清人輯本一卷。⓳左氏　下脫「春秋」二字。《漢紀・孝武紀》引此贊稱「左氏春秋」。⓴天漢　原作「大漢」。楊樹達說，當為「天漢」。漢朝之美稱。意為上天所立漢。㉑摭　拾；搜集。㉒疏略　粗疏簡略。㉓抵梧　即抵牾。矛盾；不相一致。抵，觸。梧，通「牾」。違逆；不順從。㉔繆　誤。㉕序　通「敘」。敘述。㉖遊俠　古代稱輕生重義、勇於救人急難的人。㉗退　罷黜；貶退。㉘處士　有才德而隱居不仕的人，亦泛指未做過官的士人。㉙姦雄　本指淆亂是非的辯士。後多指弄權欺世、竊取高位的人。㉚蔽　弊端。㉛劉向　本名更生，字子政，西漢中後期沛（今江蘇沛縣）人。漢皇族。治《穀梁傳》。宣帝時官至中壘校尉，因進鬼物為金之術，不驗，獲罪。成帝時奉命校閱群書，編纂了中國歷史上最早的目錄學著作《別錄》。撰有《五經通義》、《洪範五行傳》等，已佚，《列女傳》、《新序》、《說苑》，今存。㉜揚雄　字子雲，西漢後期蜀郡成都（今四川成都）人。出身農民，為人口吃，好學勤思，不為章句之學。成帝時入仕。新莽時為大夫，校書天祿閣。仿《論語》作《法言》，仿《易經》作《太玄》。撰《方言》記錄當時各地方言。㉝華　華麗；浮華。㉞質　樸實；淳樸。㉟俚　鄙；粗俗。㊱核　翔實；堅實。㊲隱惡　隱瞞惡事。惡，原作「善」，據汲古諸本改。㊳實錄　據實記錄。㊴博物　通曉各種事物。㊵洽聞　多聞博識。㊶自全　保全自己。㊷書亦信矣　指〈報任安書〉，自陳己志，至誠可信。㊸迹　追尋；推究。㊹小雅　《詩經》組成部分之一。〈雅〉為周王畿內樂調，分〈大雅〉、〈小雅〉。〈小雅〉，七十四篇，大多產生於西周後期和東周初期。㊺巷伯　《詩・小雅》中的詩篇。巷伯，宦官，遭遇讒言而作詩。詩中有「萋兮菲兮，成是貝錦」句。㊻倫　類。㊼大雅　《詩經》的組成部分之一。〈大雅〉多為西周王室貴族的作品，主要歌頌周王室祖先乃至武王、宣王等之功績，有些詩篇也反映了厲王、幽王的暴虐昏亂及其統治危機。㊽既明且哲二句　載於〈大雅・烝民〉，尹吉甫所作。此句為歌頌仲山甫美德，意為明智的人不參與可能給自己帶來危險的事。後多指生怕有損於自己而喪失原則的處世態度。

【語　譯】史官評議說：自古代文字產生起就有了史官，史官記載的典籍多極了。到了孔氏編纂史書，上起唐堯，下止於秦穆公。唐堯虞舜以前雖然有留下的文字，但卻不記於經典，所以說黃帝、顓頊的事跡已經搞不清楚了。等到孔子根據魯國的史記撰寫《春秋》，而左丘明編次輯錄它本來的史事為它作傳，又將其沒有記載的史事撰寫作《國語》。又有《世本》，記錄黃帝以來至春秋時帝王公侯卿大夫的世代系譜。春秋之後，七國群起紛爭，秦兼併諸侯，而有了《戰國策》。漢興起討伐秦，平定天下，而有了《楚漢春秋》。所以司馬遷根據《左氏》、《國語》，採諸《世本》、《戰國策》，引述《楚漢春秋》，續寫它以後的事情，截至大漢朝。它記述秦漢歷史最為詳盡了。至於從經傳中擇取素材，分散載述數家的史事，則過於粗疏簡略，有的地方互相矛盾。也因其書涉獵的內容廣博，將經典傳記融會貫通，馳騁古今，上下數千年之間，這已經用力甚勤了。但他評論是非多不同於聖人，論述大道則先推崇黃老而後才述《六經》，敘述游俠則貶退處士而掖進奸雄，記述經商營利則推崇權勢財利而鄙視貧賤，這是它蔽陋糊塗的地方。然而自劉向、揚雄那樣博覽群書的人，都稱讚司馬遷具備良史的才能，佩服他善於敘述事情的脈絡，明辨而不浮華，樸實但不粗俗，它的文字直率真實，記載的事情翔實，不虛意讚美，不隱晦醜惡，所以稱之據實著錄。可悲啊！以司馬遷的博學多聞，卻不能以自己的知識保全自己，受到極刑處罰後，鬱悶發憤，他給任安的書信可謂赤誠坦蕩了。看他這樣自我感傷悲痛，很像〈小雅．巷伯〉之類。但是要做到〈大雅〉「既明白且智慧，能保全自身」的境界，就很難了啊！

【研　析】司馬遷是中國歷史上第一部紀傳體通史《史記》的作者，《史記》對中國傳統史學的形成和發展產生了巨大影響。因此，本卷主要圍繞司馬遷撰述《史記》展開。

卷首將司馬遷的始祖追述至遠古的重、黎，難免傳說的色彩，但自周以來的世系則較為可信。司馬遷的父親司馬談是一位學識淵博、見解不凡、有遠大理想抱負的人。他所著〈論六家要旨〉，雖然如班固所評價，有些過於褒揚黃老之學，但大體上切中六家肯綮，是後人認識先秦至秦漢時期思想流派的經典之文。

司馬遷不僅遺傳了父親的才華，而且矢志繼承父親的遺志，「欲以究天人之際，通古今之變，成一家之言」，撰寫一部流芳百世的史書。其間，他遭遇了李陵之禍，身受世人不齒的宮刑，是撰寫《史記》的偉大理想和信念支撐著他，才讓他忍受了這一巨大的屈辱和痛苦，以頑強的毅力完成了這部一百三十卷的史學巨著。

班固曾批評《史記》「是非頗繆於聖人」，「序遊俠則退處士而進姦雄，述貨殖則崇勢利而羞賤貧」，然而這恰恰反映了司馬遷超越時代的開放史觀，正是由於〈游俠列傳〉和〈貨殖列傳〉的設置，才使後人得以全面、立體地了解當時的世界。而對於司馬遷「善序事理，辨而不華，質而不俚，其文直，其事核，不虛美，不隱惡」，連劉向、揚雄這樣的博學多聞之士都感慨其「有良史之材」，班固也心悅誠服，歎之為「實錄」。

卷六十三

武五子傳第三十三

【題解】本傳敘述漢武帝五個兒子戾太子劉據、齊王劉閎、燕王劉旦、廣陵王劉胥、昌邑王劉髆及其子劉賀的事跡。漢武帝共六子，除昭帝劉弗陵另入紀外，其他五人合於此傳。武帝以衛皇后所生的劉據為太子。武帝晚年，衛皇后失寵，江充當權。江充與太子、衛皇后有嫌隙，擔心將來太子即位對自己不利，遂藉巫蠱之事陷害太子。太子被迫殺死江充，舉兵自衛，兵敗出逃，至湖縣自殺。燕王劉旦行事不謹，武帝厭之，立少子弗陵為帝。武帝逝世後，劉旦不甘心失去皇位，與中山哀王、齊王等密謀發動政變未遂，齊王劉閎等被殺，未追究劉旦之罪。劉旦不思悔改，又與蓋長公主、上官桀父子、桑弘羊等人謀劃共殺霍光，廢黜昭帝，欲取而代之，事洩被勒令自殺。廣陵王劉胥舉止不守法度，為了登上帝位，命女巫詛咒昭帝、昌邑王和宣帝，陰謀未能得逞，亦因此獲罪被殺。齊王劉閎之事無足採者，只記述了漢武帝封立劉閎的策文。昌邑哀王劉髆早夭，霍光迎立其子劉賀為昭帝之後，繼承皇位。劉賀行為淫亂，在位僅二十七天即被廢。宣帝時，封海昏侯，食邑四千戶，就國豫章。死後國除。

1 孝武皇帝❶六男。衛皇后❷生戾太子❸，趙婕妤❹生孝昭帝，王夫人❺生齊❻懷王閎，李姬❼生燕❽剌王旦、廣陵❾厲王胥，李夫人❿生昌邑⓫哀王髆。

【章旨】以上為本卷的第一段，概括介紹武帝的六個兒子及其生母。

【注釋】❶孝武皇帝　（西元前一五六－前八七年），即西漢武帝劉徹。詳見卷六〈武帝紀〉。❷衛皇后　（西元前？－前九一年），即衛子夫，河東平陽（今山西臨汾）人。元朔元年（西元前一二八年）生戾太子，被立為皇后。詳見卷九十七上〈外戚傳上〉。❸戾太子　（西元前一二八－前九一年），即劉據。戾為諡號。❹趙婕妤　（西元前？－前八八年），即鉤弋夫人、拳夫人，河間（今河北獻縣）人。武帝巡狩河間時得幸，進為婕妤。太始三年（西元前九年）生子弗陵。詳見卷九十七〈孝武鉤弋趙倢伃傳〉。婕妤，同「倢伃」。女官名。漢武帝時置。位視上卿，秩比列侯。❺夫人　皇帝的妾。❻齊　封國名。都臨淄，今山東淄博東北臨淄鎮。❼李姬　不知其官秩，故云李姬。姬，漢代宮中女官名。❽燕　封國名。都薊，今北京城西南隅。❾廣陵　封國名。都廣陵，今江蘇揚州西北。❿李夫人　李延年妹。中山（今河北定州）人。善歌舞，深得武帝寵幸。昭帝時追贈為孝武皇后。詳見卷九十七上〈外戚傳上〉。⓫昌邑　王國名。都昌邑，今山東金鄉西北。

【語譯】漢武帝一共有六個兒子。衛皇后生戾太子劉據，趙婕妤生孝昭帝，王夫人生齊懷王劉閎，李姬生燕剌王劉旦和廣陵厲王劉胥，李夫人生昌邑哀王劉髆。

1 戾太子據，元狩元年❶立為皇太子，年七歲❷矣。初，上年二十九乃得太子，甚喜，為立禖❸，使東方朔❹、枚皋❺作禖祝❻。少壯❼，詔受公羊春秋❽，又從瑕丘❾江公❿受穀梁⓫。及冠⓬就宮，上為立博望苑⓭，使通⓮賓客，從其所好，故多以異端⓯進者。元鼎四年⓰，納史良娣⓱，產子男進，號曰史皇孫⓲。

2 武帝末，衛后寵衰，江充⓳用事⓴。充與太子及衛氏有隙㉑，恐上晏駕㉒後為太子所誅，會[23]巫蠱事[24]起，充因此為姦。是時，上春秋[25]高，意多所惡，以為左右皆為蠱道祝詛[26]，窮治[27]其事。丞相公孫賀[28]父子，陽石[29]、諸邑公主[30]，及皇后弟子長平侯衛伉[31]皆坐[32]誅。語在公孫賀、江充傳。

3 充典治[33]巫蠱，既知上意，白[34]言宮中有蠱氣，入宮至省中[35]，壞御座[36]掘地。上使按道侯韓說[37]、御史[38]章贛、黃門[39]蘇文等助充。充遂至太子宮掘蠱，得桐木人[40]。時上疾，辟暑[41]甘泉宮，獨皇后、太子在[42]。太子召問少傅[43]石德[44]，德懼為師傅并誅，因謂太子曰：「前丞相父子、兩公主及衛氏皆坐此，今巫與使者掘地得徵驗[45]，不知巫置之邪？將實有也？無以自明，可矯[46]以節[47]收捕充等繫獄[48]，窮治其姦詐。且上疾在甘泉，皇后及家吏[49]請問皆不報，上存亡未可知，而姦臣如此，太子將不念秦扶蘇事[50]耶？」太子急，然德言[51]。

4 征和二年[52]七月壬午[53]，乃使客為使者收捕充等。按道侯說疑使者有詐，不肯受詔，客格殺[54]說。御史章贛被創[55]突亡[56]，自歸甘泉。太子使舍人無且[57]持節夜入未央宮[58]殿長秋門[59]，因長御[60]倚華具白[61]皇后，發中廄[62]車載射士[63]，出武庫[64]兵[65]，發長樂宮[66]衛[67]，告令百官曰江充反。迺斬充以徇[68]，炙胡巫[69]上林[70]中。遂部賓客為將率[71]，與丞相劉屈氂[72]等戰。長安中擾亂，言太子反，以故眾不肯附。

太子兵敗，亡❼❸，不得❼❹。

【章　旨】以上為〈劉據傳〉的第一部分，簡介戾太子劉據的生平及所學，及因巫蠱事件被迫殺死江充，舉兵自衛，兵敗出逃的經過。

【注　釋】❶元狩元年　西元前一二二年。元狩，漢武帝的年號，西元前一二二—前一一七年。❷七歲　元狩元年七歲，生年當是元朔元年（西元前一二八年）。❸禖　古人求子之祭。也指求子所祭之神。❹東方朔　（西元前一五四—前九三年），字曼倩，平原郡厭次縣（今山東惠民）人。詳見卷六十五〈東方朔傳〉。❺枚皋　字少孺，淮陰（今江蘇淮陰）人。詳見卷五十一〈枚乘傳附枚皋傳〉。❻禖祝　祭祀禖神時的祝辭。❼少壯　逐漸長大。❽公羊春秋　亦稱《春秋公羊傳》。相傳為戰國齊人公羊高所著。專門闡釋《春秋》的著作。❾瑕丘　縣名。秦置，治今山東兗州東北。❿江公　魯申公弟子。⓫穀梁　《春秋穀梁傳》的省稱。相傳戰國人穀梁赤撰。內容專釋《春秋》，與《春秋公羊傳》、《春秋左氏傳》合稱《春秋》三傳。⓬冠　古時男子二十歲加冠，表示已經成年。⓭博望苑　在長安杜門外五里。⓮通　往來；交往。⓯異端　漢武帝罷黜百家，獨尊儒術，其他學說、學派被稱作異端。⓰元鼎四年　西元前一一三年。元鼎，漢武帝的年號，西元前一一六—前一一一年。⓱史良娣　（西元前？—前九一年），魯（今山東曲阜）人。宣帝祖母。良娣，太子之妾。太子有妃（正妻），有良娣，有孺子，凡三等。⓲史皇孫　以舅氏姓為氏。⓳江充　（西元前？—前九一年），字次倩，趙國邯鄲（今河北邯鄲）人。詳見卷四十五〈江充傳〉。⓴用事　當權；掌權。㉑隙　感情的裂痕。此指因猜疑或不滿而產生的惡感、仇怨。㉒晏駕　車駕晚出。帝王之死的諱辭。㉓會　正好；恰巧。㉔巫蠱事　指巫蠱之禍。漢武帝時因巫蠱而引起的一場統治者內部的鬥爭。巫蠱，漢時迷信，以為用巫術詛咒及用木偶人埋地下，可以害人，稱為「巫蠱」。㉕春秋　年齡；年歲。㉖祝詛　訴於鬼神，使降禍於自己所憎恨之人。㉗窮治　徹底處治。㉘公孫賀　（西元前？—前九二年），字子叔，北地郡義渠縣（今甘肅寧縣）人。其子名敬聲。詳見卷六十六〈公孫賀傳〉。㉙陽石　陽石公主。衛皇后所生。陽石，縣名。在今山東掖縣南。㉚諸邑公主　衛皇后所生。諸邑，縣名。在今山東諸城西南。㉛長平侯衛伉　大將軍衛青子。長平，縣名。在今河南西華東北。㉜坐　定罪；由……而獲罪。㉝典治　掌管治理。典，主持；主管。㉞白　報告。㉟省中　宮禁之中。原稱禁中，後因避元帝皇后王政君父王禁諱，改稱省中。一說漢代帝王所居曰禁中，諸公所居曰省中。㊱御座　皇帝的寶座。㊲韓說　（西元前？—前九一年），韓王信後代。初以校尉從大將軍衛青擊匈奴，有功封侯。㊳御史　官名。此指御史大夫的屬官，隸御史中丞。執掌察舉官吏違失及非法，兼掌律令、刻印、齋祀和廄馬、護駕等事宜。㊴黃門　即黃門郎。官名，漢承秦置，即郎官給事於黃門（宮門）之內者。掌侍從皇帝，顧問應對。㊵桐木人　用桐木製成的木偶。㊶辟暑　即避暑。㊷在　指在京師。㊸少傅　官名。即太子少傅。西漢置。執掌輔導太子，秩二千石，與太子太傅同領太子官屬。位次太子太傅。㊹石德　顏師古注為「石慶之子」，此說不確。《漢書補注》引周壽昌考證，此石德與石慶之子同名，非一人。可從。㊺徵驗　證據；事實根據。㊻矯　假託詔命。㊼節　符節。皇帝交給使者執行使命的憑證。㊽繫獄　囚禁於牢獄。㊾家吏　指皇后之吏及太子家吏。㊿秦扶蘇事　秦始皇死，趙高詐殺公子扶蘇，而立胡亥。(51)太子急二句　太子因危急而同意石德之言。太子還曾與衛皇后議，見〈五行志〉。(52)征和二年　西元前九一年。征和，漢武帝的年號（西元前九二－前八九年）。(53)七月壬午　夏曆七月初九。壬午，干支紀日的具體日期。(54)格殺　擊殺。(55)被創　受傷。(56)突亡　急促逃走。(57)無且　人名。(58)未央宮　漢代宮殿名，在西安市長安故城內西南隅。皇后所居。(59)長秋門　長秋殿之門。(60)長御　宮中女官名。侍從皇后。位比侍中。(61)具白　詳細報告。(62)中廄　皇后車馬所在。(63)射士　弓箭手。(64)武庫　漢代國家收藏兵器之處。西漢初蕭何建於未央宮前殿。初屬中尉，武帝太初元年（西元前一○四年）後改屬執金吾。(65)兵　武器。(66)長樂宮　宮名。皇太后所居。在長安故城內東南隅，今陝西西安西北郊。(67)衛　衛士。(68)狗　巡行示眾。(69)炙胡巫　顏師古注曰：「胡巫受充意指，妄作蠱狀，太子特忿，且欲得其情實，故以火炙之，令毒痛耳。」炙，燒。胡巫，受江充指使妄作巫蠱的胡人。(70)上林　上林苑。故址在今陝西西安市西及周至、戶縣界，周三百餘里。秦漢時帝王遊獵的地方。(71)將率　將帥。率，通「帥」。(72)劉屈氂　（西元前？－前九○年），武帝庶兄中山靖王劉勝子。征和二年，任左丞相。詳見卷六十六〈劉屈氂傳〉。(73)亡　逃亡；逃跑。(74)不得　不能得到；追捕不到。

【語　譯】戾太子劉據，元狩元年立為皇太子，時年七歲。當初，漢武帝二十九歲才生太子，非常高興，為此而設立了求子所祭的禖神，讓東方朔和枚皋寫了祭祀禖神的祝辭。太子逐漸長大，皇上下詔讓他學習《公羊春秋》，又跟隨瑕丘人江公學習《穀梁春秋》。等到二十歲行了冠禮進入宮中，武帝為他修建了博望苑，還讓他結交賓客，滿足他所有的愛好，因此有很多人向他進獻異端之學。元鼎四年，太子娶了史良娣，生了兒子劉進，號稱史皇孫。

2　武帝晚年，衛皇后逐漸失寵，江充當權。江充與太子、衛皇后有嫌隙，擔心皇上去世後自己會被太子誅殺，恰逢巫蠱之事發生，江充乘機實施陰謀詭計。這時，皇上年事已高，心中多有怨恨，認為身邊的人都在用巫蠱之術詛咒害人，徹底追查處理這件事。丞相公孫賀父子、陽石、諸邑兩位公主，以及衛皇后弟弟的兒子長平侯衛伉都因此事定罪被殺。這些事記載在〈公孫賀傳〉和〈江充傳〉裡。

3 江充主管處理巫蠱事件，他已經窺知武帝的心意，報告說宮中有蠱氣，帶人入宮至宮禁之中，毀壞皇帝的寶座，掘地搜查。皇上派按道侯韓說、御史章贛、黃門蘇文等協助江充。江充便到太子宮中掘蠱，挖到一個桐木人。這時武帝有病，在甘泉宮避暑，只有皇后和太子在京城。太子召見少傅石德問計，石德害怕自己是太子的老師而受牽連一併被殺，就對太子說：「此前丞相父子、兩位公主和衛伉都因此獲罪被殺，現在巫師與使者在地下挖到了證據，不知是巫師事先放進去的呢？還是原來實有的呢？恐怕沒辦法自己辯明，可以假託是皇上之命持節將江充等人抓起來關進監獄，徹底查清他們奸偽狡詐的陰謀。況且皇上正病在甘泉宮，皇后和太子的家臣給皇上請安探問，都沒有得到答覆，皇上現在的生死不得而知，而奸臣如此大膽妄為，太子就不想想秦朝太子扶蘇的事嗎？」太子萬分焦急，認為石德說得對。

4 征和二年七月初九，太子派門客冒充使者拘捕江充等人。按道侯韓說懷疑使者有詐，不肯接受詔命，門客擊殺了韓說，御史章贛受傷後急促逃走，自己跑到了甘泉宮。太子派舍人無且拿著符節夜入未央宮長秋門，通過宮中女官倚華將一切都報告了皇后，隨後調發宮中的車馬，滿載弓箭手，拿出武庫中的兵器，調動長樂宮的衛士，告諭百官說江充反叛了。於是把江充斬首示眾，胡巫被燒死在上林苑中。太子安排賓客做將領，與丞相劉屈氂等交戰。長安城中一片混亂，人們都說太子造反了，因此民眾都不肯歸附他。太子兵敗逃走，沒有抓到。

上怒甚，群臣憂懼，不知所出❶。壺關❷三老❸茂❹上書曰：「臣聞父者猶天，母者猶地，子猶萬物也。故天平地安，陰陽和調，物乃茂成；父慈母愛，室家之中，子迺孝順。陰陽不和則萬物夭傷[5]，父子不和則室家喪亡。故父不父則子不子，君不君則臣不臣，雖有粟，吾豈得而食諸[6]！昔者虞舜，孝之至也，而不中於瞽叟[7]；孝己[8]被謗，伯奇[9]放流，骨肉至親，父子相疑。何者？積毀[10]之所生也。由是觀之，子無不孝，而父有不察。今皇太子為漢適嗣[11]，承萬世之業，體祖宗之重，親則皇帝之宗子[12]也。江充，布衣[13]之人，閭閻[14]之隸臣[15]耳，陛下顯而用之，銜[16]至尊[17]之命以迫蹵[18]皇太子，造飾姦詐，群邪錯謬[19]，是以親戚之路鬲塞[20]而不通。太子進則不得上見，退則困於亂臣，獨冤結而亡告[21]，不忍忿忿[22]之心，起而殺充，恐懼逋逃[23]。子盜父兵以救難自免耳，臣竊以為無邪心。詩曰：『營營青蠅，止于藩；愷悌君子，無信讒言；讒言罔極，交亂四國[24]。』往者江充讒殺趙太子[25]，天下莫不聞，其罪固宜。陛下[26]不省察[27]，深過[28]太子，發盛怒，舉大兵而求之，三公[29]自將[30]，智者不敢言，辯士不敢說，臣竊痛之。臣聞子胥[31]盡忠而忘其號[32]，比干[33]盡仁而遺其身，忠臣竭誠不顧鈇鉞[34]之誅以陳其愚，志在匡[35]君安社稷也。詩云：『取彼譖人，投畀豺虎[36]。』唯[37]陛下寬心慰意，少察所親[38]，毋患太子之非[39]，亟[40]罷甲兵，無令太子久亡。臣不勝惓惓[41]，出一旦之命，待罪[42]建章[43]闕[44]下。」書奏，天子感寤[45]。

【章旨】以上為〈劉據傳〉的第二部分，寫武帝得知太子造反，非常震怒，大臣們憂懼交加，想不出妥善之計。壺關三老令狐茂不懼個人安危，上書為太子辯冤。武帝深受感動，終於醒悟過來。

【注釋】❶不知所出　意謂計無所出。出，出謀劃策。❷壺關　縣名。秦置，治今山西長治北。❸三老　秦漢鄉官。秦置鄉三老，漢初增置縣三老。其後郡國亦置。執掌鄉里教化。❹茂　荀悅《漢紀》說是令狐茂。❺夭傷　夭折損傷。❻故父不父四句　見《論語・顏淵》。語序和文字不盡相同。意謂父不像父則子不像子，君不像君則臣不像臣，雖然有糧食，我能吃得上嗎。諸，「之乎」的合音。❼不中於瞽叟　言不當瞽叟之意。中，當；符合。瞽叟，舜的父親。瞽，瞎眼。❽孝己　商高宗之子，有孝行。❾伯奇　周尹吉甫之子，事後母至孝，而後母譖之於吉甫，其父欲殺之，乃逃亡山林。❿積毀　眾毀；眾人不斷毀謗。⓫適嗣　嫡子。正妻所生長子。適，通「嫡」。⓬宗子　古代宗法制度稱大宗的嫡長子。⓭布衣　平民百姓。⓮閭閻　里巷的門，借指里巷。⓯隸臣　卑賤之臣。隸，賤。⓰銜　遵奉；領受。⓱至尊　用為皇帝的代稱。⓲迫蹵　迫蹙；逼迫；壓迫。⓳錯謬　差錯；謬誤。⓴鬲塞　即隔塞。鬲，與「隔」同。㉑亡告　有冤無處可訴。亡，通「無」。㉒忿忿　憤怒不平。㉓逋逃　逃亡；逃竄。逋，逃亡；逃跑。㉔營營青蠅六句　引詩見《詩經・小雅・青蠅》。營營，往來盤旋的樣子。青繩，蒼蠅的一種。亦稱金蠅。藩，籬笆。愷悌，和易近人。罔極，無窮盡。交亂，共亂。四國，指四方諸侯國。㉕讒殺趙太子　詳見卷四十五〈江充傳〉。讒殺，用讒言殺害。㉖陛下　對帝王的尊稱。陛，臺階。陛下，宮殿臺階之下。㉗省察　審察；仔細考察。㉘過　責備。㉙三公　官名。漢代指大司馬、大司徒、大司空。戰國文獻多見三公，秦及西漢初均未設置。武帝及其後，因受今文經學影響，習稱丞相、御史大夫、太尉為三公。成帝仿古制立三公官，更名御史大夫為大司空，大司馬、大司空官俸與丞相同。哀帝又改丞相為大司徒，三公之稱遂與經書一致。此指丞相劉屈氂。㉚自將　親自領兵作戰。㉛子胥（西元前？—前四八四年），春秋時吳國大夫伍子胥。姓伍，名員。㉜忘其號　是說伍子胥忠於吳國，卻被吳王殺戮，身背惡名，失其善號。忘，通「亡」。失去。㉝比干　商末賢臣。紂王的叔父，官至少師。多次勸諫紂王，被剖心而死。㉞鈇鉞　斫刀和大斧。腰斬、砍頭的刑具。鈇，通「斧」。㉟匡　正。言匡正其失。㊱取彼譖人二句　引詩見《詩經・小雅・巷伯》。譖，進讒言；說別人的壞話。畀，給予。㊲唯　表示希望、祈使。㊳親　指父子之道，天性之親。㊴非　謂逆亂。㊵亟　急。㊶惓惓　懇切貌。猶「拳拳」。㊷待罪　等待處分；等待處置。㊸建章　漢代宮殿名。在未央宮西，長安城外。㊹闕　宮門、城門兩側的高臺，中間有道路，臺上起樓觀。㊺感寤　受感動而醒悟。寤，通「悟」。

【語 譯】武帝非常憤怒，大臣們憂懼交加，想不出妥善之策。這時壺關的三老令狐茂上書說：「我聽說父親就像天，母親就像地，兒子如同萬物。因此天地平安，陰陽調和，萬物才會茂盛成長；在父慈母愛的家庭中，子女才會孝順。如果陰陽不和順，那麼萬物就會夭折損傷，假如父子不和睦，那麼家庭就會衰敗滅亡。因此，如果做父親的不像父親，那麼做兒子的就不像兒子；做君主的不像君主，做臣子的也就不像臣子。雖然有糧食，我能吃得上嗎！從前，虞舜孝順到了極點，卻得不到他父親瞽叟的滿意；孝己以孝順而聞名，還遭到毀謗，伯奇非常孝敬後母，也因讒言而被放逐，他們都是至親骨肉，父子之間互相猜疑。這是為什麼呢？是因為眾人不斷毀謗造成的。由此看來，兒子沒有不孝順的，而是父親有時不能了解兒子。現在，皇太子是漢朝皇室的嫡子，將繼承萬世偉業，身負祖宗重任，論親疏關係又是皇帝的宗子。江充呢，只不過是一介平民，一個出身於里巷中的賤臣而已，陛下使他顯赫並委以重用，他遵奉皇上之命以脅迫皇太子，製造飾弄奸詐，一群奸人胡作非為，因此父子之間的交流被阻隔不能往來。太子進不能得到皇帝召見，退則受困於作亂的奸臣，他一腔冤屈無處傾訴，憤怒不平的心情無法克制，才殺了江充，因恐懼而逃亡。兒子盜用父親的武器是為了解救危難、求得脫身，臣私下認為這樣做沒有什麼邪惡之心。《詩經》中說：『往來亂飛的青蠅，落在了籬笆上；和悅近人的君子，不要相信讒言；讒言沒有終止，會擾亂四方諸侯之國。』從前，江充用讒言殺害了趙太子，天下人無不知曉，江充的罪行本來就應該受到懲罰。陛下沒有仔細審察事情的原委，就嚴厲責備太子，大發雷霆之怒，出動大批軍隊去捉拿太子，派三公親自領兵，聰明的人不敢說話，善辯之士也不敢進言，臣私下為此痛心。臣聽說伍子胥盡忠吳國卻身披惡名，比干竭盡仁德而拋棄了自身，忠臣竭誠效忠不怕遭受斧鉞刑戮以進獻自己的愚見，志在匡正君主、安定國家啊。《詩經·小雅·巷伯》上說：『抓住那些進讒言的人，扔給豺狼老虎吃。』希望陛下解除愁悶寬慰自己的心情，稍稍體察一下父子之親，不要憂慮太子的過錯，趕快撤回追捕太子的士兵，不要讓太子長期逃亡。臣懷著懇切的心情，獻出短暫的生命，在建章宮下等待處罰。」這封奏書呈進宮中，武帝看了深受感動而醒悟過來。

太子之亡也，東至湖❶，臧❷匿泉鳩里❸。主人家貧，常賣屨❹以給❺太子。太子有故人在湖，聞其富贍❻，使人呼之而發覺。吏圍捕太子，太子自度不得脫，即入室距戶❼自經❽。山陽❾男子❿張富昌為卒，足蹋開戶，新安⓫令史⓬李壽趨抱解太子，主人公遂格鬭死，皇孫二人皆并遇害。上既傷太子，乃下詔曰：「蓋行疑賞，所以申信也。其封李壽為邘⓭侯，張富昌為題⓮侯。」

久之，巫蠱事多不信。上知太子惶恐無他意，而田千秋⓯復訟太子冤，上遂擢千秋為丞相，而族滅⓰江充家，焚蘇文於橫橋⓱上，及泉鳩里加兵刃於太子者⓲，初為北地⓳太守，後族。上憐太子無辜，乃作思子宮，為歸來望思之臺於湖⓴。天下聞而悲之。

【章旨】以上為〈劉據傳〉的第三部分，寫太子逃到湖縣，被官兵包圍，自殺身亡。武帝追悔不已，族滅江充的家人、處死蘇文等人。修建思子宮、歸來望思之臺，表達對太子的思念之情。

【注釋】❶湖　縣名。西漢置，治今河南靈寶西北。❷臧　通「藏」。❸泉鳩里　地名。在湖縣西。❹屨　麻、葛等製成的單底鞋。❺給　供給。❻富贍　豐富充足。形容資財。❼距戶　閉門。❽自經　上吊自殺。❾山陽　縣名。西漢置，治今河南焦作東南。❿男子　古稱無官爵的成年男人。⓫新安　縣名。秦置，治今河南澠池縣東。⓬令史　官名。縣令屬吏。史，屬吏名。漢代三公府及郡縣屬吏皆置，名目不一。郡府屬吏曰卒史，縣丞、尉屬吏曰丞史、尉史。⓭邘　地名。在河內郡。⓮題　縣名。在鉅鹿郡。今址不詳。⓯田千秋　（西元前？—前七七年），即車千秋，西漢長陵（今陝西咸陽）人。昭帝時因其年老，朝見時恩准得乘小車入宮，故號曰「車丞相」。詳見卷六十六〈車千秋傳〉。⑯族滅　謂一人犯罪，整個家族、親屬被誅滅。⑰橫橋　橋名。即中渭橋。在長安城西北橫門外渭水上。⑱加兵刃於太子者　此人姓名失載。⑲北地　郡名。秦置。治馬嶺，今甘肅慶陽西北馬嶺鎮。⑳乃作二句　宮、臺皆在湖縣。

【語　譯】太子逃出長安後，向東跑到湖縣，隱藏在泉鳩里。主人家中貧窮，常常靠賣鞋來供給太子的生活。太子有一位朋友住在湖縣，聽說他很富有，太子派人去叫他而被人發覺。官吏圍捕太子，太子料定無法逃脫，就進入屋中緊閉房門，上吊自殺了。當時有個山陽縣的士卒張富昌，連忙用腳踢開門，新安縣令史李壽急忙上前抱著解下太子，這家的主人最後搏鬥而死，皇孫二人也都一同遇害。武帝既已悲傷太子之死，於是下詔說：「執行疑難未定的封賞，這是為了伸張信義。為此封李壽為邘侯，張富昌為題侯。」

很久以後，發現巫蠱之事多不可信。皇上了解到太子當時是因恐懼而起兵，並沒有其他意圖，這時車千秋又為太子辯冤，皇上於是破格提拔車千秋為丞相，誅滅了江充的家族，將蘇文燒死在橫門渭橋上，在泉鳩里施加兵刃於太子的人，當初被任命為北地郡太守，後來也被滅族了。皇帝憐憫太子無罪而死，於是修建了一座「思子宮」，並在湖縣修建了「歸來望思之臺」。天下人聽說這件事都十分悲痛。

初，太子有三男一女，女者平輿侯❶嗣子❷尚❸焉。及太子敗，皆同時遇害。衛后、史良娣葬長安城南。史皇孫、皇孫妃王夫人及皇女孫葬廣明❹。皇孫二人隨太子者，與太子并葬湖。

太子有遺孫一人，史皇孫子，王夫人男，年十八即尊位❺，是為孝宣帝。帝初即位，下詔曰：「故皇太子在湖，未有號謚❻，歲時❼祠❽，其議謚，置園邑❾。」

有司奏請⑩：「禮『為人後者，為之子也⑪』，故降其父母⑫不得祭，尊祖⑬之義也。陛下為孝昭帝後，承祖宗之祀，制禮不踰閑⑭。謹行視⑮孝昭帝所為故皇太子起位⑯在湖，史良娣冢在博望苑北，親⑰史皇孫位在廣明郭⑱北。諡法⑲曰『諡者，行之迹也』，愚以為親諡宜曰悼皇，母曰悼后，比諸侯王園，置奉邑⑳三百家。故皇太子諡曰戾，置奉邑二百家。史良娣曰戾夫人，置守冢三十家。園置長丞㉑，周衛㉒奉守如法。」以湖閿鄉㉓邪里聚㉔為戾園，長安白亭㉕東為戾后園，廣明成鄉㉖為悼園。皆改葬焉。

後八歲，有司復言㉗：「禮『父為士，子為天子，祭以天子㉘』。悼園宜稱尊號曰皇考，立廟，因園為寢㉙，以時薦享㉚焉。益奉園民滿千六百家，以為奉明縣㉛。尊戾夫人曰戾后，置園奉邑，及益戾園各滿三百家。」

【章旨】以上為〈劉據傳〉的第四部分，寫太子有一遺孫，即後來的漢宣帝。他即位後，改葬了自己的父母和爺爺戾太子劉據。重新議定他們的諡號，派人守護奉祀園陵。

【注釋】❶平輿侯　姓名不詳。平輿，縣名。在今河南平輿西北。❷嗣子　此指諸侯的承嗣子（多為嫡長子）。❸尚　專指娶帝王之女為妻。❹廣明　苑名。在長安城東南，後改為奉明縣。❺尊位　指帝位。❻號諡　即諡號。古人死後依其生前行跡而為之所立的稱號。帝王的諡號一般由禮官議上。❼歲時　每年一定的季節或時間。❽祠　祭祀。❾園邑　漢代為守護陵園所置的縣邑。❿有司奏請　本始元年（西元前七三年）丞相蔡義等所奏。參見卷七十三〈韋賢傳附韋玄成傳〉。⓫為人後

者二句　引文見《春秋公羊傳・成公十五年》。意謂承繼於人者為人之子。為人後，指庶子立為大宗的繼承人。⑫父母　謂親生的父母。⑬尊祖　尊敬始祖。⑭踰閑　超越範圍。閑，限。⑮行視　巡行視察。⑯位　與「冢」同義。下同。⑰親　父母。也單指父親或母親。此指父親。⑱郭　外城。⑲謚法　評定謚號的法則。上古有號無謚，周初始制謚法，至秦廢。漢復其舊，歷代因之，至清止。⑳奉邑　以收取賦稅作為俸祿的封地。奉，通「俸」。㉑長丞　園陵的正、副長官。㉒周衛　卷六十二〈司馬遷傳〉顏師古注曰：「周衛，言宿衛周密也。」㉓閿鄉　地名。在今河南靈寶西。㉔邪里聚　聚落名。㉕白亭　亭名。㉖成鄉　鄉名。㉗有司復言　元康元年（西元前六五年）丞相魏相等所奏。參見卷七十三〈韋賢傳附韋玄成傳〉。㉘父為士三句　引語見《禮記・喪服小記第十五》。意謂父親是士，兒子是天子，就用天子之禮祭祀父親。㉙寢　指陵寢。秦漢以後帝王陵墓上的正殿。㉚薦享　祭祀，進獻祭品。㉛奉明縣　在今陝西西安西北。

【語　譯】當初，太子有三個兒子一個女兒，女兒嫁給了平輿侯的嗣子。到太子敗亡時，都同時遇害。衛皇后和史良娣埋葬在長安城南。史皇孫和皇孫的妃子王夫人及皇孫女埋葬在長安的廣明苑中。跟隨太子出逃的兩個皇孫，和太子一起埋葬在湖縣。

太子幸存有一個孫子，是史皇孫的兒子，王夫人所生，他十八歲繼承帝位，這就是孝宣帝。宣帝剛即位時，下詔書說：「前皇太子還葬在湖縣，沒有謚號，在規定的時間祭祀時，應議定他的謚號，並設置園邑。」有關部門上奏請示說：「《禮經》上說『庶子立為大宗的繼承人，就是大宗的兒子』，所以降低他親生父母的身分不能享受祭禮，這是尊敬始祖的法則。陛下作為孝昭帝的後嗣，繼承祖宗的祭祀，制定禮儀不要超越界限。謹慎地巡行視察孝昭帝在湖縣為故皇太子建墓，史良娣的墓建在博望苑北面，皇上之父史皇孫的冢位在廣明苑郭北。謚法說『謚號，是人一生事跡的反映』，臣愚昧地認為，皇上父親的謚號應當稱作『悼皇』，母親應當稱作『悼后』，比照諸侯王墓地的規格，設置奉邑三百家。前皇太子的謚號稱作『戾』，設置奉邑二百家。史良娣的謚號稱作『戾夫人』，設置守冢民戶三十家。園陵設置負責守護的正副官吏，按照法律規定嚴密守護。」後來在湖縣閿鄉的邪里聚為戾太子修建了「戾園」，在長安的白亭東面修建了「戾后園」，在廣明苑的成鄉修建了「悼園」。將他們都改葬了。

八年以後，有關官員又上書說：「《禮經》上說『父親是士，兒子是天子，就用天子之禮祭祀父親』。所以，『悼園』應該稱尊號為『皇考』，為他建立祠廟，並根據墓地的大小建造陵寢，按時進獻祭品。增加奉祀園陵的民戶到一千六百家，改為奉明縣。尊稱『戾夫人』為『戾后』，她的墓地也應設置奉邑，和『戾園』一樣增加守護墓地的民戶，都為三百家。」

齊懷王閎與燕王旦、廣陵王胥同日立，皆賜策❶，各以國土風俗申戒❷焉，曰：「惟❸元狩六年❹四月乙巳❺，皇帝使御史大夫湯❻廟立❼子閎為齊王，曰：烏呼！小子閎，受茲青社❽。朕承天序❾，惟稽古❿，建爾國家，封于東土，世為漢藩輔⓫。嗚呼！念哉，共朕之詔⓬，惟命不于常⓭。人之好德，克明⓮顯光；義之不圖，俾君子怠⓯。悉爾心，允執其中⓰，天祿⓱永終⓲；厥⓳有愆⓴不臧㉑，迺凶于乃國㉒，而害于爾躬㉓。嗚呼！保國乂㉔民，可不敬與㉕！王其㉖戒之！」閎母王夫人有寵，閎尤愛幸，立八年，薨㉗，無子，國除。

【章旨】以上為〈劉閎傳〉。本傳只記述了漢武帝封立兒子劉閎的策文，而不及齊王行事，因為齊王之事無足採者。

【注釋】❶賜策　賜予策書。策書是指古代書寫帝王任免官員等命令的簡策。❷申戒　告誡。❸惟　發語詞。❹元狩六年　西元前一一七年。元狩，漢武帝的年號，西元前一二二－前一一七年。❺四月乙巳　夏曆四月二十九日。❻湯　指張湯（西元前？－前一一五年），杜陵（今陝西西安）人。詳見卷五十九〈張湯傳〉。❼廟立　於廟授策。❽青社　古代諸侯受封時，由皇帝授予代表其封國方位的某一色土，作為分得土地的象徵。齊國在東方，東方配青色，所以授予青土立社。❾天序　帝王的世系。《史記》作「祖考」。❿稽古　考證於古代。稽，考證。⓫藩輔　諸侯；藩王。⓬共朕之詔　敬聽我詔。共，通「恭」。恭敬。⓭惟命不于常　意謂命運不是固定不變的。皇天無親，惟德是輔，善則得之，惡則失之。惟，思。常，固定不變。⓮克明　能明。克，能。⓯義之不圖二句　意謂若不圖德義，則君子懈怠，無歸附之者。⓰允執其中　真心實意地執持中正之道。允，誠實；真實。⓱天祿　天賜的福祿。⓲永終　長久；永久。⓳厥　句首助詞。⓴愆　過失；罪過。㉑臧　善。㉒乃國　你的封國。乃，汝；你；你的。代詞。㉓爾躬　你自身。㉔乂　治理；養護。㉕與　通「歟」。語尾詞。㉖其　一定；必須。表祈使。㉗薨　死的別稱。自周代始，人之死亡，有尊卑之分，「薨」以稱諸侯之死。齊王劉閎死於元封元年（西元前一一〇年）。

【語　譯】齊懷王劉閎和燕王劉旦、廣陵王劉胥同一天被立為王，都賜有策書，策書分別針對所封王國的國土風俗等告誡他們。給齊懷王劉閎的策書說：「元狩六年四月二十九日，皇帝派遣御史大夫張湯在宗廟中授策書立兒子劉閎為齊王，並說：嗚呼！兒子劉閎，接受這包青色社土。我繼承祖先之帝業，根據先王之制，建立你的國家，封在東方，世代為漢室的藩輔重臣。嗚呼！你要念此勿忘，要敬受我的詔令，要想到天命不是固定不變的。人能愛好善德，才能昭顯光明；如果不謀求德義，就會使輔臣懈怠。竭盡你的心力，真心實意地執持中正之道，就能永保天祿；如有邪惡不善，就會危害你的國家，而且會傷害你自身。嗚呼！保護國家，養護人民，能不恭敬謹慎嗎！齊王你一定要戒慎啊！」劉閎的母親王夫人受武帝寵愛，皇上特別喜歡劉閎，他在位八年，去世，沒有兒子，封國被撤消。

燕剌❶王旦賜策曰：「嗚呼！小子旦，受茲玄土❷。建爾國家，封于北土，世為漢藩輔。嗚呼！葷鬻❸氏虐老❹獸心❺，以姦巧❻邊甿❼。朕命將率❽，徂征❾厥❿罪。萬夫長，千夫長⓫，三十有二帥⓬，降旗⓭奔師⓮。葷鬻徙域⓯，北州⓰以妥⑰。悉爾心，毋作怨，毋作棐德⑱，毋迺廢備⑲。非教士不得從徵⑳。王其戒之！」

【章旨】以上為〈劉旦傳〉的第一部分，記述了漢武帝封兒子劉旦為燕王的策文。

【注釋】❶剌　燕王劉旦的謚號。《逸周書·謚法》：「不思忘愛曰剌，愎很遂過曰剌。」❷玄土　黑色社壇。燕國在北方，北方配玄色，所以授予玄土立社。玄，黑色。元狩六年（西元前一一七年）立皇子劉旦為燕王。轄境為廣陽郡東部地。元封中，因藏匿亡命，又削良鄉、安次、文安三縣。轄境僅有今北京市區及大興、固安縣地。❸葷鬻　古匈奴族名。《史記》作「葷粥」。音同字異。下同。❹虐老　虐待老人。傳說匈奴族貴少壯而食甘肥，賤老者而與粗惡。❺獸心　言貪暴而無仁義。❻姦巧　虛浮不實；偽詐。❼邊甿　邊民。甿，庶人；百姓。《史記》「以」字前尚有「侵犯寇盜加」五字。❽將率　將帥。率，通「帥」。❾徂征　往征。徂，往。❿厥　其。此指匈奴。⓫萬夫長二句　分指匈奴統帥萬人與千人的將領。⓬三十有二帥　《史記》作「三十有二君皆來」。謂匈奴三十二個首領都來投降。有，通「又」。用於整數與零數之間。⓭降旗　偃旗。⓮奔師　敗走的軍隊。此指來降。⓯徙域　謂匈奴遷徙於漠北。⓰北州　猶塞北。指我國長城以北地區。⓱妥　通「綏」。安穩；安定。⓲棐德　指不道德的事。棐，同「非」。⓳毋迺廢備　楊樹達《漢書窺管》說，疑當作「毋廢迺備」。謂禦邊之備不可廢。⓴非教士不得從徵　謂士兵沒有經過訓練，不得從軍出征。教士，受過訓練的士兵。

【語譯】賜給燕剌王劉旦的策書說：「嗚呼！兒子劉旦，接受這包黑色社土。建立你的國家，封你在北方，世代為漢室藩屏輔臣。嗚呼！葷鬻氏有虐待老人的禽獸之心，以奸詐對待我邊民。我命大將率軍去征伐他們的罪行。他們的萬夫長，千夫長，共有三十二位將帥偃旗來降。葷鬻遠徙漠北，北方因此安定。竭盡你的心力，不要與人結怨，不要做敗德之事，不要廢棄武備。士兵沒有經過訓練，不得從軍出征。燕王你一定要戒慎啊！」

1 旦壯大就國，為人辯略❶，博學經書雜說，好星曆數術❷倡優❸射獵之事，招致游士❹。及衛太子敗，齊懷王又薨，旦自以次第❺當立❻，上書求入宿衛❼。上怒，下其使獄。後坐臧❽匿亡命❾，削良鄉❿、安次⓫、文安⓬三縣。武帝由是惡旦，後遂立少子為太子。

2 帝崩，太子立，是為孝昭帝，賜諸侯王璽書⓭。旦得書，不肯哭，曰：「璽書封⓮小，京師疑有變。」遣幸臣⓯壽西長⓰、孫縱之、王孺等之⓱長安，以問禮儀⓲為名。王孺見執金吾⓳廣意⓴，問帝崩所病㉑，立者誰子，年幾歲。廣意言待詔㉒五莋宮㉓，宮中讙言㉔帝崩，諸將軍共立太子為帝，年八九歲，葬時不出臨㉕。歸以報王。王曰：「上棄群臣，無語言，蓋主㉖又不得見，甚可怪也。」復遣中大夫㉗至京師上書言：「竊見孝武皇帝躬㉘聖道㉙，孝宗廟，慈愛骨肉，和集㉚兆民㉛，德配天地，明並日月，威武洋溢㉜，遠方執寶而朝，增郡數十，斥地㉝且倍。封泰山㉞，禪梁父㉟，巡狩㊱天下，遠方珍物陳于太廟㊲。德甚休㊳盛，請立廟郡國。」奏報聞㊴。時大將軍霍光㊵秉政，褒賜燕王錢三千萬，益封萬三千戶。旦怒曰：「我當為帝，何賜也！」遂與宗室中山㊶哀王子劉長、齊孝王孫劉澤等結謀，詐言以武帝時受詔，得職吏事，修武備，備非常㊷。

3 長於是為旦命令群臣曰：「寡人㊸賴先帝休德㊹，獲奉北藩，親受明詔㊺，職吏事，領庫兵(46)，飭(47)武備，任重職大，夙夜兢兢，子大夫(48)將何以規佐(49)寡人？且燕國雖小，成周之建國(50)也，上自召公(51)，下及昭、襄(52)，於今千載，豈可謂無賢哉？寡人束帶(53)聽朝(54)三十餘年，曾(55)無聞焉。其者(56)寡人之不及與(57)？意(58)亦子大夫之思有所不至乎？其咎安在？方今寡人欲撟(59)邪防非，章(60)聞揚和，撫慰百姓，移風易俗，厥(61)路何由？子大夫其(62)各悉心以對，寡人將察焉。」

4 群臣皆免冠謝。郎中成軫謂旦曰：「大王失職(63)，獨可(64)起而索(65)，不可坐而得也。大王壹起，國中雖女子皆奮臂隨大王。」旦曰：「前高后時，偽立子弘為皇帝，諸侯交手(66)事之八年。呂太后崩，大臣誅諸呂，迎立文帝，天下乃知非孝惠子也。我親武帝長子，反不得立，上書請立廟，又不聽。立者疑非劉氏。」

5 即與劉澤謀為姦書，言少帝非武帝子，大臣所共立，天下宜共伐之。使人傳行(67)郡國，以搖動百姓。澤謀歸發兵臨淄(68)，與燕王俱起。旦遂招來郡國姦人，賦斂銅鐵作甲兵(69)，數閱其車騎材官(70)卒，建旌旗鼓車，旄頭先敺(71)，郎中侍從者著貂羽(72)，黃金附蟬(73)，皆號侍中。旦從相(74)、中尉(75)以下，勒(76)車騎，發民會圍，大獵文安縣，以講(77)士馬(78)，須(79)期日。郎中韓義等數諫旦，旦殺義等凡十五人。會缾侯劉成(80)知澤等謀，告之青州(81)刺史雋不疑(82)，不疑收捕澤以聞。天子遣大鴻臚承治㊸，連引㊹燕王。有詔勿治，而劉澤等皆伏誅。益封缾侯。

【章　旨】以上為〈劉旦傳〉的第二部分，寫劉旦行事不謹，因窩藏逃犯，封國被削三縣。武帝討厭劉旦，立少子弗陵為帝。武帝逝世後，劉旦不甘心失去皇位，與中山哀王、齊王等密謀發動政變，事情洩漏，齊王劉澤等人被殺，未追究劉旦之罪。

【注　釋】❶辯略　智而有謀。❷數術　即術數。古代關於天文、曆法、占卜的學問。❸倡優　古代稱以音樂歌舞或雜技戲謔娛人的藝人。❹游士　泛指雲遊四方以謀生的文人。❺次第　次序；順序。❻當立　當立為太子。❼宿衛　在宮禁中值宿，擔任警衛。❽臧　通「藏」。❾亡命　謂削除戶籍而逃亡在外。泛指逃亡，流亡。❿良鄉　縣名。西漢置。治今北京房山區東南。⓫安次　縣名。西漢置。治即今河北安次西北古縣。⓬文安　縣名。西漢置。治今河北文安東北。⓭璽書　秦以後專指皇帝的詔書。詔書囊封加璽，又謂之璽書。⓮封　封泥。亦稱「泥封」。文書囊筒外加繩捆紮，在繩結處以膠泥加封，上蓋鈐印，以防洩密、失竊。或將簡牘盛於囊內，在囊外系繩封泥者。盛行於秦漢。詔書用紫色膠泥。⓯幸臣　得寵的臣子。⓰壽西長　姓壽西，名長。⓱之　往。⓲禮儀　禮節和儀式。⓳執金吾　官名。漢武帝太初元年（西元前一〇四年）更名中尉置，秩中二千石。執掌京師治安。⓴廣意　郭廣意。㉑帝崩所病　帝因何病而崩。㉒待詔　等待詔命。㉓五柞宮　漢離宮名。因宮前有五棵柞樹而得名。故址在今陝西周至東南。柞，即柞樹。㉔讙言　謂眾口嘈雜地傳說。㉕出臨　弔唁。臨，哭弔死者。㉖蓋主　武帝的長女，封為鄂邑長公主。因嫁給蓋侯王信之子為妻，故又稱蓋主。蓋，縣名，在今山東沂源東南。㉗中大夫　官名。備顧問應對。㉘躬　親自；親身。此處用作動詞，躬行。㉙聖道　聖人之道。㉚和集　和睦團結。集，通「輯」。安定。㉛兆民　古稱天子之民，後泛指眾民，百姓。㉜洋溢　廣泛傳播。㉝斥地　開拓疆土。斥，開闢。㉞封泰山　古代帝王的祭天大典。在泰山上築土為壇祭天，報天之功，稱「封」。㉟禪梁父　在泰山下的梁父山闢場祭地，報地之德，稱「禪」。㊱巡狩　亦作「巡守」。謂天子出行，視察邦國州郡。㊲太廟　帝王的祖廟。㊳休　美。下同。㊴報聞　封建時代，天子批答臣下奏章時，書一「聞」字，謂之報聞。意謂所奏之事已知。㊵霍光（西元前？—前六八年），字子孟，河東平陽（今山西臨汾）人。霍去病異母弟。詳見卷六十八〈霍光傳〉。㊶中山　國名。漢景帝前三年（西元前一五四年）析常山郡東北部置，封皇子劉勝為王。治盧奴，今河北定州。㊷詐言以武帝時受詔四句　漢景帝平定七國之亂後規定，諸侯王不得治民與職事。

故燕王劉旦詐稱受詔，得主吏事，發兵為備。職，執掌；管理。㊸寡人　古代國君的謙稱。㊹休德　美德。㊺明詔　英明的詔示。㊻庫兵　庫藏的兵器。㊼飭　整治；整飭。㊽子大夫　古代國君對大夫、士或臣下的美稱。㊾規佐　規諫輔佐。㊿成周之建國　此謂燕國歷史久遠。成周，古地名。即西周的東都洛邑。故址據傳在今河南洛陽東郊。這裡借指周朝。(51)召公　指召公奭。燕國的始祖，曾佐武王滅商，被封於燕。(52)昭襄　戰國時燕國的兩位君主，燕昭王和燕襄王。燕昭王，姬職（西元前？—前二七九年）。燕王噲庶子。西元前三一一—前二七九年在位。(53)束帶　整飭衣服。表示端莊。(54)聽朝　臨朝聽政。(55)曾　乃；竟。(56)其者　猶或者。(57)與　通「歟」。表反詰語氣。(58)意　通「抑」。或者。(59)撟　通「矯」。糾正。(60)章　通「彰」。表彰。(61)厥　其。(62)其　表示祈使。當；可。(63)失職　意謂劉旦當繼承皇位，而沒有得到，失去了應得的職分。(64)獨可　只可。(65)索　索求；爭取。(66)交手　謂拱手。形容恭敬、恭順。(67)傳行　頒行。(68)臨淄　郡名。秦置。治臨淄縣，今山東淄博東北臨淄鎮。(69)甲兵　鎧甲和兵械。泛指兵器。(70)材官　步兵。(71)旄頭先敺　此乃天子之制。旄頭，皇帝儀仗中一種擔任先驅的騎兵。敺，通「驅」。(72)貂羽　以貂尾為冠羽。因而也稱貂尾冠為貂羽。這是皇帝侍中的頭飾。(73)黃金附蟬　以黃金做成的蟬形之飾附於冠前。附蟬也是天子侍中的頭飾。(74)相　官名。漢時諸侯王國的實際執政者，地位相當於郡太守。(75)中尉　官名。典武職，備盜賊。漢初王國自置中尉。景帝以後，為漢中央代置。中間曾一度廢除，至成帝時復置。位比傅相，秩二千石，有與傅、相共輔王之責。(76)勒　統帥；部署。(77)講　演習；訓練。(78)士馬　兵馬。引申指軍隊。(79)須　待；等待。(80)缾侯劉成　菑川靖王之子。缾，「瓶」的異體字。缾，侯國名，在今山東臨朐東南。(81)青州　監察區名。西漢武帝置，為十三刺史部之一。西漢後期治臨淄縣。(82)雋不疑　字曼倩，勃海（今河北滄州）人。詳見卷七十一〈雋不疑傳〉。(83)大鴻臚丞治　本書卷三十六〈楚元王傳附劉德傳〉云：劉德為宗正丞，雜治劉澤詔獄。……徙大鴻臚丞。大鴻臚，官名。原名典客，景帝改名大行令，武帝改名大鴻臚。掌管接待賓客等事務。(84)連引　牽連相引。

【語譯】劉旦長大成人後到封國就任，他為人智而有謀，廣泛地學習經書及各家學說，喜歡研究天文、曆法和占卜，還喜歡樂舞雜技和打獵等事，廣招四方遊士。到戾太子劉據敗亡，齊懷王劉閎又去世，劉旦自認為按順序應當立他為太子了，上書請求入京進宮做侍衛。皇上大怒，將他的使者關進獄中。後來他因為藏匿逃亡者獲罪，被削去了封國的良鄉、安次、文安三個縣。武帝從此討厭劉旦，後來便立了小兒子做太子。

2　武帝逝世後，太子即位，這就是孝昭帝劉弗陵，他賜給諸侯王璽書。劉旦接到璽書後，不肯哭，說：「璽書上的封泥這樣小，懷疑京師發生了變故。」派遣寵幸的臣子壽西長、孫縱之和王孺等人前往長安，以詢問天子葬禮的禮節和儀式為藉口。王孺拜見執金吾郭廣意，打聽武帝死於什麼病，即位者是哪位皇妃的兒子，年齡為幾歲。郭廣意回答皇帝臨終時，他在五莋宮等待詔命，當時宮中一片嘈雜，都說皇帝駕崩了，諸位將軍共同擁立太子劉弗陵為帝，他的年齡只有八九歲，安葬天子時他沒有出來弔唁。王孺返回燕國報告了劉旦。劉旦說：「皇上拋棄了群臣，沒有遺言，蓋長公主也未能見到，我覺得很奇怪。」他又派遣中大夫到京師上書說：「我私下見到孝武皇帝親自實行聖人之道，盡心奉祀宗廟，慈愛骨肉至親，和睦安定百姓，美德可與天地相配，光輝可與日月並明，聲勢威武盛大，遠方之人帶著寶物前來朝見，增加了數十個郡，開拓了將近一倍的疆土。他在泰山上築土為壇，報天之功，在梁父山上闢場祭地，報地之德，視察天下郡國，遠方的珍寶都陳獻於太廟。他的德行美善隆盛，我請求在各郡國為先帝建立祠廟。」這封奏書呈入朝廷，昭帝批覆說知道了。此時大將軍霍光執掌朝政，他褒揚並賞賜燕王劉旦三千萬錢，加封一萬三千戶。劉旦憤怒地說：「我應當做皇帝，為什麼賞賜這些東西給我啊！」於是他與宗室中山哀王的兒子劉長、齊孝王的孫子劉澤等勾結謀劃，詐稱他們在武帝生前接受了詔書，可以管理行政事務，加強軍備，以防範突然發生的變故。

3 劉長這時替劉旦命令燕國群臣說：「我依靠先帝的美德，得以奉守北方的封國，親自接到英明的詔示，讓我管理行政事務，並管庫藏的兵器，整飭軍備，責任重大，我日夜小心謹慎，你們這些臣子打算怎樣規諫輔佐我呢？況且燕國雖小，從周朝時就已經建立了國家，上自開國的召公，下至燕昭王和燕襄王，至今也有上千年了，怎麼能說沒有英才賢士呢？我整肅衣冠臨朝聽政三十多年了，竟沒有聽說過一個。是我沒有遇到呢？抑或是諸位的思慮有所不至呢？這其中的過錯在哪裡呢？現在我要糾正邪惡防範非法，大力傳播顯揚和睦之氣，安撫存恤百姓，移風易俗，這條路該怎麼走呢？請諸位臣子盡心思考之後回答我，我要仔細考核的啊。」

4 燕國群臣都摘下帽子向劉旦謝罪。郎中成軫對劉旦說：「大王失去了本應得到的職位，只能奮起去爭取，不可能坐著得到它。大王一旦起事，全國即使是女子都會奮臂追隨大王。」劉旦說：「以前高后的時候，曾非法立劉弘為皇帝，諸侯王們恭順地奉侍了八年。呂太后去世後，大臣誅殺了諸呂，迎立文帝，天下才知道劉弘不是惠帝的兒子。我是父親武帝的長子，反而不得立，上書請求為先帝立廟，又不准許。我懷疑被立的皇帝不是劉氏的子孫。」

5 劉旦隨即與劉澤合謀偽造了文書，說新皇帝不是武帝的兒子，是大臣們共同擁立的，天下人應當共同討伐他。並派人將這封文書頒行各郡國，以動搖百姓。劉澤策劃返回齊國在臨淄發兵，與燕王劉旦一同起事。劉旦便招來郡國中邪惡狡詐的人，徵收銅鐵製造鎧甲兵器，多次檢閱戰車、騎兵和步兵，製作旌旗鼓車，派旄頭騎兵做先鋒，郎中侍從都戴著貂尾冠，黃金做的蟬形頭飾附在冠前，劉旦把這些人全都稱作侍中。劉旦親自率領相、中尉以下官員，統領車騎，徵發百姓參加圍獵，大獵於文安縣，用這種方法訓練軍隊，等待約定起事的時間。郎中韓義等人多次規諫劉旦，劉旦殺了韓義等共十五人。恰巧菑川靖王的兒子缾侯劉成知道了劉澤等人的陰謀，報告了青州刺史雋不疑，雋不疑拘捕劉澤並奏報朝廷。皇上派大鴻臚丞處理這件事，牽連到燕王劉旦。皇帝下詔不治劉旦之罪，而劉澤等人全部處死。加封缾侯劉成。

1 久之，旦姊鄂邑蓋長公主❶、左將軍❷上官桀父子❸與霍光爭權有隙❹，皆知旦怨光，即私與燕交通❺。旦遣孫縱之等前後十餘輩，多齎❻金寶走馬❼，賂遺❽蓋主。上官桀及御史大夫桑弘羊❾等皆與交通，數記疏❿光過失與旦，令上書告之。桀欲從中下其章。旦聞之，喜，上疏⓫曰：「昔秦據南面⓬之位，制一世之命，威服四夷⓭，輕弱⓮骨肉，顯重⓯異族，廢道任刑，無恩宗室。其後尉佗⓰入南夷⓱，陳涉⓲呼楚澤⓳，近狎⓴作亂，內外俱發，趙氏㉑無炊火㉒焉。高皇帝覽蹤迹，觀得失，見秦建本㉓非是，故改其路，規㉔土連城，布王子孫，是以支葉㉕扶疏㉖，異姓不得間㉗也。今陛下承明繼成㉘，委任公卿，群臣連與成朋㉙，非毀宗室，膚受之愬㉚，日騁㉛於廷，惡吏廢法立威，主恩不及下究㉜。臣聞武帝使中郎將㉝蘇武㉞使匈奴，見㉟留二十年㊱不降，還亶㊲為典屬國㊳。今大將軍長史㊴敞㊵無勞，為搜粟都尉㊶。又將軍都㊷郎羽林㊸，道上移蹕㊹，太官㊺先置㊻。臣旦願歸符璽㊼，入宿衛，察姦臣之變。」

2 是時昭帝年十四，覺其有詐，遂親信㊽霍光，而疏上官桀等。桀等因謀共殺光，廢帝，迎立燕王為天子。旦置驛書㊾，往來相報，許立桀為王，外連郡國豪桀㊿以千數。旦以語(51)相平(52)，平曰：「大王前與劉澤結謀，事未成而發覺者，以劉澤素夸，好侵陵(53)也。平聞左將軍素輕易(54)，車騎將軍(55)少而驕，臣恐其如劉澤時不能成，又恐既成，反大王也。」旦曰：「前日一男子(56)詣闕(57)，自謂故太子，長安中民趣鄉(58)之，正讙(59)不可止，大將軍恐，出兵陳(60)之，以自備耳。我帝長子，天下所信，何憂見(61)反？」後謂群臣：「蓋主報言，獨患大將軍與右將軍(62)王莽(63)。今右將軍物故(64)，丞相病，幸事(65)必成，徵(66)不久。」今群臣皆裝(67)。

3 是時天雨，虹下屬(68)宮中飲井水，井水竭。廁(69)中豕群出，壞大官竈(70)。烏鵲鬭死。鼠舞殿端門[71]中。殿上戶自閉，不可開[72]。天火燒城門。大風壞宮城樓，折拔樹木[73]。流星下墮[74]。后姬以下皆恐。王驚病，使人祠葭水[75]、台水[76]。王客呂廣等知星[77]，為王言：「當有兵圍城，期在九月十月，漢當有大臣戮死者。」語具在五行志。

4 王愈憂恐，謂廣等曰：「謀事不成，妖祥[78]數見[79]，兵氣[80]且至，奈何？」會蓋主舍人[81]父燕倉知其謀，告之，由是發覺。丞相賜璽書，部[82]中二千石[83]逐捕孫縱之及左將軍桀等，皆伏誅。旦聞之，召相平曰：「事敗，遂發兵乎？」平曰：「左將軍已死，百姓皆知之，不可發也。」王憂懣[84]，置酒萬載宮[85]，會賓客群臣妃妾坐飲。王自歌曰：「歸空城兮，狗不吠，雞不鳴，橫術[86]何廣廣[87]兮，固知國中之無人！」華容夫人起舞曰：「髮紛紛兮寘渠[88]，骨籍籍[89]兮亡居。母求死子兮，妻求死夫。裴回[90]兩渠[91]間兮，君子[92]獨安居！」坐者皆泣。

5 有赦令到，王讀之，曰：「嗟乎！獨赦吏民，不赦我。」因迎后姬諸夫人之明光殿，王曰：「老虜曹[93]為事當族！」欲自殺。左右曰：「黨[94]得削國[95]，幸不死。」后姬夫人共啼泣止王。會天子使使者賜燕王璽書曰：「昔高皇帝王[96]天下，建立[97]子弟以藩屏[98]社稷。先日[99]諸呂陰謀大逆[100]，劉氏不絕若髮，賴絳侯[101]等誅討賊亂，尊立孝文，以安宗廟，非以中外有人，表裡相應故邪？樊、酈、曹、灌[102]，攜劍推鋒[103]，從高皇帝墾菑[104]除害，耘鉏[105]海內，當此之時，頭如蓬葆[106]，勤苦至矣，然其賞不過封侯。今宗室子孫曾無[107]暴衣露冠[108]之勞，裂地而王之，分財而賜之，父死子繼，兄終弟及。今王骨肉至親，敵吾一體[109]，迺與他姓異族謀害社稷，親其所疏，疏其所親，有逆悖[110]之心，無忠愛之義。如使古人[111]有知，當[112]何面目復奉齊酎[113]見高祖之廟乎！」

6 旦得書，以符璽屬[114]醫工長[115]，謝相二千石[116]：「奉事[117]不謹[118]，死矣。」即以綬自絞[119]。后夫人隨旦自殺者二十餘人。天子加恩，赦王太子建為庶人，賜旦諡曰剌王。旦立三十八年而誅，國除。

7 後六年，宣帝即位，封旦兩子，慶為新昌侯[120]，賢為安定侯[121]，又立故太子建[122]，是為廣陽[123]頃王，二十九年薨。子穆王舜嗣，二十一年薨。子思王璜嗣，二十年[124]薨。子嘉嗣。王莽時，皆廢漢藩王[125]為家人[126]，嘉獨以獻符命[127]封扶美侯，賜姓王氏。

【章　旨】以上為〈劉旦傳〉的第三部分，寫劉旦不甘心失敗，又與蓋長公主、上官桀父子、桑弘羊等人謀劃共殺霍光，廢黜昭帝，取而代之。事洩前，燕國出現了種種不祥之兆。不久，陰謀暴露，上官桀等全部被處死，燕王劉旦被勒令自殺。

【注　釋】❶鄂邑蓋長公主　即蓋主。見前注。❷左將軍　將軍名號。漢代設前後左右將軍，均位比九卿。❸上官桀父子　上官桀，（西元前？—前八〇年），字少叔，隴西上邽（今甘肅天水）人。參見卷九十七〈孝昭上官皇后傳〉。上官桀之子上官安（西元前？—前八〇年），妻為霍光長女。昭帝時其女立為皇后，以此得封桑樂侯，任驃騎將軍。❹隙　嫌隙。❺交通　勾結；串通。❻齎　拿東西給人。❼走馬　善走之馬。❽賂遺　以財物贈送或買通他人。❾桑弘羊　（西元前一五二—前八〇年），洛陽（今河南洛陽白馬寺）人。出身商人。歷任大農丞、搜粟都尉、大司農、御史大夫等職。與霍光等受遺詔輔佐昭帝。受燕王旦、上官桀父子謀反事牽連，被族誅。❿記疏　整理記錄。⓫上疏　臣下向皇帝進呈奏章。⓬南面　古代以坐北朝南為尊位，故帝王諸侯見群臣，或卿大夫見僚屬，皆面向南而坐，因用以指居帝王或諸侯、卿大夫之位。⓭四夷　古代華夏族對四方少數民族的統稱。含有輕蔑之意。⓮輕弱　削弱。⓯顯重　重視；尊重。⓰尉佗　即趙佗（西元前？—前一三七年），真定（今河北正定）人。秦時為南海郡龍川縣令，後行南海尉事。秦亡後，兼併桂林、象郡，自立為南越武王。漢高祖遣使立佗為南越王。參見卷九十五〈南粵傳〉。⓱南夷　指南方的少數民族。又指南方邊遠地區。⓲陳涉　即陳勝（西元前？—前二〇八年），字涉，秦末陽城（今河南登封告成鎮）人。秦末農民起義領袖。詳見卷三十一〈陳勝傳〉。⓳楚澤　古楚地有雲夢等七澤。後以「楚澤」泛指楚地或楚地的湖澤。陳勝起義於安徽蘄縣大澤鄉，屬楚地。⓴近狎　指狎近帝王的侍臣。指趙高。㉑趙氏　秦之別氏。傳說秦之先造父封於趙城，故秦亦稱趙氏。㉒無炊火　言絕祀。㉓建本　謂建立根基。㉔規　規劃。㉕支葉　枝葉。支，通「枝」。㉖扶疏　枝葉繁茂分披貌。㉗間　離間。㉘承明繼成　謂承聖明之後，繼已成之業。㉙連與成朋　謂結成朋黨。與，謂黨羽。㉚膚受之愬　引自《論語・顏淵》。是說像皮膚感覺到疼痛那樣的誣告，即直接的誹謗。愬，同「訴」。㉛肆　放任；放縱。㉜不及下究　言不能下達到下面。究，竟；到底。㉝中郎將　官名，光祿勳的屬官。執掌宿衛宮殿，出充車騎。㉞蘇武　（西元前？—前六〇年），字子卿，杜陵（今陝西西安）人。詳見卷五十四〈蘇武傳〉。㉟見　被。㊱二十年　蘇武在匈奴十九年。曰「二十年」，乃舉成數。㊲亶　通「但」。僅；只。㊳典屬國　官名。漢承秦置。秩二千石。掌諸屬國少數民族事務。㊴長史　官名。秦置。漢因之。漢代三公、大將軍、車騎將軍、前後左右將軍等皆置，為所在掾屬之長，秩皆千石。㊵敞　楊敞，華陰（今陝西華陰）人。詳見卷六十六〈楊敞傳〉。㊶搜粟都尉　官名。漢武帝置。本書卷十九〈百官表〉：「搜粟都尉，武帝軍官，不常置。」屬大司農。執掌農耕及屯田等事。㊷都　都肄。謂總閱試習武備。

(43)羽林　羽林軍，皇帝的近衛軍。(44)移蹕　此指傳蹕。古代皇帝出行先清道，斷絕行人往來。蹕，清道戒嚴。(45)太官　官名。執掌皇帝膳食。少府屬官。(46)先置　先置辦飲食。(47)符璽　秦漢以後，特指帝王的符和印。(48)親信　親近信任。(49)驛書　經驛站遞送的文書。(50)豪桀　亦作「豪傑」。指才能出眾的人。桀，通「傑」。(51)語　告訴。(52)平　人名。佚姓。(53)侵陵　亦作「侵淩」。侵犯欺淩。(54)輕易　輕佻浮躁。(55)車騎將軍　當為「驃騎將軍」。此上官安任驃騎將軍。(56)男子　張延年，詳見本書〈昭帝紀〉與〈雋不疑傳〉。(57)詣闕　指赴京師。詣，往。(58)趣鄉　同「趨向」。朝某個方向發展。(59)讙　喧譁。(60)陳　通「陣」。列陣。(61)見　被。(62)右將軍　見前注「左將軍」。(63)王莽　字稚叔，天水人。不是後來建立新朝的王莽。(64)物故　死去。右將軍王莽死於元鳳元年（西元前八〇年）。(65)幸事　幸運的事。(66)徵　指受徵召繼承皇位。(67)裝　整理行裝。(68)屬　注；連接。(69)廁　豬圈。(70)大官竈　陳直《漢書新證》說，指燕王國太官令之灶。(71)端門　正門。(72)殿上戶自閉二句　《論衡．別通篇》云：「燕王旦在明光宮，欲入臥內，戶三百盡閉。使侍者開之，戶不開。」(73)大風壞宮城樓二句　卷二十七〈五行志下之上〉云：「燕王都薊，大風雨，拔宮中樹七圍以上十六枚，壞城樓。」(74)流星下墮　卷二十六〈天文志〉云：「流星下燕萬載宮極，東去。」(75)葭水　水名。在廣平國南和縣，今河北南和。(76)台水　水名。其上流今為桑乾河，其下流今為永定河。(77)知星　通曉以星相推算吉凶的方術。(78)妖祥　指顯示災異的凶兆。(79)見　通「現」。(80)兵氣　戰爭的氣氛。(81)舍人　官名。公主屬官。(82)部　部署。(83)中二千石　漢代官吏秩位之一。中即滿，九卿皆為中二千石，銀印青綬，西漢月俸百八十斛，一歲凡得穀二千一百六十石。或亦兼發錢穀。(84)憂懣　憂鬱憤悶。(85)萬載宮　宮名。(86)術　謂道路。(87)廣廣　空虛無人的樣子。廣，通「曠」。(88)寘渠　堵塞溝渠。寘，同「填」。(89)籍籍　縱橫紛亂的樣子。(90)裴回　同「徘徊」。(91)兩渠　陳直《漢書新證》以為，「溝壑之義」，謂華容夫人及其子。(92)君子　謂燕王旦。(93)老虜曹　老奴輩。燕王責罵自己之詞。老虜，老奴。曹，輩。(94)黨　同「儻」。倘若；或者。(95)削國　削減王國的土地和戶口。(96)王　統治；稱王。用作動詞。(97)建立　指分封為王。(98)藩屏　捍衛。(99)先日　從前；日前。(100)大逆　封建時代稱危害君父、宗廟、宮闕等罪行為「大逆」。為「十惡」之一。(101)絳侯　指周勃（西元前？—前一六九年），秦末泗水郡沛縣（今屬江蘇）人。詳見卷四十〈周勃傳〉。絳，縣名。在今山西侯馬東。(102)樊酈曹灌　樊噲、酈商、曹參、灌嬰。樊噲（西元前？—前一八九年），秦末泗水郡沛縣（今屬江蘇）人。酈商（西元前？—前一八〇年），秦末陳留高陽鄉（今河南杞縣）人。曹參（西元前？—前一九〇年），秦末泗水郡沛縣（今屬江蘇）人。灌嬰（西元前？—前一七六年），秦末睢陽（今河南商丘）人。皆高祖功臣。詳見卷三十九〈曹參傳〉、卷四十一〈樊酈滕灌傳〉。(103)推鋒　摧挫敵人的兵刃。推，通「摧」。謂衝鋒。泛指用兵、進兵。(104)菑　古「災」字。(105)耘鉏亦作「耘鋤」。猶平定或整治。(106)頭如蓬葆　謂頭髮久不梳理，如蓬草叢生。葆，草叢生。(107)曾無　猶言「不曾」。沒有；從來沒有。(108)暴衣露冠　日曬衣裳，露溼冠帶。形容日曬夜露的辛苦。(109)敵吾一體　如同我的肢體。敵，相當；如同。(110)逆悖　悖逆，叛亂。(111)古人　指亡故之人。此指先人。(112)當　副詞。相當於「尚」、「還」。(113)齊酎　猶齋酎。祭祀用的醇酒。酎，反覆多次釀成的醇酒。(114)屬　託付；交付。(115)醫工長　燕王的醫官。(116)相二千石　相和二千石級官員。(117)奉事　侍候；侍奉。(118)不謹　不敬慎；所做之事不合為王的體統。(119)自絞　自絞而死。劉旦死於元鳳元年（西元前八〇年）。(120)慶為新昌侯　本始四年（西元前七〇年）封。新昌，縣名。在今河北新城東南。(121)賢為安定侯　本始元年（西元前七三年）封。安定，侯國名。在今河北辛集東北。(122)立故太子建　本始元年立。(123)廣陽　縣名。在北京房山區東北。(124)二十年　自陽朔二年至建平三年（西元前二三—前四年）。(125)藩王　藩國之王。即諸侯王。(126)家人　平民。(127)符命　上天預示帝王受命的符兆。

【語譯】很久以後，劉旦的姊姊鄂邑蓋長公主、左將軍上官桀父子跟大將軍霍光爭權發生了矛盾，他們都知道劉旦怨恨霍光，當即私下與燕王勾結。劉旦派遣孫縱之等前後十幾批人，帶著很多黃金、珍寶和良馬，送給蓋長公主。上官桀和御史大夫桑弘羊等人都與劉旦互相串通，多次整理記錄霍光的過失交給劉旦，讓劉旦上書告發霍光。上官桀打算趁他值班時從宮中把彈劾霍光的奏章發下來。劉旦聽了非常高興，上書給昭帝說：「從前嬴秦占據天子之位，制定了一代法令，用武力征服四方蠻夷，卻削弱骨肉手足，重用異姓外族，廢棄王道而任用刑法，對宗室沒有恩德。後來趙佗入據南越為王，陳涉奮臂高呼在大澤鄉起義，佞臣趙高作亂，內外一起發作，秦朝的祭祀因此斷絕。高皇帝縱覽歷史蹤跡，觀察天下得失，發現秦朝立國之本的失誤，因而改變策略，規劃土地城池，宣布封劉氏子孫為王，因此劉氏枝葉茂盛，異姓外族無機可乘。現在陛下承聖明之道，繼已成之業，信用公卿，群臣相互勾結，結成朋黨，毀謗宗室，如同切膚之痛的讒言，每天肆意在朝堂上傳播，邪惡的官吏破壞法令以建立自己的權威，致使皇帝的恩澤不能下傳到民間。我聽說武帝派中郎將蘇武出使匈奴，被扣留二十年也不肯投降，回國後才被封為典屬國。現在大將軍長史楊敞沒有什麼功勞，就做了搜粟都尉。另外，大將軍檢閱考校羽林將士練武情況時，像皇上出巡一樣沿途戒嚴，斷絕通行，派皇上的膳食官先行為其準備飲食。臣劉旦願意歸還王侯的符印，入宮宿衛，以監視奸臣們將要策動的變亂。」

2　這時昭帝十四歲，他看出劉旦的這封奏書是假的，就更加親近信任霍光，而疏遠上官桀等人。上官桀等人因而謀劃共同殺死霍光，廢黜昭帝，迎立燕王劉旦做皇帝。劉旦設置驛站傳遞文書，往來互相通報，答應立上官桀為諸侯王，在燕國以外聯絡了各郡國的豪傑數以千計。劉旦把這些事告訴了燕國的相平，平說：「大王上次與齊王劉澤聯合謀劃，事情沒有成功就被發覺了，因為劉澤一向狂妄，喜歡侵犯欺凌別人。我聽說左將軍上官桀素來輕佻浮躁，驃騎將軍上官安年輕驕橫，我擔心這件事像劉澤時的事一樣不能成功，還擔心事情成功了，他們反叛大王。」劉旦說：「前些日子有位男子跑到宮闕前，自稱是原來的衛太子，長安城中的百姓都跑去看他，正喧譁不止的時候，大將軍害怕了，出動軍隊列陣以待，自我防備罷了。我是先帝的長子，為天下人所信任，為什麼擔憂會反叛我呢？」後來劉旦對群臣說：「蓋長公主回話說，只顧忌大將軍霍光和右將軍王莽。現在右將軍已死，丞相又在病中，幸運的事一定成功，接受徵召的時間已快到了。」下令群臣整裝待發。

3　當時天降大雨，有一條彩虹從天而下連到宮中如飲井水，井水枯乾了。圈中養的豬成群跑出來，毀壞了太官的灶。烏鵲互相搏鬥而死。老鼠在宮殿南面的正門中跳舞。宮殿的門自動關閉，不能打開。雷電引起的大火燒毀了城門。大風颳壞了王宮的城樓，颳斷、拔起大樹。流星墜落到地上。王后、王妃以下宮女都非常害怕。燕王也受驚生病，派人祭祀葭水和台水。劉旦的門客呂廣等人精通觀察星相推算吉凶，對劉旦說：「應當有軍隊圍城，時間在九月、十月之間，漢朝將有大臣被處死。」這些話都記載在〈五行志〉裡。

4　劉旦更加憂愁恐懼，對呂廣等人說：「謀劃的事情不成功，顯示災異的凶兆多次出現，戰爭的氣氛將要到來，怎麼辦？」恰在此時，蓋長公主舍人的父親燕倉知道了他們的陰謀，向朝廷告發了，因此這個陰謀被發現。丞相接到皇上賜給的璽書，部署中二千石級官員追捕孫縱之和左將軍上官桀等人，全部被處死。劉旦聽到這個消息，召來國相平說：「事情已經敗露了，就發兵嗎？」平說：「左將軍上官桀已死，老百姓都知道了這件事，不能再發兵了。」劉旦心中愁悶，設宴萬載宮，會集賓客、群臣和妃妾們一起入座宴飲。席間，劉旦自己歌唱道：「回到空城啊，狗不叫，雞不鳴，道路多麼空曠啊，本來知道國中無人！」華容夫人邊舞邊唱道：「頭髮紛紛填塞溝渠，屍骨紛亂無處安葬。母親只求為子一死啊，妻子願為丈夫獻身。徘徊於二者之間啊，夫君獨自安居！」在座的人聽後都流下了眼淚。

5 這時，有赦令送到，燕王讀後說：「唉！只赦免了官吏和百姓，沒有赦我。」於是他迎接后姬和各位夫人到明光殿，燕王說：「老奴做的事應當滅族！」說完要自殺。左右的人說：「假若能削減封國，或許不會被處死。」后姬和各位夫人都哭著勸阻燕王。恰巧天子派使者送來了賜給燕王的璽書，說：「從前高皇帝君臨天下，分封子弟以捍衛國家。以前諸呂陰謀危害漢室，劉氏不絕如髮，幸賴絳侯周勃等人誅伐了亂臣賊子，尊立孝文皇帝，而安定了宗廟，不是朝廷內外有人，內外呼應的緣故嗎？樊噲、酈商、曹參、灌嬰等人，提著寶劍衝鋒陷陣，追隨高皇帝滅災除害，平定天下，在這個時候，他們的頭髮像一團亂草，勤勞辛苦到了極點，然而給他們的獎賞不過是封侯而已。現在皇族子孫沒有日曬夜露的勞苦，分割土地封他們為王，拿出錢財賜給他們，父親死了兒子繼承王位，哥哥死了傳位給弟弟。現在你是朕的骨肉至親，如同我的肢體，竟然與外姓異族謀害國家，親近自己應當疏遠的人，疏遠自己應當親近的人，只有忤逆悖亂之心，而無忠誠仁愛之義。倘若祖先有知，你還有何面目再捧著酎酒祭祀高祖之廟呢！」

6 劉旦接到這封璽書，便將自己的符璽交給了燕國的醫工長，辭別王國相和二千石級官吏說：「我侍奉皇上不敬慎，該死了。」隨即用綬帶絞死了自己。王后和各位夫人追隨劉旦自殺的有二十多人。天子特加恩惠，赦免劉旦的太子劉建為庶人，賜給劉旦的諡號叫作「剌王」。劉旦在位三十八年被殺，他的封國也被削除了。

7 六年後，宣帝即位，封了劉旦的兩個兒子，劉慶封為新昌侯，劉賢封為安定侯，又立了前太子劉建，他就是廣陽頃王，在位二十九年去世。他的兒子穆王劉舜繼位，在位二十一年去世。劉舜的兒子思王劉璜繼位，在位二十年去世。劉璜的兒子劉嘉繼位。王莽時，將漢室所封的諸侯王全部廢為平民，只有劉嘉因為獻了符命而封為扶美侯，賜姓王氏。

廣陵厲王胥賜策曰：「嗚呼！小子胥，受茲赤社❶。建爾國家，封于南土，世世❷為漢藩輔。古人有言曰：『大江之南❸，五湖❹之間，其人輕心。揚州❺保❻疆，三代❼要服❽，不及以正❾。』嗚呼！悉爾心，祗祗❿兢兢⓫，迺惠迺順⓬，毋⓭桐⓮好逸，毋邇⓯宵人⓰，惟法惟則⓱。書云『臣不作福，不作威⓲』，靡⓳有後羞。王其戒之！」

【章　旨】以上為〈劉胥傳〉的第一部分，記述了漢武帝封兒子劉胥為廣陵王的策文。

【注　釋】❶赤社　廣陵國在南方，南方配赤色，所以授予赤土立社。武帝元狩六年（西元前一一七年）以廣陵郡中部地置廣陵國，立皇子劉胥為廣陵王。治廣陵（今江蘇揚州西北）。❷世世　與齊王劉閎、燕王劉旦的策書相比，多一「世」字。語義相同。❸大江之南　指京口南至荊州南。❹五湖　諸說不一。一說為具區、洮滆、彭蠡、青草、洞庭。或曰太湖五百里，故曰五湖。❺揚州　州名。漢武帝所置十三刺史部之一。轄境相當今安徽淮水和江蘇長江以南及江西、浙江、福建三省，湖北英山、黃梅、廣濟，河南固始、商城等縣地。❻保　恃。❼三代　指夏、商、周三代。❽要服　古五服之一。古代王畿外圍的地方，以五百里為率，視距離的遠近分為五等，其名稱為甸服、侯服、綏服、要服、荒服。❾正　通「政」。❿祗祗　恭敬貌。⓫兢兢　小心謹慎貌。⓬迺惠迺順　顏師古注曰：「言當慈惠于下，忠順于上。」⓭毋　通「無」。不要。⓮桐　輕脫貌。⓯邇　近。⓰宵人　小人；壞人。⓱惟法惟則　意謂應當按照法則。⓲臣不作福二句　引文見《尚書．周書．洪範》。原文為「臣無有作福作威玉食」。⓳靡　無。

【語　譯】賜給廣陵厲王劉胥的策書說：「嗚呼！兒子劉胥，接受這包紅色社土。建立你的國家，封在南方，世代為漢藩籬輔臣。古人有言：『大江以南，五湖之間，這一帶的人輕浮。揚州是保衛中原的邊疆，三代時為王畿外圍之地，但政教不能到達。』嗚呼！竭盡你的心力，要小心戒慎，對下慈惠，對上忠順，不要輕脫逸樂，不要親近小人，一切要按法則行事。《尚書》上說『臣子不對百姓作威作福』，就不會有後辱。廣陵王你一定要戒慎啊！」

1 胥壯大，好倡樂❶逸游❷，力扛❸鼎，空手搏熊彘猛獸。動作無法度，故終不得為漢嗣。

2 昭帝初立，益封胥萬三千戶，元鳳❹中入朝，復益萬戶，賜錢二千萬，黃金二千斤，安車❺駟馬寶劍。及宣帝即位，封胥四子❻聖❼、曾❽、寶❾、昌❿皆為列侯，又立胥小子弘為高密⓫王。所以褒賞甚厚。

3 始，昭帝時，胥見上年少無子，有覬欲⓬心。而楚地巫鬼⓭，胥迎女巫⓮李女須，使下神⓯祝詛。女須泣曰：「孝武帝下我⓰。」左右皆伏。言：「吾必令胥為天子。」胥多賜女須錢，使禱巫山⓱。會昭帝崩，胥曰：「女須良巫也！」殺牛塞禱⓲。及昌邑王徵，復使巫祝詛之。後王廢，胥寖信⓳女須等，數賜予錢物。宣帝即位，胥曰：「太子孫何以反得立？」復命女須祝詛如前。又胥女為楚王延壽后弟婦⓴，數相餽遺㉑，通私書。後延壽坐謀反誅，辭連及胥。有詔勿治，賜胥黃金前後五千斤，它器物甚眾。胥又聞漢立太子，謂姬南等曰：「我終不得立矣。」乃止不詛。後胥子南利㉒侯寶㉓坐殺人奪爵，還歸廣陵㉔，與胥姬㉕左修姦。事發覺，繫獄，棄市。相勝之奏奪王射陂㉖草田㉗以賦貧民，奏可。胥復使巫祝詛如前。

4 胥宮園中棗樹生十餘莖，莖正赤，葉白如素㉘。池水變赤，魚死。有鼠晝立舞王后庭中。胥謂姬南等曰：「棗水魚鼠之怪甚可惡也！」居數月，祝詛事發覺，有司案驗㉙，胥惶恐，藥殺巫及宮人二十餘人以絕口。公卿請誅胥，天子遣廷尉、大鴻臚㉚即訊。胥謝曰：「罪死有餘，誠皆有之。事久遠，請歸思念具㉛對。」胥既見使者還，置酒顯陽殿，召太子霸及子女董訾、胡生㉜等夜飲，使所幸八子㉝郭昭君、家人子㉞趙左君等鼓瑟㉟歌舞。王自歌曰：「欲久生兮無終㊱，長不樂兮安窮㊲！奉天期兮不得須臾㊳，千里馬兮駐待路㊴。黃泉下兮幽深，人生要死，何為苦心㊵！何用為樂心所喜，出入無悰為樂亟㊶。蒿里㊷召兮郭門㊸閱㊹，死不得取代庸㊺，身自逝。」左右悉更㊻涕泣奏酒㊼，至雞鳴時罷。胥謂太子霸曰：「上遇我厚，今負之甚。我死，骸骨當暴。幸而得葬㊽，薄之，無厚也。」即以綬自絞死㊾。及八子郭昭君等二人皆自殺。天子加恩，赦王諸子皆為庶人，賜諡曰厲㊿王。立六十四年而誅，國除。

【章旨】以上為〈劉胥傳〉的第二部分，寫廣陵王劉胥舉止不守法度，為了登上帝位，命女巫詛咒昭帝、昌邑王和宣帝，不僅陰謀未能得逞，自己也因此獲罪被殺。

【注釋】❶倡樂　倡優的歌舞雜戲表演。❷逸游　放縱遊樂。❸扛　舉。❹元鳳　昭帝年號，西元前八〇—前七五年。❺安車　古代可以坐乘的小車。古車立乘，此為坐乘，故稱安車。安車多用一馬，禮尊者則用四馬。❻四子　聖、曾、昌、弘。❼聖　為朝陽荒侯。❽曾　為平曲節侯。❾寶　衍字。❿昌　為南利侯。考證見《漢書補注》。⓫高密　王國名。西漢本始元年（西元前七三年）改膠西郡置國。治高密（今縣西南）。西漢末轄境約當今山東高密一帶。⓬覬欲　非分的希望或企圖。⓭楚地巫鬼　顏師古注曰：「言其土俗尊尚巫鬼之事。」⓮女巫　古代以歌舞迎神、掌占卜祈禱的女官。⓯下神　招請神靈。舊時術士、巫婆裝神弄鬼，假稱神仙附在自己身上。⓰下我　言降於我身。⓱巫山　山名。在四川、湖北兩省邊境。北與大巴山相連，形如「巫」字，故名。⓲塞禱　古時酬報神靈的祭禮。⓳寖信　更加信任。寖，益；更。⓴弟婦　弟弟的妻子。㉑餽遺　饋贈。㉒南利　邑名。在今河南商水縣南。㉓寶　據〈表〉，當作「曷」。㉔廣陵　縣名。在今江蘇揚州西北。㉕姬　漢代宮中女官。漢應劭《漢官儀》卷下：「姬，內官也，秩比二千石，位次婕妤下，在八子上。」㉖射陂　射水之陂。在射陽縣（今江蘇寶應東北射陽鎮）。陂，水塘；水庫。㉗草田　謂未墾種的田地。㉘素　白色生絹。㉙案驗　查驗。㉚廷尉大鴻臚　據〈公卿表〉，廷尉是于定國，大鴻臚是王禹。廷尉，官名。漢承秦置。主管全國刑獄。秩中二千石，列位九卿。㉛具　通「俱」。全部。㉜子女董訾胡生　陳直《漢書新證》以為：「本文子女董訾、胡生二人，包括女與支子而言，顏師古注二人皆其女名，誤也。」㉝八子　諸侯王宮內女官名號，位相當於六百石。㉞家人子　漢代對無官職名號宮人的稱呼。㉟瑟　撥絃樂器。春秋時已流行。形似古琴，但無徽位，有五十絃、二十五絃、十五絃等幾種。㊱無終　沒有終止；沒有窮盡。㊲安窮　何用窮盡年壽。㊳奉天期兮不得須臾　謂奉詔命當死，不復延年。㊴千里馬兮駐待路　謂驛傳等待回答詔命。㊵人生要死二句　人生必有一死，為何要心懷悲戚。㊶何用為樂心所喜二句　謂人生以何為樂，但以思想愉快；如今出入無歡，只因命不久長。悰，歡樂。亟，急。㊷蒿里　本為山名，相傳在泰山之南，為死者葬所。因以泛指墓地、陰間。㊸郭門　謂墓郭之門。㊹閱　謂墓郭之門猶如閥閱。㊺代庸　受雇傭的人。引申指替身。㊻更　輪流；互相。㊼奏酒　進酒。㊽葬　阮元《揅經堂三集．甘泉山獲石記》云：「揚州甘泉山惠照寺階下獲四石，其一石有中殿第廿八字，體在篆隸間，江鄭堂謂即淮南厲王胥冢上石也。」楊樹達《漢書窺管》以為，「淮南」二字明是「廣陵」之誤。參見《漢書補注》。㊾自絞死　胥死於五鳳四年（西元前五四年）正月。㊿厲 《逸周書・謚法》：「暴慢無親曰厲，殺戮無辜曰厲。」

【語 譯】劉胥長大成人後，喜好倡優的歌舞雜戲表演，喜歡放縱遊樂。力能舉鼎，空手與熊、野豬等猛獸搏鬥。行為舉止沒有規矩，所以最終也未能成為漢室的繼承人。

2 昭帝剛即位時，加封劉胥一萬三千戶。元鳳年間他入京朝見，皇上又加封一萬戶，賞賜銅錢二千萬，黃金二千斤，四匹馬拉的安車和寶劍。到宣帝即位，封劉胥的四個兒子劉聖、劉曾、劉昌均為列侯，又封劉胥的小兒子劉弘為高密王。所以褒賜十分豐厚。

3 當初，昭帝時，劉胥見昭帝年輕沒有子嗣，就萌生了覬覦皇位的野心。而楚地有崇尚巫鬼的風俗，劉胥迎來了一個叫李女須的女巫，讓她請鬼神降禍給人。一次，李女須哭著說：「孝武帝的神靈附在我身上了。」劉胥身邊的侍從都俯伏在地聆聽。她裝成武帝說：「我一定要讓劉胥成為天子。」劉胥賜給李女須許多錢，又讓她向楚地的巫山祈禱。恰逢昭帝去世，劉胥說：「李女須是優秀的巫師啊！」於是殺牛舉行酬報神靈的祭禮。到昌邑王被徵召入京時，劉胥又讓女巫請鬼神降禍給昌邑王。後來昌邑王被廢，劉胥越發相信李女須等人，多次賜給她們錢物。宣帝即位，劉胥說：「太子劉據的孫子為什麼反而能被立為帝？」又命李女須和以前一樣請鬼神降禍給宣帝。劉胥的女兒是楚王劉延壽王后的弟媳，劉胥與劉延壽經常互相贈送禮品，暗地裡有個人書信往來。後來劉延壽因為謀反被殺，他的供詞牽連到劉胥。宣帝有詔書不追究劉胥，賜給劉胥黃金前後共五千斤，還有很多其他器物。劉胥又聽說漢室立了太子，他對姬南等人說：「我終究不能被立為帝了。」於是停止了咒詛活動。後來劉胥的兒子南利侯劉寶因殺人被削去爵位，返回廣陵國，與劉胥的寵姬左修通姦。姦情暴露後，被關進監獄，判處棄市死刑。王國相勝之奏請削奪劉寶在射陂的草田分給貧民，上奏得到批准。劉胥又讓巫師像以前一樣祈求鬼神降禍給宣帝。

4 劉胥王宮園林中的棗樹上長出十幾個分枝，分枝純紅色，樹葉白得像沒有染色的絲。園中的池水變成紅色，池裡的魚都死了。有老鼠白天在王后宮廷庭院裡站著跳舞。劉胥對姬南等人說：「棗樹、池水、魚、老鼠等怪事真令人討厭啊！」過了幾個月，劉胥祝告鬼神加禍於人的事情被發現了，有關部門開始調查，劉胥恐懼不安，用藥毒死了女巫和宮人二十多人以滅口。公卿大臣請求處死劉胥，天子派遣廷尉和大鴻臚到廣陵國審訊。劉胥謝罪說：「我的罪行死有餘辜，一切都是事實。但這些事過去很久了，請讓我回去想一想再詳細對答。」劉胥見使者已經返回廣陵國的館舍，便設宴顯陽殿，召來太子劉霸及子女董訾、胡生等人夜飲，讓他所寵愛的八子郭昭君、家人子趙左君等彈瑟歌舞。劉胥自己唱道：「想長生不老啊，沒有終極，久久憂愁不樂啊，何必窮盡年壽！奉詔當死啊，不得等待須臾，使者騎的千里馬啊，已在驛站等候出發。黃泉之下啊，深遠而幽靜，人生終究要死，何必憂傷悲戚！人生何以為樂，只求心志所喜。出入皆無歡娛，享樂已近終極。死亡之地在召喚，只能自己去死，不能雇人代替，自身就要逝去。」左右侍從都哭著輪流進酒，酒宴直到雞叫時才停止。劉胥對太子劉霸說：「皇上待我很優厚，而我太辜負他了。我死後，屍骨應當暴露野外，假如僥倖得以安葬，要薄葬，不要厚葬。」說完就用綬帶絞死了自己。還有八子郭昭君等二人也都自殺了。天子施加恩惠，赦免廣陵王的諸子都為平民，賜給廣陵王的諡號為厲王。劉胥在位六十四年被誅殺，封國被取消。

後七年，元帝復立胥太子霸❶，是為孝王，十三年薨。子共王意嗣，三年❷薨。子哀王護嗣❸，十六年❹薨，無子，絕。後六年，成帝復立孝王子守❺，是為靖王，立二十年❻薨。子宏嗣❼，王莽時絕。

初，高密哀王弘本始元年❽以廣陵王胥少子立，九年❾薨。子頃王章嗣❿，三十三年⓫薨。子懷王寬嗣⓬，十一年薨。子慎嗣，王莽時絕。

【章　旨】以上為〈劉胥傳〉的第三部分，簡介廣陵王劉胥子孫的繼位傳國概況。

【注　釋】❶立胥太子霸　霸立於初元二年（西元前四七年）。❷三年　自建昭五年至建始元年（西元前三四—前三二年）。〈表〉作「十三年」，誤。❸哀王護嗣　護嗣於建始二年（西元前三一年）。❹十六年　〈表〉作「十五年」。自建始二年至鴻嘉四年（西元前三一—前一七年），為十五年。❺立孝王子守　守立於元延二年（西元前一一年）。❻二十年　〈表〉作「十七年」。自元延二年至居攝元年（西元前一一—六年），為十七年。❼宏嗣　宏嗣於居攝二年（西元七年）。❽本始元年　西元前七三年。❾九年　〈表〉作「八年」。自本始元年至地節四年（西元前七三—前六六年），為八年。❿頃王章嗣　章嗣於元康元年（西元前六五年）。⓫三十三年　〈表〉作「三十四年」。自元康元年至建始元年（西元前六五—前三二年），為三十四年。⓬懷王寬嗣　寬嗣於建始二年（西元前三一年）。

【語　譯】七年後，元帝劉奭又立劉胥的太子劉霸，這就是孝王，在位十三年後去世。兒子共王劉意繼位，三年後去世。兒子哀王劉護繼位，十五年後死去，沒有兒子，斷絕了後代。六年後，成帝劉驁又立孝王的兒子劉守，這就是靖王，在位二十年後死去。兒子劉宏繼位，到王莽時斷絕了後代。

當初，高密哀王劉弘在宣帝本始元年以廣陵王劉胥的小兒子被立為王，九年後去世。兒子頃王劉章繼位，三十三年後去世。兒子懷王劉寬繼位，十一年後去世。兒子劉慎繼位，王莽時斷絕了後代。

昌邑哀王髆天漢四年❶立，十一年❷薨，子賀嗣。立十三年，昭帝崩，無嗣，大將軍霍光徵王賀典喪❸。璽書❹曰：「制詔❺昌邑王：使行❻大鴻臚事少府❼樂成❽、宗正❾德❿、光祿大夫⓫吉⓬、中郎將⓭利漢⓮徵王，乘七乘傳⓯詣長安邸⓰。」夜漏⓱未盡一刻⓲，以火發書。其日中⓳，賀發，晡時⓴至定陶㉑，行百三十五里，侍從者馬死相望於道。郎中令㉒龔遂㉓諫王，令還郎㉔謁者㉕五十餘人。賀到濟陽㉖，求長鳴雞㉗，道買積竹杖㉘。過弘農㉙，使大奴㉚善以衣車㉛載女子。至湖㉜，使者以讓㉝相㉞安樂㉟。安樂告遂，遂入問賀，賀曰：「無有。」遂曰：「即無有，何愛一善以毀行義㊱！請收㊲屬吏㊳，以湔洒㊴大王。」即捽㊵善，屬衛士長㊶行法㊷。

賀到霸上㊸，大鴻臚郊迎㊹，騶㊺奉乘輿㊻車。王使僕壽成御㊼，郎中令遂參乘㊽。旦至廣明㊾東都門㊿，遂曰：「禮，奔喪(51)望見國都哭。此長安東郭門(52)也。」賀曰：「我嗌(53)痛，不能哭。」至城門，遂復言，賀曰：「城門與郭門等耳。」且至未央宮(54)東闕，遂曰：「昌邑帳(55)在是闕外馳道(56)北，未至帳所，有南北行道，馬足未至數步，大王宜下車，鄉(57)闕西面伏，哭盡哀止。」王曰：「諾。」到，哭如儀。

王受皇帝璽綬(58)，襲尊號。即位二十七日，行淫亂。大將軍光與群臣議，白孝昭皇后，廢賀歸故國，賜湯沐邑(59)二千戶，故王家財物皆與賀。及哀王女四人各賜湯沐邑千戶。語在霍光傳。國除，為山陽郡(60)。

【章　旨】以上為劉髆之子〈劉賀傳〉的第一部分，寫昌邑王劉賀受徵召為昭帝之後，進京繼承皇位。本段詳述其在赴京途中的淫亂行為，即位後仍肆意妄為，因此在位僅二十七天，就被廢歸故國。

【注　釋】❶大漢四年　西元前九七年。天漢，漢武帝的年號，西元前一〇〇－前九七年。❷十一年　當作「十年」。劉髆死於後元元年（西元前八八年）。❸典喪　令為喪主。喪事的主持人。❹璽書　太后的璽書。太后為上官氏，昭帝后，上官安之女，霍光外孫女。❺制詔　此指太后的命令。❻行　謂兼攝官職。❼少府　官名。秩中二千石，列位九卿。執掌供養皇帝的池澤收入和皇室手工業製造。❽樂成　姓史。❾宗正　官名。掌宗室事務。九卿之一。❿德　劉德，字路叔。⓫光祿大夫　官名。屬光祿勳。秩比二千石，執掌論議，備顧問，在大夫中地位最尊。⓬吉　丙吉，字少卿，魯人。詳見卷七十四〈丙吉傳〉。⓭中郎將　官名，光祿勳的屬官。執掌宿衛宮殿，出充車騎。⓮利漢　人名。不知姓。⓯乘傳　驛站用四匹下等馬拉的車子。⓰邸　公館。此指昌邑王在長安的館舍。⓱夜漏　夜間的時刻。漏，古代滴水記時的器具。⓲未盡一刻　指夜晚最後一刻，約二十三時四十五分至二十四時之間。一刻，表示時間。古以漏壺計時，一晝夜分為一百刻。今用鐘錶計時，一刻為十五分鐘。⓳日中　中午時分。⓴晡時　申時，即十五時至十七時。㉑定陶　縣名。秦置。治今山東定陶西北。㉒郎中令　官名。漢承秦置。執掌宮殿門戶宿衛。漢武帝太初元年（西元前一〇四年）更名光祿勳，秩中二千石，位列九卿。此指昌邑王國的郎中令。㉓龔遂　字少卿，西漢山陽南平陽（今山東鄒縣）人。詳見卷八十九〈循吏傳·龔遂傳〉。㉔郎　此指昌邑王的郎官。和漢朝廷一樣，郎官有郎、郎中、中郎、侍郎。㉕謁者　此指昌邑王的謁者。和漢廷一樣，謁者以宦官充任，為王的親近侍從。㉖濟陽　縣名。西漢置。治今河南蘭考東北。㉗長鳴雞　啼聲長的雞。㉘積竹杖　用竹縷合纏製成的手杖。㉙弘農　縣名。武帝元鼎三年（西元前一一四年）置。治今河南靈寶東北。㉚大奴　群奴之長。㉛衣車　一種有帳幔遮蔽，可供臥息的車子。㉜湖　湖縣。治今河南靈寶西北。㉝讓　責備。㉞相　昌邑國相。㉟安樂　人名。㊱行義　品行，道義。㊲收　拘捕。㊳屬吏　謂交給執法官吏處理。㊴湔洒　洗刷；洗雪。㊵捽　抓住頭髮。亦泛指抓，揪。㊶衛士長　主管警衛之官。㊷行法　按法行事。㊸霸上　亦作「灞上」。地名，在今陝西西安東南白鹿原北首。㊹郊迎　出郊迎賓，以示隆重、尊敬。㊺騶　掌管養馬並管駕車的人。㊻乘輿　此指天子所乘坐的專車。㊼御　駕車。㊽參乘　亦作「驂乘」。陪乘或陪乘的人。古時乘車，尊者在左，御者在中，又一人在右，稱車右或驂乘。負責警衛。㊾廣明　苑名。在長安東都門外。㊿東都門　《漢書補注》王先謙引《黃圖》云：「長安城東出北頭第一門，曰宣平門，民間謂東都門。其郭門亦曰東都。」(51)奔喪　古代凡聞君、親、尊長之喪，從外地趕往弔唁或料理喪事均稱「奔喪」。(52)郭門　外城門。郭，外城。(53)嗌　咽喉。(54)未央宮　漢代宮殿名，在西安市長安故城內西南隅。(55)昌邑帳　指昌邑王辦理弔喪事務之處。帳，帳幕；帷幕。(56)馳道　古代供君王行駛車馬的道路。(57)鄉　通「向」。(58)璽綬　古代印璽上所繫的彩色絲帶。借指印璽。(59)湯沐邑　謂以其賦稅供湯沐之具。收取賦稅以自供，不入國家倉廩府庫。此指食邑。⑥⓪山陽郡 漢景帝中元六年（西元前一四四年）分梁國置山陽國，建元間改為郡。治昌邑，今山東金鄉西北。

【語譯】昌邑哀王劉髆在武帝天漢四年被立為王，十一年後去世，兒子劉賀繼位。劉賀繼位十三年，昭帝逝世，沒有繼承人，大將軍霍光徵召昌邑王劉賀進京主持喪事。太后的璽書說：「命令昌邑王：派遣代行大鴻臚事務的少府史樂成、宗正劉德、光祿大夫丙吉、中郎將利漢徵召昌邑王，乘坐七輛驛站的傳車到長安官邸。」當夜漏還剩最後一刻時，用火照明發出璽書。接到璽書當天中午，劉賀從昌邑國出發，申時到達定陶，走了一百三十五里，隨行人員的馬累死了很多，沿途接連不斷。郎中令龔遂勸昌邑王少帶一些隨從，昌邑王下令遣回謁者五十多人。劉賀到達濟陽，尋找啼叫聲長的公雞，在途中買了積竹杖。經過弘農縣時，讓家奴的頭頭善弄來民女裝進衣車之中。到達湖縣，使者就此事責問昌邑國相安樂。安樂告訴了郎中令龔遂，龔遂前去詢問劉賀，劉賀說：「沒有這回事。」龔遂說：「即使沒有，何必為了愛惜一個善而毀掉了大王的品行道義！請將善拘捕交給執法官吏處理，以洗清大王的冤屈。」說完，就揪住善，交給衛士長依法處理。

劉賀到達長安城外的霸上，大鴻臚到郊外迎接，主管駕車的官吏獻上天子專用的乘輿。昌邑王讓奴僕壽成駕車，郎中令龔遂陪乘。清晨抵達廣明苑東都門，龔遂說：「按照禮儀，從外地趕來料理喪事望見國都就要哭。這裡已經是長安的東郭門了。」劉賀說：「我咽喉疼，不能哭。」到了內城門，龔遂又提醒劉賀，劉賀說：「內城門與外郭門一樣啊。」將要到未央宮東面的宮闕了，龔遂說：「昌邑王的弔喪帳在這個闕門外馳道的北面，未到弔喪大帳之前，有一條南北方向的道路，在馬蹄差幾步到達弔喪大帳時，大王應該下車，面向宮門的西面俯伏，哭到盡哀為止。」昌邑王說：「好吧。」到達之後，劉賀按照喪禮規定哭弔昭帝。

劉賀接受了皇帝的印璽，承襲了皇帝尊號。即位二十七天，行為荒淫無道。大將軍霍光與群臣商議，報告孝昭皇后，廢黜劉賀，將他送回故國，賜給他湯沐邑二千戶，他以前做昌邑王時的財物也都給了他。還有昌邑哀王的四位女兒各自賜予湯沐邑一千戶。這些話都記載在〈霍光傳〉裡。昌邑國被廢除，改為山陽郡。

初賀在國時，數有怪。嘗見白犬，高三尺，無頭❶，其頸以下似人，而冠方山冠❷。後❸見熊，左右皆莫見。又大鳥飛集宮中。王知，惡之，輒以問郎中令遂❹。遂為言其故，語在五行志。王卬❺天歎曰：「不祥何為數來！」遂叩頭曰：「臣不敢隱忠，數言危亡之戒，大王不說。夫國之存亡，豈在臣言哉？願王內自揆度❻。大王誦詩❼三百五篇，人事浹❽，王道❾備，王之所行中詩一篇何等也❿？大王位為諸侯王，行汙⓫於⓬庶人，以存難，以亡易，宜深察之。」後又血汙王坐席，王問遂，遂叫然⓭號曰：「宮空不久，祆祥⓮數至。血者，陰憂⓯象也。宜畏慎自省。」賀終不改節⓰。居無何⓱，徵。既即位，後王夢青蠅⓲之矢⓳積西階東，可⓴五六石㉑，以屋版瓦㉒覆，發視之，青蠅矢也。以問遂，遂曰：「陛下之詩㉓不云乎？『營營青蠅，至於藩；愷悌君子，毋信讒言㉔。』陛下左側㉕讒人眾多，如是青蠅惡㉖矣。宜進先帝大臣子孫親近以為左右。如不忍㉗昌邑故人，信用讒諛，必有凶咎。願詭禍為福㉘，皆放逐之。臣當先逐矣。」賀不用其言，卒㉙至於廢。

【章　旨】以上為〈劉賀傳〉的第二部分，追述劉賀受徵召之前在昌邑國所遭遇的種種不祥之兆，龔遂藉機進諫，昌邑王不聽，終至被廢。

【注釋】❶無頭　當作「無尾」。《漢書補注》王先謙引《通鑑考異》云：〈五行志〉云「無尾」，且云不得置後之象。傳誤。❷方山冠　古冠名。漢代祭宗廟時樂舞人所戴之冠。❸後　當作「復」。見《漢書補注》王先謙說。❹問郎中令遂　〈五行志〉記昌邑王賀問遂，只犬、熊二事，未記大鳥事。❺卬　「仰」的古字。❻揆度　忖度；估量。❼詩　中國古代最早的詩歌總集。相傳孔子曾整理此書，後存三百零五篇。❽浹　通徹；透徹。❾王道　儒家提出的一種以仁義治天下的政治主張。與霸道相對。❿王之所行句　意謂王之所行符合哪一篇《詩》文之意。中，符合。⓫汙　指行為不正。⓬於　比。表比較。⓭叫然　突然發聲。⓮祅祥　亦作「妖祥」。指顯示災異的凶兆。⓯陰憂　內心的憂愁。⓰改節　改變節操。⓱無何　不多時；不久。⓲青蠅　見前注。⓳矢　通「屎」。⓴可　大約；近似。㉑石　容量單位，十斗為一石。㉒版瓦　大瓦。㉓陛下之詩　謂陛下所讀之詩。㉔營營青蠅四句　引詩見《詩經・小雅・青蠅》。見前注。㉕左側　猶言左近。即旁近之意。㉖惡　汙穢骯髒之物。特指糞便。㉗不忍　不忍心。謂不忍心疏遠。㉘詭禍為福　即「反禍為福」。詭，變易；相反。㉙卒　終於；終究。

【語譯】當初，劉賀在昌邑國時，多次見到怪異的事。他曾看見一隻白狗，高三尺，沒有頭，狗脖子以下像人，頭戴方山冠。後來又看見一隻熊，身邊的人都沒有看見。又有許多大鳥飛來聚集在王宮裡。昌邑王知道了，很厭惡這件事，就此事去問郎中令龔遂。龔遂給他講了其中的緣由，這些話記載在〈五行志〉裡。昌邑王仰天長歎說：「不祥之兆為什麼屢屢出現啊！」龔遂叩頭說：「臣不敢隱瞞忠心，多次講國家危亡的鑑戒，大王聽了很不高興。國家的生存或滅亡，難道是在臣的幾句諫言嗎？希望大王內心自己估量。大王誦讀過《詩經》三百零五篇，它對人情事理的講述非常透徹，對治國之道也論述得很完備，大王的行為符合詩中的哪一篇呢？大王位居諸侯王，而行為比普通百姓還汙濁，憑這種行為要保存國家很難，想亡國非常容易，應當深刻考察這一現象。」後來又發現血跡汙染了昌邑王的座席，昌邑王問龔遂，龔遂忽然發聲大叫著說：「王宮空著沒多久，顯示災異的凶兆多次出現。血，是內心憂愁的象徵。應該畏懼謹慎反省自己。」劉賀始終不改變自己的操守。過了不久，他接到朝廷徵召。即位以後，又夢見蒼蠅的屎堆積在宮中西階東面，大約有五六石，被屋頂的大瓦覆蓋著，派人掀開瓦一看，果然是蒼蠅屎。劉賀就此事詢問龔遂，龔遂說：「陛下讀過的

《詩經》中不是說過了嗎？『往來飛翔的青蠅，落在了籬笆上；和悅近人的君子，不要聽信讒言。』陛下身邊進讒言的人很多，他們就像青蠅屎一樣。您應進用先帝的大臣和皇室近親作為輔佐。如果不忍心疏遠昌邑國原來的親信，信用讒毀阿諛之言，必定會有災禍。希望能反禍為福，把他們都流放驅逐。臣應當首先被放逐。」劉賀不採納他的建議，終於遭到廢黜。

1 大將軍光更尊立武帝曾孫，是為孝宣帝。即位，心內忌賀，元康二年❶遣使者賜山陽太守張敞❷璽書曰：「制詔山陽太守：其謹備盜賊，察往來過客。毋下所賜書❸！」敞於是條奏❹賀居處❺，著❻其廢亡❼之效，曰：「臣敞地節三年❽五月視事❾，故昌邑王居故宮，奴婢在中者百八十三人，閉大門，開小門，廉吏❿一人為領錢物市買⓫，朝內食物⓬，它⓭不得出入。督盜一人別主徼循⓮，察往來者。以王家錢取卒⓯，迾宮⓰清中⓱備盜賊。臣敞數遣丞吏行察⓲。四年⓳九月中，臣敞入視居處狀，故王年二十六七，為人青黑色，小目，鼻末銳卑，少須眉，身體長大，疾痿⓴，行步不便。衣短衣大絝，冠惠文冠㉑，佩玉環，簪筆㉒持牘趨謁。臣敞與坐語中庭，閱㉓妻子奴婢。臣敞欲動觀其意，即以惡鳥感之，曰：『昌邑多梟㉔。』故王應曰：『然。前賀西至長安，殊無梟。復來，東至濟陽，迺復聞梟聲。』臣敞閱至子女持轡㉕，故王跪曰：『持轡母，嚴長孫女也。』臣敞故知執金吾嚴延年字長孫㉖，女羅紨㉗，前為故王妻。察故王衣服言語跪起，清狂不惠㉘。妻十六人，子二十二人，其十一人男，十一人女。昧死㉙奏名籍㉚及奴婢財物簿。臣敞前書㉛言：『昌邑哀王歌舞者張修等十人，無子，又非姬，但良人㉜，無官名，王薨當罷歸。太傅㉝豹等擅留，以為哀王園中㉞人，所不當得為㉟，請罷歸。』故王聞之曰：『中人㊱守園，疾者當勿治，相殺傷者當勿法，欲令亟死，太守奈何而欲罷之？』其天資㊲喜由亂亡，終不見仁義如此。後丞相御史以臣敞書聞，奏可。皆以遣。」上由此知賀不足忌。

2 其明年春，迺下詔曰：「蓋聞象㊳有罪，舜封之，骨肉之親，析㊴而不殊㊵。其封故昌邑王賀為海昏㊶侯，食邑四千戶。」侍中衛尉㊷金安上㊸上書言：「賀天之所棄，陛下至仁，復封為列侯。賀嚚頑㊹放廢㊺之人，不宜得奉宗廟朝聘㊻之禮。」奏可。賀就國豫章㊼。

3 數年，揚州刺史柯㊽奏賀與故太守卒史㊾孫萬世交通，萬世問賀：「前見廢時，何不堅守毋出宮，斬大將軍，而聽人奪璽綬乎？」賀曰：「然。失之。」萬世又以賀且王豫章，不久為列侯。賀曰：「且然㊿，非所宜言。」有司案驗，請逮捕。制曰：「削戶三千。」後薨。

4 豫章太守廖奏言：「舜封象於有鼻❺❶，死不為置後，以為暴亂之人不宜為太祖❺❷。海昏侯賀死，上❺❸當為後者子充國；充國死，復上弟奉親；奉親復死，是天絕之也。陛下聖仁，於賀甚厚，雖舜於象無以加也。宜以禮絕賀，以奉天意。願下有司議。」議皆以為不宜為立嗣，國除。

5 元帝即位，復封賀子代宗為海昏侯，傳子至孫，今❺❹見為侯。

【章　旨】以上為〈劉賀傳〉的第三部分，寫劉賀被廢後在故國昌邑的生活，山陽郡太守張敞奉宣帝密旨，監視劉賀。宣帝得知劉賀痴呆不慧，改封他為海昏侯。後劉賀與孫萬世勾結，被削食邑三千戶，不久死去，封國也被廢除。元帝時，復封其子，傳位至東漢初年。

【注　釋】❶元康二年　西元前六四年。元康，漢宣帝劉詢的年號，西元前六五—前六一年。❷張敞　（西元前？—前四七年），字子高，河東平陽（今山西臨汾）人。其家先徙茂陵（今陝西興平東北），後徙杜陵（今陝西長安東北）。昭帝時，為太僕丞。因切諫昌邑王顯名。詳見卷七十六〈張敞傳〉。❸毋下所賜書　令受書人保密，不要向下傳達。❹條奏　逐條上奏。❺居處　指平日的儀容舉止、生活起居。❻著　明顯；顯著。❼廢亡　廢免；廢黜。❽地節三年　西元前六七年。地節，漢宣帝的年號，西元前六九—前六六年。❾視事　就職治事。多指政事言。❿廉吏　謂察事之吏。⓫市買　買；交易。⓬朝內食物　每天早晨買進食物。內，通「納」。⓭它　指除食物之外的其他物品。⓮徼循　巡查。⓯以王家錢取卒　用昌邑王家的錢雇人為卒。⓰迾宮　守衛王宮。迾，列隊警戒。⓱清中　顏師古注引鄧展曰：「令其清靖，不得妄有異人也。」⓲行察　巡行檢察。⓳四年　指元康四年（西元前六二年）。⓴痿　身體筋肉萎縮、偏枯之病。㉑惠文冠　冠名。相傳為趙惠文王創制，故稱。漢謂之武弁，又名大冠。諸武官冠之。侍中、常侍加黃金璫，附蟬為紋，貂尾為飾。侍中插左貂，常侍插右貂。因又稱「貂璫」、「貂蟬」。㉒簪筆　謂插筆於冠，以備書寫。帝王近臣、書吏及士大夫均有此裝束。㉓閱　查點；檢視。㉔梟鳥名。貓頭鷹一類的鳥。亦為鳥綱鴟鴞科各種鳥的泛稱。舊傳梟食母，故常以喻惡人。㉕持轡　賀子女之名。㉖嚴延年字長孫　此人與嚴延年字次卿者不是同一人。㉗羅紨　嚴延年之女的名。㉘清狂不惠　顏師古注引蘇林曰：「凡狂者，陰陽脈盡濁。今此人不狂似狂者，故言清狂也。或曰，色理清徐而心不慧曰清狂。清狂，如今白痴也。」惠，通「慧」。聰慧。㉙昧死　冒死。猶言冒昧而犯死罪。㉚名籍　名冊。㉛前書　指此前白丞相御史之書。㉜良人　西漢妃嬪的稱號。位視八百石，比左庶長。㉝太傅　官名。此指昌邑王國的太傅。秩二千石，職在輔王，不豫國政。遇有諸侯王不法，得諫諍或舉奏於朝。㉞園中　園內。園，帝王、后妃的墓地。㉟所不當得為　謂此種做法不合於法。㊱中人　宮女。㊲天資　天賦；資質。㊳象　傳說是舜的異母弟，曾幾次謀殺舜，未遂。舜即帝位後，封象於有痺（今河南道縣北）。㊴析　分開。㊵殊　斷絕。㊶海昏　縣名。西漢置。屬豫章郡，治今江西永修西北。㊷衛尉　官名。掌守衛皇宮。秩中二千石，列位九卿。㊸金安上　（西元前？—前五六年），字子侯，西漢人。父倫，本匈奴休屠王子，武帝元狩中與兄日磾俱降漢。詳見卷六十八〈金日磾傳附金安上傳〉。㊹嚚頑　愚昧頑鈍。㊺放廢　放逐罷黜。㊻朝聘　古代諸侯親自或派使臣按期朝見天子。㊼豫章　郡名。西漢高帝五年（西元前二〇二年）分九江郡置。治南昌縣，今江西南昌。㊽柯　刺史之史。㊾卒史　漢代官府屬吏。武帝時左、右內史、大行及郡太守皆有卒史各二人。通常秩為百石，又稱「百石卒史」。㊿且然　謂即將如此。(51)有鼻　地名。傳說在古之零陵，在今廣西興安東北。(52)太祖　謂一國之始祖。(53)上　謂上報其名於有司。(54)今　指東漢光武帝之時。

【語譯】大將軍霍光重新尊立武帝的曾孫為帝，這就是孝宣帝劉詢。劉詢即位後，對劉賀心存顧忌，元康二年派使者賜給山陽郡太守張敞的璽書說：「皇帝命令山陽郡太守：要謹防盜賊，檢查往來過客，但不得向下傳達所賜璽書的內容！」張敞於是逐條上奏劉賀的日常生活起居，清楚地反映劉賀被廢後的表現，奏章說：「臣張敞於地節三年五月就職理事，前昌邑王住在以前的王宮，在王宮裡的奴婢有一百八十三人，關閉大門，只開小門，有一名察事的官吏為他們領取錢物購買生活用品，每天早晨把食物送入王宮，其他物品不准進出。另一名督察盜賊的官吏專門負責巡查，檢查往來行人。用前昌邑王家裡的錢雇人做差役，保衛宮中的清靜和安全，防備盜賊侵擾。臣張敞曾多次派丞吏巡行視察。地節四年九月間，我進入宮中察看他們的日常生活情況，前昌邑王的年齡有二十六七歲，面部青黑色，小眼睛，鼻子末端尖而低，眉毛鬍鬚很少，身體高大，腿有風痺病，肌肉萎縮，行走不便。身穿短衣大褲，頭戴一頂惠文冠，佩著玉環，冠上插著筆，手持木簡，小步快走前來接見。我和他坐在中庭裡談話，查點他的妻子兒女和奴婢。我想試探他的想法，便拿惡鳥的事來觸動他。我說：『昌邑的梟很多。』他回答說：『是的。以前我西至長安，竟然沒看到一隻梟。我回來時，東行至濟陽，就又聽到了梟的叫聲。』我查點到他的女兒持轡時，前昌邑王跪下說：『持轡的母親，是嚴長孫的女兒。』我以前就知道執金吾嚴延年的字叫長孫，女兒名羅紨，過去是前昌邑王的妻子。我觀察前昌邑王的服裝、言語、起跪動作，發現他有些痴呆，不聰明。他有妻子十六人，子女二十二人，其中十一個兒子，十一個女兒。臣冒著死罪向皇上奏呈前昌邑王的名冊和奴婢財物簿。臣前一封奏書上說：『昌邑哀王的歌舞宮女張修等十人，沒有子女，又不是姬，只是良人，沒有官名，哀王死後應當把她們遣送回家。昌邑國太傅豹等人擅自將她們留下，認為她們是哀王陵園裡的人，這種做法是不符合法律的，請允許將她們遣送回家。』前昌邑王聽了以後說：『宮女守護陵園，有病者不應當治療，互相殺傷者不應當依法懲處，想讓她們早點死去，太守為什麼要讓人遣返她們？』他資質喜好亂亡，就是像這樣始終看不到仁義的本質。後來丞相和御史把臣的奏書呈報皇上，得到允准。哀王園陵中的宮女都被遣送回家了。」宣帝由此知道劉賀是不值得顧忌的。

2 第二年春天，宣帝就下詔說：「我聽說古時候象有罪過，舜仍封了他，骨肉之親，分開而不斷絕關係。封前昌邑王劉賀為海昏侯，食邑四千戶。」侍中衛尉金安上上書說：「劉賀是上天所遺棄的人，陛下有最大的仁德，又封他為列侯。劉賀是愚昧頑鈍放廢之人，不適合履行奉祀宗廟、朝見天子之禮。」奏書被允准。劉賀回到他的封國豫章。

3 幾年以後，揚州刺史柯奏報劉賀與前太守的卒史孫萬世勾結，孫萬世問劉賀：「從前你被廢時，為什麼不堅持不出宮，殺掉大將軍霍光，卻聽任別人奪走印璽呢？」劉賀說：「對。失策啦。」孫萬世又認為劉賀將在豫章郡被封為王，不久就會做列侯。劉賀說：「是即將如此，但這些話不應該說。」有關部門調查驗證此事，請求逮捕劉賀。宣帝下詔說：「削去食邑三千戶。」不久劉賀死去。

4 豫章太守廖上奏章說：「舜把象封在有鼻，象死後，舜並沒有給象立嗣，認為象這種暴亂的人不適合做封國的始祖。海昏侯劉賀已死，上報應當做繼承人的是他的兒子劉充國；劉充國已死，又上報充國的弟弟劉奉親；劉奉親又死了，這是上天斷絕他的後代。陛下聖明仁愛，待劉賀很寬厚，即使舜對象的仁愛也不能超越。應當按禮的規定斷絕劉賀爵位的繼承，以尊奉天意。希望將此事交給有關部門商議。」經過商議，都認為不應該為劉賀立嗣，於是封國被廢除。

5 元帝劉奭即位後，又封劉賀的兒子劉代宗為海昏侯，劉代宗傳位給他的兒子，兒子又傳給孫子，現在還是侯。

贊曰：巫蠱之禍，豈不哀哉！此不惟一江充之辜❶，亦有天時❷，非人力所致焉。建元六年❸，蚩尤之旗❹見，其長竟天❺。後遂命將出征，略取河南❻，建置朔方❼。其春，戾太子生。自是之後，師行三十年，兵所誅屠夷滅死者不可勝數❽。及巫蠱事起，京師流血，僵尸❾數萬，太子子父❿皆敗。故太子生長於兵，與之終始，何獨一嬖臣⓫哉！秦始皇即位三十九年⓬，內平六國，外攘四夷，死人如亂麻，暴骨⓭長城之下，頭盧⓮相屬⓯於道，不一日而無兵。由是山東之難⓰興，四方潰而逆秦。秦將吏外畔⓱，賊臣內發，亂作蕭牆⓲，禍成二世。故曰「兵猶火也，弗戢必自焚⓳」，信矣。是以倉頡⓴作書㉑，「止」「戈」為「武」㉒。聖人以武禁暴整亂㉓，止息干戈㉔，非以為殘而興縱之也。易曰：「天之所助者順也，人之所助者信也；君子履信思順，自天祐之，吉無不利也。」㉕故車千秋指明蠱情，章㉖太子之冤。千秋材知㉗未必能過人也，以其銷惡運，遏㉘亂原㉙，因衰激極，道迎善氣㉚，傳㉛得天人之祐助云㉜。

【章　旨】以上是班固的贊語，他對傳主的評論幾無著墨，而是從巫蠱之禍論及戰爭。認為巫蠱之禍的主要原因是「天時」，帶有天命論色彩；但其本意是諷刺統治者殘暴好武，表達了「履信思順」終能獲得天佑人助的觀點。

【注　釋】❶辜　罪。❷天時　天道運行的規律。❸建元六年　西元前一三五年。建元，漢武帝的年號，西元前一四〇—前一三五年。也是中國歷史上的第一個年號。❹蚩尤之旗　彗星名。古代謂此星出現將有征伐之象。蚩尤，傳說中的古代九黎族首領。以金作兵器，與黃帝戰於涿鹿（今河北涿鹿南），失敗被殺。❺竟天　直至天邊；滿天。❻河南　地區名。秦漢時代稱今內蒙古河套以南為河南。武帝元朔二年（西元前一二七年），驅走匈奴白羊王、樓煩王，取河南地。❼朔方　郡名。西漢元朔二年（西元前一二七年）置。治朔方（今內蒙古杭錦旗北），轄境相當今內蒙古河套西北部及後套地區。❽不可勝數　不計其數。極言其多。勝，盡。❾僵尸　謂人死而屍體僵臥。此指死屍、屍體。❿子父　父與子。指衛太子劉據與其子劉進的兩個弟弟（不知名）。⓫嬖臣　受寵幸的近臣。⓬三十九年　當作「三十七年」。秦始皇西元前二四六—前二一〇年在位。⓭暴骨　暴露屍骨。指死於郊野。⓮頭盧　與「頭顱」同。⓯相屬　相連接。屬，連接。⓰山東之難　指陳勝、吳廣起義。山東，地區名。戰國、秦、漢時代，通稱崤山或華山以東為山東，與當時所謂關東含義相同。一般專指黃河流域，有時也泛指戰國時秦以外的六國領土。⓱畔　通「叛」。⓲蕭牆　照壁。古代宮室內當門的小牆。比喻內部。⓳兵猶火也二句　引文見《左傳・隱公四年》。戢，收斂；止息。⓴倉頡　亦作「蒼頡」。古代傳說中的漢字創造者。《史記》據《世本》以為是黃帝時的史官。㉑作書　創制文字。㉒止戈為武　此為會意造字法。㉓整亂　治亂；平息叛亂。㉔干戈　干和戈是古代常用武器，借指戰爭。㉕易曰六句　引文見《易・繫辭上》。祐，保佑。舊指神明保佑。㉖章　辨別；區分。㉗材知　才能智慧。知，同「智」。㉘遏　止。㉙亂原　亦作「亂源」。禍亂的根源。㉚因衰激極二句　顏師古注曰：「激去至極之災，引致福善之氣也。」道，通「導」。善氣，和暢之氣。㉛傳 引；招致。㉜云 助詞。用於句末，無義。

【語譯】史官評議說：巫蠱之禍，難道不悲哀啊！這不只是一個江充的罪過，也有天道運行的規律在起作用，並不是人的力量所能造成的。建元六年，蚩尤旗彗星出現，它的長度橫貫天空。後來，武帝就命令將士出征，奪取河南地，設置了朔方郡。這年春天，戾太子出生。從此以後，軍隊出征連綿不斷，長達三十年，士兵誅殺屠戮的人不計其數。到巫蠱事件發生，京城混戰流血，死亡者數萬，戾太子和他兒子全都敗亡。所以說，戾太子生長在戰亂年代，與戰亂相始終，怎麼可能是一個孌臣造成的呢！秦始皇在位三十七年，對內削平六國，對外侵奪四方外族，那時死人就像亂麻一樣，暴露屍骨在長城之下，頭顱相連在道路之上，幾乎沒有一天不打仗。因此陳勝、吳廣大澤鄉起義，四方大亂而一致反秦。秦朝外有將領官吏反叛，朝內有奸臣發難，禍亂從秦朝內部引起，最終在秦二世手中葬送了天下。所以說「戰爭像火一樣，不制止必將自焚」，說得太好了。因此倉頡造字時，將「止」、「戈」二字合為「武」字。聖人用武力禁止暴亂，制止戰爭，而絕不窮兵黷武，施殘行暴。《周易》中說：「天所佑助的是順從正道的人，人所幫助的是篤守誠信的人；君子履行誠信而考慮順從正道，自有上天佑助，吉祥而無所不利。」所以車千秋指明巫蠱之禍的實情，辯清了戾太子蒙受的冤屈。車千秋的才智未必能超過一般人，由於他消除了漢朝的惡運，遏止了禍亂的根源，順應衰亂的形勢，消除達到極點的災禍，引來福善之氣，終於招來了天佑人助。

【研析】本卷據《史記·三王世家》增寫而成。《史記》以齊王劉閎、燕王劉旦、廣陵王劉胥立為〈三王世家〉，備載當時群臣奏疏及天子制詔，以著其分封本末。孝武帝共有六個兒子，為什麼只有三王寫入「世家」？因為趙婕妤所生弗陵後為昭帝，自然不應當列入世家。李夫人所生劉髆，受封於天漢四年，比上述三王之封晚十年，所以沒有寫入。衛皇后所生戾太子，前因其為太子，自然不應當列入世家。後太子被廢，作者不補出，大概是由於避諱。《漢書》從《史記》的〈三王世家〉中採用〈三王封策文〉，大幅增補、續寫，撰成〈齊懷王〉、〈燕刺王〉、〈廣陵厲王〉三傳，加上新寫的〈戾太子傳〉與〈昌邑哀王傳〉，置於三王傳的前後，合為

〈武五子傳〉。篇名下，諸帝子傳皆稱「王」，此獨云「子」者，據顏師古說，是因為「戾太子在其中」。傳中先總敘六男於前，而後以次分敘之，與〈高五王傳〉等同例。

〈戾太子劉據傳〉以巫蠱事件為主線，極寫江充之離間，太子之情急，以及武帝之先迷後悟。而詳錄壺關三老令狐茂的上書，實際上是對巫蠱事件的論斷。此後田千秋為太子辯冤，及武帝之自悔，皆不外於此。〈齊懷王劉閎傳〉敘其母子之寵，以表其因早薨而不得嗣位。〈燕剌王劉旦傳〉和〈廣陵厲王劉胥傳〉，敘述二人為謀取帝位的種種非法活動，結果都以失敗而告終。〈昌邑哀王劉髆傳〉，又敘寫其子劉賀旋立旋廢的帝王之夢。總而言之，戾太子劉據因巫蠱之禍未能嗣位，於是圍繞著皇位繼承發生了一連串的明爭暗鬥，皇位繼承一事實為全傳的關鍵。除了齊王、昌邑王早薨與巫蠱之禍無涉，戾太子首先因巫蠱敗亡，燕王遣人祭祀葭水、台水，廣陵王寵信女巫李女須，及昌邑王劉賀看見犬、熊、大鳥，夢見青蠅矢，都是些與巫蠱相類的災異事象。因此，可以說巫蠱是聯繫全傳的線索。因嗣位而發生巫蠱，因巫蠱而寖致滅亡，因滅亡而顯現災異，《漢書》特別強調五行災異和人事的密切關係，從本傳即可見其一斑。班固在《漢書》中把儒家的「天人合一」的讖緯神學，以及陰陽五行災異學說當作社會現象的永恆規律來宣揚。

贊語認為巫蠱之禍不是江充一個人的罪過，確有幾分道理；把它與武帝長期用兵聯繫起來，諷刺統治者的窮兵黷武和施殘行暴，表達了「履信思順」終能獲得天佑人助的觀點，不無積極意義。但班氏否定巫蠱之禍是人力所為，將其歸之於「天時」，這顯然是以災異附會人事的天人感應說。

封三王策，高古典重，可與《尚書．周書》諸誥命相繼，「文辭爛然，甚可觀也」，故《史記》載之，此傳亦載之。而昭帝賜燕王璽書，落落數語，深得立言之體，故傳內亦詳細記載。

卷六十四上

嚴朱吾丘主父徐嚴終王賈傳第三十四上

【題解】本卷傳主九人都是文學之士，多以言辭之長入仕，其結局也很類似，所以班固將他們合為一傳。因為字數較多，分為上、下兩分卷。上卷傳主五人：嚴助，以賢良對策入仕，奉命出使南越。與淮南王劉安結交，後受劉安謀反牽連被誅。傳中詳載了劉安的〈諫伐閩越書〉，將其列於嚴助傳，意在說明嚴助諭告淮南王本末，以及嚴助死因。朱買臣，先窮後通，摹寫詳細生動，致位高官，無所建樹，而與張湯較量高低，兩敗俱傷。吾丘壽王，高材通明，與丞相公孫弘辯論禁止百姓挾帶弓箭之事，旨在說明教化的重要；而言周鼎為漢鼎，可見其機智善辯。主父偃，為學博雜。建議實行推恩令以削弱王國勢力，遷徙豪傑於茂陵以實關中，置朔方郡以備匈奴等，均為武帝採納。後因收受賄賂等事家破身亡。徐樂，上書闡述天下之患在於土崩，而不在於瓦解，告誡武帝將隱患消除在萌芽之中。下卷傳主四人：嚴安，上書建議汲取周、秦之失，適時變革，慎用武事，強幹弱枝，鞏固皇權。終軍，以能言善辯、見多識廣和擅寫文章聞名，「白麟、奇木」二對，文佳而多詼諧。奉使南越稱旨，不幸遭呂嘉之亂，英年早逝。王褒，精通音律，以辭賦著稱，為宣帝歌功頌德。賈捐之，賈誼的曾孫。反對用武力平定珠厓之亂，建議撤銷珠厓郡，撫恤關東，被元帝採納。為謀求高官顯位而不能守節，終為石顯所害。

嚴助，會稽吳❶人，嚴夫子❷子也，或言族家子❸也。郡舉賢良❹，對策❺百餘人，武帝善助對，繇❻是獨擢助為中大夫❼。後得朱買臣、吾丘壽王、司馬相如❽、主父偃、徐樂、嚴安、東方朔❾、枚皋❿、膠倉⓫、終軍、嚴蔥奇⓬等，並在左右。是時征伐四夷，開置邊郡，軍旅數發，內改制度，朝廷多事，婁⓭舉賢良文學之士。公孫弘⓮起徒步⓯，數年至丞相，開東閤⓰，延賢人與謀議，朝覲⓱奏事，因言國家便宜⓲。上令助等與大臣辯論，中外相應以義理之文⓳，大臣數詘⓴。其尤親幸者，東方朔、枚皋、嚴助、吾丘壽王、司馬相如。相如常稱疾避事。朔、皋不根持論㉑，上頗俳優㉒畜㉓之。唯助與壽王見任用，而助最先進。

【章旨】以上為〈嚴助傳〉的第一部分，既是〈嚴助傳〉的提要，也是九人傳的總提要。在九個人的合傳裡，之所以將嚴助列為傳首，即本段所言嚴助「見任用」又「最先進」。

【注釋】❶會稽吳　會稽郡吳縣，治今江蘇蘇州。❷嚴夫子　嚴忌，會稽吳人，一說為拳（今浙江嘉興）人。西漢辭賦家。❸族家子　猶族子，同族兄弟之子。❹舉賢良　漢代選拔人才的一種制度。舉，推薦，此指由郡國選拔後向朝廷推薦。❺對策　回答皇上的策問。❻繇　通「由」。❼中大夫　官名。掌論議，屬郎中令光祿勳。❽司馬相如（西元前？—前一一八年）著名辭賦家，本書卷五十七有傳。❾東方朔（西元前一五四—前九三年）文學家，本書卷六十五有傳。❿枚皋　辭賦家，其父枚乘，均有名於當時。本書卷五十一〈枚乘傳〉附其傳。⓫膠倉　趙國人。本書〈藝文志〉縱橫家作「聊蒼」。陳直《漢書新證》認為應為膠蒼。⓬嚴蔥奇　〈藝文志〉作「莊怱奇」。他本姓莊，因避漢明帝劉莊諱，改為「嚴」，猶莊忌、莊助，稱嚴忌、嚴助。⓭婁　古「屢」字。⓮公孫弘　（西元前二〇〇—前一二一年），本書卷五十八有傳。⑮徒步　平民。因平民出行無車，故以徒步作為平民的代稱。⑯東閤　東向的小門。不以賢者為吏屬，別開門延之。⑰朝覲　臣下朝見皇帝。春見曰朝，秋見曰覲。⑱便宜　應辦之事，特指對國家有利的事。⑲中外相應以義理之文　謂內臣與公卿大夫彼此以義理之辭相詰難。中，指內臣，天子的賓客。外，指公卿大夫。自武帝以後，漢代朝廷官員分為中朝與外朝。中朝官又稱內朝官，由皇帝的近臣如侍中、給事中、常侍、尚書等組成，參與宮廷決策。外朝官由三公九卿等組成。義理，經義名理。⑳詘　屈服，折服。謂計議不如嚴助等人，每每理屈詞窮。㉑不根持論　謂論議委隨，見風使舵，不能堅持正義，如樹木無根。㉒俳優　古代演滑稽戲雜耍的藝人。㉓畜　畜養。這裡意為對待、看待。

【語　譯】嚴助，會稽郡吳縣人，嚴忌之子，也有人說他是嚴忌同族兄弟的兒子。會稽郡舉薦他為賢良，全國各地進京參加回答皇上策問的有一百多人，漢武帝認為嚴助的回答好，因此只選拔他一人為中大夫。後來，朝廷又選拔了朱買臣、吾丘壽王、司馬相如、主父偃、徐樂、嚴安、東方朔、枚皋、膠倉、終軍、嚴蔥奇等人，都在漢武帝身邊擔任內臣。這時，朝廷征伐周邊的少數民族，開拓設置邊郡，軍隊數次出征，對內改革制度，朝廷事情很多，多次舉薦賢良文學之士。公孫弘從一介平民被起用，數年後官至丞相，開設東閤，延請賢人參與謀議，入宮朝見皇帝，稟奏政事，藉機建議舉辦對國家有利之事。皇上命令嚴助等人與大臣們辯論，內臣與公卿大臣彼此以義理之辭互相詰難，大臣們的謀劃不如嚴助等人，多次被駁得理屈詞窮。內臣中特別受寵幸的，是東方朔、枚皋、嚴助、吾丘壽王、司馬相如等人。司馬相如經常藉口有病迴避事情，東方朔和枚皋見風使舵，不能堅持正確的意見，就像樹木沒有根一樣，皇上對待他們有點兒像對待演滑稽戲雜耍的藝人。只有嚴助與吾丘壽王得到信用，而嚴助最先得到進用。

建元三年❶，閩越❷舉兵圍東甌❸，東甌告急於漢。時武帝年未二十，以問太尉田蚡❹。蚡以為越人相攻擊，其常事，又數反覆，不足煩中國❺往救也，自秦時棄不屬❻。於是助詰蚡曰：「特患力不能救，德不能覆❼，誠能，何故棄之？且秦舉咸陽而棄之❽，何但❾越也！今小國以窮困來告急，天子不振❿，尚安⓫所愬，又何以子⓬萬國乎？」上曰：「太尉不足與計。吾新即位，不欲出虎符⓭發兵郡國。」乃遣助以節⓮發兵會稽。會稽守欲距法⓯，不為發。助迺斬一司馬⓰，諭意指⓱，遂發兵浮海救東甌。未至，閩越引兵罷。

【章旨】以上為〈嚴助傳〉的第二部分，寫閩越兵圍東甌，嚴助駁斥田蚡放棄東甌的意見，奉旨出使會稽，發兵解東甌之圍。

【注釋】❶建元三年　西元前一三八年。建元，漢武帝的第一個年號。❷閩越　古族名，古代越人的一支，秦漢時分布在今福建北部、浙江南部的部分地區。本書卷九十五有傳。❸東甌　古族名，地區名。古越族中的一支，亦稱甌越。秦漢時分布在今浙江南部甌江、靈江流域，相傳是越王句踐的後裔。武帝初遭閩越攻擊，遷居江、淮一帶。後世亦以東甌或甌越為溫州及浙南一帶地區的別稱。❹太尉田蚡　太尉，官名，秦及兩漢設置，為全國軍事首腦，與丞相、御史大夫合稱三公。田蚡，本書卷五十二有傳。建元三年田蚡已非太尉，此乃仍其舊稱。❺中國　本指中原地區，此指漢朝中央政府。十九世紀中葉以來，始專指我國全境，不作他用。❻自秦時棄不屬　自秦時便放棄不使其臣屬於中國。不屬，言不臣屬於中國。田蚡所言與史實不符，秦始皇時曾在越人地區廣設郡縣，並派數十萬人戍守，與越人雜居。❼覆　覆蓋。這裡意為蔭庇、蔭佑。❽秦舉咸陽而棄之　言全天下乃至京師都拋棄了。舉，全；全都。❾何但　何止。❿振　拯救；援救。⓫安　焉；哪裡。⓬子　作動詞用，謂以萬國為子民。⓭虎符　古代軍中印信。銅質虎形，左、右兩半，朝廷存右半，統帥持左半，作調動軍隊時用。⓮節　符節，古代使者所持以作憑證。⓯距法　以法拒之。距，通「拒」。抑制抗拒。漢朝規定，以虎符發兵。嚴助以節發兵，無虎符為驗，故會稽太守依據法律拒絕嚴助的發兵要求。⓰司馬　郡尉（景帝時改稱郡都尉）屬官，掌領兵、軍需。此指會稽郡的司馬。⓱諭意指　謂以天子意圖曉諭之。意指，意圖。

【語　譯】建元三年，閩越舉兵圍攻東甌，東甌向漢朝告急。當時漢武帝年不滿二十，就此事徵詢太尉田蚡的意見。田蚡認為越人互相攻擊，對他們來說是經常的事，而且他們對漢朝又反覆無常，不值得煩勞漢朝軍隊前往救援，從秦朝時就放棄他們，不讓他們臣屬於中國。這時嚴助質問田蚡：「只擔心我們的力量不能援救，德澤不能覆育，如果能夠做到，為什麼要放棄呢？況且秦朝連京師咸陽乃至天下都丟棄了，何止是東甌呢！現在小國因為窮困來告急，如果天子不去援救，他們還能到哪裡去求助，天子又憑什麼以萬國為子民呢？」武帝說：「太尉不值得和他謀劃事情。我剛即位，不想動用虎符徵調郡國的軍隊。」於是派嚴助持節徵發會稽郡的軍隊。會稽郡郡守以嚴助沒有調兵的虎符為由，想依據漢朝法律拒絕嚴助，不給他發兵。嚴助便斬殺了會稽郡的一個司馬，宣諭漢武帝的意旨，會稽郡才發兵渡海去援救東甌。援兵還沒有到達，閩越就領兵退走了。

1 後三歲❶，閩越復興兵擊南越❷。南越守天子約，不敢擅發兵，而上書以聞。上多❸其義，大為發興❹，遣兩將軍❺將兵誅閩越。淮南王安❻上書諫曰：

2 「陛下臨天下，布德施惠，緩刑罰，薄賦斂，哀鰥❼寡，恤孤獨，養耆老❽，振❾匱乏，盛德上隆，和澤下洽❿，近者親附，遠者懷德，天下攝然⓫，人安其生，自以沒身⓬不見兵革⓭。今聞有司⓮舉兵將以誅越，臣安竊為陛下重⓯之。越，方外⓰之地，劗髮文身⓱之民也。不可以冠帶⓲之國法度理也。自三代⓳之盛，胡⓴越不與受正朔㉑，非彊弗能服，威弗能制也，以為不居㉒之地，不牧㉓之民，不足以煩中國也。故古者封內[24]甸服[25]，封外[26]侯服[27]，侯衛賓服[28]，蠻夷[29]要服[30]，戎狄[31]荒服[32]，遠近勢異也。自漢初定已來[33]七十二年[34]，吳越人相攻擊者不可勝數，然天子未嘗舉兵而入其地也。

3 「臣聞越非有城郭邑里[35]也，處谿谷[36]之間，篁[37]竹之中，習於水鬥，便於用舟，地深昧[38]而多水險，中國之人不知其勢[39]阻而入其地，雖百不當其一。得其地，不可郡縣也；攻之，不可暴取也。以地圖察其山川要塞，相去不過寸數[40]，而間獨數百千里[41]，阻險林叢弗能盡著[42]。視之若易，行之甚難。天下賴宗廟[43]之靈，方內[44]大寧，戴白之老[45]不見兵革，民得夫婦相守，父子相保，陛下之德也。越人名為藩臣，貢酎[46]之奉，不輸大內[47]，一卒之用不給[48]上事。自相攻擊而陛下發兵救之，是反以中國而勞蠻夷也[49]。且越人愚戇輕薄[50]，負約反覆，其不用天子之法度，非一日之積[51]也。壹[52]不奉詔[53]，舉兵誅之，臣恐後兵革無時得息也。

4 「間者[54]，數年歲比[55]不登[56]，民得賣爵贅子[57]以接衣食，賴陛下德澤振救之，得毋轉死溝壑。四年不登[58]，五年復蝗[59]，民生[60]未復。今發兵行數千里，資[61]衣糧，入越地，輿轎[62]而隃領[63]，拕[64]舟而入水，行數百千里，夾以深林叢竹，水道上下擊石，林中多蝮蛇猛獸，夏月暑時，歐泄霍亂[65]之病相隨屬也，曾未[66]施兵接刃，死傷者必眾矣。前時南海王反[67]，陛下先臣[68]使將軍間忌[69]將兵擊之，以其軍降，處之上淦[70]。後復反，會天暑多雨，樓船卒水居擊櫂[71]，未戰而疾死者過半。親老涕泣，孤子謕[72]號，破家散業，迎尸千里之外，裹骸骨而歸。悲哀之氣數年不息，長老[73]至今以為記[74]。曾未入其地而禍已至此矣。

5 「臣聞軍旅[75]之後，必有凶年[76]，言民之各以其愁苦之氣，薄[77]陰陽[78]之和，感[79]天地之精，而災氣為之生也。陛下德配天地，明象日月，恩至禽獸，澤及草木，一人有饑寒不終其天年[80]而死者，為之悽愴[81]於心。今方內無狗吠之警[82]，而使陛下甲卒[83]死亡，暴露中原，霑漬[84]山谷，邊境之民為之早閉晏開[85]，鼂不及夕[86]，臣安竊為陛下重之。

6 「不習[87]南方地形者，多以越為人眾兵彊，能難邊城[88]。淮南全國之時[89]，多為邊吏[90]，臣竊聞之，與中國異[91]。限以高山，人迹所絕，車道不通，天地所以隔外內也。其入中國必下領水[92]，領水之山峭峻，漂石破舟[93]，不可以大船載食糧下也。越人欲為變，必先田[94]餘干[95]界中，積食糧，迺入伐材治船[96]。邊城守候誠謹，越人有入伐材者，輒收捕，焚其積聚，雖百越[97]，奈邊城何！且越人緜力[98]薄材，不能[99]陸戰，又無車騎弓弩之用，然而不可入者，以保地險，而中國之人不能其水土也。臣聞越甲卒不下數十萬，所以入之[100]，五倍[101]迺足，輓[102]車奉饟者，不在其中。南方暑溼，近夏癉熱[103]，暴露水居，蝮蛇蠚[104]生，疾癘多作，兵未血刃[105]而病死者什二三[106]，雖舉[107]越國而虜之，不足以償[108]所亡。

7 「臣聞道路言[109]，閩越王弟甲弒[110]而殺之，甲以[111]誅死，其民未有所屬。陛下若欲來[112]內，處之中國，使重臣臨存[113]，施德垂賞以招致之，此必攜幼扶老以歸聖德。若陛下無所用之，則繼其絕世[114]，存其亡國，建其王侯，以為畜[115]越，此必委質[116]為藩臣，世共[117]貢職。陛下以方寸之印，丈二之組[118]，填[119]撫方外，不勞一卒，不頓[120]一戟，而威德並行。今以兵入其地，此必震恐，以有司為欲屠滅之也，必雉兔逃入山林險阻[121]。背而去之，則復相群聚；留而守之，歷歲經年，則士卒罷[122]勌，食糧乏絕，男子不得耕稼樹種[123]，婦人不得紡績[124]織紝[125]，丁壯[126]從軍，老弱轉餉[127]，居者無食，行者無糧。民苦兵事，亡逃者必眾，隨而誅之，不可勝盡，盜賊必起。

8 「臣聞長老言，秦之時嘗使尉屠睢[128]擊越，又使監祿[129]鑿渠通道[130]。越人逃入深山林叢，不可得攻。留軍屯守空地，曠日持久[131]，士卒勞勌，越迺出擊之。秦兵大破，迺發適戍[132]以備之。當此之時，外內騷動，百姓靡敝[133]，行者不還，往者莫反[134]，皆不聊生，亡逃相從，群為盜賊，於是山東之難[135]始興。此老子所謂『師之所處，荊棘生之[136]』者也。兵者凶事，一方有急，四面皆從[137]。臣恐變故之生，姦邪之作，由此始也。周易曰：『高宗伐鬼方，三年而克之[138]。』鬼方，小蠻夷；高宗，殷之盛天子也。以盛天子伐小蠻夷，三年而後克，言用兵之不可不重也。

9 「臣聞天子之兵有征而無戰[139]，言莫敢校[140]也。如使越人蒙死[141]徼幸[142]以逆執事[143]之顏行[144]，廝輿之卒[145]有一不備[146]而歸者，雖得越王之首，臣猶竊為大漢羞之。陛下以四海[147]為境，九州[148]為家，八藪[149]為囿，江漢[150]為池，生民之屬皆為臣妾。人徒之眾足以奉千官[151]之共，租稅之收足以給乘輿[152]之御。玩心神明，秉執聖道，負黼依[153]，馮[154]玉几，南面[155]而聽斷，號令天下，四海之內莫不嚮應。陛下垂德惠以覆露[156]之，使元元[157]之民安生樂業，則澤被萬世，傳之子孫，施之無窮。天下之安猶泰山而四維[158]之也，夷狄之地何足以為一日之閒[159]，而煩汗馬之勞乎！詩[160]云『王猶允塞，徐方既來[161]』，言王道甚大，而遠方懷之也。臣聞之，農夫勞而君子養焉[162]，愚者言而智者擇[163]焉。臣安幸得為陛下守藩，以身為鄣蔽[164]，人臣之任也。邊境有警，愛身之死而不畢[165]其愚，非忠臣也。臣安竊恐將吏之以十萬之師為一使之任[166]也！」

【章旨】以上為〈嚴助傳〉的第三部分，寫閩越攻打南越，漢武帝出兵援救；淮南王劉安上書，反覆陳述利害，反對漢軍出兵南越。

【注釋】❶後三歲 建元六年，西元前一三五年。❷南越 亦作「南粵」。民族名，國名。古代南方越人的一支，分布在今廣東、廣西及越南北部。秦統一六國後，於其地置桂林、南海、象郡。秦亡，其龍川令行南海尉事趙佗自立為南越王。漢朝建立後，附漢稱臣。詳見卷九十五〈西南夷兩粵朝鮮傳〉。❸多 敬重；讚許。❹發興 發兵；出動軍隊。興，謂軍興。❺兩將軍 指大行王恢和大農令韓安國二位將軍。❻淮南王安 劉安（西元前一七九—前一二二年）。西漢思想家、文學家。本書卷四十四有傳。❼鰥 老而無妻或喪妻的人。❽耆老 指在社會上有名望的老年人。❾振 同「賑」。救濟。❿洽 浸潤；潤澤。⓫攝然 安靜貌。⓬沒身 沒世；終身。沒，通「歿」。死亡。⓭兵革 兵器衣甲的總稱，引申指戰爭。⓮有司 指官吏。古代設官分職，各有專司，故稱。⓯重 難；感到困難。⓰方外 中原以外的地方；僻遠之地。⓱劗髮文身 猶言「斷髮文身」。劗髮，即斷髮、剪短頭髮。劗，與「翦」同。剪。文身，身上刺畫有色的圖案或花紋。紋身習俗一般都與圖騰崇拜有關。⓲冠帶 古代士大夫以上的人戴冠束帶，故以「冠帶」代指士大夫。引申為文明。⓳三代 指夏、商、周三個朝代。⓴胡 中國古代對北方和西方少數民族的泛稱。㉑正朔 一年中的第一天，即農曆正月初一。借指漢王朝頒行的曆法。㉒不居 謂不可居住。㉓不牧 不可牧養，即無法統治。㉔封內 謂封畿千里之內，即天子直轄的方圓千里封疆之內。自「封內」至「荒服」的解釋，參考顏師古注。據《尚書·禹貢》記載，古代王畿之外的地方，以五百里為單位，由近及遠分為甸服、侯服、綏服、要服、荒服五等，稱為「五服」。《周禮·夏官·職方氏》有「九服之邦國」，「九服」指京畿以外的侯服、甸服、男服、采服、衛服、蠻服、夷服、鎮服、藩服九等地區，後泛指藩屬。㉕甸服 謂主治王田以供祭祀。㉖封外 千里之外。㉗侯服 侯，候也，為王者斥候。斥候，偵察敵情，偵察人員。㉘侯衛賓服 侯服和衛服地區的諸侯朝見天子以示服從。侯衛，侯服和衛服。侯服與衛服同為賓。賓，謂以賓禮見於王。㉙蠻夷 中國古代對南方、東方各族分別稱為蠻、夷，亦用於泛指周邊少數民族。㉚要服 在侯服與衛服之外，而居九州之內。要，言以文德要（約束）來之。㉛戎狄 戎，古族名。先秦時代廣泛分布在中國北方、西方。也是古代中原人對西北各族的泛稱之一。狄，亦作「翟」。古族名。秦漢以後，用於中原人對北方各族的泛稱之一。㉜荒服　在九州之外。言其荒遠，來去無常。㉝已來　以來。已，通「以」。㉞七十二年　指漢王劉邦元年（西元前二〇六年）至武帝建元六年（西元前一三五年）。㉟邑里　泛指村鎮。邑，城鎮。里，古代的一種居民組織和基層行政單位。㊱谿谷　山谷；山與山之間低陷的地方。㊲篁　竹田；竹林。泛指竹子。㊳深昧　幽深昏暗，言多草木。昧，昏暗。㊴勢　地勢；地理環境及相關情況。㊵寸數　指地圖上的距離。㊶間獨數百千里　彼此之間的距離或八九百里，或上千里。間，中間；實際距離。數百千里，或八九百里，或上千里。㊷著　寫，這裡指標注在地圖上。㊸宗廟　天子或諸侯、士大夫祭祀祖先的專用場所。這裡借指皇室的祖宗。㊹方內　四方之內；境內；國內。㊺戴白之老　滿頭白髮的老人。戴白，滿頭白髮。㊻酎　經過兩次以至多次複釀的醇酒。此借指「酎金」，諸侯向皇帝交納的貢金，作祭祀用。漢制規定：每年正月初一釀酒，八月成酎，用於太廟的祭祀活動。諸侯王均需貢獻黃金助祭，稱作「酎金」。㊼大內　都內；國家存放寶藏之處。〈百官公卿表〉云：治粟內史屬官有都內令丞。姚鼐說：「若漢初之制，則治粟內史自掌穀粟，大內自掌財貨。故〈景帝紀〉云：『中六年以治粟內史為大農，以大內為二千石，置左右內官，屬大內。』引見《史記》。是大農、大內各為一職之證。淮南王上書在建元六年，其時大內之官尚在，及後更定官制，裁大內之官，而左右內官之名亦去，更設均輸、平準、都內之官，以領左右內官之舊職，而皆屬於大司農，然則大司農誠掌穀貨矣。若為治粟內史之時，但掌穀耳。」此為一說，難以確定。㊽給　供給；供應。㊾以中國而勞蠻夷也　使中原之人疲勞於蠻夷之地。㊿愚戇輕薄　愚蠢粗野，輕浮淺薄。(51)積久。(52)壹　一旦。(53)詔　皇帝的命令或文告，即「詔書」。(54)間者　近來。(55)比　接連。(56)登　成熟；豐收。(57)賣爵贅子　賣爵，出賣封爵。西漢沿用秦朝二十級爵制，賜爵給有功者（有時也賣爵）。有爵者根據爵位高低享受食封邑、免除賦役、減輕刑罰、試用為吏等待遇，也可以出賣自己的封爵。贅子，抵押子女；典賣子女。顏師古注引如淳說：「淮南俗賣子與人作奴婢，名為贅子，三年不能贖，遂為奴婢。」一說指男子婚後到女家做上門女婿。(58)四年不登　指建元四年夏季旱災造成歉收。(59)五年復蝗　指建元五年發生了大蝗災。(60)生　生業；生計。(61)資　猶「賫」。攜帶。(62)輿轎　肩輿，過山用的交通工具，由人抬著走。(63)隃領　隃，同「逾」。逾越。領，山道；山坡。後作「嶺」。(64)拕　同「拖」。(65)歐泄霍亂　歐泄，上嘔下瀉，乃霍亂之病象。歐，通「嘔」。霍亂，一種以嚴重胃腸道症狀為主的人和家畜的傳染性疾患。以起病突然、大吐大瀉、煩悶不舒為特徵。(66)曾未　未曾；還沒等到。(67)南海王反　事在漢文帝二年（西元前一七八年）。南海王，即南越王趙佗（西元前？—前一三七年），事詳本書卷九十五。(68)先臣　已故的臣子。此指淮南厲王劉長（西元前一九八—前一七四年），漢高祖劉邦之子。(69)間忌　〈淮南王傳〉作「蕑忌」。曾任淮南國中尉。(70)上淦　似指淦水上游地區。淦，水名，源出江西清江東南離山，北流入贛江。(71)樓船卒水居擊櫂　是說經常生活在船中水上，而且還有擊棹行船的工作。樓船卒，西漢江淮以南各郡國訓練水軍，稱為「樓船」或「樓船士」、「樓船卒」。舡，同「船」。櫂，同「棹」。划船的工具。(72)謕　同「啼」。(73)長老　年紀大的人。對年長者的尊稱。(74)記　楊樹達《漢書窺管》認為是「誋」的假借字。誋，告誡。(75)軍旅　軍隊，此指戰爭。(76)凶年　荒年。(77)薄　迫；迫近。此指破壞，損壞。(78)陰陽　中國古代哲學概念。古代樸素的唯物主義思想家把矛盾運動中的萬事萬物概括為「陰」、「陽」兩個對立的範疇，並以雙方變化的原理來說明物質世界的運動。(79)感　通「撼」。(80)夭年　自然的壽數。(81)悽愴　淒慘悲傷。悽，同「淒」。(82)狗吠之警　比喻小的不安或危險。(83)甲卒　士兵。甲，身穿鎧甲的士兵。(84)霑漬　沾染；浸漬。霑，同「沾」。(85)早閉晏開　因為有兵難，邊城早閉晚開。晏，晚。(86)鼂不及夕　擔心危亡不能自保。猶「朝不保夕」。鼂，古「朝」字，清晨。(87)習　熟悉。(88)難邊城　為邊城作難。難，災難；禍患。使動用法。(89)淮南全國之時　淮南王國沒有分為淮南、衡山、廬江等三個諸侯王國之時。淮南，諸侯王國名。漢高帝五年（西元前二〇二年）置，治六縣（今安徽六安北），旋徙壽春（今安徽壽縣）。文帝十六年（西元前一六四年）將淮南國一分為三。(90)邊吏　指接近南越的邊境官吏。(91)異　指風土人情等與中原的差異。(92)領水　水名，即贛江。江西最大河流，注入鄱陽湖，長江中游重要支流。(93)漂石破舟　水流湍急，石頭為之漂轉，撞破舟船。(94)田　又作「畋」、「佃」。耕種。(95)餘干　縣名。今江西餘干。〈地理志〉作「餘汗」。(96)入伐材治船　越人的船不能過嶺，故須在嶺北另行建造船隻。治船，造船。(97)百越　一百個越國。(98)緜力　體力柔弱如綿。緜，軟弱；柔弱。(99)能　通「耐」。堪；勉強承受（困難、痛苦或遭遇）。(100)所以入之　用來攻入越地的漢軍。入之，指漢軍進入越地。(101)五倍　指漢軍五倍於越人。(102)輓　同「挽」。拉；牽引。(103)癉熱　酷熱。癉，通「燀」。熱氣盛。據王念孫說。(104)蠚　有毒腺的動物用毒刺刺（人或動物）。(105)兵未血刃　兵器上沒有沾血。形容戰爭雙方沒有交鋒。(106)什二三　十分之二三。(107)舉　全部。(108)償　抵償；補償。(109)道路言　路人傳言。(110)弟甲弒　閩越王的弟弟名甲。弒，古代稱子殺父、臣殺君。(111)以　同「已」。(112)來　亦寫作「徠」。招來；使之來。(113)存　撫慰。(114)繼其絕世　接續其斷絕了世襲地位的家嗣。(115)畜　畜養。(116)委質　臣下向君主貢獻禮物，表示獻身。(117)共　通「供」。供給；供應。(118)丈二之組　一丈二尺長（約合今三・三二公尺）的印綬。組，繫印的絲帶。(119)填　通「鎮」。安定。(120)頓　通「鈍」。不鋒利。(121)必雉兔逃入山林險阻　一定像野雞、兔子一樣逃竄到山林險阻之中。雉，鳥名，雄的羽毛很美，尾長；雌的淡黃褐色，尾較短。善走，不能久飛。通稱「野雞」。(122)罷　通「疲」。累。(123)樹種　種植。原作「種樹」，誤。樹，植；種植。(124)績　把麻纖維擗開接續起來搓成線。(125)紝　織布帛的絲縷。(126)丁壯　健壯的人，指青壯年。(127)轉餉　運輸軍糧。古代稱陸運為轉，水運為漕。餉，軍糧及軍隊的俸給。128尉屠睢　郡都尉屠睢。尉，武官名。屠睢，人名。姓屠名睢。129監祿　監郡御史，名祿。130鑿渠通道　從今廣
西興安北開鑿了靈渠，溝通了湘江和灕江，以便交通運糧。131曠日持久　歷時長久，拖延時日。132適戍　被罰戍邊的罪人。
適，同「謫」。133靡敝　指顛沛流離，生計凋敝。靡，散。134反　通「返」。返，返回；回歸。135山東之難　指秦末起義。136師之
所處二句　引文見《老子》。軍隊出征，必定會殺傷士眾，損壞莊稼，造成田園荒蕪，荊棘叢生。137從　通「聳」。聳動。138高
宗伐鬼方二句　見《易・既濟》。高宗，商王武丁。鬼方，古族名，商周時活動於今陝西西北境。武丁時曾與鬼方作戰三年。
139天子之兵有征而無戰　《孟子・盡心下》說：「征者，上伐下也；敵國不相征也。」戰，則是指同級國家之間戰爭。140莫
敢校　不敢與之計較強弱曲直。天子是至高無上的「天下唯一共主」，伐罪而弔其民，故言「莫敢校」。校，計較。141蒙死
冒險。蒙，冒；犯。142徼幸　同「僥倖」。作非分企求；希望得到意外的成功；由於偶然的原因得到成功或免去災害。143執事
主管其事的官員。144顏行　雁行，在前行，故曰顏。145廝輿之卒　打柴、駕車之卒。146不備　指身體受到損傷。147四海　猶
言天下，指全國各處。古人認為中國四境有大海環繞。148九州　傳說中我國中原上古行政區劃。說法不一。《尚書・禹貢》以
冀、兗、青、徐、揚、荊、豫、梁、雍為九州。149八藪　指魯國的大野，晉國的大陸，秦國的楊汙，宋國的孟諸，楚國的雲
夢，吳越之間的具區，齊國的海隅，鄭國的圃田。藪，湖澤的通稱，水少而草木茂盛的湖澤。150江漢　水名。長江、漢水。
151千官　猶百官。泛指眾官。152乘輿　古代特指天子和諸侯所乘坐的車子，也用作帝王的代稱。153負黼依　背對黼形屏風。
負，背。黼，古代帝王座後的屏風，上有斧形花紋。黼依，即「黼扆」，亦作「斧扆」、「斧依」。依，通「扆」。戶牖間畫有斧
形的屏風。154馮　通「憑」。依仗；倚託。155南面　面向南。古代以坐北朝南為尊位，故天子、諸侯見群臣，或卿大夫見僚屬，
皆面南而坐。帝位面朝南，故代稱帝位。156覆露　謂養育。露，使之沾溼潤澤。157元元　平民；老百姓。158猶泰山而四維
秦漢以前，人們常用「泰山四維」之類的說法來形容安穩牢固之極。四維，本指西北、西南、東北、東南四隅，這裡意為四
面緊密聯繫，牢固連續。維，聯繫。159何足以為一日之閒　得其土地財物，不足為一日閒暇之娛。閒，通「閑」。160詩　中國
最早的詩歌總集。先秦時稱《詩》，至漢武帝獨尊儒術，列為太學的必授儒家經典之一，故又稱《詩經》。161王猶允塞二句
引詩見《詩經・大雅・常武》。王，指周宣王（西元前八二八－前七八二年在位），曾多次對淮夷、徐戎等用兵，互有勝負。
猶，道也。允，信也。塞，滿也。既，盡也。言王道信充滿於天下，則徐方、淮夷盡來歸服。徐方，古族名，東夷之一。162農
夫勞而君子養焉　農夫勤奮努力耕種，所得五穀以供養君子。君子養，養君子。養，奉養。163擇　選擇採納。164鄣蔽　猶「屏
障」、「屏藩」。鄣，同「障」。秦漢時，邊塞用作防禦的城堡。165畢　盡；盡言其意。166將吏之以十萬之師為一使之任　意謂

漢朝派一位使者前往安撫，越人臣服，不用煩勞軍隊前往，如此，一位使者可當十萬之師征伐。

【語譯】過了三年，閩越又興兵攻打南越。南越遵守與漢朝天子的約定，不敢擅自發兵迎戰，而是上書將此事奏告漢朝。武帝讚賞南越遵守信義，為其大發援兵，派王恢、韓安國兩位將軍領兵誅伐閩越。淮南王劉安上書諫阻說：

2 「陛下君臨天下，施行德政布施恩惠，減緩刑罰，少徵賦斂，憐憫鰥寡，體恤孤獨，奉養老人，救濟貧困，皇上成就的德政，使下民感受恩澤，近處的人親近順服，遠處的人思念皇上的恩德，天下安定，人人安心生活，樂於經營自己的產業，自以為終身看不到戰爭。現在聽說有官吏領兵將要誅伐閩越，臣下劉安私下替陛下擔心此事難以成功。越人居住在方外之地，是剪髮紋身之民，不能用中原文明之邦的法令制度去治理。從夏、商、周三代盛世開始，胡越就不在接受中央王朝頒行曆法的邦國之列。這並不是說中央朝廷的強大不能制服他們，威武不能控制他們，而是認為那裡是不能居住的地方，越人是難以治理的民眾，不值得煩勞中原王朝。所以古時侯王畿千里之內有甸服，千里之外有侯服、衛服，侯服和衛服的方國都按時朝見天子以示歸服，蠻夷地區為要服，戎狄之地為荒服，之所以有這樣的區別，是因為遠近形勢不同。自漢朝平定天下以來已經七十二年了，吳越的民眾互相攻擊的事多得不可勝數，但漢朝天子都未曾發兵攻入其地。

3 「臣聽說越人地區沒有城市村鎮，他們住在山谷之間、竹林之中，熟悉水戰，擅長駕舟行船，其地幽深昏暗，多草木與水險，中原人不知道那裡的地勢險阻就進入他們的地盤，即使一百個人也抵不上他們一個人。奪得他們的土地，不能設置郡縣治理；發兵攻打，不可能迅速攻取。根據地圖觀察他們的山川要塞，彼此之間相距不過一寸多，而實際距離或八九百里、或上千里，而且險阻叢林地圖也沒有詳盡記載。看上去好像很容易，做起來卻非常困難。漢朝天下仰仗祖宗的神靈保佑，四境之內安定無事，白髮老人沒見過打仗，人民得以夫婦相守，父子相保，這都是陛下的恩德。越人名為藩臣，酎金之類的貢物，卻不獻給朝廷府庫，即使皇上使用他們一個士卒，也不供給。他們自己互相攻打，陛下卻發兵救援他們，這是反過來讓朝廷疲勞於蠻夷之地啊。況且越人愚昧，不明事理，輕佻浮薄，違背協約，反覆無常，他們不遵用天子的法令制度，由來已久。一旦不聽詔令，就舉兵誅伐他們，臣下恐怕以後戰爭沒有停息的時候了。

4 「近來，好幾年連續歉收，百姓依靠出賣爵位、典押子女來接濟衣食，仰賴陛下施布德澤拯救，他們才得以避免顛沛流離，死於溝壑。建元四年五穀不登，建元五年又發生蝗災，百姓的生計沒有恢復。現在發兵遠行數千里，攜帶衣物和糧食，深入越人地區，使用肩輿之類的交通工具翻山越嶺，拖著船逆水而上，行走數百千里，穿行於密林竹叢之中，水面水下亂石觸船，叢林中多有蝮蛇猛獸，夏季炎熱時節，嘔吐、腹瀉、霍亂等疾疫接連不斷，還沒有與越人交兵打仗，漢軍死傷就必定很多了。文帝時，南海王反叛，陛下先臣淮南厲王劉長派將軍間忌領兵攻打他們，因為南海王的軍隊投降了，就把他們安置在上淦。後來南海王又反了，適逢天熱多雨，由於漢軍樓船卒經常居住在船中水上，擊棹行船十分勞累，還沒打仗就染上傳染病死了超過一半，死者父母痛哭流涕，孤子哭啼悲號，破家散業，到千里之外去迎運屍體，包裹骨骸運回故鄉。悲哀的氣氛許多年都沒有消失，老人們到現在還以此相告誡。尚未進入越人居住的地方而禍患就已經達到如此嚴重的程度了。

5 「臣聽說戰爭之後，必有荒年，這是說百姓各自用自己的悲愁痛苦之氣衝擊陰陽之和，撼動天地的精氣，而災難之氣就為之產生了。陛下的德行配合天地，明察事物如同日月照耀，恩惠至於禽獸，德澤施及草木，即使有一個因為飢寒而不能終享天年的人，也為之傷感悲痛。現在四境之內沒有狗吠之警，卻讓陛下的士兵死亡，暴露屍骨於荒郊原野，血染山谷，邊境居民因為有戰爭而早閉晚開城門，人們憂慮危亡，擔心朝不保夕，臣下劉安私下替陛下感到憂慮。

6 「不熟悉南方地形的人，大多認為越地人眾兵強，能夠對邊境城池造成災難。在淮南國還沒有被分為三個王國的時候，有許多在與越地接壤的地區做過官吏的人，臣下聽他們說，越地和中原風土人情不同。那裡四周受高山峻嶺限制，人跡罕至，車道不通，這是天地用來阻隔內外的呀。越人要進入中原必須從領水下行，領水兩岸山勢峻峭，水流湍急，能漂轉大石，撞破舟船，不能用大船運載糧食行駛。越人想發動變亂，一定要先在餘干境內墾田耕種，積聚糧食，然後才進山砍伐樹木修造船隻。如果邊城的守將和偵察人員忠誠細心，一發現越人有進山砍伐樹木的，就逮捕他們，並焚燒他們積聚的物資，即使有一百個越國，又能把邊城怎麼樣！況且越人體弱力小又缺乏技藝，不擅長在陸地作戰，又沒有車騎弓弩等裝備，然而漢軍卻不能攻入他們的地盤，這是因為越人據保險要之地，而且中原的人不能忍受那裡的水土。臣下聽說越人的軍隊不下幾十萬，用來進攻他們的漢軍，需要五倍於他們才夠，為漢軍拉車運送糧餉的人還不包括在內。南方暑熱潮溼，到了夏季更是酷熱難當，漢軍日曬夜露，住在水面上，蝮蛇等毒物咬傷士兵的事時有發生，疾疫經常流行，還沒有打仗漢軍就染病身亡的竟達到十分之二三，即使把越人全部俘虜了，也不能抵償所受的傷亡。

7 「臣下聽路人說，閩越王的弟弟甲殺死了閩越王，而甲也被殺了；甲死之後，他的國民沒有歸屬。陛下如果想招徠他們歸附內地，定居在中原，就派重臣去安撫慰問，施布恩德，發給賞賜，以此招撫他們，這樣他們必定攜幼扶老來歸服聖德。如果陛下認為他們沒有什麼用，就接續閩越斷絕了的世系，保存其滅亡了的國家，幫助他們建立自己的王侯，以此畜養越人，這樣他們一定會委質做漢朝的藩臣，世世代代供奉朝貢之職。陛下只需用方寸大小的官印，一丈二尺長的印綬，即可鎮撫境外蠻夷，不煩勞一個士兵，不損壞一枝戈戟，就能聲威恩德並行。現在調動軍隊進入越人的地盤，這一定會讓他們震動恐懼，認為要屠殺滅絕他們，他們必定會像野雞兔子一樣逃竄到山林險阻之中藏起來。漢朝軍隊一離開，越人就會重新聚集在一起；軍隊留守在那裡，長年累月，則會使士兵疲倦，糧食缺乏乃至斷絕，男子不能耕種莊稼，婦女不能紡線織布。丁壯參軍打仗，老弱轉運糧餉，居家者無食，行路者無糧。百姓苦於戰事，逃亡的必多，隨時誅殺，也不能禁絕，盜賊必定興起。

8 「臣下聽年老有德的人說，秦朝時曾派郡都尉屠睢攻越，又派監郡御史祿開鑿靈渠溝通運糧的道路。越人逃進深山密林，秦軍無法進攻。留下軍隊駐守空地，歷時長久又拖延時日，士卒疲勞倦怠，越人出來襲擊他們。秦軍大敗，於是徵發犯人前去防備越人。在這個時候，秦朝內外騷動，百姓離散游離，生計凋敝，行者不歸，往者不返，民不聊生，逃亡者相互跟從，群起而為盜賊，因此山東之難開始發生。這就是老子所說的『師之所處，荊棘生之』啊。戰爭是凶險的事，一處有危急，四面八方都會跟著響應。臣下擔心變故的發生，奸邪的興起，從伐越之戰開始啊。《周易．既濟卦》說：『高宗伐鬼方，三年而克之。』鬼方是小小的蠻夷，高宗是殷朝的盛明天子。以盛明天子征伐小小的蠻夷，三年以後才攻克，這說明用兵不能不慎重啊。

9 「臣下聽說天子的軍隊只有征伐而沒有爭戰，就是說沒有人敢與天子較量強弱，論辯曲直。如果讓越人犯險貪圖僥倖而抗逆漢軍的先前部隊，漢軍伙夫車夫之類的勤雜人員中哪怕有一個傷殘而歸的，即使斬獲越王的首級，臣仍然私下替大漢朝感到羞愧。陛下以四海為邊境，九州為家園，八藪為苑囿，長江漢水為池塘，人民都是陛下的臣妾。人口之多足以供給百官的費用，租稅收入足以滿足皇上的需求。專注心思於神明，堅持執行聖道，背對繪有白黑色斧形花紋的屏風，倚靠著玉几，面南而坐，決斷軍國大事，號令天下，四海之內無不服從響應。陛下垂布德行恩惠來潤澤養育臣民，使天下黎民安居樂業，那麼德澤就能延及萬世，傳給子孫，散布至無窮。天下安定就像泰山而又四面連結一樣牢不可破，夷狄的地方哪兒值得作為漢朝一日閒暇之娛的目標，而煩動汗馬之勞呢！《詩經．大雅．常武》說『王道的信義充滿天下，徐方淮夷都來歸服』，就是說王道很大，而遠方來歸附啊。臣下聽說，農民辛勤耕種，收穫五穀來供養君子；愚笨的人說出自己的見解，供聰明的人選擇採用。臣下劉安有幸能為陛下守衛藩國，用身體作屏障，是人臣的職責。邊境有警報，愛惜自己的生命而不敢盡心進獻自己的愚見，不是忠臣。臣劉安私下憂慮將帥率領十萬大軍所做的事卻只是一位使者的使命呀！」

1 是時，漢兵遂❶出，踰領❷，適❸會閩越王❹弟餘善❺殺王以降。漢兵罷。上嘉❻淮南之意，美將卒之功，迺令嚴助諭意風指❼於南越。南越王❽頓首❾曰：「天子迺幸興兵誅閩越，死無以報！」即遣太子❿隨助入侍⓫。

2 助還，又諭淮南⑫曰：「皇帝問⑬淮南王：使中大夫玉⑭上書言事，聞之。朕奉先帝之休⑮德，夙⑯興夜寐，明不能燭⑰，重以不德⑱，是以比年凶菑⑲害眾。夫以眇眇⑳之身，託㉑于王侯之上，內有饑寒之民，南夷相攘㉒，使邊騷然㉓不安，朕甚懼焉㉔。今王深惟重慮㉕，明太平以弼㉖朕失，稱三代至盛，際天接地，人迹所及，咸盡賓服㉗，藐然甚慙㉘。嘉王之意，靡㉙有所終㉚，使中大夫助諭朕意，告王越事㉛。」

3 助諭意曰㉜：「今者大王以發屯㉝臨越事上書，陛下故遣臣助告王其事。王居遠，事薄遽，不與王同其計㉞。朝有闕政㉟，遺王之憂㊱，陛下甚恨㊲之。夫兵固凶器，明主之所重㊳出也，然自五帝三王㊴禁暴止亂，非兵，未之聞也。漢為天下宗㊵，操㊶殺生之柄，以制海內之命，危者望安，亂者卬㊷治。今閩越王狼戾㊸不仁，殺其骨肉，離其親戚，所為甚多不義，又數舉兵侵陵百越㊹，并兼鄰國，以為暴彊，陰計奇策，入燔尋陽樓船㊺，欲招㊻會稽㊼之地，以踐句踐之迹㊽。今者，邊又言閩王率兩國擊南越。陛下為萬民安危久遠之計，使人諭告之曰：『天下安寧，各繼世撫民，禁毋敢相并。』有司疑其以虎狼之心，貪據百越之利，或㊾於逆順，不奉明詔，則會稽、豫章㊿必有長患。且天子誅而不伐(51)，焉有勞百姓苦士卒乎？故遣兩將屯於境上，震威武，揚聲鄉[52]。屯曾未會[53]，天誘其衷，閩王隕命[54]，輒遣使者罷屯，毋後農時。南越王甚嘉被惠澤，蒙休德，願革心易行，身從使者入謝。有狗馬之病，不能勝服[55]，故遣太子嬰齊入侍[56]；病有瘳[57]，願伏北闕[58]，望大廷，以報盛德。閩王以八月舉兵於冶南[59]，士卒罷倦，三王[60]之眾相與攻之，因其弱弟餘善以成其誅。至今國空虛，遣使者上符節[61]，請所立，不敢自立，以待天子之明詔。此一舉，不挫一兵之鋒，不用一卒之死，而閩王伏辜[62]，南越被澤，威震暴王，義存危國，此則陛下深計遠慮之所出也。事效見[63]前，故使臣助來諭王意。」

4　於是王謝曰：「雖湯伐桀，文王伐崇[64]，誠不過此。臣安妄以愚意狂言，陛下不忍加誅[65]，使使者臨詔臣安以所不聞[66]，誠不勝厚幸！」助由是與淮南王相結而還。上大說。

【章　旨】以上為〈嚴助傳〉的第四部分，寫嚴助奉命出使南越和淮南。

【注　釋】❶遂　終；終於。❷領　指陽山嶺，今南嶺的一部分。❸適　正好；恰好。❹閩越王　即閩越王郢。❺餘善　他殺郢自立為王，漢武帝因封其為東越王。其事詳見本書卷九十五〈閩粵傳〉。❻嘉　讚許。❼諭意風指　以天子的旨意諷告。風，同「諷」。指，旨意。❽南越王　趙佗之孫，名胡。❾頓首　磕頭；叩頭下拜。❿太子　南越王趙胡的太子嬰齊。⓫入侍　進入漢朝皇宮擔任皇帝侍衛。⓬諭淮南　武帝給淮南王的諭旨由嚴助口頭傳達。⓭皇帝問　皇帝給王侯或外國君長的詔書中常以「皇帝問……」開頭。問，問候；慰問。⑭玉　人名。⑮休　美好；美善。⑯夙　早晨。⑰燭　照。引申為明察。⑱重以不德　加上恩德淺薄。重，加上。不德，猶「寡德」，帝王自謙之辭。⑲比年凶菑　連年天災人禍。比年，連年。凶菑，天災人禍。菑，通「災」。災禍。⑳眇眇　微小。㉑託　同「托」。寄託。㉒相攘　互相侵奪。攘，侵奪。㉓騷然　騷亂不安的樣子。㉔焉　用於句尾，表示感歎，相當於「呢」、「啊」。㉕深惟重慮　猶「深思熟慮」。惟，思；考慮。重，慎重。㉖弼　糾正。㉗賓服　服從。㉘藐然甚慙　指淮南王奏書中所言高遠難及，聞之自感十分慚愧。藐然，高遠的樣子。藐，通「邈」。遠，言不可及也。㉙靡　無；沒有。㉚終　極；盡頭。㉛越事　征伐閩越的事。㉜助諭意曰　據楊樹達《漢書窺管》，前文「諭淮南曰」等語蓋為「武帝諭王之事，載之簡策者也」；此處「助諭意曰」一段話則是嚴助「申述帝意之辭，由助口說者也」。楊氏所言可信。㉝屯　駐紮；守衛。㉞事薄遽二句　事情急迫，來不及先和淮南王共同商討對策。薄，迫；急迫。遽，速；急促。㉟朝有闕政　朝政有缺失。闕，通「缺」。缺點；錯誤。㊱遺王之憂　使王有憂；給大王添加憂慮。遺，與；給與。㊲恨　遺憾。㊳重　難。㊴五帝三王　五帝，傳說中的五個古代帝王。通常指黃帝、顓頊、帝嚳、唐堯、虞舜。三王，商王成湯、周文王、周武王。㊵宗　宗主；大家長。㊶操　執掌。㊷卬　「仰」的古字，抬頭向上看，仰望。㊸狼戾　兇狠；狼性貪戾。㊹百越　古代越族居住在江、浙、閩、粵各地，各部落各有名稱，而統稱百越，也叫百粵。㊺燔尋陽樓船　焚燒尋陽的漢軍樓船。尋陽，縣名，在今湖北黃梅西南。樓船，秦漢時用於作戰的大船，因甲板上起樓閣，故名。水軍亦稱樓船或樓船士。㊻招　舉；攻克；占領。㊼會稽　郡名。秦王政二十五年（西元前二二二年）置。治今江蘇蘇州。㊽踐句踐之迹　春秋末年越王句踐稱霸中原，現在閩越王想效仿他。㊾或　通「惑」。迷惑。㊿豫章　郡名。漢高帝五年（西元前二〇二年）析九江郡江南西部地置，屬淮南國，治今江西南昌。(51)天子誅而不伐　王者之兵只是實行誅討，而沒有戰鬥，故曰不伐。(52)鄉　通「嚮」。(53)屯曾未會　軍隊沒有聚集。會，集合。(54)隕命　喪命。(55)服　朝服。(56)遣太子嬰齊入侍　詳見卷九十五〈南粵傳〉。(57)瘳　病癒。(58)闕　古代宮殿、祠廟或陵墓前的高臺，通常左右各一，臺上起樓觀。二闕之間有道路。(59)冶南　山名，後稱東冶，屬會稽郡，今福建福州附近。(60)三王　指南越王、東越王、閩越王。(61)符節　古代符信之一種。以金玉竹木等製成，上刻文字，分為兩半，使用時以兩半相合為驗。亦作使者所持之節的統稱。(62)伏辜　伏法。(63)見　同「現」。顯現；顯露。(64)雖湯伐桀二句　即使是商湯討伐夏桀，周文王討伐崇侯虎。崇，商的與國，在今河南嵩縣北，到崇侯虎時，為周文王所滅。(65)誅　責備。(66)以所不聞　將前未聞者使現在得聞。

【語　譯】淮南王劉安的奏書送達長安時，漢朝軍隊已經出發了，越過陽山嶺，正好碰上閩越王的弟弟餘善殺死閩越王向漢軍投降，漢軍就罷兵了。皇上嘉獎淮南王劉安的忠心，褒美將士們的功勞，於是命令嚴助把天子的意旨諷告給南越。南越王趙胡叩首說：「天子是寵幸我而發兵誅伐閩越，我用生命也無法報答！」立即派太子嬰齊隨嚴助入京進宮侍奉皇上。

2 嚴助返回長安後，又奉命出使淮南，向淮南王傳達皇上的諭旨說：「皇帝問候淮南王：你派中大夫玉上書勸朕不要出兵閩越的事，朕知道了。朕繼承先帝美好的德行，早起晚睡，但是未能明智達聰，洞察隱微，加上不能廣布德澤，所以連年天災人禍危害百姓。朕微小的身軀，依託在王侯之上，境內有飢寒的民眾，南方的少數民族又互相侵奪，使邊境騷亂不安，朕非常憂懼啊。現在你深思熟慮，明白的講述天下太平的道理來糾正朕的過失，稱頌夏、商、周三代盛世，從天至地，人跡所至，無不賓服，議論高遠難及，發人深省，朕很慚愧。嘉許王的美意，沒有窮盡，派中大夫嚴助諭告朕的旨意，並告知你討伐閩越的事。」

3 嚴助口述漢武帝的旨意說：「此前大王就發兵、屯駐、征伐越人的事上書，所以陛下派臣嚴助來告訴你伐越的原委。大王住得離京城遠，事情又急迫突然，來不及和大王共同商議。朝廷政令有缺失，給大王增添憂慮，陛下感到很遺憾。戰爭固然是凶器，聖明的君主不輕易使用，但是，從五帝三王時起，禁止暴亂而不用戰爭，這種事還沒有聽說過。漢朝是天下的宗主，掌握生殺的權柄，用來控制四海之內的生命，陷身危難者盼望漢朝幫助他們得到安定，遭遇動亂者渴求漢朝使其恢復太平。現在閩越王貪婪暴戾沒有仁愛之心，屠殺自己的骨肉兄弟，背離自己的親戚，做了很多不義之事，又多次興兵侵奪欺凌百越，兼併鄰國，施暴逞強，還使用陰謀詭計，進入中原焚燒停泊在尋陽的樓船，妄想占領會稽郡，繼承越王句踐稱霸中原的事業。現在，邊境又報告說閩越王率領兩國攻打南越。陛下為了萬民安危的久遠之計，派使者諭告閩越王說：『現在天下安寧，各自繼承先世的事業安撫民眾，禁止互相兼併。』朝廷官員懷疑閩越王有虎狼之心，貪圖占據百越的好處，猶豫於背逆歸順之間，不肯遵奉天子的明詔，那麼會稽、豫章二郡必定有長久的禍患。況且天子的軍隊只有誅討而沒有戰鬥，又怎麼會煩勞百姓辛苦士兵呢？因此派遣王恢、韓安國兩位將軍屯兵於邊境，只是耀武揚威，張揚聲勢。駐屯軍隊還沒有全部集結，上天誘發閩越王弟弟餘善的歸順之心，使閩越王喪命，皇上立即派使者命令邊境上的漢軍停止屯兵，不要耽誤了農時。南越王趙胡非常高興能感受皇上的恩澤，蒙受皇上的美德，表示願意改變以前的想法和行為，親自隨從使者到漢朝謝恩。南越王因為身體有病，不能前來，所以派太子嬰齊到京師侍奉皇上；南越王一旦病體痊癒，希望俯伏在皇宮北闕，拜望漢廷，以報答皇上的大德。建元六年八月，閩越王在冶南舉兵，士兵疲倦，南越、東越、閩越三王的軍隊互相攻打，借助閩越王的幼弟餘善而完成了誅殺閩越王。現在閩越國內空虛，派遣使者獻上符節，請求漢天子為他們立王，不敢自立，等待天子的明詔。皇上遣將屯兵揚威之舉，沒有挫折一件兵器的鋒銳，沒有死傷一兵一卒，就使閩越王伏法受誅，南越蒙受恩澤，聲威震動殘暴的蠻王，仁義保存危亡的國家，這就是陛下深謀遠慮的結果啊。事情的效果清楚地顯現在眼前，所以皇上派臣嚴助來向大王諭告旨意。」

4 於是淮南王表示謝意說：「即使是商湯討伐夏桀，周文王討伐崇侯虎，實在也不能超過皇上這次伐越之舉。臣劉安大膽妄為，以愚意狂言上書，陛下不忍心施加責罰，反而派遣使者來諭告臣劉安以前所不知道的事理，實是不勝榮幸之至！」嚴助因此與淮南王相互結為至交。事後，嚴助回京奏報，皇上大喜。

助侍燕❶從容❷，上問助居鄉里時，助對曰：「家貧，為友婿❸富人所辱。」上問所欲，對願為會稽太守。於是拜為會稽太守。數年，不聞問❹。賜書曰：「制詔❺會稽太守：君厭承明之廬❻，勞侍從之事，懷故土，出為郡吏。會稽東接於海，南近諸越，北枕❼大江。間者，闊焉久不聞問，具以春秋❽對，毋以蘇秦從橫❾。」助恐，上書謝❿稱：「春秋天王出居于鄭，不能事母，故絕之⓫。臣事⓬

君，猶子事父母也，臣助當伏誅。陛下不忍加誅，願奉三年計最⑬。」詔許，因留侍中⑭。有奇異，輒使為文⑮，及作賦頌⑯數十篇。

後淮南王來朝，厚賂遺⑰助，交私論議。及淮南王反⑱，事與助相連⑲，上薄其罪⑳，欲勿誅。廷尉張湯爭㉑，以為助出入禁門㉒，腹心之臣，而外與諸侯交私如此，不誅，後不可治。助竟㉓棄市㉔。

【章旨】以上為〈嚴助傳〉的第五部分，記述嚴助出任會稽太守及回京任侍中，因與淮南王交往，受牽連被殺。

【注釋】❶燕　通「宴」。宴飲；宴請。❷從容　舒緩；不急迫。可理解為閒聊，閒談。❸友壻　同門之婿，今稱連襟。壻，同「婿」。❹不聞問　不相聞問。指嚴助與武帝沒有通信聯繫。聞問，通消息；通音訊。顏師古注：「無善聲。」沒有聽到治理地方好消息。《漢書補注》引李慈銘曰：「不聞問，謂不通信問也。故詔云『間者，闊焉久不聞問』，而助以不能事父母為此。顏注非。」❺制詔　詔令。《史記・秦始皇本紀》：「命為制，令為詔。」❻承明之廬　承明，殿名。在未央宮。遺址在今陝西西安西北郊漢長安故城內西南。廬，內臣輪流當差時辦公、住宿的地方。❼枕　臨。❽春秋　儒家經典之一。編年體史書，相傳孔子根據魯國史官所編《春秋》整理修訂而成。記事起於魯隱公元年（西元前七二二年），止於魯哀公十四年（西元前四八一年）。❾毋以蘇秦從橫　漢武帝獨尊儒術，罷黜百家，故有此語。蘇秦，戰國時期著名的縱橫家，有關他的事跡見於《戰國策》和《史記》等書。從橫，「合縱連橫」的簡稱。戰國時合弱攻強稱合縱，從強攻弱稱連橫。從，同「縱」。❿謝　認錯；道歉。⓫春秋天王出居于鄭三句　《春秋・僖公二十四年》：「天王出居于鄭。」《公羊傳》曰：「王者無外，此其言出何？不能乎母也。」天王，指周襄王。母，指襄王與弟叔帶之母惠后。因惠后寵愛叔帶而欲立之，故襄王避難而出奔鄭國。⓬事　侍奉；供奉。⓭三年計最　漢法，地方官吏每年或三年遠郡呈報京師的考核文書。沈欽韓認為，「三年計最」可能是邊遠郡國之制。縣、令長於年終將該縣戶口、墾田、錢穀、刑獄等情況編為計簿，呈送郡國，由郡守國相加以彙總，上報丞相府。朝廷據此考核地方官的政績。計最，即地方官呈送京師的帳冊。最，概要。⑭侍中　官名。秦置。《漢官儀》：「本秦丞相史，往來殿內，故謂之侍中。」西漢為加官，無員。凡列侯、將軍、卿、大夫、將、都尉、尚書以至郎中，加官侍中即可入侍禁中，親近皇帝。⑮文　文章。特指韻文。⑯賦頌　兩種文體。賦，文體的一種，有韻，句式如散文。頌，文體的一種，以頌揚為主旨，一般有韻，文字追求典雅，篇幅大多簡短。⑰遺　給予；饋贈。⑱淮南王反　淮南王劉安謀反的事在武帝元狩元年（西元前一二二年）春被發現。⑲連　牽連；株連。淮南王案有幾千人被株連。⑳薄其罪　以為其罪不大。薄，輕微。意動用法。㉑廷尉張湯爭　張湯（西元前？—前一一五年），本書卷五十九有傳。廷尉，官名，漢承秦置，主管全國刑獄。爭，通「諍」。爭辯；諫諍。㉒禁門　宮門。禁，帝王宮殿。㉓竟　終於。㉔棄市　刑名，即於鬧市執行死刑以示眾。嚴助死於元狩元年（西元前一二二年）。

【語　譯】 嚴助侍奉武帝宴飲時閒聊，皇上問嚴助居住在家鄉時的情況，嚴助回答說：「家庭貧窮，受富有的連襟欺辱。」皇上問他有什麼心願，他回答希望做會稽郡太守。於是，武帝就任命他為會稽郡太守。過了好幾年，武帝都沒有聽到稱讚嚴助政績的報告。漢武帝賜給他的書信說：「制詔會稽太守，你厭倦侍在皇宮承明殿值宿之廬，認為侍從的工作勞苦，思念故土，出京去做郡太守。會稽郡東面連接大海，南邊靠近諸越，北臨長江。闊別好幾年沒有聽到你的音訊，把你的情況全部根據《春秋》經義稟告我，不要使用蘇秦的縱橫之術。」嚴助很害怕，上書謝罪說：「《春秋》上說周惠王之子襄王見弟弟叔帶受寵於母親惠后，惠后欲立叔帶為太子，於是襄王避難出奔鄭國，不能侍奉惠后，因此母子來往斷絕。臣下侍奉君王，就像兒子侍奉父母一樣，臣嚴助罪該萬死。陛下不忍心加以誅罰，臣希望入京彙報三年來的工作。」武帝下詔批准，於是嚴助留在京城擔任侍中。遇到奇異的事，武帝就讓嚴助寫成文章，撰寫的賦頌有幾十篇。

後來，淮南王來京城朝見皇帝，送厚禮給嚴助，二人私下交往議論政事。到淮南王謀反事情洩露，案子和嚴助有牽連，皇上認為嚴助的罪不重，想不殺他。廷尉張湯不同意，認為嚴助出入宮禁，是皇上的心腹大臣，卻與外面的諸侯交結營私，如果不殺，以後朝政就無法治理了。嚴助最終被判處棄市的死刑。

朱買臣，字翁子，吳❶人也。家貧，好讀書，不治產業，常艾❷薪樵，賣以給❸食，擔束薪，行且誦書。其妻亦負戴❹相隨，數止買臣毋歌嘔❺道中。買臣愈益疾歌，妻羞之❻，求去。買臣笑曰：「我年五十當富貴，今已四十餘矣。女❼苦日久，待我富貴報女功。」妻恚❽怒曰：「如公❾等，終餓死溝中耳，何能富貴？」買臣不能留，即聽去。其後，買臣獨行歌道中，負薪墓間。故妻與夫家俱上冢❿，見買臣饑寒，呼飯飲之⓫。

【章　旨】以上為〈朱買臣傳〉的第一部分，寫朱買臣未發跡前忍受飢寒、堅持讀書學習，即使妻子離他而去仍勤學不輟。

【注　釋】❶吳　吳縣，今江蘇蘇州。❷艾　通「刈」。刈割；斬除。❸給　供給。❹負戴　體力勞動的總稱，此指背柴。負，背東西。戴，用頭頂物。❺嘔　通「謳」。唱歌。❻羞之　以之為羞。意動用法。❼女　假借為「汝」。你；你的。❽恚　憤怒。❾公　對人的尊稱。這裡有譏諷之意。❿冢　高而大的墳。⓫飯飲之　猶言飲食之。飯，給人或動物食物吃。

【語　譯】朱買臣，號翁子，吳縣人。家庭貧窮，喜歡讀書，不懂得經營生產，經常砍些柴草，賣了買糧糊口。他挑著柴禾捆兒，一邊走一邊誦讀詩書。他的妻子也時常背著柴，跟在他後面走，屢次阻止買臣，不要在路上唱歌。買臣不聽勸阻，反而更大聲地唱起來，他妻子覺得這事很丟人，便要求離婚。買臣笑道：「我五十歲時應當富貴，現在已經四十多了。你跟著我吃苦的日子很久了，等我富貴以後，報答你的功勞。」妻子憤怒地說：「像你這種人，最終不過餓死在溝中罷了，怎麼能富貴？」買臣留不住她，便聽任她離婚走了。後來，買臣又獨自邊走邊背書，有一天，他背柴路過一片墳墓。前妻和她的丈夫在一起上墳，看見買臣又餓又冷，便喊他過去，給他吃飯和喝湯。

後數歲，買臣隨上計吏❶為卒，將重車❷至長安，詣闕上書，書久不報。待詔公車❸，糧用乏，上計吏卒更乞匄❹之。會邑子嚴助貴幸，薦買臣。召見，說春秋，言楚詞❺，帝甚說之，拜買臣為中大夫❻，與嚴助俱侍中。是時方築朔方❼，公孫弘諫，以為罷敝❽中國。上使買臣難詘❾弘，語在弘傳。後買臣坐❿事免，久之，召待詔。

【章旨】以上為〈朱買臣傳〉的第二部分，寫朱買臣的第一次宦海沉浮。

【注釋】❶上計吏 亦簡稱「計吏」。入京執行上計任務的官員。西漢時縣級上計一般由令、長、丞、尉自行，郡國則由郡丞或長史代行。❷重車 運載衣食器具的車。❸待詔公車 西漢時常用官府的車選送皇帝徵召之人，稱作公車徵召；應徵之人在公車署等待皇帝的任命，稱之待詔公車。公車，官署名。掌宮殿司馬門，總令天下上書言事及皇帝徵召等有關事務。❹匄 同「丐」。❺楚詞 即「楚辭」。指戰國時期楚國詩人屈原、宋玉等人的辭賦，因其形式、內容等具有較濃厚的楚地特色，故名。至西漢晚期劉向輯錄屈原、宋玉、王褒、賈誼、嚴忌等人的辭賦及劉向自己的作品〈九歎〉共計十六篇，編為《楚辭》總集。❻中大夫 官名。漢承秦置，為郎中令屬官，秩比二千石。武帝太初元年（西元前一四四年）郎中令更名光祿勳，中大夫亦更名為光祿大夫。❼朔方 郡名。本秦九原郡西部地，秦末為匈奴所占。漢武帝元朔二年（西元前一二五年）取其地，次年置郡。治朔方城（今內蒙古杭錦旗北）。❽罷敝 疲憊衰敗。罷，通「疲」。❾難詘 難，質問；反駁。詘，屈服；折服。❿坐 定罪；由……而獲罪。

【語譯】過了幾年，朱買臣跟著會稽郡上計吏當差，照料運載衣食用具的車輛到長安，他到皇宮去上書，過了很長時間都沒有朝廷的回音。他在公車署中等待詔書，弄得吃用都沒有了，上計吏手下的差役輪流施捨些吃的給他。恰逢他的同鄉嚴助這時在朝中尊貴得勢，便推薦朱買臣給皇上。皇上召見他，他說《春秋》，談楚詞，武帝非常喜歡聽，就任命買臣為中大夫，和嚴助一同做侍中。這時候剛巧朝廷要設置朔方郡，公孫弘進諫勸阻，以為此舉使中國衰弱。皇上就讓買臣難倒公孫弘，有關的話語記載在本書〈公孫弘傳〉中。後來，買臣因犯法免了官，過了好久，皇上才又召見他，讓他在公車署中待詔。

是時，東越數反覆❶，買臣因言：「故東越王居保泉山❷，一人守險，千人不得上。今聞東越王更徙處南行❸，去泉山五百里，居大澤中❹。今發兵浮海，直指泉山，陳舟列兵，席卷南行，可破滅也。」上拜買臣會稽太守。上謂買臣曰：「富貴不歸故鄉，如衣繡夜行❺，今子何如？」買臣頓首辭謝。詔買臣到郡，治樓船，備糧食、水戰具，須❻詔書到，軍與俱進。

初，買臣免，待詔，常從會稽守邸❼者寄居飯食。拜為太守，買臣衣故衣，懷其印綬，步歸郡邸。直上計時❽，會稽吏方相與群飲，不視買臣。買臣入室中，守邸❾與共食，食且飽，少見❿其綬。守邸怪之，前引其綬，視其印，會稽太守章⓫也。守邸驚，出語上計掾吏⓬。皆醉，大呼曰：「妄誕⓭耳！」守邸曰：「試來視之！」其故人素輕⓮買臣者入視之，還走⓯，疾呼曰：「實然！」坐中驚駭，白守丞⑯，相推排陳列中庭拜謁。買臣徐出戶。有頃，長安廄吏⑰乘駟馬車⑱來迎，買臣遂乘傳⑲去。會稽聞太守且至，發民除道，縣吏並送迎，車百餘乘。入吳界，見其故妻、妻夫治道。買臣駐車，呼令後車載其夫妻，到太守舍，置園中，給食之。居一月，妻自經⑳死，買臣乞㉑其夫錢，令葬。悉召見故人與飲食諸嘗有恩者，皆報復㉒焉。

【章旨】以上為〈朱買臣傳〉的第三部分，寫朱買臣再次出仕，做了會稽太守，榮歸故里，與前妻意外相見，前妻羞愧自殺。

【注釋】❶東越數反覆　東越王餘善對漢朝叛服無常。詳見本書卷九十五〈閩粵傳〉。❷泉山　山名。後稱清源山，亦名北山，在今福建泉州北郊。❸更徙處南行　更加向南遷徙。❹大澤中　可能即為今臺灣海峽。❺富貴不歸故鄉二句　這是項羽攻破秦都咸陽後欲東歸楚地時說的話，武帝引述之。見《史記‧項羽本紀》。❻須　等待。❼會稽守邸　會稽太守在京城的公館。邸，泛指官員辦事或居住的處所。❽直上計時　正逢地方官吏呈報考核文書之時。直，遇；碰上。❾守邸　指守邸之人。即上文「守邸者」。❿少見　稍稍顯示。少，稍稍；稍微。見，顯示。⓫會稽太守章　陳直《漢書新證》說《封泥考略》有「會稽太守章」五字印文封泥事，認為「雖非買臣所懷之印，但文字與本傳相同」。⓬掾吏　分曹治事的屬吏；官府裡的辦事員。掾，屬官的通稱。⓭誕　說大話。⓮素輕　一向輕視。⓯還走　轉身跑。走，跑；往回跑。⓰守丞　即會稽守邸丞。⓱廄吏　管理官府馬房的官吏。⓲駟馬車　四匹馬拉的車。駟馬，拉一輛車的四匹馬。⓳乘傳　乘坐驛站的傳車。傳，驛車；官府載人的馬車。⓴自經　上吊自殺。㉑乞　給予。㉒報復　古代復仇、報恩都寫作報復。此處指報恩，報答。

【語譯】這時東越屢次反叛，買臣於是上書說：「從前的東越王盤踞固守泉山，泉山地勢險峻，一個人守住險要，一千人也攻不上去。如今聽說東越王又遷徙到南面去了，離泉山有五百里，住在一片大澤中。現在只要發兵渡過海去，直指泉山，陳列戰船兵卒，席捲南下，就可以破滅他們！」皇上便任命買臣做會稽郡太守。皇上對買臣說：「富貴了不回故鄉去，就好比穿了錦繡衣服在夜裡走路，沒人看得見。如今你感覺怎麼樣？」買臣叩頭謝恩辭行。皇上吩咐買臣：到了會稽郡後，修造樓船，預備糧食和水戰的器械，等有詔書到了，才可以和軍隊一同進發。

當初，買臣免除官職，等待詔書的時候，時常跟著會稽會館中看守的人，在那裡借住、吃飯。等到被任命為太守，買臣仍舊穿著從前的舊衣服，胸前揣著官印和印帶，徒步走到會稽會館。正遇到上計的時候，會稽郡來京的上計官吏聚在一起喝酒，沒人理睬買臣。買臣便徑直走進屋中，看守會館的仍和他一同吃飯，吃得快飽時，買臣便稍微露出他懷裡的印帶，看守會館的見了覺得奇怪，走近前去一拉印帶，看那顆印，原來是方會稽太守的印章。他吃了一驚，便出去告訴來京上計的官員們。那些人都喝醉了，大呼道：「這是瞎說罷了！」看守會館的道：「你們姑且來看看再說！」買臣的老朋友中有個一向看不起他的，進屋來看清楚了官印，轉身就跑，大呼道：「的確是的！」在座的人都十分驚駭，將此事報告了會稽守丞，眾人互相推擁著排列在中庭拜見新太守。買臣緩緩走到門外去了。過了一會兒，果然有長安廄吏坐著四匹馬拉的車子來迎接買臣，買臣便坐著傳車走了。會稽郡聽說新太守快到了，就徵發百姓修治清掃道路，所經各縣官吏都出來迎送，車子有一百多輛。買臣進入吳縣地界，碰見他從前的妻子正和丈夫在那裡打掃道路。買臣停住車，教後面的車子載了他夫妻兩個，一同到太守的官舍中去，讓他們住在後園中，供給他們食物。住了一個月，他從前的妻子自己上吊死了。買臣便給了他前妻的丈夫一些錢，教他好好安葬她。朱買臣把老朋友、曾經給過自己飲食以及有恩於他的人全部召來相見，都給予了報答。

居歲餘，買臣受詔將兵，與橫海將軍韓說❶等俱擊破東越，有功。徵入為主爵都尉❷，列於九卿❸。

數年，坐法免官，復為丞相長史❹。張湯為御史大夫❺。始買臣與嚴助俱侍中，貴用事❻，湯尚為小吏，趨走買臣等前。後湯以廷尉治淮南獄，排陷嚴助，買臣怨湯。及買臣為長史，湯數行❼丞相事，知買臣素貴，故陵折之。買臣見湯，坐牀上弗為禮❽。買臣深怨，常欲死之❾。後遂告湯陰事❿，湯自殺，上亦誅買臣⓫。買臣子山拊官至郡守，右扶風⓬。

【章旨】以上為〈朱買臣傳〉的第四部分，寫朱買臣榮列九卿，坐法免官，復為丞相長史。終因與張湯不和被誅殺。

【注釋】❶韓說 （西元前?—前九一年），弓高侯韓隤當庶孫。❷主爵都尉 官名。掌有關封爵之事。武帝時改名右扶風，成為地方行政長官，又變為行政區之名。❸九卿 先秦文獻有九卿之說，然秦無九卿之名。至漢文帝、武帝詔書中方見九卿一詞。本書將太常、光祿勳、太僕、廷尉、大鴻臚、宗正、大司農、少府、衛尉、執金吾、主爵都尉（後改為右扶風）、右內史（後改為京兆尹）等統列為九卿，可見九卿並非九種官職，應是中二千石一類中央各行政機關長官的總稱。❹長史 官名。秦置，職任不詳。漢因之。西漢丞相、太尉、御史大夫、大將軍、車騎將軍、前後左右將軍皆置，為所在官署掾屬之長，秩皆千石。丞相長史職權尤重。❺御史大夫 官名。秦及西漢全國最高監察和執法長官。❻用事 執政；當權。❼行 代理。❽弗為禮 不以禮貌態度對待，不理睬。❾死之 捨命以害之。死，使動用法，使之死，即害死。❿陰事 祕密的事。多指暗地幹的壞事。⓫湯自殺二句 事在元鼎二年（西元前一一五年），見本書卷六〈武帝紀〉。案：韓說等擊破東越事在元狩元年（西元前一一〇年），其時距買臣之死已經五年，由此可知，前文「買臣受詔將兵，與橫海將軍韓說等俱擊破東越，有功」有誤。王先謙認為，買臣或因倡議伐越之謀得拜會稽太守，實際上並未參與滅東越之役，前文「買臣受詔將兵，……有功」二十一字應刪去。⓬右扶風 官名。西漢畿輔地方行政長官之一。武帝太初元年（西元前一〇四年）改主爵都尉置，職掌如郡太守。因其地屬「三輔」，故不稱郡。秩中二千石（一說秩二千石），地位較一般郡守高，位列九卿。

【語　譯】過了一年多，買臣奉詔命帶兵出征，和橫海將軍韓說等一同擊破東越，很有功勞。被調進京擔任主爵都尉，位列九卿。

過了幾年，朱買臣因犯法被免了官職，後來又做了丞相長史。這時，張湯正擔任御史大夫。當初買臣和嚴助同做侍中的時候，很尊貴有權勢，當時張湯還是個小吏，快步走在買臣等人面前。後來張湯擔任廷尉，審理淮南王劉安謀反案，便陷害嚴助，買臣因此怨恨張湯。等到買臣做了長史，張湯屢次代理丞相的職權，知道買臣素來貴幸，便故意欺凌折辱他。每逢買臣去見他，張湯卻只管坐在床上，沒有一點兒招待的禮節。買臣對他的怨恨就更深了，時常想整死他。後來告發張湯私下幹的壞事，張湯便自殺了，皇上因此也殺了買臣。買臣的兒子名叫山拊，官至郡守，任右扶風。

吾丘壽王❶，字子贛，趙❷人也。年少，以善格五❸召待詔。詔使從中大夫董仲舒❹受春秋，高材通明。遷侍中中郎❺，坐法免。上書謝罪，願養馬黃門❻，上不許。後願守塞捍❼寇難，復不許。久之，上疏願擊匈奴，詔問狀❽，壽王對良善，復召為郎❾。

稍遷，會東郡❿盜賊起，拜為東郡都尉⓫。上以壽王為都尉，不復置太守。是時，軍旅數發，年歲不熟，多盜賊。詔賜壽王璽書⓬曰：「子在朕前之時，知略輻湊⓭，以為天下少雙，海內寡二。及至連十餘城之守，任四千石⓮之重，職事並廢，盜賊從橫⓯，甚不稱在前時，何也？」壽王謝罪⓰，因言其狀。

【章　旨】以上為〈吾丘壽王傳〉的第一部分，寫吾丘壽王早期的官場經歷，初為侍中中郎，犯法免官，再任郎官，又升任東郡都尉。

【注　釋】❶吾丘壽王　姓吾丘或作虞邱，名壽王。❷趙　封國名，治今河北邯鄲西南。❸格五　博戲名。用棋子十二枚，兩人同玩，至五格不得行，故曰「格五」。❹董仲舒　（西元前一七九—前一〇四年），哲學家、思想家、政治家。本書卷五十六有傳。❺中郎　漢代郎官之一。居宮省之內，親近於皇帝。惠帝時詔令中郎、郎中滿六歲則賜爵三級。秩比六百石，無員數。❻養馬黃門　請求在黃門養馬。黃門，官署名。屬少府，負責供應天子百物。❼捍　抵禦。❽狀　事物的形態。此指某事的具體情形。❾郎　泛指郎官。秦有郎中，漢依職責不同，有郎中、中郎、外郎、侍郎、議郎等。無定員，西漢時多至千餘人，其秩自比三百石至六百石不等。主管者為郎中令。❿東郡　郡名。秦王政五年（西元前二四二年）置。治濮陽（今河南濮陽西南）。⓫都尉　官名。秦及漢初為郡尉，景帝中二年（西元前一四八年），更名都尉。執掌郡內武事，備盜賊。秩比二千石。有丞，秩六百石。或兼行太守事。⓬璽書　用皇帝印璽封記的文書。⓭知略輻湊　智謀車輻湊集於轂上，比喻出謀劃策多。知，同「智」。智慧。⓮任四千石　郡守、都尉皆二千石，吾丘壽王為都尉，兼攝太守，故云四千石。⓯從橫　縱橫。從，同「縱」。⓰謝罪　自認有過，請人諒解。

【語　譯】吾丘壽王，字子贛，趙國人。年輕時，因擅長玩一種叫做「格五」的博戲被徵召為待詔。皇上下詔讓他跟中大夫董仲舒學習《公羊春秋》，吾丘壽王才能很高，通達明經。後來，升任侍中中郎，因犯法被免官。他上書認錯，希望能留在黃門養馬，皇上沒有同意。此後，他又請求去守衛邊塞抵禦盜寇侵犯，皇上又沒有批准。過了很久，他上疏希望去攻打匈奴，皇上下詔詢問攻打匈奴的詳細情況，吾丘壽王的對策很好，因此又被徵召為郎官。

吾丘壽王的官職逐漸提升，碰上東郡盜賊興起，被任命為東郡都尉。武帝派吾丘壽王做東郡都尉後，就沒有再給東郡派太守。這時，漢朝軍隊多次出動，年成歉收，盜賊很多。武帝賜給吾丘壽王璽書說：「你在朕身邊時，機智謀略層出不窮，被認為是天下無雙，海內第一。等到負責十幾座城的守衛，身兼都尉、太守重任，卻職責政事一併荒廢，致使盜賊橫行，和從前在朕身邊時相比很不相稱，這是為什麼？」吾丘壽王上書認錯，並陳述了其中的原由。

1 後徵入為光祿大夫❶侍中。丞相公孫弘奏言：「民不得挾❷弓弩❸。十賊彍❹
弩，百吏不敢前，盜賊不輒❺伏辜，免脫者眾，害寡而利多，此盜賊所以蕃❻也。
禁民不得挾弓弩，則盜賊執短兵，短兵接則眾者勝。以眾吏捕寡賊，其勢必得。
盜賊有害無利，則莫犯法，刑錯❼之道也。臣愚以為禁民毋得挾弓弩便❽。」上
下其議。壽王對曰❾：

2 「臣聞古者作五兵❿，非以相害，以禁暴討邪也。安居則以制猛獸而備非常⓫，
有事則以設守衛而施行陣⓬。及至周室衰微⓭，上無明王，諸侯力政⓮，彊侵弱，
眾暴⓯寡，海內抏⓰敝，巧詐並生。是以知⓱者陷愚，勇者威怯，苟以得勝為務，
不顧義理。故機變械飾⓲，所以相賊害⓳之具不可勝數。於是秦兼天下，廢王道⓴，
立私議，滅詩書而首法令㉑，去仁恩而任刑戮，墮㉒名城，殺豪桀㉓，銷甲兵㉔，
折鋒刃。其後，民以耰鉏箠梃㉕相撻擊，犯法滋㉖眾，盜賊不勝㉗，至於赭衣㉘塞
路，群盜滿山，卒㉙以亂亡。故聖王務教化而省禁防，知其不足恃也。

3 「今陛下昭明德，建太平，舉俊材，興學官，三公㉚有司或由窮巷㉛，起白

屋㉜，裂地而封，宇內日化，方外鄉㉝風，然而盜賊猶有者，郡國二千石㉞之罪，非挾弓弩之過也。禮曰男子生，桑弧蓬矢以舉之㉟，明示有事㊱也。孔子曰：『吾何執？執射乎㊲？』大射之禮，自天子降及庶人，三代之道也。詩云『大侯既抗，弓矢斯張，射夫既同，獻爾發功㊳』，言貴中也。愚聞聖王合射㊴以明教㊵矣，未聞弓矢之為禁也。且所為禁者，為盜賊之以攻奪也。攻奪之罪死，然而不止者，大姦之於重誅固不避也。臣恐邪人挾之而吏不能止，良民以自備而抵㊶法禁，是擅㊷賊威而奪民救也。竊以為無益於禁姦，而廢先王㊸之典，使學者不得習行其禮，大不便。」

4 書奏，上以難丞相弘。弘詘服焉。

【章　旨】以上為〈吾丘壽王傳〉的第二部分，寫吾丘壽王入京任光祿大夫侍中。上書批駁公孫弘「禁止百姓攜帶弓箭」的建議，得到皇上贊同，公孫弘也承認自己的觀點不對。

【注　釋】❶光祿大夫　官名。原為中大夫，屬郎中令。武帝太初元年（西元前一四四年）郎中令更名光祿勳，遂改為光祿大夫。秩比二千石，執掌論議，在大夫中地位最尊。❷挾　夾持。這裡意為攜帶。❸弩　兵器。弩弓，一種利用機械力量射箭的弓。❹彍　張滿弓；拉開弓弦。❺不輒　不能立即。❻蕃　繁殖。❼錯　通「措」。廢棄；擱置。❽便　有利。❾對曰　下文是〈議禁民不得挾弓弩對〉。《資治通鑑》將公孫弘的奏言和吾丘壽王的對策繫於武帝元朔五年（西元前一二四年）。❿五兵　指矛、戟、弓、劍、戈等五種兵器。⓫非常　意外事件；特殊情況。⓬行陣　軍隊行列，此指軍隊。⓭周室衰微　周朝王室衰落。周室，周朝王室，代指整個周王朝。衰微，衰落；不興旺。⓮力政　同「力征」。以武力相互征戰。政，通「征」。征伐。⓯暴　欺淩；侵害。⓰抗　摧挫消耗。⓱知　「智」的古字。智慧；才智。⓲械飾　巧飾。⓳賊害　傷害。⓴王道　儒家主張以仁義治天下，稱為「王道」，與主張武力、刑法、權勢等統治天下的「霸道」相對。㉑首法令　以法令為首；把法令放在首位。㉒墮　通「隳」。毀壞。㉓豪桀　才能出眾的人。桀，通「傑」。傑出的人才。㉔銷甲兵　銷毀兵器。始皇二十六年（西元前二二一年），收繳民間兵器，集中到咸陽銷毀，鑄為鐘鐻、金人。㉕耰鉏箠梃　耰，古代的一種農具，弄碎土塊，平整田地用。鉏，同「鋤」。箠，同「棰」。短木棍。梃，棍棒。㉖滋　益；更加。㉗不勝　不可勝數。㉘赭衣　囚犯穿的赤褐色囚服，代指囚犯。赭，紅色；赤紅色。㉙卒　終於。㉚三公　官名。漢代指大司馬、大司徒、大司空。戰國文獻多見三公，秦及西漢初均未設。武帝及其後，因受今文經學影響，習稱丞相、御史大夫、太尉為三公。漢成帝綏和改制，三公始名實相副。㉛由窮巷　從貧民出身。㉜起白屋　起家無所憑藉之義。白屋，以白茅覆屋。吾丘壽王這樣說，暗含譏諷公孫弘之意。㉝鄉　通「向」。㉞二千石　官秩等級。漢制，官吏等級以所得俸祿多少為準。故以「石」名之。二千石為將作大匠、水衡都尉等列卿及郡太守、諸侯王國相一級官員。月俸穀百二十斛，此乃東漢建武時制度，西漢時官俸皆以錢多少為準，東漢時半穀半錢。漢人習慣上多稱郡守、國相為二千石。㉟男子生二句　《禮記》載孔子之言，顏師古注。弧，木弓。矢，箭。㊱有事　言有四方捍禦之事。㊲吾何執二句　見《論語・子罕》。㊳大侯既抗四句　引詩見《詩經・小雅・賓之初筵》。意思是說，既舉大侯，又張弓矢，分耦而射，則獻其發矢中的之功。侯，箭靶。抗，豎起。張，弓加上弦，放上箭，此曰「張」。同，齊也。獻，猶逞。發，射也。功，本領。㊴合射　聚集臣民舉行射禮。㊵明教　顯揚教化。㊶抵　觸犯。㊷擅　專；獨占。㊸先王　先代聖王。

【語　譯】後來，朝廷徵召吾丘壽王入京任光祿大夫、侍中。丞相公孫弘上奏說：「百姓不能攜帶弓箭。十個盜賊放箭，一百名捕盜官吏也不敢上前，盜賊不能及時伏法，逃脫的眾多，對盜賊來說，攜帶弓箭弊少而利多，這就是盜賊之所以滋生猖獗的原因啊。禁止百姓攜帶弓箭，那麼盜賊就只能拿短兵器；短兵器相接，人多的就會獲勝。用眾多的官兵捕捉少數盜賊，勢在必獲。這樣一來，盜賊有害無利，就沒有人敢再犯法，這是使刑罰停止的好辦法啊。臣愚昧地認為禁止人民攜帶弓箭是有利的。」皇上把公孫弘的奏章下發給公卿大臣們討論。吾丘壽王對答說：

2「臣聽說古時候製作矛、戟、弓、劍、戈五種兵器，不是用來互相侵害，而是用來禁止暴虐討伐奸邪的。平安無事時，就用兵器制服猛獸以及防備意外變故；發生變亂時，就用它們設防守衛，用在行伍戰陣之中。到了周朝王室衰微時，上面沒有聖明的君王，諸侯使用武力相互征戰，強大的侵害弱小的，人多的欺凌人少的，海內耗損凋敝，奸巧欺詐一起產生。因此，聰明的人陷害愚昧者，勇猛的人威脅怯懦者，苟且致力於獲得勝利，根本不顧道義和天理。所以，謀詐巧飾盛行，用來互相殘殺的武器多得數不勝數。於是秦朝兼併天下，廢除聖王的道義，倡立私人的謀議，焚燒《詩》、《書》而推崇法令，摒棄仁慈恩德而任用刑罰殺戮，毀壞名城，誅殺豪傑，銷毀甲兵，挫折鋒刃。在此之後，百姓拿起耰、鋤、棰、梃互相爭鬥，犯法的人越來越多，盜賊不能禁止，以至於身穿紅色囚服的犯人塞滿道路，群聚為盜者滿山遍野，秦朝終於因此而大亂亡國。所以聖明的君主致力於推行教化而省減禁令刑罰，因為他們知道不能依仗禁止防範來維護天下安寧。

3「現在陛下顯揚聖明的德行，建設太平社會，舉薦賢才，興辦學官，三公等大臣有的出身於窮街陋巷，有的興起於茅屋寒舍，劃地受封成為王侯，境內的人民日益教化，境外之人嚮往中原風俗，可是為什麼仍然還有盜賊，這是因為郡守、國相失職，而不是百姓攜帶弓箭的過錯啊。《禮經》上說，古時候男子出生，以桑木為弓，蓬草為箭，使之射人射天地四方，以此明白地顯示男子長大後有四方抵禦的職責。孔子說：『我拿什麼？拿弓箭嗎？』為祭祀而舉行的射禮，上自天子下至庶人都要舉行，這是夏、商、周三代的教化之道。《詩經．小雅．賓之初筵》說『皮做的箭靶已經舉起來，張弓拉箭，眾射手兩人一組並肩齊射，獻上發矢中的者的功勞』。這是表示尊崇射箭中靶的技藝啊。愚臣聽說聖明的君王聚會眾人舉行射禮是用來顯明教化，沒聽說攜帶弓箭受到禁止。況且之所以建議禁止攜帶弓箭，是因為盜賊用弓箭去攻殺掠奪，攻殺掠奪的罪是死刑，可是仍然不能制止，這是因為亡命之徒本來就不怕嚴刑重誅。臣恐怕奸邪之徒攜帶弓箭，而官吏不能禁止；善良的百姓用弓箭來自衛，卻會觸犯法禁，這是助長盜賊的威風而奪取百姓自救的武器啊。臣私下認為不准百姓攜帶弓箭無益於禁止邪惡，卻廢除了先代聖王的常法，使學者不能學習奉行射禮，於國於民都非常不利。」

4 吾丘壽王的上書奏呈以後，武帝用它來詰難丞相公孫弘。公孫弘承認自己理虧。

及汾陰❶得寶鼎，武帝嘉之，薦❷見宗廟，臧❸於甘泉宮❹。群臣皆上壽❺賀曰：「陛下得周鼎。」壽王獨曰非周鼎。上聞之，召而問之，曰：「今朕得周鼎，群臣皆以為然，壽王獨以為非，何也？有說則可，無說則死。」壽王對曰：「臣安敢無說！臣聞周德始乎后稷❻，長於公劉❼，大於太王❽，成於文武❾，顯於周公❿，德澤上昭⓫，天下漏泉⓬，無所不通。上天報應⓭，鼎為周出，故名曰周鼎。今漢自高祖繼周，亦昭德顯行，布恩施惠，六合⓮和同。至於陛下，恢廓祖業，功德愈盛，天瑞並至，珍祥畢見⓯。昔秦始皇親出鼎於彭城⓰而不能得，天祚⓱有德而寶鼎自出，此天之所以與漢，迺漢寶，非周寶也。」上曰：「善。」群臣皆稱萬歲。是日，賜壽王黃金十斤⓲。後坐事誅⓳。

【章旨】以上為〈吾丘壽王傳〉的第三部分，寫吾丘壽王關於出土寶鼎不是「周鼎」，而是「漢鼎」的議論，從中可見其機智善辯之一端。

【注釋】❶汾陰　縣名。在今山西萬榮西南。❷薦　獻；獻祭。❸臧　通「藏」。收藏。❹甘泉宮　宮名。故址在今陝西淳化西北甘泉山。本秦林光宮（或說雲陽宮），漢武帝時擴建改名。❺上壽　祝酒，表示慶賀、頌揚。後多指祝壽。❻后稷　姬姓。周人的始祖。❼公劉　后稷的曾孫。周族領袖。❽太王　古公亶父。周族領袖。傳為后稷十二代孫，周文王祖父。❾文

武　周文王、周武王。❿周公　名旦。周初政治家。為周文王之子，周武王之弟。因采邑在周（今陝西寶雞東北），稱為周公。⓫昭　明；顯著。⓬漏泉　意謂被雨露、甘泉。言天下泉如屋之漏雨。⓭報應　漢代「天人感應說」以自然現象附會人事，宣揚君主有德則天降祥瑞，君主失德則天降災異，稱作「報應」。⓮六合　指上下和四方，泛指天地或宇宙。⓯見　同「現」。出現；顯露。⓰彭城　治今江蘇徐州。⓱祚　賜福。⓲斤　西漢一斤合今二五〇克。⓳後坐事誅　吾丘壽王誅死後，武帝頗悔恨。本書卷三十六〈劉向傳〉載，韓說諫武帝語曰：「前吾丘壽王死，陛下至今恨之。」

【語　譯】到後來在汾陰得到一個寶鼎，武帝把它看作是祥瑞的象徵，呈獻於宗廟，珍藏在甘泉宮中。群臣都給武帝祝酒慶賀說：「陛下得到了周朝的寶鼎。」只有吾丘壽王說不是周鼎。皇上聽說這件事，召見吾丘壽王進宮責問他，說：「如今朕獲得周朝的寶鼎，群臣都認為是周鼎，只有你認為不是，為什麼？有解說就行，沒有解說就得死。」吾丘壽王答道：「臣怎麼敢沒有根據就胡說呢！臣聽說周朝的德業創始於后稷，發展於公劉，光大於古公亶父，成功於文王、武王，顯揚於周公，德行恩澤顯明於上天，滋潤天下就像甘泉普降，沒有達不到的地方。上天顯現報應，寶鼎為周朝出現，所以叫做『周鼎』。如今大漢朝從高祖繼承周代的傳統以來，也是德昭行顯，布恩施惠，六合之內和睦同心。到了陛下，弘揚擴展祖宗的大業，功德更加昌盛，天瑞一起到來，珍祥全都出現。從前，秦始皇親自在彭城求出寶鼎卻沒能得到天的福佑，上天庇佑有德明君而使寶鼎自己出現，這是上天賜給漢朝的，是漢朝的寶物，不是周代的寶鼎呀。」皇上說：「講得好。」群臣都高呼萬歲。當天，武帝賞賜給吾丘壽王黃金十斤。後來，吾丘壽王因事獲罪被殺。

1 主父偃❶，齊國臨菑❷人也。學長短縱橫術❸，晚迺學易❹、春秋、百家之言❺。游齊諸子❻間，諸儒生相與排儐❼，不容於齊。家貧，假貸❽無所得，北游燕、趙、中山❾，皆莫能厚❿，客甚困。以諸侯莫足游者，元光元年⓫，迺西入關見衛將軍⓬。

衛將軍數言上，上不省。資用乏，留久，諸侯賓客⑬多厭之，迺上書闕下。朝奏，暮召入見。所言九事，其八事為律令，一事諫伐匈奴，曰：

2 「臣聞明主不惡⑭切諫以博觀，忠臣不避重誅以直諫，是故事無遺策⑮而功流萬世。今臣不敢隱忠避死，以效愚計，願陛下幸赦而少⑯察之。

3 「司馬法⑰曰：『國雖大，好戰必亡；天下雖平，忘戰必危。』天下既平，天子大愷⑱，春蒐⑲秋獮⑳，諸侯春振旅㉑，秋治兵㉒，所以不忘戰也。且怒者逆德也，兵者凶器也，爭者末節也。古之人君一怒必伏尸流血，故聖王重㉓行之。夫務戰勝，窮武事，未有不悔者也。

4 「昔秦皇帝任戰勝之威，蠶食㉔天下，并吞戰國，海內為一，功齊三代。務勝不休，欲攻匈奴，李斯㉕諫曰：『不可。夫匈奴無城郭之居，委積之守㉖，遷徙鳥舉㉗，難得而制。輕兵深入，糧食必絕；運糧以行，重不及事。得其地，不足以為利；得其民，不可調㉘而守也。勝必棄之，非民父母㉙。靡敝㉚中國，甘心㉛匈奴，非完計也。』秦皇帝不聽，遂使蒙恬㉜將兵而攻胡，卻㉝地千里，以河為境。地固澤鹵㉞，不生五穀，然後發天下丁男以守北河㉟。暴兵露師十有餘年，死者不可勝數，終不能踰河而北。是豈人眾之不足，兵革之不備哉？其勢不可也。

又使天下飛芻㊱輓粟㊲，起於黃、腄、琅邪㊳負海之郡，轉輸㊴北河，率三十鍾而致一石㊵。男子疾耕不足於糧餉，女子紡績不足於帷幕。百姓靡敝，孤寡老弱不能相養，道死㊶者相望，蓋㊷天下始叛也。

5 「及至高皇帝㊸定天下，略地於邊，聞匈奴聚代谷㊹之外而欲擊之。御史成㊺諫曰：『不可。夫匈奴，獸聚而鳥散，從之如搏景㊻，今以陛下盛德攻匈奴，臣竊危之。』高帝不聽，遂至代谷，果有平城㊼之圍。高帝悔之，迺使劉敬㊽往結和親㊾，然後天下亡㊿干戈之事。

6 「故兵法(51)曰：『興師十萬，日費千金。』秦常積眾數十萬人，雖有覆軍殺將，係虜單于(52)，適足以結怨深讎(53)，不足以償天下之費。夫匈奴行盜侵敺(54)，所以為業，天性固然。上自虞夏殷周，固不程督(55)，禽獸畜之，不比(56)為人。夫不上觀虞夏殷周之統(57)，而下循近世之失，此臣之所以大恐，百姓所疾苦也。且夫兵久則變生，事苦則慮易(58)。使邊境之民靡敝愁苦，將吏相疑而外市(59)，故尉佗(60)、章邯(61)得成其私，而秦政不行，權分二子(62)，此得失之效也。故周書(63)曰：『安危在出令，存亡在所用(64)。』願陛下孰(65)計之而加察焉。」

7 是時，徐樂、嚴安亦俱上書言世務(66)。書奏，上召見三人，謂曰：「公(67)皆安在？何相見之晚也！」迺拜偃、樂、安皆為郎中。偃數上疏㊽言事，遷謁者㊾，中郎，中大夫。歲中四遷。

【章旨】以上為〈主父偃傳〉的第一部分，寫主父偃得志前的潦倒窘迫，上書得到武帝賞識，迅速走紅，官至中大夫。他的〈諫伐匈奴書〉被班固全文記載在該段中。

【注釋】❶主父偃　姓主父，名偃。❷齊國臨菑　齊國，封國名。臨菑，縣名。一作臨淄、臨甾。故址在今淄博臨淄城北門外。春秋、戰國時為齊國都城。❸長短縱橫術　戰國縱橫家的遊說術。長短，蘇秦、張儀之謀，趣彼為短，歸此為長，《戰國策》名短長術也。❹學易　主父偃受《易》於王同。見本書〈儒林傳〉。❺百家之言　諸子百家的學說。❻諸子　指諸儒。❼排儐　排斥擯棄。儐，通「擯」。排斥；拋棄。❽假貣　求借。假，借貸。貣，求乞。❾燕趙中山　皆漢朝封國名，又地名，在今北京、河北等地區。❿厚　厚遇；得到厚遇。⓫元光元年　西元前一三四年。⓬衛將軍　衛青（西元前？—前一〇六年），西漢抗擊匈奴的著名將領。本書卷五十五有傳。⓭賓客　貴族官僚的門客。⓮惡　厭惡。⓯遺策　失策。⓰少　稍稍；稍微。⓱司馬法　春秋時司馬穰苴善用兵，著書言兵法，謂之《司馬法》。一說司馬是古代主兵之官，有用兵之法。⓲大愷　古代還師振旅之樂。又作「大凱」。⓳蒐　春天打獵。⓴獮　秋天打獵。㉑振旅　整頓軍隊。振，整頓。旅，眾。㉒治兵　訓練軍隊。㉓重　難；慎重。㉔蠶食　比喻侵吞他國土地如蠶之食葉。㉕李斯　秦朝丞相，主張郡縣制、禁私學，以加強封建中央集權的統治。整理文字，善於書法。被趙高所殺。㉖委積之守　謂倉廩之藏。委積，聚積。指倉庫儲藏的財物。㉗遷徙鳥舉　匈奴人逐水草遷徙，往來飄忽如鳥之飛舉。鳥舉，鳥飛。㉘調　調和；調治。㉙勝必棄之二句　勝其國而棄其民，非為民父母之道。㉚靡敝　虛耗疲憊。使動用法。㉛甘心　稱心；快意。意動用法。㉜蒙恬　（西元前？—前二一〇年），始皇時領兵三十萬北逐匈奴，修築萬里長城。後被趙高、李斯合謀逼死。㉝卻　退卻；退避。使動用法。㉞澤鹵　地低窪而多鹽鹼，不宜耕種。㉟北河　古代黃河自今內蒙古磴口以下，分為南北二支，北支稱「北河」，約當今烏加河。㊱飛芻　要求迅速運送芻稿。芻，牲畜吃的草。㊲輓粟　用車船載運糧食。輓，通「挽」。拉；牽引。謂引車船。粟，穀子，泛指糧食。㊳黃腄琅邪　縣名，都在今山東膠東半島上。黃縣，在今山東黃縣東。腄縣，在今山東福山。琅邪，在今山東膠南南。㊴轉輸陸路運輸。陸運稱轉，水運稱漕。㊵三十鍾而致一石　即一百九十二石而致一石，可見當時運輸消耗之大。鍾，古代量名。六斛四斗為「鍾」。三十鍾，一百九十二斛。石，容量單位。十斗為石。石相等斛。㊶道死　死於道路。㊷蓋　表示推測，相當於「大約」、「大概」。㊸高皇帝　漢高帝劉邦。㊹代谷　地名。大約在平城（今山西大同東北附近）。㊺御史成　御史，官名，秦以前本為史官。漢代為御史大夫或侍御史之簡稱。成，人名。㊻如搏景　就像搏擊人的陰影，言不可得也。搏，擊。景，同「影」。影子。㊼平城　縣名。在今山西大同東北。㊽劉敬　即婁敬。因建議定都關中有功，賜姓劉。本書卷四十三有傳。㊾和親　為了免於戰爭與邊疆異族統治者通婚和好。㊿亡　同「無」。沒有。《史記・平津侯主父列傳》作「忘」。(51)兵法　指《孫子兵法》。春秋末年軍事家孫武著。引文出自該書〈用間〉篇。(52)單于　漢時匈奴人對其君主的稱呼。(53)讐　仇恨。(54)侵毆　侵掠人畜之意。(55)程督　考核督察。程，考核。督，督察。(56)比　列；並列。(57)統　傳統；經驗。(58)慮易　思慮變易；思想發生變化。(59)外市　勾結外人，對外私自作政治軍事交易。市，交易。(60)尉佗　南越王趙佗，見本書卷九十五〈南粵傳〉。(61)章邯　秦朝將領，率兵鎮壓陳勝、項梁起義。後投降項羽，封為雍王，與劉邦作戰兵敗自殺。(62)二子　指尉佗、章邯。(63)周書　指《逸周書》。周代史書。其中多為戰國時人擬周代誥誓辭命之作。(64)安危在出令二句　引文本於《逸周書・王佩解》：「存亡在所用，離合在出命。」所用，所任用的人。(65)孰　同「熟」。仔細；周詳。(66)世務　時務；當世的政務。(67)公　《史記》作「公等」。(68)上疏　臣子向帝王進呈奏章，議論時事。(69)謁者　官名。漢制，郎中令屬官有謁者，少府屬官亦有中書謁者令。

【語譯】主父偃，齊國臨菑人。他學的是長短縱橫之術，晚年才學習《易經》、《春秋》、百家之言。遊學於齊國儒生們之間，儒生們一起排斥擯棄他，他在齊國不能容身。家庭貧窮，無處借貸，於是他北遊燕、趙、中山等地，都沒有人肯厚待他，客居異鄉，非常困窘。他認為諸侯王們沒有值得交遊的，元光元年，便西入關中，謁見將軍衛青。衛將軍多次向皇上推薦他，皇上沒有召見他。主父偃無錢可用，在京城逗留久了，諸侯家的門客大都討厭他，他就向朝廷上書。奏書早晨奏進宮中，晚上他就被召入宮中拜見皇帝。他在奏書中講了九件事，其中有八件是律令方面的問題，一件是諫阻征伐匈奴。奏書說：

2 「臣聽說聖明的君主不討厭懇切的規勸來增廣見識，忠臣不逃避嚴厲的責罰而敢於直言諫諍，因此事無失策而功名流傳萬世。現在臣不敢隱藏忠言、逃避死罪，來奉獻自己愚昧的想法，希望陛下赦免臣的冒昧之罪，並稍稍鑑察一下臣的見解。

3 「《司馬法・仁本》篇說：『國家即使很大，好戰必亡；天下雖然太平，忘戰必危。』天下已經平定，天子的軍隊高奏還師振旅的〈大愷〉之樂，春蒐秋獮，諸侯春季整頓軍隊，秋天練兵，都是為了不忘記戰爭。發怒是不好的品德，兵器是不祥之物，爭鬥是微末小節。自古以來人君一怒必定會死人流血，所以聖明的君主慎行其事。務求戰爭勝利、窮兵黷武，沒有不招來悔恨的。

4 「從前秦始皇憑藉戰勝之威，蠶食天下，併吞列國，統一海內，功績可以與夏、商、周三代開國之主相比。他致力於打勝仗沒有休止，要攻打匈奴，李斯諫阻說：『不行。匈奴沒有城郭居邑，沒有積聚處所，流動遷徙像鳥一樣飄忽不定，難以得到、控制他們。輕兵深入，糧食必然接濟不上；運載糧食隨同軍隊行動，糧重難運，解決不了問題。奪取匈奴的土地，不能用來生利；俘獲匈奴的民眾，不能調治用來守護。戰勝匈奴又必定要拋棄他們，這不是為民父母應做的事。使中國財力枯竭，而以攻打匈奴為樂，這不是完備之計。』秦始皇不聽規勸，於是派蒙恬率兵攻打匈奴，拓地千里，以黃河河套地區為邊境。那裡本來就是鹽鹼地，不長五穀。隨後，秦始皇又徵發天下丁男戍守北河。秦軍風餐露宿十幾年，死者不可勝數，始終未能越過黃河北進。這難道是因為人馬不足、裝備不齊嗎？是客觀形勢不允許。又迫使天下百姓飛速運輸糧草，從遙遠的黃、腄、琅邪等靠海的郡縣，轉運糧食到北河，一般來說，發運三十鍾粟，運到時只有一石。男子拼命耕種，滿足不了糧餉之需；女子努力紡織，滿足不了帷幕之求。百姓財窮力盡，孤寡老弱不能養活，路上死者接連不斷，大概由於這個緣故天下開始反叛秦朝。

5 「到高祖皇帝平定天下，攻城略地到邊境，聽說匈奴聚集在代谷，就要去攻打。御史成諫阻說：『不行。匈奴行蹤多變，一會兒像野獸聚合，一會兒又像鳥雀飛散，追趕他們如同捕捉影子。現在以陛下盛德去攻打匈奴，臣私下認為十分危險。』高祖皇帝不聽，於是進兵至代谷，果然發生了被圍於平城的事。高祖皇帝很後悔，就派劉敬前往匈奴締結和親之約，然後天下才沒有干戈紛爭。

6 「所以《孫子兵法》上說：『興師十萬，日費千金。』秦朝時經常在邊境屯駐兵民數十萬人，雖然也有過殲滅敵軍、斬殺敵將、俘獲單于的功勞，但這適足以結怨於仇敵，加深仇恨，卻不能夠抵償天下的耗費。匈奴盜掠侵奪，這是他們用來謀生的手段，天性本來如此。自虞、夏、商、周時代，就從來不向他們徵課賦役，不加督察責罰，只把他們當作禽獸來畜養，而不列為人類。不向上借鑑虞、夏、商、周的經驗，卻往下因循近世的失誤，這是臣深感憂懼之事，也是天下百姓痛苦之事。再者軍隊久居在外，就會發生變亂；所做的事太艱苦，人們就會思考變革。戰爭會使邊境上的百姓凋敝愁苦，將士官吏互相疑忌而與敵人暗中交往，所以尉佗、章邯得以實現各自的野心，而秦朝的政令無法繼續推行，權力被尉佗、章邯二人瓜分，這就是得和失的證明啊。所以《周書・王佩解》說：『天下安危在於天子發布什麼樣的號令，國家存亡在於天子使用什麼樣的人才。』希望陛下認真研究、考察這個問題。」

7 這時，徐樂、嚴安也都上書談論國家時事，奏書送呈武帝，皇上召見三人，對他們說：「諸位從前都在哪裡呀？為什麼我們相見得這麼晚啊！」於是任命主父偃、徐樂、嚴安為郎中。主父偃多次上疏言事，皇上遷升他為謁者、中郎、中大夫，一年當中提升了四次。

偃說上曰：「古者諸侯地不過百里，彊弱之形易制。今諸侯或連城數十，地方千里，緩則驕奢易為淫亂，急則阻其彊而合從❶以逆京師。今以法割削，則逆節萌起，前日朝錯❷是也。今諸侯子弟或十數，而適嗣❸代立，餘雖骨肉，無尺地之封，則仁孝之道不宣。願陛下令諸侯得推恩❹分子弟❺，以地侯之。彼人人喜得所願，上以德施，實分其國，必稍❻自銷弱❼矣。」於是上從其計❽。又說上曰：「茂陵❾初立，天下豪桀兼并之家，亂眾民，皆可徙茂陵，內實京師，外銷❿

姦猾，此所謂不誅而害除。」上又從之。

【章　旨】以上為〈主父偃傳〉的第二部分，寫主父偃上書建議實行推恩令、遷徙豪族於關中，以加強中央集權，被皇上採納。

【注　釋】❶合從　亦作「合縱」。戰國時蘇秦遊說六國諸侯實行縱向聯合與秦國對抗的政策，此指諸侯王國聯合對抗漢中央政府。從，同「縱」。❷朝錯　即鼂錯（西元前二〇〇—前一五四年），本書卷四十九有傳。❸適嗣　嫡長子。適，通「嫡」。❹推恩　施惠於他人。❺子弟　子與弟，亦泛指子姪輩。❻稍　逐漸。❼銷弱　減弱；削弱。❽上從其計　元朔二年（西元前一二七年）漢武帝始令諸侯王分封子弟。此即用主父偃之策也。❾茂陵　西漢武帝劉徹陵墓。位於今陝西興平東北。本槐里縣茂鄉，建元二年（西元前一三九年），置邑作陵。太始元年（西元前九六年），以郡國吏民豪傑徙之。❿銷　通「消」。消滅。

【語　譯】主父偃向皇上進言說：「古時候，諸侯的封地方圓不超過一百里，不論其強弱，局勢都容易控制。現在，諸侯王的封國有的連城數十座，土地方圓上千里，平時，他們便驕縱奢侈，很輕易就做出淫亂之事；危急時刻，他們就會恃仗其強大，聯合起來反叛朝廷。現在如果用法令分割、削減他們的封地，反叛的變亂就會萌生，以前鼂錯就是主張削藩而引起了吳楚七國之亂。現在諸侯王的子弟有的多達以十來計算，只有嫡長子世代繼承王位，其餘的子弟雖然也是高皇帝的骨肉，卻沒有尺寸之地的封國，這樣仁孝之道就不能宣揚。希望陛下命令諸侯王實行推恩，分其土地給所有子弟，使他們都成為侯。他們人人喜得所願，皇上用恩德布施，實際上卻分割了諸侯王的封國，諸侯的勢力必然會漸漸自己削弱下去。」於是皇上採納了他的計謀。主父偃又向皇上進言說：「茂陵剛剛置縣，天下豪傑兼併之家，擾亂庶民，可以把他們都遷徙到茂陵，內可充實京師力量，外可剷除奸猾之徒，這就是所謂不用誅殺而禍害消除。」皇上又採納了他的建議。

1 尊立衛皇后❶及發燕王定國❷陰事，偃有功焉。大臣皆畏其口，賂遺❸累千金。或說偃曰：「大橫❹！」偃曰：「臣結髮❺游學四十餘年，身不得遂❻，親❼不以為子，昆弟❽不收，賓客棄我，我阨❾日久矣。丈夫生不五鼎食❿，死則五鼎亨⓫耳！吾日暮⓬，故倒行逆施之⓭。」

2 偃盛言朔方地肥饒，外阻河，蒙恬築城以逐匈奴，內省轉輸戍漕⓮，廣中國，滅胡之本也。上覽其說，下公卿議，皆言不便。公孫弘曰：「秦時嘗發三十萬眾築北河，終不可就⓯，已而⓰棄之。」朱買臣難詘弘，遂置朔方，本偃計也。

3 元朔⓱中，偃言齊王⓲內有淫失⓳之行，上拜偃為齊相⓴。至齊，徧召昆弟賓客，散五百金予之，數㉑曰：「始吾貧時，昆弟不我衣食㉒，賓客不我內門㉓，今我相齊，諸君迎我或千里。吾與諸君絕矣，毋復入偃之門！」迺使人告王與姊姦事動㉔王。王以為終不得脫，恐效燕王論死㉕，迺自殺㉖。

4 偃始為布衣㉗時，嘗游燕、趙，及其貴，發燕事。趙王㉘恐其為國患，欲上書言其陰事，為居中㉙，不敢發。及其為齊相，出關，即使人上書，告偃受諸侯金，以故諸侯子㉚多以得封者。及齊王以自殺聞㉛，上大怒，以為偃劫其王令自殺，迺徵下吏治。偃服㉜受諸侯之金，實不劫齊王令自殺。上欲勿誅，公孫弘爭曰：「齊王自殺無後，國除為郡，入漢，偃本首惡，非誅偃無以謝天下㉝。」迺遂族偃㉞。

偃方貴幸時，客以千數，及族死，無一人視，獨孔車㉟收葬焉。上聞之，以車為長者㊱。

【章　旨】以上為〈主父偃傳〉的第三部分，寫主父偃做事蠻橫，不循常理，收受賄賂，揭發燕王、齊王的不法行為，置二王於死地，本人也因此遭受身亡族滅之禍。

【注　釋】❶衛皇后　漢武帝皇后衛子夫（西元前？—前九一年）。本書卷九十七上有傳。❷燕王定國　燕敬王劉澤之孫劉定國（西元前？—前一二七年）。本書卷三十五有傳。❸遺　給予；饋贈。❹大橫　太蠻橫。大，通「太」。❺結髮　束髮，古代男子二十歲束髮加冠，表示成年。代指年輕時。❻遂　達；顯達；順遂。❼親　父母。❽昆弟　兄和弟。❾阨　困厄；窮困。❿丈夫生不五鼎食　羊、豕、牛、魚、麋等五鼎食，為古代諸侯享用；卿大夫只三鼎食。主父偃當時為中大夫，故有「不五鼎食」之語。⓫五鼎亨　被鑊烹，用鼎鑊將人煮死的酷刑，不一定用五隻鼎烹。亨，同「烹」。煮。⓬日暮　太陽快落山的時候，借喻年老。⓭故倒行逆施之　做事違反常理。伍子胥有「吾日暮途窮，故倒行逆施之」之語，見《史記・伍子胥列傳》。⓮漕　漕運；用水路運輸糧食。⓯就　成。⓰已而　不久。⓱元朔　漢武帝年號，西元前一二八—前一二三年。⓲齊王　指齊厲王劉次昌（西元前？—前一二六年），《史記》作「次景」。⓳淫失　荒淫放蕩。失，通「佚」、「逸」。⓴相　諸侯王國的最高行政長官，相當於郡太守。㉑數　指責。㉒不我衣食　謂不給我衣食。㉓不我內門　謂不讓我進門。內，同「納」。㉔動　觸動；驚動。㉕論死　判為死罪。論，依照法律論定其罪。㉖自殺　齊厲王自殺於元朔二年（西元前一二七年）。見本書卷三十八〈高五王傳・齊王劉肥傳〉。㉗布衣　平民百姓。㉘趙王　趙王劉彭祖（西元前？—前九二年），景帝之子。本書卷五十三有傳。㉙為居中　因為主父偃身居朝廷。為，因為。㉚諸侯子　《史記》作「諸侯子弟」。㉛及齊王以自殺聞　或作「及齊以王自殺聞」，《漢書補注》引宋祁說。㉜服　服罪；招認；承認。㉝偃本首惡二句　誅首惡乃《春秋》之義，見

《公羊傳・僖公二年》虞師晉師滅夏陽。㉞族偃　主父偃死於元朔三年（西元前一二六年）。其獄乃咸宣所治，見本書〈酷吏・咸宣傳〉。族，滅族。一人有罪判為死刑，同時誅殺其家族。㉟孔車　人名。《史記》作「洨孔車」。洨，縣名。屬沛郡。㊱長者　指有德行的人。

【語　譯】尊立衛子夫為皇后以及揭發燕王劉定國的祕密犯法活動，主父偃都有功勞。大臣們都害怕主父偃的嘴，賄賂、饋贈給他的錢累計達上千金。有人勸主父偃說：「你太橫行無忌了！」主父偃說：「我束髮遊學四十多年，自己不得志，父母不把我當兒子，兄弟不收留我，朋友拋棄我，我窮困潦倒的時間太久了。再說大丈夫在世，活著不能享用五鼎食，死時就受五鼎烹刑算了！我日暮途窮，所以倒行逆施，不按常理做事。」

2 主父偃大談朔方土地肥沃，物產豐饒，外有險阻黃河，蒙恬曾在那裡修築城池以驅逐匈奴，內省運輸和戍守漕運之費，還能拓廣中國的疆土，是消滅匈奴的根本所在。皇上看了他的建議，下發給公卿大臣們討論，都說不便利。公孫弘說：「秦朝時曾徵發三十萬人在北河築城，最終沒有建成，不久就放棄了。」朱買臣詰難並駁倒公孫弘，於是漢朝設置了朔方郡，這本來是主父偃的謀議。

3 武帝元朔年間，主父偃向皇上揭發了齊王劉次昌在王宮內淫亂放蕩的惡行，皇上任命主父偃為齊相。到齊國後，主父偃把兄弟朋友都召來，散發五百金給他們，責備他們說：「當初我貧賤時，兄弟不給我衣食，朋友不讓我進門，現在我做了齊相，諸君迎接我，有人迎自千里之外。我現在和諸位斷交了，請不要再進我的門！」於是他派人上告齊王與他姊姊通姦的事而驚動了齊王。齊王覺得自己最終不能逃脫懲罰，害怕像燕王那樣被判處死刑，就自殺了。

4 主父偃還是一介平民時，曾遊學於燕、趙，等到富貴以後，他揭發了燕王犯罪的事。趙王劉彭祖恐怕他成為趙國的禍患，想上書揭發他暗中幹的壞事，因為主父偃在朝中為官，不敢發難。等到主父偃被任命為齊國的相，出了函谷關，趙王立即派人上書，告發主父偃收受諸侯王金錢賄賂，因此諸侯王子弟多因行賄得以封侯。到齊王自殺的消息傳到京城，皇上大怒，以為是主父偃威脅齊王而迫使其自殺的，就把主父偃召回京城，交給有關官員治罪。主父偃招認了他收受諸侯王金錢賄賂的罪行，但是說自己的確沒有威逼齊王使其自殺。皇上想不殺主父偃，公孫弘諫諍說：「齊王自殺沒有後代繼承王位，齊國被廢為郡，收歸朝廷管轄。這件事主父偃是首惡，不殺他，就無法向天下人交代。」於是武帝下令族滅主父偃。

5 主父偃正貴寵時，門客數以千計，到他被滅族，沒有一個人來看他，只有孔車來收葬他的屍體。皇上聽說這件事，認為孔車是個有德行的人。

1 徐樂，燕無終[1]人也。上書曰[2]：

2 「臣聞天下之患，在於土崩[3]，不在瓦解[4]，古今一也。

3 「何謂土崩？秦之末世是也。陳涉[5]無千乘之尊[6]，尺土之地，身非王公大人名族之後，鄉曲[7]之譽，非有孔、曾[8]、墨子之賢，陶朱、猗頓[9]之富也。然起窮巷，奮棘矜[10]，偏袒[11]大呼，天下從風[12]，此其故何也？由民困而主不恤，下怨而上不知，俗已亂而政不脩，此三者陳涉之所以為資[13]也。此之謂土崩。故曰天下之患在乎土崩。

4 「何謂瓦解？吳、楚、齊、趙[14]之兵是也。七國[15]謀為大逆，號皆稱萬乘之君，帶甲數十萬，威足以嚴其境內，財足以勸其士民，然不能西攘[16]尺寸之地，而身為禽[17]於中原者，此其故何也？非權輕於匹夫[18]而兵弱於陳涉也，當是之時先帝之德[19]未衰，而安土樂俗之民眾，故諸侯無竟[20]外之助。此之謂瓦解。故曰天下之患不在瓦解。

5 「由此觀之，天下誠有土崩之勢，雖布衣窮處之士或首難㉑而危海內，陳涉是也，況三晉㉒之君或存乎？天下雖未治也，誠能無土崩之勢，雖有彊國勁兵，不得還踵㉓而身為禽，吳楚是也，況群臣百姓，能為亂乎？此二體者，安危之明要，賢主之所留意而深察也。

6 「間者，關東㉔五穀數不登，年歲未復㉕，民多窮困，重㉖之以邊境之事，推數循理而觀之，民宜有不安其處者矣。不安故易動，易動者，土崩之勢也。故賢主獨觀萬化之原，明於安危之機，脩之廟堂㉗之上，而銷未形之患也。其要期使天下無土崩之勢而已矣。故雖有彊國勁兵，陛下逐走獸，射飛鳥，弘游燕㉘之囿㉙，淫㉚從恣㉛之觀，極馳騁之樂自若㉜。金石絲竹㉝之聲不絕於耳，帷幄㉞之私俳優㉟朱儒㊱之笑不乏於前，而天下無宿㊲憂。名何必夏、子㊳，俗何必成、康㊴！雖然，臣竊以為陛下天然之質㊵，寬仁之資，而誠以天下為務，則禹、湯㊶之名不難侔㊷，而成、康之俗未必不復興也。此二體者立，然後處尊安之實，揚廣譽於當世，親天下而服四夷，餘恩遺德為數世隆，南面背依㊸攝袂㊹而揖王公，此陛下之所服㊺也。臣聞圖王不成，其敝足以安㊻。安則陛下何求而不得，何威而不成，奚㊼征而不服哉？」

【章　旨】以上為〈徐樂傳〉，記寫徐樂上書，闡述土崩、瓦解的道理。

【注　釋】❶無終　縣名。治今天津薊縣。按：《史記・平津侯主父列傳》謂徐樂為「趙人」。❷上書曰　下文是〈上武帝書言世務〉。❸土崩　土層崩塌。比喻下層人民造反。❹瓦解　瓦片破裂。比喻統治集團內部崩潰解體。❺陳涉　即陳勝（西元前？—前二〇八年），秦末農民起義首領，本書卷三十一有傳。❻千乘之尊　諸侯之尊。千乘，兵車千輛。乘，古代一車四馬為一乘。❼鄉曲　鄉里，亦指窮鄉僻壤。❽孔曾　孔子、曾子。曾子（西元前五〇五—前四三六年），名參，字子輿。孔子的學生，著名思想家、教育家。❾陶朱猗頓　二人皆古代富商，詳見本書卷九十一〈貨殖傳〉。陶朱，陶朱公，即范蠡。❿棘矜　棘，戟。矜，戟柄。秦朝銷毀兵器，因此只有戟柄。⓫偏袒　解衣袒露一臂。⓬從風　聞風回應。從，隨從。風，風向，比喻勢頭，潮流。⓭資　憑藉。⓮吳楚齊趙　皆漢諸侯王國，曾參與景帝時七國之亂。⓯七國　指漢景帝時進行叛亂的吳、楚等七國。⓰西攘　謂向西侵取漢地。攘，侵略。⓱禽　通「擒」。捕捉。⓲匹夫　古代指平民中的男子。泛指平民百姓。⓳德　《史記》作「德澤」。⓴竟　假借為「境」。邊境；國境。㉑首難　首倡而作難；首先發難。㉒三晉　指韓、趙、魏三國。㉓還踵　旋踵；掉轉腳跟。比喻時間極短。還，通「旋」。迅速。㉔關東　指函谷關以東之地。㉕復　恢復。㉖重　再加。㉗廟堂　指朝廷。㉘燕　同「宴」。遊樂。㉙囿　畜養禽獸的園地。泛指遊樂場所。㉚淫　過分；沒有節制。㉛從恣　縱情恣慾。從，同「縱」。放縱。㉜自若　泰然處之而不改變。㉝金石絲竹　泛指樂器。金，鐘類樂器。石，磬類樂器。絲，絃樂器。竹，管樂器。㉞帷幄　宮室的帷幕。《史記》作「帷帳」。㉟俳優　古代演滑稽戲雜耍的藝人。㊱朱儒　即侏儒，身材異常矮小的人。㊲宿　久。㊳夏子　夏禹、子湯。湯，子姓。《史記》作「湯武」。㊴成康　指西周成王、康王。周成王，武王之子。周康王，成王之子。成、康兩王統治時期，「刑錯四十餘年不用」，民風敦厚，史稱「成康之治」。㊵質　《史記》作「聖」。㊶禹湯　《史記》作「湯武」。㊷侔　等同；相等。㊸依　通「扆」。戶牖間畫有斧形的屏風。㊹攝袂　整理衣袂，衣袖。㊺服　事。㊻臣聞二句　漢時有「圖王不成，其敝可以霸」的成語，參見《漢書補注》。徐樂襲用而稍變之，即改「霸」為「安」。㊼奚　何。

【語　譯】徐樂，燕國無終縣人。上書說：

2 「臣聽說天下的禍患在於土崩，不在瓦解，古今的道理是一樣的。

3 「什麼叫土崩？秦朝末年的情況就是如此，陳涉沒有諸侯的尊位，沒有一尺封地，出身也不是王公大人名門望族的後裔，沒有鄉里的讚譽，也沒有孔子、墨子的賢能和陶朱、猗頓的財富。但他起於窮巷，高舉戈戟之柄，袒臂大呼，天下聞風響應，這其中的緣故是什麼呢？這是因為人民困窘而君主不救恤，下面有怨恨而上頭不知曉，社會習俗已亂而國家政治不整頓，這三條是陳涉用來起事的憑藉。這就叫做土崩。所以說天下的禍患在於土崩。

4 「什麼叫瓦解？吳、楚、齊、趙的軍事叛亂就是這樣。吳楚七國陰謀叛亂大逆，都號稱萬乘之君，擁有軍隊數十萬，威風足以整飭其境內，財富足以獎勵其士民，但卻不能向西侵奪尺寸之地，而且本身也被朝廷擒獲，這其中的原因是什麼呢？不是因為他們的權勢比百姓小，也不是因為他們的兵力比陳涉弱，而是因為那時先帝的德澤還沒有衰減，安土樂俗的百姓眾多，所以叛亂的諸侯王沒有封國境外的援助。這就叫做瓦解。所以說天下的禍患不在瓦解。

5 「由此看來，天下如果有土崩的形勢，即使是身穿粗布衣服、住在窮巷茅屋的普通人也有敢於首先作難而危及海內的，陳涉就是這種人，何況可能還有三晉國君之類圖謀不軌的人呢？天下雖然沒有大治，如果沒有土崩的形勢，即使有強國勁兵造反，也會來不及轉身就被擒滅，吳楚等諸侯的下場就是例子，何況是群臣百姓，又怎麼能起來作亂呢？土崩、瓦解這兩個主要方面，是關係國家安危的根本所在，賢明的君主對此都留心深察。

6 「近年來，關東地區糧食多次歉收，年景沒有恢復，百姓大多窮困，再加上邊境地區的軍事行動，根據規律和常理來看，百姓將有不安於自己處境的動向了。因為不安其居，所以易於騷動，容易騷動，就是土崩的跡象。所以，賢明的君主只觀察萬物變化的本原，明曉安危的關鍵，在朝廷中治理，消除還沒有形成的禍患。其要旨就是想方設法使天下沒有土崩的形勢而已。所以，即使有強國勁兵，陛下逐走獸，射飛鳥，擴大遊樂的苑囿，不加節制地縱情恣慾，極盡驅馳打獵遊玩之樂，也沒有什麼問題。金石絲竹之聲不絕於耳，帷帳裡面調情私愛和倡優侏儒的笑聲不乏於前，天下也沒有長久的憂患。名聲不一定像商湯、武王那樣高，民俗也不必如同成王、康王那時好！雖然如此，臣私下認為陛下天生聰慧，有寬厚仁愛的資質，果真以治理天下為要務的話，那麼夏禹、商湯的名聲不難趕上，而且成、康時代的民俗未必不能復興，抓住了防止土崩、避免瓦解這兩個根本，然後居享尊貴安逸的實惠，揚名廣譽於當世，親近天下臣民而降服四方蠻夷，餘恩遺德傳布數代，面南而坐，背靠繪有黑白色斧形花紋的屏風，整整袖子，向王公大臣拱手行禮，這就是陛下要做的事了。臣聽說，謀求王道即使不成功，最差也能使天下安寧。如果天下安寧了，那麼陛下又怎麼會需要什麼而得不到，做什麼而不成功，征伐誰而不降服呢？」

卷六十四下

嚴朱吾丘主父徐嚴終王賈傳第三十四下

1 嚴安❶者，臨菑❷人也。以❸故丞相史❹上書，曰❺：

2 「臣聞鄒子❻曰：『政教❼文質❽者，所以云❾救❿也，當⓫時則用，過⓬則舍⓭之，有易⓮則易之，故守一而不變者，未睹⓯治之至也。』今天下人民用財侈靡，車馬衣裘宮室皆競修飾，調⓰五聲⓱使有節族⓲，雜五色⓳使有文章⓴，重㉑五味㉒方丈㉓於前，以觀欲㉔天下。彼民之情，見美則願㉕之，是教民以侈也。侈而無節，則不可贍㉖，民離本而徼㉗末矣。末不可徒㉘得，故搢紳㉙者不憚為詐，帶劍者夸㉚殺人以矯奪㉛，而世㉜不知媿，故姦軌㉝浸㉞長。夫佳麗珍怪固㉟順㊱於耳目，故養失㊲而泰㊳，樂㊴失而淫㊵，禮失而采㊶，教失而偽。偽、采、淫、泰，非所以範民㊷之道也。是以天下人民逐利無已㊸，犯法者眾。臣願㊹為民制度以防其淫，使貧富不相燿[45]以和[46]其心。心既和平，其性恬安[47]。恬安不營[48]，則盜賊銷[49]；盜賊銷，則刑罰少；刑罰少，則陰陽和，四時正[50]，風雨時[51]，草木暢茂，五穀蕃[52]孰，六畜遂字[53]，民不夭[54]厲[55]，和[56]之至也。

3 「臣聞周有天下，其治[57]三百餘歲，成康[58]其隆也，刑錯[59]四十餘年而不用。及[60]其衰，亦三百餘年，故五伯[61]更起。伯者，常佐天子興利除害，誅暴禁邪，匡正海內，以尊天子。五伯既沒[62]，賢聖莫續，天子孤弱，號令不行。諸侯恣行，彊陵[63]弱，眾暴[64]寡。田常[65]篡齊，六卿[66]分晉，並為戰國，此民之始苦也。於是彊國務攻，弱國修守，合從連衡[67]，馳車[68]轂擊[69]，介冑生蟣蝨[70]，民無所告愬[71]。

4 「及至秦王[72]，蠶食天下，并吞戰國，稱號皇帝，一[73]海內之政，壞諸侯之城。銷[74]其兵[75]，鑄以為鍾[76]虡[77]，示不復用。元元[78]黎民得免於戰國，逢明天子，人人自以為更生[79]。鄉使[80]秦緩刑罰，薄賦斂，省繇役[81]，貴仁義，賤權利，上[82]篤厚，下[83]佞巧[84]，變風易俗，化於海內，則世世必安矣。秦不行是風[85]，循其故俗，為知巧權利者進[86]，篤厚忠正者退，法嚴令苛，諂諛者眾，日聞其美，意廣心逸。欲[87]威海外，使蒙恬[88]將兵[89]以北攻彊胡[90]，辟地進境[91]，戍於北河[92]，飛芻輓粟[93]以隨其後。又使尉[94]屠睢[95]將樓船之士[96]攻越，使監祿[97]鑿渠[98]運糧，深入越地，越人遁逃。曠日持久，糧食乏絕，越人擊之，秦兵大敗。秦乃使尉佗(99)將卒以戍越。當是時，秦禍北構(100)於胡，南挂於越(101)，宿兵(102)於無用之地，進而不得退。行十餘年，丁男(103)被甲(104)，丁女轉輸，苦不聊生，自經(105)於道樹，死者相望。及秦皇帝(106)崩，天下大畔(107)。陳勝、吳廣(108)舉(109)陳，武臣(110)、張耳(111)舉趙，項梁(112)舉吳，田儋(113)舉齊，景駒(114)舉郢，周市(115)舉魏，韓廣(116)舉燕，窮山通谷(117)，豪士並起，不可勝(118)載也。然本皆非公侯之後，非長官(119)之吏，無尺寸之勢，起閭巷(120)，杖(121)棘矜(122)，應時而動，不謀而俱起，不約而同會，壤長地進(123)，至乎伯王(124)，時教(125)使然也。秦貴為天子，富有天下，滅世絕祀(126)，窮兵(127)之禍也。故周失之弱，秦失之彊，不變之患也。

5 「今狥南夷(128)，朝(129)夜郎(130)，降(131)羌(132)僰(133)，略(134)薉州(135)，建城邑，深入匈奴，燔(136)其龍城(137)，議者(138)美之。此人臣之利，非天下之長策(139)也。今中國(140)無狗吠之警，而外累(141)於遠方之備，靡敝(142)國家，非所以子民(143)也。行無窮之欲，甘心快意，結怨於匈奴，非所以安邊也。禍挐(144)而不解，兵休而復起，近者愁苦，遠者驚駭，非所以持久也。今天下鍛(145)甲摩(146)劍，矯箭(147)控弦(148)，轉輸軍糧，未見休時，此天下所共憂也。夫兵多而變起，事煩而慮生。今外郡之地或幾(149)千里，列城數十，形束壤制[150]，帶脅[151]諸侯，非宗室之利也。上觀齊晉所以[152]亡，公室[153]卑削[154]，六卿[155]大[156]盛也；下覽秦之所以滅，刑嚴文[157]刻，欲大無窮也。今郡守之權非特[158]六卿之重也，地幾千里非特閭巷之資也，甲兵器械非特棘矜之用[159]也，以逢萬世之變，則不可勝諱[160]也。」

6 後以安為騎馬令[161]。

【章旨】以上為〈嚴安傳〉，主要記載了嚴安的奏書〈上書言世務〉。書中建議朝廷汲取周、秦之失，適時變革，慎用武事，強幹弱枝，以鞏固皇權。

【注釋】❶嚴安　本姓莊，後世避漢明帝劉莊諱，改為嚴。❷臨菑　縣名。亦作臨淄、臨甾。在今山東淄博東北。❸以　表憑藉。❹丞相史　丞相府掌管文書的低級官員，秩四百石。❺曰　下文是〈上書言世務〉。❻鄒子　書名。戰國末年鄒衍作。本書卷三十〈藝文志〉著錄《鄒子》四十九篇，《鄒子終始》五十六篇，今皆失傳。鄒衍（西元前三〇五—前二四〇年），亦作騶衍，齊國人。戰國陰陽家代表人物。❼政教　指政治與教化，或刑賞與教化。❽文質　文華與質樸。文，此指禮節儀式。質，此指遵行禮節的情感。❾云　作為；是。❿救　謂救敝。⓫當　適值；正在。⓬過　謂過時。⓭舍　捨棄；廢置。⓮易　變易。⓯睹　察看；明白。⓰調　調節。⓱五聲　古代音樂中的五種音階：宮、商、角、徵、羽。亦稱五音。⓲節族　猶節奏。族，通「奏」。⓳雜五色　五種顏色相配合。五色，指青、赤、黃、白、黑五種顏色。⓴文章　猶言文采。錯雜豔麗的色彩或花紋。㉑重　重疊；羅列。㉒五味　甜、酸、苦、辣、鹹五種味道，也泛指各種味道。㉓方丈　一丈見方。謂羅列菜餚很多。㉔觀欲　顯示之使其慕欲。觀，猶「顯」。給人看；顯示。㉕願　羨慕；喜歡。㉖贍　滿足；供給。㉗徼　通「邀」。求取；要求。㉘徒　空；憑空。㉙搢紳　通「縉紳」。原意是插笏（古代朝會時官宦所執的手板，有事就寫在上面，以備遺忘）於帶，舊時官宦的裝束，轉用為官宦的代稱。㉚夸　誇耀；競爭。㉛矯奪　強奪；非法搶奪。矯，偽也。㉜世　世人。㉝姦軌　亦作「奸宄」，犯法作亂的人。㉞浸　漸漸。㉟固　本來。㊱順　適宜；合乎心意。㊲失　失去節制；過分。㊳泰奢侈過甚。㊴樂　玩樂。亦指音樂。㊵淫　淫亂。㊶采　修飾；粉飾。謂文過其實。㊷範民　使民合乎法度。範，規範；約束。顏師古注：「範，謂為之立法也。」㊸無已　沒有休止；不止。已，停止。㊹願　希望；請求。㊺相燿　互相誇耀。㊻和調和；使和睦。㊼恬安　安靜；安逸。㊽營　迷惑。㊾銷　同「消」。消除。㊿正　合適；正常。(51)時　適時。(52)蕃　茂盛；繁多。(53)遂字　順利繁殖。遂，順利地進行。字，生育；繁殖。(54)夭　夭折；短命。(55)厲　患病；得傳染病。(56)和　祥和。(57)治　治世；和平昌盛之世。(58)成康　周成王姬誦和周康王姬釗。二人在位期間，社會安定，民風敦厚，周朝統治鞏固發展，史稱「成康之治」。(59)刑錯　謂無人犯法，刑罰擱置不用。亦作刑措。錯，通「措」。擱置。(60)及　到；等到。(61)五伯　春秋時期先後稱霸的五個諸侯。其說法不一，一般指齊桓公、晉文公、宋襄公、秦穆公、楚莊王。伯，通「霸」。春秋時諸侯聯盟的盟主。(62)沒　通「歿」。死亡。(63)陵　欺侮；欺壓。(64)暴　欺淩；損害。(65)田常　即陳成子，又稱田成子，又名田恆。春秋時齊國大臣。於齊簡公四年（西元前四八一年），殺死簡公，擁立齊平公，任相國，從此陳氏在齊專權。(66)六卿　春秋時晉國的范、中行、知、趙、韓、魏六大家族，世代為晉卿，故稱「六卿」。後來范、中行、知三家敗亡，趙、韓、魏三家分晉而為諸侯，史稱「三家分晉」。(67)合從連衡　戰國時期，合弱攻強稱合縱，從強攻弱稱連橫。後因秦最強大，蘇秦遊說六國諸侯實行縱向聯合抗秦，稱合縱。張儀遊說諸侯事秦，以對付六國的戰略，稱連橫。古以南北為縱，東西為橫。亦作「合縱連橫」。從，通「縱」。衡，通「橫」。(68)馳車　謂飛馳交往之車。(69)轂擊　車轂相擊，言車眾多。轂，車輪中心的圓木，用來插車軸。(70)介胄生蟣蝨　形容戰爭連綿不斷，士兵無暇脫卸盔甲，身上長滿了蟣蝨。介，鎧甲。胄，頭盔。(71)愬　同「訴」。訴說；訴求。(72)秦王　指秦始皇嬴政（西元前二五九－前二一〇年）。(73)一　統一。(74)銷　熔化金屬；銷毀。(75)兵　武器。(76)鍾　古代打擊樂器，青銅製。(77)虡　古代懸掛鐘或磬的架子兩旁的柱子。(78)元元　平民；老百姓。(79)更生　重生；新生。(80)鄉使即「向使」。假使；如果。鄉，通「向」。(81)繇役　古時官府向人民攤派的無償勞動，包括力役、雜役等。繇，通「徭」。(82)上通「尚」。崇尚；尊崇。(83)下　鄙視。以動用法。(84)佞巧　諂佞巧詐。(85)是風　這種社會風尚。是，這；這樣。(86)進　進用；晉升。(87)欲　《史記》「欲」下有「肆」字。(88)蒙恬　秦朝名將。秦始皇時領兵三十萬北逐匈奴，修築萬里長城。(89)將兵率軍。(90)胡　古代泛指北方和西方的民族，此處指匈奴。(91)進境　開拓、推進邊界。(92)北河　古代黃河從今內蒙古自治區磴口以下，分為南北二支，北支相當於今烏加河，當時為黃河正流，對南支而言，稱為北河。(93)飛芻輓粟　飛速地運輸糧草。芻，牲畜吃的草。輓，牽引；拉。(94)尉　武官名。此處可能指郡尉，為郡守佐官。(95)屠睢　人名。(96)樓船之士　水兵。秦、漢時江、淮以南地區訓練水軍，稱為樓船。(97)監祿　又稱史祿。監即監御史（秦代監郡的御史），名祿，姓失傳。(98)鑿渠　指在今廣西壯族自治區興安附近開鑿運河，溝通湘、灕二水，後世稱為靈渠。(99)尉佗　即趙佗，真定（今河北正定）人。秦時任南海郡龍川縣令，後代行郡尉事。秦亡後，兼併南海桂林、象郡，建立南越國。漢高祖時受封為南越王，景帝時附於漢。(100)構　構成；結成。(101)挂於越　言禍結於越。挂，結也。(102)宿兵　駐兵。宿，留。(103)丁男　成年男子。(104)被甲　身穿鎧甲。指當兵打仗。被，通「披」。(105)自經　上吊自殺。(106)秦皇帝　指秦始皇。(107)畔　通「叛」。(108)陳勝吳廣　秦末農民起義軍首領。詳見卷三十一〈陳勝項籍傳〉。(109)舉　起兵；攻占。(110)武臣　（西元前？—前二〇八年），陳縣人。陳勝部將，率軍攻占趙地後，自立為趙王，不聽陳勝命令，拒援周文。後被部將李良殺死。(111)張耳　（西元前？—前二〇二年），戰國末魏大梁（今河南開封）人。少時為魏信陵君客，曾任外黃令，與陳餘相為刎頸交，俱為魏之名士。詳見卷三十二〈張耳傳〉。(112)項梁　（西元前？—前二〇八年），下相（今江蘇宿遷）人。項羽叔父。秦末響應陳勝起義，在吳（今江蘇蘇州）起兵，曾擊敗秦將章邯，後戰死於定陶（今山東定陶西北）。(113)田儋　（西元前？—前二〇八年），狄（今山東高青）人。秦末起兵反秦，自立為齊王，後被章邯攻殺。詳見卷三十三〈田儋傳〉。(114)景駒　（西元前？—前二〇八年），原楚國貴族。陳勝失敗後，被擁立為楚王，後敗於項梁。郢，此處指戰國時楚都郢。在今湖北荊沙荊州區。(115)周市　（西元前？—前二〇八年），陳勝部將。奉命略定魏地，後為章邯攻殺。(116)韓廣　（西元前？—前二〇六年），曾任上谷卒史。隨六國貴族後裔反秦，屬趙王武臣。將兵攻略燕地，為當地豪傑立為燕王。項羽分封諸侯時，徙為遼東王，都無終（今天津薊縣），另立臧荼為燕王。因拒徙遼東，被臧荼擊殺。(117)窮山通谷　所有的山谷。窮，盡。通，整個；全部。(118)勝　盡。(119)長官　謂一官之長。(120)閭巷　街巷；鄉甲。泛指民間。(121)杖　持。(122)棘矜　泛指兵器。棘，通「戟」。矜，矛柄；戟柄。(123)壤長地進　謂擴大地盤。(124)伯王　稱霸稱王。伯，通「霸」。(125)時教　當時的政教。(126)絕祀　指斷絕後代。祀，祭祀；香火。(127)窮兵　用盡全部兵力。(128)今狗南夷　《史記》作「今欲招南夷」。狗，帶兵巡行。南夷，指分布在今雲南、貴州、四川南部、西部等地諸部族。(129)朝　接受朝見。用作動詞，使動用法。(130)夜郎　部族名。當時西南夷中最大的一支，主要分布在今貴州西部、北部及雲南東北部、四川南部。(131)降　降伏；投降。使動用法。(132)羌　中國古代西部的民族，分布在今甘肅、青海、四川一帶，以游牧為主。(133)僰　中國古代西南地區少數民族名。居住在今雲南東部和四川南部。(134)略　攻取。(135)薉州　地區名。薉、貊人居地。泛指今東北地區至朝鮮半島一帶。薉，通「濊」、「穢」。(136)燔　焚燒。(137)龍城　在今蒙古和碩柴達木湖附近。(138)議者　指朝廷的議事諸臣。(139)長策　長治久安之策。(140)中國　所指不一。指京師。華夏族、漢族地區，因其多居於黃河南北，以為居天下之中，故稱中國。含義與「中土」、「中原」、「中州」等相同。後成為我國的專稱。(141)累　牽累；連累。(142)靡敝　虛耗凋敝。使動用法，敝又作「弊」。(143)子民　謂養民如子。(144)挐　連引。楊樹達認為當為「挐」。(145)鍛　鍛打。(146)摩　通「磨」。(147)矯箭　矯正箭桿。(148)控弦　拉開弓弦。控，引。(149)幾　將近；幾乎。(150)形束壤制　顏注引孟康說：「言其土地形勢，足以束制其民。」(151)帶脅　包圍、威脅之意。顏師古注：「帶者，言諸侯之于郡守，譬若佩帶，謂輕小也。脅謂其威力足以脅之也。一曰帶在脅旁，附著之義也。」(152)所以　之所以。表原因，用在表示結果的詞語前。(153)公室　春秋戰國時諸侯的家族。也用以指諸侯王國或政權。(154)卑削　削弱；衰弱。(155)六卿　指晉國六卿，亦包括齊國田氏在內。(156)大　通「太」。(157)文　法令條文。(158)非特　不僅僅；不只。(159)用　效用；功用。(160)不可勝諱　不能完全諱言。意謂必然滅亡。(161)騎馬令　官名，屬太僕。主管天子所騎之馬。

【語　譯】嚴安，臨菑縣人。他以原丞相史的身分向朝廷上書，奏書中說：

2 「臣聽聞《鄒子》中說：『政令教化具有時代特點，是用來匡救時弊的，適應當時形勢需要就採用，過時了就捨棄不用，有應該改變的就改變它，所以，固守一定的政令教化而不知通達權變，是沒有看到治理天下的根本。』現在天下百姓使用財物奢侈浪費，車馬衣裘宮室都競相修飾，調整宮、商、角、徵、羽五聲使音樂節奏動聽，配合青、赤、黃、白、黑五色使圖案豔麗悅目，調和五味讓佳餚擺滿方丈之席，以此誇耀顯示想讓天下人羨慕。那些民眾的性情，是看到美好的東西就希望得到它，這是用奢侈教導民眾啊。奢侈而沒有節制，財物就會不滿足，百姓就會脫離本業而去追逐末業了。末業的豐厚利潤不可能平白得到，所以官吏不怕欺詐作偽，帶劍的武士競相誇耀殺人而矯偽劫奪，而世人卻不知道羞愧，所以犯法作亂的人日益增多。美麗珍奇的東西本來就悅人耳目，所以失去修養就會奢侈，沒有健康的音樂就會淫亂，禮儀失當就會變為粉飾，教化喪失就會詐偽。奸邪詐偽、粉飾、淫亂、奢侈，都不能用來規範民眾的行為準則啊。因此天下人民追逐名利沒有休止，犯法的人眾多。臣請求皇上為民眾制定制度來防止他們淫亂奢侈，使貧富不再相互炫耀來緩和他們追逐名利的思想。思想平和了，他們的性情就會變得恬靜安適。性情恬靜安適不受物欲迷惑，那麼盜賊就會消除；盜賊消除，刑罰使用就少；刑罰減少，就會陰陽和諧，四季正常，風雨及時，草木繁暢茂盛，五穀豐收，六畜興旺，人民不夭折生病，祥和就達到了頂點。

3 「臣聽說周朝治理天下，它的太平治世有三百多年，成王、康王兩朝是周代最興盛的時期，刑罰擱置四十多年沒有使用。到周朝走向衰落，統治也延續了三百多年，所以春秋五霸相繼興起。霸主，就是經常輔佐天子興利除害，誅暴禁邪，匡正海內的錯誤，用這些尊崇周天子。五霸相繼去世以後，沒有賢君聖主繼承他們的霸業，天子孤立衰弱，號令不能推行。諸侯們恣意妄為，強大者欺辱弱小者，勢眾者侵凌勢力單薄者。田常篡奪了齊國政權，知、范、中行、韓、趙、魏六卿瓜分了晉國，都成了好戰的國家，這是百姓痛苦的開始。當時強國致力於攻奪，弱國傾力於防守，時而合縱，時而連橫，使者車馬奔馳，往來相撞，戰士的鎧甲頭盔裡長滿了蟣蝨，老百姓無處訴苦。

4 「到秦王嬴政時，蠶食天下，吞併列國，建立『皇帝』尊號，統一全國的政令制度，拆除各諸侯國的城防設施，銷毀他們的兵器，鑄造成鐘虡，表示不再使用。廣大黎民百姓得以免除戰國動亂的痛苦，人人自以為遇上了聖明的天子，重獲新生。假如秦朝減緩刑罰，減輕賦稅，省除徭役，重視仁義，鄙視權利，崇尚忠厚，鄙棄奸巧，移風易俗，在全國推行教化，那麼秦朝的天下一定會世世代代安定。秦朝沒有倡導推行這樣的社會風尚，而是因循其舊有的習俗，逞智使巧爭權奪利的人得到進用，篤實厚道忠誠正直的人卻被斥退，刑法嚴酷，政令煩苛，諂媚阿諛之徒眾多，皇上天天聽著歌功頌德的蜜語甜言，躊躇滿志，野心膨脹。秦始皇想揚威於海外，派蒙恬率領大軍北攻強大的匈奴，開闢疆土，拓展邊界，在北河戍守，驅使百姓迅速運輸糧草，跟隨在軍隊後面。他又派郡都尉屠睢率領樓船士兵南攻越族，派監御史祿開鑿靈渠轉運軍糧，深入越地，越人逃遁。伐越之役曠日持久，糧食供應不上，越人發動襲擊，秦兵大敗。秦朝於是派遣尉佗率兵戍守越地。在這時候，秦朝的禍患北邊構怨於匈奴，南面結仇於越人，駐兵於無用之地，前進了就不能退守。這種情形持續了十幾年，丁男當兵打仗，丁女輾轉運輸，痛苦不堪，無以聊生，吊死在路邊的樹上，死者隨處可見。到秦始皇死後，天下發生了大規模叛亂。陳勝、吳廣起兵取陳，武臣、張耳率兵克趙，項梁起兵取吳，田儋起兵下齊，景駒起兵取郢，周市率兵舉魏，韓廣率兵取燕，滿山遍野，豪傑並起，不可勝記。可是，他們本來都不是公侯貴族的後代，也不是長官要員，沒有尺寸封地，沒有絲毫權勢，起身街巷鄉里，手持矛戟之柄，順應時勢行動，不謀而合聚會風雲，攻城略地，爭戰擴張，直到稱霸稱王，這是當時的政教造成了這樣的結果啊。秦朝皇帝貴為天子，富有天下，最終卻弄得亡國滅家，斷絕祭祀，這正是窮兵黷武釀成的大禍。所以，周朝的過失在於衰弱，秦朝的過失在於強大，都是由於不能適時變革而招致了亡國的禍患啊。

5 「現在，朝廷想帶兵巡行西南夷，使夜郎來朝貢，降服羌族和僰人，攻取薉州，在這些地方建置城邑，又深入匈奴地區，焚燒了他們的龍城，議事者讚美這些行動。但這些不過是人臣之利，並非天下長治久安之策。現在中國境內連狗叫的警報都沒有，卻受牽累於遠方境外的武備，使國家凋敝衰弱，這不是養育人民的做法啊。為了實現沒有止盡的欲望，只圖甘心快意，與匈奴結怨，這不是安定邊境的辦法。結下禍患而不解決，戰爭信息又重新挑起，使近處的人憂愁痛苦，遠方的人擔心受怕，這不是持久的謀劃。現在，天下百姓打造鎧甲，磨礪刀劍，矯直箭桿，彎弓試射，轉運軍糧，看不到休止的時候，這是天下人共同憂苦的事情。用兵太多就可能引起變亂，事情煩多勞累就會產生焦慮。現在外郡的轄地有的將近方圓千里，郡內城池多達數十座，山川形勢和土地面積足以挾制其郡內的百姓，威脅附近諸侯，這不是漢朝宗室的利益啊。上觀齊國和晉國滅亡的原因，是因為公室衰弱，六卿勢力太強盛了；下察秦朝滅亡的原因，是因為刑嚴法酷，欲望太大而又無窮無盡。現在郡守掌握的權力，不只是當年晉國六卿那麼大，土地方圓幾千里，也不只是街巷鄉里那麼點憑藉，武器裝備，更不只是矛戟之柄那麼點效用，憑這些條件，萬一遇上天下變亂，將會出現什麼局面就不可諱言了。」

6 後來，朝廷任命嚴安為騎馬令。

終軍，字子雲，濟南❶人也。少好學，以辯博❷能屬文❸聞於郡中。年十八，選為博士弟子❹。至府受遣❺，太守聞其有異材❻，召見軍，甚奇之，與交結。軍揖❼太守而去，至長安上書言事。武帝異❽其文，拜❾軍為謁者❿給事中⓫。

【章　旨】以上為〈終軍傳〉的第一部分，簡介終軍生平，述其至長安上書，受到漢武帝賞識。

【注　釋】❶濟南　郡名。治東平陵，今山東章丘西北。❷辯博　能言善辯，博學多聞。❸屬文　寫作。屬，撰寫。❹博士弟子　即博士弟子員。博士弟子學於太學者。漢武帝元朔五年（西元前一二四年），丞相公孫弘建議，為博士官置弟子五十人，復其身。太常擇民年十八以上儀狀端正者，補博士弟子。每歲課試，能通一藝以上，補文學掌故缺，其高第者可以為郎中。武帝納之，遂成制度。❺受遣　謂由郡遣詣京師。❻材　通「才」。才能；才華。❼揖　拱手行禮；作揖告別。❽異　驚異。❾拜　授予官職。❿謁者　官名。漢承秦置，皇帝的侍從人員。⓫給事中　加官。漢承秦置。給事中即給事禁中之意。凡加此官者，即可侍從皇帝。三公、將軍、九卿等亦或加此官。

【語　譯】終軍，字子雲，濟南郡人。他少年時勤奮好學，因能言善辯、見多識廣和擅長寫文章而聞名於郡中。十八歲那年，他被選舉為博士弟子。到郡太守府接受去京城的派遣，郡太守聽說他有超常的才華，親自召見他，認為的確是奇才，便與他結為好友。終軍拜別太守赴京，到了長安後上書言事。武帝認為他的奏文不同尋常，任命終軍為謁者給事中。

1　從上幸雍❶祠❷五畤❸，獲白麟❹，一角而五蹄❺。時又得奇木，其枝旁出，輒❻復❼合❽於木上。上異此二物，博謀❾群臣。軍上對曰❿：

2　「臣聞詩⓫頌君德，樂⓬舞⓭后⓮功，異經⓯而同指⓰，明⓱盛德之所隆也。南越⓲竄屏⓳葭葦⓴，與鳥魚群㉑，正朔㉒不及其俗。有司㉓臨境，而東甌㉔內附，閩王㉕伏辜㉖，南越賴救。北胡㉗隨畜薦居㉘，禽獸行，虎狼心，上古未能攝㉙。大將軍㉚秉鉞㉛，單于㉜犇幕㉝；票騎抗旌，昆邪右衽㉞。是澤南洽㉟而威北暢㊱也。

若罰不阿[37]近，舉[38]不遺[39]遠，設官竢[40]賢，縣賞[41]待功，能者進以保祿[42]，罷者[43]退而勞力[44]，刑於宇內[45]矣。履[46]眾美而不足[47]，懷[48]聖明而不專[49]，建三宮[50]之文質[51]，章[52]厥[53]職[54]之所宜，封禪之君無聞[55]焉！

3 「夫天命初定[56]，萬事草創[57]，及臻[58]六合[59]同風，九州[60]共貫[61]，必待明聖潤色[62]，祖業傳於無窮。故周至成王，然後制定[63]，而休徵[64]之應[65]見。陛下盛[66]日月之光，垂聖思於勒成[67]，專[68]神明之敬，奉燔[69]瘞[70]於郊宮[71]，獻享[72]之精交神[73]，積和之氣[74]塞明[75]，而異獸[76]來獲，宜矣。昔武王中流[77]未濟[78]，白魚入於王舟，俯取以燎，群公咸曰：『休哉！』[79]今郊祀[80]未見於神祇[81]，而獲獸以饋[82]，此天之所以示饗[83]，而上通[84]之符合[85]也。宜因[86]昭時令日[87]，改定告元[88]，苴白茅[89]於江淮，發嘉號于營丘[90]，以應緝熙[91]，使著事者[92]有紀[93]焉。

4 「蓋六鶂退飛，逆也[94]；白魚登舟，順也[95]。夫明闇[96]之徵[97]，上亂[98]飛鳥，下動淵魚[99]，各以類推[100]。今野獸并角[101]，明同本[102]也；眾支[103]內附，示無外[104]也。若此之應，殆[105]將有解編髮[106]，削[107]左衽[108]，襲冠帶[109]，要衣裳[110]，而蒙化[111]者焉。斯拱而竢之[112]耳！」

5 對奏，上甚異之，由是改元為元狩[113]。後數月，越地及匈奴名王有率眾來降者(114)，時皆以軍言為中(115)。

【章 旨】以上為〈終軍傳〉的第二部分，寫終軍上奏〈白麟奇木對〉，以天人感應之說解說天降祥瑞，得到漢武帝賞識。

【注 釋】❶雍 縣名。治今陝西鳳翔南。❷祠 通「祀」。祭祀。❸五畤 又稱五畤原。古代祭祀天地五帝的五個固定處所。據《史記正義》：「（秦）文公作鄜畤，祭白帝；秦宣公作密畤，祭青帝；秦靈公作吳陽上畤、下畤，祭赤帝、黃帝；漢高祖作北畤，祭黑帝；是五畤也。」❹白麟 白色麒麟。❺五蹄 每一隻足有五個蹄瓣。從顏師古說。❻輒 每；總是。❼復 又；再。❽合 合攏。❾博謀 廣泛徵求意見。❿上對曰 下文是〈白麟奇木對〉。上對，上書對答。⓫詩 中國最早的詩歌總集。先秦時稱《詩》，漢武帝置《五經》博士，將《詩》列為儒家經典之一，後世稱為《詩經》。⓬樂 《六經》之一。⓭舞 歌舞。此指用歌舞方式讚美。⓮后 君主。⓯異經 指《詩》與《樂》是不同的經典。⓰指 通「旨」。意圖；意旨。⓱明 彰明；顯揚。⓲南越 亦作「南粵」。古族名，國名。分布在今廣東、廣西及越南北部。秦統一六國後，於其地置桂林、南海、象郡。秦亡，其龍川令行南海尉事趙佗自立為南越王。漢朝建立後，附漢稱臣。詳見卷九十五〈西南夷兩粵朝鮮傳〉。⓳屏 退避；隱藏。⓴苞葦 蘆葦。苞，初生的蘆葦。㉑群 群居。㉒正朔 一年中的第一天，即農曆正月初一。正，年之始。朔，一月之始。古時改朝換代，新王朝為表示「應天承運」，往往重定正朔。正朔遂通指帝王新頒之曆法。㉓有司 指官吏。古代設官分職，各有專司，故稱。㉔東甌 古族名。古代越人的一支，亦稱甌越。㉕閩王 閩越王郢。相傳其祖先為句踐後裔，姓騶。閩，閩越。古族名。古代越人的一支，秦漢時分布在今福建北部、浙江南部的部分地區。詳見卷九十五〈西南夷兩粵朝鮮傳〉。㉖伏辜 猶「伏罪」。伏，通「服」。辜，罪。㉗北胡 指北方的匈奴。㉘薦居 謂逐水草而居。顏師古注：「薦，屢也。言隨畜牧屢易故居，不安住也。」㉙攝 通「懾」。害怕；懾服。㉚大將軍 衛青（西元前？—前一〇六年），字仲卿，河東平陽（今山西臨汾）人。詳見卷五十五〈衛青霍去病傳〉。㉛秉鉞 掌握兵權。秉，執持。鉞，古代青銅兵器，形如斧。㉜單于 匈奴君長的稱號。此處指伊稚斜單于，西元前一二六—前一一四年在位。㉝犇幕 逃奔漠北。犇，同「奔」。幕，通「漠」。沙漠，指蒙古大沙漠。㉞票騎抗旌二句 王先謙《漢書補注》引齊召南語曰：「按此對元狩元年冬十月，行幸雍祠五畤獲白麟時也。昆邪來降，其事在二年秋。終軍此時何以能預言邪？當指元朔六年衛青率六將軍絕漢克獲，而霍去病以票姚校尉立功封冠軍侯耳！況去病至元狩三年實為「二年」始為票騎將軍，在元年何以預言「票騎」？疑「票騎抗旌」二語，後人所改竄，班氏誤承用也。」票騎，又作「驃騎」。將軍名號，「驃騎將軍」的省稱。品秩同大將軍，此處指名將霍去病。昆邪右衽，指匈奴昆邪王率眾歸附漢朝。昆邪，又作「渾邪」。匈奴部落名，與休屠部同居匈奴西方。右衽，衣前襟向右掩。古代中原漢族服裝衣襟向右，因以「右衽」謂中原風習。此處為少數民族歸附的代詞。衽，衣襟。㉟澤南洽　指恩澤廣布南方越人之地。洽，廣博；普遍。㊱威北暢　聲威暢達北方胡人之地。暢，暢達。㊲阿　偏袒；迎合。㊳舉　舉薦；選拔。㊴遺　遺漏；拋棄。㊵竢　等待。㊶縣賞　公開出具賞格，徵請眾人為之做事。縣，通「懸」。㊷保祿　保全官爵俸祿。㊸罷者　指無能者、不勝任者。罷，通「疲」。㊹勞力　謂從事體力勞動，務農。㊺刑於宇內　謂法令施行於四境之內。顏師古注：「刑，法也，言成法於宇內也。一曰，刑，見也。」㊻履　實行。㊼不足　不滿足。㊽懷　心裡存有；懷藏。㊾不專　不獨斷專行。顏師古注：「言自謙也。」㊿三宮　指明堂、辟雍、靈臺。亦稱三雍、三雍宮。(51)文質　謂文質得中。(52)章　通「彰」。彰明；顯著。(53)厥　其；他的；他們的。(54)職　職責。(55)封禪之君無聞　謂前世封禪之君不聞如此之美。封禪，古代帝王祭天地的大典。在泰山上築土為壇，報天之功，稱封；在泰山下的梁父山闢場祭地，報地之德，稱禪。(56)天命初定　指始受命之君。天命，古代以君權為神授，統治者自稱受命於天，謂之天命。(57)草創　開始創立。(58)臻　到；到達。(59)六合　指上下和四方，泛指天地或宇宙。(60)九州　古代分中國為九州。說法不一。《書・禹貢》作冀、兗、青、徐、揚、荊、豫、梁、雍；《爾雅・釋地》有幽、營州而無青、梁州；《周禮・夏官・職方》有幽、并州而無徐、梁州。後以「九州」泛指天下，全中國。(61)貫　通「慣」。習慣；風習。(62)潤色　修飾。此指對祖宗基業的發揚光大。(63)制定　制度定型。(64)休徵　吉祥的徵兆。休，美。(65)應　應和。(66)盛　盛大；充滿。使動用法。(67)勒成　封禪。謂刻石以彰顯成功。參見《漢書補注》引李慈銘說。(68)專　專一。(69)燔　焚燒。此指祭天之禮「燔柴」，將玉帛、犧牲等置於積柴之上，焚之以祭天。(70)瘞　埋物祭地，把祭品埋在地下以祭地神。(71)郊宮　天子祭天地的處所。顏師古注：「郊宮，謂泰畤及后土也。」《漢書補注》引劉攽曰：「是時未有泰畤、后土。顏注失之。」(72)獻享　奉獻酒食。泛指向神靈奉獻各種祭品。享，神鬼享用的祭品。(73)交神　交通於神靈。(74)積和之氣　謂和氣充塞天地間。(75)塞明　此與「交神」相對，王先謙《漢書補注》：「言陰陽微顯之交，皆以精氣感孚，故致靈異」。(76)異獸　指白麟。(77)中流　河流之中。(78)濟　渡河。(79)白魚入於王舟四句　董仲舒也有此說，參見本書卷五十六〈董仲舒傳〉。據《史記・周本紀》載，武王即位當年，率軍東渡黃河，舉行伐紂演習。有白魚躍入船中，武王即取以祭天。燎，古祭名。燒柴祭天。休哉，好啊。歡呼語。(80)郊祀　古代於郊外祭祀天地，南郊祭天，北郊祭地。郊謂大祀，祀為群祀。

(81)神祇　天神與地神。祇，同「祇」。(82)以饋　顏師古注：「謂充祭俎。」俎，一種祭器。即贈之以為祭品。饋，以食物送人。(83)示饗　暗示要享用祭品。饗，通「享」。鬼神享用祭品。(84)上通　上通於天。指武帝治國之功與敬神之誠感動了上天。(85)符合　謂與符命、符兆相合。天降符瑞，與人事相應。(86)因　趁著。(87)昭時令日　猶「良辰吉日」。昭，明麗。令，美；美好。(88)改定告元　改定年號並向神祇報告改元。(89)苴白茅　以白茅包土。古代帝王分封諸侯的儀式。白茅，一種多年生草本植物。(90)發嘉號于營丘　指在泰山、梁父山舉行封禪大典，傳揚美名。嘉號，美名。指封禪。營丘，周代齊國國都，後改指臨淄。此處借指泰山。泰山在齊分野，故曰「營丘」。(91)緝熙　光明貌。(92)著事者　謂史官。(93)有紀　有所記載。紀，通「記」。記載；記錄。(94)蓋六鶂退飛二句　顏師古注引張晏曰：「六鶂退飛，象諸侯畔逆，宋襄公伯（霸）道退也。」蓋，發語詞。鶂，或作「鷁」。水鳥名。像鷺鷥，善高飛。逆，指諸侯背叛宋襄公之兆。(95)白魚登舟二句　顏師古注引臣瓚曰：「謂武王伐殷而魚入王舟，象征而必獲，故曰順也。」順，吉順。指紂王的兵眾將歸於周武王之兆。(96)闇　通「暗」。昏暗，比喻政治黑暗。(97)徵　徵兆。(98)亂　顏師古注為「變」。擾亂。(99)淵魚　深潭中的魚。(100)類推　此處指天人之間的善惡福禍各以其類而相互感應。(101)并角　獸皆兩角，而麟一角，故云「并角」。并，合。(102)同本　同根。(103)支　枝。(104)無外　語本《公羊傳・僖公二十四年》：「王者無外。」謂天下統歸天子統轄，而無其外。(105)殆　大概。(106)編髮　結髮為辮。古代許多少數民族的習俗。(107)削　改除。(108)左衽　衣前襟向左掩，古代一些少數民族的衣著習俗。(109)冠帶　帽子和腰帶。戴冠束帶是古代士大夫以上階層的裝束，此處借指中原地區人民的裝束。(110)要衣裳　指穿中原地區人民的衣裳。古人衣服，上曰衣，下曰裳。要，此處用作動詞。《漢書補注》引郭嵩燾曰：「衣上曰領，裳上曰要。夷狄有衣無裳。要者，衣、裳之際也。」(111)蒙化　接受教化。(112)拱而竢之　拱手而待之，言其即將到來。(113)元狩　漢武帝的第四個年號，西元前一二二—前一一七年。(114)越地及匈奴句　當時匈奴來降者為昆邪王，見本書卷六〈武帝紀〉。越地來降者當是故歸義越侯嚴、甲二人，見〈武帝紀〉與卷九十五〈南粵傳〉。名王，匈奴諸王中名位尊貴者。(115)中　合；符合。此指預言與後來的事實相合。

【語　譯】終軍隨從皇上到雍縣，在五畤祭祀天地五帝，侍從們捕獲一隻白色麒麟。這隻麒麟長著一隻角，每一隻足有五個蹄爪。當時又發現一棵奇樹，樹枝從樹幹旁邊長出，卻又全都聚攏到樹幹上方。皇上覺得這兩件東西都很奇異，向群臣廣泛徵詢看法。終軍上書對答說：

2 「臣聽說《詩經》頌揚聖王的美德，《樂經》讚美明君的豐功，經典有異而旨意相同，都是彰顯他們豐功美德的盛大。南越逃竄藏身於蘆葦叢生的低溼荒遠之地，跟鳥魚之類群處，朝廷的正朔教令影響不到他們的習俗。漢朝將吏身臨其境，東甌內附，閩越王認罪伏法，南越因此而獲救。北方的匈奴隨畜牧逐水草而遷徙住地，行同禽獸，心似虎狼，自上古以來中國就未能懾服他們。大將軍率兵出征，單于遠逃大漠；驃騎將軍舉旗衝鋒，昆邪王率眾歸順。如此一來，皇上的恩澤南播於越人之土，大漢的聲威北達於胡人之境。再比如，皇上實施刑罰而不袒護親近，選舉人才而不遺棄疏遠，設立官職以待賢能，開具賞格以招納能立功之人，智能之士得到進用並保全其官爵俸祿，不稱職者被斥退而從事體力勞動，各種法令成功地實行於四境之內。皇上做了眾多美事卻不滿足，心懷睿智聖明卻不專斷獨行，建立的三宮禮儀典則莊嚴隆重，申明百官的職責權限，使之各得其所，如此盛大的功德，即使是自古以來那些舉行過封禪大典的聖主賢君，也沒聽說其中有誰曾經做到啊！

3 「承受天命的開國君主，萬事均需草創；而要到達天下風氣相同、九州習俗混一的境地，則必須等待聖明之君予以發揚光大，將祖宗的基業傳至無窮。所以，周朝建國到了周成王時，各種典章制度才定型，而吉祥的徵兆也隨之顯現。陛下全身充溢著日月之光，動聖念於封禪之事，專注於對神明的禮敬，親自到郊宮燔柴瘞埋犧牲，祭祀天地，奉獻祭品的精誠感動了神靈，祥和之氣充盈，無處不至，於是異獸出現而被捕獲，這是符合情理、本當如此的啊。從前，周武王領兵東渡黃河舉行伐紂演習，行至中流，有一條白魚跳進武王乘坐的船中，武王彎腰拾取白魚，把牠作為祭品，焚柴祭天，群臣齊聲歡呼：『好啊！』現在，皇上舉行郊祀，沒有見到天神地祇，卻捉到異獸作為祭品，這是上天喻示要享用祭品，是皇上的功德和精誠上通於天而出現的瑞應。應當擇定良辰吉時，改定年號並向上天報告改元，命江淮地區裹束白茅貢獻給朝廷，皇上要在泰山和梁父山舉行封禪大典，傳揚美名，以應和光明祥瑞，讓史官有所記載。

4 「六隻鶂鳥退著飛經宋國都城上空，這是諸侯叛逆、宋襄公霸業衰退的凶逆之兆；白魚躍進武王乘坐的船中，這是商朝部眾將要歸順、周朝將興的吉順象徵。國運興衰明暗的徵兆，上可擾亂飛鳥，下能驚動淵魚，各從其類而相互感應。現在，野獸的兩隻角併為一隻，表明華、夷同根一體；樹枝全部合攏於樹幹，象徵王者無外，天下一統。出現這樣祥瑞的感應，大概將會有解散髮辮、改除左衽、著冠束帶、穿起華夏衣裳而接受天子教化的蠻夷歸附，那皇上就拱手而待之吧！」

終軍的對言呈奏上去，皇上認為很奇異，因此改元為元狩。幾個月以後，越地和匈奴名王中有率部眾來歸降的，當時人都認為終軍的話說中了。

元鼎❶中，博士❷徐偃使❸行❹風俗。偃矯制❺，使膠東❻、魯國❼鼓鑄鹽鐵❽。還，奏事，徙為太常丞❾。御史大夫張湯❿劾偃矯制大害⓫，法至死⓬。偃以為春秋之義，大夫出疆，有可以安社稷，存萬民，顓之可也⓭。湯以⓮致其法⓯，不能詘⓰其義。有詔下軍問狀⓱，軍詰⓲偃曰：「古者⓳諸侯國異俗分⓴，百里不通，時有聘㉑會㉒之事，安危之勢，呼吸㉓成變，故有不受辭㉔造命㉕顓己之宜；今天下為一，萬里同風，故春秋『王者無外㉖』。偃巡封域㉗之中，稱以出疆何也？且鹽鐵，郡有餘臧㉘，正二國廢㉙，國家不足以為利害㉚，而以安社稷存萬民為辭，何也？」又詰偃：「膠東南近琅邪㉛，北接北海㉜，魯國西枕㉝泰山㉞，東有東海㉟，受其鹽鐵。偃度㊱四郡㊲口數㊳田地，率㊴其用器食鹽，不足以并給㊵二郡㊶邪？將㊷勢㊸宜㊹有餘，而吏不能也？何以言之？偃矯制而鼓鑄者，欲及春耕種贍㊺民器也。今魯國㊻之鼓㊼，當先具其備㊽，至秋乃能舉火㊾。此言與實反者非㊿？偃已(51)

前三奏，無詔，不惟(52)所為不許，而直(53)矯作威福，以從(54)民望(55)，干名(56)采(57)譽，此明聖所必加誅也。『枉尺直尋(58)』，孟子稱其不可(59)；今所犯罪重，所就(60)者小，偃自予(61)必死而為之邪？將幸(62)誅不加，欲以采名也？」偃窮詘，服罪當死(63)。軍奏：「偃矯制顓行，非奉使體(64)，請下御史(65)徵(66)偃即罪(67)。」奏可(68)。上善(69)其詰，有詔示(70)御史大夫。

【章旨】以上為〈終軍傳〉的第三部分，寫終軍奉命審問徐偃的矯制罪，使其理屈詞窮，認罪伏法。

【注釋】❶元鼎　漢武帝的第五個年號，西元前一一六—前一一一年。❷博士　古代學官名。六國時有博士，秦因之。漢武帝時置《五經》博士，職責是教授、課試，或奉使、議政。❸使　出使。❹行　巡視；巡察。❺矯制　假託朝廷命令行事。矯，偽託；詐稱。制，帝王的命令。❻膠東　郡、國名。漢初為郡，文帝時改為國。都即墨，今山東平度東南。❼魯國　西漢初改薛郡置，都魯縣，今山東曲阜東古城。❽鼓鑄鹽鐵　鑄鐵製鹽。鼓鑄，熔煉金屬鑄造器物。鼓，顏師古注引如淳曰：「鑄銅鐵，扇熾火，謂之鼓。」❾太常丞　官名。掌宗廟禮儀，屬太常。太常是秦漢九卿之一，原稱奉常，漢景帝時更名太常。❿張湯　（西元前?—前一一五年），杜陵（今陝西西安）人。歷任廷尉、御史大夫等職。詳見卷五十九〈張湯傳〉。⓫大害　漢時法律用語。⓬法至死　依法判處死刑。本書卷〈景武昭宣元成功臣表〉顏注引如淳曰：「律，矯詔大害，要斬。有矯詔害，矯詔不害。」⓭春秋之義五句　《公羊傳・莊公十九年》云：「聘禮，大夫受命不受辭。出境。有可以安社稷利國家者，則專之可也。」此為徐偃論據。春秋，儒家經典之一。編年體史書，相傳孔子根據魯國史官所編《春秋》修訂而成。大夫，古職官名。周朝在國君之下有卿、大夫、士三等，後因以大夫為任官職者之稱。漢代中央要職有御史大夫，備顧問者有諫大夫、中大夫、光祿大夫等。出疆，猶出境。古代指離開某一封國疆土，前往他國。疆，邊境；國界。社稷，古代帝王、諸侯所祭的土神和穀神。後作為國家的代稱。顓，通「專」。專擅。⓮以　通「已」。已經。⓯致其法　謂以法處之。⓰詘　折服；屈服。此處意為駁倒。⓱問狀　審訊案情。問，審訊。⓲詰　責問；質問。⓳古者　從前；過去的時代。⓴分　區別。

㉑聘　聘問。專指天子與諸侯或諸侯與諸侯間的遣使通問。㉒會　盟會或宴會。㉓呼吸　一呼一吸；頃刻之間。㉔受辭　指接受具體的指示。㉕造命　謂掌握命運。㉖王者無外　見前注。《公羊傳・隱公元年》、〈桓公八年〉、〈成公十一年〉均記有此語。㉗封域　疆域；領地。封，界。㉘臧　通「藏」。儲藏。㉙正二國廢　謂即使廢二國之鹽鐵。正，猶即。㉚國家不足以為利害　不影響國家的利害。㉛琅邪　郡名。西漢治東武，今山東諸城。㉜北海　郡名。西漢治營陵，今山東昌樂。㉝枕　靠近；臨。㉞泰山　郡名。楚、漢之際劉邦改博陽郡置，治博縣，今山東泰安東南，後移治奉高縣，今泰安東。該郡在魯國之北，文中言「西」，有誤。㉟東海　郡名。秦置，治郯縣，今山東郯城北。楚漢之際為郯郡，後復為東海郡。㊱度　估計；推測。㊲四郡　指上述琅邪、北海、泰山、東海四郡。㊳口數　人口數。㊴率　總；總計。㊵并給　同時供給。㊶二郡　指膠東、魯國。西漢實行郡國並行制，時有改置，故時人常以郡指國。㊷將　或；還是。㊸勢　勢力；力量。㊹宜　應當；應該。㊺贍　足；充足。㊻魯國　當作「二國」。即膠東國、魯國。㊼鼓　鼓鑄。㊽備　顏師古注為「調度」。安排。㊾舉火　點火（鼓鑄）。㊿與實反者非　與實際情況是否相反呢。非，不是嗎。楊樹達以為，「『非』字用於句末，與『否』字用同。」吳恂以為，「非」之下，「似脫一『邪』字」，似是。邪、歟，互通。(51)已　同「以」。表示時間的界限。(52)不惟　不考慮。惟，思。(53)直　徑直。(54)從　順從；阿從。(55)民望　民眾的期望。(56)干名　求取聲譽。干，求取。(57)采　摘取。(58)枉尺直尋　語本《孟子・滕文公下》。陳代問於孟子曰：「且〈志〉曰：『枉尺而直尋』，宜若可為也。」意思是說：「『委屈一尺卻能伸直八尺』，好像是值得去做的。」尋，古代長度單位。一般為八尺。或云七尺、六尺。(59)孟子稱其不可　孟子回答陳代：「且夫枉尺而直尋者，以利言也。如以利，則枉尋直尺而利，亦可為與？」孟子認為枉尺直尋，是著眼於利而不及於義，而且枉己必不能直人，所以反對。(60)就　成；成就。(61)予　讚許；承認。(62)幸　希冀。(63)當死　判處死刑。當，判罪。(64)體　體統；制度。(65)御史　官名，秦以前本為史官。漢代為御史大夫或侍御史之簡稱。(66)徵　召；召問。(67)即罪　前來領罪。王先謙曰：「〈郊祀志〉載徐偃云：『太常諸生行禮，不如魯善。』事在元封元年（西元前一一〇年）。是偃即罪後，仍得赦免也。」(68)可　許可；同意。(69)善　認為好。(70)示　給人看。

【語譯】元鼎年間，博士徐偃奉命出使巡視地方風俗。徐偃假託詔命，讓膠東國和魯國鑄鐵製鹽。他回到京城後，向皇上奏報出使情況，調任為太常丞。御史大夫張湯彈劾徐偃假言受詔行事，嚴重違法，按照法律應當處以死罪。徐偃以為根據《春秋》之義，大夫出了疆界，遇有可以安定社稷，保全萬民的事，不經請示就自行處理也是可以的。張湯已經按法致其罪，但不能駁倒他用來為自己辯解的義理。皇上下詔命終軍審問案情，終軍責問徐偃說：「古時候諸侯國不同而風俗有別，方圓百里之內交往不能暢通，當時有聘問集會之事，安危之勢常常瞬息即變，所以有使臣不等待接受命令而自作主張的權宜之舉；如今天下一統，萬里風俗相同，所以《春秋》中說『王者無外』。你巡行在封域之中，稱之為『出疆』是何意啊？況且關於鹽鐵，郡中還有蓄積，即使魯國和膠東廢棄鹽鐵經營，也無關於國家的利害，而你用『安社稷、存萬民』為辯辭，為什麼？」又責問徐偃說：「膠東國南近琅邪郡，北接北海郡，魯國西鄰泰山郡，東臨東海郡，可以使用這四個郡的鹽鐵。徐偃你是計算過琅邪、北海、泰山、東海四郡的人口數和田地，總計其鐵器食鹽的使用量，不能夠同時供給膠東和魯國二地呢？還是事實上能夠供應並有所餘，而官吏不肯去做呢？你怎樣解釋這個問題啊？你假託詔令命二國鑄鐵製鹽，說是想要趕在春耕下種之時滿足百姓對鐵農具的需求。但現在魯國冶鑄鐵器，必須要先安排好開工的設施，到秋天才能點火開爐。這樣說與實際情況不正相反嗎？你此前已經三次奏請讓二國冶鐵製鹽，都沒有得到皇上批准的詔命，不考慮自己的奏請沒有被批准，反而徑直託言受詔來擅作威福，以此阿從百姓心願，沽名釣譽，這是聖明的君主所必須加以誅罰的。『枉尺直尋』，孟子認為不可；現在你所犯的罪重，所得的成就小，你是自認為必死而這樣做呢？還是期望僥倖不受誅罰，想以此獲取名譽呢？」徐偃理屈辭窮，表示認罪，被處以死刑。終軍上奏說：「徐偃假託詔命，獨斷專行，違犯了奉命出使的制度，請下令給御史，召徐偃來伏罪。」此奏得到皇上批准。皇上認為終軍對徐偃的審問水準很高，下詔讓御史大夫閱其責問之辭。

初❶，軍從濟南當詣❷博士，步入關❸，關吏❹予軍繻❺。軍問：「以此何為？」吏曰：「為復傳❻，還當以合符❼。」軍曰：「大丈夫西游，終不復傳還。」棄繻而去。軍為謁者，使行郡國，建節❽東出關。關吏識❾之，曰：「此使者迺前棄繻生❿也。」軍行郡國，所見便宜⓫以聞。還奏事，上甚說。

當發使⓬使匈奴，軍自請曰：「軍無橫草之功⓭，得列宿衛⓮，食祿⓯五年。邊境時有風塵之警⓰，臣宜被堅執銳⓱，當矢石⓲，啟前行⓳。駑下⓴不習㉑金革㉒之事，今聞將遣匈奴使者，臣願盡精厲氣㉓，奉佐明使㉔，畫吉凶㉕於單于之前。臣年少材下，孤於外官㉖，不足以亢㉗一方之任，竊不勝㉘憤懣。」詔問畫吉凶之狀，上奇軍對，擢為諫大夫㉙。

南越與漢和親㉚，迺遣軍使南越，說其王，欲令入朝，比內諸侯㉛。軍自請：「願受長纓㉜，必羈㉝南越王而致之闕下㉞。」軍遂往說越王，越王聽許，請舉國內屬。天子大說，賜南越大臣印綬㉟，壹㊱用漢法。以㊲新改其俗，令使者留填㊳撫之。越相呂嘉不欲內屬，發兵攻殺其王，及漢使者皆死。語在南越傳㊴。軍死㊵時年二十餘，故世㊶謂之「終童」。

【章　旨】以上為〈終軍傳〉的第四部分，寫了三件事：一、追述當年終軍西遊京城的志向；二、籌劃出使匈奴之策；三、出使南越，圓滿完成使命。最後卻不幸遭呂嘉之亂，英年早逝。

【注　釋】❶初　往昔；當初。❷詣　前往；造訪。❸關　指函谷關。因西漢都城長安在關內（函谷關西），故時人常以「入關」、「出關」指前往、離開長安。❹關吏　守關的官吏。❺繻　古代作通行證用的帛，上面寫字，分成兩半，過關時驗合，以為憑信。❻為復傳　作為返回時出關的通行證。傳，符信。相當於後世的路條。❼合符　驗合符信。❽建節　執持符節。節，符節。古代使臣所持以作憑證。❾識　記得。❿生　「先生」的省稱。也用為讀書人的通稱。⓫便宜　指有利國家，合乎時宜之事。⓬發使　派遣使者。⓭橫草之功　謂微小之功。橫草，踐踏野草，使之橫倒。比喻極輕微之事。⓮宿衛　在宮中值宿，擔任警衛。指在中央做官。⓯食祿　享受朝廷俸祿。⓰風塵之警　戰亂的警報。風塵，風起塵揚。比喻戰亂。⓱被堅執銳　穿上鎧甲，拿起鋒利的武器，指全副武裝。被，通「披」。堅，指堅固的鎧甲。銳，指兵器。⓲矢石　箭和壘石。古時遠距離殺傷武器。⓳啟前行　在前面開路。啟，開；打開。行，路。⓴駑下　指才能低下。自謙之辭。駑，劣馬。㉑習　通曉；熟悉。㉒金革　謂軍械和軍裝。借指戰爭。金，金屬兵器。革，皮製戰衣。㉓厲氣　振奮鬥志。厲，激勵；鼓勵。㉔奉佐明使　恭敬地輔佐賢明使臣。意謂做使臣的助手，這是請求做使臣的委婉之辭。㉕畫吉凶　論析吉凶利害。畫，謀劃；籌劃。㉖孤於外官　據王先謙《漢書補注》，此句意為：辜負自己所願，未能出任邊郡之官以施展捍衛邊境之志。孤，負；辜負。顏師古注為「遠」，不確。外官，京外之官。㉗亢　通「抗」。匹敵；擔任。㉘不勝　受不住；承擔不了。勝，承受；經得起。㉙諫大夫　官名。漢武帝元狩五年（西元前一一八年）始置。原屬郎中令。太初元年（西元前一〇四年）郎中令更名光祿勳，遂改隸光祿勳。秩比八百石。掌論議顧問。㉚南越與漢和親　指元鼎四年（西元前一一三年）漢遣安國少季及終軍等出使南越勸其內屬事。㉛比內諸侯　指與內地諸侯同樣對待。比，比照。㉜長纓　長繩子。纓，套馬的革帶，駕車用。引申指繩索。㉝羈　套上籠頭。此處意為捆綁、束縛。㉞闕下　宮闕之下。代指皇上。闕，古時帝王所居住的宮殿。因宮門外有雙闕，故稱宮闕。㉟印綬　稱印信和繫印的綬帶。綬，繫印的絲帶。㊱壹　統一；一致。㊲以　因為；由於。㊳填　通「鎮」。安定。㊴南越傳　即卷九十五〈西南夷兩粵朝鮮傳〉中的〈南粵傳〉。㊵軍死　終軍死於元狩元年（西元前一二二年）。㊶世　世人。

【語譯】當初，終軍從濟南郡赴京城拜訪博士時，步行通過函谷關，守關的官吏交給終軍一塊用帛編製成的符信。終軍問：「用這個做什麼？」關吏回答：「這是你從京城返回時出關用的傳，用來驗合符信。」終軍說：「大丈夫西遊，終歸不會再使用這個『傳』返回。」扔下帛製的符信走了。終軍做了謁者，奉命出使巡行郡國，手執符節出函谷關東巡。守關的官吏還記得他，說：「這位使者就是從前扔掉帛製符信的儒生啊。」終軍巡行郡國，見到有利於國家、合乎時宜之事便上報朝廷。他回朝後，奏報出使情況，皇上聽了非常高興。

時逢朝廷要派使者出使匈奴，終軍自己請求出使，說：「終軍沒有寸草之功，得以忝列於宿衛之臣，食君之祿已經五年了。邊境上時常有戰亂的警報，臣理應披堅執銳，不避矢石，在前面開路。無奈我才能低下，不熟悉軍事，現在聽說朝廷要派遣去匈奴的使者，臣願意盡心竭力，振奮精神，全心輔佐賢明的使臣，在匈奴單于面前論析吉凶利害。臣年紀輕，才能低，辜負了自己的願望，沒有得到出任邊郡官吏的機會，不能夠擔當一方之任，私下感到憤懣難耐。」皇上下詔詢問終軍打算如何在單于面前談論吉凶利害，終軍奏對，皇上覺得終軍的對答奇異，便提拔他為諫議大夫。

南越與漢朝和親，朝廷便派終軍出使南越，勸說南越王趙興，要讓他入京朝見天子，待遇比照內地的諸侯王。終軍自己請求道：「希望賜給我一條長纓，我一定綁縛南越王把他送到宮闕之下。」終軍於是前往南越遊說南越王，南越王聽從了終軍的意見，請求率領南越全國內屬漢朝。天子大喜，賜給南越王大臣印綬，讓南越統一使用漢朝的法令制度。因為要改變越人的風俗習慣，命令使者終軍留下來鎮撫南越。南越相呂嘉不願歸屬漢朝，發兵攻殺南越王，禍及漢朝使者，終軍等人全部遇難。有關詳情記載在〈南越傳〉中。終軍死時，年僅二十多歲，所以世人稱其為「終童」。

1 王褒，字子淵，蜀人❶也。宣帝時修❷武帝故事❸，講論六藝❹群書，博盡奇異之好。徵能為楚辭❺九江❻被公❼，召見誦讀。益召高材❽劉向❾、張子僑、華龍❿、柳褒⓫等待詔⓬金馬門⓭。神爵⓮、五鳳⓯之間，天下殷富⓰，數有嘉應⓱。上頗作歌詩，欲興協律⓲之事，丞相魏相⓳奏言知音善鼓⓴雅琴㉑者勃海㉒趙定㉓、梁國㉔龔德㉕，皆召見待詔。於是㉖益州㉗刺史㉘王襄欲宣風化於眾庶，聞王褒有俊材㉙，請與相見，使褒作中和、樂職、宣布㉚詩，選好事者㉛令依鹿鳴之聲㉜習而歌之。時汜鄉㉝侯何武㉞為僮子㉟，選在歌中㊱。久之，武等學長安，歌太學㊲下，轉而上聞。宣帝召見㊳武等觀之，皆賜帛，謂曰：「此盛德之事，吾何足以當㊴之！」

2 褒既為刺史作頌㊵，又作其傳㊶，益州刺史因奏褒有軼材㊷。上乃徵褒。既至，詔褒為聖主得賢臣頌其意。褒對曰㊸：

3 「夫荷旃㊹被㊺毳㊻者，難與道純綿之麗密㊼；羹藜㊽唅㊾糗㊿者，不足與論太牢(51)之滋味。今臣辟(52)在西蜀(53)，生於窮巷(54)之中，長於蓬茨(55)之下，無有游觀廣覽之知，顧(56)有至愚極陋之累(57)，不足以塞(58)厚望，應明指(59)。雖然，敢不略陳愚(60)而抒(61)情素(62)！

4 「記曰：共(63)惟(64)春秋法(65)五始(66)之要(67)，在乎(68)審己正(69)統(70)而已。夫賢者，國家之器用(71)也。所任賢，則趨舍(72)省而功施普；器用利，則用力少而就效眾。故工人之(73)用鈍器也，勞筋苦骨，終日矻矻(74)。及至巧冶鑄干將(75)之樸(76)，清水焠(77)其鋒，越砥(78)斂(79)其咢(80)，水斷蛟龍，陸剸(81)犀革(82)，忽若彗汜畫塗(83)。如此，則使離婁(84)督(85)繩(86)，公輸(87)削墨(88)，雖崇(89)臺五增(90)，延袤(91)百丈(92)，而不溷(93)者，工用相得[94]也。庸人[95]之御[96]駑馬[97]，亦傷吻[98]敝[99]策[100]而不進於行[101]，匈[102]喘膚汗，人極[103]馬倦。及至駕齧厀[104]，驂[105]乘旦[106]，王良[107]執靶[108]，韓哀[109]附輿，縱馳騁騖[110]，忽如景靡[111]，過都越國，蹶[112]如歷塊[113]；追奔電，逐[114]遺風[115]，周流[116]八極[117]，萬里一息[118]。何其遼[119]哉？人馬相得也。故服絺[120]綌[121]之涼者，不苦盛暑之鬱燠[122]；襲[123]貂狐[124]之煗者，不憂至寒之悽愴[125]。何則[126]？有其具者易其備[127]。賢人君子，亦聖王[128]之所以易海內[129]也。是以嘔喩[130]受之，開寬裕之路，以延[131]天下英俊也。夫竭知附[132]賢者，必建仁策[133]；索人求士者，必樹伯迹[134]。昔周公[135]躬[136]吐捉之勞[137]，故有圄空[138]之隆；齊桓[139]設庭燎之禮[140]，故有匡合之功[141]。由此觀之，君人者[142]勤於求賢而逸於得人[143]。

「人臣亦然。昔賢者之未遭遇[144]也，圖事揆策[145]則君不用其謀，陳見[146]悃誠[147]則上不然其信，進仕[148]不得施效[149]，斥逐又非其愆[150]。是故伊尹[151]勤於鼎俎[152]，太公[153]困於鼓刀[154]，百里[155]自鬻[156]，甯子[157]飯牛[158]，離[159]此患也。及其遇明君遭聖主也，運籌合上意，諫諍即[160]見[161]聽，進退得關[162]其忠，任職得行其術，去卑辱奧渫[163]而升本朝[164]，離疏[165]釋蹻[166]而享膏粱[167]，剖符錫壤[168]而光[169]祖考[170]，傳之子孫，以資說士[171]。故世必有聖知之君，而後有賢明之臣。故虎嘯而風冽，龍興而致雲[172]，蟋蟀竢秋唫[173]，蜉蝣[174]出以陰[175]。易曰：『飛龍在天，利見大人[176]。』詩曰：『思皇多士，生此王國[177]。』故世平主聖，俊艾[178]將自至，若堯、舜、禹、湯、文、武[179]之君，獲稷[180]、契[181]、皋陶[182]、伊尹、呂望[183]，明明[184]在朝，穆穆[185]列布，聚精會神，相得益章[186]。雖伯牙[187]操[188]遞鍾[189]，逢門子[190]彎烏號[191]，猶未足以喻其意也。

6 「故聖主必待賢臣而弘[192]功業，俊士亦俟明主以顯其德。上下俱欲[193]，驩然交欣，千載壹合，論說無疑，翼乎[194]如鴻毛[195]遇順風，沛乎[196]如巨魚縱大壑[197]。其得意若此，則胡[198]禁不止，曷[199]令不行？化[200]溢四表[201]，橫被[202]無窮，遐[203]夷[204]貢獻，萬祥畢溱[205]。是以聖王不徧窺望[206]而視已明，不單[207]頃耳[208]而聽已聰[209]；恩從祥風翱[210]，德與和氣游，太平之責[211]塞[212]，優游[213]之望得。遵遊[214]自然之勢，恬淡[215]無為[216]之場，休徵[217]自至，壽考[218]無疆[219]，雍容[220]垂拱[221]，永永[222]萬年，何必偃卬詘信[223]若彭祖[224]，呴噓呼吸[225]如僑、松[226]，眇然[227]絕俗離世哉！詩云：『濟濟多士，文王以寧[228]。』蓋[229]信[230]乎其以寧也！」

7 是時，上頗好神僊[231]，故褒對及[232]之。

【章旨】以上為〈王褒傳〉的第一部分，寫王褒才能出眾，精通音律，因此得到益州刺史的推薦，受徵召入京，為宣帝作〈聖主得賢臣頌〉。

【注釋】❶蜀人　王褒〈僮約〉首稱蜀人王子淵，文中則稱資中男子王子淵。《華陽國志》卷十云褒資中人。可見王褒為蜀郡資中人。資中，縣名。今四川資陽。❷修　修治；研究。❸故事　先例；舊日的典章制度。❹六藝　漢代稱《詩》、《書》、《禮》、《樂》、《易》和《春秋》六種經書。後也泛指各種經書。❺能為楚辭　善於講誦《楚辭》的人。此四字後省略了「之」或「者」字。楚辭，書名。西漢劉向輯。為騷體類文章的總集。收錄有屈原、宋玉、王褒、賈誼、嚴忌等人的辭賦及劉向自己的作品〈九歎〉，共計十六篇。全書以屈原作品為主，其餘各篇也都承襲屈賦的形式。❻九江　郡名。治壽春，今安徽壽縣。❼被公　姓被。公，尊稱。❽高材　才能高超。材，通「才」。❾劉向　（約西元前七七—前六年），經學家、目錄學家、文學家。本書卷三十六有傳。❿張子僑華龍　皆見於本書卷七十八〈蕭望之傳〉，卷三十〈藝文志〉著錄其賦。⓫柳褒　事跡無考。⓬待詔　本指應皇帝徵召隨時待命，以備諮詢顧問。以其處所不同，又有待詔公車、待詔金馬門等名目。⓭金馬門　漢代宮門名。在今陝西西安西北漢長安城內。未央宮北門（魯班門）。因門外立有銅馬而得名。⓮神爵　漢宣帝的年號，西元前六一—前五八年。⓯五鳳　漢宣帝的年號，西元前五七—前五四年。⓰殷富　繁盛；富足。⓱嘉應　吉祥的徵兆。⓲協律　校正音樂律呂，使之和諧。也是協律都尉、協律校尉、協律郎等樂官的簡稱。⓳魏相　（西元前？—前五九年），字弱翁，定陶（今山東定陶）人。本書卷七十四有其傳。⓴鼓　彈奏。㉑雅琴　樂器名。古琴的一種。㉒勃海　郡名。亦作「渤海」。西漢置。治浮陽縣，今河北滄州東南舊滄州。㉓趙定　〈藝文志〉樂家有《雅琴趙氏》七篇。㉔梁國　西漢封國名。漢高帝五年改碭郡置。治睢縣，今河南商丘南。㉕龔德　〈藝文志〉樂家有《雅琴龍氏》九十九篇，注云：「名德，梁人。」顏師古注曰：「劉向《別錄》云亦魏相所奏也。」《漢書補注》引錢大昭曰：「龔，當作龍。」龔、龍，必有一誤。㉖於是　猶「於時」。在這時。㉗益州　州名。漢武帝所置十三刺史部之一。監察區域相當於今四川、雲南、貴州、湖北、陝西、甘肅六省部分地區。㉘刺史　官名。漢武帝元封五年（西元前一〇六年）始置。將全國分為十三州部，每州部置刺史一人，秩六百石。無治所，奉詔巡行諸郡，以六條問事，省察治政，黜涉能否，斷理冤獄。㉙俊材　卓越的才能。㉚中和樂職宣布　王褒所作三篇詩的篇名。顏師古注曰：「中和者，言政治和平也。樂職者，言百官各得其職也。宣布者，風化普洽，無所不被。」《漢書補注》引郭嵩燾曰：「中和樂職，蓋王褒創為之名，即協律之意。」楊樹達認為「此說非」。《漢書窺管》駁之甚詳。㉛好事者　指有某種愛好的人。㉜鹿鳴之聲　即〈鹿鳴〉之樂。此樂自古流傳至唐宋沈欽韓、郭嵩燾等有考證。㉝汜鄉　鄉名。在琅邪郡不其縣，今山東嶗山縣西北。㉞何武　（西元前？—三年），字君公，蜀郡郫縣（今四川郫縣）人。詳見卷八十六〈何武傳〉。㉟僮子　童子；未成年的男子。僮，「童」的本字。㊱歌中　歌唱者之中。㊲太學　中國古代最高學府。漢武帝元朔五年（西元前一二四年）置《五經》博士，弟子五十人，為西漢建立太學之始。㊳召見　召見於宣室（未央宮前正室）。參見卷八十六〈何武傳〉。㊴當　相稱；相當。㊵頌　文體之一，指以頌揚為目的的詩文。㊶傳　《文選》卷五十一載王褒〈四子講德論序〉云：「褒既為益州刺史王襄作〈中和〉、〈樂職〉、〈宣布〉之詩，又作傳，名曰〈四子講德〉以明其意焉。」可見所謂「傳」，即〈四子講德論〉，是解釋歌頌之意及作者之意的文字。㊷軼材　亦作「逸才」。才智出眾的人。㊸對曰　下文為〈聖主得賢臣頌〉。㊹旃　通「氈」。一種毛織物，即毛氈。㊺被　通「披」。穿；披。㊻毳　鳥獸的細毛。此處指毳衣，用鳥獸毛加工製成的毛製品。㊼純綿之麗密　顏師古注曰：「純，絲也。謂織為繒帛之麗，絲纊之密也。一說，純綿，不雜綿也。」綿，絲綿。㊽羹藜　藜藿之羹。用藜藿做成的羹，指粗劣的飯菜。羹，用肉或菜調和五味做成的帶汁的食物。藜，稱灰藋、灰菜。一年生草本植物。嫩葉可食，老莖可為杖。㊾唅　通「含」。咀嚼。㊿糗　炒熟的米麥等乾糧。(51)太牢　古代帝王諸侯祭祀社稷時，牛、羊、豕三牲全備為「太牢」。此指牛、羊、豕等肉食。(52)辟　通「僻」。偏僻。(53)西蜀　蜀郡，因其在西方，故稱西蜀。(54)窮巷　陋巷；狹窄的街巷。(55)蓬茨　用蓬草蓋的屋。蓬，草名。葉形似柳葉，邊緣有鋸齒，花外圍白色，中心黃色。秋枯根拔，遇風飛旋，故又名「飛蓬」。茨，用茅草、蘆葦等蓋屋。(56)顧　反；反而。(57)纍　憂慮。(58)塞　使滿足。(59)明指　明旨。對帝王旨意的美稱。指，通「旨」。(60)愚　愚見。(61)抒　抒發。(62)情素　本心；真情實意。(63)共　通「恭」。恭敬。(64)惟　思。(65)春秋法　即「《春秋》筆法」。春秋，魯國史書。相傳為孔子所修。經學家認為它每用一字，必寓褒貶之意，後世稱為「《春秋》筆法」。(66)五始　顏師古注曰：「元者氣之始，春者四時之始，王者受命之始，正月者政教之始，公即位者一國之始，是為五始。」(67)要　大要；要旨。(68)乎　於。(69)正　端正。(70)統　道統；綱紀。(71)器用　比喻人才。(72)趨舍　亦作「趣舍」。趨向或捨棄。(73)之　用在主語和謂語之間，取消句子的獨立性。(74)砣砣　勤奮不懈貌。(75)干將　人名，春秋鑄劍的名師。後亦轉指寶劍名。(76)樸　沒有加工過的原材料。此指劍的雛形。(77)焠　淬火。鑄造刀劍時，將刀劍燒紅浸入水中，使之快速冷卻，以增加硬度。(78)越砥　產於南方的細磨刀石。顏師古注引晉灼曰：「砥石出南昌，故曰越也。」(79)斂　磨礪。《文選．王褒．聖主得賢臣頌》：「斂，謂磨也。」(80)咢　通「鍔」。刀口。(81)剸　割；截斷。(82)犀革　犀牛皮。(83)彗汜畫塗　用掃帚掃地，用刀劃泥。比喻事情非常容易做。彗，掃；拂。汜，汙；汙物。《漢書補注》引王念孫說。塗，泥。(84)離婁　人名。亦作「離朱」。相傳是黃帝時明目之人，能在百步之外望見秋毫之末。(85)督　察視。(86)繩　墨線。(87)公輸　即公輸班，姓公輸，名班，春秋時魯人。古代著名的工匠。又稱魯班。(88)削墨　沿著墨線砍削。(89)崇　高。(90)增　通「層」。(91)延袤　綿亙；綿延伸展。袤，長。一般指縱長。(92)丈　西漢一丈約合今二．八公尺。(93)溷　混亂。(94)工用相得　謂能工巧匠與優良器具搭配得當。(95)庸人　平常的人；才能低下的人。(96)御　駕駛車馬。也作「馭」。(97)駑馬　劣馬。(98)吻　嘴；口。(99)敝　壞；弄壞。(100)策　馬鞭。(101)行　道路。(102)匈　通「胸」。(103)極　頂點，此指困憊至極。(104)齧厀　顏師古注引孟康曰：「良馬低頭口至膝，故曰齧膝。」《文選》注引應劭曰：「馬怒有餘氣，常齧膝而行也。」又引張晏說為「良馬名」。(105)驂　駕車時在兩邊的馬。以動用法。(106)乘旦　當作「乘駔」。顏師古注引張晏曰：「駕則旦至，故曰乘旦。」王念孫《讀書雜志》云：「『乘旦』當為『乘且』，字之誤也。『且』與『駔』同。駔者，駿馬之名。」(107)王良　春秋時晉國善於御馬者。(108)靶　韁繩。(109)韓哀　相傳是古代擅長駕車之人。《世本》有「韓哀作御」之語。顏師古注曰：「宋衷云韓哀，韓文侯也。時已有御，此復言作者，加其精巧也。然則善御者耳，非始作也。」王先謙《漢書補注》引錢大昕曰：「宋說非也。《呂覽・勿躬篇》『寒衰作御』。寒、韓古字通，衰、哀字型相似，蓋即一人。」(110)騖　疾馳。(111)景靡　如光影之流逝。景，通「影」。靡，倒退。(112)躡　疾行。(113)歷塊　言疾如越過一塊土地。歷，經過。塊，土塊。(114)逐　追逐。(115)遺風　疾風。《漢書補注》引王念孫說，遺風即「遂風」，隧風，大風。(116)周流　流遍。此指跑遍。(117)八極　八方極遠之處。(118)一息　一呼一吸。比喻極短的時間。(119)逴　逴遠；遙遠。(120)絺　細葛布。(121)綌　粗葛布。(122)鬱燠　悶熱。鬱，熱氣。燠，熱。(123)襲　穿衣。(124)貂狐　指用貂皮、狐皮做的衣服。(125)悽愴　淒慘悲傷。顏師古注為「寒冷」。(126)何則　何以如此。(127)易其備　謂容易防範未然之事。(128)聖王　《漢書補注》作「聖主」。(129)易海內　易於治理天下。(130)嘔喻　和悅貌。喻，通「愉」。愉悅。(131)延　聘請；延聘。(132)附　歸附。使動用法。(133)仁策　施行仁政的方策。(134)伯迹　猶霸業、王業。伯，通「霸」。(135)周公　即姬旦。中國古代著名政治家。周武王弟，成王叔。因采邑在周（今陝西岐山縣北），稱為周公。(136)躬　親自；親身。(137)吐捉之勞　吐哺捉髮之勞。《史記・周世家》記載：周公「一沐三握髮，一飯三吐哺，起以待士。」後以「三吐三握」為求賢殷切之典。吐哺，吐出口中咀嚼的食物。(138)圄空　謂無人犯罪，獄中空虛。圄，囹圄；牢獄。(139)齊桓　（西元前？－前六四三年），齊桓公姜小白。春秋時齊國國君，西元前六八五－前六四三年在位。(140)設庭燎之禮　顏師古注引應劭曰：「有以九九（計數之書）求見桓公」，桓公拒之。求見者曰：「九九小術，而君不納之，況大于九九者乎？」於是桓公設庭燎之禮而見之。不久，賢士隰朋自遠方來附，齊桓公遂以稱霸。庭燎，庭中用來照明的火炬。(141)匡合之功　一匡天下、九合諸侯的功績。匡合，謂糾合力量，匡定天下。匡，挽救；救助。(142)君人者　猶「為人君者」。(143)勤於求賢而逸於得人　謂人君求得賢人佐治而使自己得到安閒。逸，安閒。(144)遭遇　猶際遇。指遇上聖主明君而得到重用。(145)圖事揆策　籌劃國事，出謀劃策。圖，籌劃；謀劃。揆，揆度；估量。(146)陳見　陳奏意見。(147)悃誠　誠懇之心。悃，誠懇；誠摯。(148)進仕　進入仕途；做官。仕，做官。(149)施效　施展才能，效盡忠心。效，效勞；效忠。150愆　過錯；罪過。151伊尹　名伊，一名摯，尹是官名，相傳生於伊水，故名。商湯大臣，是湯妻陪嫁的奴隸，後助湯滅夏。152勤於鼎俎　指勤於烹調菜餚之事。鼎俎，烹調用的鍋和割肉用的砧板。相傳伊尹背著鼎俎求見商湯，以烹調做比喻，闡明王道之術，得到重用。153太公　姜太公。姜姓，呂氏，名望，一說字子牙。助武王滅商，封於齊。154困於鼓刀　謂屠牛於朝歌。鼓刀，宰殺牲畜時敲擊其刀，使之發聲，故稱之。155百里　百里奚。百里氏（一說百氏，字里），名奚（一作傒）。原為春秋虞國大夫，被晉俘虜，作為陪嫁之臣送給秦國。出逃又為楚人所執，秦穆公以五張牡黑羊皮贖回，用為大夫，稱五羖大夫，助秦穆公成就霸業。156自鬻　自賣自身。鬻，賣。百里奚以五張羊皮的價格把自己賣與秦國養牲畜的人，替人養牛，以此求見秦穆公。157甯子　甯戚。春秋時齊大夫。曾飼養牛，為齊桓公賞識，用為大夫。158飯牛　飼養牛。飯，餵牲口。159離　通「罹」。遭遇；遭逢。160即　立即；馬上。161見　被。162闕　通；通達。163奧渫　幽暗汙濁。164本朝　朝廷。古以朝廷為國之本，故稱。165離疏　離此蔬食。疏，通「蔬」。糙米。泛指蔬菜。166釋蹻　放下草鞋。蹻，草鞋。167膏粱　肥肉和細糧。泛指肥美的食物。168剖符錫壤　指得到官職爵位。剖符，猶剖竹。古代帝王分封諸侯、功臣時，以竹符為信證，剖分為二，君臣各執其一，後因以「剖符」、「剖竹」為分封、授官之稱。錫壤，分封土地。錫，與；賜給。169光　增光；使榮耀。170祖考　祖先；祖輩。考，去世的父親。171以資說士　言為談說之士提供談資。資，供給。172虎嘯而風冽二句　語本《易・乾・文言》：「雲從龍，風從虎，聖人作而萬物睹。」謂龍起生雲，虎嘯生風，同類事物相互感應。比喻君得賢臣，臣遇明君。冽，寒冷。173唫　吟的本字。174蜉蝤　蟲名。通常作「蜉蝣」。幼蟲生活在水中，成蟲褐綠色，有四翅，生存期極短。175出以陰　指從水中生出，古人以水為陰。176飛龍在天二句　見《易・乾卦・九五》。意思是說：龍飛騰在空中，有利於會見貴族王公。飛龍在天，比喻君子處在尊貴之位。177思皇多士二句　見《詩經・大雅・文王》。意思是說：美啊，眾多賢士，生在周王的國家。皇，美。178俊艾　亦作「俊乂」。才德出眾的人。179文武　周文王和周武王。180稷　即后稷。周族始祖。善種五穀，堯舜時任農官，教民耕種。181契　亦作偰、卨。傳說中商的祖先，為帝嚳之子。舜時佐禹治水有功，任為司徒，封於商，賜姓子氏。182皋陶　亦作「皋繇」、「臯陶」、「臯繇」。傳說為虞舜時的司法官。183呂望　即姜太公。見前注。《文選》本篇「呂望」之下有「之臣」二字。184明明　謂明智聰察。185穆穆　儀容美好，容止端莊。186相得益章　相互配合，長處和優點更加突出。章，通「彰」。187伯牙　姓伯，名牙（或作雅）。春秋時精於琴藝的人。188操　彈奏。189遞鍾　古琴名。顏師古注引晉灼曰：「二十四鍾各有節奏，擊之不常，故曰遞。」王念孫說當作「號鍾」。190逢門子　即逢蒙，夏朝初期有窮國人。古代善射者。191烏號　良弓名。192弘　推廣；光大。193俱欲　猶「同欲」。願望相同。194翼乎　輕快的樣子。195鴻毛鴻雁的毛，比喻極輕。196 沛乎　暢快的樣子。197 壑　指海。《莊子・天地》：「夫大壑之為物也，注焉而不滿，酌焉而不竭。」198 胡　何；什麼。199 曷　何；什麼。200 化　教化。201 四表　四方極偏遠的地方。202 横被　廣布。203 遐　遠。204 夷　我國古代對東部各民族的統稱。後來蔑指中原以外的各族。205 溱　通「臻」。至；到。206 窺望　暗中觀察。207 單　通「殫」。竭盡；極盡。208 頃耳　傾耳。側耳而聽。頃，通「傾」。209 聰　（聽）清楚。210 翱　翅膀上下振動而回旋地飛；飛翔。211 太平之責　致天下於太平的職責。212 塞　充塞；完成。213 優游　生活得十分閒適。214 遵遊　遵循；順從。215 恬淡　恬靜淡泊；淡漠名利。216 無為　道家的處世態度和政治思想，指要依天命，順其自然，不必有所作為。217 休徵　吉祥的徵兆。休，美好；美善。徵，徵兆；跡象。218 壽考　年高；長壽。219 無疆　沒有窮盡；無限。220 雍容　形容態度溫文大方，從容不迫。221 垂拱　垂衣拱手，表示不做什麼事，形容不用花什麼氣力。222 永永　長久；長遠。223 偃卬詘信　俯仰屈伸。指養生家鍛鍊時所做的各種動作。偃，倒伏。卬，通「仰」。詘，通「屈」。信，通「伸」。224 彭祖　傳說中的人物。因封於彭，故稱。傳說他善養生，有導引之術，活到八百高齡。225 呴噓呼吸　吐納呼吸。呴噓，開口吐氣。226 僑松　指王子僑和赤松子，傳說皆是仙人。227 眇然　高遠貌。眇，通「渺」。228 濟濟多士二句　見《詩經・大雅・文王》。謂周文王任用眾多賢士，故國家賴以得到安寧。濟濟，眾多。229 蓋　發語詞。230 信　果真；的確。231 神僊　此指方士所言神仙之事和成仙之術。232 及　涉及；談及。

【語譯】王褒，字子淵，蜀郡人。宣帝時修治武帝時期的典章制度，講論六藝群書，廣求博覽奇文異辭的精華。宣帝徵召善於講誦《楚辭》的九江郡人被公，召見了他，讓他誦讀《楚辭》中的篇章。又徵召了才能突出的劉向、張子僑、華龍、柳褒等人待詔金馬門。神爵、五鳳年間，天下殷實富足，多次出現吉祥的徵兆。皇上很喜歡誦作詩歌，想要振興校正音樂律呂使之和諧的事業，丞相魏相上奏推薦通曉音律、善奏雅琴的渤海郡人趙定、梁國人龔德，他們都被召見待詔。這時益州刺史王襄想在百姓中宣揚風俗教化，聽說王褒有卓越的才能，就請他來相見，讓王褒創作了〈中和〉、〈樂職〉和〈宣布〉三首詩歌，又挑選了一些愛好音樂的人讓他們按照〈鹿鳴〉的樂曲練習演唱。當時，汜鄉侯何武還是個兒童，也被選入歌唱隊伍中。很久以後，何武等人遊學長安，在太學門前演唱王褒創作的詩歌，輾轉上聞於宣帝。宣帝召見何武等人，觀看他們的演出，都賞賜了絹帛，對他們說：「這是有盛德才做的事，我哪裡能承受它啊！」

2 王褒既應益州刺史之請創作了三篇頌歌，又寫了解釋頌歌含義和自己創作意圖的傳，益州刺史因此向朝廷奏稱王褒有超群拔俗之才。皇上於是徵召王褒。王褒到了京城以後，皇上詔命他為聖主得賢臣作頌，讚揚其美意。王褒作頌對曰：

3 「背負毛氈身披毳衣的人，難以跟他談論繒帛的美麗和細密；吃藜藿之羹和乾糧的人，不值得與其談論太牢的滋味。現在，臣家住偏僻的西蜀，生於陋巷之中，長在茅屋之下，缺乏遊觀廣覽的見識，反而有至愚極陋的毛病，不能夠滿足皇上的厚望，應對聖明的意旨。即使這樣，又豈敢不略陳愚見，抒發區區誠意！

4 「學者記述說：敬思《春秋》筆法中『元年，春，王，正月，公即位』這五始之要旨，在於謹慎自處、端正王統、整飭綱紀罷了。賢者是國家的人才。任用賢者，則趨捨合宜而施功廣泛；器用便利，則用力少而收效多。所以，工人使用鈍器工作，勞筋苦骨，整天忙碌不停。等到鑄劍巧匠鑄成干將劍型，再用清水淬劍鋒，用越砥磨劍刃，它就能在水中斬斷蛟龍身首，在陸地割裂犀牛皮革，揮動使用就像用掃帚掃地、用利刃劃泥一樣輕快。同理，如果讓離婁察看墨線，讓公輸班沿著墨線砍削，即使築造高臺五層，綿延百丈長，也不會發生混亂，因為良工與利器配合得當啊。讓庸人駕馭劣馬，只會勒傷馬嘴、弄壞馬鞭而不能在大道上快速行進，搞得氣喘吁吁，汗流浹背，人困馬乏。等到用齧膝駕轅，用乘且驂駕，讓王良執轡馭馬，韓哀隨同助駕，縱馬奔馳，則快如流光飛影；跨越都市和國家，疾如越過土塊；追奔電，逐疾風，周遊八極，萬里行程呼吸之間即至。何以能夠跑得這麼遙遠啊？這是由於能人良馬相配啊。所以，身穿絺綌涼爽單衣的人，不會受苦於盛夏的悶熱；穿著貂狐暖和皮衣的人，不會憂慮嚴冬的寒冷。這是為什麼呢？是因為有適用物品的人，容易防患於未然。賢人君子，也正是聖主用來使天下易於治理的器具啊。因此，聖主要和悅地接待賢者，開通寬廣的求賢之路，以延攬天下英雄豪傑。那些盡心竭智親近賢者的帝王，必然能制定出仁善之策；網絡能人廣求智士的國君，一定會建立霸主之業。從前，周公躬行吐哺握髮之勞，禮敬賢士，所以西周有了無人犯罪、牢獄空虛的盛世；齊桓公設置庭燎之禮接待求見之人，因此才有九合諸侯、一匡天下的豐功。由此看來，為人君者應先勤於求賢，然後方可逸於得人。

5 「人臣也是如此。從前很多賢者在沒有遭遇聖主明君被重用之時，籌劃國事、出計獻策而國君不用其謀，陳奏政見、表達至誠而主上不信其真，入仕為官而不能施才效命，斥逐貶退又非其罪過。所以，伊尹辛勞於烹調菜餚，太公困於宰牛賤業，百里奚自賣自身，甯戚為人養牛，四人均遭此逆境憂患。等到他們遇上明君聖主之後，出謀劃策則符合上意，直言諫諍即被採信，進退得通其忠，任職得行其術，脫離卑賤困辱、幽暗汙濁的苦境登上朝堂，拋棄粗米淡飯草鞋而享用膏粱美食，加官晉爵食祿受封而光宗耀祖，榮耀傳給子孫後代，為談說之士提供談資。所以，世間必有聖智之君，然後才有賢明之臣。所以，虎嘯而風生，龍飛而雲從，蟋蟀待秋吟，蜉蝣出於水中。《易經・乾卦》說：『龍飛騰在空中，有利於會見貴族王公。』《詩經・文王》說：『美啊，眾多賢士，生在周王的國家。』所以，世道太平君主聖明，賢德之士將會不請自來，例如堯、舜、禹、湯、文、武等明君，得到稷、契、皋陶、伊尹、呂望等賢臣，聖主明察於朝堂，賢臣端莊布列四方，聚精會神，相得益彰。即使用伯牙演奏遞鍾、逢門子拉開烏號弓來作比喻，仍然不能使人明瞭君臣相得之美意。

6 「所以，聖主必須等待賢臣輔佐來光大其功業，賢士也必須得到聖主信用才能表現其德才。上下同欲，和睦歡欣，千載一合，縱情論說而沒有疑忌，就像鴻毛遇上順風而飛一樣輕鬆，如同巨魚躍進大海一樣暢快。其稱心如意到這等地步，則何禁不止，何令不行？教化充溢四方極遠之地，廣布無窮之域，邊遠蠻夷前來貢獻，萬千祥瑞紛呈盡至。因此，聖主不須遍察暗訪而目已明，不必費心傾聽而耳已聰；恩惠隨祥風飛旋，德澤與和氣流布，使天下太平的職責已經完成，讓自己悠閒的願望也已實現。順從自然之勢，追求恬淡無為之境，祥瑞自至，長壽無疆，雍容爾雅，垂拱而治，國祚久傳萬年，何必為了養生像彭祖那樣俯仰屈伸，像王子喬、赤松子那樣呼吸吐納，渺然遠去避世絕俗呢！《詩經・文王》中說：『眾多賢士善美莊敬，文王之國賴以安寧。』的確文王是以此得到安寧的啊！」

7 此時，皇上很喜歡神仙之術，所以王褒在對答中談及這個問題。

上令褒與張子僑等並待詔，數從❶褒等放獵❷，所幸❸宮館，輒❹為歌頌，第❺其高下，以差❻賜帛。議者❼多以為淫靡❽不急❾。上曰：「『不有博奕❿者乎？為之猶賢乎已⓫！』辭賦大者與古詩同義⓬，小者辯麗⓭可喜⓮。辟⓯如女工⓰有綺⓱縠⓲，音樂有鄭衛⓳，今世俗⓴猶皆以此虞說㉑耳目，辭賦比之，尚有仁義風諭㉒，鳥獸草木多聞之觀㉓，賢於倡優㉔博奕遠矣。」頃之㉕，擢褒為諫大夫。

其後太子㉖體不安，苦忽忽㉗善忘，不樂。詔使褒等皆之㉘太子宮虞侍㉙太子，朝夕誦讀奇文及㉚所自造作㉛。疾平復，迺歸。太子喜褒所為甘泉㉜及洞簫頌㉝，令後宮貴人㉞左右皆誦讀之。

後方士㉟言益州有金馬碧雞之寶㊱，可祭祀致㊲也，宣帝使褒往祀焉。褒於道病死㊳，上閔㊴惜之。

【章旨】以上為〈王褒傳〉的第二部分，寫王褒創作的辭賦得到皇帝和太子的喜愛，及其奉命去益州祭祀，在途中病逝。

【注釋】❶從 指先導、引導者。❷放獵 顏師古曰：「放士眾大獵也。一曰，游放及田獵。」《漢書補注》引王念孫說：「放獵」當為「旂獵」，字之誤也。「旂」與「游」同。古書言「游獵」者多矣，未有言「放獵」者。」舊本《北堂書鈔》、《藝文類聚》、《太平御覽》等書引此文皆作「游獵」。❸幸 指皇帝親臨。❹輒 總是；就。❺第 品第；評定。❻以差 按等級。差，次第；等級。❼議者 議事者。❽淫靡 過分享受，恣意浪費。❾不急 不切需要。❿博奕 六博和圍棋。古代的遊戲。⓫賢乎已　勝過什麼都不做。已，止。引申為不做事。語出《論語．陽貨》。⓬同義　指同樣有教化之義。⓭辯麗　指喻理巧妙、辭藻華麗。⓮可喜　可愛。⓯辟　通「譬」。⓰女工　指女子所從事的刺繡、編織等手工勞動及其製成品。⓱綺　素底織紋起花的絲織物。⓲縠　縐紗。⓳鄭衛　指春秋戰國時期鄭、衛二國的俗樂。⓴世俗　指俗人、普通人。㉑虞說　娛悅；使人或自己歡樂。虞，通「娛」。說，通「悅」。㉒風諭　諷喻。一種修辭手段，藉打比方、說故事來闡明事理。㉓鳥獸句　語本《論語．陽貨》。謂在辭賦中可以多識鳥獸草木之名。㉔倡優　歌舞雜技藝人。倡，表演歌舞雜戲的藝人。優，表演樂舞、雜戲的藝人，後常並稱。㉕頃之　不久。㉖太子　指劉奭（西元前七六—前三三年），宣帝子，後繼位，即漢元帝。西元前四九—前三三年在位。太子體不安之事，詳見卷九十八〈元后傳〉。㉗忽忽　迷糊；恍惚。㉘之　往；至。㉙虞侍　娛侍。謂伴侍而使愉悅。虞，通「娛」。㉚及　和；與。㉛造作　此指寫作。創作成的辭賦。㉜甘泉　即〈甘泉宮頌〉。是歌頌甘泉宮的作品。見《藝文類聚》卷六十二引。㉝洞簫頌　又稱〈洞簫賦〉。《文選》卷十七及《藝文類聚》卷四十四皆載。㉞貴人　此指太子後宮中的妃子及高級女官。㉟方士　煉製丹藥以求得道成仙的術士。㊱金馬碧雞之寶　王褒曾作〈碧雞頌〉，《後漢書．西南夷傳》注引及之。金馬碧雞，皆神名。今雲南昆明東有金馬山，西有碧雞山，兩山相對，山上有神祠，相傳即漢時祭金馬、碧雞處。㊲致　招引；招致。㊳褒於道病死　《資治通鑑》將王褒往祭金馬、碧雞事繫於宣帝神爵元年（西元前六一年），《後漢書．西南夷傳》注及《文選．廣絕交論》注皆引有王褒〈碧雞頌〉句，可知他病死於祭祀完成後的歸途中。據此則其卒年應為西元前六一年或稍後。㊴閔　通「憫」。憐恤；哀憐。

【語　譯】皇上命令王褒以及張子僑等人一同在金馬門待詔，多次與王褒等遊獵，所至宮館，就讓他們寫作詩賦歌頌，並評定其優劣高下，按照等級賞賜財帛。議論朝政的臣僚大多數都認為這是淫逸浮靡，不切需要之舉。皇上說：「孔子說過：『不是有六博和圍棋之類的遊戲嗎？玩玩這些也好於什麼都不做！』辭賦大的與古詩一樣有教化之義，小的喻理巧妙、辭藻華麗招人喜歡。譬如說，婦女的織品有帶花多紋的綺縠，音樂作品有荒淫頹廢的鄭衛之聲，現在普通人仍然都用它們娛悅耳目，辭賦跟它們相比，不僅有關於仁義道德的諷喻說教，還有關於鳥獸草木等等的見聞描述，可以多了解這方面的知識，較之倡優博弈好得多。」不久，皇上擢升王褒為諫大夫。

後來，太子身體不適，精神恍惚，記憶力下降，悶悶不樂。宣帝命令王褒等人都到太子宮裡伴侍，想法子讓太子高興，他們朝夕誦讀奇文和自己創作的辭賦。太子病癒康復後，他們才回去。太子喜愛王襃所作的〈甘泉賦〉和〈洞簫頌〉，令後宮貴人左右侍女都來誦讀。

後來，方士奏稱益州有金馬、碧雞之神，可以用祭祀招引它們來，宣帝便派王襃前去祭祀。王襃病死於回京途中，皇上哀憐痛惜。

1 賈捐之，字君房，賈誼之曾孫❶也。元帝初即位，上疏❷言得失，召待詔金馬門。

2 初，武帝征南越❸，元封元年❹立儋耳、珠厓郡❺，皆在南方海中洲❻居，廣袤❼可❽千里，合十六縣，戶二萬三千餘。其民暴惡，自以❾阻絕❿，數犯吏禁，吏亦酷⓫之，率⓬數年壹⓭反，殺吏，漢輒發兵擊定之。自初為郡至昭帝始元元年⓮，二十餘年間，凡六反叛。至其五年⓯，罷儋耳郡并屬珠厓。至宣帝神爵三年⓰，珠厓三縣復反。反後七年，甘露元年⓱，九縣反，輒發兵擊定之。元帝初元元年⓲，珠厓又反，發兵擊之。諸縣更⓳叛，連年不定。上與有司議大發軍，捐之建議，以為不當擊。上使侍中⓴駙馬都尉㉑樂昌㉒侯王商㉓詰問捐之曰：「珠厓內屬為郡久矣，今背畔㉔逆節㉕，而㉖云不當擊，長蠻夷之亂，虧先帝㉗功德，經義何以處之㉘？」捐之對曰㉙：

3 「臣幸得遭明盛之朝，蒙危言[30]之策[31]，無忌諱之患[32]，敢[33]昧死[34]竭卷卷[35]。

4 「臣聞堯舜，聖之盛也，禹入聖域[36]而不優[37]，故孔子稱堯曰『大哉』[38]，詔曰『盡善』[39]，禹曰『無間』[40]。以三聖[41]之德，地方[42]不過數千里，西被[43]流沙[44]，東漸[45]于海，朔南暨聲教[46]，迄[47]于四海[48]，欲與[49]聲教則治之，不欲與者不彊治也。故君臣歌德[50]，含氣之物[51]各得其宜。武丁[52]、成王，殷、周之大仁[53]也，然地東不過江[54]、黃[55]，西不過氐[56]、羌[57]，南不過蠻荊[58]，北不過朔方[59]。是以頌聲並作，視聽之類[60]咸樂其生，越裳氏[61]重九譯[62]而獻，此非兵革[63]之所能致。及其衰也，南征不還[64]，齊桓救其難[65]，孔子定其文[66]。以至乎秦，興兵遠攻，貪外虛內[67]，務[68]欲廣地，不慮其害。然地南不過閩越，北不過太原[69]，而天下潰畔[70]，禍卒[71]在於二世[72]之末，長城之歌[73]至今未絕。

5 「賴聖漢[74]初興，為百姓請命[75]，平定天下。至孝文皇帝[76]，閔中國未安，偃武行文[77]，則斷獄[78]數百，民賦四十[79]，丁男三年而一事[80]。時有獻千里馬[81]者，詔曰：『鸞旗[82]在前，屬車[83]在後，吉行[84]日五十里，師行[85]三十里，朕[86]乘千里之馬，獨先安之[87]？』於是還馬，與道里費[88]，而下詔曰：『朕不受獻也，其[89]令四方毋[90]求[91]來獻。』當此之時，逸游之樂絕，奇麗之賂[92]塞，鄭衛之倡[93]微[94]矣。

夫後宮盛色(95)則賢者隱處，佞人(96)用事(97)則諍臣杜口(98)，而文帝不行，故諡(99)為孝文，廟(100)稱太宗。至孝武皇帝(101)元狩六年(102)，太倉之粟紅(103)腐而不可食，都內(104)之錢貫(105)朽而不可校(106)。迺探(107)平城之事(108)，錄(109)冒頓(110)以來數為邊害，籍兵厲馬(111)，因富民(112)以攘服(113)之。西連諸國至于安息(114)，東過碣石(115)以玄菟(116)、樂浪(117)為郡，北卻(118)匈奴萬里，更起(119)營塞，制南海以為八郡(120)，則天下斷獄萬數(121)，民賦數百，造鹽鐵酒榷(122)之利以佐用度(123)，猶不能足。當此之時，寇賊並起，軍旅(124)數發，父戰死於前，子鬭傷於後，女子乘亭鄣(125)，孤兒號於道，老母寡婦飲泣(126)巷哭(127)，遙設虛祭(128)，想魂乎萬里之外；淮南王(129)盜寫(130)虎符(131)，陰(132)聘名士；關東(133)公孫勇等詐為使者(134)。是皆廓(135)地泰(136)大，征伐不休之故也。

6 「今天下獨有關東(137)，關東大者獨有齊(138)楚(139)，民眾久困，連年流離，離其城郭(140)，相枕席(141)於道路。人情莫(142)親父母，莫樂夫婦，至嫁妻賣子，法不能禁，義不能止，此社稷之憂也。今陛下不忍悁悁(143)之忿，欲驅士眾擠(144)之大海之中，快心(145)幽冥之地(146)，非所以救助饑饉(147)，保全元元(148)也。詩云：『蠢爾蠻荊，大邦為讎(149)。』言聖人起則後服，中國衰則先畔，動(150)為國家難，自古而患之久矣，何況迺復(151)其南方萬里之蠻乎！駱越(152)之人父子同川而浴，相習以鼻飲(153)，與禽獸無異，本不足郡縣置[154]也。顓顓[155]獨居一海之中，霧露氣濕，多毒草蟲蛇水土之害，人未見虜[156]，戰士自死。又非獨珠厓有珠[157]犀[158]瑇瑁[159]也，棄之不足惜，不擊不損威。其民譬猶魚鼈，何足貪也！

7 「臣竊以往者羌軍[160]言之。暴師[161]曾未[162]一年，兵出不踰千里，費四十餘萬萬，大司農[163]錢盡，迺以少府禁錢[164]續之。夫一隅[165]為不善，費尚如此，況於勞師遠攻，亡士[166]毋[167]功乎！求之往古則不合，施之當今又不便[168]。臣愚以為非冠帶之國[169]，禹貢[170]所及[171]，春秋所治[172]，皆可且[173]無以為[174]。願遂[175]棄珠厓，專用[176]恤[177]關東為憂。」

8 對奏，上以問丞相、御史[178]。御史大夫陳萬年[179]以為當擊；丞相于定國[180]以為「前日興兵擊之連年，護軍都尉[181]、校尉[182]及丞[183]凡十一人，還者二人，卒士[184]及轉輸死者萬人以上，費用三萬萬餘，尚未能盡降。今關東困乏，民難搖動，捐之議是」。上迺從之。遂下詔曰：「珠厓虜殺吏民，背畔為逆，今廷議者或言可擊，或言可守，或欲棄之，其指[185]各殊。朕日夜惟思[186]議者之言，羞[187]威不行，則欲誅之；狐疑[188]辟[189]難，則守[190]屯田[191]；通于時變，則憂萬民。夫萬民之饑餓，與遠蠻之不討，危孰[192]大焉？且宗廟[193]之祭，凶年[194]不備，況乎辟不嫌之辱[195]哉！今關東大困，倉庫空虛，無以相贍196，又以動兵，非特197勞民，凶年隨之。其罷珠厓郡。民有慕義198欲內屬，便處之199；不欲，勿彊200。」珠厓由是罷201。

【章旨】以上為〈賈捐之傳〉的第一部分，寫賈捐之上〈棄珠厓議〉，反對用武力平定珠厓之亂，得到漢元帝詔准，珠厓郡因此被撤消。

【注釋】❶賈誼之曾孫　陳直《漢書新證》云：「《唐書．宰相世系表》賈氏云：「賈誼子璠，璠二子嘉、惲。」」賈嘉已見〈賈誼傳〉，本文稱捐之為賈誼之曾孫，不言為賈嘉之子，當為賈惲之子無疑。世系表出于賈氏譜牒，當有依據也。」❷疏　奏章。❸武帝征南越　元鼎五年（西元前一一二年），南越相呂嘉反漢，漢發兵擊之。六年冬，呂嘉敗，南越亡。❹元封元年　西元前一一〇年。元封，漢武帝的年號，西元前一一〇—前一〇五年。❺立儋耳珠厓郡　按〈武帝紀〉，儋耳、珠厓二郡立於元鼎六年（西元前一一一年）。儋耳，治今海南儋縣西北。珠厓郡，因崖邊出真珠而得名。治瞫都，今海南瓊山縣東南。珠，一作「朱」。厓，一作「崖」。❻南方海中洲　今海南島。❼廣袤　土地的面積。東西的寬度為廣，南北的長度為袤。❽可　大約；近似。❾以　憑藉。❿阻絕　地形險阻，交通隔絕。⓫酷　殘暴；苛刻。用作動詞。⓬率　大約；大概。⓭壹　同「一」。⓮始元元年　西元前八六年。始元，漢昭帝的年號，西元前八六—前八一年。⓯其五年　始元五年（西元前八二年）。⓰神爵三年　西元前五九年。⓱甘露元年　西元前五三年。甘露，漢宣帝的年號，西元前五三—前五〇年。⓲初元元年　西元前四八年。初元，漢元帝的年號，西元前四八—前四四年。⓳更　連續；接續。⓴侍中　職官名。秦始置，兩漢沿置，為正規官職外的加官之一。因侍從皇帝左右，出入宮廷，與聞朝政，逐漸變為親信貴重之職。㉑駙馬都尉　官名。執掌皇帝從車。漢武帝初置，秩比二千石。多以皇帝親近之人充任。㉒樂昌　縣名。治今河南南樂西北。東漢廢。㉓王商　（西元前？—前二五年），字子威，涿郡蠡吾（今湖北博野）人。漢宣帝舅王武之子。詳見卷八十二〈王商史丹傳〉。㉔畔　通「叛」。㉕逆節　違抗命令節制。㉖而　你。代詞。㉗先帝　前代已故的帝王。此處指武帝、昭帝、宣帝。㉘經義何以處之　意謂符合《六經》之義中的哪一條。㉙對曰　下文是〈棄珠厓議〉。㉚危言　直言。㉛策　策問。㉜患　擔憂；憂慮。㉝敢　謙詞，自言冒昧。㉞昧死　冒死；不避死罪。猶言冒昧而犯死罪。古時臣下上書帝王習用此語，表示敬畏之意。㉟卷卷　拳拳。牢握不捨之意，引申為懇切。卷，通「拳」。(36)聖域　聖人的境界。(37)優　優裕安泰。(38)孔子稱堯曰大哉　《論語・泰伯》載孔子曰：「大哉！堯之為君也。」(39)韶曰盡善　《論語・八佾》云：「子謂《韶》，『盡美矣，又盡善也。』」韶，舜時的樂曲名。(40)禹曰無間　《論語・泰伯》云：「子曰：『禹，吾無間然矣。……』」無間，無可挑剔之意。(41)三聖　指堯、舜、禹三位聖王。(42)地方　區域面積。此指國土大小。(43)被　及；到達。(44)流沙　〈地理志上〉：「居延澤在東北，古文以為流沙。」顏師古注曰：「流沙在敦煌西。」指西域地區。(45)漸　流入；入。此處可理解為瀕臨。(46)朔南暨聲教　北方和南方聖王的聲威和教化都能達到。朔，北方。暨，至；到。(47)迄　至。(48)四海　指四鄰各族居住的地域。《爾雅・釋地》：「九夷、八狄、七戎、六蠻，謂之四海。」(49)與　參與。(50)君臣歌德　顏師古曰：「言皆有德可歌頌。」《漢書補注》王先謙曰：「帝庸作歌，皋陶載展。此所謂『君臣歌德』。」按「帝庸作歌」云云，見《尚書・益稷》。(51)含氣之物　謂一切生靈。(52)武丁　著名國王。後稱殷高宗。在位五十九年。(53)大仁　非常仁義；大仁大義。(54)江　古國名。嬴姓。在今河南正陽西南。(55)黃　古國名。嬴姓。在今河南潢川縣西。(56)氐　中國古代的一個少數民族，居住在今西北一帶。後漸與漢族融合。(57)羌　中國古代西部的民族，分布在今甘肅、青海、四川一帶。殷周時，部分雜居中原。(58)蠻荊　《漢書補注》引王念孫說，當作「荊蠻」。荊蠻，即楚。古國名。西周時立國於荊山一帶，建都丹陽（今湖北秭歸東南）。(59)朔方　北方。一說當為具體地名。指今寧夏靈武一帶。(60)視聽之類　謂一切生靈。(61)越裳氏　古南海國名。簡稱越裳。(62)重九譯　輾轉翻譯。九，泛指多次。(63)兵革　兵器和甲冑的總稱。泛指武器軍備。此指戰爭。(64)南征不還　指周昭王南征楚國死於漢水之事。(65)齊桓捄其難　據王先謙說，指齊桓公伐楚以尊周。(66)孔子定其文　指孔子修訂《春秋》，依據尊周王、貶夷狄、明名分的大義定其文辭。顏師古注引張晏曰：「孔子作《春秋》，夷狄之國雖大，自稱王者，皆貶為子。」(67)貪外虛內　謂貪求境外之功而虛耗國內之力。(68)務　務求；致力於。(69)太原　郡名。治晉陽，今山西太原西南。(70)畔　通「叛」。(71)卒　終；終於。(72)二世　指秦二世胡亥（西元前二三〇—前二〇七年）。(73)長城之歌　秦朝時揭露秦王暴政的一首民歌。〈河水注〉引晉代楊泉《物理論》曰：「秦築長城，死者相屬。民歌曰：『生男慎勿舉，生女哺用脯。不見長城下，列骸相支柱。』」(74)聖漢　神聖的漢朝。(75)請命　代人請求保全性命或解除疾苦。(76)孝文皇帝　漢文帝劉恆（西元前二〇二—前一五七年）。漢代宣揚「以孝治天下」，故自惠帝以後諸帝的謚號皆冠以「孝」字。(77)偃武行文　停息武備，修明文教。本作「偃武修文」。偃，停止；停息。(78)斷獄　審理判決案件。(79)民賦四十　指百姓每人每年向國家繳納算賦四十錢。漢初規定，十五至五十六歲的男子每人每年交納一百二十錢，稱為「一算」。(80)三年而一事　漢制規定，丁男每年服徭役一個月，即所謂「歲一事」。文帝減為三年服一次徭役。(81)獻千里馬　事在文帝前元元年（西元前一七九年）。82鸞旗　天子儀仗用旗。顏師古注曰：「鸞旗，編以羽毛，列繫橦旁，載于車上，大駕出，則陳于道而先行。」此指鸞旗車，漢代帝王車駕的前驅車。83屬車　帝王出行時的從車、副車。84吉行　為吉事而行。當指為舉行祭祀之類的「吉事」而乘車出行。85師行　指為軍旅之事而乘車出行。師，泛指軍隊。86朕　我。秦以前，不論尊卑，皆自稱朕。秦始皇以後專用為皇帝自稱。87安之　言何去。到哪裡去。88道里費　路費。道里，道路；路途。89其　語氣詞。此處表示期望、命令。90毋　通「無」。不要。91求　《漢書補注》引宋祁曰：「浙本無『求』字。」王先謙曰：「《治要》有『求』字，則唐初本已如此。」92賂　財物；贈送財物。93鄭衛之倡　表演鄭衛之音的藝人。94微　衰微。95盛色　美色多。96佞人　巧言諂媚之徒。97用事　執政；當權。98杜口　閉口不說。99謚　古代皇帝、貴族、大臣和其他有地位的人死後所加的帶有褒貶意義的稱號。謚法規定：「慈惠愛民曰文。」100廟　宗廟，供奉祭祀祖先的處所。此處指廟號。皇帝死後，在太廟立室奉祀時特起的名號，如高祖、太宗等。101孝武皇帝　漢武帝。102元狩六年　西元前一一七年。此前漢朝已經多次征伐匈奴，人力物力損失很大，以致府庫空虛。以下「太倉之粟紅腐」、「錢貫朽」之事，〈食貨志〉、《史記・平準書》皆記為武帝初年。《漢書補注》引劉奉世說：「或者誤以『建元』為『元狩』歟？」此說可從。103紅　顏師古注：「粟久腐壞，則色紅赤也。」楊樹達《漢書窺管》認為：「紅，假為『⿰米工』。《說文・米部》云：『⿰米工，陳臭米。』」兩說皆可。104都內　內府；國家的金庫。105貫　穿錢的繩子。106校　校數；查對。107探　探究；調查或追察。108平城之事　指平城白登山之圍。漢高祖七年（西元前二〇〇年），劉邦親率三十二萬大軍進擊匈奴，在平城被困七日。109錄　記載；收集。110冒頓　（西元前？—前一七四年）。匈奴單于。詳見卷九十四下〈匈奴傳下〉。111籍兵厲馬　登記士兵，鞭策馬匹。《漢書補注》引宋祁所見為「籍馬厲兵」。文意較優。112因富民　依靠富民。意謂取資於富民，以供軍事費用。113攘服　征服。114安息　伊朗古國名，始見於《史記・大宛列傳》。係張騫首次西使所傳聞的大國之一。一般認為，安息即西史所見帕提亞（Parthia）王國，「安息」即該王國創始人阿薩克（Arshak）之音譯。115碣石　山名。在今河北昌黎北。116玄菟　郡名。漢武帝元封三年（西元前一〇八年）置。治沃沮城，今朝鮮咸鏡南道咸興市。117樂浪　郡名。元封三年置。治朝鮮縣，今朝鮮平壤市南。118卻　退；擊退。119更起　另外建立。120八郡　當作「九郡」。即：儋耳、珠厓、南海、蒼梧、鬱林、合浦、交趾、九真、日南等九郡。《史記・南越列傳》與卷九十五〈南粵傳〉等皆作「九郡」。121萬數　數以萬計。122酒榷　由國家管理和經營酒類買賣。榷，專營；專賣。123用度　費用；開支。124軍旅　軍隊。125乘亭鄣　登上亭鄣守衛。亭鄣，又作「亭障」。古代邊塞要地設置的堡壘。126飲泣　淚流滿面，極度悲哀。127巷哭　在街頭巷口痛哭。128虛祭　見不到死者屍體，只能遙望天空祭奠。129淮南王　即劉安（西元前一七九—前一二二年）。西漢思想家、文學家。漢高祖孫，襲父封為淮南王。詳見卷四十四〈淮南衡山濟北王傳〉。[130]盜寫　私自摹仿。[131]虎符　古代軍中印信。銅質虎形，左、右兩半，朝廷存右半，統帥持左半，於調動軍隊時用。[132]陰　暗中。[133]關東　地區名。秦漢時稱函谷關以東地區為關東。[134]公孫勇等詐為使者　陳直《漢書新證》云：此事「在武帝征和三年，見〈功臣表〉及〈田廣明傳〉，與淮南王安時代不接，恐為捐之之誤記。」[135]廓　擴張。[136]泰　通「太」。[137]獨有關東　謂只有關東是國家用度的主要來源。[138]齊　地區名。今山東泰山以北黃河流域及膠東半島地區，為戰國時齊地，漢以後仍沿稱為齊。[139]楚　地區名。泛指戰國楚舊地。[140]城郭　城是內城的牆，郭是外城的牆。連用泛指「城邑」。[141]枕席　同「枕藉」。縱橫相枕而臥。[142]莫　沒有誰；沒有什麼。[143]悁悁　忿怒貌。[144]擠　推。[145]快心　感到暢快或滿足；稱心。[146]幽冥之地　昏暗荒遠之地。指珠厓郡。幽冥，昏暗；暗昧。[147]饑饉　災荒；荒年。五穀收成不好稱「饑」，蔬菜和野菜吃不上叫「饉」。[148]元元　平民；老百姓。[149]蠢爾蠻荊二句　見《詩經・小雅・采芑》。蠢，蟲蠕動貌。大邦，指周國。讎，仇敵；仇怨。此詩指責楚與周為敵。[150]動　動輒；常常。[151]洒復　又是；更是。[152]駱越　古部族名。百越之一。[153]以鼻飲　用鼻子喝水飲酒。據民俗學考證，鼻飲時多用陶製鼻飲杯，杯旁插小管如瓶嘴，鼻孔接管而飲。[154]郡縣置　設立郡縣予以安置。[155]顓顓　同「專專」。蠢昧無知貌。[156]虜　指敵人。古時對北方外族或南方人對北方人的蔑稱。[157]珠　珍珠。[158]犀　犀牛角。[159]瑇瑁　同「玳瑁」。熱帶和亞熱帶海洋裡的一種爬行動物，形似龜。甲殼黃褐色，有黑斑和光澤，可做裝飾品。甲片可入藥。[160]往者羌軍　指宣帝神爵元年羌人造反之事。詳見卷六十九〈趙充國辛慶忌傳〉。往者，從前。[161]暴師　謂軍隊在野外蒙受風雨霜露之苦。[162]曾未　還不到；還沒有。[163]大司農　官名。漢武帝太初元年（西元前一〇四年）改大農令為大司農，簡稱大農。秩中二千石，列位九卿。執掌全國租賦和財政收支。[164]少府禁錢　少府所管的錢。少府，官名。漢承秦置。秩中二千石，列位九卿。執掌山澤陂池市肆之租稅收入。少府為皇帝的私府。少府錢專供皇帝用，故曰「禁錢」。[165]一隅　指一個狹小的地區。此指西羌地區。[166]亡士　犧牲將士。[167]毋　通「無」。[168]不便　不適宜；不利。[169]冠帶之國　戴冠束帶的國家。冠帶，本指服制，引申為文明。[170]禹貢　《尚書》中的一篇。作者不詳，近代多數學者認為成書於戰國。是我國最早的一部有價值的地理名著。[171]所及　謂所言及的地區。[172]所治　謂所記述的範圍。治，研究；整理。[173]且　暫且；姑且。[174]無以為　不用做。此處意為不必理會。[175]遂　最終；決斷。[176]用　以；拿。[177]恤　救濟。[178]御史　「御史大夫」的省稱。[179]陳萬年　（西元前？—前四四年），字幼公，沛郡相縣（今安徽淮北）人。詳見卷六十六〈公孫田王楊蔡陳鄭傳〉。[180]于定國　（西元前？—前四〇年），字曼倩，東海郯（今山東郯城）人。詳見卷七十一〈雋疏于薛平彭傳〉。[181]護軍都尉　官名。秦稱護軍。護即監領之意。入漢或置護軍中尉、護軍將軍。後公孫敖以護軍都尉從大將軍衛青擊匈奴，遂為常制。182校尉　武官名。秦末起義軍中已有此職。漢代始建為常職，其地位略次於將軍，並各隨其職務冠以各種名號。183丞　佐官名。秦始置。漢代中央和地方官吏均有設置。184卒士　戰士。185指　通「旨」。意圖；宗旨。186惟思　考慮；思慮。187羞　羞愧。188狐疑　懷疑。狐性多疑，後用以稱遇事猶豫不決。189辟　通「避」。190守　持；堅持。191屯田　漢代政府利用軍隊或農民墾殖荒地，以取得軍餉和稅糧。192孰　誰；哪一個。193宗廟　天子或諸侯祭祀祖先的專用建築。194凶年　荒年。195不嫌之辱　王先謙《漢書補注》曰：「言非甚可羞也。」196贍　供給；周濟。197非特　非但；不但。198慕義　嚮往正義。199便處之　謂擇便而安置之。顏師古注曰：「欲有來入內郡者，所至之處，即安置也。」200彊　強迫；勉強。201珠厓由是罷　珠厓郡罷於元帝初元三年（西元前四六年）。

【語　譯】賈捐之，字君房，是賈誼的曾孫。元帝剛即位時，他上疏談論政事得失，受徵召到京城在金馬門待詔。

2 當初，漢武帝征伐南越，元封元年在那裡設置了儋耳郡和珠厓郡，這兩個郡都在南方大海中的島嶼上，縱橫大約有一千里，總共有十六個縣，二萬三千多戶。那裡的土著居民性情兇猛暴躁，依仗地勢險阻，與漢朝交通隔絕，經常觸犯官府的禁令，而官吏也殘酷虐待他們，他們大致過幾年就造一次反，攻殺官吏，漢朝就發兵攻打平定他們的叛亂。從開始設郡到昭帝始元元年，二十多年間，共發生了六次反叛事件。至始元五年，朝廷罷置儋耳郡，將其地併歸珠厓郡。到宣帝神爵三年，珠厓郡有三個縣又發生反叛。此後七年，到甘露元年，珠厓郡九個縣造反，漢朝立即發兵攻打平定了這兩次叛亂。元帝初元元年，珠厓郡又發生反叛，漢朝發兵攻打他們。各縣接連反叛，此伏彼起，連年不得安定。皇上與群臣商議，準備大規模出兵鎮壓，賈捐之提出建議，認為不應當派兵攻打。皇上派侍中駙馬都尉樂昌侯王商責問賈捐之說：「珠厓內屬為郡已經很久了，現在郡民背叛朝廷，違抗節制，你卻說不應當攻打，助長蠻夷的叛亂，損害先帝的功德，根據經典大義你要如何解釋？」賈捐之對答說：

3 「臣有幸遇上昌明興盛的朝代，承蒙讓我直言的策問，沒有觸犯忌諱的憂慮，遂敢冒死竭盡拳拳忠心。

4 「臣聽說唐堯、虞舜，是聖王中德行最盛大的，大禹已入聖境，卻不夠優裕安泰，所以孔子讚美堯說『真偉大啊」，讚美歌頌舜德的〈韶〉樂說「盡善盡美」，讚美禹說「無可挑剔」。以堯、舜、禹三位聖王的盛德，國土也不過只有方圓數千里，西至流沙，東臨大海，北方和南方都承受其聲威教化，澤及四方邊遠蠻夷之地，願意接受德教的就治理他們，不願接受的就不強行治理。所以，君臣上下同心歌頌、傳揚德治教化，一切生靈都各得其所。武丁、成王，分別是殷朝、周朝的大仁大德之君，然而其轄境東方沒有超過江國和黃國，西面不過氐族、羌族地區，南不過荊蠻，北不過朔方。所以，頌聲並起，所有生靈都樂於自己的生活，越裳氏通過輾轉翻譯來進獻，這不是用戰爭所能達到的。到周朝衰弱時，昭王南征楚國死於漢水，齊桓公以「尊王攘夷」相號召，挽救周王室的危難，孔子奉行「尊周王、貶夷狄」的原則修訂《春秋》的文辭。到了秦朝，興兵遠攻，貪求境外之功而耗費國內之力，只想著拓張疆土，而不考慮其危害。然而，秦朝的疆域南面也未過閩、越，北部也不過太原，卻引起天下崩潰叛亂，大禍終於在秦二世末年發生，控訴其暴政的長城之歌至今不絕於耳。

「幸賴神聖的漢朝興起，為百姓請命，平定天下。到孝文皇帝即位，憐恤中國未得安寧，於是偃武修文，全國需要審理的案件才幾百個，百姓每人每年繳納算賦只有四十錢，丁男每三年服徭役一個月。當時有人來獻千里馬，文帝下詔說：『鸞旗車在前，屬車在後，「吉行」一天走五十里，「師行」一天走三十里，朕騎著日行千里的駿馬，獨自一人先往哪裡去呢？』於是退還了千里馬，還給了獻馬者來往的路費，接著下詔說：『朕不接受獻禮，茲令四方不得要求來京進獻禮物。』在那時，放縱遊蕩的玩樂絕跡了，奉送奇珍麗色的不良風氣停息了，表演鄭衛樂舞的藝人式微了。後宮美色盛多則賢者退隱，巧言諂媚之徒掌權則直言諫諍之臣閉口不言，而文帝不做驕奢淫逸親佞疏賢之事，所以諡號叫「孝文」，廟號稱「太宗」。到了孝武皇帝元狩六年，太倉的陳糧多得腐臭而不能食用，國家金庫裡的銅錢因穿錢的繩索朽斷而無法計點。於是，君臣追究高祖平城被圍的舊事，收集自冒頓單于以來匈奴多次侵害邊境的罪行，登記兵員、鞭策戰馬，依靠富裕民眾的財力物力征服了匈奴。西連諸國遠至安息，東過碣石以玄菟、樂浪為郡，北面擊退匈奴於萬里之外，又築起一系列營壘要塞，制服南海越人在其地設置了八個郡，結果天下被判刑的人數以萬計，百姓每人每年繳納算賦多達數百錢，又牟取鹽鐵官營和酒類專賣之利以增加財政收入，但仍然不夠用。在那時，盜賊並起，軍隊頻繁出動，父親戰死於前，兒子鬥傷於後，女子登上堡壘守衛，孤兒在道旁嚎呼，老母寡婦涕淚交流，在街頭巷口痛哭，遙設靈位，向空虛祭，思念萬里之外親人的孤魂；淮南王偷刻虎符，暗中招納名士，圖謀不軌；關東公孫勇等冒充使者作奸犯科。之所以如此，都是朝廷開疆擴土太廣大，征伐戰爭沒有休止的緣故啊。

6「現在，國家財政可以依靠的地區只有關東，關東最大的地區只有齊楚，而那裡的百姓長期困窮，連年顛沛流離，離開了自己的故鄉，飢寒而死，屍體枕藉於道路。人之常情，沒有誰比父母更親近，沒有什麼比夫婦相愛更快樂，可是現在慘到丈夫嫁妻子、父母賣子女，法令不能禁絕，道義不能阻止，這是國家的憂患啊。現在陛下不能忍受珠厓反叛的憤怒，要驅使士眾南征，將他們推進大海之中，快意於幽冥之地，這可不是救助饑饉、保全百姓的舉措啊。《詩經．小雅．采芑》說：『你這荊蠻多麼愚蠢，竟敢與我大邦結怨為敵。』說的是聖人興起然後他們才歸服，中國衰微他們便率先叛亂，動不動就成為國家的禍難，自古以來為患很久了，何況珠厓土著又是在南方萬里之遠的蠻夷呢！駱越人父子同河洗澡，習慣用鼻子喝水飲酒，跟禽獸沒有什麼差別，本來就不值得在那裡設立郡縣安置他們。他們愚昧無知，獨處一海之中，那裡雲遮霧罩，空氣潮溼，毒草、蟲蛇、水土之害很多，還沒看到敵人，我們的戰士就先中毒而死了。又不是只有珠厓郡出產珍珠、犀角、玳瑁，丟掉它並不足惜，不攻打它也不損害國威。珠厓的民眾就像魚鱉一樣，哪裡值得貪求呢！

7「臣謹以從前攻打羌人的戰事來議論。當時用兵還不到一年，軍隊出征沒有超過一千里，便耗費了四十餘萬萬錢，大司農掌管的錢全用完了，只得拿少府掌管的『禁錢』來救急。一個小小的西羌地區都處理不好，耗費尚且如此巨大，何況是勞師遠攻，犧牲將士而收不到功效呢！考求於往古則不合乎聖人之教，施用於當今又不利於國家人民。臣愚昧地認為，不是衣冠文明之國、〈禹貢〉述及的地區和《春秋》記載到的，都可以暫且不去理會。希望最終放棄珠厓郡，專以救恤關東饑荒為慮。」

8　賈捐之的對策上呈之後，皇上就此詢問丞相、御史大夫。御史大夫陳萬年認為應當攻打珠厓；丞相于定國認為「以前興師動眾攻之連年，領兵出征的護軍都尉、校尉及丞共十一人，生還者只有二人，戰士和運輸人員死亡萬人以上，耗費的錢三萬萬多，尚且不能徹底降伏他們。如今關東困乏，百姓難以再經受驚憂動盪。捐之的意見是正確的」。皇上便聽從了賈捐之的建議。於是下詔說：「珠厓頑虜殺害官吏百姓，背叛朝廷，造反作亂。現在，朝廷議事諸臣，有人說應當攻打，有人說可以駐守，有人要丟棄它，主張各不相同。朕日夜思考議事者之言：羞於國威不揚者，就想誅伐它；狐疑不決、躲避艱難者，則主張駐兵屯田；通曉時勢之變者，則憂慮萬民困苦。萬民的飢餓與不討伐遠方的夷蠻，二者哪個危險更大呢？而且宗廟祭祀的用品因荒年而未能完備，何況是迴避不太可羞的恥辱呢！眼下關東困窮，倉庫空虛，無力救濟，如果再加上出兵打仗，非但勞民傷財，而且荒年也會隨之而來。茲令罷置珠厓郡，當地居民中有嚮往正義願意遷入內地的，就在所到之處予以適當安置；如果不願內屬，不要勉強。」珠厓郡因此被撤消。

1 捐之數召見❶，言多納用。時中書令❷石顯❸用事，捐之數短顯❹，以故不得官，後稀復見。而長安❺令❻楊興❼新以材能得幸❽，與捐之相善❾。捐之欲得召見，謂興曰：「京兆尹❿缺⓫，使我得見，言君蘭，京兆尹可立得。」興曰：「縣官⓬嘗言興瘉⓭薛大夫⓮，我易助也。君房下筆，言語妙天下⓯，使君房為尚書令⓰，勝五鹿充宗⓱遠甚。」捐之曰：「令⓲我得代充宗，君蘭為京兆⓳，京兆郡國首，尚書百官本⓴，天下真大治，士則不隔矣。捐之前言平恩侯㉑可為將軍㉒，期思侯並㉓可為諸曹㉔，皆如言；又薦謁者滿宣，立為冀州㉕刺史；言中謁者㉖不宜受事㉗，宦者㉘不宜入宗廟，立止㉙。相薦之信，不當如是乎㉚！」興曰：「我復見，言君房也。」捐之復短石顯。興曰：「顯鼎貴[31]，上信用之。今欲進，弟[32]從我計，且與合意[33]，即得入矣。」

2 捐之即與興共為薦顯奏，曰：「竊見石顯本山東[34]名族[35]，有禮義之家也。持正[36]六年，未嘗有過，明習[37]於事，敏而疾見[38]，出公門，入私門[39]。宜賜爵關內侯[40]，引[41]其兄弟以為諸曹。」又共為薦興奏，曰：「竊見長安令興，幸得以知名數召見。興事父母有曾氏[42]之孝，事師有顏閔[43]之材，榮名[44]聞於四方。明詔舉茂材[45]，列侯以為首。為長安令，吏民敬鄉[46]，道路[47]皆稱能。觀其下筆屬文[48]，則董仲舒[49]；進談動辭，則東方生[50]；置之爭臣[51]，則汲直[52]；用之介胄[53]，則冠軍侯[54]；施[55]之治民，則趙廣漢[56]；抱公絕私，則尹翁歸[57]。興兼此六人而有之，守道堅固，執義不回[58]，臨大節[59]而不可奪[60]，國之良臣也。可試守[61]京兆尹。」

3 石顯聞知，白[62]之上。迺下興、捐之獄，令皇后父陽平侯禁[63]與顯共雜治[64]，奏：「興、捐之懷詐偽，以上語相風[65]，更相[66]薦譽，欲得大位[67]，漏泄省中[68]語，罔上[69]不道[70]。書[71]曰：『讒說殄行，震驚朕師[72]。』王制[73]：『順非而澤[74]，不聽而誅[75]。』請論如法[76]。」

4 捐之竟[77]坐[78]棄市[79]。興減死罪一等，髡鉗[80]為城旦[81]。成帝時，至部刺史[82]。

【章　旨】以上為〈賈捐之傳〉的第二部分，寫賈捐之與楊興互相舉薦稱譽，想謀求高官顯位，招來殺身之禍。

【注　釋】❶召見　被召見。「召」之前省略了表被動的詞。後文「納用」與此句相同。❷中書令　官名。中書謁者令的簡稱。本書卷十九〈百官公卿表〉少府屬官有中書謁者令、丞。漢武帝以宦者典尚書事，始置中書謁者令。多選用明習法令故事、善為請奏者為之。❸石顯　（西元前？—前三二年），字君房，濟南人。西漢晚期專權宦官。詳見卷九十三〈佞幸傳〉。❹短顯　揭石顯的短。短，指責缺點；揭發過失。❺長安　縣名。本秦長安鄉，漢高祖五年（西元前二〇二年）置縣。今陝西長安。❻令　縣令。一縣的最高行政長官。秦漢時期，萬戶以上的縣長官稱令，萬戶以下的稱長。❼楊興　字君蘭。其事跡又見〈劉向傳〉。❽得幸　得到皇上寵幸。❾相善　彼此交好。❿京兆尹　官名。西漢京畿地方行政長官之一。武帝太初元年（西元前一〇四年），改右內史置，職掌如郡太守。因其地屬京畿，為「三輔」之一，故不稱郡。秩中二千石（一說秩二千石），地位較一般郡守高，位列九卿。亦為政區名。治長安，轄境約當今陝西秦嶺以北、西安以東、渭河以南地。⓫缺　缺位；職位空缺。⓬縣官　指皇帝、朝廷。⓭痛　勝過。⓮薛大夫　御史大夫薛廣德，字長卿，沛郡相人。詳見卷七十一〈雋疏于薛平彭傳〉。⓯妙天下　天下最妙。⓰尚書令　官名。漢承秦置。少府屬官。執掌機密文書章奏。漢武帝以後職權漸重。⓱五鹿充宗　複姓五鹿，名充宗，字君孟。時為尚書令。⓲令　假使；假如。⓳京兆　京兆尹的簡稱。⓴尚書百官本　成帝建始四年（西元前二九年）罷中書宦官，重尚書令，於其下置尚書四人，分曹治事。雖三公九卿，希得見帝。中央、郡國百官上奏，皆上尚書，始達帝所。百官之徵召詰對升調劾治，悉由尚書主之。故時稱尚書為百官之本。㉑平恩侯　許嘉（西元前？—前二七年），昌邑（今山東巨野）人。歷任衛尉、右將軍、大司馬車騎將軍等職。元帝初封為平恩侯。平恩，縣名，在今河北曲周東南。㉒將軍　武官名。初無專號，為漢代高級將兵官之泛稱。後加以各種名號，如大將軍、車騎將軍、驃騎將軍、衛將軍、前後左右將軍等，皆列為朝廷重臣，但平時並不直接掌握兵權。遇有征伐，則臨時命將，事訖皆罷。㉓期思侯並　期思侯，名並。為賁赫之後。期思，侯國名，故址在今河南固始西北。㉔諸曹　指諸曹尚書。曹，分職治事的官署或部門。㉕冀州　州名。漢武帝時十三刺史部之一。轄境相當今河北中南部、山東西端及河南北端。㉖中謁者　官名。秦漢有謁者，掌賓贊受事。又於宮中置中謁者，常奉使外出視疾護喪，或奉引車駕。後常以宦官充任。本書卷三〈高后紀〉：「封中謁者張釋卿為列侯」。顏師古注引如淳曰：「灌嬰為中謁者，後常以閹人為之。諸官加中者，多閹人也。」㉗受事　接受職事。

㉘宦者　宦官。㉙立止　王先謙《漢書補注》曰：「成帝建始四年始罷中書宦官，元帝之世任宏恭、石顯典機要，未嘗止中謁者不受事也，或是止宦者不入宗廟。言二事而從其一，抑或詔皆從之，而未行邪？」㉚相薦之信二句　顏師古注曰：「冀相薦之效，當如前所言諸事見納用。」㉛鼎貴　正值貴顯。㉜弟　通「第」。但；只管。㉝與合意　給與符合其心意的好事。即投其所好。㉞山東　古地區名。戰國、秦、漢時，通稱崤山或華山以東為山東，與當時所謂關東含義相同。一般專指黃河流域；有時也泛指戰國時秦以外的六國領土。㉟名族　名門望族；高貴的、地位顯要的家庭。㊱持正　執政。正，通「政」。㊲明習　通曉；熟悉。㊳疾見　謂出主意來得快，見識機敏。㊴出公門二句　顏師古注：「言自公庭出，即歸其家，不妄交游。」㊵關內侯　爵位名。秦漢二十等爵的第十九級，次於列侯。無封土，而有封戶，享有徵收租稅之權。㊶引　引用；選用。㊷曾氏　曾參（西元前五〇五—前四三六年），字子輿。學者尊稱曾子，孔子學生。古代著名的孝子。㊸顏閔　顏回（西元前五二一—前四九〇年）、閔子騫。孔子的得意弟子。皆為春秋末期魯國人。㊹榮名　榮譽、美名。㊺明詔舉茂材　指元帝初元二年（西元前四七年）三月詔令舉薦茂材異等、直言極諫之士。茂材，又作「茂才」。漢代選拔人才的科目之一。西漢亦稱「秀才」，東漢避光武帝劉秀諱，改稱茂才。謂優秀的人才。㊻敬鄉　尊敬歸心。鄉，通「向」。朝向；趨向。㊼道路　路人；行人。㊽屬文　寫文章。㊾董仲舒　（西元前一七九—前一〇四年），廣川（今河北棗強）人。思想家，經學大師。詳見卷五十六〈董仲舒傳〉。㊿東方生　東方朔（西元前一五四—前九三年），複姓東方，字曼倩，平原郡厭次（今山東惠民）人。詳見卷六十五〈東方朔傳〉。(51)爭臣　直言諫諍之臣。爭，通「諍」。(52)汲直　汲黯（西元前？—前一一二年），字長孺，濮陽（今河南濮陽）人。好黃老之術，常直言切諫。詳見卷五十〈張馮汲鄭傳〉。顏師古注引張晏曰：「汲黯方直，故世謂之汲直。」(53)介冑　鎧甲和頭盔；甲冑之士。轉指軍隊。(54)冠軍侯　霍去病（西元前？—前一一七年），西漢河東平陽（今山西臨汾）人。武帝衛皇后姊少兒之子。從大將軍衛青擊匈奴有功，封冠軍侯。冠軍，縣名，故城在今河南鄧州西北。(55)施　施用；任用。(56)趙廣漢　（西元前？—前六五年），字子都，涿郡蠡吾（今河北博野）人。詳見卷七十六〈趙尹韓張兩王傳〉。(57)尹翁歸（西元前？—前六二年），字子兄，河東平陽（今山西臨汾）人。本書卷七十六有其傳。(58)回　枉；邪曲。(59)大節　關係到安危存亡的大事。(60)奪　奪志；改變志向。(61)試守　試用為某官。守，猶攝。暫時署理職務。多指官階低而署理較高的官職。(62)白　稟告；報告。(63)陽平侯禁　王禁（西元前？—前四二年），字稚君，東平陵（今山東濟南）人。元帝皇后王政君之父。元帝即位後，封為陽平侯。詳見卷九十八〈元后傳〉。陽平，縣名。治今山東莘縣。(64)共雜治　在一起共同審理。雜，共同。(65)相風　用委婉的語言互相暗示、吹捧。風，通「諷」。(66)更相　相互；相繼。(67)大位　顯貴的官位。(68)省中　宮禁之內。

漢制，帝王所居曰禁中，諸公所居曰省中。(69)罔上　欺騙皇帝。罔，欺騙；蒙蔽。(70)不道　即無道。刑律名，至隋列為十大罪惡之一。(71)書　指《尚書》。(72)讒說殄行二句　引文見《尚書．虞書．舜典》。謂讒言滅絕正道，震駭眾人。讒說，讒言；誹謗或挑撥離間的話。殄，滅絕；消滅。行，善行。朕師，我的民眾。師，眾人。(73)王制　《禮記》篇名。(74)順非而澤　謂順從非違之事，而又掩飾美化。澤，潤飾。(75)不聽而誅　不用聽審就殺。《禮記．王制》云：「行偽而堅，言偽而辯，學非而博，順非而澤，以疑眾，殺。」「不聽而誅」，即指〈王制〉所云之「四誅」。(76)論如法　依法治罪。論，判罪；判決。(77)竟　竟然；終於。(78)坐　定罪；由……而獲罪。(79)棄市　棄之於市。謂處死刑。(80)髡鉗　刑名。剃去犯人頭髮（髡）並用鐵圈束其頸（鉗）。秦漢時，髡刑常與鉗刑並用，作為附加刑。文帝時除肉刑，即以髡鉗取代黥刑。(81)城旦　刑名。徒刑的一種。依照附加刑分為不同等級，有城旦、完為城旦、髡鉗為城旦、刑為城旦、黥為城旦等等。據衛宏《漢舊儀》，髡鉗城旦為五歲刑，完城旦為四歲刑。按：《資治通鑑》列此事於元帝永光元年（西元前四三年）。(82)部刺史　漢武帝時，分全國為十三個監察區，稱十三部（州），亦稱州部。部置刺史。

【語　譯】賈捐之多次蒙皇上召見，進言大多被採用。這時中書令石顯掌權，賈捐之經常揭他的短處，因此得不到官職，後來就很少被召見了。而長安縣縣令楊興新近因有才能受到皇上寵幸，他與捐之相好。捐之想得到皇上召見，便對楊興說：「現在京兆尹職位空缺，如果幫助我見到皇上，就為君蘭你美言，你可以立即獲得京兆尹的職位。」楊興說：「皇上曾說我勝過御史大夫薛廣德，我的事容易助成。君房你筆下生花，言語天下最妙，如果讓君房做尚書令，比五鹿充宗強多了。」捐之說：「假如我能夠取代五鹿充宗，君蘭做京兆尹，京兆為郡國之首，尚書令是百官之本，天下真正大治，賢士就不會再受阻隔壓制了。捐之從前說平恩侯許嘉可做將軍，期思侯責並可任諸曹尚書，後來都如我所言；又推薦謁者滿宣，他很快就做了冀州刺史；建議中謁者不宜接受職事，宦官不宜進入宗廟，這兩件事馬上就停止了。推薦你出任京兆尹必定奏效，難道不應當像建議上述諸事一樣被採納嗎！」楊興說：「我再進見皇上時，一定替君房美言。」捐之又把石顯指責了一番。楊興說：「石顯正在顯貴之時，皇上信用他。如今要進身為官，只管聽從我的謀劃，暫且投其所好，便能進宮做事了。」

2 賈捐之便和楊興一同起草了一份推薦石顯的奏章，奏章說：「私下看到石顯出身山東名門望族，有禮義之家。執政六年來，不曾有過，通曉諸事，機敏明察，出了官府的門就回家，從不隨便交遊。應賜爵關內侯，引用其兄弟為諸曹尚書。」賈、楊二人又共同起草了一份推薦楊興的奏章，奏章說：「私下看到長安縣令楊興，有幸憑藉知名而數次蒙皇上召見。楊興奉養父母有曾子之孝，侍奉師長有顏回、閔子騫之才，美名聞於四方。明詔舉薦茂才，列侯以他為首。他做長安縣令，官吏百姓尊敬歸附，路人皆稱頌其能。觀其下筆作文，則如董仲舒；言談舉動，如同東方朔；置之諍臣，則如汲黯剛直；用其領兵，則如冠軍侯；使其治民，則如趙廣漢；奉公絕私，則如尹翁歸。楊興兼有此六人的德才，守道堅定，執義不屈，臨大節而不可奪其志，是國家的良臣啊。可試用為京兆尹。」

3 石顯聞知此事，奏報皇上。遂將楊興、賈捐之逮捕下獄，令皇后的父親陽平侯王禁與石顯共同審理，二人上奏說：「楊興、賈捐之心懷偽詐，引用皇上的話互相吹捧，相互舉薦稱譽，想謀求高官顯位，洩露朝廷機密，欺君不道。《尚書・舜典》說：『讒言邪說，滅絕善行，震駭眾人。』《禮記・王制》說：『順從邪念行事而又掩飾美化者，不用審判即可殺之。』請依法治罪。」

4 賈捐之最後被判處棄市死刑。楊興減死罪一等，髡鉗為城旦。成帝時，楊興官至部刺史。

贊曰：詩稱「戎❶狄❷是❸膺❹，荊❺舒❻是懲❼」，久矣其為諸夏❽患也。漢興，征伐胡越，於是❾為盛。究觀❿淮南⓫、捐之、主父⓬、嚴安之義，深切著明，故備論其語。世稱公孫弘⓭排主父⓮，張湯陷嚴助⓯，石顯譖⓰捐之，察其行迹⓱，主父求欲鼎亨⓲而得族⓳，嚴、賈出入禁門招權利⓴，死皆其所㉑也，亦何排陷之恨㉒哉！

【章旨】以上是作者的論贊。班固對淮南王劉安、賈捐之、主父偃、嚴安四人諫伐胡越給予了充分肯定，認為主父偃、賈捐之、嚴助之死是咎由自取，遭人排擠誣陷並非主要原因。

【注釋】❶戎　古時對西方或北方少數民族的泛稱。❷狄　中國古代民族名。西元前七世紀時，分為赤狄、白狄、長狄諸部，各有支系。因其主要居住在北方，故通稱為北狄。秦漢以後，狄或北狄曾是中國中原人對北方各民族的泛稱。❸是　助詞。幫助賓語提前。❹膺　打擊；伐擊。❺荊　即楚。❻舒　春秋時國名，為徐所滅。故地在今安徽舒城。❼懲　懲罰。以上兩句詩出自《詩經・魯頌・閟宮》。❽諸夏　指周朝分封的諸侯國。後亦泛稱中國。❾於是　在這時。指武、昭、宣、元諸帝時。❿究觀　深入研究。⓫淮南　淮南王劉安。事詳本卷上〈嚴助傳〉。⓬主父　即主父偃。⓭公孫弘　（西元前二〇〇—前一二一年），字秀，菑川國薛（今山東滕州）人。詳見卷五十八〈公孫弘卜式兒寬傳〉。⓮排主父　排擠主父偃。事詳本卷上〈主父偃傳〉。⓯張湯陷嚴助　詳見本卷上〈嚴助傳〉。⓰譖　誣陷；中傷。⓱行迹　事跡；行為。⓲鼎亨　用鼎鑊將人活活煮死的酷刑。⓳族　滅族。一個人犯死罪，家族成員全被處死。⓴招權利　謀取權勢。㉑死皆其所　意謂咎由自取。㉒排陷之恨　遭排擠誣陷而死的遺憾。恨，遺憾。

【語譯】史官評議說：《詩經・魯頌・閟宮》說「抗擊戎狄，懲罰荊舒」，蠻夷成為諸夏的禍患由來已久。漢朝興起以後，征伐胡越，以武、昭、宣、元諸帝時為盛。深入考究淮南王劉安、賈捐之、主父偃、嚴安四人諫伐胡越的見解，可謂深刻切實而又清晰明確，所以傳記中詳細記載其奏章的文字。世人都說是公孫弘排擠主父偃，張湯陷害嚴助，石顯誣陷賈捐之，然而考察他們的行為，主父偃是因追求「丈夫生不五鼎食，死則五鼎亨」而被滅族，嚴助、賈捐之出入宮禁謀取權勢利祿，都是因此而死，又何嘗有因受排擠誣陷而家破身死的遺憾呢！

【研析】《史記》在〈平津侯主父列傳〉附傳徐樂、嚴安，共三人。班固從《史記・東越列傳》中選取嚴助（莊助）事，從〈酷吏列傳〉中選取張湯與朱買臣有關事，增補甚多，分別寫成〈嚴助傳〉、〈朱買臣傳〉，實可視作班固新撰。又新寫吾丘壽王、終軍、王褒、賈捐之四傳，將〈吾丘壽王傳〉置於〈主父徐嚴傳〉之前，其他三傳置於〈主父徐嚴傳〉之後，傳主共計九人。這九人都是文學之士，均以言詞之長入仕，其結局也大略相同，徐樂、嚴安未詳所終，其餘皆不以正死，故班氏將他們合為一傳。

〈嚴助傳〉開篇云「郡舉賢良，對策百餘人」，又說此時「征伐四夷，開置邊郡，軍旅數發，內改制度，朝廷多事，婁舉賢良文學之士」。此數語為〈嚴助傳〉總提，亦為九人傳總提。將嚴助列於傳首，是因為他「見任用」又「最先進」也。

〈朱買臣傳〉敘其先窮後通情形，摹寫入細，因其為嚴助所薦，故次於〈嚴助傳〉後。朱買臣的故事流傳很廣，人們對朱買臣的興趣，往往集中在他那波折起落的私生活上。夫妻感情貴在能同甘共苦，榮辱相依。喜新厭舊、得隴望蜀之輩應受鞭撻，不耐飢寒、不甘寂寞亦遭社會輿論譴責。中國傳統道德雖然對夫妻雙方都有嚴格而具體的要求，但男尊女卑，雙方的權利義務不平等，對丈夫的道德要求，建立在妻子對丈夫的人身依附基礎上，妻子沒有獨立的社會地位，更沒有獨立的人格。衣錦還鄉的朱買臣氣度寬宏，舉止從容。他沒有苛責不共患難的前妻，還給他們安排了一份很不錯的閒差，他的居高臨下，優待憐憫，令前妻無地自容，羞愧自殺，結束了命運對自己的作弄。班固敘述的這個生動故事，有著豐富的社會內涵，耐人尋味。

吾丘壽王與嚴助同見任用，據〈嚴助傳〉云：武帝以助為中大夫，後始得朱買臣、吾丘壽王等。故又次於〈朱買臣傳〉後。傳內推重吾丘壽王只用「高材通明」四字。「挾弓弩」與「周鼎」二對，正見其「高材通明」處。

〈主父偃傳〉敘事頗簡，而所載書辭獨詳。漢武帝為了加強皇帝的專制權力，在以丞相為首的外朝官僚機構之外，另在宮中設立內朝。主父偃在內朝備武帝顧問，對當時的政治頗有影響。幾次上疏，都能切中時弊。他認為，諸侯王連城數十，地方千里，緩則驕奢而為淫亂，急則合縱以反抗朝廷，對加強中央政令的推行不利。因此建議，令諸侯得推恩分封子弟為侯，這樣王國自析，諸侯王的權力也隨之削弱。他還提出，徙天下豪傑兼併之家於茂陵，內實京師，外銷奸猾，以達到強幹弱枝的目的；以及設置朔方郡，省減內地轉輸戍漕，加強防禦匈奴等建議。這些建議迎合了漢武帝強化專制主義中央集權的需要，因此多被採納。〈徐樂傳〉詳載其「土崩瓦解」奏書；〈嚴安傳〉詳載其以故丞相史所上奏書，大概這三人均因此而受武帝賞識，故不能不備舉之。

〈終軍傳〉以「異才」二字為主，至長安上書，因白麟、奇木而上對，請求出使匈奴，請以長纓羈縛南越王，皆與「異才」相應。〈王褒傳〉以「軼材」二字為主，聖主之頌，〈甘泉〉、〈洞簫〉諸作，雖然詳略不同，皆與「軼材」相合。賈捐之，先短石顯，後薦石顯，又與楊興朋比為奸，人品自不足道；而其諫罷珠厓之議，持論正大，指事痛切，不但有益當時，並可垂詔萬世，班氏備錄於傳內，正所謂不因人廢言也！

卷六十五

東方朔傳第三十五

【題解】本傳敘述東方朔的言行，載錄多篇他的文章。武帝初年，東方朔上書自薦入仕。他滑稽多智，學屬雜家，語言誇飾，自命不凡，有戰國策士遺風。傳內所載紿騶侏儒、射覆得財、與郭舍人鬥辯爭寵，以及伏日取胙等事都是他以術娛君、以言悅君的手段，目的是悅君取寵；〈化民有道對〉、〈視朕何如主對〉和〈自視對〉等，表現了他的能言善辯和敏捷反應。他雖然詼諧搞笑，但能適時觀察皇上的情緒和臉色，直言切諫，皇上經常採納他的意見。如諫淫亂非禮，以諫止董偃侍宴宣室為代表；諫殉情廢法，以賀誅昭平君最為突出。〈諫起上林苑疏〉表現了反對奢靡遊獵、重視富國安民的政治主張。〈答客難〉、〈非有先生論〉是其辭賦名篇，〈答客難〉的主旨雖然是抒發政治失意、懷才莫展的感慨和牢騷，但更為重要的，則在於深刻地反映了當時社會埋沒乃至摧殘人才的客觀事實。〈非有先生論〉假託非有先生進諫吳王的故事，闡發進諫難而納諫更難的道理，以及察言納諫的重要性。因其言行詼諧，武帝以俳優待之。後世流傳其事廣泛而多失實，仍應以《史記》、《漢書》所記為本。

東方朔，字曼倩，平原❶厭次❷人也。武帝初即位，徵❸天下舉方正❹賢良文學❺材力之士，待以不次之位❻。四方士多上書言得失，自衒鬻❼者以千數，其不足采者輒報聞罷❽。朔初來，上書曰：「臣朔少失父母❾，長養兄嫂❿。年十二學書⓫，三冬⓬文史足用⓭。十五學擊劍。十六學詩⓮書⓯，誦二十二萬言⓰。十九學孫吳兵法⓱，戰陣之具⓲，鉦鼓之教⓳，亦誦二十二萬言。凡臣朔固已誦四十四萬言。又常服子路之言⓴。臣朔年二十二㉑，長九尺三寸㉒，目若懸珠㉓，齒若編貝㉔，勇若孟賁㉕，捷若慶忌㉖，廉若鮑叔㉗，信若尾生㉘。若此，可以為天子大臣矣。臣朔昧死㉙再拜以聞。」

朔文辭不遜，高自稱譽，上偉之㉚，令待詔公車㉛，奉祿㉜薄，未得省見㉝。

【章 旨】以上為第一部分，寫東方朔應詔至長安求仕，武帝認為他上書的言詞不凡，令其待詔公車。〈應詔上書〉是研究東方朔家世、青少年時期生活及推求其生年的唯一可靠材料。從中可以看出：東方朔學屬雜家，語言誇飾，自命不凡，有戰國策士遺風；文字已有漢賦鋪張揚厲的特色，而且包含滑稽風格。

【注 釋】❶平原 郡名。治平原，今山東平原南。❷厭次 縣名。在今山東惠民東北。❸徵 徵召。❹方正 漢代舉薦人才的科目，亦稱賢良方正。❺賢良文學 漢代舉薦人才的科目，簡稱賢良或文學。❻待以不次之位 謂越級提拔，不按正常的遷升順序。不次，不拘常規。❼自衒鬻 謂賣弄炫耀自己的才能。❽報聞罷 意謂經過請示皇帝而不任用。報，回覆；通知。❾少失父母 東方朔幼年父母俱喪，詳情不可考。《洞冥記》和《東方朔別傳》所載，係小說家言，無參考價值。❿長養兄嫂 由兄嫂撫養長大成人。⓫學書 開始讀書寫字。書，書寫。⓬三冬 謂三年。⓭文史足用 《漢書補注》王先謙云：

「文者，各書之體；史者，史籀所作世之通文字，諷誦在口者也；足用者，言足用以應試。」⑭詩　即《詩經》。⑮書　即《尚書》。⑯言　一字為一「言」。⑰孫吳兵法　孫武和吳起的兵法。孫武，春秋時齊國人，曾佐吳王闔廬破楚。卷三十〈藝文志〉載有《吳孫子兵法》八十二篇。今存《孫子》十三篇。吳起，戰國時衛人，曾為楚悼王令尹，卷三十〈藝文志〉兵家有《吳起》四十八篇。今有偽《吳子》六篇。⑱戰陣之具　指作戰的部署。⑲鉦鼓之教　言指揮軍隊進退之法。鉦，古代軍用的一種銅製的敲擊樂器。古時作戰，擊鼓則進，鳴金則退。顏師古注曰：「鉦、鼓所以為進退士眾之節也。」⑳子路之言　有三說：一說指「可使有勇，且知方也」（《論語・先進》）；一說指「子路無宿諾」（《論語・顏淵》）；一說指《論語・微子》中的「不仕無義」，藉以表示自己要出仕。子路，姓仲名由，一字季路，孔子弟子。㉑朔年二十二　關於東方朔的生年，現有兩種說法：一為西元前一六一年，一為西元前一五四年。所據均為東方朔二十二歲時的〈應詔上書〉。問題的分歧在於〈應詔上書〉究係何年？主張東方朔生於西元前一六一年者，認為〈應詔上書〉在建元元年，即西元前一四一年。主張東方朔生於西元前一五四年者，認為〈應詔上書〉在元光元年，即西元前一三四年。㉒九尺三寸　漢制一尺約合今二三・一公分。㉓目若懸珠　形容眼睛圓美明亮。㉔齒若編貝　形容牙齒整齊而有光澤。貝，貝殼。㉕孟賁　相傳戰國秦武王時的勇士，《尸子》說：「孟賁水行不避蛟龍，陸行不避兕虎。」力能生拔牛角，為古代猛士的代表人物。㉖慶忌　春秋時吳王僚之子，以敏捷勇武著稱。顏師古注曰：「射之，矢滿把不能中。駟馬追之，不能及也。」㉗鮑叔　鮑叔牙，春秋時齊桓公大夫。鮑叔牙在出仕前，與管仲為生死之交，貿易分財，因管仲家貧，鮑叔牙自取其少。後管仲被齊桓公所囚，鮑叔牙又力薦管仲。齊桓公任命管仲為相，遂為天下霸主。鮑叔之廉，尤在不貪取名位，讓賢舉能。㉘尾生　卷二十〈古今人表〉作尾生高。複姓尾生，名高，春秋時魯國人。《莊子・盜跖》篇載：「尾生與女子期于梁下。女子不來，水至不去，抱梁柱而死。」為古代守信之士的代表。㉙昧死　即冒死，冒著死罪的意思。是臣下對君主表示敬畏的說法，漢代臣民上書的習語。㉚偉之　認為他很奇特。㉛令待詔公車　命他在公車署等待詔命。待詔，本指應皇帝徵召隨時待命，以備諮詢顧問。以其處所不同，又有待詔公車、待詔金馬門等名目。後遂成為官名，指具一技之長而備諮詢顧問者。《史記・劉敬叔孫通列傳》：「秦時以文學徵，待詔博士。」公車，漢代官署名。設公車令，掌管宮殿中司馬門的警衛，並接待上書的臣民。㉜奉祿　即俸祿。奉，通「俸」。㉝未得省見　未得召入宮中，謁見天子。省見，由皇上接見。

【語　譯】東方朔，字曼倩，平原郡厭次縣人。武帝剛即位，號召天下舉薦方正賢良文學等有才能的士人，給他們以不拘常規的官位。四方人士多上書談論國事的得失，自我炫耀賣弄者數以千計，那些意見不值得採納的朝廷就答覆他們說天子已知道其所上之書，而令其離京歸鄉。東方朔剛到京城時，上書說：「臣東方朔少年時失去父母，由兄嫂撫養成人。十二歲開始讀書寫字，學習了三年，文史知識已經足以用來應試。十五歲學擊劍，十六歲學《詩》、《書》，能背誦二十二萬字。十九歲學習孫吳兵法，了解作戰的部署和軍事指揮，也能背誦二十二萬字。臣東方朔總共已能背誦四十四萬字。又常常信服子路之言，希望為國家盡力。我年齡二十二歲，身高九尺三寸，眼睛像懸珠，牙齒像排列有序的貝殼，勇敢如孟賁，敏捷像慶忌，廉潔如鮑叔，誠信如尾生。像我這樣的人，可以做天子的大臣了。臣東方朔冒死陳奏這一切給朝廷。」

東方朔文辭不謙遜，高度自我讚美，皇上認為他很奇特，讓他在公車署等待詔命，俸祿微薄，沒有得到皇上接見。

1 久之，朔紿❶騶朱儒❷，曰：「上以若曹❸無益於縣官❹，耕田力作固不及人，臨眾處官不能治民，從軍擊虜不任兵事，無益於國用，徒索❺衣食，今欲盡殺若曹。」朱儒大恐，啼泣。朔教曰：「上即❻過，叩頭請罪。」居有頃，聞上過，朱儒皆號泣頓首。上問：「何為？」對曰：「東方朔言上欲盡誅臣等。」上知朔多端❼，召問朔：「何恐朱儒為？」對曰：「臣朔生亦言，死亦言。朱儒長三尺餘，奉一囊粟，錢二百四十❽。臣朔長九尺餘，亦奉一囊粟，錢二百四十。朱儒飽欲死，臣朔飢欲死。臣言可用，幸異其禮❾；不可用，罷之，無令但索長安米。」

上大笑，因使待詔金馬門⑩，稍得親近。

2 上嘗使諸數家⑪射覆⑫，置守宮⑬盂下，射之，皆不能中。朔自贊曰：「臣嘗受易，請射之。」迺別蓍布卦⑭而對曰：「臣以為龍又無角，謂之為虵又有足，跂跂⑮脈脈⑯善緣⑰壁，是非守宮即蜥蜴⑱。」上曰：「善。」賜帛十匹。復使射他物，連中，輒賜帛。

3 時有幸倡⑲郭舍人⑳，滑稽㉑不窮，常侍左右。曰：「朔狂，幸中耳，非至數㉒也。臣願令朔復射，朔中之，臣榜㉓百；朔不能中，臣賜帛。」迺覆樹上寄生㉔，令朔射之。朔曰：「是窶數㉕也。」舍人曰：「果知朔不能中也。」朔曰：「生肉為膾，乾肉為脯；著樹為寄生，盆下為窶數。」上令倡監㉖榜舍人，舍人不勝痛，呼謈㉗。朔笑之曰：「咄㉘！口無毛㉙，聲謷謷㉚，尻㉛益高。」舍人恚曰：「朔擅詆欺天子從官，當棄市㉜。」上問朔：「何故詆之？」對曰：「臣非敢詆之，迺與為隱㉝耳。」上曰：「隱云何？」朔曰：「夫口無毛者，狗竇㉞也；聲謷謷者，鳥哺鷇㉟也；尻益高者，鶴俛啄也。」舍人不服，因曰：「臣願復問朔隱語，不知，亦當榜。」即妄為諧語㊱曰：「令壺齟，老柏塗，伊優亞，狋吽牙㊲。何謂也？」朔曰：「令者，命也。壺者，所以盛㊳也。齟者，齒不正也。老者，人所敬也。柏㊴者，鬼之廷也。塗者，漸洳㊵徑也。伊優亞者，辭未定也。狋吽牙者，兩犬爭也。」舍人所問，朔應聲輒對，變詐鋒出，莫能窮者，左右大驚。上以朔為常侍郎㊶，遂得愛幸。

4 久之，伏日㊷，詔賜從官肉。大官㊸丞㊹日晏㊺不來，朔獨拔劍割肉，謂其同官曰：「伏日當蚤㊻歸，請受賜。」即懷肉去。大官奏之。朔入，上曰：「昨賜肉，不待詔，以劍割肉而去之㊼，何也？」朔免冠謝。上曰：「先生起自責也。」朔再拜曰：「朔來㊽！朔來！受賜不待詔，何無禮也！拔劍割肉，壹何壯也！割之不多，又何廉也！歸遺㊾細君㊿，又何仁也！」上笑曰：「使先生自責，迺反自譽！」復賜酒一石(51)，肉百斤，歸遺細君。

【章　旨】以上為第二部分，寫東方朔紿騶侏儒、射覆得財、與郭舍人鬥辯爭寵，以及伏日取胙等滑稽言行。東方朔藉恐嚇侏儒得見武帝，得待詔金馬門；因射覆及辯難幸倡郭舍人，被漢武帝擢為常侍郎。這三件事都是東方朔以術娛君，以言娛君的手段，其目的是悅君取寵，這與〈應詔上書〉中高自稱譽的宗旨是一致的。伏日取胙事件，實際上是東方朔對太官丞日晏不來的反抗，是對封建禮教和統治尊嚴的戲弄，表現了他要求自由的平民意識。

【注　釋】❶紿　欺騙。❷騶朱儒　隨從車駕做雜役的矮人。騶，掌管養馬並管駕車的人。朱儒，即侏儒，矮子。❸若曹　你們。❹縣官　指天子。❺索　求。❻即　如果。❼多端　點子多。❽錢二百四十　為待詔一日之俸，每月俸錢為七千二百，據陳直《漢書新證》。⑨異其禮　給予不同的待遇。⑩金馬門　指未央宮門。漢武帝得大宛馬，在宦者署魯般門前鑄銅馬作紀念，故稱金馬門。⑪數家　術數家。指從事占卜、測星象的人。⑫射覆　猜測覆蓋之物。是古代近於占卜的一種遊戲。⑬守宮　蠍虎。俗稱「壁虎」。據晉張華《博物志》卷四：用朱砂飼養壁虎，所食滿七斤，用杵搗壁虎一萬下，點在女人身上，終身不滅。如果發生房事，痕跡就消失了。這可以用來監視和檢測婦女的貞操，故稱守宮。⑭別蓍布卦　《周易》的一種占卜方法。用蓍草五十根，按規定方法分別，經過多次反覆，便成為一卦；根據此卦，再對照《周易》的卦辭和爻辭，即可推斷事物吉凶。⑮跂跂　蟲爬行貌。⑯脈脈　凝視貌。⑰緣　爬。⑱蜥蜴　古人把蜥蜴和壁虎看作同類。⑲幸倡　得到皇帝寵幸的倡優。⑳舍人　當時對親近侍從或賓客的通稱。㉑滑稽　能言善辯，風趣幽默。㉒至數　真實的術數。至，實。㉓榜　通「搒」。鞭打。㉔寄生　寄生在樹上的菌類植物。㉕窶數　也作「寠藪」。放在頭上用以頂物的環形草墊。㉖倡監　謂黃門倡監，當屬於黃門令。據陳直說。㉗暑　因痛而呼叫。㉘咄　呵叱聲。㉙口無毛　謂後竅，據楊樹達說。竅，洞；孔穴。㉚謷謷　嘈雜聲。㉛尻　臀部。㉜棄市　古代死刑的一種，處死後陳屍街頭示眾。㉝隱　謂隱語，類似現在的謎語。㉞狗竇　狗洞。《漢書補注》引劉攽說，當作「狗穴竇」。㉟鷇　等待母鳥哺食的雛鳥。㊱諧語　和韻之語，即隱語。㊲令壺齟四句　這四句隱語是胡亂編造的，故意用生僻字詞，為難東方朔。狋，犬爭鬥聲。吽，犬爭鬥聲。牙，亦作「呀」。㊳盛　承受物體。㊴柏　指墓地的柏樹。㊵漸洳　浸溼。㊶常侍郎　官名。侍從皇帝左右。㊷伏日　三伏之日。三伏中祭祀神祇的日子。㊸大官　少府屬官，掌管宮廷膳食。大，通「太」。㊹丞　主管的副手。㊺晏　晚。㊻蚤　通「早」。㊼之　衍字。據劉攽、王念孫等說。㊽來　語助詞。㊾遺　贈送。㊿細君　東方朔妻子之名。或說，古代諸侯之妻稱小君。細君，猶小君，東方朔暗中以諸侯自比。據陳直說，細君為兩漢男女通用之名。(51)石　十斗。此處指量制單位。

【語　譯】過了很久，東方朔欺騙在御廄養馬的侏儒，說：「皇上認為你們這些人對朝廷沒用，耕田力作趕不上別人，臨眾為官不能治理民眾，從軍擊敵不能勝任軍事，無益國家之用，白白耗費國家衣食，現在想把你們全部殺掉。」侏儒大為恐懼，哭泣不止。東方朔教他們說：「皇上如果經過這裡，你們便叩頭請罪。」過了一會兒，聽說皇上過來了，侏儒們就一起號泣叩頭。皇上問：「為什麼這樣？」回答說：「東方朔說皇上想要全部殺掉臣等。」皇上知道東方朔歪點子多，將其召來問道：「為什麼恐嚇侏儒？」回答說：「臣東方朔，生要講，死也要說。侏儒身高三尺多，俸祿是一袋粟，二百四十錢。臣身高九尺多，俸祿也是一袋粟，二百四十錢。侏儒飽得要死，臣餓得要死。臣的意見如果可以用，希望能給予不同待遇；如果不可用，就讓臣回家，不要讓臣白白地耗盡長安的糧食。」皇上大笑，於是讓他待詔於金馬門，漸漸得以親近皇上。

2 皇上曾經叫術數家們射覆，有一次，在盛飯的盂下面覆蓋著一隻壁虎，讓大家猜，都沒能猜中。東方朔毛遂自薦說：「臣曾經學習過《易經》，請允許臣猜一猜。」於是分別蓍草擺出卦象，回答道：「臣認為這東西是龍又沒有角，稱之為蛇又有腳，窸窸窣窣，善於爬牆，牠不是壁虎就是蜥蜴。」皇上說：「很好。」賜給他十匹帛。又讓他猜別的東西，連續猜中，一猜中就賜帛。

3 當時有位受寵的倡優郭舍人，能言善辯，風趣無窮，經常侍奉在皇上左右。他說：「東方朔狂妄，僥倖猜中罷了，並不是真正的術數。臣希望叫東方朔再猜，他猜中了，臣挨一百下鞭打；他猜不中，賞賜臣絲帛。」於是把樹上的寄生物覆蓋在盂下，叫東方朔猜。東方朔說：「這是寠數。」郭舍人說：「果然知道東方朔不能猜中。」東方朔說：「生肉叫作膾，乾肉稱為脯；生在樹上叫寄生，蓋在盆下名寠數。」皇上命黃門倡監鞭打郭舍人，郭舍人忍不住痛，大聲哀叫。東方朔嘲笑他說：「嘿！口無毛，聲謷謷，屁股翹得高。」郭舍人憤怒地說：「東方朔擅自詆毀天子的侍從官，應當殺頭示眾。」皇上責問東方朔：「為什麼詆毀他？」東方朔回答說：「臣豈敢詆毀他，是跟他說隱語呢。」皇上問：「隱語說的是什麼？」東方朔回答：「口無毛，說的是狗洞；聲謷謷，是說烏鴉餵小鳥；屁股翹得高，是說鶴低頭啄食。」郭舍人不服，因而說：「臣請求再問東方朔隱語，他如果不知道，也該挨鞭打。」就胡編隱語說：「令壺齟，老柏塗，伊優亞，狋吽牙。說的是什麼？」東方朔答道：「令，就是命令。壺，是盛東西的器皿。齟，是牙齒不正。老，是人們尊敬的長者。柏樹，是鬼的庭院。塗，是水浸溼的小路。伊優亞，是指說話吞吞吐吐。狋吽牙，是講兩隻狗爭鬥。」郭舍人問什麼，東方朔應聲就答，變化機巧百出，沒有能難倒他的，周圍的人都非常驚奇。皇上便任用東方朔為常侍郎，於是得到皇上的寵幸。

4 很久以後，到了三伏的祭日，皇上下詔賜給隨從官員肉。掌管膳食的太官丞遲遲不來，東方朔獨自拔劍割肉，對同僚們說：「伏祭日應當早些歸家，我請求接受賞賜。」就懷揣著肉離開了。太官將此事奏告了皇上。東方朔進宮，皇上問：「昨天賜肉，你不等待詔令，就拔劍割肉而去，為什麼？」東方朔脫去冠冕謝罪。皇上說：「先生起來再自責吧。」東方朔再拜說：「東方朔啊！東方朔！接受賞賜不等待詔命，多麼無禮啊！拔劍割肉，是多麼豪壯啊！割肉不多，又是多麼廉潔啊！拿回家送給細君，又是多麼仁愛啊！」皇上笑道：「讓先生自責，卻反而自我讚美！」又賜酒一石，肉一百斤，讓他回家送給細君。

1 初，建元三年❶，微行❷始出，北至池陽❸，西至黃山❹，南獵長楊❺，東游宜春❻。微行常用飲酎已❼。八九月中，與侍中常侍❽武騎❾及待詔隴西北地良家子能騎射者❿期諸殿門，故有「期門⓫」之號自此始。微行以夜漏下十刻⓬迺出，常稱平陽侯⓭。旦明，入山下騎射鹿豕狐兔，手格熊羆⓮，馳騖禾稼稻秔⓯之地。民皆號呼罵詈，相聚會，自言⓰鄠⓱杜⓲令。令往，欲謁平陽侯，諸騎欲擊鞭之。令大怒，使吏呵止，獵者數騎見留⓳，迺示以乘輿物⓴，久之迺得去。時夜出夕還，後齎㉑五日糧，會朝長信宮㉒，上大驩樂之。是後，南山㉓下乃知微行數出也。然尚迫於太后，未敢遠出㉔。丞相御史知指㉕，乃使右輔都尉㉖徼循㉗長楊以東，右內史㉘發㉙小民共待會所㉚。後迺私置更衣㉛，從宣曲㉜以南十二所㉝，中休㉞更衣。投宿諸宮，長楊、五柞㉟、倍陽㊱、宣曲尤幸㊲。於是上以為道遠勞苦，又為百姓所患，迺使太中大夫㊳吾丘壽王與待詔能用算者㊴二人，舉籍㊵阿城㊶以南，盩厔[42]以東，宜春以西，提封[43]頃畝，及其賈直[44]，欲除以為上林苑，屬[45]之南山。又詔中尉、左右內史[46]表屬縣草田[47]，欲以償[48]鄠杜之民。吾丘壽王奏事，上大說稱善。時朔在傍，進諫曰[49]：

2 「臣聞謙遜靜愨[50]，天表之應[51]，應之以福；驕溢[52]靡麗[53]，天表之應，應之以異[54]。今陛下累郎臺[55]，恐其不高也；弋獵[56]之處，恐其不廣也。如天不為變，則三輔之地[57]盡可以為苑，何必盩厔、鄠、杜乎！奢侈越制，天為之變，上林雖小，臣尚以為大也。

3 「夫南山，天下之阻也，南有江淮，北有河渭，其地從汧[58]隴[59]以東，商[60]雒[61]以西，厥壤肥饒。漢興，去三河之地[62]，止霸產[63]以西，都[64]涇渭[65]之南，此所謂天下陸海[66]之地，秦之所以虜西戎[67]兼[68]山東[69]者也。其山出玉石，金、銀、銅、鐵，豫章[70]、檀、柘[71]，異類之物，不可勝原[72]，此百工所取給，萬民所卬[73]足也。又有秔稻梨栗桑麻竹箭之饒，土宜薑芋，水多䵷魚，貧者得以人給家足，無飢寒之憂。故酆[74]鎬[75]之間號為土膏，其賈畝一金。今規以為苑，絕陂池水澤之利，而取民膏腴[76]之地，上乏國家之用，下奪農桑之業，棄成功，就[77]敗事，損耗五穀，是其不可一也。且盛荊棘之林，而長養麋鹿，廣狐兔之苑，大虎狼之虛[78]，又壞人冢墓，發人室廬，令幼弱懷土而思，耆老[79]泣涕而悲，是其不可二也。斥而營之[80]，垣而囿之[81]，騎馳東西，車騖[82]南北，又有深溝大渠，夫一日之樂不足以危無隄之輿[83]，是其不可三也。故務[84]苑囿之大，不恤農時，非所以彊國富人也。

4 「夫殷作九市之宮[85]而諸侯畔[86]，靈王起章華之臺[87]而楚民散，秦興阿房之殿[88]而天下亂。糞土[89]愚臣，忘生觸死[90]，逆盛意，犯隆指，罪當萬死。不勝[91]大願，願陳泰階六符[92]，以觀天變，不可不省[93]。」

5 是日因奏泰階之事，上迺拜朔為太中大夫、給事中[94]，賜黃金百斤。然遂[95]起上林苑，如壽王所奏云。

【章旨】以上為第三部分，寫東方朔上奏〈諫起上林苑疏〉的原由及該疏的內容。這封奏疏表現了東方朔反對奢靡遊獵、重視富國安民的政治主張，從中可見他對政治理想的汲汲以求和嚴肅認真的態度。在疏中他用《泰階六符》之變勸諫武帝，與董仲舒的天人感應思想體系相同。

【注釋】❶建元三年　西元前一三八年。建元，漢武帝的第一個年號，也是中國歷史上的第一個帝王年號。❷微行　著便裝出行，以掩飾自己的身分。《漢書補注》引王念孫說，微行前脫一「上」字。❸池陽　縣名。治今陝西涇陽西北。❹黃山　漢宮名。在今陝西興平南。❺長楊　漢宮名。在今陝西周至境。❻宜春　漢宮名。在今陝西西安東南。❼微行常用飲酎已　此句是說，武帝出宮微行常在每年飲酎酒結束之後。飲酎，漢代每年八月在宗廟舉行的祭祀。酎，經過兩次以至多次複釀的醇酒。❽侍中常侍　皇帝的侍從官。❾武騎　武騎常侍的簡稱，皇帝的侍從騎士。❿待詔隴西北地良家子能騎射者　來自隴西和北地郡的會騎馬射箭的待詔良家子弟。隴西，郡名。治狄道，今甘肅臨洮。北地，郡名。治馬嶺，今甘肅慶陽西北。良家子，漢朝把不屬於七科謫發範圍的從軍子弟稱作良家子。⓫期門　漢代禁軍名。武帝建元三年初置，比郎，以僕射主之。無員數，多至千人。隸光祿勳。地位較羽林略高。武帝微行，執兵器護衛，「期諸殿門」，故名。平帝時改稱虎賁郎。⓬夜漏下十刻　古代用漏壺滴水計時，一晝夜共一百刻。夜漏下十刻，大約相當於現在二點半。⓭常稱平陽侯　平陽侯曹壽娶帝姊陽信公主，時見尊寵，故稱之。⓮格熊羆　與熊羆格鬥。格，格鬥。⓯秔　同「稉」、「粳」。水稻的一種，稻之不黏者。⓰言　投訴；告狀。⓱鄠　縣名。在今陝西戶縣北。⓲杜　縣名。在今陝西西安東南。⓳見留　被扣留。見，表示被動，相當於「被」。⓴乘輿物　漢代宮廷服用器具。大部分器具上刻有乘輿或宮名字樣。㉑齎　攜帶。㉒長信宮　宮名。在漢長安城內東南隅長樂宮內，皇太后所居。天子五日一朝長信宮，所以帶上五日的食物出遊。㉓南山　終南山，橫亙於關中的南面，在今陝西西安南。㉔迫於太后二句　自建元六年（西元前一三五年）太后駕崩之後，武帝常四出遠遊。㉕知指　領會武帝的意圖。指，意旨；意向。㉖右輔都尉　官名。西漢三輔之一的右扶風治理渭城以西地區，右輔都尉輔佐右扶風，主管軍事和治安。㉗徼循　巡邏。黃山宮和長楊宮都在右扶風轄區內。㉘右內史　官名。秦始皇置內史，掌治京畿地方。漢景帝時分左右內史。武帝太初元年改右內史置京兆尹，治理長安以東地區。㉙發　調發。㉚會所　武帝會合隨從人員打獵的地方。㉛更衣　指休息換衣服之處。又特指上廁所。㉜宣曲　漢宮名。在昆明池西，在今陝西長安西南。㉝十二所　十二個休息處所。㉞中休　午休。㉟五柞　漢宮名。在今陝西周至。㊱倍陽　即「萯陽」，漢宮名。在今陝西戶縣西南。㊲幸　特指皇帝親臨。㊳太中大夫　官名。西漢初隸郎中令，武帝太初元年郎中令更名光祿勳後，更隸之。掌議論，備顧問。㊴用算者　精通數學的人。㊵舉籍　統計田畝登記造冊。㊶阿城　秦阿房宮之別名。在今陝西長安西。㊷盩厔　縣名。在今陝西周至。㊸提封　總計。㊹賈直　即價值。㊺屬　連接。㊻中尉左右內史　顏師古曰：「時未為京兆、馮翊、扶風，故云中尉及左右內史也。」㊼草田　未耕墾的荒田。㊽償　抵償。指用荒田抵償被占的良田。㊾進諫曰　下文是〈諫起上林苑疏〉。㊿愨　誠篤；忠厚。51天表之應　上天的報應。天表，上天的表示。應，報應；感應。漢代流行「天人感應」學說，認為天和人相類相通，天能干預人事，人的行為也能感應上天，引起天象的變化。52溢　滿。自滿、放縱。53靡麗　奢華。54異　災異。55累郎臺　興建樓臺館閣。郎，通「廊」。堂下四周的房屋。56弋獵　射獵。弋，用帶繩子的箭射鳥。57三輔之地　此指中尉及左右內史所管轄的區域。三輔，顏師古曰：「中尉及左右內史則為三輔矣，非必謂京兆、馮翊、扶風也。」58汧　汧水，渭水支流，今名千河。

源出甘肅六盤山南麓，上游東南流經陝西隴縣千陽注入渭河。(59)隴 隴山，古稱隴坂或隴坻，在今隴縣西北。(60)商 商縣，今陝西丹鳳，在今商縣西南。(61)雒 上雒縣，今陝西商縣。(62)去三河之地 指不在洛陽建都。漢高祖平定天下，群臣建議定都洛陽，婁敬、張良力主建都長安，被漢高祖採納。三河，地區名。西漢稱河東、河內、河南三郡為三河。(63)霸產 皆水名。均在今陝西西安東。霸，灞水，渭水支流，關中八川之一。產，滻水，渭水支流。(64)都 定都，指漢朝定都於長安。(65)涇渭 二水名。關中兩大河流。(66)陸海 言關中平原物產豐富，有如陸地之中的內海，故有此稱。(67)西戎 西部的戎族。秦穆公時收服西戎。(68)兼 兼併。(69)山東 通稱崤山或華山，與當時所謂關東含義相同。此處泛指戰國時秦以外的六國領土。(70)豫章 樹木名，即樟木。(71)檀柘 皆樹木名，珍貴的木材。(72)不可勝原 言不可勝計。原，計；計算。(73)卬 通「仰」。仰仗；依靠。(74)酆 地名。在今陝西戶縣東。(75)鎬 古都名。即周武王所建國都鎬京，在今陝西西安西灃水東岸。(76)膏腴 肥美；肥沃。(77)就 走近；趨向。(78)虛 通「墟」。場所。(79)耆老 年高而有地位的老人。耆，老。六十曰耆。(80)斥而營之 謂量度而經營之。斥，丈量。(81)垣而囿之 築牆圍起來，使其成為養動物的苑囿。垣，築牆圍繞。囿，使動用法。使之為「囿」。(82)騖 亂馳。(83)一日之樂不足以危無隄之輿 為了一天的遊獵之樂而危害皇上的無限權威是不值得的。一日之樂，指田獵。無隄，沒有限度。輿，乘輿，代指皇帝。(84)務 追求。(85)殷作九市之宮 傳說商紂王在宮中設置了九處街市。(86)畔 通「叛」。(87)靈王起章華之臺 楚靈王作章華臺，納亡人實之，終於發生乾溪之禍。章華臺故址在今湖北監利西北。(88)阿房之殿 即阿房宮。(89)糞土 臣對君自卑之稱。(90)忘生觸死 言不顧性命而觸犯死罪。(91)不勝 抑制不住。(92)泰階六符 卷三十〈藝文志〉天文家有《泰階六符》一卷，顏師古注引李奇曰：「三台謂之泰階，兩兩成體，三台故六。觀色以知吉凶，故曰『符』。」周壽昌疑東方朔所陳即此書。泰階，古星座名。即三台。(93)省 省察；醒悟。(94)給事中 官名。漢承秦置，為加官，給事禁中之意。凡加此官者，即可侍從皇帝。(95)遂 終究；竟然。

【語譯】 當初，從建元三年起，漢武帝開始著便裝出宮遊獵，北到池陽縣，西至黃山宮，南達長楊宮，東抵宜春宮。他便裝出遊常在每年飲酎酒祭祀結束之後。八九月間，與侍中、常侍、武騎以及從隴西、北地郡徵調來的會騎馬射箭的待詔良家子弟在殿門會齊出遊，所以從此開始有了「期門」的稱號。便裝出遊的時間定在半夜剛過不久，常常假稱是平陽侯遊獵。天剛亮時，到達山下騎馬追射野鹿、野豬、狐狸、兔子，徒手格殺熊羆，在旱地和稻田中縱馬奔馳。百姓們號叫咒罵，聚集在一起，向鄠杜令告狀。鄠杜令前往，要求拜見平陽侯，許多騎馬的衛士要鞭打他。鄠杜令大怒，命隨從呵斥制止，並扣留了幾名打獵的騎兵，被扣留者便出示武帝使用的物品，過了好一會兒才得以離去。開始時武帝遊獵是夜裡出宮，後來帶上五天的食物，到該往長信宮朝見太后時才回宮，武帝玩得非常高興。從此以後，終南山下的人才知道皇上經常便裝外出遊獵。但武帝還迫於太后的約束，不敢出行太遠。丞相、御史領悟到武帝的心思，就派右輔都尉在長楊宮以東一帶巡邏警戒，又命右內史召來百姓在武帝打獵的聚集處聽從調用。後來竟私自修建專供武帝換衣服休息的處所，從宣曲宮往南共修建了十二處，供打獵中間休息、大小便。武帝經常投宿於各處離宮，尤其喜歡駕臨長楊、五柞、倍陽、宣曲四宮。當時，武帝感到往返遊獵路遠勞苦，又被百姓怨恨，就命太中大夫吾丘壽王和兩名精通算學的待詔，將阿房宮廢址以南，盩厔以東，宜春宮以西的農田登記造冊，算出田畝總數及其價值，打算把這一帶擴建為上林苑，一直連接到終南山。又詔命中尉、左右內史丈量登記所屬各縣的荒田，想以此來賠償鄠杜失去土地的農民。吾丘壽王上奏這一計劃，武帝大喜，連連說好。當時東方朔在旁邊，進諫道：

2「臣聽說謙遜清靜謹慎，上天顯現報應，報之以福佑；驕縱自滿奢侈，上天也顯示報應，報之以災異。現在陛下修建樓臺殿閣，唯恐其不高大；擴大遊獵園林，只怕它不廣闊。如果上天不為此顯現變異，那麼三輔地區全都可以作為苑囿，又何必限於盩厔、鄠、杜一帶呢！如果奢侈越制，上天為此顯現變異，上林苑雖然小，臣仍然以為太大了。

3「那終南山，是天下的險阻，它南面有長江和淮河，北邊有黃河和渭河，關中從汧水、隴山以東，直至商縣、雒縣以西，土壤肥沃。所以，漢朝建立後，離開三河地區，到達霸水、滻水以西，涇水、渭水之南建都，這裡就是所謂的天下『陸海之地』，是秦朝賴以征服西戎和兼併山東六國的基礎。那裡的山上出產玉石，還有金、銀、銅、鐵等礦產和樟、檀、柘等珍貴樹木，各種珍異物品多得數都數不清，這些是各種工匠所需要的原材料，是萬民生活富足的依靠。這裡還盛產粳稻、梨樹、栗樹、桑樹、麻、箭竹，土質適宜種植生薑和芋頭，水中有很多蛙類和魚類，貧窮人家也能豐衣足食，無飢寒之憂。所以酆、鎬之間的土地號稱『土膏』，一畝地價值一斤黃金。如今規劃建造皇室苑囿，斷絕池塘湖澤的水利，掠奪百姓的肥沃耕地，對上使國家用度缺乏，對下奪取了百姓的農桑之業，拋棄成功，走向失敗，損耗五穀，這是不能建上林苑的第一個理由。而且使荊棘之林茂盛，養殖麋鹿，擴大狐狸、兔子、老虎、豺狼活動的地盤，又毀壞人們的墳墓，拆毀房屋，令幼弱懷念故土，耆老悲痛涕泣，這是不能建上林苑的第二個理由。測量規劃，修築圍牆，將這裡變為豢養動物的苑囿，馬匹和車輛四面八方任意奔馳，園區內還有深溝大渠，為了一天的歡樂而危害天子的無限權威太不值得啦，這是不能建上林苑的第三個理由。所以，追求苑囿的廣大，不恤農時，不是強國富民之策。

4 「商紂王修建九市之宮而諸侯反叛，楚靈王建造章華臺而楚國百姓離散，秦朝興建阿房宮而天下大亂。我這個糞土一樣的愚昧小臣，不顧性命，冒著死罪，觸犯您的聖明旨意，罪該萬死。而臣抑制不住自己進獻中心的宏願，希望陳奏《泰階六符》，用來觀察天象的變異，不能不仔細省察。」

5 當天就上奏了有關《泰階》的事，武帝便任命東方朔為太中大夫給事中，賞賜黃金一百斤。但還是修建了上林苑，是按照吾丘壽王上奏的計劃實施的。

久之，隆慮公主❶子昭平君尚❷帝女夷安公主。隆慮主病困❸，以金千斤錢千萬為昭平君豫❹贖死罪，上許之。隆慮主卒，昭平君日驕，醉殺主傅❺，獄繫內官❻。以公主子，廷尉❼上請請論❽。左右人人為言：「前又入贖，陛下許之。」上曰：「吾弟❾老有是一子，死以屬❿我。」於是為之垂涕歎息，良久曰：「法令者，先帝所造也，用⓫弟故而誣先帝之法，吾何面目入高廟乎！又下負萬民。」迺可其奏，哀不能自止，左右盡悲。朔前上壽，曰：「臣聞聖王為政，賞不避仇讎，誅不擇骨肉。書曰：『不偏不黨，王道蕩蕩⑫。』此二者，五帝⑬所重，三王⑭所難也。陛下行之，是以四海之內元元⑮之民各得其所，天下幸甚！臣朔奉觴⑯，昧死再拜上萬歲壽。」上迺起，入省中⑰。夕⑱時召讓⑲朔，曰：「傳⑳曰『時然後言，人不厭其言㉑』。今先生上壽㉒，時乎㉓？」朔免冠頓首曰：「臣聞樂太甚則陽溢，哀太甚則陰損，陰陽變則心氣動，心氣動則精神散，精神散而邪氣入。銷㉔憂者莫若酒，臣朔所以上壽者，明陛下正而不阿㉕，因以止哀也。愚不知忌諱，當死。」先是，朔嘗醉入殿中，小遺㉖殿上，劾不敬㉗。有詔免為庶人，待詔宦者署㉘。因此對復為中郎㉙，賜帛百匹。

【章旨】以上為第四部分，寫東方朔曾因酒醉在殿中小便被免為庶人，待詔宦者署。武帝為了維護先帝法紀，忍痛誅殺外甥昭平君，眾人皆表示悲痛；唯有東方朔不悲反喜，祝賀武帝不殉情廢法，因此復為中郎。

【注釋】❶隆慮公主　景帝之女，武帝之妹。❷尚　娶帝王之女為妻。❸病困　病危。❹豫　通「預」。預先；事先。❺主傅　指隆慮公主之傅。傅，古代保育、輔導貴族子女的老年男女。❻內官　官署名。主管法度並處理皇族事務的官署。卷十九〈百官公卿表〉云：「內官長丞，又諸公主家令、門尉皆屬焉。王莽并其官於秩宗。初內官屬少府，中屬主爵，後屬宗正。」❼廷尉　官名。主管刑獄，九卿之一。❽請論　請示皇上判定其罪。論，判罪。❾弟　女弟；妹妹。卷五十三〈景十三王傳〉以隆慮公主為武帝姊。❿屬　同「囑」。囑託；託付。⓫用　因；由。⓬不偏不黨二句　此二句見《尚書・周書・洪範》。蕩蕩，平坦貌。⓭五帝　傳說中的五個古代帝王。《史記》中指黃帝、顓頊、帝嚳、唐堯、虞舜。⓮三王　指夏、商、周三代的開國之主，即夏禹、商湯、周文王和武王。⑮元元　平民；老百姓。⑯奉觴　敬酒。觴，古代盛酒器。⑰省中　即宮中。⑱夕　《漢書補注》中宋祁曰：當作「少」。⑲讓　責備。⑳傳　指古籍，這裡指《論語》。㉑時然後言二句　引文見《論語・憲問》。謂應說話時才說話，別人不厭惡其言。時，適時。㉒上壽　向人敬酒，祝頌長壽。㉓時乎　謂是合適的時候嗎。㉔銷　通「消」。消除。㉕阿　本意阿其所好。這裡指喜受阿諛。㉖小遺　小便。㉗劾不敬　彈劾犯了不敬罪。劾，彈劾；揭發罪狀。不敬，漢代罪名之一。㉘宦者署　官署名。㉙中郎　皇帝的護衛、侍從官。

【語　譯】過了很久，隆慮公主的兒子昭平君娶了武帝的女兒夷安公主。隆慮公主病危時，用一千斤黃金和一千萬銅錢給昭平君預先贖買死罪，皇上應允了她。隆慮公主死後，昭平君日益驕縱，酒醉後殺死了隆慮公主的傅母，被內官署逮捕審理。因為昭平君是公主之子，廷尉上奏皇上請他親自判決。皇上左右的人全都為昭平君求情：「隆慮公主以前替兒子交了贖罪金，陛下答應了她的請求。」皇上說：「朕的妹妹年老時才有這個兒子，臨終時把他託付給朕。」當時為此事流淚歎息，過了好一會兒才說：「法令是先帝制定的，因為妹妹的緣故而破壞先帝的法令，朕有什麼臉面進入高帝廟呢！況且又辜負了萬民。」於是同意了廷尉的判決，皇上哀痛不能自止，左右的人全都跟著悲痛。東方朔上前祝福說：「臣聽說聖王處理國政，賞賜不迴避仇人，誅罰不庇護至親骨肉。《尚書》中說：『不偏私，不袒護，聖王之道廣大公平。』這兩點，為五帝所重視，是三王所難以做到的。陛下能夠實行它，因此全國的百姓各得其所，天下大幸！臣捧起酒杯，冒死再拜，祝陛下萬壽無疆。」皇上便起身進入宮中。傍晚，武帝召見東方朔，責備他說：「《論語》說『尋找適當的時機然後再說話，人們就不厭煩他的話語』。今天先生為朕祝福，是合適的時候嗎？」東方朔脫冠叩頭說：「臣聽說，快樂過度就會陽氣外洩，悲哀太過就會陰氣耗損，陰陽變化就會心氣振動，心氣振動就會精神渙散，精神渙散則邪氣侵入。消除憂愁的東西莫過於酒，臣之所以敬酒祝福，是要說明陛下正直不阿，藉以勸止陛下的哀痛。臣愚昧不知忌諱，該死。」在此之前，東方朔曾經喝醉酒進入宮殿，在殿上小便，被彈劾犯了不敬罪。有詔命罷免其官職，降為平民，在宦者署待命。因為這次對答，東方朔復官，擔任中郎，獲得賜帛一百匹。

初，帝姑館陶公主❶號竇太主，堂邑侯陳午❷尚之。午死，主寡居，年五十餘矣，近幸❸董偃。始偃與母以賣珠為事，偃年十三，隨母出入主家。左右言其姣❹好，主召見，曰：「吾為母養之。」因留第❺中，教書❻計❼相馬御射❽，頗讀傳記。至年十八而冠❾，出則執轡❿，入則侍內。為人溫柔愛人，以主故，諸公接之，名稱城中，號曰董君。主因推令散財交士，令中府⓫曰：「董君所發，一日金滿百斤，錢滿百萬，帛滿千匹，乃白⓬之。」安陵⓭爰叔者，爰盎兄子也，與偃善，謂偃曰：「足下私侍漢主，挾不測之罪，將欲安處⓮乎？」偃懼曰：「憂之久矣，不知所以⓯。」爰叔曰：「顧城廟⓰遠無宿宮⓱，又有萩竹籍田⓲，足下何不白主獻長門園⓳？此上所欲也。如是，上知計出於足下也，則安枕而臥，長無慘怛⓴之憂。久之不然，上且請之，於足下何如？」偃頓首曰：「敬奉教。」入言之主，主立奏書獻之。上大說，更名竇太主園為長門宮。主大喜，使偃以黃金百斤為爰叔壽。

叔因是為董君畫㉑求見上之策，令主稱疾不朝。上往臨疾，問所欲，主辭謝曰：「妾幸蒙陛下厚恩，先帝遺德，奉朝請㉒之禮，備臣妾之使，列為公主，賞賜邑入㉓，隆天重地，死無以塞㉔責。一日卒㉕有不勝㉖洒掃之職，先狗馬填溝壑㉗，竊有所恨㉘；不勝大願，願陛下時忘萬事，養精游神，從中掖庭㉙回輿，枉路臨妾山林㉚，得獻觴上壽，娛樂左右。如是而死，何恨之有！」上曰：「主何憂！幸得愈。恐群臣從官多，大為主費。」上還。有頃，主疾愈，起謁，上以錢千萬從主飲。後數日，上臨山林，主自執宰敝膝㉛，道㉜入登階就坐。坐未定，上曰：「願謁主人翁㉝。」主迺下殿，去簪㉞珥㉟，徒跣㊱頓首謝曰：「妾無狀㊲，負陛下，身當伏誅。陛下不致之法，頓首死罪。」有詔謝㊳。主簪履㊴起，之㊵東箱㊶自引董君。董君綠幘㊷傅韝㊸，隨主前，伏殿下。主迺贊㊹：「館陶公主胞㊺人臣偃昧死再拜謁。」因叩頭謝，上為之起。有詔賜衣冠上㊻。偃起，走就衣冠。主自奉食進觴。當是時，董君見尊不名，稱為「主人翁」，飲大驩樂。主迺請賜將軍列侯從官金錢雜繒㊼各有數㊽。於是董君貴寵，天下莫不聞。郡國狗馬㊾蹴鞠㊿劍客輻湊(51)董氏。常從游戲北宮(52)，馳逐平樂(53)，觀雞鞠(54)之會，角狗馬之足(55)，上大歡樂之。於是上為竇太主置酒宣室(56)，使謁者(57)引內(58)董君。

是時，朔陛戟(59)殿下，辟戟(60)而前曰：「董偃有斬罪三，安得入乎？」上曰：「何謂也？」朔曰：「偃以人臣私侍公主，其罪一也。敗男女之化(61)，而亂婚姻之禮，傷王制，其罪二也。陛下富於春秋(62)，方積思於六經(63)，留神於王事，馳騖[64]於唐虞，折節於三代；偃不遵經勸學，反以靡麗為右[65]，奢侈為務，盡狗馬之樂，極耳目之欲，行邪枉之道，徑[66]淫辟[67]之路。是乃國家之大賊，人主之大蜮[68]也。偃為淫首，其罪三也。昔伯姬燔而諸侯憚[69]，奈何乎陛下？」上默然不應，良久曰：「吾業以[70]設飲，後而自改。」朔曰：「不可。夫宣室者，先帝之正處也，非法度之政不得入焉。故淫亂之漸[71]，其變為篡[72]，是以豎貂為淫而易牙作患[73]，慶父[74]死而魯國全，管蔡[75]誅而周室安。」上曰：「善。」有詔止，更置酒北宮，引董君從東司馬門[76]。東司馬門更名東交門[77]。賜朔黃金三十斤。董君之寵由是日衰，至年三十而終。後數歲，竇太主卒，與董君會葬於霸陵[78]。是後，公主貴人多踰禮制[79]，自董偃始。

【章　旨】以上為第五部分，寫館陶公主愛幸男寵董偃，竭盡全力抬高其政治地位。東方朔甘冒得罪館陶公主乃至漢武帝的風險而力阻董偃侍宴宣室殿。漢武帝終於接受了東方朔的直諫，並給予厚賞。

【注　釋】❶館陶公主　漢文帝之女劉嫖，竇太后所生，武帝之姑，故又稱「竇太主」。其女阿嬌即武帝陳皇后。❷陳午　高帝功臣堂邑侯陳嬰之孫。❸近幸　寵愛。❹姣　美麗。❺第　府第。❻書　寫字。❼計　算學。❽御射　駕車射箭。❾冠　加冠，行冠禮。古代男子一般在二十歲舉行加冠禮，表示已經成年，此處十八歲加冠提前了兩年。❿轡　駕馭牲口用的轡繩。⓫中府　官名。掌公主金帛之藏。⓬白　報告。⓭安陵　惠帝陵，後置縣。在今陝西咸陽東北。據陳直說，爰叔當即爰種之字。爰種乃爰盎之姪。爰盎，卷四十九有傳。⓮將欲安處　意謂怎樣使將來得以自安。⓯所以　指用什麼計。以，用。⓰顧

城廟　漢文帝祠廟，在長安城東南。城，當作「成」。⑰宿宮　供住宿的宮殿。⑱萩竹籍田　意謂萩竹叢生難以盡除，籍田於禮又不可廢，實無可建宿宮之處。萩，通「楸」。一種高大的落葉喬木。吳恂說：疑當作「荻」。籍田，古代天子親耕之田。以所獲祭祀宗廟，並寓勸農之意。⑲長門園　竇太主在長門的園林。此園鄰近顧城廟，可以為宿館之處，故獻之。長門在今陝西長安城東南。⑳慘怛　憂傷。㉑畫　謀劃；策劃。㉒奉朝請　漢代朝廷給予退休大臣、列侯的一種政治優待。漢制，春季朝見曰朝，秋季朝見曰請。德高望重的退休大臣、列侯可以奉朝請的名義參加朝會。以示尊寵。㉓邑入　指食邑的租賦收入。㉔塞　補。㉕卒　通「猝」。突然。㉖勝　勝任。㉗填溝壑　死亡的委婉說法。㉘恨　遺憾。㉙掖庭　宮中旁舍，妃嬪居住的地方。㉚山林　代指府第。顏師古注引應劭曰：「公主園中有山，謙不敢稱第，故託山林也。」㉛主自執宰敝膝　公主穿著僕役的衣服。敝膝，當作「蔽膝」，護膝的圍裙。宰，貴族家中主管家務的管家。㉜道　通「導」。㉝主人翁　男主人。㉞簪　插髻的首飾。㉟珥　珠玉耳飾。㊱徒跣　赤腳步行。跣，光著腳。㊲無狀　猶言沒臉見人。一說自言所行醜惡無善狀。㊳謝　以辭相問。㊴簪履　插上簪，穿上鞋。㊵之　往。㊶箱　通「廂」。廂房。㊷綠幘　綠色的包頭巾，僕役戴的。㊸傳韝　袖套。勞作時用，以便做事。㊹贊　言進傳謁見之辭。猶介紹。㊺胞　與「庖」同。廚師。㊻上　上坐。㊼雜繒　各色絲織品。㊽有數　指按官品區別多少。㊾狗馬　賽狗、跑馬之類的遊樂。㊿蹴鞠　踢皮球的遊戲。有些類似現代的足球運動。(51)輻湊　形容人或物聚集像車輻集中於車轂一樣。也作「輻輳」。(52)北宮　宮名。在長安城西北角。(53)平樂　觀名。在上林苑中。或說在未央宮北。(54)雞鞠　鬥雞和踢球。(55)角狗馬之足　謂狗馬賽跑。角，比賽。足，跑。(56)宣室　殿名。未央宮前正室。(57)謁者　官名。漢承秦置，皇帝的侍從人員。(58)內　通「納」。(59)陛戟　持戟站在殿前臺階。陛，宮殿的臺階。(60)辟戟　放下戟。(61)化　教化。(62)富於春秋　年富力強。春秋，指年齡。富，多。猶言來日方長。(63)六經　指儒家經典《易》、《詩》、《書》、《禮》、《樂》、《春秋》。(64)馳騖　猶言追趕。(65)右　上；尊。古代崇右，故以右為上，為貴，為高。(66)徑　由；行經。(67)淫辟　即淫僻。放縱邪惡。(68)蜮　傳說中一種能含沙射人而令人患病的動物。比喻陰險小人。(69)伯姬燔而諸侯憚　參見《春秋》及《春秋》三傳襄公三十年。伯姬，春秋時魯國人，嫁到宋國，為宋恭公姬。王宮失火，她遵守禮制等待傅母。傅母沒來，她寧願被燒死也不肯單身夜出。燔，焚燒。憚，敬畏。(70)以　通「已」。(71)漸　浸潤；沾染。(72)篡　特指臣子奪取君位。(73)豎貂為淫而易牙作患　豎貂、易牙，都是齊桓公寵幸的宦官。豎貂，也作「豎刁」。豎貂自割生殖器而為宦者，易牙烹其子以奉桓公。管仲以為二人詐偽，勸齊桓公去之。管仲死，桓公又召用二人。桓公生病，二人作亂，驅逐太子，封鎖宮門，桓公被活活餓死。(74)慶父　春秋時魯桓公之子，莊公之弟。莊公死，慶父殺莊公之子閔公而欲作亂，不克，奔莒。其後僖公求之於莒，莒遣慶父返，縊之於密。於是僖公乃定其位。75管蔡　管叔、蔡叔，皆周武王之弟。武王去世，成王年幼，周公旦攝政，二人不服，與武庚一起叛亂。周公平定叛亂，殺武庚、管叔，流放蔡叔，西周才得以安定。76東司馬門　其下當有「入」字，據王念孫說。77東交門　蘇林曰：「以偃從此門入，交會於內，故以名焉。」78霸陵　漢文帝陵。又縣名，在今陝西西安東北。79公主貴人多踰禮制　例如，蓋長公主近幸丁外人，陽石公主與太僕公孫敬聲私通等皆是。踰，超越。

【語譯】當初，武帝的姑母館陶公主號稱「竇太主」，堂邑侯陳午娶她為妻。陳午死後，公主守寡，年齡已經五十多歲了，卻寵愛董偃。開始時董偃和母親以賣珠為業，董偃十三歲時，跟隨母親出入館陶公主家。公主身邊的人都誇董偃漂亮，公主召見董偃，對他母親說：「我替老媽媽撫養他。」便將他留在府中，教他學習寫字、計算、相馬、駕車、射箭，還讓他讀了不少書。到十八歲就舉行了加冠禮，出門就給公主駕車，入府則在內室伺候公主。他為人溫柔可愛，由於公主寵幸的緣故，許多王公貴戚都與他結交，他的名字在長安城中傳揚，號稱「董君」。公主藉機抬舉他，讓他散財結交名士，命令中府官說：「董君支用錢物，一天之內，黃金滿一百斤，銅錢滿一百萬，絲帛滿一百匹，再報告我。」安陵人爰叔，是爰盎的姪子，跟董偃是好朋友，對董偃說：「您私下侍奉漢朝公主，冒著不可預測的罪名，打算怎樣保證將來的安全呢？」董偃恐懼地說：「擔心此事很久了，不知道怎麼辦。」爰叔說：「顧城廟離皇宮遠，沒有住宿的宮殿，周圍還有楸樹、竹林和皇上親耕的籍田，您為什麼不告訴公主把長門園獻給皇上呢？這是皇上想要的地方。果能如此，皇上知道這個主意是您出的，您就可以安枕而臥，在相當長的時間內不用擔心有憂傷了。時間久了，不獻上，皇上也將會向公主要這個園，對您又會怎樣呢？」董偃叩頭說：「敬奉教誨。」入府將此事稟告公主，公主立即上書獻園。皇上大喜，把竇太主的園子改名為長門宮。公主非常高興，叫董偃送一百斤黃金給爰叔祝壽。

爰叔因此替董偃謀劃求見皇上的計策，讓館陶公主假稱患病不能朝見皇帝。皇上前往公主府探視，問她有什麼要求，公主辭謝說：「臣妾榮幸地承受陛下厚恩和先帝遺德，以奉朝請的名義參加朝會，奉行臣下的職使，置身於公主之列，賞賜封邑收入，恩德天高地厚，死也無法報答。假如有一天臣妾突然不能勝任灑水掃除之職，身填溝壑，臣妾私下感到遺憾；臣妾最大的願望，是希望陛下有時能放下繁重的國事，休養精神，從嬪妃的住處回去時能繞道駕臨臣妾的家，使臣妾能夠獻酒祝福，娛樂在您身邊。如果能這樣，就是死了，也沒有遺憾了！」皇上說：「公主何必擔心這些！希望妳能痊癒。只怕隨從朕來的官員太多，會大大增加妳的花費。」皇上就回宮了。不久，公主病癒，起身去拜見皇上，皇上拿出一千萬錢陪同公主宴飲。過了幾天，皇上駕臨公主府，公主穿著僕役的圍裙，親自引導武帝登上臺階就座。還沒有坐定，皇上說：「希望見見主人翁。」公主於是走到殿下，摘掉簪子、耳環，光著腳叩頭謝罪說：「臣妾的行為違背了禮儀，辜負了陛下，應當處以死罪。陛下不按國法處罰，臣妾叩頭謝罪。」皇上傳詔予以慰解。公主起身戴上首飾，穿上鞋，到東廂房親自領董偃出來。董偃頭戴綠巾，臂著袖套，隨公主前行，俯伏在殿下。公主便介紹說：「館陶公主的廚師董偃冒死拜見。」於是董偃叩頭謝罪，皇上使之起身。詔命准許他穿戴貴族衣冠入座。董偃站起身，跑去穿戴衣帽。公主親自奉食進酒。在這時，董偃見尊者不稱姓名，稱作「主人翁」，君臣暢飲，十分歡樂。公主於是請求允許她拿出黃金、銅錢和各色絲織品賜給將軍、列侯和侍從官員。從此董偃顯貴寵幸，天下無人不知。各個郡國擅長賽狗、跑馬、踢球、舞劍的門客都聚集到董偃身邊。董偃經常隨從皇上到北宮遊戲，在平樂觀騎馬打獵，觀賞鬥雞、踢球、賽狗、賽馬等盛會，皇上非常喜歡這些遊樂活動。這期間，皇上在未央宮宣室殿為竇太主設置酒宴，派謁者引董偃進殿。

這時，東方朔持戟站在宣室殿臺階前，放下戟走向前說：「董偃有三條該殺頭的罪，怎麼能上殿呢？」皇上問：「是什麼罪？」東方朔說：「董偃以僕役身分私自服侍公主，這是他的第一條罪行。敗壞男女風化，擾亂婚姻禮儀，破壞先王制度，這是他的第二條罪行。陛下年富力強，正在專心研習《六經》，留心治理國事，追趕唐虞盛世，效法夏商周三代賢君；董偃不遵奉經典，不勸勉學習，反而崇尚華麗，貪戀奢侈，極盡賽狗、跑馬之樂，盡情滿足感官享受，走上淫逸邪惡的歧途。這種人是危害國家的大賊，蠱惑國君的陰險小人。董偃是淫亂的禍首，這是他的第三條罪行。從前，伯姬恪守禮制被燒死而使諸侯敬畏，陛下對此該怎麼辦呢？」皇上沉吟不語，過了許久才說：「朕已經安排好了酒宴，以後再改正。」東方朔說：「不可以。宣室殿是先帝的莊嚴處所，不是辦理法度之類的政事不能進入殿中。因為淫亂行為的積累，會演變為篡逆，所以豎貂、易牙淫亂為患而終於禍害齊國，慶父被殺而魯國得以保全，管叔、蔡叔被懲處，周朝方才安定。」皇上說：「好。」下詔停止宣室殿的宴會，改在北宮擺宴，帶董偃從東司馬門進殿。東司馬門因此改名為東交門。皇上賞賜東方朔三十斤黃金。董偃的寵幸從此一天天衰減，到三十歲就死了。又過了幾年，竇太主去世，與董偃合葬在霸陵。此後，公主貴人們多違反禮儀制度，便是從董偃開始的。

1 時天下侈靡趨末❶，百姓多離農畝。上從容❷問朔：「吾欲化民，豈有道乎？」朔對曰：「堯舜禹湯文武成康❸上古之事，經歷數千載，尚難言也，臣不敢陳。願近述孝文皇帝之時，當世耆老皆聞見之。貴為天子，富有四海，身衣弋綈❹，足履革❺舄❻，以韋帶❼劍，莞蒲❽為席，兵木無刃❾，衣縕無文❿，集上書囊⓫以為殿帷；以道德為麗⓬，以仁義為準⓭。於是天下望風成俗，昭然化之。今陛下以城中為小，圖起建章⓮，左鳳闕⓯，右神明⓰，號稱千門萬戶；木土衣綺繡⓱，狗馬被繢罽⓲；宮人簪瑇瑁⓳，垂珠璣⓴；設戲車㉑，教馳逐，飾文采，藂珍怪㉒；撞萬石之鐘㉓，擊雷霆之鼓㉔，作俳優㉕，舞鄭女㉖。上為淫侈如此，而欲使民獨不奢侈失農㉗，事之難者也。陛下誠能用臣朔之計，推甲乙之帳㉘燔之於四通之衢㉙，卻㉚走馬㉛示不復用，則堯舜之隆宜可與比治矣。易曰：『正其本，萬事理；失之豪氂，差以千里㉜。』願陛下留意察之。」

2 朔雖詼笑[33]，然時[34]觀察顏色[35]，直言切諫，上常用之。自公卿在位，朔皆敖弄[36]，無所為屈。

3 上以朔口諧辭給[37]，好作問之[38]。嘗問朔曰：「先生視朕何如主也？」朔對曰：「自唐虞之隆，成康之際[39]，未足以諭[40]當世。臣伏觀陛下功德，陳五帝之上，在三王之右[41]。非若此而已，誠得天下賢士，公卿在位咸得其人矣。譬若以周邵[42]為丞相，孔丘[43]為御史大夫，太公[44]為將軍，畢公高[45]拾遺於後，弁嚴子[46]為衛尉，皋陶[47]為大理[48]，后稷為司農[49]，伊尹[50]為少府[51]，子贛[52]使外國，顏閔[53]為博士，子夏[54]為太常[55]，益[56]為右扶風[57]，季路[58]為執金吾[59]，契[60]為鴻臚[61]，龍逢[62]為宗正[63]，伯夷[64]為京兆[65]，管仲[66]為馮翊[67]，魯般[68]為將作[69]，仲山甫[70]為光祿[71]，申伯[72]為太僕[73]，延陵季子[74]為水衡[75]，百里奚[76]為典屬國[77]，柳下惠[78]為大長秋[79]，史魚[80]為司直[81]，蘧伯玉[82]為太傅[83]，孔父[84]為詹事[85]，孫叔敖[86]為諸侯相，子產[87]為郡守，王慶忌[88]為期門[89]，夏育[90]為鼎官[91]，羿[92]為旄頭[93]，宋萬[94]為式道侯[95]。」上迺大笑。

4 是時朝廷多賢材，上復問朔：「方今公孫丞相、兒大夫、董仲舒、夏侯始昌、司馬相如、吾丘壽王、主父偃、朱買臣、嚴助、汲黯、膠倉、終軍、嚴安、徐樂、司馬遷之倫96，皆辯知97閎達，溢98于文辭，先生自視，何與比哉？」朔對曰：「臣觀其臿齒牙，樹頰胲，吐脣吻99，擢項頤100，結股腳101，連脽尻102，遺蛇其迹103，行步偊旅104，臣朔雖不肖105，尚兼106此數子者。」朔之進對澹辭107，皆此類也。

【章旨】以上為第六部分，收錄東方朔的〈化民有道對〉、〈視朕何如主對〉和〈自視對〉，表現了他的能言善辯和敏捷反應。他雖然詼諧搞笑，但能適時觀察皇上的情緒和臉色，直言切諫，皇上經常採納他的意見。即使是面對在位的三公九卿，也敢輕視嘲弄，不屈從於任何人。

【注釋】❶末 指工商業。❷從容 悠閒；溫和。❸文武成康 指周朝的周文王、周武王、周成王和周康王。❹弋綈 黑色的粗厚光滑的絲織品。弋，黑色。❺革 生皮。❻舄 鞋。❼韋帶 以柔熟之皮革為帶。韋，熟獸皮。❽莞蒲 蒲葦草。蒲，俗名水蔥、席子草。❾兵木無刃 兵器如木而無刃，意謂不注重兵器。❿衣緼無文 衣內為亂絮，外無文采。緼，亂絮。無文，沒有文采。⓫集上書囊 收集臣下封奏章用的青布袋。上書囊，漢制，上書以青皮囊素裹封書。⓬麗 美。⓭準 準繩；準則。⓮建章 宮名。未央宮西，在長安城西南城外。⓯鳳闕 闕名。建章宮的門樓，闕上有金鳳。⓰神明 臺名。在建章宮內，祭神之處。⓱木土衣綺繡 土木建築物上披掛著有花紋的絲織品。衣，穿；披上。⓲繢罽 有彩色圖案的毛織品。繢，同「繪」。⓳瑇瑁 即玳瑁。熱帶和亞熱帶海洋裡的一種食肉性海龜，甲殼可作裝飾品。⓴珠璣 珍珠。圓的叫珠，不圓的叫璣。㉑戲車 一種車技。㉒叢珍怪 搜集珍奇怪異之物。叢，聚，古「藂」字。㉓萬石之鐘 巨鐘。石，重量單位，一百二十市斤為一石。卷二十一〈律曆志上〉：「三十斤為鈞，四鈞為石。」㉔雷霆之鼓 聲音如霹靂一樣響的鼓。㉕俳優 古代演滑稽戲雜耍的藝人。㉖鄭女 鄭地的舞女。鄭，指先秦時期的鄭國，此地多歌舞女藝人。㉗失農 謂失農業。㉘推甲乙之帳 撤去各種帷帳。推，撤除。甲乙之帳，各種帷帳。因帷帳多，以甲乙表示等級次序。㉙衢 四通八達的道路。㉚卻 退。㉛走馬 善於奔馳的馬。㉜正其本四句 今《易》無此文，係《易經》佚文。豪氂，一毫一氂。形容很少的數量。豪，通「毫」。《大戴禮記‧保傅》：「《易》曰：『正其本，萬物理；失之豪氂，差之千里。』」㉝詼笑 調嘲謔。㉞時 適時。㉟顏色 臉色。㊱敖弄 輕視嘲弄。敖，通「傲」。輕視。㊲給 敏捷。㊳好作問之 好造說以問之。作問，故意設問。㊴成

康之際　周成王和周康王時代。這是周朝最興盛的時期。㊵諭　比喻。㊶右　高；上。㊷周邵　周公旦、邵公奭。二人曾共同輔佐周成王。㊸孔丘　即孔子，名丘，字仲尼。㊹太公　呂望。知戰陣征伐之事，故云為將軍。㊺畢公高　周文王之子，封於畢，為周太師，故云拾遺。㊻弁嚴子　即卞莊子。弁，通「卞」。漢明帝叫劉莊，故避其諱改「莊」為「嚴」。春秋時魯國卞邑大夫，以勇力聞名，曾一舉刺死二虎。以其有勇，故云為衛尉。㊼皐陶　堯舜的大臣，掌管刑法。㊽大理　官名。執掌全國刑法。景帝中六年將廷尉更名為大理，武帝建元四年復為廷尉，哀帝元壽二年復為大理。㊾后稷為司農　后稷，周族的始祖。堯舜時為農官，教民耕種，故云為司農。司農主管農業。㊿伊尹　商初大臣，為官公正無私。(51)少府　官名。掌管山澤陂池的稅收及皇帝的總務，九卿之一。(52)子贛　即子貢。贛，通「貢」。姓端木，名賜，孔子弟子，能言善辯，曾為魯國出使齊、晉、吳、越。故云使外國。(53)顏閔　顏回、閔子騫，孔子弟子，皆以德行著稱。(54)子夏　姓卜，名商，孔子弟子，以文學著稱。(55)太常　官名。九卿之一，掌禮樂郊廟社稷事宜。(56)益　伯益。被舜任命為虞，掌山澤之官。(57)右扶風　三輔之一，治理長安以西、渭城以南各縣。武帝諸苑多在右扶風境內。周壽昌曰：「右扶風以下諸官，多太初元年所改，公孫弘為丞相在元朔五年，薨在元狩二年，下去太初二十餘年。此文下云『上復問朔，方今公孫丞相』云云，則所司官名多不合。疑朔此等雜文，後有改易，流傳轉寫，致多訛舛也。」(58)季路　孔子弟子仲由，字子路，以勇力著稱。(59)執金吾　官名。漢武帝太初元年（西元前一〇四年）更名中尉置，秩中二千石。執掌京師治安。(60)契　一作「卨」。商族始祖，舜時為司徒，掌管教化。(61)鴻臚　官名。漢承秦置。本名典客，景帝中六年（西元前一四四年）更名大行令，武帝太初元年改名大鴻臚。新莽改為典樂，東漢復稱大鴻臚。秩中二千石，列位九卿。執掌接待少數民族君長及諸侯王事務。(62)龍逢　關龍逢，夏桀時忠諫而死。以其耿直無所阿私，故云為宗正。(63)宗正　官名。掌管皇族事務，九卿之一。(64)伯夷　堯舜時的禮儀官。(65)京兆　西漢京畿地方行政長官之一。武帝太初元年，改右內史置，執掌如郡太守。因其地屬京畿，為「三輔」之一，故不稱郡。秩中二千石（一說秩二千石），地位較一般郡守高，位列九卿。(66)管仲　春秋時期的大政治家，協助齊桓公稱霸天下。(67)馮翊　西漢京畿地方行政長官之一。武帝太初元年，改左內史置，執掌如郡太守。因其地屬京畿，為「三輔」之一，故不稱郡。秩中二千石（一說秩二千石），地位較一般郡守高，位列九卿。(68)魯般　公輸般，也作「公輸班」，春秋時著名的巧匠。故令為將作大匠。(69)將作　又稱「將作大匠」，執掌治宮室，兼掌陵墓及京城建築。(70)仲山甫　周宣王時大臣。(71)光祿　官名。本名郎中令，漢承秦置。執掌宮殿門戶宿衛。漢武帝太初元年更名光祿勳，秩中二千石，位列九卿。職司範圍有所擴大。(72)申伯　周宣王的舅舅。(73)太僕　官名。掌管皇帝車馬，遇皇帝出行，則為之駕車。秩中二千石，列位九卿。因與皇帝關係密切，故多用親族擔任此職。(74)延陵季子　即吳公子季札，春秋時吳國人，封地在延陵（今江蘇常州）。(75)水衡　水衡都尉，掌管上林苑，兼管皇室財物及鑄錢。(76)百里奚　姓百里，名奚。春秋時秦國大臣，輔佐秦穆公收服西戎。(77)典屬國　官名。漢承秦置，秩二千石，掌諸屬國少數民族事務。多以熟悉邊事者任之。(78)柳下惠　春秋時魯國大夫展禽，柳下是其食邑，惠為私諡，是其妻子給他的諡號。以貞潔自持著稱。(79)大長秋　官名。原名將行，景帝中六年（西元前一四四年）更名為大長秋，秩二千石。或用士人，或用宦者，掌皇后宮內諸官，宣達皇后旨意，領受皇帝詔命。(80)史魚　春秋時衛國大夫史鰌，字子魚，以正直著稱。(81)司直　官名。西漢置，丞相屬官之首，協助丞相糾舉不法。(82)蘧伯玉　名瑗，春秋時衛國大夫，有德行。(83)太傅　此指教育輔導太子之官。(84)孔父　名嘉，春秋時宋國大夫。(85)詹事　官名。掌管皇后、太子家事。(86)孫叔敖　春秋時楚令尹，治民以勸導為主。(87)子產　公孫僑之號，春秋時鄭國的著名政治家，執政後實行改革，曾鑄「刑書」。(88)王慶忌　即王子慶忌，春秋時吳王僚之子，以勁捷勇猛著稱。(89)期門　皇帝的衛士，後來改稱虎賁郎。(90)夏育　戰國時衛人，相傳能力舉千鈞。(91)鼎官　殿前舉鼎的武官。(92)羿　即后羿，傳說中夏代東夷族首領，善於射箭。(93)旄頭　旄頭騎，皇帝出行時擔任警衛先驅的騎士。(94)宋萬　南宮長萬，春秋時宋閔公之臣，有勇力。(95)式道候　有左右中候三人，六百石，掌車駕之前導。(96)方今公孫丞相句　以上諸人除膠倉外，本書皆有傳。公孫丞相，公孫弘。兒大夫，兒寬。兒，即「倪」。詳見卷五十八〈兒寬傳〉。董仲舒，詳見卷五十六〈董仲舒傳〉。夏侯始昌，詳見卷七十五〈夏侯始昌傳〉。吾丘壽王、主父偃、朱買臣、嚴助、終軍、嚴安、徐樂，詳見卷六十四〈嚴朱吾丘主父徐嚴終王賈傳〉。汲黯，詳見卷五十〈汲黯傳〉。司馬遷，詳見卷六十二〈司馬遷傳〉。倫，輩。(97)辯知　口才好，聰明。知，通「智」。(98)溢　言其有餘。(99)齗齒牙三句　這三句是形容說話時的姿態，牙齒、頰肉和嘴唇都動了起來。齗，夾雜；交錯。胲，面頰上的肉。(100)擢項頤　伸長脖子。頤，下巴。(101)結股腳　很多人大腿和小腿並成一排。(102)連脽尻　很多人的手臂和屁股並成一排。脽，臂。尻，臀部。以上三句形容上述這些人朝見皇帝時的姿態。(103)遺蛇其迹　形容走路時慢悠悠的。遺蛇，同「逶迤」。從容自得貌。(104)僂旅　同「傴僂」。低頭彎腰貌。(105)不肖　謙辭。不才；不賢。(106)兼　同時具備。(107)澹辭　豐富的辭令。澹，通「贍」。豐富。

【語　譯】當時的社會風氣崇尚奢華，爭相經營工商業，農民也紛紛離開耕地。皇上閒談間問東方朔：「朕想教化百姓，有什麼辦法嗎？」東方朔回答說：「唐堯、虞舜、夏禹、商湯、周文王、武王、成王和康王等上古時代的事情，經歷了幾千年，又難以說清楚，臣不敢陳述。願意談談時間較近的文帝時代的情形，在世的老人們都見過或聽過。文帝貴為天子，富有四海，卻身穿黑色的粗綢衣服，腳穿生皮製成的鞋，用沒有飾物的牛皮帶掛著劍，鋪著蒲葦編織的席，兵器如木而無刃，衣服內填亂絮，上無文采，搜集臣民上書的布袋拼合成宮殿的帷帳；以道德高尚為美，以仁義作準則。於是天下人都仰望這一風範而形成了淳樸的風俗，顯然是受感化而養成的。現在陛下認為長安城內的宮殿還小，築起建章宮，左有鳳闕，右有神明臺，號稱千門萬戶；土木建築物上掛滿有花紋的絲織品，狗馬披上五彩毛毯；宮女們頭戴玳瑁簪，垂掛著珠璣；設置雜耍車，教練馳騁追逐，講究文采裝飾，聚集奇珍怪異之物；撞響萬石之鐘，敲擊雷霆之鼓，俳優演戲，鄭女起舞。在上位者如此淫逸奢侈，卻想讓人民不奢侈，不荒棄農業，這是難以做到的事。陛下如果能採納臣東方朔之計，撤除各種華麗的帷帳並焚燒之於四通八達的路上，退去善於奔馳的駿馬以表示不再使用，那麼就可以與堯舜盛世比政事治理了。《易經》說：『端正根本，萬事治理；失之毫釐，差以千里。』希望陛下留意省察其中的道理。」

2 東方朔雖然詼諧搞笑，但他能適時觀察皇上的情緒和臉色，直言切諫，皇上經常採納他的意見。即使是在位的三公九卿，東方朔都敢輕視嘲弄，不屈從於任何人。

3 皇上因為東方朔說話幽默而敏捷，喜歡故意提問題問他。武帝曾經問東方朔：「先生看朕是什麼樣的君主？」東方朔回答說：「就是唐堯虞舜的盛世，周成王、康王的時代，都不足以用來比喻當代。臣俯伏觀察陛下的功德，可以列在五帝三王之上。並非僅僅如此，而且陛下能招集到天下的賢士，在位的公卿大臣都是稱職的人選。就好像是任用周公、邵公為丞相，孔丘為御史大夫，姜太公為將軍，畢公高拾遺補缺，弁嚴子任衛尉，皋陶為大理，后稷為大司農，伊尹為少府，子貢出使外國，顏淵、閔子騫為博士，子夏為太常，伯益為右扶風，子路為執金吾，商契為大鴻臚，關龍逢為宗正，伯夷為京兆尹，管仲為左馮翊，魯般為將作大匠，仲山甫為光祿勳，申伯為太僕，延陵季子為水衡都尉，百里奚為典屬國，柳下惠為大長秋，史魚為司直，蘧伯玉為太傅，孔父為詹事，孫叔敖為諸侯國相，子產為郡太守，王子慶忌為期門僕射，夏育為鼎官，后羿為旄頭騎，宋萬擔任式道候。」皇上聽完便大笑起來。

4 這時朝廷有很多賢才，皇上又問東方朔：「當今的公孫丞相、兒大夫、董仲舒、夏侯始昌、司馬相如、吾丘壽王、主父偃、朱買臣、嚴助、汲黯、膠倉、終軍、嚴安、徐樂、司馬遷這些人，都聰明善辯，淵博通達，文才橫溢，先生自己掂量掂量，有什麼可以跟他們相比呢？」東方朔回答說：「臣觀察過他們的神情姿態，說話時齒牙交錯，面頰突出，搖唇吐舌，伸長脖子；站立時大腿和小腿排成一條直線，跪下時手臂與屁股連在一起；朝見時排成長長的行列；行走時彎著腰低著頭。臣雖然不成才，但還能同時具備這些先生的風度。」東方朔進言和對答言詞豐富敏捷，都是這一類的。

1 武帝既招英俊，程❶其器能❷，用之如不及❸。時方外事胡越❹，內興制度，國家多事，自公孫弘以下至司馬遷皆奉使方外❺，或為郡國守相至公卿，而朔嘗至太中大夫，後常為郎，與枚皋❻、郭舍人俱在左右，詼啁❼而已。久之，朔上書陳農戰彊國之計，因❽自訟❾獨不得大官，欲求試用。其言專商鞅、韓非❿之語也，指意⓫放蕩⓬，頗復詼諧，辭數萬言⓭，終不見用⓮。朔因著論，設客難⓯己，用位卑以自慰諭。其辭曰⓰：

2 「客難東方朔曰：『蘇秦、張儀⓱一當⓲萬乘之主⓳，而都⓴卿相㉑之位，澤及後世㉒。今子㉓大夫㉔修先王㉕之術，慕聖人之義，諷誦詩書百家之言㉖，不可勝數㉗；著於竹帛㉘，脣腐齒落㉙，服膺㉚而不釋㉛，好學樂道之效，明白甚矣；

自以智能海內無雙，則可謂博聞辯智矣。然悉力㉜盡忠以事聖帝㉝，曠日持久㉞，官不過侍郎，位不過執戟㉟，意者㊱尚有遺行㊲邪？同胞之徒㊳無所容居㊴，其故何也？』

3 「東方先生喟然㊵長息，仰㊶而應之曰：『是固非子之所能備㊷也。彼一時也，此一時也，豈可同哉？夫蘇秦、張儀之時，周室大壞，諸侯不朝，力政㊸爭權，相禽以兵㊹，并為十二國㊺，未有雌雄㊻，得士㊼者彊，失士者亡，故談說行焉㊽。身處尊位，珍寶充內，外有廩倉㊾，澤及後世，子孫長享。今則不然。聖帝流德㊿，天下震慴(51)，諸侯賓服(52)，連四海之外以為帶(53)，安於覆盂(54)，動猶運之掌(55)，賢不肖何以異哉？遵天之道，順地之理，物無不得其所；故綏(56)之則安，動之則苦；尊(57)之則為將，卑(58)之則為虜(59)；抗(60)之則在青雲之上(61)，抑(62)之則在深泉(63)之下；用之則為虎，不用則為鼠。雖欲盡節效情(64)，安知前後(65)？夫天地之大，士民之眾，竭精談說(66)，並進輻湊者不可勝數。悉力募之(67)，困於衣食，或失門戶(68)。使蘇秦、張儀與僕並生於今之世，曾不得掌故(69)，安敢望常侍郎(70)乎！故曰時異事異(71)。

4 『雖然，安可以不務(72)修身(73)乎哉！詩云：「鼓鐘于宮，聲聞于外(74)。」「鶴鳴于九皋，聲聞于天[75]。」苟能修身，何患不榮[76]！太公[77]體[78]行仁義，七十有二[79]乃設用[80]於文武[81]，得信[82]厥說，封於齊，七百歲而不絕。此士所以日夜孳孳[83]，敏行[84]而不敢怠也。辟[85]若鶺鴒[86]，飛且鳴矣。傳曰：「天不為人之惡寒而輟其冬，地不為人之惡險而輟其廣，君子不為小人之匈匈而易其行。」[87]「天有常度，地有常形，君子有常行。」「君子道其常，小人計其功。」[88]詩云：「禮義之不愆，何恤人之言[89]？」故曰：「水至清則無魚，人至察則無徒。」「冕而前旒，所以蔽明；黈纊充耳，所以塞聰。」[90]明有所不見，聰有所不聞，舉大德，赦小過[91]，無求備於一人之義[92]也。「枉而直之，使自得之；優而柔之，使自求之；揆而度之，使自索之[93]。」蓋聖人之教化如此，欲自得之。自得之，則敏[94]且廣矣。

『今世之處士[95]，魁然[96]無徒[97]，廓然[98]獨居[99]，上觀許由[100]，下察接輿[101]，計同范蠡[102]，忠合子胥[103]，天下和平，與義相扶，寡耦[104]少徒，固其宜也，子何疑於我[105]哉？若夫燕之用樂毅[106]，秦之任李斯[107]，酈食其[108]之下齊，說行如流，曲從如環[109]，所欲必得，功若丘[110]山，海內定，國家安，是遇其時也，子又何怪之邪！語曰：「以筦闚天[111]，以蠡[112]測海，以莛[113]撞鐘。」豈能通其條貫[114]，考[115]其文理[116]，發其音聲哉！繇[117]是觀之，譬猶鼱鼩[118]之襲狗，孤豚[119]之咋[120]虎，至則靡[121]耳，何功之有？今以下愚(122)而非處士，雖欲勿困，固不得已，此適足以明其不知權變(123)而終惑(124)於大道也。』」

【章　旨】以上為第七部分，寫東方朔創作〈答客難〉的背景及作品的內容。〈答客難〉從字面上講，就是回答別人的詰問。〈答客難〉的主旨雖然是抒發政治失意、懷才莫展的感慨和牢騷，但更為重要的，則在於深刻地反映了當時社會埋沒乃至摧殘人才的客觀事實。本文設為主、客問答，託辭以自解慰，顯然是繼承和發展宋玉〈對楚王問〉的形式。《文心雕龍‧雜文》說：「自〈對問〉以後，東方朔效而廣之，名為〈客難〉，托古慰志，疏而有辨。」而後來揚雄的〈解嘲〉、班固的〈答賓戲〉、張衡的〈應間〉等，無論是內容還是形式，又都是模仿〈答客難〉的。〈答客難〉堪稱東方朔最優秀的創作成果，也是西漢最好的散文賦之一。

【注　釋】❶程　衡量；品評。❷器能　器量才能。❸如不及　謂恐失之。❹外事胡越　指對外收服外族。胡，泛稱北方和西北方的民族，有時專指匈奴。越，指東南方各外族。❺方外　邊遠所在；異域。❻枚皋　卷五十一附其傳。善詼諧，好辭賦，與東方朔並稱。❼詼啁　詼諧謔笑。啁，通「嘲」。❽因　乘便。❾訟　辯訴。❿商鞅韓非　先秦法家代表人物。⓫指意　意旨；意圖。⓬放蕩　放任；不受約束。⓭辭數萬言　據《史記‧滑稽列傳》褚少孫補作云：「朔初入長安，至公車上書，凡用三千奏牘。公車令兩人共持舉其書，僅然能勝之。人主……讀之二月乃盡。」⓮見用　被採用。見，被。⓯難　詰問。⓰其辭曰　下文即著名的〈答客難〉。⓱蘇秦張儀　戰國時期著名的縱橫家。蘇秦主張合縱，張儀主張連橫，遊說各國，都取得了成功。《史記》對蘇秦的傳記有誤，據今人考證，蘇秦晚於張儀二三十年，他的活動年代大約和燕昭王同時。⓲當　投合。⓳萬乘之主　戰國時，大國兵車萬乘（四馬一車為一乘），故萬乘之主即泛指大諸侯國的君主。⓴都　居。猶今天口語「當上了」。㉑卿相　戰國時僅次於國君的職位。蘇秦為齊客卿，張儀為秦相。㉒澤及後世　得到的恩德延續到子孫後代。澤，恩德；好處。㉓子　古代對男子的尊稱。㉔大夫　官位，漢代已可作為對一般官員的通稱。㉕先王　泛指前代聖明的君主。

㉖詩書百家之言　泛指各種書籍，各派學說。㉗不可勝數　《文選》作「不可勝記」。㉘竹帛　竹簡和白絹。在沒有紙張的時代，書寫於其上。㉙脣腐齒落　形容東方朔諷誦極多，以致嘴脣磨爛了，牙齒念掉了。《史記》中無此句。㉚服膺　謹記於心；衷心信服。㉛釋　放棄。㉜悉力　盡全力。㉝聖帝　最英明的皇帝，指漢武帝。㉞曠日持久　經歷了很長時間。㉟執戟　由郎官充任的持戟警衛門戶的郎級官員。㊱意者　揣測；尋思。㊲遺行　可遺棄之行；尚有過失之行。㊳同胞之徒　本指親兄弟。此處指同輩。㊴無所容居　指沒有得到照顧。容居，安置；居住。㊵喟然　長歎的樣子。㊶仰　昂起頭來。㊷備　盡，此處為「完全理解」之意。㊸力政　用武力相征伐。政，通「征」。㊹相禽以兵　用武力相互攻擊。禽，通「擒」。㊺十二國　戰國時，除齊、楚、燕、趙、韓、魏、秦等七雄外，尚有魯、衛、宋、鄭、中山五國，共十二諸侯。㊻雌雄　這裡作勝負解，雄為勝，雌為負。㊼士　古代四民之一。指農工商以外學道藝、習武勇的人。戰國時期士階層崛起，成為各國統治者的有力支柱。㊽故談說行焉　此句《史記》作「故說聽行通」。說，說客，此指縱橫家。㊾廩倉　穀藏曰倉，米藏曰廩。㊿聖帝流德　聖明皇帝的威德流布天下。(51)震懾　震驚害怕。(52)賓服　順服。賓，服。(53)連四海之外以為帶　四海之內就像被四海連成的長帶牢牢地捆在一起。帶，如帶之相連。(54)安於覆盂　謂不可傾搖，比喻國家政權非常穩固。覆盂，倒扣著的盂。《史記》、《文選》此句下尚有「天下均平，合為一家」八字。(55)動猶運之掌　採取任何行動都像掌握在自己手中一樣。顏師古注曰：「言至易。」《文選》作「動發舉事，猶運之掌」。(56)綏　安；撫慰。(57)尊　此處意為提拔。(58)卑　此處意為貶謫。(59)虜　奴隸，此指囚犯。(60)抗　捧；抬。(61)青雲之上　極言其高。(62)抑　貶抑；壓制。(63)深泉　《文選》作「深淵」。深泉之下，極言其低。(64)效情　獻出忠誠。情，通「誠」。真誠；忠誠。(65)前後　指受重用或遭壓抑。(66)談說　《史記》和《文選》均作「馳說」。義同，即議論，此指遊說。(67)悉力募之　竭盡全力追求。募，追求。(68)或失門戶　找不到進身的門路；一說指獲罪而喪失家室。(69)掌故　官名。記載宮廷舊事的小吏，為宮廷中最低級的官員。(70)常侍郎　《文選》無「常」字。「常」字當刪，《漢書補注》引宋祁說。《史記》作「常侍、侍郎」。(71)時異事異　時代不同，情勢也不同。(72)務　致力於。(73)修身　提高自身的修養。(74)鼓鐘于宮二句　見《詩經・小雅・白華》。鼓，敲打。鐘，編鐘。引文二句意為，雖然在屋裡敲鐘，聲音卻傳到屋外很遠。比喻有所作為，人們便能知道。(75)鶴鳴于九皋二句　見《詩經・小雅・鶴鳴》。九皋，幽深的水澤。比喻地位低下而聲音響徹高遠。(76)榮　此處指被提拔重用。(77)太公　即姜太公呂望，殷末周初輔佐周武王滅紂的政治家。(78)體　《史記》作「躬」，均作親身解。(79)七十有二　謂七十二歲。(80)設用　重用。設，施也。(81)文武　周文王、周武王。(82)信　通「伸」。施展。(83)孳孳　同「孜孜」。努力不怠。(84)敏行　勤奮努力。敏，勉。《史記》作「修學行道不敢止」，《文選》作「修學敏行」。

(85)辟　通「譬」。(86)鶡鴒　鳥名。體小，尾長，頭黑額白，常在水邊捕食昆蟲。(87)傳曰四句　引文見《荀子・天論》。此「傳」乃《荀子》。輟，停止。匈匈，喧譁之聲。(88)天有常度五句　見《荀子・榮辱》，文字略有出入。常，恆久。度，道；規律。行，德行；操守。道，《禮記・射義》注：「道，猶行也。」功，此指功利。(89)禮義之不愆二句　顏師古注曰：「逸詩也。」愆，過失。恤，憂。(90)水至清則無魚六句　文見《大戴禮記・子張問入官》。至清，清到極點。至察，苛刻挑剔別人的毛病。察，苛察。徒，眾也。冕旒，冕是古代大夫以上官員的禮冠。頂上有長方形木板，名叫延。延的前端有用珠玉貫串而成的組纓，名叫旒。冕旒是分等級的，天子十二旒，諸侯九旒，上大夫七，下大夫五。宋代以下，臣下皆不用冕，成為天子的專服。黈纊，把絲棉染成黃色後搓成小球，掛在冠兩邊，遮蔽耳朵，表示不聽信讒言廢話。(91)舉大德二句　顏師古注引《論語・子路》云：「子曰：『先有司，赦小過，舉賢才。』」舉，提拔；推賞。赦，免除；原諒。(92)無求備於一人之義　顏師古注引《論語・微子》之語：「周公謂魯公曰：『君子不施其親，不使大臣怨乎不以。故舊無大故，則不棄也。無求備於一人！』」求備，求全責備。備，完美無缺。(93)枉而直之六句　文見《大戴禮記・子張問入官》。枉而直之，別人有邪惡行為，便匡正他。枉，邪；曲。直，正，這裡用使動用法。優柔，用寬容的態度感化人。揆度，度量；估量。索，求也。(94)敏　敏捷；迅速。(95)處士　隱居不仕而又有才能的人。(96)魁然　突出無依靠的樣子。魁，「塊」的借字，所以《文選》直書作塊。(97)徒　徒眾；黨羽。(98)廓然　孤獨而安定的樣子。(99)居　《史記》作「處」，意同。(100)許由　堯時的處士。傳說堯讓給他天下，他拒不接受，而且跑到水邊洗耳朵。(101)接輿　姓陸名通，字接輿，春秋時楚國隱士。佯狂，匿跡不仕。(102)范蠡　春秋時越國大夫，輔佐越王句踐滅吳稱霸，功成而退。(103)子胥　伍子胥，姓伍名員，字子胥，春秋時楚國人。忠諫，至死不易。(104)耦　通「偶」。伴侶；志同道合的人。《史記》和《文選》作「偶」。(105)我　《史記》作「余」，《文選》作「予」。意同。(106)樂毅　戰國時著名將領，輔佐燕昭王復興燕國。(107)李斯　楚國上蔡人，西仕於秦。佐秦始皇統一天下，被封為丞相，是秦朝最著名的政治家。(108)酈食其　西漢陳留高陽人，歷史上著名的說客，被劉邦封為廣野君，遊說齊王田廣歸漢。詳見卷四十三〈酈食其傳〉。(109)曲從如環　從容聽從，像圓環一樣毫無掛礙。(110)丘　土山。(111)以筦闚天　比喻探察事物的手段和能力與事物的要求相距太遠。以下二喻，其意相同。筦，「管」的異體字。(112)蠡　葫蘆瓢。(113)莛　草莖。(114)條貫　條理，猶層次，脈絡。(115)考　研究。(116)文理　猶紋理，脈絡。(117)繇　通「由」。(118)鼱鼩　小鼠名。即今俗稱地老鼠的一種。(119)孤豚　一隻小豬。豚，小豬。(120)咋　啃咬。(121)靡　通「糜」。碎滅。(122)下愚　《論語・陽貨》：「唯上智與下愚不移。」此指不可教誨的蠢才。(123)權變　隨機應變。(124)惑　迷惑。

【語譯】武帝既招延英俊之士，衡量他們的器量才能，進用而擔心失掉他們。當時，正對外從事收服胡越之事，對內制定各種法令制度，國家政事繁多，自公孫弘以下至司馬遷等人都奉命出使到方域之外，或者擔任郡太守、諸侯國相以至公卿大臣，而東方朔雖然曾官至太中大夫，後來卻經常擔任郎官，與枚皋、郭舍人俱在皇上左右，詼諧搞笑而已。過了很久，東方朔上書陳述發展農業和用兵作戰的強國之計，乘機申辯說唯獨自己沒有做大官，想請求試用。他的言論專門闡述商鞅、韓非的學說，意旨放任，又十分詼諧，言詞有幾萬字，但最終沒有被採用。東方朔因此寫了一篇文章，假託客人詰問自己，自己則用位卑辯解，從中獲得自我安慰。那篇文章說：

2 「客人詰問東方朔道：『蘇秦、張儀一旦投合萬乘大國的君主，便都取得了卿相的官位，恩澤傳到後世。現在您老先生學習前代聖王的治國之術，仰慕聖人的道德情操，閱讀吟誦《詩經》、《書經》和百家著作，數量不可勝記；在竹簡和白絹上著書立說，磨壞嘴唇牙齒來宣揚自己的主張，衷心信服，從不放棄，您愛好學習孜孜追求真理的表現是非常明顯的了；您自認為智謀才能海內無雙，那麼可以說是知識淵博、能言善辯、聰明絕頂了。可是您忠心耿耿傾盡全力侍奉聖明的皇帝，經過了漫長的歲月，而官職卻沒有超過侍郎，地位不超過執戟，我猜想恐怕您有失於檢點的舉止吧？您的同輩友朋也沒有得到照顧安置，這原因何在呢？』

3 「東方先生感慨地長歎了一聲，昂起頭來回答說：『這本來就不是您能完全理解的。過去是一種時代，現在又是一種時代，難道可以等同嗎？那蘇秦、張儀的時代，周朝大亂，諸侯不去朝見天子，用武力爭奪政權，互相吞併，兼併成為十二個諸侯國，難分勝負高下，得到人才的就強大，失去人才的便衰亡，所以遊說諸侯十分盛行。遊說之士取得尊顯的官位，家裡充滿珍寶，室外廣建糧倉，君主的恩澤傳到後代，子孫長久享受。現在的局勢就不是這樣了。聖明皇帝的威德流布四方，天下震驚敬畏，諸侯臣服，四海之外的異族也歸順朝廷，就像連成的長帶緊緊地捆在一起。國家政權穩固得超過覆蓋著的缽盂，皇上採取任何行動都像在手掌裡運轉東西一樣容易，在這種情勢下，賢才和庸才靠什麼區別呢？朝廷遵循天地運行的規律，萬物無不得到合適的安排；至於人嘛，撫慰他就可使其享受安樂，役使他則會令其歷盡困苦；提拔他可以榮任將軍，貶低他則成為奴隸；抬舉他可攀升至青雲之上，壓制他則沉入深淵之下；任用他可成為一隻猛虎，拋棄他則變成一隻老鼠。雖然想竭心盡職奉獻忠誠，又怎能預知自己的前程與後果？天地如此之大，士人、百姓如此之多，費盡心思進行遊說，聚集到京城謀求仕進的人不可勝數。很多人竭盡全力追求，卻缺衣少食，或者找不到進身的門路。如果讓蘇秦、張儀和我同時生活在現代，他們恐怕連個掌故官都撈不上，又怎麼敢期望做常侍郎呢！所以說，時代變化了，事態也就不同了。

4 「『雖然如此，又怎麼可以不努力加強自身修養呢！《詩經》說：「在室內敲鐘，聲響傳到室外。」「鶴在深澤鳴叫，叫聲傳到天空。」如果能夠提高自身修養，何必擔心不被提拔重用！姜太公親自履行仁義，七十二歲了才受到周文王、武王的重用，得以施展自己的抱負，被分封到齊國，傳國七百年沒有斷絕。這就是賢士日夜不息，勤奮努力而不敢懈怠的原因。正像那鶺鴒鳥，一邊飛一邊叫，不敢停歇啊。《荀子》中說：「上天不因為人們厭惡寒冷而遺棄冬天，大地不因為人們討厭險阻而廢棄廣闊，君子不因為小人議論紛紛而改變操守。」「上天有永久的法度，大地有恆定的形態，君子有正常的操行。」「君子遵行正常的規範，小人只計較一時的功利。」《詩經》說：「禮義不違背，哪怕別人說？」所以古人說：「水至清則無魚，人至察則無徒。」「禮冠前面垂掛一串串玉珠，是為了不看得太清楚；帽子兩側的耳旁掛著一個黃色絲絮小球，是為了不聽得太明白。」眼光敏銳也有不要細看的地方，聽力靈敏也有不需聆聽的聲音，肯定別人的大節，寬容別人的小過，這就是不要對一個人求全責備的意思。「別人有邪惡行為，就匡正他，讓他自己省悟；用寬容的態度感化他，讓他自己尋求正路；考察別人的才德，因材施教，讓他自己不斷探索。」大概聖人教化之法就是這樣，想使別人自我省悟，加強修養。一旦覺悟了，他就會勤奮努力，前程廣闊。

5 「『現在社會上那些隱居不仕的人，行為獨特而不結交黨羽，為人孤獨而處之泰然，遠古效法許由，近世學習接輿，計謀跟范蠡相同，忠誠與伍子胥相符，天下和樂太平，他們遵守道義，缺少朋輩黨徒，本來就是應該的啊，您對我有什麼懷疑呢？至於燕國任用樂毅，秦王信用李斯，酈食其說服齊王歸漢，他們的遊說之辭被採納，像流水那麼自然，如圓環滾動那般容易，想要什麼就可以得到，功勞像山丘那樣大，天下平定，國家安全，這是碰上了好時運，您又奇怪什麼呢！俗話說：「用竹管看天，用瓜瓢測海，用草莖撞鐘。」這難道可以把握天的系統，了解海的狀況，使鐘發出聲音嗎！由此看來，您就像地鼠襲擊猛狗，一頭小豬去咬老虎，一碰上就會被消滅，還會有什麼功效？現在您憑著下等智力卻非難隱居的賢士，即使想不困窘，也是根本不可能的，這正好說明您不知權變，不懂得大道理。」

1 又設非有先生❶之論，其辭曰：

2 「非有先生仕於吳❷，進不稱往古以厲❸主意，退不能揚君美以顯其功，默然無言者三年矣。吳王怪而問之，曰：『寡人❹獲先人之功，寄於眾賢之上，夙興夜寐❺，未嘗敢怠也。今先生率然❻高舉❼，遠集❽吳地，將以輔治寡人❾，誠竊嘉之，體不安席，食不甘味，目不視靡曼❿之色，耳不聽鐘鼓之音，虛心定志欲聞流議⓫者三年于茲矣。今先生進無以輔治，退不揚主譽，竊⓬不為先生取之也。蓋懷能而不見⓭，是不忠也；見而不行，主不明也。意者⓮寡人殆不明乎？』非有先生伏而唯唯⓯。吳王曰：『可以談矣，寡人將竦意⓰而覽⓱焉。』先生曰：『於戲⓲！可乎哉⓳？可乎哉？談何容易⓴！夫談有悖㉑於目拂㉒於耳謬㉓於心而便於身者，或有說㉔於目順於耳快於心而毀於行㉕者，非有明王聖主，孰㉖能聽之？』吳王曰：『何為其然也？』「中人已上可以語上也㉗。」先生試言，寡人將聽焉。』

3 「先生對曰：『昔者關龍逢(28)深諫(29)於桀，而王子比干(30)直言於紂，此二臣者，皆極慮盡忠(31)，閔(32)主澤(33)不下流(34)，而萬民騷動(35)，故直言其失，切諫其邪者，將以為君之榮，除主之禍也。今則不然，反以為誹謗君之行，無人臣之禮，果紛然傷於身，蒙不辜之名(36)，戮及先人(37)，為天下笑。故曰談何容易！是以輔弼(38)之臣瓦解，而邪諂之人並進，遂及蜚廉、惡來革(39)等。二人皆詐偽(40)，巧言利口(41)以進其身，陰奉(42)琱瑑刻鏤之好(43)以納(44)其心。務快耳目之欲(45)，以苟容(46)為度(47)，遂往不戒(48)，身沒被戮，宗廟崩阤(49)，國家(50)為虛(51)，放(52)戮(53)賢聖，親近讒夫(54)。詩不云乎？「讒人罔極，交亂四國(55)」，此之謂也。故卑身賤體(56)，說色微辭(57)，愉愉(58)呴呴(59)，終無益於主上之治，則志士仁人不忍為也。將儼然作矜嚴(60)之色，深言直諫，上以拂(61)主之邪，下以損(62)百姓之害，則忤(63)於邪主之心，歷(64)於衰世之法。故養壽命之士(65)莫肯進也，遂居深山之間，積土為室，編蓬(66)為戶，彈琴其中，以咏先王之風(67)，亦可以樂而忘死矣。是以伯夷叔齊(68)避周，餓于首陽(69)之下，後世稱其仁。如是，邪主之行固足畏也，故曰談何容易！』」

4 「於是吳王懼然(70)易容，捐(71)薦(72)去几(73)，危坐(74)而聽。先生曰：『接輿避世，箕子[75]被髮[76]陽狂[77]，此二人者，皆避濁世以全其身者也。使遇明王聖主，得清燕[78]之間[79]，寬和之色[80]，發憤畢誠[81]，圖畫[82]安危，揆度得失，上以安主體，下以便萬民，則五帝三王之道[83]可幾[84]而見也。故伊尹蒙恥辱負鼎俎和五味以干湯[85]；太公釣於渭之陽[86]以見文王。心合意同，謀無不成，計無不從，誠得其君也。深念遠慮，引義以正其身[87]，推恩以廣其下，本仁祖義[88]，褒[89]有德，祿[90]賢能，誅惡亂，總遠方[91]，一統類[92]，美風俗，此帝王所由昌也。上不變天性[93]，下不奪人倫[94]，則天地和洽，遠方懷[95]之，故號聖王。臣子之職既加矣，於是裂地定封，爵為公侯[96]，傳國子孫，名顯後世，民到于今稱之，以[97]遇湯與文王也。太公、伊尹以如此，龍逢、比干獨如彼，豈不哀哉！故曰談何容易！』

「於是吳王穆然[98]，俛[99]而深惟[100]，仰而泣下交頤[101]，曰：『嗟乎！余國之不亡也，緜緜連連[102]，殆[103]哉，世之不絕也！』於是正明堂之朝[104]，齊君臣之位[105]，舉賢材，布德惠，施仁義，賞有功；躬節儉，減後宮之費，損車馬之用；放鄭聲[106]，遠佞人[107]，省庖廚，去侈靡；卑宮館，壞苑囿，填池塹[108]，以予貧民無產業者；開內臧，振[109]貧窮，存[110]耆老，卹孤獨；薄賦斂，省刑辟[111]。行此三年，海內晏然[112]，天下大洽[113]，陰陽和調[114]，萬物咸得其宜；國無災害之變，民無飢寒之色，家給人足，畜(115)積有餘，囹圄(116)空虛；鳳皇來集，麒麟在郊，甘露既降，朱草萌牙(117)；遠方異俗之人鄉(118)風慕(119)義，各奉其職(120)而來朝賀。故治亂之道，存亡之端(121)，若此易見，而君人者莫肯為也，臣愚竊以為過。故詩云：『王國克生，惟周之楨，濟濟多士，文王以寧(122)。』此之謂也。」

6 朔之文辭，此二篇最善。其餘有封泰山、責和氏璧及皇太子生禖(123)、屏風、殿上柏柱、平樂觀賦獵，八言、七言上下(124)，從公孫弘借車(125)，凡劉向所錄(126)朔書具是矣。世所傳他事皆非也(127)。

【章旨】以上為第八部分，內容為東方朔的〈非有先生論〉和班固對其著述的簡要評語。〈非有先生論〉假託非有先生進諫吳王的故事，闡發進諫難而納諫更難的道理，以及察言納諫的重要性。〈非有先生論〉具有很強的現實主義精神，即使在今天，它對我們傾聽不同意見，接受正確的批評，仍然具有十分重要的借鑑意義。

【注釋】❶非有先生　虛擬的人名，猶如司馬相如賦中的「烏有先生」、「亡是公」。下文為〈非有先生論〉。❷吳　國名。漢初同姓諸侯王國。高祖十二年（西元前一九五年）改荊國為吳國，封姪劉濞為吳王，都廣陵（今江蘇揚州西北）。轄東陽、彰郡、會稽三郡五十三城。此處非確指，無、吳同音，藉以表示為假設的人物。❸厲　《文選》、《藝文類聚》「不」下面有「能」字，「厲」作「廣」。厲，通「勵」。激勵。❹寡人　古代君主的謙稱，意為寡德之人。❺夙興夜寐　早起晚睡。夙，早晨。❻率然　輕舉之貌。❼高舉　高飛。❽集　本指鳥類停在樹木上。此指到達。❾輔治寡人　幫助寡人治理國家。❿靡曼　《呂氏春秋》注為「細理弱肌，美色也」。此指女色。⓫流議　顏師古注曰：「流，末流也，猶言餘論。」⓬竊　私下。謙詞。⓭見通「現」。顯露。⑭意者　尋思起來。⑮唯唯　古代非常恭敬的應答聲。⑯竦意　滿懷期待的心情。竦，企待。⑰覽　聽。⑱於戲　同「嗚呼」。感歎詞。⑲可乎哉　難道可以嗎。乎、哉連用，表達否定性的疑問語氣，意思是不可以。⑳談何容易　謂談說論議並非易事。㉑悖　逆；違背。㉒拂　違戾。㉓謬　不合；違背。㉔說　通「悅」。使快樂。㉕毀於行　敗壞人的德行。㉖孰　誰。㉗中人句　見《論語・雍也》。意為：中等以上資質的人，就可以與其談高深的道理。這裡吳王用以自謙。㉘關龍逢　《潛夫論・志氏姓》：「豢龍逢以忠諫，桀殺之。」關是豢的借字，古豢龍氏之後。㉙深諫　力諫；切諫。㉚王子比干　商末賢臣比干，商紂王的叔父（一說庶兄），因進諫而被紂王剖心。㉛極慮盡忠　用盡了全部的智慧和忠誠。㉜閔　通「憫」。憂傷。㉝主澤　君主的恩澤。㉞下流　普及到下層民眾。㉟騷動　暴動，此指造反起義。㊱蒙不辜之名　遭受無罪之禍。蒙，遭受。不辜，無罪。不辜之名，沒有罪而得的罪名。㊲戮及先人　連祖先都蒙受恥辱。《禮記》鄭玄注曰：「戮，猶辱也。」一說作「殺」。㊳輔弼　佐助。㊴蜚廉惡來革　商紂王之臣，皆邪佞之徒。蜚，古「飛」字。《史記》以惡來革為蜚廉之子。但《文選》李善注卻認為革是另外一個人，並引《說苑》「子石曰：『費仲、惡來、革長鼻決目，崇侯虎順紂之心，欲以合于意。武王伐紂，四子身死牧之野。』」為證。㊵二人皆詐偽　此句《文選》作「三人皆詐偽」。㊶巧言利口　花言巧語，能說會道。㊷陰奉　暗中進獻。㊸琱瑑刻鏤之好　金玉等玩好之物。琱瑑，在玉石上雕刻花紋。琱與「雕」同。瑑，指雕刻瑑紋或文字。刻鏤，指在金屬上雕刻花紋。㊹納　結納；討好。㊺耳目之欲　耳聽音，目視色。指對音樂和美女的貪欲。㊻苟容　苟且取容。㊼度　準則。㊽遂往不戒　謂不以遂往之事為戒。㊾阤　崩頹。㊿國家　此泛指國之所居，即國都。(51)虛　通「墟」。廢墟。(52)放　放逐。(53)戮　屠殺。(54)讒夫　讒人；專說別人壞話的人。(55)讒人罔極二句　見《詩經・小雅・青蠅》。此謂讒人挑起矛盾，擾亂四方。罔，無；沒有。極，止；窮盡。四國，四方各諸侯國。(56)卑身賤體　此指行為舉止卑賤猥瑣。(57)說色微辭　討好的臉色，卑下的言辭。說，通「悅」。微辭，為討好人而說的卑賤話。微，卑賤。一說當作「媺」，美也。(58)愉愉　和悅貌。(59)呴呴　語言溫和貌。(60)矜嚴　端莊嚴肅。(61)拂　與「弼」同，輔佐。(62)損　減少。(63)忤　逆；違反。(64)歷　罹；遭受。(65)養壽命之士　愛民生命追求長壽的人，此指隱士。(66)蓬　蓬蒿，古時也常稱飛蓬。(67)風　詩歌樂曲。(68)伯夷叔齊　商朝末年孤竹國君之子，因反對武王伐紂，恥食周粟，餓死於首陽山。(69)首陽　首陽山。其說不一，一般認為在今山西永濟南。(70)懼然　失守的樣子。(71)捐　撤除。(72)薦　草席。古人席地而坐，身下所鋪的草席叫薦。(73)几　古人席地而坐時有靠背的坐具。(74)危坐　直起身把臀坐在雙腳跟上。危，高。(75)箕子　本名胥餘，商末賢臣。封於箕（今山西太谷東北），因勸諫紂王被囚禁。(76)被髮　披頭散髮。被，通「披」。(77)陽狂　假裝發狂。陽，通「佯」。(78)清燕　清閒。燕，通「宴」。安寧。

(79)閒　閒暇。(80)寬和之色　寬容和氣的態度。(81)畢誠　獻上全部的忠誠。畢，盡。(82)圖畫　計劃；謀劃。(83)五帝三王之道　泛指古代最聖明的治國大道。(84)幾　接近；差不多。(85)伊尹句　伊尹為接近商湯，充任商湯之妻有莘氏女的陪嫁奴隸，背著烹調用的鼎俎拜見商湯，用調和五味比喻治理天下，終於獲得商湯信任。俎，割肉切菜用的砧板。干，求。(86)渭之陽　渭水的北岸。(87)正其身　使本身行為正直。(88)本仁祖義　以仁為本，以義為始。(89)褒　表彰。(90)祿　給予俸祿。(91)總遠方　使遠方統統來歸。總，聚；合。(92)一統類　統一綱紀。(93)天性　指人先天具有的品質或性情。(94)人倫　古代社會中人與人禮教所規定的君臣、父子、夫婦、兄弟、朋友及各種尊卑長幼關係。(95)懷　感恩歸附。(96)爵為公侯　周初分封諸侯，定公、侯、伯、子、男五等爵位。(97)以　因為；由於。(98)穆然　猶默然。靜思貌。(99)俛　同「俯」。(100)惟　思考。(101)泣下交頤　淚流滿面。頤，下巴。(102)緜緜連連　延續不絕。(103)殆　危險。(104)正明堂之朝　端正朝政綱紀。明堂，古代帝王宣明政教的地方。《辭源》：「明政教之堂。古代祀上帝，祭先祖，朝諸侯，養老尊賢，凡關于大典禮者，皆于此行之。」(105)齊君臣之位　使君臣各正其位。(106)鄭聲　鄭國的音樂。其特點是「淫」，所以鄭聲就成了靡靡之音的代稱。(107)遠佞人　斥逐諂佞之徒。(108)池塹　護城河和壕溝。(109)振　通「賑」。救濟。(110)存　問候；撫恤。(111)刑辟　刑罰。辟，法律。(112)晏然　安定。(113)洽　和諧；融洽。(114)陰陽和調　古人認為天地萬物都由陰陽二氣構成。二氣和調就會風調雨順，人壽年豐，萬物發育。(115)畜　通「蓄」。(116)囹圄　監獄。(117)鳳皇來集四句　古人把鳳凰、麒麟、甘露、朱草等看作是祥瑞之物，國政修明，這些東西就會出現。朱草，一種可作染料的紅色草。萌牙，草木初生。牙，通「芽」。(118)鄉　通「嚮」。嚮往。(119)慕　效法。(120)奉其職　奉獻他們的貢物。(121)端　原由。(122)王國克生四句　引自《詩經・大雅・文王》。此謂文王之所以能夠建國，就因為周朝有棟梁之才，也正因為有了這眾多賢才，文王才得到安寧。克，能。楨，骨幹人員。濟濟，眾多。(123)皇太子生禖　東方朔作〈禖祝〉，見卷六十三〈武五子傳〉。禖，古代為求子而祭神叫禖祭，所祭之神亦稱禖。(124)八言七言上下　八言、七言詩，各有上下篇。沈欽韓曰：「《楚辭章句》有東方朔〈七諫〉，疑即「八言、七言」；不然，不應遺于劉向也。」又，《御覽》三百五十有東方朔〈對驃騎難〉。(125)從公孫弘借車　陳直認為：「《藝文類聚》卷九十六，有公孫弘〈答東方朔書〉，文已不全，疑即答借車書者。」(126)劉向所錄　謂劉向《別錄》所載。劉向，楚元王劉交的後代。漢成帝時奉命校定古籍，每校定一書，即寫出提要，稱為《別錄》，共二十卷，今已佚，後人輯有片斷。詳見卷三十六〈劉向傳〉。(127)世所傳句　卷三十〈藝文志〉雜家類著錄有東方朔作品二十篇，今已大部散佚。除本傳所錄〈答客難〉、〈非有先生論〉等外，還存〈七諫〉一篇。今人傅春明輯有《東方朔作品輯注》（齊魯書社，西元一九八七年）。託名他所作的《神異經》、《海內十洲記》等則是偽書。他事，指有關東方朔的各種傳聞逸事，如《東方朔別傳》所載的故事。褚少孫所補《史記・滑稽列傳》中的個別故事亦為班固所不取。

【語譯】 東方朔又寫了〈非有先生論〉，文章說：

2 「非有先生在吳國做官，上朝時不能稱述往古來激勵君主的意志，平日裡不能頌揚君主的美德來顯明其功業，沉默不語已經三年了。吳王感到奇怪，問他道：『寡人繼承祖先的功業，統領眾多賢才，早起晚睡，從來不敢懈怠。如今先生颯然高飛遠揚，從遠處來到吳國的土地上，準備輔佐寡人治理國家，寡人私下裡真感到高興，不敢睡安穩覺，不敢吃甜美的食物，眼睛不看靡麗浪漫的美色，耳朵不聽鐘鼓的聲音，虛心專意想聆聽您即便是偶爾發表的高談餘論，至今已經三年了。現在先生在朝不能輔佐寡人治理國家，家居不能弘揚君主的聲譽，寡人私下裡認為先生的表現不可取。胸懷才能而不表現出來，這是不忠誠；表現出才能而不施展，這是君主不英明。猜想起來，大概是寡人不英明吧？』非有先生拜伏在地恭敬地應答。吳王說：『您可以談了，寡人期待您發表高論並準備接受它。』先生說：『啊喲！可以嗎？可以嗎？談論哪有那麼容易！談論，有的不順眼、不悅耳、不如意卻對人有益，有的看著順眼、聽著悅耳、想著愜意卻會敗壞人的德行，如果沒有聖明的君主，誰能聽從辨別呢？』吳王說：『為什麼會這樣呢？「中等以上資質的人就可以跟他談高深的道理。」先生試著說說，寡人將會聽從的。』

3 「非有先生回答說：『從前關龍逢極力勸諫夏桀，王子比干直言規勸商紂，這兩位大臣都傾盡全力苦心思考，獻出全部智慧和忠誠，憂慮君王的恩澤不能普及到民間，而引起百姓騷動，所以才直言他們的過失，極力勸阻他們的邪惡行為，這是為了君王的榮耀，消除君王的禍患。如今卻不是這樣，忠心進諫反而被認為是誹謗君王的行為，沒有臣下的禮節，招來殺身之禍，蒙受冤屈的罪名，連祖先都受到侮辱，被天下人恥笑。所以說，談論哪有那麼容易！因此，輔弼大臣土崩瓦解，而讒邪小人躋身朝政，於是引來蜚廉、惡來革等。這兩人都是奸詐虛偽的小人，靠巧言利口謀取官位，暗中奉獻種種精雕巧刻的玩物來滿足紂王的貪欲。紂王一心追求耳目聲色的享受，苟且取容，一意孤行而不知戒慎，直至身死被戮，宗廟崩毀，國都成為廢墟，放逐殺戮聖賢，親近讒佞小人，後果不堪設想。《詩經》不是說過嗎？「讒人說話沒完沒了，交替擾亂四方各國」，說的就是這種情況。所以說，卑躬屈膝、作揖打恭的體態，討好的臉色，卑下的言詞，臉色和而言語順，最終對於君主治理天下是毫無益處的，故志士仁人不忍心這樣做。如果一本正經，臉色端莊嚴肅，分析深刻，直言規勸，對上糾正君主的邪惡，對下減少百姓的禍害，那就會抵觸昏君的心意，遭受亂世的法網。所以保養壽命的人士沒誰肯做官，便居住在深山裡，築土造房子，用茅草編門戶，在裡面彈琴歌唱先王的詩歌，也可以快樂忘死啦。因此伯夷、叔齊避開周朝的統治，餓死在首陽山下，後世稱他們是仁人。這樣看來，昏君的行為本來令人可怕啊，所以說，談論哪有那麼容易！』

4 「這時吳王敬畏地改變了臉色，撤除草墊和几案，直起身來端坐靜聽。非有先生說：『接輿躲避黑暗的政治，箕子披散頭髮裝瘋，這兩位賢人都是逃避汙濁社會來保全自身的人。如果讓他們遇上聖明的君主，得到君王清閒的機會進言，受到君主寬容的對待，他們就能夠努力奉獻出全部忠心，籌劃天下的安危，審察政治的得失，上能使君主統治安定，下可讓萬民生活便利，那麼五帝三王的盛世就差不多可以出現了。所以伊尹自願蒙受做陪嫁奴隸的恥辱，背著鼎俎，調和五味，求見並說服商湯；姜太公在渭水的北岸釣魚，從而遇見周文王。君臣之間志同道合，謀劃沒有不成功的，計策沒有不聽從的，真是遇上了好君主啊。商湯和文王深謀遠慮，引用道義來匡正自身，廣施恩德來擴充屬下，以仁義為根本，褒獎有德行的人，任用賢能之士，誅殺為惡作亂之徒，使遠方異族統統前來歸服，統一綱紀，美化社會風俗，這就是帝王昌盛的必由之路。上不改變人的本性，下不擾亂尊卑長幼等人倫關係，就能使天下和洽，遠方人民感恩歸服，所以被稱為「聖王」。伊尹和姜太公盡到了臣子的職責，朝廷便劃分土地，確定封國，賜給公侯爵位，子孫世襲，名揚後世，百姓至今還讚美他們，這是因為他們遇上了商湯、文王啊。伊尹和姜太公如此榮耀，而關龍逢、比干卻那樣悲慘，難道不令人哀憐嗎！所以說，談論哪有那麼容易！』

5 「這時吳王神色嚴肅沉默不語，低下頭沉思，又抬起頭淚流滿面地說：『唉！寡人的國家沒有滅亡，延續不絕，可是很危險啊，雖然世代沒有斷絕！』於是端正朝政綱紀，明確君臣的職分，擢用賢才，布施仁德恩惠，賞賜有功之人；親自推行節儉，削減後宮的費用，減省車馬的用度；禁止淫蕩的鄭國音樂，斥退阿諛諂佞的小人，減少廚房的山珍海味，去除奢侈的風氣；降低宮殿館所的規模，毀掉豢養禽獸的苑囿，填平壕溝池沼，把土地分給沒有產業的貧民；打開宮中倉庫，賑濟貧窮百姓，慰問老年人，撫恤孤獨鰥寡；減輕賦稅，減少刑罰。這些措施實行了三年，全國安定，天下和諧，陰陽調和，萬物都得到恰當的歸宿；國家沒有發生災害怪異，百姓沒有飢寒之色，家給人足，積蓄有餘，牢獄空虛；鳳凰飛來棲息，麒麟來到郊野，甘露降臨，朱草萌芽；不同風俗的遠方居民嚮往風化、羡慕仁義，各自奉獻他們的貢物來朝賀。所以國家治理或混亂、存續或衰亡的道理，就是像這樣顯而易見，可是做國君的人沒有誰肯去實踐，我私下認為這是錯誤的。所以《詩經》說：『周文王之所以能夠建國，就因為周朝有棟梁之才，正因為有了這眾多賢才，文王才得以安寧。』說的就是能任用賢才的好處。」

6 東方朔的文章，以這兩篇最好。其餘有〈封泰山〉、〈責和氏璧〉和〈皇太子生禖〉、〈屏風〉、〈殿上柏柱〉、〈平樂觀賦獵〉，八言詩上下集、七言詩上下集和〈從公孫弘借車〉等。凡是劉向所著錄的東方朔著作都是可靠的。社會上所流傳的其他事跡，都是不可信的。

贊曰：劉向言少時數問長老❶賢人通於事及朔時者❷，皆曰朔口諧倡辯❸，不能持論❹，喜為庸人❺誦說，故令後世多傳聞者。而揚雄亦以為朔言不純❻師，行不純德，其流風遺書蔑如❼也。然朔名過實者，以其詼達多端，不名一行❽，應諧似優❾，不窮似智，正諫似直，穢德似隱❿。非夷齊⓫而是柳下惠⓬，戒其子以上容⓭：「首陽⓮為拙，柱下⓯為工⓰；飽食安步，以仕易農；依隱玩世⓱，詭時不逢⑱。」其滑稽之雄⑲乎！朔之詼諧，逢占⑳射覆，其事浮淺，行於眾庶，童兒牧豎㉑莫不眩燿㉒。而後世好事者因取奇言怪語附著之朔，故詳錄焉㉓。

【章　旨】以上為第九部分，作者評論東方朔名聲超過實際的原因，是由於他詼諧通達，點子多，不專主於一種行為，「應諧似優，不窮似智，正諫似直，穢德似隱」，評為「滑稽之雄」。班固詳錄其言行，求名責實，糾正附會傳聞，以正視聽。

【注　釋】❶長老　老年人。❷朔時者　與東方朔同時代的人。❸倡辯　富有辯才。❹持論　立論；提出自己有系統的觀點。❺庸人　平常的人。❻純　純粹；專一。❼蔑如　淺薄不值得稱道。❽詼達多端二句　意謂詼諧通達，點子很多，不專主於一種行為。詼達，詼諧豁達。❾應諧似優　應對詼諧好像俳優。優，古代表演樂舞、雜戲的藝人。❿穢德似隱　品行汙穢的舉動好像隱士。⓫非夷齊　不贊成伯夷、叔齊的行為。⓬是柳下惠　認為柳下惠的行為正確。⓭上容　以容身避害為上。⓮首陽　首陽山，伯夷、叔齊的隱居地，借指伯夷、叔齊不食周粟，餓死首陽山的行為。⓯柱下　老子曾為周朝柱下史，代指其哲學主張。他以官為隱，終身無患。⓰工　巧。⓱依隱玩世　依違朝隱，玩身於世。⓲詭時不逢　行與時詭而不逢禍害。詭，違。周壽昌曰：「朔本集載其〈誡子詩〉全篇云：『明者處世，莫尚于中；優哉游哉，于道相從。首陽為拙，柳下為工；飽食安步，以仕代農；依隱玩世，詭時不逢。才盡身危，好名得華。有群累生，孤貴失和。遺餘不匱，自盡無多。聖人之道，一龍一蛇；形現神藏，與物變化；隨時之宜，無有常家。』贊止節錄首陽以下六語。」⓳雄　顏師古注：「雄謂為之長帥也。」⓴逢占　預測。㉑牧豎　牧童。豎，童僕。㉒眩燿　誇耀。眩，通「炫」。光耀。㉓而後世好事者二句　意謂本傳所以詳錄東方朔之辭語，是因後世好事者往往取奇言怪語妄附於他之故。顏師古曰：「欲明傳所不記，皆非其實也。而今之為《漢書》學者，猶更取他書雜說，假合東方朔之事以博異聞，良可歎矣。」楊樹達曰：「《文選》四十七〈東方朔畫贊注〉引《風俗通》云：『東方朔是太白星精，黃帝時為風后，堯時為務成子，周時為老聃，在越為范蠡，齊為鴟夷子，言其變化無常也。』按此蓋即班氏所謂奇言怪語者也。」

【語　譯】史官評議說：劉向曾說，他年少時多次向與東方朔同時代的熟悉掌故的長老賢人打聽，都說東方朔機敏捷諧富有辯才，但未能提出自己有系統的主張，又喜歡對普通人宣揚，所以使得後世有很多傳聞。而揚雄也認為東方朔言論不純，缺少師承，德行也不純正，他留給後世的思想和著作淺薄不值得稱道。然而東方朔名聲超過實際的原因，是因為他詼諧通達，點子很多，不專主於一種行為，應對詼諧好像俳優，難以駁倒好似智者，正面規諫皇帝好像耿直之臣，品行汙穢的舉止好像隱士。他否定伯夷、叔齊，肯定柳下惠，告誡他的兒子以容身避害為上策：「餓死首陽山是笨拙的，柱下史的主張是巧妙的；飽食暖衣，以做官取代務農；若即若離，敷衍、遊戲世事，行與時詭而不遇禍害。」他大概是滑稽人物中的佼佼者吧！東方朔的詼諧言行以及預測事物、猜謎射覆等等，這些事情浮泛淺薄，在普通百姓中流傳，甚至連小孩牧童也無不驚奇誇耀。後世的好事者因而搜集了許多奇談怪論附會在東方朔身上，所以我詳細敘述他的生平事跡，以正視聽。

【研析】東方朔一生「指意放蕩，頗復詼諧」，被譽為「滑稽之雄」。《漢書·藝文志》將他列為雜家，說他有文二十篇，大多散佚。《全漢文》收錄其全部著作。並有《東方大中集》。《史記》有傳。〈應詔上書〉是研究東方朔家世、青少年時期生活及推求其生年的唯一可靠材料。從中可以看出：東方朔學屬雜家，語言誇飾，自命不凡，有戰國策士遺風；文字具有漢賦鋪張揚厲的特色，而且包含滑稽風格。

班氏此傳全本《史記·滑稽列傳》而來，其敘次剪裁處亦全部模仿《史記·滑稽列傳》筆意。贊語「滑稽之雄」四字，正是全傳主旨。傳內應詔上書、紿騶侏儒、射覆得財、與郭舍人鬥辯爭寵，以及伏日取肸等，是東方朔尤為突出的滑稽言行。他藉恐嚇侏儒得見武帝，待詔金馬門；因射覆及辯難幸倡郭舍人，被漢武帝擢為常侍郎。東方朔以術娛君、以言娛君的目的是悅君取寵，這與〈應詔上書〉中高自稱譽的宗旨相同。伏日取肸事件，實際上是東方朔對大官丞日晏不來的反抗，是對封建禮教和統治尊嚴的戲弄，表現了要求自由的平民意識。東方朔擅自拔刀割肉，武帝命他自責，他卻藉機自譽，言外還包含著諷刺意味。這種蔑視封建規範的行為，在當時確實要有幾分膽略。「朕何如主」一段，歷數自古以來的人才而縱橫顛倒之，大有吞吐天地、驅策古今之勢，滑稽至此，可謂達到了無以復加的地步。《漢書》雖然沒有沿用《史記‧滑稽列傳》名目，但通過此傳將司馬遷撰寫滑稽之意盡情展現在了讀者眼前。

東方朔直言極諫，歷來受到好評。一生的諫諍內容，大致可分為三類：一諫汰奢擾民，二諫淫亂非禮，三諫殉情廢法。諫汰奢擾民，以〈諫起上林苑疏〉、諫漢武帝赴海求仙和〈化民有道對〉為代表。諫淫亂非禮，以諫止董偃侍宴宣室為代表。館陶公主愛幸男寵董偃，竭盡全力抬高其政治地位。東方朔甘冒得罪館陶公主乃至漢武帝的風險，全力阻止董偃進入宣室殿侍宴。諫殉情廢法，以賀誅昭平君最為突出。武帝為了維護先帝法紀，忍痛誅殺外甥昭平君，眾人皆表示悲痛；唯有東方朔不悲反喜，祝賀武帝不因私殉情廢法。

東方朔語言詼諧，饒有趣味，生動地展現了他的個性。他能言善辯，反應敏捷，雖然詼諧搞笑，但能適時觀察皇上的情緒和臉色，直言切諫，皇上經常採納他的意見。即使是在位公卿，也敢輕視嘲弄，不屈從於任何人。

〈諫起上林苑疏〉表現了東方朔反對奢靡遊獵，重視富國安民的政治主張，從中可見他對政治理想的汲汲以求和嚴肅認真的態度。在疏中他用《泰階六符》之變勸諫武帝，與董仲舒的天人感應思想體系相同。〈答客難〉從字面上講，就是回答別人的詰問。本文的主旨雖然是抒發政治失意、懷才莫展的感慨和牢騷，但更為重要的，則在於深刻地反映了當時社會埋沒乃至摧殘人才的客觀事實。文章設為主、客問答，託辭以自解慰，顯然是繼承和發展宋玉〈對楚王問〉的形式。《文心雕龍‧雜文》說：「自〈對問〉以後，東方朔效而廣之，名為〈客難〉，托古慰志，疏而有辨。」而後來揚雄的〈解嘲〉、班固的〈答賓戲〉、張衡的〈應間〉等，無論是內容還是形式，又都是模仿〈答客難〉的。〈答客難〉堪稱東方朔最優秀的創作成果，也是西漢最好的散文賦之一。〈非有先生論〉假託非有先生進諫吳王的故事，闡發進諫難而納諫更難的道理，以及察言納諫的重要性。〈非有先生論〉具有很強的現實主義精神，即使在今天，它對我們傾聽不同意見，接受正確的批評，仍然具有十分重要的借鑑意義。

卷六十六

公孫劉田王楊蔡陳鄭傳第三十六

【題解】本傳敘述公孫賀（附其子公孫敬聲）、劉屈氂、車（田）千秋、王訢、楊敞（附其子楊惲）、蔡義、陳萬年（附其子陳咸）、鄭弘等八位官至三公者的事跡。這是一篇自武帝後期至於宣、元之世八名碌碌無為的丞相、御史大夫的類傳。公孫賀哭著不肯接受丞相印綬，雖說有幾分自知之明，才智的確不能勝任丞相，而且不善於治家。其子公孫敬聲因驕奢獲罪，父子二人及家族皆死於巫蠱之禍。劉屈氂以劉氏宗室由涿郡太守升任丞相，觀其在巫蠱之亂中的表現，實無過人之才，終因與李廣利共同謀逆而招致破家亡身之禍。車千秋因上書訟衛太子冤，而超擢為大鴻臚，又遷升丞相，封富民侯。武帝臨終，與大將軍霍光等受遺詔輔佐昭帝，謹厚自守，而實「無他材能術學」。王訢的政績是武帝巡視時「宮館馳道修治，供張辦」，而為相後則無所作為。楊敞素來謹慎怕事，得霍光愛厚而為大司農。身為九卿竟不敢奏報上官桀謀反事；霍光謀議廢立，楊敞又遲疑不決，幸有賢妻相助。其子楊惲以才能名顯朝廷，然自矜其能，好發人陰私，多樹怨於朝廷。與友人孫會宗書流露怨望，被人告發，以大逆無道論罪，腰斬。其〈報孫會宗書〉，似其外祖司馬遷〈報任少卿書〉。蔡義以明經給事大將軍霍光幕府，以說《詩》稱旨，擢為光祿大夫給事中，進授昭帝。為相偷合苟容而已。陳萬年以「諂」為術，而得以顯達。其子陳咸執法殿中，公卿以下皆敬憚之。因劾奏中書令石顯專權，被誣免為城旦。所居以殺伐立威，奢侈玉食。以賂遺陳湯，得徵入為少府，又為光祿大夫給事中，均為丞相翟方進劾免。鄭弘以明經、精通法律政事為南陽太守。條教法度，為時人所稱。為御史大夫，無事可記。

1 公孫賀，字子叔，北地❶義渠❷人也。賀祖父昆邪❸，景帝時為隴西守❹，以將軍擊吳楚❺有功，封平曲❻侯，著書十餘篇❼。

2 賀少為騎士❽，從軍數有功。自武帝為太子時，賀為舍人❾，及武帝即位，遷至太僕❿。賀夫人君孺，衛皇后⓫姊也，賀由是有寵。元光⓬中為輕車將軍⓭，軍馬邑⓮。後四歲，出雲中⓯。後五歲，以車騎將軍⓰從大將軍⓱青⓲出，有功，封南窌⓳侯。後再以左將軍⓴出定襄㉑，無功，坐㉒酎金㉓，失侯。復以浮沮將軍出五原㉔二千餘里，無功。後八歲，遂代石慶㉕為丞相，封葛繹侯㉖。時朝廷多事，督責㉗大臣。自公孫弘㉘後，丞相李蔡、嚴青翟㉙、趙周三人比㉚坐事死。石慶雖以謹得終，然數被譴。初賀引㉛拜㉜為丞相，不受印綬，頓首涕泣，曰：「臣本邊鄙㉝，以鞍馬騎射為官，材誠不任宰相。」上與左右見賀悲哀，感動下泣，曰：「扶起丞相。」賀不肯起，上迺起去。賀不得已拜㉞。出，左右問其故，賀曰：「主上賢明，臣不足以稱㉟，恐負重責，從是殆㊱矣。」

3 賀子敬聲，代賀為太僕，父子並居公卿位。敬聲以㊲皇后姊子，驕奢不奉法㊳，征和㊴中擅用北軍㊵錢千九百萬，發覺，下獄。是時詔捕陽陵㊶朱安世不能得，上求之急，賀自請逐捕安世以贖敬聲罪。上許之。後果得安世。安世者，京師大俠也㊷，聞賀欲以贖子罪，笑曰：「丞相禍及宗㊸矣。南山㊹之竹不足受我辭，斜谷㊺之木不足為我械㊻。」安世遂從獄中上書，告敬聲與陽石公主㊼私通㊽，及使人巫祭祠㊾詛㊿上，且上甘泉(51)當馳道(52)埋偶人(53)，祝詛(54)有惡言。下有司(55)案驗(56)賀，窮治所犯，遂父子死獄中，家族(57)。

4　巫蠱之禍(58)起自朱安世，成於江充，遂及公主、皇后、太子，皆敗。語在江充、戾園傳(59)。

【章旨】以上為〈公孫賀傳〉，附其子〈公孫敬聲傳〉。寫公孫賀的生平事跡，哭辭丞相之職，說明他還有幾分自知之明，其才智不僅不能勝任丞相，也不善於教子。其子公孫敬聲因驕奢違法獲罪，公孫賀弄巧成拙，父子二人及其家族皆死於巫蠱之禍。

【注釋】❶北地　郡名。秦置，西漢治馬領，在今甘肅慶陽西北馬領鎮。❷義渠　縣名。在今甘肅合水縣西。❸昆邪　同「渾邪」。人名。❹景帝時為隴西守　昆邪在景帝時曾為典屬國，見卷五十四〈李廣傳〉。隴西，郡名。秦置，治狄道，在今甘肅臨洮。❺吳楚　漢高祖分封的吳、楚兩個同姓諸侯王國。吳國都廣陵（今江蘇揚州西北），轄東陽、彰郡、會稽三郡五十三城；楚國都彭城（今江蘇徐州），轄薛郡、東海、彭城三郡三十六縣。景帝前元三年（西元前一五四年），以吳、楚為首的七個諸侯國發動叛亂。此處舉吳楚，指平定吳楚七國之亂。❻平曲　平曲城，在今河北霸縣東。❼著書十餘篇　本書卷三十〈藝文志〉陰陽家有《公孫渾邪》十五篇，即是。❽騎士　《漢書》所記騎士有兩種資歷，一為邊郡充戍卒之騎士，趙充國、公孫賀、趙第是也；一為軍中普通之騎士，酈食其、灌嬰二傳所記是也。據陳直《漢書新證》。❾舍人　戰國至漢初，王公貴人的侍從賓客、親信。❿太僕　掌管皇帝車馬，遇皇帝出行，則為之駕車。秩中二千石，列位九卿。⓫衛皇后　武帝的皇后衛子夫（西元前？—前九一年），河東平陽（今山西臨汾）人。元朔元年（西元前一二八年）生戾太子，被立為皇后。詳見卷九十七上〈外戚傳上〉。⓬元光　漢武帝的年號，西元前一三四—前一二九年。⓭輕車將軍　武官名，漢武帝置。⓮馬邑　縣名。秦置，治今山西朔州。⓯雲中　縣名。秦置，治今內蒙古托克托東北。⓰車騎將軍　官名。位次大將軍，掌征伐。⓱大將軍　漢代高級武官名號。西漢初年，大將軍即統兵軍帥之號，非固定官職。東漢大將軍為獨立官職，多冠以其他名號，或同時有數人。位在三公之下或之上，因人而異。⓲青　指衛青（西元前？—前一〇六年），字仲卿，河東平陽（今山西臨汾）人。西漢名將。詳見卷五十五〈衛青霍去病傳〉。⓳窌　縣名。今地不詳。〈公卿表〉作「奅」。顏師古注：「窌，奅二字同耳。」⓴左將軍　官名。位次上卿，掌京師警衛和邊防屯警。㉑定襄　縣名。西漢置。治今內蒙古呼和浩特東南美岱二十家古城。㉒坐　由……獲罪。㉓酎金　漢代宗廟祭祀時，諸侯獻給皇帝助祭的黃金。酎，經過兩次以至多次復釀的醇酒。㉔五原　縣名。西漢置，治今內蒙古包頭西北。㉕石慶　溫縣（今河南溫縣）人。石奮少子，代趙周為丞相。㉖封葛繹侯　時為太初二年（西元前一〇三年）。葛繹，地名，葛繹山，在今江蘇邳州西南。㉗督責　督察責罰。㉘公孫弘　（西元前二〇〇—前一二一年），字秀，菑川國薛（今山東滕州）人。漢武帝時丞相。詳見卷五十八〈公孫弘卜式兒寬傳〉。㉙嚴青翟　即莊青翟。為避漢明帝諱，改「莊」為「嚴」。㉚比　頻；接連。㉛引　選拔；薦舉。㉜拜　授與官職；任命。㉝邊鄙　邊地鄙人。㉞拜　接受官職；上任。㉟稱　適合；稱職。㊱殆　危險。㊲以　憑；憑藉。㊳奉法　守法。㊴征和　漢武帝的年號，西元前九二—前八九年。㊵北軍　漢代守衛京師的屯衛兵。駐紮在長安城北，故名。㊶陽陵　縣名，秦時弋陽縣。因漢景帝在此建陵，遂置縣改名，故地在今陝西咸陽東北。㊷安世者二句　〈游俠傳〉未敘朱安世之事，可能是因其製造了巫蠱之亂。㊸宗　宗族；同族。㊹南山　終南山。在今陝西西安南。㊺斜谷　谷名。在今陝西眉縣與太白之間。㊻械　桎梏，鐐銬和枷之類的刑具。㊼陽石公主　武帝之女。㊽私通　通姦。㊾祭祠　祭祀。㊿詛　祈求鬼神加禍於所恨的人。(51)甘泉　宮名。故址在今陝西淳化西北甘泉山。(52)馳道　漢代專供帝王行駛車馬的道路。(53)偶人　用土木陶瓷等製作的人形物。(54)祝詛　祝告鬼神，使加禍於憎惡之人。(55)有司　指官吏。古代設官分職，各有專司，故稱。(56)案驗　查明案情，以定其罪。(57)族　滅族。把（罪犯的）家族成員全部處死。(58)巫蠱之禍　漢武帝時因巫蠱而引起的一場統治者內部的鬥爭。漢時迷信，以為用巫術詛咒及用木偶埋在地下，可以害人，稱為「巫蠱」。武帝晚年多病，懷疑是身邊的人用巫蠱詛咒所致。征和二年（西元前九一年），江充因與太子有隙，藉機誣告太子宮中埋有木人。太子懼，殺江充及胡巫，武帝發兵追捕，太子兵敗自殺。巫蠱之事上牽丞相，下連庶民，前後被殺者數萬人，史稱「巫蠱之禍」。詳見卷六〈武帝紀〉、卷四十五〈江充傳〉。59 戾園傳　指卷六十三〈武五子傳〉中之〈戾太子傳〉。戾園，戾太子的陵園。

【語　譯】公孫賀，字子叔，北地郡義渠縣人。公孫賀的祖父昆邪，漢景帝時任隴西太守，以將軍身分擊敗吳楚叛軍有功，封為平曲侯，著書有十多篇。

2 公孫賀年輕時當騎士，隨軍出征，多次立功。當武帝做太子時，公孫賀為太子舍人，到武帝即位，他遷升至太僕。公孫賀的夫人衛君孺，是衛皇后的姊姊，公孫賀因此受寵。武帝元光年間，他擔任輕車將軍，駐軍在馬邑。此後四年，出駐雲中。過了五年，以車騎將軍身分隨從大將軍衛青出征，立了功，封為南窌侯。此後再以左將軍身分出兵定襄，無功，因獻給皇帝助祭宗廟的黃金不符合酎金法規定，被免去了侯爵。又以浮沮將軍的身分從五原出塞二千多里攻打匈奴，沒有戰功。過了八年，就代替石慶擔任丞相，封為葛繹侯。這時朝廷多事，督察責罰大臣。自從公孫弘以後，丞相李蔡、嚴青翟、趙周三人接連由於犯罪而死。石慶雖然因謹慎而得以善終，然而多次遭到譴責。當初公孫賀被選拔為丞相時，他不肯接受丞相印綬，叩頭涕泣，說：「臣本是邊鄙之人，靠鞍馬騎射立功為官，才能實在不能勝任丞相。」皇上與左右的人看到公孫賀悲哀，都感動得流下了眼淚，皇上說：「扶起丞相來。」公孫賀不肯起來，皇上就起身走開了。公孫賀不得已拜受了相印。出朝以後，左右的人問他不願接受任命的原因，公孫賀說：「主上賢明，我不能夠勝任丞相之職，擔心因辜負重任而受責，從今以後危險了。」

3 公孫賀的兒子公孫敬聲，接替公孫賀任太僕，父子並居公卿之位。公孫敬聲依仗自己是皇后姊姊的兒子，驕縱奢侈不遵守法度，征和年間擅自動用北軍的一千九百萬錢，被發覺，收捕下獄。當時皇上下詔逮捕陽陵人朱安世而沒能抓獲，皇上追捕他很急迫，公孫賀主動請求追捕朱安世，以此贖免公孫敬聲的罪過。皇上同意了他的請求。後來果然抓到了朱安世。朱安世是京師的大俠，聽說公孫賀想用捉到他來贖兒子的罪，笑著說：「丞相之禍殃及宗族了。伐盡南山的竹子不足以寫完我的供辭，砍完斜谷的樹木也不夠給我做刑具。」

朱安世於是從獄中上書，告發公孫敬聲與陽石公主私通，以及派巫士作法詛咒皇上，並且在北去甘泉宮的馳道上埋下木偶，用惡毒的語言詛咒。皇上下令有關部門查處公孫賀的案情，徹底審理他所犯的罪行，於是公孫賀父子死在獄中，家被滅族。

4 巫蠱之禍起自朱安世，成於江充，最後殃及公主、皇后、太子，這些人都敗亡了。這些都記載在〈江充傳〉和〈戾太子傳〉中。

1 劉屈氂，武帝庶兄❶中山靖王❷子也，不知其始所以❸進。

2 征和二年❹春，制詔❺御史❻：「故丞相賀倚舊故❼乘❽高勢而為邪，興美田以利子弟賓客，不顧元元❾，無益邊穀❿，貨賂上流⓫，朕忍之久矣。終不自革⓬，迺以邊為援⓭，使內郡自省作車⓮，又令耕者自轉⓯，以困農煩擾畜者⓰，重馬傷耗⓱，武備衰減；下吏妄賦⓲，百姓流亡；又詐為詔書，以姦傳朱安世⓳。獄已正於理⓴。其以涿郡太守屈氂為左丞相㉑，分丞相長史㉒為兩府㉓，以待天下遠方之選㉔。夫親親㉕任賢，周㉖唐㉗之道也。以澎㉘戶二千二百封左丞相為澎侯。」

3 其秋，戾太子㉙為江充所譖㉚，殺充，發兵入丞相府，屈氂挺身逃㉛，亡㉜其印綬。是時上避暑在甘泉宮，丞相長史乘疾㉝置㉞以聞。上問：「丞相何為？」對曰：「丞相祕之，未敢發兵。」上怒曰：「事籍籍㉟如此，何謂祕也？丞相無周公之風矣。周公不誅管蔡乎？」乃賜丞相璽書[36]曰：「捕斬反者，自有賞罰。以牛車為櫓[37]，毋接短兵[38]，多殺傷士眾。堅閉城門，毋令反者得出。」

4 太子既誅充發兵，宣言[39]帝在甘泉病困[40]，疑有變，姦臣欲作亂。上於是從甘泉來，幸[41]城[42]西建章宮[43]，詔發三輔[44]近縣兵，部[45]中二千石[46]以下，丞相兼將。太子亦遣使者撟制[47]赦長安中都官[48]囚徒，發武庫[49]兵，命少傅[50]石德及賓客[51]張光等分將，使長安囚如侯持節發長水及宣曲胡騎[52]，皆以裝會。侍郎[53]莽通[54]使長安，因追捕如侯，告胡人曰：「節有詐，勿聽也。」遂斬如侯，引騎入長安，又發輯濯士[55]，以予大鴻臚[56]商丘成。初，漢節純赤，以太子持赤節，故更為黃旄[57]加上以相別。太子召監北軍使者任安發北軍兵，安受節已，閉軍門不肯應太子[58]。太子引兵去，敺[59]四市人[60]凡數萬眾，至長樂[61]西闕下，逢丞相軍，合戰五日，死者數萬人，血流入溝中。丞相附兵浸[62]多，太子軍敗，南犇覆盎城門[63]，得出。會夜司直[64]田仁部閉城門，坐令太子得出，丞相欲斬仁。御史大夫暴勝之[65]謂丞相曰：「司直，吏二千石，當先請[66]，奈何擅斬之？」丞相釋仁。上聞而大怒，下吏[67]責問御史大夫曰：「司直縱反者，丞相斬之，法也，大夫何以擅止之？」勝之惶恐[68]，自殺。及北軍使者任安，坐受太子節，懷二心[69]，司直田仁縱太子，皆要斬[70]。上曰：「侍郎莽通獲反將如侯，長安男子景建從通獲少傅石德，可謂元功[71]矣。大鴻臚商丘成力戰獲反將張光。其封通為重合[72]侯，建為德[73]侯，成為秺[74]侯。」諸太子賓客，嘗出入宮門，皆坐誅。其隨太子發兵，以反法[75]族。吏士劫略者[76]，皆徙敦煌郡[77]。以太子在外，始置屯兵長安諸城門。後二十餘日，太子得於湖[78]。語在太子傳[79]。

其明年[80]，貳師將軍李廣利[81]將兵出擊匈奴，丞相為祖道[82]，送至渭橋[83]，與廣利辭決[84]。廣利曰：「願君侯[85]早請昌邑王為太子。如[86]立為帝，君侯長[87]何憂乎？」屈氂許諾。昌邑王者，貳師將軍女弟[88]李夫人子也。貳師女為屈氂子妻，故共欲立焉。是時治巫蠱獄[89]急，內者令[90]郭穰告[91]丞相夫人以丞相數有譴，使巫祠社[92]，祝詛主上，有惡言，及與貳師共禱祠[93]，欲令昌邑王為帝。有司奏請案驗，罪至大逆不道[94]。有詔載屈氂廚車[95]以徇[96]，要斬東市[97]，妻子梟首華陽街[98]。貳師將軍妻子亦收[99]。貳師聞之，降匈奴，宗族遂滅。

【章旨】以上為〈劉屈氂傳〉。劉屈氂以劉氏宗室由涿郡太守升任丞相，觀其在巫蠱之亂中的表現，實無過人之才，終因與李廣利共同謀逆而招致破家亡身之禍。

【注釋】❶庶兄　庶出之兄。庶，非正妻所生的孩子。❷中山靖王　劉勝（西元前？—前一一三年）。漢景帝子。詳見卷五十三〈景十三王傳〉。中山，王國名。治盧奴縣，今河北定州。❸所以　表示原因。❹征和二年　西元前九一年。❺制詔皇帝的命令。❻御史　這裡是御史大夫的略稱。❼舊故　舊交；舊識。武帝為太子時，公孫賀已為舍人，故云「舊故」。❽乘利用；憑藉。❾元元　平民；老百姓。❿無益邊穀　戍邊卒乏糧，不能設法增加。⓫貨賂上流　以財貨賄賂社會上層人士。⓬革　變革；更改。⓭以邊為援　意謂受邊郡官吏的貨賂。⓮使內郡自省作車　意為令內郡自省費用而作車轉輸於邊。⓯自轉　謂自轉輸糧食於邊。陳直云：漢代內郡作車由耕農輸轉邊郡之弊政，延續之時間甚久。轉，用車運輸。⓰畜者　謂養馬之民。⓱重馬傷耗　謂懷孕之馬傷耗，而不能繁殖。重馬，懷孕的馬。傷耗，減損。⓲妄賦　妄收賦稅。⓳詐為詔書二句謂公孫賀詐為詔書治朱安世不死，誘之自首。傳，逮捕。⓴獄已正於理　謂公孫賀、敬聲父子所犯矯詔、巫蠱等罪，已由理官正之。理，法官。㉑左丞相　官名。秦統一後，置左、右丞相，掌丞天子助理萬機。左丞相位在右丞相上。漢高祖即位後，改置一丞相，後更名相國。惠帝六年（西元前一八九年）復改左、右丞相。右丞相位高左丞相。文帝二年（西元前一七八年）又置一丞相，武帝征和二年（西元前九一年）曾一度以劉屈氂為左丞相。此後左、右丞相之名遂不復見。㉒丞相長史　為丞相主要屬員，分管刑獄等事宜。㉓兩府　指行使宰輔權的兩個重臣及其所在機構。㉔以待天下遠方之選　意謂等待從全國各地選拔的賢才，當拜為右丞相。㉕親親　親近親人。此指任劉屈氂為左丞相，他是武帝堂姪。㉖周　周文王、周武王。㉗唐唐堯。㉘澎　縣名。晉灼曰：「東海縣。」今地不詳。㉙戾太子　劉據（西元前一二八—前九一年）。漢武帝子，母親衛皇后。詳見卷六十三〈武五子傳‧戾太子傳〉。㉚譖　說壞話誣陷他人。㉛挺身逃　引身逃難。㉜亡　丟失。㉝疾　迅速。㉞置謂所置驛站。㉟籍籍　紛擾。㊱璽書　古代以印信封記的文書。秦以後專指皇帝的詔書。㊲櫓　大盾牌。㊳短兵　刀劍等短兵器。㊴宣言　揚言；宣揚。㊵病困　病得很重。㊶幸　指皇帝親臨。㊷城　指長安城。㊸建章宮　宮殿名。在未央宮西，長安城西南城外。㊹三輔　武帝太初元年（西元前一〇四年）改左、右內史、主爵都尉為京兆尹、左馮翊、右扶風。轄境相當今陝西中部地區。㊺部　部署；安置。㊻中二千石　漢代官吏秩位之一。中即滿，九卿皆為中二千石，西漢月俸一百八十斛。或亦兼發錢穀。㊼撟制　偽託詔命。撟，通「矯」。㊽中都官　漢代稱京師諸官府。㊾武庫　漢代國家收藏兵器的官署。西漢初蕭何建於未央宮前殿。初屬中尉，武帝太初元年（西元前一〇四年）後改屬執金吾。㊿少傅　官名。輔導太子之官。(51)賓客　貴族的門客、策士。(52)使長安囚句　持節，拿著旄節。節，旄節，也叫符節，以竹為竿，上綴以旄牛尾，是使者所持的信物。長水、宣曲，顏師古注：「長水，校名，宣曲，宮也，并胡騎所屯。今鄠縣東長水鄉即舊營校之地。」(53)侍郎官名。郎中令（光祿勳）所屬郎官之一，為宮廷的近侍。(54)莽通　〈武帝紀〉作「馬通」。本姓馬，後因造反被殺。其曾孫馬援為東漢明帝時名將，馬援之女為漢明帝皇后，因惡先人造反，更易馬通之姓為莽。55輯濯士　西漢上林苑的水卒，屬輯濯令。顏師古注：「主用輯及濯行船者也。短曰輯，長曰濯。」56大鴻臚　漢承秦置。本名典客，景帝中六年（西元前一四四年）更名大行令，武帝太初元年（西元前一〇四年）改名大鴻臚。秩中二千石，列位九卿。執掌接待少數民族君長及諸侯王事務。57旄　用旄牛尾在旗竿頭上做裝飾的旗子。58不肯應太子　褚少孫補《史記・任安傳》云：「任安為北軍使者護軍，太子立車北軍南門外，召安予節，令發兵。安拜受節，入閉門不出。」59毆　與「驅」同。60四市人　猶言諸市人。61長樂　宮名。遺址在今陝西西安西北郊，漢長安故城東南隅。62浸　漸漸。63覆盎城門　顏師古注：「長安城南出東頭第一門，曰覆盎城門，一號杜門。」64司直　丞相屬官之首，協助丞相糾舉不法。65暴勝之　（西元前？—前九一年），字公之，河東（今山西夏縣）人。66先請　先向皇帝請示。67下吏　交付司法官吏審訊。68惶恐　驚慌；害怕。69二心　異心，不忠實。70要斬　古代酷刑，將犯人攔腰斬為兩截。要，同「腰」。71元功　大功；首功。72重合　縣名，在今山東東陵西北。73德　封地名，在濟南郡。74秺　侯國名。治今山東成武西北。75反法　謀反之法令。76劫略者　指被太子劫略者。77敦煌郡　漢元鼎六年（西元前一一一年）分酒泉郡置。治敦煌縣，今甘肅敦煌西。78湖　縣名。治今河南靈寶西北。79太子傅　即卷六十三〈武五子傳〉中之〈戾太子傳〉。80其明年　征和三年，西元前九〇年。81李廣利　（西元前？—前八八年），中山（今河北定州）人。西漢將領，武帝寵妃李夫人之兄。詳見卷六十一〈張騫李廣利傳〉。82祖道　為出行者祭祀路神，並設宴送行。83渭橋　漢代長安城北渭水上的橋。84辭決　一作「辭訣」。告別。85君侯　對列侯的尊稱。86如　若；如果。87長　長久。88女弟　妹妹。89治巫蠱獄　審理巫蠱案件。治，審理。90內者令　又作內謁者令。掌宮內臥具帷帳。見〈丙吉傳〉。91告　告發。92社　祭祀土地神之所。93禱祠　謂向神求福及得福而後報賽以祭。亦泛指祭祀。94大逆不道　也作「大逆無道」。罪大惡極之意。舊時多指犯上謀反而言。大逆，干犯君父、宗廟、宮闕等行為。不道，行事不軌，不符合封建道德標準。95廚車　運載食物的車。96徇　遊街示眾。97東市　長安街道名。漢代在長安東市處決死刑犯，後來泛稱刑場為「東市」。98華陽街　長安街道之一。99收　收捕；逮捕。

【語　譯】劉屈氂，漢武帝庶兄中山靖王之子，不知道他當初是憑藉什麼得到進用的。

2 征和二年春天，皇帝下制詔給御史大夫：「前丞相公孫賀倚仗著是我的故舊，利用高高在上的權勢而做邪惡之事，搜刮良田以利其子弟賓客，不顧百姓生計，不想辦法增加邊防的軍糧，致使百姓賄賂位居上流的官吏，朕已經容忍他很久了。他始終不知悔改，竟然以支助邊防為藉口，讓內地的郡縣自籌經費製作車輛，又命令農民自己把糧食轉運到邊境地區，致使農民困苦，牲畜疲憊，懷孕的馬因參加運輸而受到傷耗，使武備衰減；下面的官吏妄自增加賦斂，導致百姓流亡；又詐作詔書，用奸計逮捕了朱安世。這件案子已經由法官審理完畢。就以涿郡太守劉屈氂為左丞相，分丞相長史為兩府，等待從全國各地選拔的賢才來擔任右丞相。親近應當親近的親人，任用賢才，這是周文王、武王乃至唐堯的用人之道啊。將澎縣的二千二百戶封給左丞相為澎侯。」

3　那年秋天，戾太子劉據被江充誣陷，太子殺了江充，發兵進入丞相府，劉屈氂抽身脫逃，丟失了丞相印綬。這時，皇上在甘泉宮避暑。丞相長史急忙乘驛站的快馬將此事奏聞皇上。皇上問：「丞相在做什麼？」他回答說：「丞相將此事祕而不宣，沒有敢發兵。」皇上大怒說：「事情已經亂到如此地步，還說什麼保密？丞相沒有周公的風範啊。周公不是誅殺了管叔和蔡叔嗎？」於是賜給丞相璽書說：「捕殺反叛的人，自有賞罰的規定。用牛車作為楯牌，不要短兵相接，以免多殺傷士眾。堅閉城門，不要讓反叛者逃出去。」

4　太子誅殺江充之後發兵，傳言說皇帝在甘泉宮病得很嚴重，懷疑有變故，奸臣想要作亂。皇上於是從甘泉宮回來，駕臨長安城西建章宮，下詔調發三輔附近縣的軍隊，部署中二千石以下官員，由丞相兼任將軍。太子也派遣使者假稱奉了詔命，赦免長安城裡中官署關押的囚徒，發給武庫的兵器，命少傅石德和賓客張光等分別率領，讓長安囚徒如侯持節調發長水和宣曲的胡人騎兵，都要求著戎裝來會合。侍郎莽通出使長安，乘機追捕如侯，告訴胡人說：「符節有詐，不要聽從。」於是斬殺如侯，帶領騎兵進入長安，又調發輯濯士，交給大鴻臚商丘成指揮。當初，漢朝的符節是純赤色，因為太子持赤節，所以改為把黃旄加在上面以相區別。太子徵召監北軍使者任安調發北軍士兵，任安接受了符節之後，關閉軍門，不肯響應太子。太子領兵離去，驅使長安街市的民眾，總共有幾萬人，到達長樂宮西闕下，遇到了丞相的軍隊，交戰五天，死者有幾萬人，血流入街道旁的水溝中。依附丞相的士兵漸漸增多，太子軍失敗，向南奔覆盎城門，得以逃出。適逢當夜由司直田仁部負責關閉城門，由於讓太子逃出城而獲罪，丞相要斬殺田仁。御史大夫暴勝之對丞相說：「司直，是二千石吏，應當先請示皇上，怎麼能擅自斬殺他呢？」丞相就釋放了田仁。皇上聞聽後大怒，交付司法官吏責問御史大夫說：「司直放縱反叛者，丞相斬殺他，這是法定的，大夫憑什麼擅自阻止他？」暴勝之憂惶恐懼，就自殺了。至於北軍使者任安，因為接受了太子的符節，被認為懷有二心，司直田仁放縱太子，都被腰斬。皇上說：「侍郎莽通捕獲反將如侯，長安男子景建隨從莽通抓住了少傅石德，可以說是立了首功。大鴻臚商丘成盡力作戰抓獲反將張光。那就封莽通為重合侯，景建為德侯，商丘成為秺侯。」諸太子賓客，曾經出入宮門，都因此事犯罪而被誅殺。那些隨太子發兵的，按照反叛的法律而滅其族。官吏士兵被太子脅迫參加造反的，都被遷徙到敦煌郡。因為太子逃亡在外，開始在長安諸城門設置軍隊屯守。二十多天後，太子在湖縣被擒獲。這些都記載在〈戾太子傳〉中。

5 那件事後的第二年，貳師將軍李廣利率兵出擊匈奴，丞相為之祖道餞行，送到渭橋，與李廣利話別。李廣利說：「希望君侯早日請求立昌邑王為太子。如果太子成為皇帝，君侯今後還需長久憂慮什麼呢？」劉屈氂答應爭取。昌邑王，是貳師將軍的妹妹李夫人之子。貳師將軍之女為劉屈氂兒子之妻，所以都想要立昌邑王為太子。這時審理巫蠱獄十分緊急，內者令郭穰告發丞相夫人，因為丞相多次受到譴責，就派巫師在土地神前祭祀，詛咒皇上，有惡毒的語言，並且與貳師將軍共同祈禱，想要讓昌邑王做皇帝。有關部門奏請調查處理，定罪為大逆不道。下詔命用廚車裝載劉屈氂遊街示眾，腰斬於東市，妻子和兒子梟首於華陽街。貳師將軍的妻子兒女也被收捕。貳師將軍聽說這個消息，就投降了匈奴，宗族於是被滅。

1 車千秋，本姓田氏，其先齊諸田徙長陵❶。千秋為高寢郎❷。會衛太子為江充所譖敗，久之，千秋上急變❸訟太子冤，曰：「子弄父兵，罪當笞❹；天子之子過誤❺殺人，當何罪哉！臣嘗夢見一白頭翁教臣言。」是時，上頗知太子惶恐無他意，迺大感寤❻，召見千秋。至前，千秋長八尺餘❼，體貌甚麗，武帝見而說之，謂曰：「父子之間，人所難言也，公獨明其不然。此高廟神靈使公教我，公當遂為吾輔佐。」立❽拜千秋為大鴻臚。數月，遂代劉屈氂為丞相，封富民侯❾。千秋無他材能術學❿，又無伐閱⓫功勞，特以一言寤意，旬月⓬取宰相封侯，世未嘗有也。後漢使者至匈奴，單于⓭問曰：「聞漢新拜丞相，何用得之⓮？」使者曰：「以上書言事故。」單于曰：「苟如是，漢置丞相，非用賢也，妄⓯一男子上書即得之矣。」使者還，道單于語。武帝以為辱命⓰，欲下之吏。良久，迺貰⓱之。

2 然千秋為人敦厚有智，居位自稱⓲，踰於前後數公。初，千秋始視事，見上連年治太子獄，誅罰尤多，群下恐懼，思欲寬廣⓳上意，尉安⓴眾庶㉑。迺與御史、中二千石共上壽㉒頌德美，勸上施恩惠，緩刑罰，玩聽㉓音樂，養志和神㉔，為天下自虞樂㉕。上報曰：「朕之不德㉖，自左丞相與貳師陰謀逆亂㉗，巫蠱之禍流及士大夫㉘。朕日一食者累月，迺何樂之聽？痛士大夫常在心，既事不咎㉙。雖然，巫蠱始發，詔丞相、御史督二千石求捕，廷尉治，未聞九卿廷尉有所鞫㉚也。曩者㉛，江充先治甘泉宮人，轉至未央㉜椒房㉝，以及敬聲㉞之疇、李禹㉟之屬謀入匈奴，有司無所發㊱，今丞相親掘蘭臺㊲蠱驗，所明知也。至今餘巫頗脫不止㊳，陰賊㊴侵身，遠近為蠱，朕媿之甚，何壽之有？敬不舉君之觴㊵！謹謝㊶丞相、二千石各就館㊷。書曰：『毋偏毋黨，王道蕩蕩㊸。』毋有復言㊹。」

3 後歲餘，武帝疾，立皇子鉤弋㊺夫人男為太子，拜大將軍霍光㊻、車騎將軍金日磾㊼、御史大夫桑弘羊㊽及丞相千秋，並受遺詔㊾，輔道㊿少主。武帝崩，昭帝初即位，未任聽政(51)，政事壹(52)決大將軍光。千秋居丞相位，謹厚有重德(53)。每公卿朝會(54)，光謂千秋曰：「始與君侯俱受先帝遺詔，今光治內，君侯治外，宜有以教督(55)，使光毋負天下。」千秋曰：「唯將軍留意(56)，即(57)天下幸甚。」終不肯有所言。光以此重之。每有吉祥嘉應(58)，數褒賞丞相。訖(59)昭帝世，國家少事，百姓稍(60)益充實。始元六年(61)，詔郡國舉賢良文學士，問以民所疾苦(62)，於是鹽鐵之議(63)起焉。

4 千秋為相十二年，薨，諡曰定侯。初，千秋年老，上優之，朝見，得乘小車入宮殿中，故因號曰「車丞相」。子順嗣侯，官至雲中(64)太守，宣帝時以虎牙將軍擊匈奴，坐盜增鹵獲(65)自殺，國除(66)。

5 桑弘羊為御史大夫八年，自以為國家興權筦(67)之利，伐其功(68)，欲為子弟得官，怨望㊾霍光，與上官桀謀反㊿，遂誅滅(71)。

【章旨】以上為〈車千秋傳〉。車千秋因上書訟衛太子冤，由一郎官而任大鴻臚。後遷丞相，封富民侯。見武帝連年治太子獄，誅罰尤多，臣下恐懼，建議施恩惠，緩刑罰，安定民心。武帝臨終，與大將軍霍光等受遺詔輔佐昭帝，謹厚自守，政事一決於霍光。年老時獲恩准得乘小車入宮，故稱「車丞相」。

【注釋】❶徙長陵　漢初曾徙關東大族至關中。田氏徙長陵大約即在此時。長陵，縣名。西漢五陵縣之一。漢高帝十二年（西元前一九五年）築陵置縣。治今陝西咸陽東北。高帝死後葬此。❷高寢郎　官名。掌高廟衛寢。高寢，始封之君的寢廟。寑，同「寢」。陵園建築，前廟後寢。廟為祭祀場所，寢為收藏衣冠遺物場所。據《史記・田叔列傳》，田千秋還擔任長陵令，為《漢書》所未詳。❸上急變　上報非常之事。顏師古注：「所告非常，故云急變也。」❹笞　古代用鞭子或竹板拷打的刑罰。❺過誤　錯誤。❻感寤　感動而覺悟。寤，通「悟」。醒悟；認識到。❼八尺餘　漢制一尺約合今二三・一公分。❽立立刻；立即。❾封富民侯　意在表明休養生息，思富養民。❿術學　業術學識。⓫伐閱　即閥閱。指功績和資歷。伐，功勞。閱，閱歷。⓬旬月　此指一個月。一個月亦謂之旬月。⓭單于　匈奴最高首領的稱號。⓮何用得之　憑什麼得到丞相。何用，憑什麼。用，憑；靠。⓯安　隨意。⓰辱命　有辱使命。⓱貰　寬縱；釋放。⓲自稱　言稱其職。⓳寬廣　使開闊、廣大。⓴尉安　安慰。尉，通「慰」。㉑眾庶　民眾。㉒上壽　向人敬酒，祝頌長壽。㉓玩聽　消遣欣賞。㉔養志和神　修養志趣、節操，和悅心神。㉕虞樂　娛樂。虞，通「娛」。㉖不德　不修德；缺乏德行。㉗逆亂　叛亂；謀反。㉘禍流及士大夫　謂與太子戰死者也。㉙既事不咎　言既往之事，不再追咎。㉚鞫　審問。㉛曩者　從前。㉜未央　宮名。遺址在今陝西西安西北郊。㉝椒房　殿名。漢代皇后居住的宮殿，以椒和泥塗壁，取香、多子之義。㉞敬聲　公孫賀之子。㉟李禹　李廣之孫。其事見卷五十四〈李廣蘇建傳〉。㊱發　謂揭發其事。㊲蘭臺　本為漢代宮廷存放圖籍祕書之處。設御史中丞掌管，後置蘭臺令史，掌書奏。㊳餘巫頗脫不止　言其餘之巫頗或為蠱不止。脫，猶或。㊴陰賊　陰險狠毒。㊵敬不舉君之觴　拒絕祝賀。周壽昌云：「臣下上壽，允之，則曰『敬舉君之觴』；不允，則曰『敬不舉君之觴』。」㊶謝　告訴。㊷館　指官舍。㊸毋偏毋黨二句　見《尚書・周書・洪範》。偏，偏私；不公正。黨，朋黨；同夥。王道，先王所行之正道。蕩蕩，寬廣。㊹毋有復言　不許再奏請。毋，同「無」。㊺鉤弋　宮名。昭帝之母趙婕妤居於鉤弋宮，故號「鉤弋夫人」。詳見卷九十七上〈外戚傳上〉。㊻霍光　（西元前?—前六八年），字子孟，河東平陽（今山西臨汾）人。詳見卷六十八〈霍光傳〉。㊼金日磾　（西元前一三四—前八六年），字翁叔。本匈奴休屠王太子。詳見卷六十八〈金日磾傳〉。㊽桑弘羊　（西元前一五二—前八〇年），洛陽（今河南洛陽白馬寺東）人。洛陽商人子。歷任搜粟都尉、大司農、御史大夫等職。詳見卷二十四〈食貨志〉與卷六十三〈武五子傳〉。㊾遺詔　皇帝臨終時留下的詔書。㊿輔道　輔助教導。道，同「導」。51未任聽政　不能勝任處理朝政。任，勝任。52壹　一律；一概。53重德　厚德；大德。54朝會　諸侯、臣屬及外國使者朝見君主。55教督　教導，督責。56留意　注意。57即　同「則」。那就。58嘉應　吉祥的徵兆。59訖　盡。60稍　逐漸。61始元六年　西元前八一年。始元，漢昭帝的年號，西元前八六—前八一年。62詔郡國舉賢良文學士二句　賢良文學是漢代選拔人才的科目。據〈昭帝紀〉，詔舉賢良文學，在始元五年（西元前八二年）。據《鹽鐵論》，問民疾苦事，在始元六年。63鹽鐵之議　漢昭帝始元六年，賢良文學與御史大夫辯論鹽鐵官營等國家政策的會議。桓寬《鹽鐵論》詳記其事。64雲中　郡名。戰國趙武靈王置。秦代治雲中縣（今內蒙古托克托東北）。轄境相當今內蒙古土默特右旗以東，大青山以南，卓資以西，黃河南岸及長城以北。西漢轄境縮小。65鹵獲　即「虜獲」。田千秋尚有一子為洛陽武庫令，有弟為函谷關都尉，見卷七十四〈魏相傳〉。66國除　取消所封侯國的名號。67榷筦　主管專利入官。榷，專營；專賣。筦，管制。68伐其功　誇耀其功勞。伐，矜誇。69怨望　怨惱忿恨。望，怨恨。70與上官桀謀反　事詳卷六十三〈武五子傳．燕王旦傳〉。71誅滅　誅殺；消滅。

【語譯】車千秋，本姓田氏，他的祖先是齊國諸田遷徙到長陵的。車千秋曾任高帝寢廟的衛寢郎。適逢衛太子被江充誣陷而失敗，時間過了很久，車千秋以非常事變上奏為太子辯冤，說：「兒子玩弄父親的兵器，定罪應當處以笞刑；天子的兒子因為過錯而殺了人，該判什麼罪呢！臣曾夢見一位白髮老人教給臣這些話。」這時，皇上慢慢了解到太子起兵是出於惶恐而沒有別的企圖，於是很受感動而醒悟，召見車千秋。來到近前，見車千秋身高有八尺多，體貌健壯美麗，武帝看了十分喜歡他，對他說：「父子之間的事，是人們難以言說的，只有您能明言其不然。這是高廟神靈讓您來教導我，您應當順遂神靈之意做我的輔佐。」立即任命車千秋為大鴻臚。幾個月後，便代替劉屈氂任丞相，封為富民侯。車千秋沒有別的才能學術，又沒有資歷和功勞，只是因一句進言使皇上感悟，十個月就取得宰相高位並且封侯，世間未曾有過。後來漢朝使者到匈奴，單于問他：「聽說漢朝新近拜了丞相，他是憑藉什麼當上丞相的？」單于說：「假若如此，漢朝設置丞相，就不是用賢了，隨便一個男子上書就能得到相位啊。」使者回來，彙報了單于說的話。武帝認為有辱君命，要把他交給法官審訊。過了很久，才赦免了他。

2 然而車千秋為人忠厚而有智謀，榮任相位居然很稱職，超過前後幾任丞相。起初，車千秋開始就職主事，看到皇上連年治理太子的案子，誅殺責罰的人非常多，眾僚屬都很害怕，想要寬廣皇上的心意，撫慰安定百姓。就與御史、中二千石共同給皇上敬酒，頌揚他的美德，祝他長壽，勸皇上布施恩惠，減輕刑罰，欣賞音樂，修養心志，和悅精神，為天下而自娛其樂。皇上答覆說：「朕德行未修，自從左丞相與貳師將軍陰謀叛亂，巫蠱之禍流及士人夫，朕一天只吃一頓飯已經接連幾個月了，還聽什麼音樂？我常在心裡哀痛士大夫，已經過去的事就不再追究過錯了。雖然如此，巫蠱事件剛開始時，詔令丞相、御史大夫督率二千石官員搜查逮捕，廷尉審理，沒有聽說對九卿廷尉有什麼查問。過去，江充先整治甘泉宮的人，轉而又牽連到未央宮和椒房殿，以及公孫敬聲之輩、李禹之類陰謀叛逃匈奴，主管官吏也沒有揭發，現在丞相親自挖掘蘭臺檢驗巫蠱，這是明白清楚的。至今巫蠱案的餘黨仍有脫逃而且沒有停止活動，陰險狠毒侵害人，遠近作蠱，朕慚愧得很，還有什麼壽可祝呢？謝謝諸位，我不喝你們敬的酒！謹告丞相、二千石請各自返回自己的官舍。《尚書》中說：『不要偏執，不要袒護，聖王之道坦蕩無阻。』不要再說這件事了。」

3 過了一年多，武帝患了重病，立皇子鉤弋夫人的兒子為太子，任命大將軍霍光、車騎將軍金日磾、御史大夫桑弘羊及丞相車千秋，一同接受遺詔，輔導少主。武帝去世，昭帝剛即位，不能勝任處理朝政，政事全部決斷於大將軍霍光。車千秋處在丞相的職位，恭謹樸實而有大德。每逢公卿朝會，霍光便對車千秋說：「當初與君侯一起接受先帝遺詔，現在我治理內朝，君侯治理外朝，應對我有所教誨輔助，使我霍光不要辜負天下百姓。」車千秋說：「只要將軍多留心朝政，那麼天下就很慶幸了。」始終不肯有所建言。霍光因此尊重他。每遇有吉祥嘉美的兆應，多次褒揚獎賞丞相。終於昭帝一朝，國家安定少事，百姓逐漸富足殷實。昭帝始元六年，詔令郡國舉薦賢良文學之士，以民眾所疾苦的事來問他們，於是關於鹽鐵的辯論便由此而興起了。

4 車千秋任丞相十二年，去世，賜諡號為定侯。當初，車千秋年老，皇上優待他，朝見時，可以乘坐小車進入殿中，因此就號稱「車丞相」。他的兒子田順繼承了侯爵，官至雲中太守，宣帝時以虎牙將軍身分出擊匈奴，因為犯了虛報「虜獲」人數的罪而自殺，封國被廢除。

5 桑弘羊擔任御史大夫八年，自認為為國家主管推行鹽鐵專賣得了利，誇耀自己的功勞，又想為子弟謀取官職，怨恨霍光，夥同上官桀等人謀反，因此被誅滅。

王訢，濟南❶人也。以郡縣吏積功，稍遷為被陽❷令。武帝末，軍旅❸數發，郡國盜賊群起，繡衣御史❹暴勝之使持斧逐捕盜賊，以軍興❺從事，誅二千石以下。勝之過被陽，欲斬訢，訢已解衣伏質❻，仰言曰：「使君❼顓❽殺生之柄❾，威震郡國，今復斬一訢，不足以增威，不如時有所寬，以明恩貸❿，令盡死力⓫。」勝之壯其言，貰⓬不誅，因與訢相結厚⓭。

勝之使還，薦訢，徵為右輔都尉⓮，守⓯右扶風⓰。上數出幸安定、北地⓱，過扶風，宮館⓲馳道脩治，供張⓳辦⓴。武帝嘉之，駐車，拜訢為真㉑，視事㉒十餘年。昭帝時為御史大夫，代車千秋為丞相，封宜春㉓侯。明年薨，諡曰敬侯。子譚嗣，以列侯與謀㉔廢昌邑王㉕立宣帝，益封三百戶。薨，子咸嗣。王莽妻即咸女，莽篡位㉖，宜春氏㉗以外戚㉘寵。自訢傳國至玄孫㉙，莽敗，迺絕。

【章　旨】以上為〈王訢傳〉。王訢以郡縣吏積功勞為被陽令。武帝末，因繡衣御史暴勝之推薦，徵為右輔都尉。昭帝時，官至御史大夫。宣帝時為丞相，封宜春侯。其政績為武帝巡視時「宮館馳道脩治，供張辦」，並無突出才能。

【注　釋】❶濟南　郡名。治東平陵縣，今山東章丘西北。❷被陽　縣名。治今山東博興西。❸軍旅　軍隊。❹繡衣御史　官名。西漢置，掌出討奸猾，治大獄。❺軍興　指戰時的法令制度。❻伏質　執行腰斬死刑時，罪犯裸身俯伏在砧上，稱「伏質」。質，通「鑕」。古代腰斬用的墊座。❼使君　對使者的尊稱。❽顓　通「專」。專擅。❾柄　權柄。❿貸　寬免。⓫死力　必死之力；全部的力量。⓬貰　赦免。⓭結厚　交往深厚。⓮右輔都尉　官名。掌右扶風地區的治安，治郿縣，今陝西眉縣東。⓯守　代理之意。⓰右扶風　官名。武帝太初元年改主爵都尉為右扶風，治右內史之地。⓱安定北地　皆郡名。安定郡治高平，今寧夏固原；北地郡治馬領，今甘肅慶陽西北。⓲宮館　離宮別館。供皇上遊息的地方。⓳供張　亦作「供帳」。又作「共張」。陳設供宴會用的帷帳、用具、飲食等物。亦謂舉行宴會。⓴辦　辦理妥當。㉑為真　謂為右扶風正職。真，試職期滿後轉為正職。㉒視事　指官吏到職辦公。㉓宜春　縣名。故址在今河南確山縣東。㉔與謀　參與謀劃。㉕昌邑王　劉賀的封號。劉賀，武帝孫，昌邑哀王劉髆之子。昌邑，封國名。治今山東金鄉西北。㉖篡位　臣子奪取君主的權位。㉗宜春氏　不稱王氏，而曰宜春氏以侯號稱之，以區別於王氏。㉘外戚　指帝王的母族、妻族。㉙玄孫　曾孫的兒子。

【語　譯】王訢，濟南郡人。以郡縣吏積累功勞，逐漸遷升為被陽縣縣令。漢武帝末年，軍隊經常出動，郡國盜賊群起滋事，繡衣御史暴勝之作為使者拿著象徵擁有斬殺大權的斧頭追捕盜賊，按軍興法辦理，有權誅殺二千石以下的官員。暴勝之經過被陽，要斬王訢，王訢已被解開衣服趴伏在殺人砧上，他抬起頭來說：「使君專擅殺生之權柄，威震郡國，今天再斬一個王訢，不足以增加您的威望，不如此時有所寬容，以表明蒙恩假貸，讓我有竭盡死力報效的機會。」暴勝之認為他的話豪壯，釋放而沒有殺他，因而與王訢相結交，關係深厚。

暴勝之出使回朝，推薦王訢，被徵召為右輔都尉，試任右扶風。皇上多次出巡安定郡、北地郡，經過扶風，宮館、馳道修治得很好，帷帳、用具、飲食等物供應齊備。武帝讚揚他，停下車子，授王訢為右扶風實職，主事十多年。昭帝時任御史大夫，接替車千秋為丞相，封為宜春侯。第二年去世，謚號為敬侯。

他的兒子王譚繼承侯位，以列侯身分參與謀議廢昌邑王而立宣帝，增加封邑三百戶。他去世後，兒子王咸繼承侯位。王莽的妻子就是王咸的女兒，王莽篡位，宜春王氏因為是外戚而受寵。從王訢傳國到他的玄孫王莽失敗，侯國就絕滅了。

楊敞，華陰❶人也。給事❷大將軍莫府❸，為軍司馬❹，霍光愛厚之，稍遷至大司農❺。元鳳❻中，稻田使者❼燕倉知上官桀等反謀，以告敞。敞素謹畏事，不敢言，迺移病❽臥。以告諫大夫❾杜延年❿，延年以聞⓫。蒼、延年皆封，敞以九卿⓬不輒言⓭，故不得侯。後遷御史大夫，代王訢為丞相⓮，封安平⓯侯。

明年⓰，昭帝崩。昌邑王徵⓱即位，淫亂，大將軍光與車騎將軍張安世⓲謀欲廢王更立⓳。議既定，使大司農田延年⓴報敞。敞驚懼，不知所言，汗出洽㉑背，徒唯唯㉒而已。延年起至更衣㉓，敞夫人㉔遽㉕從東箱㉖謂敞曰：「此國大事，今大將軍議已定，使九卿來報君侯。君侯不疾應，與大將軍同心，猶與㉗無決，先事㉘誅矣。」延年從更衣還，敞、夫人與延年參語㉙許諾，請奉大將軍教令㉚，遂共廢昌邑王，立宣帝。宣帝即位月餘，敞薨㉛，謚曰敬侯。子忠嗣，以敞居位定策㉜安宗廟㉝，益封三千五百戶。

【章　旨】以上為〈楊敞傳〉。楊敞一向謹慎怕事，受霍光愛厚而為大司農。居九卿位而不敢奏報上官桀謀反事。霍光謀議廢立，楊敞又遲疑不決，其妻見識高遠，助其決斷，定策安宗廟，廢昌邑王，立宣帝。

【注　釋】❶華陰　縣名。西漢置，治今陝西華陰東。❷給事　任職；供職。❸莫府　本指將帥在外的營帳。後亦泛指軍政大吏的府署。❹軍司馬　武官。漢大將軍營五部，每部設部校尉、軍司馬各一人。其不設置部校尉者，但置軍司馬一人。掌軍隊的車、馬、兵士。屬大將軍，秩比千石。霍光雖不行軍，掌有兵權，故幕府中仍設有軍司馬。據陳直說。❺稍遷至大司農　〈武五子傳‧燕王旦傳〉云，大將軍長史敞無功勞，為搜粟都尉。可見楊敞曾為長史、搜粟都尉。大司農，原名治粟內史，景帝改名大農令，武帝改名大司農，為九卿之一。掌租稅、錢穀、鹽鐵和國家財政收支。❻元鳳　漢昭帝的年號，西元前八〇—前七五年。❼稻田使者　官名。特為稻田設置的使者。❽移病　作書稱病離職，一說以病而移居私宅。❾諫大夫　官名。漢武帝始置，原屬郎中令，太初元年郎中令更名光祿勳，遂改隸之。執掌論議。❿杜延年　（西元前？—前五二年），字幼公，南陽杜衍（今河南南陽）人。杜周少子。明習法律。封建平侯，官至御史大夫。詳見卷六十〈杜周傳〉附其傳。⓫以聞　以之上奏朝廷聞知。⓬九卿　秦漢以奉常（太常）、郎中令、衛尉、太僕、廷尉、典客、宗正、治粟內史、少府為九卿，實即漢朝的行政機關。⓭不輒言　不隨即報告。輒，即；就。⓮為丞相　時在元鳳六年（西元前七五年）。⓯安平　縣名。西漢置，治今河北安平。⓰明年　元平元年，西元前七四年。⓱徵　召；徵召。⓲張安世　字子孺，杜陵（今陝西西安）人。張湯之子。官至車騎將軍光祿勳，封富平侯。詳見卷五十九〈張湯傳‧張安世附傳〉。⓳更立　改立。⓴田延年　詳見卷九十〈酷吏傳‧田延年傳〉。㉑洽　沾溼。㉒唯唯　謙恭應命之辭，猶今「是，是」。㉓更衣　古時指大、小便或廁所。㉔敞夫人　《漢書補注》引何焯云：「是後妻，非司馬遷女，觀以下〈楊惲傳〉中『後母無子』之文可證。」㉕遽　迅速。㉖東箱　東廂房，正寢東側的房屋。㉗猶與　同「猶豫」。遲疑不決。㉘先事　猶事前。㉙參語　三人共同的言語。三人指田延年、楊敞及楊敞夫人。㉚教令　指示；命令。㉛敞薨　宣帝六月即位，楊敞薨於八月。㉜定策　決策，指擁立皇帝。把擁立皇帝的事寫在竹簡上，告於宗廟，稱定策。㉝宗廟　天子或諸侯祭祀祖先的專用房屋，常以之作為王室、國家的代稱。

【語　譯】楊敞，華陰縣人。在大將軍幕府中做事，任軍司馬，霍光喜歡他，厚待他，逐漸遷升至大司農。漢昭帝元鳳年間，稻田使者燕蒼知道了上官桀等人的反叛陰謀，把這件事告訴了楊敞。楊敞一向謹慎怕事，不敢上報，於是作書告病家居。燕蒼又把這件事告訴了諫大夫杜延年，杜延年把這事奏聞朝廷。燕蒼、杜延年皆因此而封侯，楊敞因為是九卿而不立即報告，所以不得封侯。後來遷升為御史大夫，代王訢為丞相，封為安平侯。

第二年，昭帝去世。昌邑王應詔即皇帝位，在宮裡淫亂。大將軍霍光與車騎將軍張安世謀劃要廢掉昌邑王另立新君。謀議已定，讓大司農田延年通報楊敞。楊敞驚慌畏懼，不知道說什麼好，冷汗溼透了脊背，只是哼哼唧唧而已，不作明確表態。田延年起身去廁所，楊敞的夫人趕快從東廂房出來對楊敞說：「這是國家大事，現在大將軍等計議已定，讓九卿來通報君侯。君侯不趕快響應，與大將軍同心協力，還猶豫不決，舉大事前您要先被誅殺了。」田延年從廁所回來，楊敞、夫人與田延年三人共言許諾，請求奉行大將軍的教令，於是共同廢除昌邑王，擁立宣帝。宣帝即位一個多月，楊敞就去世了。賜諡號曰敬侯。他的兒子楊忠，繼承侯位，因為楊敞居丞相位決策擁立新君安定了宗廟，增加封邑三千五百戶。

1 忠弟惲。惲字子幼，以忠任為郎❶，補常侍騎❷。惲母，司馬遷女也。惲始讀外祖太史公記❸，頗為❹春秋。以材能❺稱。好交英俊諸儒，名顯朝廷，擢為左曹❻。霍氏謀反，惲先聞知，因侍中❼金安上❽以聞，召見言狀。霍氏伏誅❾，惲等五人皆封❿，惲為平通⓫侯，遷中郎將⓬。

2 郎官故事⓭，令郎出錢市⓮財用，給文書，迺得出，名曰「山郎⓯」。移病盡一日，輒償⓰一沐⓱，或至歲餘不得沐。其豪富郎，日出游戲，或行錢得善部⓲。貨賂⓳流行，傳相放效⓴。惲為中郎將，罷山郎，移長度大司農㉑，以給財用。其疾病休謁[22]洗沐，皆以法令從事。郎、謁者[23]有罪過，輒奏免，薦舉其高弟[24]有行能[25]者，至郡守九卿。郎官化[26]之，莫不自厲[27]，絕請謁[28]貨賂之端，令行禁止，宮殿之內翕然[29]同聲。由是擢為諸吏[30]光祿勳[31]，親近用事[32]。

3 初，惲受父財五百萬，及身封侯，皆以分宗族。後母無子，財亦數百萬，死皆予惲，惲盡復分後母昆弟[33]。再受訾[34]千餘萬，皆以分施。其輕財好義[35]如此。

4 惲居殿中，廉絜無私，郎官稱公平。然惲伐其行治[36]，又性刻害[37]，好發人陰伏[38]，同位[39]有忤[40]己者，必欲害之，以其能高人。由是[41]多怨[42]於朝廷，與太僕戴長樂相失，卒[43]以是敗。

5 長樂者，宣帝在民間[44]時與相知，及即位，拔擢親近。長樂嘗使行事肄宗廟[45]，還謂掾史[46]曰：「我親面見受詔，副[47]帝肄，秺侯[48]御[49]。」人有上書告長樂非所宜言，事下廷尉[50]。長樂疑惲教人告之，亦上書告惲罪：「高昌侯[51]車犇入北掖門[52]，惲語富平[53]侯張延壽[54]曰：『聞前有犇車抵[55]殿門，門關[56]折，馬死，而昭帝崩。今復如此，天時，非人力也。』左馮翊[57]韓延壽[58]有罪下獄，惲上書訟[59]延壽。郎中[60]丘常謂惲曰：『聞君侯訟韓馮翊[61]，當得活乎？』惲曰：『事何容易！脛脛[62]者未必全也。我不能自保[63]，真人[64]所謂鼠不容穴銜窶數[65]者也。』又中書謁者令[66]宣持單于使者語[67]，視諸將軍、中朝[68]二千石。惲曰：『冒頓單于[69]得漢美食好物，謂之殠[70]惡，單于不來[71]明甚。』惲上觀西閣上畫人[72]，指桀紂畫謂樂昌侯王武[73]曰：『天子過此[74]，一二[75]問其過[76]，可以得師矣。』畫人有堯舜禹湯不稱[77]，而舉桀紂。惲聞匈奴降者道單于見殺，惲曰：『得不肖君，大臣為畫善計不用，自令身無處所[78]。若秦時但任小臣，誅殺忠良，竟以滅亡；令親任大臣，即至今[79]耳。古與今如一丘之貉[80]。』惲妄引亡國以誹謗當世，無人臣禮。又語長樂曰：『正月以來，天陰不雨，此春秋所記，夏侯君所言[81]也。行必不至河東[82]矣。』以主上為戲語，尤悖逆[83]絕理。」

6 事下廷尉。廷尉定國[84]考問[85]，左驗[86]明白，奏「惲不服罪，而召戶將[87]尊[88]，欲令戒飭[89]富平侯延壽，曰[90]『太僕[91]定有死罪數事，朝暮人[92]也。惲幸與富平侯婚姻，今獨三人坐語，侯言「時不聞惲語」，自與太僕相觸也』。尊曰：『不可。』惲怒，持大刀，曰：『蒙富平侯力，得族罪[93]！毋泄惲語，令太僕聞之亂餘事[94]。』惲幸得列九卿諸吏，宿衛[95]近臣，上所信任，與聞政事，不竭忠愛，盡臣子義，而妄怨望，稱引[96]為訞惡言，大逆不道，請逮捕治」。上不忍加誅，有詔皆免惲、長樂為庶人。

7 惲既失爵位，家居治產業[97]，起室宅，以財自娛。歲餘，其友人安定[98]太守西河[99]孫會宗，知略[100]士也，與惲書諫戒之，為言大臣廢退，當闔門[101]惶懼，為可憐之意，不當治產業，通賓客，有稱譽。惲宰相子，少[102]顯朝廷，一朝以晻昧[103]語言見廢，內懷不服，報會宗書曰[104]：

8 「惲材朽[105]行穢[106]，文質[107]無所底[108]，幸賴先人餘業得備宿衛，遭遇時變以獲爵位[109]，終非其任，卒[110]與禍會。足下[111]哀其愚，蒙賜書，教督[112]以所不及，殷勤[113]甚厚。然竊恨[114]足下不深惟[115]其終始，而猥[116]隨俗之毀譽也。言鄙陋之愚心，若逆指而文過[117]，默而息乎，恐違孔氏[118]『各言爾志[119]』之義，故敢略陳其愚，唯君子察焉！

9 「惲家方隆盛時，乘朱輪[120]者十人，位在列卿[121]，爵為通侯[122]，總領從官[123]，與[124]聞政事，曾[125]不能以此時有所建明[126]，以宣德化，又不能與群僚同心并力，陪輔[127]朝廷之遺忘，已負竊位[128]素餐[129]之責久矣。懷祿貪勢，不能自退，遭遇變故，橫被口語[130]，身幽北闕[131]，妻子滿獄。當此之時，自以夷滅[132]不足以塞責[133]，豈意得全首領[134]，復奉先人之丘墓乎？伏惟聖主之恩，不可勝量。君子游道[135]，樂以忘憂；小人全軀，說以忘罪。竊自思念，過已大矣，行已虧矣，長為農夫以沒世[136]

矣。是故身率妻子，戮力(137)耕桑，灌園治產(138)，以給公上(139)，不意當復用此(140)為(141)譏議也。

10 「夫人情所不能止者，聖人弗禁，故君父至尊親(142)，送其終(143)也，有時而既(144)。臣之得罪，已三年矣(145)。田家作苦，歲時伏臘(146)，亨羊炰(147)羔，斗酒自勞。家本秦也(148)，能為秦聲。婦，趙女也，雅善(149)鼓瑟。奴婢歌者數人，酒後耳熱，仰天拊缶(150)而呼烏烏(151)。其詩曰：『田(152)彼南山，蕪穢不治，種一頃豆，落而為萁(153)。人生行樂耳，須(154)富貴何時！』是日也，拂衣而喜，奮褎低卬(155)，頓足起舞，誠淫荒無度，不知其不可也。惲幸有餘祿，方糴賤販貴，逐什一(156)之利，此賈豎(157)之事，汙辱之處，惲親行之。下流之人，眾毀所歸(158)，不寒而栗。雖雅知(159)惲者，猶隨風而靡(160)，尚何稱譽之有！董生(161)不云乎？『明明求仁義，常恐不能化民者，卿大夫之意也；明明求財利，常恐困乏者，庶人之事也(162)。』故『道不同，不相為謀(163)』。今子尚安得以卿大夫之制而責僕(164)哉！

11 「夫西河(165)魏土，文侯(166)所興，有段干木、田子方(167)之遺風，漂然(168)皆有節槩(169)，知去就(170)之分。頃者，足下離舊土，臨安定，安定山谷之間，昆戎(171)舊壤，子弟貪鄙(172)，豈習俗之移人哉？於今迺睹子之志矣。方當盛漢之隆，願勉旃，毋多談(173)。」

12 又惲兄子安平侯譚為典屬國[174]，謂惲曰：「西河太守建平[175]杜侯[176]前以罪過出，今徵為御史大夫。侯罪薄，又有功，且復用。」惲曰：「有功何益？縣官[177]不足為盡力。」惲素與蓋寬饒[178]、韓延壽善，譚即曰：「縣官實然，蓋司隸[179]、韓馮翊皆盡力吏也，俱坐事誅。」會有日食變，騶[180]馬猥佐[181]成上書告惲「驕奢不悔過，日食之咎[182]，此人所致」。章[183]下廷尉案驗，得所予會宗書，宣帝見而惡之。廷尉當惲大逆無道，要斬。妻子徙酒泉郡[184]。譚坐不諫正[185]惲，與相應，有怨望語，免為庶人。召拜成為郎。諸在位與惲厚善者，未央衛尉韋玄成[186]、京兆尹張敞[187]及孫會宗等，皆免官。

【章旨】以上為〈楊惲傳〉。楊惲為楊敞之子，其母為司馬遷女。因兄任為郎，以才能名顯朝廷。宣帝時因告發霍氏謀反，封平通侯，遷中郎將。革除貪汙賄賂之積弊，頗得皇帝信用。然自矜其能，好發人陰私，多樹怨於朝廷，後與太僕戴長樂互相攻訐，免為庶人。因與友人孫會宗書流露怨望，被人告發，以大逆無道論罪，腰斬。

【注釋】❶任為郎　任為郎官。任指任子，任子是漢代選拔官吏的一種制度。凡吏二千石以上任職滿三年者，得任其同產（兄弟）若子一人為郎。任子一般為郎官，也有任為太子官屬者。❷常侍騎　官名。皇帝的騎從。顏師古注：「為騎郎而常侍，故謂之常侍騎也。」❸太史公記　即今《史記》。原名《太史公書》，漢代學者或稱《太史公記》、《太史公》、《太史公傳》。❹頗為　下功夫學習。❺材能　同「才能」。才智和能力。❻左曹　加官名。受理尚書事。❼侍中　加官。秦置，漢沿置。外朝官加官侍中即可出入省中，侍從皇帝左右，應對顧問。❽金安上　（西元前？—前五六年），金日磾的姪子，父親金倫。

官至建章宮衛尉，封都成侯。詳見卷六十八〈金日磾傳附金安上傳〉。❾伏誅　伏罪被處死。❿五人皆封　《漢書補注》引錢大昭云：「案〈功臣表〉，是時同日封者，張章、董忠、金安上及惲，有四人，其一人史高，在〈外戚侯表〉。」⓫平通　食邑名。在今河南商水縣東南。⓬中郎將　官名。漢代光祿勳下設五官、左、右三署，各置中郎將統領一署，執掌宿衛殿門，出充車騎。⓭故事　舊日的制度；例行的事。⓮市　購買。⓯山郎　西漢宿衛郎的俗稱。部署舊例，由郎官私自出錢，以助文書費用，即可出補外官。因郎官自己出錢，譬如山林出產財寶，故稱為「山郎」。⓰償　抵償；補報。⓱沐　休沐，猶「休假」。漢代官吏五日一休沐，亦稱洗沐。⓲其豪富郎三句　意謂郎官的安排與勞逸，都以出錢為轉移。善部，指好的部門。顏師古注：「郎官之職，各有主部，故行錢財而擇其善，以招權也。」⓳貨賂　猶賄賂。⓴放效　同「仿效」。摹仿，效法。㉑移長度大司農　顏師古注：「總計一歲所須財用，及文書之調度，而移大司農，以官錢供給之，更不取于郎也。」長度，一歲之調度。㉒休謁　賜給休假。㉓謁者　官名。漢承秦置，皇帝的侍從人員。㉔高弟　品第高。弟，「第」的古字。㉕行能　品行與才能。㉖化　感化。㉗自厲　自我勉勵。厲，通「勵」。㉘請謁　找關係求人辦事。㉙翕然　形容言論、行為一致。㉚諸吏　加官。得此加官者，得以舉法。㉛光祿勳　官名。武帝太初元年更名郎中令為光祿勳。掌領宮廷宿衛及侍從。㉜用事　執政；當權。㉝昆弟　兄弟。昆，兄。㉞訾　通「資」。錢財。㉟輕財好義　輕視財物，喜歡做符合大義的事。㊱伐其行治　誇耀自己的品行與政績。伐，誇耀。㊲刻害　侵害；刻薄殘忍。㊳陰伏　猶言隱私、陰事，謂隱祕不為人知的罪惡。㊴同位　猶同列。亦指官位相同者。㊵忤　抵觸；不順從。㊶由是　因此。㊷怨　結怨。㊸卒　終究；終於。㊹宣帝在民間　宣帝為武帝嫡親曾孫。武帝末年，巫蠱之禍發生，襁褓之中的宣帝也被囚獄中。後被廷尉丙吉救出，先後由其祖母史良娣娘家、掖庭令張賀等撫養，直到他十九歲即位，一直生活在民間。㊺使行事肄宗廟　謂戴長樂奉詔攝天子事，演習禮儀於宗廟。肄，學習；練習。㊻掾史　官名。分曹治事的屬吏。㊼副　助；輔助。㊽秺侯　指金賞，金日磾之子。詳見卷六十八〈金日磾傳附金賞傳〉。㊾御　駕車。㊿廷尉　官名。漢承秦置。主管全國刑獄。漢景帝中六年（西元前一四四年）更名大理。武帝建元四年（西元前一三七年）復舊稱。秩中二千石，列位九卿。51高昌侯　董忠。高昌，漢侯國名，在今山東博興西南。52掖門　宮殿的旁門。53富平　縣名。在今山東惠民東北。54張延壽　京兆尹杜陵（今陝西西安）人。富平侯張安世之子。宣帝時任中郎將侍中，出為北地太守，復徵入為左曹太僕。後襲父爵為侯。55抵　觸；碰撞。56門關　門閂。關，門閂的橫木。57左馮翊　官名。京畿三輔之一。武帝太初元年改左內史置，職掌相當於郡太守。58韓延壽　（西元前？—前五七年），字長公，燕人。家徙杜陵（今陝西西安東南）。詳見卷七十六〈韓延壽傳〉。59訟　為人辯冤。60郎中　官名。郎中令（光祿勳）

屬官，執掌宿衛殿門。(61)韓馮翊　韓延壽曾任左馮翊，故有此稱。(62)脛脛　同「硜硜」。淺見固執貌。(63)我不能自保　言我尚不能自保，訟人何以得活。(64)真人　正人。李奇說。(65)鼠不容穴銜窶數　言鼠不能將窶數銜到小洞裡去。銜，口含物。窶數，用茅草結成的圓圈，放在頭上做頂東西的墊子。(66)中書謁者令　官名。管理帝王的事務。漢成帝改為中謁者令，見卷十九〈百官表〉。(67)語　記錄之語。(68)中朝　漢代中央官吏自武帝以後有中朝、外朝之分。中朝即內朝。(69)冒頓單于　（西元前？—前一七四年），姓攣鞮氏。秦末漢初匈奴首領。約西元前二〇九—前一七四年在位。詳見卷九十四〈匈奴傳〉。(70)殞腐臭的氣味。(71)單于不來　當時單于使者云欲來朝，故楊惲云「不來」。(72)畫人　畫像。漢代宮闕，皆有畫像。所畫歷史人物，有桀紂，也有堯舜禹湯。(73)王武　宣帝的舅舅。(74)過此　經過這裡。(75)一二　逐一。(76)問其過　謂問桀紂之過惡。(77)稱　稱讚；頌揚。(78)身無處所　指單于自殺。(79)至今　謂至今而不亡。(80)一丘之貉　同一個山丘上的貉。比喻都是同類，並無差別。(81)夏侯君所言　夏侯君，即夏侯勝。夏侯，複姓。君，是對他的尊稱。夏侯勝諫昌邑王曰：「天久陰而不雨，臣下有謀上者，陛下出欲何之？」詳見卷七十五〈夏侯勝傳〉。(82)行必不至河東　西漢帝王歲祀河東后土祠，后土祠在河東郡汾陰縣，今山西萬榮西南。此言「行必不至河東」，意謂天子之位危而不長。河東，郡名。秦置，治安邑縣，今山西夏縣西北禹王城。(83)悖逆　狂悖忤逆；違背正道。(84)定國　即于定國（西元前？—前四〇年），字曼倩，東海郯（今山東郯城）人。官至丞相，封西平侯。詳見卷七十一〈于定國傳〉。(85)考問　考訊審問。(86)左驗　證據；證人。左，通「佐」。(87)戶將　官名。掌管宮內門戶守衛，屬光祿勳。(88)尊　人名。(89)戒飭　告誡。(90)曰　以下引號內之語，乃楊惲使戶將尊令富平侯張延壽作證之言。要讓張延壽自言「時不聞惲語」，證明戴長樂誣陷楊惲。(91)太僕　指戴長樂。(92)朝暮人　活不了多久的人。(93)蒙富平侯力二句　意謂戴長樂得到富平侯相助，則我得罪至族滅。(94)亂餘事　意謂增加其他罪狀。(95)宿衛　在省中值宿，擔任警衛。(96)稱引　援引；引證。(97)產業　指家產，如土地、房屋等。(98)安定　郡名。西漢置，治高平縣，今寧夏固原。(99)西河　郡名。西漢置，治平定縣，今內蒙古東勝境。(100)知略　智慧與策略。知，「智」的古字。(101)闔門　閉門。(102)少　年輕時期。(103)晻昧　愚昧。晻，同「暗」。(104)報會宗書曰　下文是〈報孫會宗書〉。報，答覆；回覆。(105)材朽　朽木之材，比喻才能低下。(106)行穢　品性汙穢。(107)文質　文采資質。(108)底　致；達到。(109)獲爵位　楊惲因報告霍氏謀反立功，得封平通侯。(110)卒　終於。(111)足下　對同輩、朋友的敬稱，古時也用於對上。(112)教督　教導指正。(113)殷勤　情意深厚。(114)恨　遺憾。(115)惟　思。(116)猥　隨便；曲意。(117)逆指而文過　言違背孫會宗的意見，而掩飾自己的過錯。文過，掩飾過錯。(118)孔氏　指孔子。(119)各言爾志　引自《論語・公冶長》。(120)朱輪　用丹漆塗車轂的車。漢制，公卿列侯及二千石以上官員才能乘坐。(121)列卿　指九卿。(122)通侯　爵位名。秦爵二十級中最高的一級。漢初稱徹侯，因避漢武帝劉徹諱，改稱通侯，或稱列侯。❶²³總領從官　楊惲曾任光祿勳，掌管皇帝的侍從官。總領，統管。❶²⁴與　同「預」。參與。❶²⁵曾　竟；竟然；尚。❶²⁶建明　猶建白。提出建議或陳述主張。❶²⁷陪輔　共同輔助。❶²⁸竊位　竊據權位。竊，本意為用非法手段獲取，此處為自謙語。❶²⁹素餐　白吃飯。意為不勞而食，無功受祿。❶³⁰橫被口語　指被戴長樂告發。橫被，橫遭。口語，特指毀謗之詞。❶³¹北闕　宮殿北面的門樓。臣民在此上書奏事；犯罪者也拘禁於此聽候處罰，即所謂「幽北闕」。❶³²夷滅　消滅。此指死亡。❶³³塞責　盡責。❶³⁴首領　頭頸；生命。❶³⁵游道　謂優遊於道術。❶³⁶沒世　終身；一輩子。❶³⁷勠力　盡力；協力；通力合作。❶³⁸治產　經營產業。治，經營。❶³⁹給公上　供給朝廷的賦斂。公上，朝廷；官家。❶⁴⁰用此　因此。❶⁴¹為　被；受到。❶⁴²至尊親　至尊至親，君為至尊，父為至親。❶⁴³送其終　這裡指給君父服喪。給長輩安排喪事曰「送終」。❶⁴⁴既　盡。指喪期三年即盡。❶⁴⁵臣之得罪二句　宣帝五鳳二年（西元前五六年）秋，楊惲因「怨望為訞惡言」被免為庶人，五鳳四年夏四月，被人告發，與孫會宗書有怨望言，被腰斬。楊惲獲罪前後為三個年頭，實際時間不到二年。❶⁴⁶伏臘　泛指一般節日。伏，夏至後第三個庚日曰初伏，古時伏祭在這天。臘，也是個祭日，漢代在冬至後第三個戌日。❶⁴⁷炰　烹煮。❶⁴⁸家本秦也　楊惲原籍華陰，屬秦故地。❶⁴⁹雅善　素來擅長。雅，素常；向來。❶⁵⁰拊缶　拍打著缶。缶，瓦質的打擊樂器。❶⁵¹烏烏　歌呼聲。❶⁵²田　耕作，後作「佃」。❶⁵³其　豆莖。❶⁵⁴須　等待。❶⁵⁵奮褏低卬　揮動衣袖，忽高忽低。褏，古袖字。卬，通「昂」、「仰」。高。❶⁵⁶什一　十分之一。❶⁵⁷賈豎　舊時對商人的蔑稱。❶⁵⁸下流之人二句　出自《論語・子張》：「紂之不善不如是之甚也。是以君子惡居下流，天下之惡皆歸焉。」下流，比喻眾惡所歸之處。❶⁵⁹雅知　素知。❶⁶⁰靡　倒下。❶⁶¹董生　董仲舒（西元前一七九－前一〇四年），廣川（今河北棗強）人。西漢著名思想家。詳見卷五十六〈董仲舒傳〉。❶⁶²明明求仁義六句　見〈董仲舒傳・賢良對策三〉，文字略有出入。明明，猶黽勉。勤勉；勉力。化民，教化百姓。卿大夫，卿和大夫。後借指高級官員。❶⁶³道不同二句　引語見《論語・衛靈公》。意謂主張不同，不互相商議。❶⁶⁴僕　古時男子謙稱自己。❶⁶⁵西河　郡名。戰國魏置。一稱河西。文侯時吳起曾為西河守。轄境相當今陝西華陰以北，黃龍以南，洛河以東，黃河以西地區。西元前三三〇年地入秦，郡廢。❶⁶⁶文侯　魏文侯。名斯，西元前四四五－前三九六年在位。其時西取秦國河西（今黃河與北洛水間）為西河郡。❶⁶⁷段干木田子方　皆戰國時人。段干木，姓段干。田子方，名無擇。魏文侯皆以優厚之禮待之。❶⁶⁸漂然　志節高遠貌。楊樹達《漢書窺管》按：「《文選》『漂』字作『凜』，是也。『漂』乃形近誤字。」可從。❶⁶⁹節槩　節操。❶⁷⁰去就　離去或接受。擔任官職或不擔任官職。❶⁷¹昆戎　即西戎。古代西部的一個部族。❶⁷²貪鄙　貪婪卑鄙。❶⁷³願勉旃二句　顏師古注：「言子當自勉勵以立功名，不須多與我言也。」勉旃，努力。旃，語助詞，

「之、焉」二字的合讀。毋，通「無」。(174)典屬國　官名。掌管少數民族事務，漢成帝河平元年（西元前二八年）併入大鴻臚。(175)建平　縣名。治今河南永城西北。(176)杜侯　杜延年（西元前？—前五二年），字幼公，南陽杜衍（今河南南陽）人。官至御史大夫，封建平侯。卷六十〈杜周傳〉附其傳。(177)縣官　指天子。(178)蓋寬饒　（西元前？—前六四年），字次公，魏郡（今河北臨漳）人。官至司隸校尉。詳見卷七十七〈蓋寬饒傳〉。(179)蓋司隸　蓋寬饒兼任司隸校尉，故有此稱。(180)騶　小吏之名稱，主駕車馬。(181)馬猥佐　據陳直《漢書新證》：「馬猥佐為佐史主餵馬者。猥為餵字之假借，屬于騶吏。成為人名。一說，猥雜也，為管馬雜事之佐。」(182)咎　災禍。(183)章　指臣下的奏章。(184)廷尉當惲三句　據陳直《漢書新證》考證：「顏師古匡謬正俗，引謝承《後漢書》云：『楊豫祖父惲，封平通侯，惲子會宗，坐與台閣交通，有罪國除，家屬徙酒泉郡。』又云：『豫上書乞還本土，其辭云：臣祖父惲，念安社稷，忠不避難，指刺奸臣，實心為國，遂致死徙。』此事足補《漢書》之遺闕。」當，判罪。徙，謫戍；流放犯人到邊遠地方。酒泉郡，西漢元狩二年（西元前一二一年）置，治祿福縣，今甘肅酒泉。(185)諫正　規勸匡正。(186)韋玄成　（西元前？—前三六年），字少翁，魯國鄒（今山東鄒縣）人。後徙杜陵。韋賢之子。官至丞相。卷七十三〈韋賢傳〉附其傳。(187)張敞　（西元前？—前四七年），字子高，河東平陽（今山西臨汾）人。其家先徙茂陵（今陝西興平東北）。後徙杜陵。官至京兆尹。詳見卷七十六〈張敞傳〉。

【語譯】楊忠的弟弟叫楊惲。楊惲字子幼，因為楊忠而被任為郎，後又補任常侍騎。楊惲的母親是司馬遷的女兒。楊惲開始讀外祖父的《太史公記》，又用心研究《春秋》。以有才能而出名。他喜歡結交英俊的儒士，名聲顯揚於朝廷，被提拔為左曹。霍氏謀反，楊惲首先聽到風聲，通過侍中金安上將此事奏聞皇上，皇上召見楊惲，詢問霍氏謀反的情況。霍氏被誅殺，楊惲等五人都得到封賞，楊惲封為平通侯，升任中郎將。

2 按照郎官衙署的慣例，叫宿衛郎自己出錢購買財用諸物，發給文書費用，就可以外出休假不值班，名叫「山郎」。宿衛郎請病假滿一天，就用一個休沐假抵償，有的人甚至一年多得不到休沐。家庭豪富的郎官，每天出外遊戲，有的人拿錢財行賄就可以選擇好的部門工作。致使賄賂風行，到處傳播，互相仿效。楊惲擔任中郎將後，廢除任用山郎的慣例，將一年的開支計劃以及文書調度的權力都移交給大司農，用官府的錢供給各項費用。郎官的疾病、請假、值班、休息等事宜，都按照法律規定辦理。郎官、謁者有了罪過，就奏報免職，推薦那些品第高、德行才能優異的郎官擔任郡守、九卿。郎官們都受到感化，無不自我勉勵，杜絕求人找關係、賄賂請託的弊端，做到了令行禁止，宮殿之內言行一致，一片贊同之聲。因此提拔楊惲為諸吏光祿勳，親近皇帝，當權主事。

3 當初，楊惲接受父親的錢財五百萬，等到自己封侯，都分給了宗族。後母沒有兒子，遺產也有幾百萬，死後都給了楊惲，楊惲又全都分給了後母的兄弟們。後來又接受了錢財一千多萬，都拿出來分施了。他的輕財好義就是這樣的。

4 楊惲在殿中，廉潔無私，郎官都稱讚他辦事公平。然而楊惲愛自誇自己的品行與政治才能，又性情刻薄殘忍，好揭發人家的隱私，同僚中有違逆自己的，楊惲必定想辦法加害他，以此顯示自己的能力高於別人。因此，朝廷裡很多人怨恨他，他與太僕戴長樂失和，最終因此而衰敗。

5 戴長樂此人，是宣帝在民間時結交的知己，到宣帝即位，提拔他為親近大臣。戴長樂曾奉詔代行天子之事，演習宗廟祭祀的禮儀。回來後對掾史說：「我親自面見皇上受詔，輔助皇帝演習祭祀禮儀，秺侯金賞為我駕車。」有人上書告發戴長樂說了他不應當說的話，事情交給廷尉審理。戴長樂懷疑是楊惲教人告發了他，他也上書揭發楊惲的罪過：「高昌侯的車奔入北掖門，楊惲告訴富平侯張延壽說：『聽說以前曾經有奔跑的車撞在殿門上，碰斷了門栓，馬碰死了，而恰在此時昭帝去世。現在又遇到這種情況，這是天時，不是人力所能改變的啊。』左馮翊韓延壽有罪入獄，楊惲上書為韓延壽辯冤。郎中丘常對楊惲說：『聽說君侯為韓馮翊申辯，能救得活嗎？』楊惲說：『事情哪有這麼容易！耿直的人未必得保全啊。我尚且不能自保，誠如人們所說老鼠進不了洞穴，是由於口裡銜著大草墊的緣故。』還有中書謁者令宣拿著單于使者說話的記錄，給諸將軍、中朝二千石官看。楊惲說：『冒頓單于得到漢朝的美食好物，反而說是腐臭的東西，單于不來朝見天子是很明顯的。』楊惲曾觀看皇宮西閣上畫的人物，指著桀紂的畫像對樂昌侯王武說：『天子經過這裡，一一問清桀紂的過惡，便可以清楚應當師法什麼了。』畫的人物有堯舜禹湯他不稱讚援引，卻專門列舉昏暴的桀紂。楊惲聽到匈奴投降過來的人說單于被殺了，楊惲說：『遇上不賢明的君主，大臣為他謀劃好的計策卻不用，自己令自己無處容身。如秦朝時只任用小人為臣，誅殺忠良，終於因此而滅亡；假如親近信任大臣，皇位就可以傳續到今天了。古代與今天如一丘之貉。』楊惲妄自引用亡國之事來誹謗當代，沒有人臣的禮節。他又告訴我戴長樂說：『正月以來，天陰不下雨，這是《春秋》所記載，夏侯勝先生所說的。皇上之行一定走不到河東了。』竟然以主上為戲言，尤為狂悖違逆，毫無道理。」

6 皇上將此事交付廷尉審理。廷尉于定國考訊審問，調查取證明白之後，上奏說「楊惲不認罪，在被審訊期間還召來戶將尊，想讓他告誡富平侯張延壽，說『太僕定有好幾件事都該判死罪，已是早晚要死的人了。楊惲有幸與富平侯結為姻親，今天的事，只有我們三個人在一起說過，如果富平侯說「當時沒聽到楊惲說這些話」，自然就跟太僕告發之言相抵觸了』。尊說：『不可以。』楊惲大怒，拿起大刀，說：『太僕如果蒙受富平侯作證之力，我就將被判處滅族之罪！不要洩露我說的話，讓太僕聽說了更增加我其餘的罪狀。』楊惲有幸得以列為九卿諸吏，是宿衛近臣，受到皇上信任，參與聞知政事，不竭盡其忠愛，盡臣子之義，反而妄自怨恨，援引妖言惡語，大逆不道，請求逮捕治罪」。皇上不忍心加以誅殺，下詔將楊惲、戴長樂都免為庶人。

7 楊惲失去爵位後，居家經營產業，建造房宅，以財富自尋快樂。過了一年多，他的朋友安定太守西河郡人孫會宗，是位有智略的人士，給楊惲寫信勸誡他，說大臣免官退隱，應當閉門思過，惶恐戒懼，表現出值得憐憫的姿態，不應當經營產業，與賓客交往，獲取稱譽。楊惲是宰相之子，年輕時便顯名於朝廷，一朝因為講了暗昧的話被免職，心懷不服，他給孫會宗回信說：

8 「我楊惲才能低下而品行汙穢，文采資質都達不到為官的要求，有幸依賴先人留下的功業得以充任宮廷宿衛，遭遇霍氏之變而獲得爵位，但終因不能勝任，結果遭到禍害。您憐憫我愚昧，承蒙賜予書信，教導指正我思慮不周之處，情意殷勤深厚。但我私下遺憾足下未能深入思考事情的原委，而曲意隨從世俗的毀譽。如果講出我鄙陋的愚見，似乎是拂逆足下的指教而掩飾自己的過錯；沉默不語吧，又恐怕違背孔子『各言爾志』之義，所以敢於簡略陳述自己的愚見，請您省察辨別吧！

9 「我楊惲家正興盛的時候，乘坐朱輪車的有十人，我也位在列卿，爵位是通侯，統領皇上的宿衛侍從，參與討論決策國家政事，我竟然不能在此時有所建樹，以宣揚皇上的德行和教化，又不能與同僚齊心協力，輔佐朝廷拾遺補缺，已經背負竊據高位無功受祿的責備很久了。我懷戀祿財，貪圖權勢，不能自動引退，遭遇意外變故，橫遭誹謗之辭，自己被幽禁在北闕，妻子兒女全部關入監獄。在這個時候，自認為夷滅家族不足以補償我的罪責，哪裡想到能保全性命，還能奉祀先人的墳墓呢？我思念聖主的恩德，大得不可勝量。君子優遊於道術，樂以忘憂，小人保全其身體，高興得忘記了自身的罪過，我私下思慮，罪過已經很大了，德行已經虧損了，長久做個農夫以了此餘生吧。因此我親自帶領妻子兒女，努力耕田植桑，灌溉田園，經營產業，以供給官府的賦稅，沒想到又因此而受到譏諷和非議。

10「人的情感不能抑止的事情，聖人也不禁止，所以，對於至尊的君主和至親的父親，給他們送終服喪，哀傷之情到了一定時間也會結束。我獲罪已經三年了。田家耕作勤苦，到了一年中伏日和臘日的祭祀，烹羊肉，烤羊羔，飲一斗酒自我慰勞。我家本在秦地，能唱秦地的歌曲。我妻子是趙地的女子，很擅長彈瑟。奴婢中有幾個會唱歌的人，酒後耳根發熱，抬頭仰望藍天，擊缶而歌，『烏烏』地唱了起來。歌詞唱道：『耕田在那南山，雜草蕪穢而可以剷除，種了一頃豆子，粒實散落後只剩下豆秸。人生在世及時行樂而已，等待富貴不知到何時！』在這樣的日子裡，我興奮地抖動衣服，揮動的衣袖時起時伏，頓足起舞，實在是縱情歡樂沒有節制，我不知道這樣做有何不可。我幸而還有積餘的俸祿，正好買賤賣貴，追逐十分之一的利潤，這是商人做的事，被視為骯髒的行為，我親自做了。地位低下的人，是大眾詆毀的對象，令人不寒而慄。雖然是一向了解我楊惲的人，猶且隨風而倒，還有什麼人稱揚讚譽我呢！董先生不是說過嗎？『匆匆忙忙尋求仁義，常常擔心不能感化民眾，是卿大夫的心意；急急忙忙追逐財利，常常憂慮貧窮困乏，是庶人的事情啊。』所以『道不同，不相為謀』。現在您怎麼還能以卿大夫的制度來責求我呢！

11「您的故鄉西河原本是魏國的土地，是魏文侯興起之地，這裡有段干木、田子方的遺風，有高遠的節操，知道去留的尺度。不久前，足下離別家鄉，光臨安定郡，安定地處山谷之間，是昆戎的舊地，那裡的人貪吝鄙陋，難道是那裡的習俗改變了您的品性嗎？到現在我才看清了您的志向啊。如今正當漢朝隆盛之時，希望您努力自勉以立功名，不須與我多談。」

12 又有楊惲哥哥的兒子安平侯楊譚任典屬國，他對楊惲說：「西河太守建平侯杜延年，以前因罪被貶，出任地方官，現在又受徵召為御史大夫。您罪行輕薄，又有功勞，將被再次起用。」楊惲說：「有功有什麼好處？天子不值得為他盡力。」楊惲一向與蓋寬饒、韓延壽友善，楊譚當即說：「天子確實是如此，蓋司隸、韓馮翊都是盡力的官員，都因犯罪被誅殺。」恰逢發生了日食之變，掌管養馬的小吏成上書告發楊惲「驕縱奢侈不思改過，日食之咎，就是此人招致的」。奏章下交廷尉調查審理，獲得楊惲寫給孫會宗的信，宣帝看了信，很厭惡楊惲。廷尉判決楊惲大逆無道，處以腰斬之刑。妻子兒女流放到酒泉郡。楊譚因為不規勸匡正楊惲，與惲相應和，有怨恨朝廷的言語，被免為庶人。召拜成為郎官，許多現在任職與楊惲交情深厚的官員，如未央宮衛尉韋玄成、京兆尹張敞及孫會宗等人，都被免官。

1 蔡義，河內❶溫❷人也。以明經❸給事大將軍莫府。家貧，常步行，資禮❹不逮❺眾門下❻，好事者相合❼為義買犢車❽，令乘之。數歲，遷補❾覆盎城門候❿。

2 久之，詔求能為韓詩⓫者，徵義⓬待詔，久不進見。義上疏曰：「臣山東⓭草萊⓮之人，行能⓯亡所比，容貌不及眾，然而不棄人倫⓰者，竊以聞道於先師⓱，自託⓲於經術⓳也。願賜清閒之燕⓴，得盡精思於前。」上召見義，說詩，甚說之，擢為光祿大夫㉑、給事中㉒，進授昭帝。數歲，拜為少府㉓，遷御史大夫，代楊敞為丞相，封陽平㉔侯。又以定策安宗廟益封，加賜黃金二百斤。

3 義為丞相時年八十餘，短小無須眉，貌似老嫗㉕，行步俛僂㉖，常兩吏扶夾迺能行。時大將軍光秉政㉗，議者或言光置宰相不選賢，苟㉘用可顓制㉙者。光聞之，謂侍中左右及官屬曰：「以為人主師㉚當為宰相，何謂㉛云云㉜？此語不可使天下聞也。」

4 義為相四歲，薨，諡曰節㉝侯。無子，國除。

【章　旨】以上為〈蔡義傳〉。昭帝時，蔡義以明經給事大將軍霍光幕府。以說《詩》稱旨，擢為光祿大夫給事中，進授昭帝。任丞相時，已經八十多歲，需要兩名屬吏挾扶才能行走。霍光以「人主師當為宰相」辯解，掩飾不了自己不選賢相、專斷朝政的用意。

【注　釋】❶河內　郡名。治懷縣，今河南武陟西南。❷溫　縣名。在今河南溫縣西。❸明經　通明經術。漢代察舉科目之一，不屬歲舉常科。自武帝尊崇儒術，此科頗盛。❹資禮　謂以財備禮。❺不逮　不及；趕不上。❻門下　門客。❼相合　指言眾人湊集錢物。❽犢車　牛車。❾遷補　遷升補官。❿門候　門官。顏師古注：「門候，主候時而開閉也。」⓫韓詩　指《韓詩外傳》，漢韓嬰撰。漢初傳《詩》者有魯、齊、韓、毛四家。⓬徵義　蔡義為韓嬰的再傳弟子，見卷八十八〈儒林傳〉，故徵之。⓭山東　秦漢時指崤山或華山以東地區，又稱關東。⓮草萊　草野；田野。比喻在野未出仕者。⓯行能　品行才能。⓰人倫　封建禮教所規定的君臣、父子、夫婦、兄弟、朋友及各種尊卑長幼關係。⓱先師　前輩老師。⓲託　託付；寄託。⓳經術　經學儒術。⓴燕　亦作「宴」。安閒；安逸。㉑光祿大夫　官名。漢代置，武帝改中大夫為光祿大夫，掌顧問應對，屬光祿勳。㉒給事中　加官。漢承秦置。給事中即給事禁中之意。凡加此官者，即可侍從皇帝。三公、將軍、九卿等亦或加此官。㉓少府　官名。秦漢九卿之一。掌山海池澤收入和皇室手工業製造，為皇帝的私府。㉔陽平　縣名。西漢置，治今山東莘縣。㉕嫗　老年婦女。㉖俛僂　低頭曲背。俛，同「俯」。僂，曲背。㉗秉政　執政；掌管國家政事。㉘苟　貪求。㉙顓

制　即專制，獨斷專行。顓，通「專」。㉚為人主師　蔡義曾經給昭帝講授經學，故云「為人主師」。人主，君主。㉛何謂為什麼。㉜云云　指議者之言。形容議論多而雜。㉝節　《逸周書・謚法》：「好廉自克曰節。」

【語譯】蔡義，河內郡溫縣人。因通曉經術在大將軍幕府中做事。家庭貧窮，經常步行，財禮比不上其他門客，有樂於助人的好心人湊錢給蔡義買了一輛牛車，讓他乘坐。幾年後，蔡義升遷補任覆盎城門候。

2 過了很久，朝廷下詔尋求能講授《韓詩》的人，徵召蔡義等待詔命，很長時間沒有得到進見。蔡義上疏說：「臣是山東草野之人，德行和才能無法與別人相比，容貌趕不上眾人。然而我能不背棄人倫，是私下想學道於先師，自身依託於經術。希望皇上將您清閒休息的時間賜給我，使我能夠在皇上面前盡情呈述經術的精妙奧義。」皇上召見蔡義，讓他講《詩》，聽後很高興，提拔他為光祿大夫給事中，進宮給昭帝講授。幾年後，任命他為少府，遷升御史大夫，代替楊敞為丞相，封為陽平侯。又因參與決策安定宗廟而增加了封邑戶數，加賜黃金二百斤。

3 蔡義任丞相時年齡已經八十多歲了，身材矮小，沒有鬍鬚和眉毛，外貌像個老太婆，走起路來彎腰曲背，常常由兩個小吏夾扶著才能行走。當時大將軍霍光主持朝政，議事官吏中有人說霍光設置宰相不選賢能的人，只任用有利於自己專斷朝綱的人。霍光聽到這些話，對侍中左右及官屬說：「我認為皇上的老師應當擔任宰相，為什麼要議論紛紛呢？這些話不能讓天下人知道。」

4 蔡義任丞相四年，去世，謚號稱節侯。他沒有兒子，封國被廢除。

1 陳萬年，字幼公，沛郡❶相人也。為郡吏，察舉❷，至縣令，遷廣陵❸太守，以高第❹入為右扶風，遷太僕。

2 萬年廉平❺，內行❻修，然善事人，賂遺❼外戚許❽、史，傾家自盡，尤事樂陵⑨侯史高⑩。丞相丙吉⑪病，中二千石上謁⑫問疾。遣家丞⑬出謝，謝已皆去，萬年獨留，昏夜迺歸。及吉病甚，上自臨，問以大臣行能。吉薦于定國、杜延年及萬年。萬年竟代定國為御史大夫，八歲病卒。

3 子咸字子康，年十八，以萬年任為郎。有異材⑭，抗直⑮，數言事，刺譏⑯近臣，書數十上，遷為左曹。萬年嘗病，命咸教戒⑰於牀下，語至夜半，咸睡⑱，頭觸屏風。萬年大怒，欲杖之，曰：「乃公⑲教戒汝，汝反睡，不聽吾言，何也？」咸叩頭謝曰：「具曉所言，大要⑳教咸讇㉑也。」萬年迺不復言。

4 萬年死後，元帝擢咸為御史中丞㉒，總領州郡奏事，課第諸刺史㉓，內執法殿中，公卿以下皆敬憚之。是時中書令石顯㉔用事顓權，咸頗言顯短，顯等恨之。時槐里㉕令朱雲殘酷殺不辜㉖，有司舉奏，未下㉗。咸素善雲，雲從刺候㉘，教令㉙上書自訟㉚。於是石顯微伺㉛知之，白奏咸漏泄省中㉜語，下獄掠㉝治，減死，髡㉞為城旦㉟，因廢。

5 成帝初即位，大將軍王鳳㊱以咸前指言石顯，有忠直節，奏請咸補長史㊲。遷冀州㊳刺史，奉使稱意，徵為諫大夫。復出為楚㊴內史㊵，北海、東郡㊶太守。坐為京兆尹王章㊷所薦，章誅，咸免官。起家㊸復為南陽㊹太守。所居以殺伐立威，豪猾[45]吏及大姓[46]犯法，輒論[47]輸府[48]，以律程[49]作司空[50]，為地臼木杵[51]，舂不中程[52]，或私解脫鉗[53]釱[54]，衣服不如法，輒加罪笞。督作[55]劇，不勝痛，自絞[56]死者，歲數百千人，久者蟲出腐爛，家不得收。其治放[57]嚴延年，其廉不如。所居調發屬縣所出食物以自奉養，奢侈玉食[58]。然操持[59]掾史[60]，郡中長吏[61]皆令閉門自斂，不得踰法。公[62]移敕書[63]曰：「即各欲求索自快，是一郡百太守也，何得然哉！」下吏畏之，豪彊執服[64]，令行禁止，然亦以此見廢。

6 咸，三公子[65]，少顯名於朝廷，而薛宣[66]、朱博[67]、翟方進[68]、孔光[69]等仕宦[70]絕在咸後，皆以廉儉先至公卿，而咸滯[71]於郡守。時車騎將軍王音[72]輔政，信用陳湯[73]。咸數賂遺湯，予書曰：「即蒙子公[74]力，得入帝城，死不恨[75]。」後竟徵入為少府。少府多寶物，屬官咸皆鉤校[76]，發其姦臧[77]，沒入辜榷[78]財物。官屬及諸中宮[79]黃門、鉤盾、掖庭[80]官吏，舉奏按論[81]，畏咸，皆失氣[82]。為少府三歲，與翟方進有隙。方進為丞相，奏[83]「咸前為郡守，所在殘酷，毒螫[84]加於吏民。主守盜[85]，受所監[86]。而官[87]媚邪臣陳湯以求薦舉。苟得無恥，不宜處位」。咸坐免[88]。頃之，紅陽侯立[89]舉咸方正[90]，為光祿大夫給事中，方進復奏免之。後數年，立有罪就國[91]，方進奏歸咸故郡，以憂死。

【章旨】以上為〈陳萬年傳〉，附其子〈陳咸傳〉。陳萬年官至御史大夫。善事權貴，傾家產賂遺外戚許、史，為兒子陳咸譏諷。陳咸以父任為郎。元帝時擢御史中丞，執法殿中，公卿以下皆敬憚之。因劾奏中書令石顯專權，被誣免為城旦。成帝時復起，歷任刺史、郡太守等職，所居以殺伐立威，奢侈玉食。以賂遺陳湯，得徵入為少府，又為光祿大夫給事中，均為丞相翟方進劾免。

【注釋】❶沛郡　郡名。漢高祖改泗水郡置，治相縣，今安徽濉溪西北。❷察舉　選舉；選拔。察舉為漢代選拔官吏的重要制度。即由公、卿、列侯、刺史、郡守、國相等推舉人才，再經中央政府考核任以官職。察舉始於漢文帝，至武帝時形成一套完整制度，主要分為歲舉、詔舉兩種形式。❸廣陵　王國名。西漢元狩六年（西元前一一七年）以江都國改置。治廣陵縣，今江蘇揚州西北蜀岡上。❹高第　官吏考課成績列入優等。❺廉平　廉潔公平。❻內行　平時家居的操行。❼賂遺　以財物送人。❽許　指宣帝許皇后及其親屬。❾樂陵　縣名。西漢置。治今山東樂陵東南。❿史高　（西元前？—前四三年），魯國（今山東曲阜）人。後徙杜陵。戾太子夫人史良娣兄史恭之長子，封樂陵侯。宣帝臨終，拜為大司馬車騎將軍，領尚書事，受遺詔輔政。及元帝即位，唯充位而已。⓫丙吉　（西元前？—前五五年），字少卿，魯國（今山東曲阜）人。詳見卷七十四〈丙吉傳〉。⓬上謁　通名拜見尊長。猶今遞上名片。⓭家丞　官名。西漢太子、公主官屬有家臣，佐家令料理家事。列侯亦置，但不置令。⓮異材　卓越的才能。⓯抗直　剛直不屈。⓰刺譏　譏刺；嘲笑諷刺。⓱教戒　教誨告誡。⓲睡　坐寐。⓳乃公　你的父親。乃，你；你的。⓴大要　總的要旨。㉑讇　古「諂」字。諂媚。㉒御史中丞　官名。御史大夫之丞。主要執掌監察，兼掌蘭臺祕書圖籍。㉓課第諸刺史　根據一定的標準考核評定刺史們的政績優劣。刺史，官名。漢武帝元封五年（西元前一〇六年）始置。將全國分為十三州部，每州部置刺史一人，秩六百石。無治所，奉詔巡行諸郡，以六條問事，省察治政，黜陟能否，斷理冤獄。㉔石顯　（西元前？—前三二年），字君房，濟南人。西漢晚期專權宦官。詳見卷九十三〈佞幸傳〉。㉕槐里　縣名。漢高祖三年（西元前二〇四年）以廢丘縣改名，治今陝西興平東南南佐村。㉖不辜　無辜；無罪。㉗未下　言皇帝未下其奏章。㉘從刺候　謂從陳咸刺探處理情況。刺候，刺探偵察。㉙教令　謂陳咸教令朱雲。㉚自訟　為自己辯護。㉛微伺　暗中偵察。㉜省中　宮禁之內。㉝掠　笞擊。㉞髡　剃去頭髮的刑罰。㉟城旦　秦漢時四歲刑，輸邊，白日伺寇虜，夜晚築長城。㊱王鳳　（西元前？—前二二年），字孝卿，魏郡元城（今河北大名）人。元帝皇后王政君之兄。詳見卷九十八〈元后傳〉。㊲長史　官名。西漢時丞相、大將軍等均有長史。㊳冀州　州名。漢代十三刺史部之一，轄境相當今河北中南部、山東西端及河南北端。(39)楚　王國名。都彭城，在今江蘇徐州。(40)內史　官名。掌王國的民政。(41)北海東郡　皆郡名。北海郡治營陵，在今山東濰坊南。東郡治濮陽，在今河南濮陽西南。(42)王章　字仲卿，泰山巨平（今山東泰安）人。詳見卷七十六〈王章傳〉。(43)起家　從家中徵召出來，授以官職。(44)南陽　郡名。治宛縣，今河南南陽。(45)豪猾　強橫狡詐不守法紀的人。(46)大姓　指世家大族。(47)論　判罪。(48)府　官署的通稱。此指郡府。(49)律程　法規。(50)司空　中央政府中掌管工程的長官。此指主管囚徒之官，也指監獄。(51)地臼木杵　挖地作成搗臼，砍削木頭製作搗杵。(52)中程　合乎規定。(53)鉗　古代束頸的刑具。(54)釱　古代縛足的刑具，如腳鐐。(55)督作　監督勞作。(56)絞　勒死。(57)放　通「仿」。效仿。(58)玉食　甘美的食物。(59)操持　控制之意。(60)掾史　屬吏。(61)長吏　稱地位較高的官吏。(62)公　公然。(63)赦書　上級命令下級之書。南北朝以後專指皇帝詔書。(64)執服　即「慹服」，因畏懼而屈服。慹，同「懾」。(65)三公　官名。漢代指大司馬、大司徒、大司空。戰國文獻多見三公，秦及西漢初均未設置。武帝及其後，因受今文經學影響，習稱丞相、御史大夫、太尉為三公。綏和元年（西元前八年），成帝採何武之議，仿古制立三公官，更名御史大夫為大司空，大司馬、大司空官俸與丞相同。哀帝元壽二年（西元前一年）又改丞相為大司徒，三公之稱遂與經書一致。(66)薛宣　字贛君，東海郡郯縣（今山東郯城）人。詳見卷八十三〈薛宣傳〉。(67)朱博　（西元前？—前五年），字子元，杜陵（今陝西西安）人。官至御史大夫、丞相，封陽鄉侯。詳見卷八十三〈朱博傳〉。(68)翟方進　（西元前？—前七年），字子威，汝南上蔡（今河南上蔡）人。官至御史大夫、丞相，封高陵侯。詳見卷八十四〈翟方進傳〉。(69)孔光　（西元前六五—五年），字子夏，魯國魯縣（今山東曲阜）人。詳見卷八十一〈孔光傳〉。(70)仕宦　指做官。(71)滯　停止；停留。(72)王音　（西元前？—前一五年），王鳳的堂弟，王莽的堂叔。官至大司馬車騎將軍，輔政八年，卒於官。參見卷九十八〈元后傳〉。(73)陳湯　（西元前？—約前六年），山陽瑕丘（今山東兗州）人。官至射聲校尉。詳見卷七十〈陳湯傳〉。(74)子公　陳湯的字。(75)恨　遺憾。(76)鉤校　檢查核對。(77)姦臧　作奸受贓。臧，通「贓」。貪汙。(78)辜榷　獨占；統括財物。(79)中宮　皇后居住之處，借指皇后。一說為「中官」之誤。指宦官。(80)黃門鉤盾掖庭　皆官署名。其中宦吏，均由宦官充任。(81)按論　按律判罪。(82)失氣　猶喪氣。(83)奏　此奏互見本書〈翟方進傳〉，文字不同。(84)毒螫　毒害。螫，毒蟲或毒蛇咬刺。(85)主守盜　主守自盜。漢律，主守而盜價值達到十金或十萬錢，棄市。(86)受所監　言接受管轄區域內屬官的賄賂。(87)官　猶「公」。(88)咸坐免　陳咸犯監守自盜罪，僅坐免官，殆所取未足十金。周壽昌說。(89)紅陽侯立　王立，元后王政君的弟弟。詳見卷九十八〈元后傳〉。紅陽，侯國名。故城在今河南舞陽西北。(90)方正　漢代察舉科目之一。始於文帝二年（西元前一七八年），兩漢諸帝因之，方正多與賢良並列，稱賢良方正。(91)就國　回到自己的封國。

【語譯】陳萬年，字幼公，沛郡相縣人。起初做郡中的小吏，參加察舉，官至縣令，升遷為廣陵郡太守，因政績優異入京任右扶風，又遷升為太僕。

2 陳萬年廉潔公正，居家注意品行修養，然而善於侍奉人，賄送財物給外戚許、史二家，傾盡家中錢財，尤其傾力奉事樂陵侯史高。丞相丙吉生病，中二千石官員都送上名片問候疾病。丙吉派家丞出來道謝，道謝已畢，大家都走了，陳萬年獨自留下，直到天黑才告辭回家。到丙吉病情嚴重，皇上親自去探視，問及大臣的操行和才能，丙吉推薦于定國、杜延年及陳萬年。陳萬年終於代替于定國為御史大夫，八年後病故。

3 他的兒子陳咸字子康，十八歲時，憑藉陳萬年的官資而被選任為郎官。他有優異的才能，性情剛直不屈，多次上書議論政事，指責諷刺皇上的近臣，上書幾十次，遷升為左曹。陳萬年曾生病，叫陳咸到床前進行教誨告誡，話一直說到半夜，陳咸睡著了，頭靠著屏風。陳萬年大怒，要用拐杖打他，說：「你老子教導你，你反而睡著了，不聽我的話，為什麼？」陳咸叩頭認錯說：「我完全懂得了您所說的話，總的要旨是教我諂媚。」陳萬年就不再言語了。

4 陳萬年死後，漢元帝提拔陳咸為御史中丞，總管州郡上奏之事，考評各州刺史政績的等第，對內執法於殿中，自公卿以下的官吏對他既恭敬又害怕。這時中書令石顯執政專權，陳咸多次揭石顯的短，石顯等人恨他。當時槐里縣縣令朱雲施政殘酷，殺害無罪的人，有關部門舉奏他，元帝沒有把這些奏章批下來。陳咸一向與朱雲交好，朱雲向陳咸打探情況，陳咸教讓朱雲上書替自己申訴。這時石顯暗中探查知道了此事，便稟奏陳咸洩露了宮中的機密，下獄鞭打審訊，後來免去死刑，判處髡刑和城旦刑，陳咸因此被廢黜。

5 漢成帝剛即位，大將軍王鳳因為陳咸從前指斥石顯，有忠正剛直的節操，奏請成帝補任陳咸為長史。後來陳咸遷升為冀州刺史，奉行使命符合皇上心意，徵召他為諫大夫。後來又出任楚國內史，以及北海郡、東郡太守。因為陳咸是京兆尹王章推薦的，王章被殺，陳咸也受牽連被免官。以後在家中受徵召擔任南陽太守。

他任職之處都以殺戮建立權威，強橫狡詐不守法紀的官吏和豪強大族犯法，就判罪送到郡府，按法律處置，在司空的監督下做苦工，在地上挖成大搗臼，用木杵舂米，舂米達不到規定的標準，或者私自解脫刑具，或者穿衣服不符規定，往往加罪鞭笞。監督罪犯做繁重的苦役，有的犯人受不了痛苦，自絞而死的，一年就有幾百上千人，時間久了，屍體腐爛生蛆，家人也不能收葬。他治理地方效仿嚴延年，但清廉不如嚴延年。他在任職之處徵調屬縣山產的土特產供自己享用，生活奢侈，錦衣玉食。然而他嚴格約束掾史，令郡中長吏都閉門自我收斂，不得超越法律行事。他公開下敕書告誡屬吏們說：「如果每個人都想索求享受，讓自己快樂，這等於一個郡有一百名太守，怎麼能這樣呢！」下屬官吏懼怕他，豪強懾服，令行禁止，然而他也因此被廢黜。

6 陳咸是三公之子，年輕時就顯名於朝廷，而薛宣、朱博、翟方進、孔光等人做官遠在陳咸之後，都因廉潔節儉而早早做了公卿，而陳咸則一直滯留在郡守之位。當時車騎將軍王音輔政，信用陳湯。陳咸多次送財物賄賂陳湯，給他書信說：「如果借助您的力量，能進入京城做官，死了也不遺憾了。」後來終於徵召入京任少府。少府寶物很多，陳咸對屬官管理的物品全部進行核查，發現他們作奸受贓，就沒收他們統括專取的財物。下屬官吏及宮中的黃門、鉤盾、掖庭官吏，被檢舉揭發奏報判刑，他們畏懼陳咸，都灰心喪氣。陳咸任少府三年，與翟方進有過節。翟方進任丞相，奏劾說「陳咸以前任郡守，所到之處為政殘酷，毒螫施加給官吏民眾。監守自盜，又接受其他財物監守人的賄賂，並公然諂媚邪臣陳湯求他薦舉自己。他貪求財物沒有廉恥，不應留在少府之位上」。陳咸因此而獲罪免官。不久，紅陽侯王立舉薦陳咸為方正，任光祿大夫，加官給事中，翟方進又上奏罷免了他的官職。幾年以後，王立有罪返回自己的封國，翟方進奏請將陳咸遣送回自己的家鄉，陳咸因此憂鬱而死。

鄭弘，字稺卿，泰山❶剛❷人也。兄昌字次卿，亦好學，皆明經，通法律政事。次卿為太原❸、涿郡❹太守，弘為南陽太守，皆著治迹，條教❺法度，為後所述。次卿用刑罰深，不如弘平。遷淮陽❻相❼，以高第入為右扶風，京師稱之。代韋玄成為御史大夫。六歲❽，坐與京房❾論議免，語在房傳❿。

【章旨】以上為〈鄭弘傳〉。鄭弘以明經、通法律政事為南陽太守。條教法度，為時人所稱。元帝時以右扶風為御史大夫。後因與京房議論朝政，為中書令石顯所陷，免官。

【注釋】❶泰山　郡名。楚漢之際劉邦改博陽置郡，治博縣，今山東泰安東南，後移治奉高，在今山東泰安東。❷剛　縣名。在今山東寧陽東北。❸太原　郡名。戰國秦置，治晉陽縣，今山西太原西南古城營西古城。漢文帝改為國，不久復為郡。❹涿郡　郡名。漢高祖置，治涿縣，今河北涿州。❺條教　法規、教令。❻淮陽　王國名。漢高祖十一年（西元前一九六年）置，都陳縣，今河南淮陽。❼相　漢時諸侯王國的實際執政者，相當於郡太守。❽六歲　案〈公卿表〉，鄭弘以永光二年為御史大夫，「五年有罪自殺」。然據〈公卿表〉，建昭二年八月匡衡為御史大夫，則鄭弘為御史大夫實自永光二年（西元前四二年）至建昭二年（西元前三七年），共六年。❾京房　（西元前七七—前三七年），字君明，本姓李，東郡頓丘（今河南清豐）人。治《易》，善說災異。官至魏郡太守。詳見卷七十五〈京房傳〉。❿語在房傳　〈京房傳〉與〈五行志中之下〉言弘坐免為庶人，與此傳吻合；〈公卿表〉言自殺，與此傳矛盾，誤。

【語譯】鄭弘，字穉卿，泰山郡剛縣人。他哥哥鄭昌字次卿，也好學，都明白經義，通曉法律政事。次卿任太原、涿郡太守，鄭弘任南陽太守，治績都顯著，制定的教令、制度，為以後的人所稱述。次卿用刑罰苛刻，不如鄭弘平緩。鄭弘遷調為淮陽王國相，以優異的成績入京任右扶風，京師都稱讚他的治績。又代替韋玄成任御史大夫。過了六年，因與京房議論朝政，獲罪免官為庶人，這些事記載在〈京房傳〉中。

贊曰：所謂鹽鐵❶議者，起始元中，徵文學賢良問以治亂，皆對願罷郡國鹽鐵酒榷❷均輸❸，務本抑末，毋與天下爭利，然後教化可興。御史大夫弘羊❹以為此迺所以安邊竟❺，制四夷❻，國家大業，不可廢也。當時相詰難，頗有其議文。至宣帝時，汝南❼桓寬❽次公治公羊春秋，舉為郎，至廬江❾太守丞，博通善屬文❿，推衍⓫鹽鐵之議，增廣條目，極其論難⓬，著數萬言⓭，亦欲以究治亂，成一家之法焉。其辭曰⓮：「觀公卿賢良文學之議，『異乎吾所聞⓯』。聞汝南朱生⓰言，當此之時，英俊並進，賢良茂陵⓱唐生、文學魯國萬生之徒六十有餘人咸聚闕庭⓲，舒⓳六藝⓴之風，陳治平㉑之原㉒，知㉓者贊其慮，仁者明其施，勇者見其斷，辯者騁其辭，齗齗㉔焉，行行㉕焉，雖未詳備，斯可略觀矣。中山劉子㉖推言王道，撟當世㉗，反諸正㉘，彬彬然㉙弘博君子也。九江祝生奮史魚㉚之節，發憤懣㉛，譏公卿，介然㉜直而不撓㉝，可謂不畏彊圉㉞矣。桑大夫㉟據當世，合時變，上㊱權利之略，雖非正法，鉅儒宿學不能自解㊲，博物通達之士也。然攝㊳公卿之柄㊴，不師㊵古始㊶，放於末利㊷，處非其位，行非其道，果隕其性㊸，以及厥宗㊹。車丞相㊺履伊呂㊻之列，當軸㊼處中，括囊㊽不言，容身㊾而去，彼哉！彼哉㊿！若夫丞相、御史兩府之士，不能正議以輔宰相，成同類，長同行，阿意苟合，以說其上，『斗筲之徒，何足選也(51)！』

【章　旨】班固的贊語以鹽鐵之議發論，丞相、御史大夫兩府的官員，「成同類，長同行，阿意苟合，以說其上，『斗筲之徒，何足選也！』」正是全傳的評語，即認為八位傳主同為庸才。

【注　釋】❶鹽鐵　指鹽鐵官營。❷酒榷　酒類專賣。❸均輸　漢武帝實行的一項經濟措施。在大司農屬下置均輸令、丞，統一徵收、買賣和運輸貨物，以調劑各地供應。❹弘羊　即桑弘羊。❺竟　通「境」。❻四夷　古代華夏族對四方少數民族的統稱。含有輕蔑之意。❼汝南　郡名。治上蔡縣，今河南上蔡西南。❽桓寬　字次公。他整理鹽鐵會議記錄，撰成《鹽鐵論》，為研究西漢政治經濟諸問題的重要資料。❾廬江　郡名。楚漢之際分秦九江郡置。治舒縣，今安徽廬江西南。❿屬文　寫文章。⓫推衍　推演；推論衍釋。⓬論難　辯論詰難。⓭數萬言　即流傳至今之《鹽鐵論》，共六十篇。⓮其辭曰　以下一段話見《鹽鐵論・雜論第六十》。文字略有出入。⓯異乎吾所聞　引自《論語・子張》子張之言。謂吾所聞與此不同。⓰朱生　《鹽鐵論》作「朱子伯」。⓱茂陵　縣名。西漢武帝建元二年（西元前一三九年）置，治今陝西興平東北。⓲闕庭　朝廷。帝王受朝問政之處。⓳舒　抒發。⓴六藝　指儒家的《六經》，即《禮》、《書》、《詩》、《易》、《樂》、《春秋》。㉑治平　指治國平天下。㉒原　根本；本源。㉓知　通「智」。㉔斷斷　爭辯貌。《鹽鐵論》作「誾誾」。㉕行行　剛強貌。《鹽鐵論》作「侃侃」。㉖劉子　《鹽鐵論》作「劉子雍」，鹽鐵會議參加者。㉗撟當世　糾正當世的弊病。撟，通「矯」。糾正。㉘反諸正　返之於正道。反，通「返」。諸，「之於」的合音。㉙彬彬然　文質兼備貌。《鹽鐵論》作「斌斌然」。㉚史魚　春秋時衛國的大夫史鰌，字子魚，以正直敢諫著名。㉛憤懣　抑鬱不平。㉜介然　耿直貌。㉝不撓　不屈服。㉞彊圉　強暴；威勢。《鹽鐵論》作「強御」。㉟桑大夫　御史大夫桑弘羊。㊱上　崇尚；提倡。㊲自解　自作辯解；自行解說。㊳攝　執；持。㊴柄　權柄。㊵師　效法。㊶始　根本。㊷放於末利　《鹽鐵論》作「放于利末」，追求工商之利。放，放縱；依據。引申為追求。㊸隕其性　喪失生命。隕，死亡。㊹以及厥宗　謂桑弘羊與上官桀等謀反被誅，家族被滅。及，連及；連累。厥宗，他的宗族。厥，其。㊺車丞相　指車千秋。㊻伊呂　伊尹、呂尚。《鹽鐵論》作「周、魯」，商伊尹輔佐商湯，西周呂尚輔佐周武王，因並稱伊呂，泛指輔弼重臣。㊼當軸　比喻處在政府機構的核心地位。當，居於。軸，軸心；核心。㊽括囊　束住袋口。比喻閉口不言。㊾容身　保全自身。㊿彼哉彼哉　古代表示輕視之習慣語。《論語・憲問》記孔子言「彼哉！彼哉！」即輕視子西之語。51斗筲之徒二句　語出《論語・子路》。子貢曰：「今之從政者何如？」子曰：「噫！斗筲之人，何足算也？」意思是說：現在從政者都是些不值得一提的器量狹小之徒。斗，古代的量名。筲，古時盛飯的竹器，容一斗二升，或說容五升。斗筲，比喻器識的狹小。選，與「算」通。《漢書補注》引錢大昭說。

【語譯】 史官評議說：所謂鹽鐵是否專賣問題的討論，開始於昭帝始元年間，徵召文學、賢良之士策問國家治亂的原因，都回答希望廢除郡國鹽鐵官營、酒類專賣和均輸制度，致力於發展農業，抑制工商業，不要與百姓爭利，然後教化可以興盛。御史大夫桑弘羊認為上述這些措施能夠安定邊境，制服四夷，是國家的大業，不能廢除。當時互相詰問辯駁，很有一些議論的記錄文字。到宣帝時，汝南郡人桓寬，字次公，研究《公羊春秋》，被舉薦為郎官，後任廬江太守府丞，博學通達擅長寫文章，推論衍釋鹽鐵之議的內容，增加擴充條目，詳細地論述了當時雙方互相辯論詰難的情況，著述數萬言，也是想以此推究治亂之理，形成一家系統的思想法則，他的文章說：「看了公卿大臣與賢良、文學的議論，『有別於我所聽到的道理』。聽汝南人朱生說，在這個時候，英才俊士都來到京城，茂陵的賢良唐生、魯國的文學萬生之輩六十餘人齊聚宮廷，暢談《六經》的風教，陳述天下治平的根本，智者稱述了他們的謀慮，仁者闡明了他們的措施，勇者顯示了他們的果斷，辯者施展了他們的辭令，激烈地辯論，剛直不阿，雖然論說不夠詳細全面，但這已可略見其大觀了。中山國的劉子推演王道，矯正當世的弊端，回歸正道，是位文質兼備、知識淵博的君子。九江郡的祝生發揚史魚的節操，抒發抑鬱不平的情緒，譏議公卿，耿直而不屈服，可以說是不畏強權了。桑弘羊大夫根據當時的情況，配合時勢的變化，崇尚權利方略，雖然不合乎正道，大儒和飽學之士不能辯駁說服他，他是個學識廣博，通達人情的人。然而他執掌公卿權柄，不效法古代治本之法，卻追求工商末業之利，這個人處在不適宜的權位，行的不是正道，果然喪失了生命，連累了宗族。車千秋丞相處於伊尹、呂尚之列，身為中樞主要官員，閉口不言，為保全性命而躲避參加辯論，他呀！他呀！至於丞相、御史大夫兩府的官員，不能糾正錯誤的議論來輔助宰相，成全自己一派人的觀點，助長同行的氣勢，奉迎上意苟合取容，以此討好自己的上司，『才識短淺之徒，怎麼能夠算數呢！』」

【研 析】漢代丞相「掌丞天子，助理萬機」，是全國最高的行政長官。御史大夫，「掌副丞相」，是僅次於丞相的行政官員，輔佐丞相，總理國政。所以，擔任這兩個職務的人責任重大，應當盡心竭力，才不負國家重託。本傳傳主八人，公孫賀、劉屈氂、車千秋、王訢、楊敞、蔡義六人為丞相；陳萬年、鄭弘二人任御史大夫。總體看來，這八個人治績平平，均為才智平庸之輩。

漢武帝時，人才濟濟，班固說：「漢之得人，於茲為盛。」為什麼皇帝不選用賢才為相呢？漢代任免丞相的權力掌握在皇帝手中，皇帝不選用賢明幹練的丞相，是要從制度上削弱相權。從武帝開始，丞相的權力逐漸轉歸中朝尚書，而丞相的地位也隨之降落，這種變化也限制了丞相才能的發揮。自公孫弘後，丞相李蔡、嚴青翟獲罪自殺，所以公孫賀視任丞相為畏途，誠惶誠恐，不敢接任。此舉即已寫出了公孫賀的平庸；至於為贖兒子之罪而招致滅族，不僅平庸而且近於愚蠢。劉屈氂在太子之亂時，倉惶逃命，丟失印綬，亦是寫其平庸；後來因謀反而身死家亡，則是平庸而涉於狂妄。車千秋沒有什麼才能術學，在「巫蠱之禍」彌漫全國一片恐怖之時，毅然上書為太子辯冤，「特以一言寤意，旬月取宰相封侯」，雖無才卻有膽。昭帝時，霍光以大司馬大將軍錄尚書事，掌握了朝中的全部政務，「政事壹決於大將軍光」；霍光要獨專朝柄，自然不肯選用賢相。所以，車千秋對朝政「終不肯有所言」，隨著地位的提高，學會了官場的世故圓滑，昔日上書為太子辯冤的膽識蕩然無存。楊敞膽小怕事，全無大臣風度，傳內寫廢立之事，曰「敞驚懼，不知所言」；曰「汗出洽背」；曰「敞夫人遽從東箱謂敞」云云，平庸膽怯之態躍然紙上。所以，當霍光執政時，楊敞尸位素餐，「徒唯唯而已」。〈王訢傳〉敘其唯一的治績是善於接待來視察的皇上，「守右扶風。上數出幸安定、北地，過扶風，宮館馳道脩治，供張辦。武帝嘉之，駐車，拜訢為真」。對於任相後的事跡，則無片言隻語，其平庸可以想見也。蔡義為丞相時，已年逾八十高齡，靠人扶持才能行走，自顧尚且不暇，又如何理政？用其為相，純屬擺設而已。傳內寫其平庸狀態，曰「短小無須眉」，曰「行步俛僂」，曰「時大將軍光秉政，議者或言光置宰相不選賢」云云，摹繪細膩。陳萬年代于定國為御史大夫，鄭弘代韋玄成為御史大夫，傳內皆極其簡略，以無事可記來表現他們的庸碌。陳萬年傳不敘其治績，卻用閒筆寫其深夜教子，反覆嘮叨半宿，不過是要兒子諂媚，文字雖然不多，但相當淋漓盡致地刻劃了陳萬年善於逢迎拍馬、諂媚權貴、卑鄙無恥的醜態。

至於〈楊敞傳〉附其子〈楊惲傳〉和〈陳萬年傳〉附其子〈陳咸傳〉，敘事詳細，是因為人物事件與傳主有密切的關聯，和本卷的主旨並無關係。

本卷選取精要典型之事敘寫，主旨自顯。傳末以宣帝鹽鐵之議發論，引出桓寬《鹽鐵論》對桑弘羊、車千秋等人的評語，所謂「車丞相履伊呂之列，當軸處中，括囊不言，容身而去，彼哉！彼哉！」引用桓寬之言，不僅僅是評論車千秋一人，也是對本傳八人的論斷。「阿意苟合，以說其上，『斗筲之徒，何足選也！』」亦可看作是對八位傳主的扼要評價，點明他們同為庸才。

卷六十七

楊胡朱梅云傳第三十七

【題解】本傳敘述楊王孫、胡建、朱雲、梅福、云敞等五人的言行。這是一篇「狂狷者」的類傳。楊王孫，家庭富有，重視養生，追求優裕的生活，無所不致；但提倡裸葬，欲以此矯正當時的厚葬陋俗。胡建，身為小吏，敢於決斷，斬殺違法的上司監軍御史，以此顯名。他不畏強權，與驕橫的外戚勢力鬥爭，以自殺表達了最後的抗爭。朱雲，為人倜儻，以狂直著名。與少府五鹿充宗辯論《易》學，將其折服，因此為博士。成帝時，上書請賜尚方劍以斬帝師張禹，攀折殿檻，賴左將軍辛慶忌相救得免一死。後歸鄉教授弟子，拒絕丞相薛宣聘請，病逝於家。梅福，位卑未敢忘憂國，雖為去職的一介儒生，見大將軍王鳳專擅朝政，上書切諫，又尖銳地譏諷外戚王氏。王莽秉政時，飄然離家出走，全身避禍。云敞，志節高尚，其師吳章參與反對王莽活動，事發被誅，弟子被禁錮，他卻自報弟子身分為吳章收屍殮葬。因此獲得世人敬重，兩次進入三公府擔任要職。

1 楊王孫❶者，孝武❷時人也。學黃老之術❸，家業❹千金❺，厚自奉養生❻，亡所不致❼。及病且終，先令❽其子，曰：「吾欲臝❾葬，以反吾真❿，必亡易⓫吾意。死則為布囊盛⑫尸，入地七尺，既下，從足引脫其囊，以身親⑬土。」其子欲默而不從，重⑭廢父命；欲從之，心又不忍，迺往見王孫友人祁侯⑮。

2 祁侯與王孫書曰：「王孫苦疾⑯，僕迫從上祠雍⑰，未得詣⑱前。願存⑲精神，省思慮，近醫藥，厚自持⑳。竊聞王孫先令贏葬，令㉑死者亡知則已，若其有知，是戮㉒尸地下，將贏見先人，竊為王孫不取也。且孝經㉓曰『為之棺槨㉔衣衾㉕』，是亦聖人之遺制，何必區區㉖獨守所聞㉗？願王孫察焉。」

3 王孫報曰：「蓋聞古之聖王，緣㉘人情不忍㉙其親，故為制禮，今則越之㉚，吾是以㉛贏葬，將以矯世㉜也。夫厚葬誠亡益於死者，而俗人㉝競以相高，靡財㉞單㉟幣，腐之地下。或迺㊱今日入而明日發㊲，此真與暴骸㊳於中野㊴何異！且夫死者，終㊵生之化，而物之歸者也。歸者得至，化者得變，是物各反其真也。反真冥冥㊶，亡形亡聲，迺合道情㊷。夫飾外以華眾㊸，厚葬以鬲㊹真，使歸者不得至，化者不得變，是使物各失其所也。且吾聞之，精神者天之有也，形骸者地之有也㊺。精神離形，各歸其真，故謂之鬼，鬼之為言歸也㊻。其尸塊然㊼獨處，豈有知㊽哉？裹以幣帛，鬲以棺槨，支體㊾絡束㊿，口含玉石，欲化不得(51)，鬱(52)為枯腊(53)，千載之後，棺槨朽腐，迺得歸土，就其真宅(54)。繇(55)是言之，焉用久客(56)！

昔帝堯之葬也，窾木57為匱58，葛59藟60為緘61，其穿62下不亂泉63，上不泄殠64。故聖王生易尚65，死易葬66也。不加功67於亡用，不損財於亡謂68。今費財厚葬，留歸鬲至，死者不知，生者不得，是謂重惑69。於戲70！吾不為也。」

4 祁侯曰：「善。」遂贏葬71。

【章旨】以上為〈楊王孫傳〉。寫楊王孫重視養生，追求優裕的生活，但提倡裸葬，其子不解，請來父親的友人祁侯勸阻。楊王孫通過力陳厚葬之弊，說服了祁侯，最終使自己裸葬的願望得以實現，以此矯正當時的厚葬陋俗。

【注釋】❶楊王孫　王先謙《漢書補注》引沈欽韓曰：「《西京雜記》：『楊貴，字王孫，京兆人。死卒裸葬于終南山。其子孫掘土鑿石深七尺而下尸，上覆蓋之以石，欲儉而反奢。』常璩《漢中志》云：『城固人。』」❷孝武　即漢武帝劉徹。詳見卷六〈武帝紀〉。❸黃老之術　黃帝與老子的學說。黃老之術原為戰國時期齊國稷下學官的一派。因尊傳說中的黃帝和道家的老子為學說創始人，故名。其學說以老子「道」為基礎，主張清靜無為，實行休養生息政策。但並不排斥刑罰，吸收刑名法術之學，而接近法家。❹家業　家產。❺金　漢代黃金一斤曰一金。❻養生　保養身體。❼亡所不致　《漢書補注》引劉敞說：「凡奉養難得之物，皆能致之以自供也。」亡，通「無」。後文同。❽先令　謂遺囑。❾贏　同「裸」。❿反吾真　謂形體復歸於土。反，通「返」。⓫易　改變。⓬盛　裝；把東西放進去。⓭親　親近；接近。⓮重　難。⓯祁侯　名它。繒賀之孫，封於祁。⓰苦疾　為疾病所苦。⓱從上祠雍　《漢書補注》引沈欽韓曰：「〈功臣表〉：祁侯它，以元光三年免侯。〈帝紀〉元光二年行幸雍，祠五畤。則祁侯書所云『從祠雍』，即在元光二年。」祠，祭祀。雍，縣名。在今陝西鳳翔南。秦漢時，皇帝常在此祭祀五方天帝。⓲詣　至。⓳存　保存；保養。⓴厚自持　謂好好保養自己。㉑令　假使。㉒戮　通「僇」。羞辱；侮辱。㉓孝經　書名。儒家經典之一。引文見〈喪親章第十八〉。㉔棺槨　棺材和套棺。槨，套在棺外的大棺。泛指棺材。㉕衣衾　指裝殮死者的衣服與單被。㉖區區　拘泥；局限。㉗所聞　謂楊王孫所學黃老之術。㉘緣　因為；由於。㉙不

忍　不忍心；不能忍受；捨不得。㉚越之　言逾禮而厚葬。㉛是以　所以；因此。㉜矯世　糾正世俗之失。矯，匡正；糾正。㉝俗人　平庸的人；庸俗的人。㉞靡財　浪費財物。靡，散。㉟單　通「殫」。盡；耗盡。㊱或迺　或者。常用於句首表示變換敘述內容。㊲發　發掘，指盜墓。㊳暴骸　暴露骸骨。㊴中野　原野之中。㊵終　《漢書補注》引王念孫曰：「眾生必死，死必歸土，故曰『死者，眾生之化，而物之歸者也』。『眾』之為『終』，借字耳。」說見《經義述聞・祭法》。《漢紀》正作「眾生之化」。㊶冥冥　形容玄遠，無跡象可尋。㊷道情　道義，情理。㊸華眾　同「譁眾」。向眾人炫耀。㊹鬲　顏師古曰：「鬲，與隔同。其後并類此。」㊺精神者二句　見《淮南子・精神》及《列子・天瑞篇》。形骸，形體（多指人的）。㊻精神離形四句　見《列子・天瑞篇》。各歸其真，謂天分歸天，地分歸地，各返其本。《論衡・論死篇》：「人死精神升天，骸骨歸土，故謂之鬼。鬼者，歸也。」㊼塊然　孤獨貌。卷七十〈陳湯傳〉顏師古注曰：「塊然，獨處之意，如土塊也。」㊽知　知覺。㊾支體　即肢體。支，通「肢」。㊿絡束　猶言束縛。(51)口含玉石二句　《漢書補注》引沈欽韓曰：「《御覽》八百十一引《東園私記》曰：『亡人以黃金塞九竅，則尸終不朽。』八百八云：『以雲母壅尸，則亡人不朽。』」(52)鬱　積滯。(53)枯腊　即「乾屍」。腊，乾肉。(54)真宅　死者的真正歸宿。(55)繇　通「由」。(56)焉用久客　顏師古注曰：「言不用久為客也。」久客，長久作客。久不返真曰「客」。(57)窾木　有孔洞的樹木。窾，空隙。(58)匱　同「櫝」。小棺。(59)葛　多年生草本植物。莖蔓生。(60)藟　藤。(61)緘　特指束棺之繩。(62)穿　挖掘墓穴。(63)不亂泉　不及於泉。亂，絕。(64)殠　腐臭的氣味。後作「臭」。(65)聖王生易尚　謂聖王不勞民以自厚。尚，尊奉。一謂「易尚」即「尚易」。尚，崇尚。易，簡樸。(66)死易葬　死去葬事儉約。(67)加功　加工。(68)亡謂　無謂；沒有意義。(69)重惑　非常愚昧。(70)於戲　嗚呼。感歎詞。(71)遂贏葬　陳直《漢書新證》云：「《說苑》卷二十〈反質篇〉，有楊王孫事，全文與本傳大略相同。疑劉向續補《太史公書》有此篇，班固即據以入傳。」

【語譯】楊王孫，是漢武帝時的人。他學習黃老之術，家產值一千斤黃金，非常豐厚地保養自己，生活闊綽，只要是養生需要的東西，不管多困難，都能想辦法弄到。到了患病臨終時，留下遺言給兒子說：「我想裸葬，讓我回到自然形態，一定不要改變我的意願。我死後，做個布袋把我的屍體裝進去，挖七尺深的墓穴，屍體放入墓穴之後，從足端把布袋抽走，讓我的身體緊緊貼著土地。」他的兒子想默不作聲也不照辦，又難以違背父親的遺命；想遵從父親的遺命，心中又不忍，於是去拜見楊王孫的友人祁侯。

2 祁侯給楊王孫寫信說：「王孫苦於疾病的折磨，我忙於侍從皇上到雍縣去祭祀，不能前來看望你。希望你保養精神，少考慮問題，服藥醫治，注意自己多保重。我私下聽說王孫遺命要裸葬，如果死了的人沒有知覺就罷了，假如他有知覺，那麼裸葬地下就是侮辱屍體，將會裸體去見自己的祖先，我私下認為王孫不應該這樣做。況且《孝經》上說『為死者做好棺槨和衣衾』，這也是聖人遺留下來的制度，何必拘泥於獨自堅守所學的黃老之術呢？希望王孫仔細考慮考慮。」

3 楊王孫回信說：「聽說古代聖明的帝王，因為人情都捨不得親人的離去，所以為此而制定了禮法，如今卻逾越禮制實行厚葬，我因此決定裸葬，打算用自己的行為糾正世俗之失。厚葬實在無益於死者，而世俗之人卻爭著用厚葬來互相比高低，浪費財物，耗盡幣帛，讓它們腐爛在地下。或者今天埋進去，明天就被人挖出來，這和暴露骸骨於曠野之中真沒有什麼不同！況且死是人們生命結束的變化，是萬物的歸宿。該回歸的到達應去之處，該變化的得到變化的結果，這是萬物各自返歸於自然。人死了歸於自然，無跡可尋，沒有形體沒有聲音，才合乎情理。裝飾外表用來向眾人炫耀，厚葬使屍體與土地隔離而不能返真，致使該回歸的到不了應去的地方，該變化的得不到變化的結果，這樣就使得萬物各失其所了。況且我聽說，精神屬天所有，形骸屬地所有。精神離開形體，各自回到自己該去的地方，所以叫做鬼，鬼的意思就是歸。人死以後，他的屍體遠離人世像土塊一樣獨處，難道還有知覺嗎？用繒帛包裹屍體，用棺槨將屍體和土地隔開，肢體被束縛著，口裡含著玉石，屍體不易腐爛變化，收縮集結而變成乾枯的屍體，千年以後，棺槨腐朽，才能夠回歸土地，到達他真正的歸宿。由此說來，用不著長久作客！從前，帝堯的安葬，挖空木頭做成小棺材，用葛和藟的蔓條為繩索綁束棺材，挖掘墓穴的深度下不斷絕泉水，上不洩露腐臭的氣味。所以，古代聖王活著的時候容易奉養，死了葬事儉約。不費力於無用之處，不損耗財物於無意義之事。現在浪費錢財厚葬，挽留應該回歸的死者，將其與應去之處隔離，死者不知道後人對自己的厚葬，生者也未能因厚葬死者而有所得，這種人可以說是非常愚昧。嗚呼！我不願意厚葬。」

4 祁侯說：「好。」於是楊王孫就裸葬了。

胡建，字子孟，河東❶人也。孝武天漢❷中，守軍正丞❸，貧亡車馬，常步❹與走卒❺起居❻，所以❼尉薦❽走卒，甚得其心。時監軍御史❾為姦，穿北軍❿壘垣以為賈區⓫，建欲誅之，迺約⓬其走卒曰：「我欲與公有所誅，吾言取之則取，斬之則斬。」於是當選士馬日⓭，監御史與護軍⓮諸校⓯列坐⓰堂皇⓱上，建從⓲走卒趨⓳至堂皇下拜謁，因⓴上堂皇，走卒皆上。建指監御史曰：「取彼。」走卒前曳㉑下堂皇。建曰：「斬之。」遂斬御史㉒。護軍諸校皆愕驚㉓，不知所以㉔。建亦已有成奏㉕在其懷中，遂上奏曰：「臣聞軍法，立武以威眾，誅惡以禁邪。今監御史公㉖穿軍垣以求賈利㉗，私買賣以與士市㉘，不立剛毅之心，勇猛之節，亡以帥先㉙士大夫㉚，尤失理不公。用文吏議，不至重法。黃帝李法㉛曰：『壁壘㉜已定，穿窬㉝不繇㉞路，是謂姦人，姦人者殺。』臣謹案軍法曰：『正亡屬將軍，將軍有罪以聞㉟，二千石以下㊱行法㊲焉。』丞於用法疑㊳，執事不諉上㊴，臣謹以斬，昧死㊵以聞。」制㊶曰：「司馬法㊷曰『國容㊸不入軍，軍容㊹不入國』，何文吏也㊺？三王㊻或誓㊼於軍中，欲民先成其慮㊽也；或誓於軍門之外，欲民先意㊾以待事也；或將交刃㊿而誓，致民志(51)也。建又何疑焉？」建繇是顯名。

後為渭城(52)令，治甚有聲。值昭帝幼，皇后(53)父上官將軍安(54)與帝姊蓋主(55)私夫(56)丁外人(57)相善。外人驕恣，怨故京兆尹樊福(58)，使客射殺之。客臧(59)公主廬，吏不敢捕。渭城令建將吏卒圍捕。蓋主聞之，與外人、上官將軍多從奴客(60)往，犇(61)射追吏，吏散走。主使僕射(62)劾渭城令游徼(63)傷主家奴。建報亡它坐(64)。蓋主怒，使人上書告建侵辱長公主(65)，射甲舍(66)門。知吏賊傷(67)奴，辟報故不窮審(68)。大將軍(69)霍光(70)寢(71)其奏。後光病，上官氏(72)代聽事(73)，下吏捕建，建自殺(74)。吏民稱冤，至今渭城立其祠。

【章　旨】以上為〈胡建傳〉。寫胡建身為小吏，敢於決斷，斬殺違法的上司監軍御史，以此顯名。他不畏強權，與驕橫的外戚勢力鬥爭，以自殺表達了最後的抗爭。

【注　釋】❶河東　郡名。秦置，治安邑，今山西夏縣西北禹王城。❷天漢　漢武帝的年號，西元前一〇〇—前九七年。❸守軍正丞　顏師古注曰：「南北軍各有正，正又置丞，而建未得真官，兼守之。」《漢書補注》引劉敞曰：「建之所守軍正之丞耳，未嘗兼守正也，故建奏云：丞于用法疑。若兼守正，何疑之有？自是其時無正耳。」齊召南曰：「案：後文御史穿北軍壘垣，則建守正丞也。」守，猶「攝」。暫時代理。軍正，軍中執法官員。丞，各級長官的副職。❹步　步行。❺走卒　供使喚奔走的隸卒、差役。❻起居　指日常生活作息。❼所以　用以；用來。❽尉薦　猶慰藉。慰勞；撫慰。❾監軍御史　官名。漢代皇帝為加強對軍隊的控制，常派職司監察的近臣御史外出監領軍隊，遂稱監軍御史。❿北軍　漢代衛戍京師的屯兵。以營壘在未央、長樂兩宮北，故名。因其戍衛京師，地位重要。⓫賈區　賣東西的小屋。賈，設肆售貨的商人。⓬約　約束。⓭當選士馬日　正當挑選士卒和馬匹的日子。⓮護軍　官名。秦稱護軍。入漢或置護軍中尉、護軍將軍。後公孫敖以護軍都尉從大將軍衛青擊匈奴，遂為常制。⓯諸校　軍中的各校部。猶言諸營。⓰列坐　以次相坐。⓱堂皇　亦作「堂隍」。特指官吏治事的廳堂。皇，沒有四壁的廳堂。⓲從　率；帶領。⓳趨　快步走。⓴因　趁著；乘便。㉑曳　拖。㉒御史　當作「監御史」。㉓愕驚　驚愕；驚奇震愕。㉔所以　原因；情由。㉕成奏　寫好的奏章。㉖公　公然；公開地。㉗賈利　求取利益。㉘與士市　與士兵做買賣。㉙帥先　率先；帶頭。帥，引導；帶頭。㉚士大夫　將佐；將士。㉛黃帝李法　古代兵法著作。李，與「理」同義。㉜壁壘　軍營的圍牆。㉝竇　小門洞。㉞繇　通「由」。㉟正亡屬將軍二句　顏師古注曰：「言軍正不屬將軍。將軍有罪過，得表奏之。」正，指軍正。亡屬，不屬。亡，通「無」。已聞，奏聞於天子。已，同「以」。㊱二千石以下　這裡指軍中的校尉、都尉之屬。㊲行法　依軍法行事。㊳丞於用法疑　顏師古注引孟康曰：「丞屬軍正，斷御史于法有疑。」㊴執事不諉上　謂執事者當見法即行，不可以推諉給上級。執事，從事工作；主管其事。諉，推諉；推託。㊵昧死冒死；不避死罪。㊶制　帝王的命令。㊷司馬法　古代兵法著作。原有一百五十篇，今本僅有五篇。以下引文見《司馬法·天子之義》。㊸國容　國家的禮制儀節。㊹軍容　本指軍隊的武器、裝備。此指軍隊的儀容、紀律、法度等。㊺何文吏也謂軍中當依軍法處置，不用文吏非議。㊻三王　指夏、商、周三代之君。有三說：一、夏禹、商湯、周武王。二、夏禹、商湯、周文王。三、商湯、周文王、周武王。㊼誓　告誡；約束。㊽先成其慮　意謂先受思想教育。慮，思考；考慮。㊾先意先有思想準備。㊿交刃　交兵；格鬥。51致民志　致民勇志，即激發士卒的鬥志。52渭城　縣名。在今陝西咸陽東北。53皇后　上官皇后（西元前八八—前三七年），西漢隴西上邽（今甘肅天水）人。昭帝皇后。母親為霍光長女。詳見卷九十七上〈外戚傳上〉。54上官將軍安　上官安（西元前?—前八〇年），時為車騎將軍。55蓋主　武帝之女鄂邑公主。嫁與蓋侯王信之子為妻，故稱蓋主。蓋，縣名，在今山東沂源東南。56私夫　姘夫。57丁外人　姓丁，名外人。陳直《漢書新證》云：「此外人之名，在西漢極為普遍，當作『關外之人』解，丁外人是河間人，是其明證。」58京兆尹樊福　樊福於始元六年（西元前八一年）守京兆尹，見〈公卿表〉。京兆尹，官名。西漢京畿地方行政長官之一。武帝太初元年（西元前一〇四年）改右內史，執掌如郡太守。因其地屬京畿，為「三輔」之一，故不稱郡。秩中二千石（一說秩二千石），地位較一般郡守高，位列九卿。亦為政區名。治長安，轄境約當今陝西秦嶺以北、西安以東、渭河以南地。59臧　同「藏」。60奴客　家奴。61犇　同「奔」。62僕射　這是公主家的僕射，宮人領事者。63游徼　鄉官名。掌巡察緝捕盜賊。隸屬縣功曹。64亡它坐　意謂游徼奉公行事，沒有犯罪。坐，犯罪。65長公主　即蓋主。公主之尊崇者為長公主。西漢時多封皇帝長女，或封皇帝長姊。66甲舍　即甲第。此指蓋主之宅。67賊傷　殺傷。賊，殺。68辟報故不窮審　謂為游徼避罪而妄報文書，故不徹底審問。辟，同「避」。69大將軍　漢代高級武官名號。西漢初年，大將軍即統兵軍帥之號，非固定官職。武帝臨終前又以霍光為大司馬大將軍，輔佐幼主。由此非將帥之文臣亦得居此位。70霍光　（西元前?—前六八年），字子孟，西漢河東平陽（今山西臨汾）人。霍去病異母弟。詳見卷六十八〈霍光傳〉。71 寖　擱置之意。72 上官氏　指上官桀（西元前？－前八〇年），上官安之父。武帝臨終，受封為左將軍、安陽侯，與大將軍霍光等受遺詔輔佐少主。73 聽事　聽政；處理政事。74 建自殺　胡建大約死於始元六年初。樊福始元六年守京兆尹，見〈公卿表〉，而《鹽鐵論・頌賢篇》提到胡建為縣令，「不避強御，卒為眾枉」；《漢書補注》引周壽昌曰：「據《鹽鐵論》，賢良文學議在昭帝始元六年二月，已云『建不得其死』，則此必是年正、二月事。」

【語譯】胡建，字子孟，是河東郡人。武帝天漢年間，他在北軍中代理軍正丞，因為家貧沒有車馬，平時起居經常與隸卒一同步行，以此來撫慰隸卒，很得他們信賴。當時監軍御史做違法的事，鑿穿北軍的營壘圍牆，在旁邊建了個賣商品的小屋。胡建想殺掉他，於是約來手下的隸卒說：「我想和你們殺一個人，到時候，我說抓他你們就抓，我說殺他你們就殺。」這時正逢挑選士卒和馬匹的日子，監軍御史和護軍諸營依次坐在沒有四壁的廳堂上，胡建帶領隸卒快步走到廳堂前拜見，趁機登上廳堂，隸卒也都跟了上去。胡建指著監軍御史說：「抓住他。」隸卒們上前把他拖下廳堂。胡建說：「殺了他。」於是殺了監軍御史。護軍諸營都非常驚愕，不知道是為什麼。胡建已有寫好的奏章揣在他的懷中，於是上奏說：「臣聽軍法上講，樹立威武以懾服眾人，誅殺惡人以禁止奸邪。現在監軍御史公然鑿穿軍營圍牆，用來牟取商賈之利，私自與士兵們做買賣，不樹立剛強堅毅的意志，勇猛的節操，不能給將士做表率，尤其無理而不奉公。如果用文官的禮法議罪，他不至於受到重法制裁。但《黃帝李法》中說：『軍營壁壘已經確定後，鑿洞穿牆不經由正路，就叫奸人，奸人就應誅殺。』我恭敬地按照軍法所說：『軍正不屬將軍管轄，將軍有罪過，可以上表奏聞，對二千石以下的官員軍正可以直接按軍法處置。』我直接斬殺監軍御史，從軍法上說有越權嫌疑，但執事者應當見法即行，不應推委給上司。我嚴格地依法斬殺了監軍御史，冒著死罪奏聞。」皇帝的詔令說：「《司馬法》說『國家的禮制儀節不施用於軍隊，軍隊的法紀不適用於行政』。在軍中何必用文吏之議呢？三王之中有的在軍中告誡將士，是讓他們先受思想教育；有的在軍門外告誡將士，是讓他們先做好思想準備以等待戰事；有的在兩軍將要交戰時告誡將士，是要激發他們的鬥志。胡建又有什麼可疑慮的呢？」胡建從此出了名。

後來胡建擔任渭城令，政績好，很有名。當時昭帝年幼，皇后的父親車騎將軍上官安與皇帝姊姊蓋長公主的姘夫丁外人相交好。丁外人驕橫放縱，怨恨前京兆尹樊福，派刺客射死了他。刺客藏在蓋長公主的廬舍中，官吏不敢進府捉捕。渭城令胡建率領官吏士兵到公主的廬舍圍捕。蓋長公主聽說此事，與丁外人、車騎將軍上官安領著很多家奴前往，邊奔跑邊放箭，追殺官吏，官吏四散逃跑。公主指使府中的僕射彈劾渭城令屬下的游徼打傷了公主的家奴。胡建向來調查的官員彙報，說游徼是奉公行事，沒有犯罪。蓋長公主發怒，派人上書控告胡建淩辱長公主，用箭射公主的府門。胡建知道官吏打傷了公主的家奴，卻妄報文書幫助游徼逃避罪行，不徹底追究。大將軍霍光擱置了這個奏章。後來霍光病了，上官桀代理朝政，下令司法官逮捕胡建，胡建自殺。官吏百姓都替他鳴冤，至今渭城還建有胡建的祠廟。

朱雲，字游，魯❶人也，徙平陵❷。少時通❸輕俠❹，借❺客報仇。長八尺❻餘，容貌甚壯，以勇力聞。年四十，迺變節❼從博士❽白子友受❾易❿，又事前將軍蕭望之⓫受論語⓬，皆能傳其業。好倜儻⓭大節⓮，當世以是高之⓯。

【章旨】以上為〈朱雲傳〉的第一部分，簡要介紹朱雲的生平、才智和節操。

【注釋】❶魯　縣名。秦置，治今山東曲阜東古城。❷平陵　縣名。西漢昭帝劉弗陵死後葬平陵，因置平陵縣。在今陝西咸陽西北。❸通　謂交通、交結。❹輕俠　輕舉妄動而有俠氣的人。❺借　幫助。❻尺　漢制，一尺約合今二十三公分。❼變節　改變自己的志向。❽博士　官名。秦置，漢因之。人數依時增減，秦時有七十人，漢初有治各家之學者數十人。至武帝罷黜百家，置《五經》博士之後，乃專主儒學一家。其職掌主要為教授經學及典禮事宜。❾受　習學。❿易　指《周易》。⓫蕭望之　（西元前？—前四七年），字長倩，東海蘭陵（今山東蒼山縣西南蘭陵鎮）人。詳見卷七十八〈蕭望之傳〉。⓬論語　儒家經典之一。是孔子及其再傳弟子關於孔子言行思想的記錄。⓭倜儻　灑脫；不拘束。⓮大節　高尚的節操。⓯當世以是高之　《漢書補注》引何焯曰：「成帝以後，士皆依附儒術，容身固位，志節日微，卒成王氏之篡。史家于朱雲深有取焉，特為立傳，蓋激于張、孔之徒爾。」以是，因此。

【語譯】 朱雲，字游，是魯縣人，後來移居平陵縣。年輕時與俠客交好，曾幫助俠客報仇。他身高八尺多，容貌魁梧健壯，以勇敢力量大聞名。四十歲時，才改變志向，跟隨博士白子友學習《周易》，又師事前將軍蕭望之學習《論語》，都能夠傳承他們的學業。他喜歡豪爽灑脫的高尚節操，因此，當時的人們都很看重他。

元帝時，琅邪❶貢禹❷為御史大夫，而華陰❸守❹丞❺嘉上封事❻，言「治道❼在於得賢，御史❽之官，宰相之副❾，九卿❿之右⓫，不可不選。平陵朱雲，兼資⓬文武，忠正有智略，可使以六百石秩⓭試守⓮御史大夫，以盡其能」。上迺下其事問公卿⓯。太子少傅⓰匡衡⓱對，以為「大臣者，國家之股肱⓲，萬姓所瞻仰，明王⓳所慎擇也。傳⓴曰下輕其上爵㉑，賤人圖柄臣㉒，則國家搖動而民不靜矣。今嘉從守丞而圖大臣之位，欲以匹夫㉓徒步㉔之人而超九卿之右，非所以重國家而尊社稷㉕也。自堯之用舜，文王㉖於太公㉗，猶㉘試㉙然後爵之，又況朱雲者乎？雲素好勇，數犯法亡命㉚，受易頗有師道㉛，其行義未有以異。今御史大夫禹絜白廉正，經術㉜通明㉝，有伯夷㉞、史魚㉟之風，海內莫不聞知，而嘉猥㊱稱雲，欲令為御史大夫，妄相稱舉㊲，疑有姦心，漸不可長㊳，宜下有司㊴案驗以明好惡」。嘉竟坐之。

【章　旨】以上為〈朱雲傳〉的第二部分，寫華陰縣丞嘉推薦朱雲試任御史大夫，遭到太子少傅匡衡的反對，嘉竟因此被判有罪。

【注　釋】❶琅邪　郡名。秦置。治琅邪縣，今山東膠南西南夏河城。西漢移治東武縣，今山東諸城。❷貢禹　（西元前一二四－前四四年），字少翁。詳見卷七十二〈王貢兩龔鮑傳〉。❸華陰　縣名。漢高祖六年（西元前二〇一年）以寧秦邑改置。治今陝西華陰東。❹守　兼任；代理。❺丞　官名。縣丞。秦漢縣級行政機構的主要佐官。官位僅次於縣令，員額多為一人。秩四百石至二百石，由中央任命。執掌文書及倉獄事宜。❻封事　密封的奏章。❼治道　治理國家的方針、政策、措施等。❽御史　御史大夫的略稱。❾副　副職。漢代御史大夫為副丞相。❿九卿　漢代以太常、光祿勳、衛尉、太僕、廷尉、大鴻臚、宗正、司農、少府為九卿。⓫右　漢代崇右，故以右為上，為貴，為高。⓬兼資　謂兼有兩種資質，文武全才。⓭秩　官吏的俸祿。⓮試守　試用為某官。守，猶攝。暫時署理職務。多指官階低而署理較高的官職。⓯公卿　三公九卿的簡稱。泛指高官。⓰太子少傅　官名。西漢置。執掌輔導太子，秩二千石，與太子太傅同領太子官屬。位次太子太傅。⓱匡衡　字稚圭，東海承（今山東棗莊）人。詳見卷八十一〈匡張孔馬傳〉。⓲股肱　股，大腿。肱，由肩至肘的部位。均為軀體的重要部分。引申為輔佐君主的大臣。⓳明王　聖明的君主。⓴傳　解釋儒家經典的書；有時諸子百家的書也叫傳。㉑上爵　上等爵位；大官。㉒柄臣　掌權柄的大臣。㉓匹夫　古代指平民中的男子。泛指平民百姓。㉔徒步　平民的代稱。古時平民外出無車，故稱。㉕社稷　土神和穀神，古時君主都祭祀社稷，後來就用社稷代表國家。㉖文王　周文王。㉗太公　姜太公呂尚。周朝齊國始祖。輔佐周文王和周武王滅商。㉘猶　尚且。㉙試　試用。㉚亡命　改名換姓而逃亡在外。㉛師道　指學問有所師承。㉜經術　經學儒術。㉝通明　通曉明瞭。㉞伯夷　商末孤竹君長子。與弟叔齊相讓不肯為君。周武王伐紂，二人叩馬諫阻。武王滅商後，他們恥食周粟，餓死於首陽山。㉟史魚　春秋時衛國大夫，以正直敢諫聞名。㊱猥　曲；謬。㊲稱舉　稱道舉薦。㊳漸不可長　謂剛露頭的不好事物不能容許其發展滋長。㊴有司　指官吏。古代設官分職，各有專司，故稱。此指司法官吏。

【語　譯】元帝時，琅邪郡人貢禹任御史大夫，而華陰縣代理縣丞嘉上密封的奏章，說「治理國家之道在於選用賢才，御史大夫一職，是丞相的副手，地位在九卿之上，不能不慎重挑選。平陵縣人朱雲才兼文武，為人忠誠正直又有才智謀略，可以讓他領六百石的俸祿試任御史大夫，以充分發揮其才能」。皇上就將此事批下來徵詢公卿大臣的意見。太子少傅匡衡對奏，認為「大臣是國家的股肱，為萬民所敬仰，是聖明的君王要慎重選擇的。古書上說，如果下面的人看輕上等爵位，低賤的人圖謀顯要的官職，那麼國家就會動搖而人民不得安寧了。現在嘉身為代理縣丞卻圖謀大臣之位，想讓一個普通人超越九卿之上，這不是重國家尊社稷的行為。從堯選用舜，到文王任用太公，尚且都經過試用，然後才賜予爵位，又何況是像朱雲這樣的人呢？朱雲平素好逞勇武，多次犯法逃亡，學習《周易》頗有師法，至於他的行為道德卻沒有什麼異於常人之處。現任御史大夫貢禹清廉正直，經學儒術通曉明瞭，有伯夷、史魚的節操風度，國內沒有不知道他的，而嘉荒謬地稱讚朱雲，想讓他試任御史大夫，妄譽稱舉，我懷疑他有奸邪之心。欺詐之風不能容許其發展滋長，應將此事交給有關部門審查核實，以辨明好壞」。嘉竟然因此被判有罪。

是時，少府❶五鹿充宗❷貴幸❸，為梁丘易❹。自宣帝時善梁丘氏說，元帝好之，欲考其異同，令充宗與諸易家論❺。充宗乘貴❻辯口❼，諸儒莫能與抗，皆稱疾不敢會。有薦雲者，召入，攝齋❽登堂，抗首❾而請，音動左右。既論難❿，連拄⓫五鹿君，故諸儒為之語曰：「五鹿嶽嶽⓬，朱雲折其角。」繇是為博士。

遷杜陵令⓭，坐故縱亡命，會赦，舉方正⓮，為槐里⓯令。時中書令⓰石顯⓱用事⓲，與充宗為黨，百僚畏之。唯御史中丞⓳陳咸⓴年少抗節㉑，不附顯等，而與雲相結。雲數上書㉒，言丞相韋玄成㉓容身㉔保位，亡能往來㉕，而咸數毀石顯。久之，有司考雲，疑風㉖吏殺人。群臣朝見，上問丞相以雲治行㉗。丞相玄成言雲暴虐亡狀[28]。時陳咸在前，聞之，以語雲。雲上書自訟[29]，咸為定奏草，求下御史中丞。事下丞相，丞相部吏[30]考立[31]其殺人罪。雲亡入長安，復與咸計議。丞相具[32]發其事，奏「咸宿衛[33]執法之臣，幸得進見，漏泄所聞，以私語雲，為定奏草，欲令自下治[34]，後知雲亡命罪人，而與交通[35]，雲以故不得[36]」。上於是下咸、雲獄，減死為城旦[37]。咸、雲遂廢錮[38]，終元帝之世。

至成帝時，丞相故[39]安昌[40]侯張禹[41]以帝師位特進[42]，甚尊重。雲上書求見，公卿在前。雲曰：「今朝廷大臣上不能匡主[43]，下亡以益民，皆尸位素餐[44]，孔子所謂『鄙夫不可與事君[45]』，『苟患失之，亡所不至[46]』者也。臣願賜尚方[47]斬馬劍[48]，斷佞臣[49]一人[50]以厲[51]其餘。」上問：「誰也？」對曰：「安昌侯張禹。」上大怒，曰：「小臣居下訕[52]上，廷辱師傅[53]，罪死不赦！」御史將雲下，雲攀殿檻[54]，檻折。雲呼曰：「臣得下從龍逢[55]、比干[56]遊於地下，足矣！未知聖朝何如耳[57]？」御史遂將雲去。於是左將軍辛慶忌[58]免冠解印綬，叩頭殿下曰：「此臣素著[59]狂直[60]於世。使[61]其言是[62]，不可誅；其言非，固當容之。臣敢以死爭[63]。」慶忌叩頭流血。上意解[64]，然後得已。及後當治殿檻，上曰：「勿易！因而輯[65]之，以旌[66]直臣。」

【章　旨】以上為〈朱雲傳〉的第三部分，寫朱雲與少府五鹿充宗辯論《易》學，折之，因此為博士。先後任杜陵令、槐里令。後因觸犯中書令石顯與丞相韋玄成，被判罪，減死為城旦，終元帝世遭廢錮。成帝時，上書請賜尚方劍以斬帝師張禹，幾遭殺害，賴左將軍辛慶忌相救得免。

【注　釋】❶少府　官名。漢承秦置。秩中二千石，列位九卿。執掌山澤陂池市肆之租稅收入，名曰禁錢，供皇室日常生活和祭祀、賞賜開支，為皇帝私府。❷五鹿充宗　姓五鹿，字君孟。元帝時與宦官石顯結為黨友，貴幸一時。❸貴幸　尊貴而寵幸。❹為梁丘易　梁丘賀所傳的《易經》。據〈儒林傳〉，梁丘賀傳子臨，臨傳五鹿充宗。❺論　辯論。❻乘貴　憑藉尊貴的權位。乘，因；憑藉。❼辯口　口才好；擅長辯論。❽攝齎　提起下衣。齎，長衣的下襬。❾抗首　昂首。抗，舉起。❿論難　爭論焦點問題。⓫拄　譏刺；反駁。此處意為駁倒。⓬五鹿嶽嶽　以鹿角高聳突出比喻充宗的為人。這裡用了雙關語，「五鹿」即五鹿充宗；「嶽嶽」指其為人像鹿角一樣挺聳。嶽嶽，長角之貌。⓭遷杜陵令　《漢書窺管》楊樹達案：「雲勸蕭望之自裁，蓋在此時，望之本居杜陵也。據此雲為令當在元帝初元二年矣。」杜陵，縣名。因漢宣帝陵杜陵在此以杜縣改名，治今陝西西安東南。⓮方正　漢代察舉科目之一。漢文帝時始詔舉「賢良方正能直言極諫者」，多為舉薦；後成為制科之一。⓯槐里　縣名。在今陝西興平東南。⓰中書令　官名。中書謁者令的簡稱。本書卷十九〈百官公卿表〉少府屬官有中書謁者令、丞。漢武帝以宦者典尚書事，始置中書謁者令。多選用明習法令故事、善為請奏者為之。⓱石顯　（西元前？—前三三年），字君房，濟南人。西漢晚期專權宦官。詳見卷九十三〈佞幸傳〉。⓲用事　執政；當權。⓳御史中丞　官名。御史大夫之丞。主要執掌監察，兼掌蘭臺祕書圖籍。⓴陳咸　字子康，沛郡相（今安徽濉溪）人。陳萬年之子。本書卷六十六〈陳萬年傳〉附其傳。㉑抗節　堅持高尚的節操。㉒書　或作「疏」，即分條陳述的奏章。㉓韋玄成　（西元前？—前三六年），字少翁，魯國鄒（今山東鄒縣）人。韋賢子。詳見卷七十三〈韋賢傳〉附其傳。㉔容身　保全自身。喻指苟且偷安。㉕亡能往來　猶言不能有所進退。亡，通「無」。㉖風　通「諷」。暗示。㉗治行　為政的成績。亦指為政有成績。㉘亡狀　言無善狀。亡，通「無」。㉙自訟　為自己申辯。㉚部吏　各郡府的屬吏。亦泛指地方官。㉛考立　考按確立。㉜具　完備；詳盡。㉝宿衛　在宮中值宿護衛。㉞自下治　交給自己處理。陳咸為御史中丞，而奏請下御史中丞，故云「自下治」。㉟交通　交往；串通。㊱不得　謂官吏捕之不得。㊲城旦　刑名。徒刑的一種。依照附加刑分為不同等級，有城旦、完為城旦、髡鉗為城旦、刑為城旦、黥為城旦等等。㊳廢錮　對官吏的一種懲罰，即革職後永不敘用。錮，禁錮。㊴丞相故　一說當作「故丞相」。㊵安昌　西漢置，治今河南確山縣西。㊶張禹　（西元前？—前五年），字子文，西漢河內軹（今河南濟源）人。後徙蓮勺（今陝西蒲城南）。詳見卷八十一〈匡張孔馬傳〉。㊷特進　官名。西漢後期始置，以授列侯中有特殊地位者，得自辟僚屬。位在三公之下。㊸匡主　匡正君主。匡，糾正。㊹尸位素餐　謂居位食祿而不盡職。尸位，謂居位而無所作為。素餐，白吃飯。㊺鄙夫不可與事君　此取《論語・陽貨》「鄙夫可與事君也與哉」之意。鄙夫，庸俗淺陋的人。㊻苟患失之二句　見《論語・陽貨》。顏師古注曰：「苟患失其寵祿，則言行僻邪，無所不至也。」亡所不至，無所不用其極。㊼尚方　官名。秦置，屬少府。漢末分中、左、右三尚方。掌製辦宮廷器物，故有斬馬劍。㊽斬馬劍　可以斬馬的利劍。㊾佞臣　奸邪諂媚的臣子。㊿一人　一說當作「一人頭」。(51)厲　同「勵」。振奮；激勵。(52)訕　誹謗；譏刺。(53)師傅　老師的通稱。(54)檻　欄杆。(55)龍逄　即關龍逄，夏桀之臣，直諫被誅。(56)比干　商紂王的叔父，官少師，忠諫被誅。(57)未知聖朝何如耳　顏師古注曰：「言殺直臣其聲惡。」聖朝，封建時代稱本朝。(58)辛慶忌　（西元前？—前一二年），字子真，隴西狄道（今甘肅臨洮）人。詳見卷六十九〈趙充國辛慶忌傳〉。(59)素著　一向顯著。(60)狂直　疏狂直率。(61)使　假使。(62)是　正確。(63)爭　通「諍」。諍諫；規勸。(64)意解　意謂怒氣平息、消解。(65)輯　通「集」。此處指補合。(66)旌　表彰。

【語譯】這時，少府五鹿充宗地位尊崇而深受皇上寵幸，他學習梁丘賀傳授的《周易》。宣帝喜好梁丘氏的學說，自此《梁丘易》被看重，元帝也愛好《梁丘易》，想考察《易》學的異同，令五鹿充宗與各派《易》學家進行辯論。充宗憑藉尊貴的地位和善辯的口才，儒生們無人能與其抗衡，都藉口有病不敢參加辯論。有人推薦朱雲，元帝召他進宮，他提起衣服的下襬登上殿堂，昂首請求辯論，聲音洪亮，振動左右。辯論到焦點問題，朱雲連連駁倒五鹿充宗，所以儒生們評論這次辯論說：「五鹿頭上長的角，被朱雲折斷了。」朱雲因此做了博士。

後來，朱雲升任杜陵縣縣令，因故意放縱犯人逃亡被判罪，遇上大赦，被舉薦為方正，任命為槐里縣縣令。這時中書令石顯當權，與五鹿充宗結為同黨，百官都懼怕他們。只有御史中丞陳咸年輕氣盛堅持志節，不阿附石顯等人，而與朱雲結交。朱雲多次向元帝上疏，說丞相韋玄成只求苟且全身保住官位，不能有所作為，陳咸也數次指責石顯。過了很久，主管部門考察朱雲，懷疑他暗中指使屬下殺人。群臣朝見時，元帝向丞相詢問朱雲理政的業績。丞相韋玄成說，朱雲理政暴虐，沒有善行。當時陳咸在殿前，聽到這些話，就告訴了朱雲。朱雲上書替自己申辯，陳咸幫他改定奏章草稿，請求把案件交給御史中丞審理。元帝將此案批交丞相辦理，丞相的屬史考查按驗後，認定朱雲有殺人罪。朱雲逃入長安，又與陳咸計議。丞相詳盡地揭發了這件事，上奏說「陳咸是在宮中值宿護衛的執法大臣，有幸得以進見皇上，竟然洩漏所聽到的話，徇私情告訴了朱雲，又替他改定奏章草稿，想把此案批給自己審理，後來明明知道朱雲是逃亡的罪人，卻和他串通，官吏因此抓不到朱雲」。元帝於是把陳咸、朱雲逮捕入獄，後來減去死罪改判城旦刑。陳咸、朱雲於是被革除官職，不再錄用，直到元帝去世。

至成帝時，前丞相安昌侯張禹因為是皇帝的老師而賜位特進，很受敬重。朱雲上書求見成帝，公卿大臣都在殿前。朱雲說：「現在朝廷大臣上不能匡扶君主，下不能有益於百姓，都是居位食祿而不盡職之人。孔子所說『鄙夫不可讓他侍奉君主』，『只憂懼失掉官位的人，就什麼事都能幹出來』。臣希望皇上賜給我尚方斬馬劍，斬殺佞臣一人，以激勵其餘的人。」成帝問：「你要斬的人是誰？」回答說：「安昌侯張禹。」成帝大怒，說：「小臣居於下位，竟敢誹謗朝廷大臣，在朝堂之上辱罵師傅，犯下死罪，不能赦免！」御史帶朱雲下殿，朱雲抓住殿前的欄杆，把欄杆都拽斷了。朱雲大呼道：「臣得以追隨關龍逢、比干遊於九泉之下，知足啦！不知朝廷殺了我名聲會怎樣呢？」御史就把朱雲帶了下去。這時左將軍辛慶忌摘去官帽，解下印綬，在殿下叩頭說：「此人一向疏狂直率聞名於世。假如他說的話正確，不應該殺他；說的話不對，也應該寬容他。臣斗膽以死罪勸諫。」辛慶忌不住叩頭直到流血。成帝的怒氣漸漸平息，然後這件事才作罷。到後來，要修理被朱雲拉斷的殿前欄杆時，成帝說：「不要換新的！把斷裂之處補合一下，以此表彰直言進諫的臣子。」

雲自是之後不復仕，常居鄠❶田，時乘牛車從❷諸生❸，所過皆敬事❹焉。薛宣❺為丞相，雲往見之。宣備賓主禮，因留雲宿，從容❻謂雲曰：「在田野亡事，且留我東閣❼，可以觀四方奇士。」雲曰：「小生❽迺欲相吏❾邪？」宣不敢復言。

其教授，擇諸生，然後為弟子❿。九江⓫嚴望及望兄子元，字仲，能傳雲學，皆為博士。望至泰山⓬太守。

雲年七十餘，終於家。病不呼醫飲藥。遺言以身服斂⓭，棺周於身⓮，土周於椁⓯，為丈五墳⓰，葬平陵東郭⓱外。

【章旨】以上為〈朱雲傳〉的第四部分，寫朱雲在鄠縣教授弟子，拒絕丞相薛宣的聘請，後病逝於家中。

【注釋】❶鄠 縣名。秦置鄠邑，漢改鄠縣。治今陝西戶縣北。❷從 使跟從；使跟隨。謂帶領。❸諸生 指眾弟子，門徒。❹敬事 恭敬侍奉。❺薛宣 字贛君，西漢東海郯（今山東郯城）人。詳見卷八十三〈薛宣朱博傳〉。❻從容 同「慫恿」。勸誘。❼東閣 東向的小門。自公孫弘「開東閣以延賢人」，遂被引申為丞相招致、款待賓客的處所。卷五十八〈公孫弘傳〉顏師古注曰：「閣者，小門也，東向開之，避當庭門而引賓客，以別于掾史官屬也。」❽小生 謂新學後進，指薛宣。❾相吏 即以我為屬吏。❿為弟子 收為弟子。⓫九江 郡名。秦置。治壽春，今安徽壽縣。⓬泰山 郡名。楚漢之地劉邦改博陽郡置。治博縣，今山東泰安東南。後移治奉高縣，今泰安東北。⓭以身服斂 用隨身穿的便服殮葬。斂，通「殮」。⓮棺周於身 棺材大小只要能容下身體。⓯土周於椁 墓穴大小只要能容納下椁。椁，棺材外面套的大棺。⓰丈五墳 一丈五尺高的墳堆。⓱郭 外城。

【語譯】朱雲從此以後不再做官，經常居住在鄠縣鄉下，有時乘牛車外出，後面跟隨著眾多弟子，所過之處人們都恭敬地侍奉他。後來薛宣做了丞相，朱雲前去拜訪他。薛宣以賓主之禮相待，藉機挽留朱雲住宿，慫恿朱雲說：「您在鄉間沒有什麼事，暫且留在我的東閣，可以看看四方的奇士。」朱雲說：「小生想以我為吏嗎？」薛宣不敢再說什麼。

朱雲教授學生，先在諸生中篩選，看中的然後才收為弟子。九江郡的嚴望和他哥哥的兒子嚴元，字仲能傳朱雲的學業，都做了博士。嚴望官至泰山郡太守。

朱雲活到七十多歲，壽終於家。有病時不請醫生不服藥。遺囑中說，用隨身便服來殮葬，棺材只要能容納下身體，墓穴只要能容納槨就行了，堆一丈五尺的墳，安葬在平陵東外城的外面。

1 梅福，字子真，九江❶壽春❷人也。少學長安，明尚書、穀梁春秋❸，為郡文學❹，補南昌❺尉❻。後去官歸壽春，數因縣道上言變事❼，求假❽軺傳❾，詣行在所❿條對⓫急政⓬，輒報罷⓭。

2 是時成帝委任⓮大將軍王鳳⓯，鳳專勢⓰擅朝⓱，而京兆尹王章⓲素忠直，譏刺鳳，為鳳所誅。王氏浸盛⓳，災異⓴數見㉑，群下莫敢正言㉒。福復上書曰：

3 「臣聞箕子佯狂㉓於殷，而為周陳洪範㉔；叔孫通㉕遁秦歸漢，制作儀品㉖。夫㉗叔孫先㉘非不忠也，箕子非疏其家而畔㉙親也，不可為言㉚也。昔高祖納善若不及㉛，從諫若轉圜㉜，聽言不求其能，舉功不考其素㉝。陳平㉞起於亡命而為謀主，韓信㉟拔於行陳㊱而建㊲上將㊳。故天下之士雲合㊴歸漢，爭進奇異，知㊵者竭其策，愚者盡其慮，勇士極其節，怯夫勉其死。合天下之知，并天下之威，是以舉秦如鴻毛[41]，取楚[42]若拾遺[43]，此高祖所以亡敵於天下也。孝文皇帝起於代谷[44]，非有周召[45]之師，伊呂[46]之佐也，循高祖之法，加以恭儉。當此之時，天下幾平[47]。繇是言之，循高祖之法則治，不循則亂。何者？秦為亡道[48]，削仲尼[49]之迹[50]，滅周公之軌[51]，壞井田[52]，除五等[53]，禮廢樂崩[54]，王道[55]不通，故欲行王道者莫能致其功也。孝武皇帝好忠諫，說至言[56]，出爵不待廉茂，慶賜不須顯功[57]，是以天下布衣[58]各厲志[59]，竭精[60]以赴闕廷[61]自衒鬻[62]者不可勝數[63]。漢家[64]得賢，於此為盛。使孝武皇帝聽用其計，升平[65]可致。於是積尸暴骨，快心[66]胡越[67]，故淮南王安[68]緣間而起。所以計慮[69]不成而謀議泄者，以眾賢聚於本朝，故其大臣[70]勢陵[71]不敢和從也。方今布衣迺窺國家之隙，見間而起者，蜀郡是也[72]。及山陽[73]亡徒[74]蘇令[75]之群，蹈藉[76]名都大郡，求黨與[77]，索隨和[78]，而亡逃匿之意。此皆輕量[79]大臣，亡所畏忌，國家之權輕，故匹夫欲與上爭衡[80]也。

4 「士者，國之重器[81]；得士則重，失士則輕。詩云：『濟濟多士，文王以寧[82]。』廟堂[83]之議，非草茅[84]所當言也。臣誠恐身塗野草，尸并卒伍[85]，故數上書求見，輒報罷。臣聞齊桓[86]之時有以九九[87]見者，桓公不逆，欲以致大也。今臣所言非特[88]九九也，陛下[89]距[90]臣者三矣，此天下士所以不至也。昔秦武王[91]好力，任鄙[92]

叩關[93]自鬻[94]；繆公[95]行伯[96]，繇余[97]歸德。今欲致[98]天下之士，民有上書求見者，輒使詣尚書問其所言，言可采取者，秩[99]以升斗[100]之祿，賜以一束[101]之帛。若此，則天下之士發憤懣[102]，吐忠言，嘉謀[103]日聞於上，天下條貫[104]，國家表裡[105]，爛然[106]可睹矣。夫以四海之廣，士民之數，能言之類至眾多也。然其儁桀指世陳政[107]，言成文章，質[108]之先聖[109]而不繆[110]，施之當世合時務[111]，若此者，亦亡幾人。故爵祿[112]束帛者，天下之底石[113]，高祖所以厲世摩鈍[114]也。孔子曰：『工欲善其事，必先利其器[115]。』至秦則不然，張誹謗之罔[116]，以為漢毆[117]除，倒持泰阿[118]，授楚其柄。故誠能勿失其柄，天下雖有不順，莫敢觸其鋒，此孝武皇帝所以辟[119]地建功為漢世宗[120]也。今不循伯者[121]之道，迺欲以三代選舉之法取當時之士，猶察伯樂[122]之圖，求騏驥[123]於市，而不可得，亦已明矣。故高祖棄陳平之過[124]而獲其謀，晉文召天王[125]，齊桓用其讎[126]，有益於時，不顧逆順，此所謂伯道[127]者也。一色成體謂之純，白黑雜合謂之駮[128]。欲以承平[129]之法治暴秦之緒[130]，猶以鄉飲酒之禮[131]理軍市[132]也。

「今陛下既不納天下之言，又加戮焉。夫戴[133]鵲遭害，則仁鳥[134]增逝；愚者蒙戮，則知士[135]深退。間者[136]愚民上疏，多觸不急[137]之法，或[138]下廷尉[139]，而死者眾。自陽朔[140]以來，天下以言為諱，朝廷尤甚[141]，群臣皆承順上指[142]，莫有執正。何以明其然也？取民所上書，陛下之所善，試下之廷尉，廷尉必曰：『非所宜言，大不敬[143]。』以此卜[144]之，一矣[145]。故京兆尹王章[146]資質[147]忠直，敢面引[148]廷爭[149]，孝元皇帝擢之，以厲具臣[150]而矯[151]曲朝[152]。及至陛下，戮及妻子。且惡惡止其身[153]，王章非有反畔[154]之辜[155]，而殃及家。折直士[156]之節，結[157]諫臣之舌，群臣皆知其非，然不敢爭，天下以言為戒，最[158]國家之大患也。願陛下循高祖之軌，杜[159]亡秦之路，數御[160]十月之歌[161]，留意亡逸之戒[162]，除不急之法，下亡諱之詔，博覽兼聽，謀及疏賤[163]，令深者不隱，遠者不塞，所謂『辟四門，明四目[164]』也。且不急之法，誹謗之微者也。『往者不可及，來者猶可追[165]』。方今君命犯[166]而主威奪，外戚之權日以益隆，陛下不見其形，願察其景[167]。建始[168]以來，日食地震，以率[169]言之，三倍春秋[170]，水災亡與比數[171]。陰盛陽微，金鐵為飛[172]，此何景也！漢興以來，社稷三危。呂、霍、上官[173]皆母后之家也，親親[174]之道，全[175]之為右[176]，當與之賢師良傅，教以忠孝之道。今迺尊寵其位，授以魁柄[177]，使之驕逆，至於夷滅[178]，此失親親之大者也。自[179]霍光之賢，不能為子孫慮，故權臣易世[180]則危。書曰：『毋若火，始庸庸[181]。』勢陵於君，權隆於主，然後防之，亦[182]亡及已。」

6 上遂[183]不納。

【章旨】以上為〈梅福傳〉的第一部分，寫梅福少學長安，明《尚書》、《穀梁春秋》。為郡文學，補南昌尉，去官，歸壽春。因見大將軍王鳳專擅朝政，乃上書切諫，成帝不納。〈上書言王鳳專擅〉被班固全文收錄。

【注釋】❶九江　郡名。秦置。以九江在境內得名。漢初改置淮南國，元狩初復為九江郡。治壽春，今安徽壽縣。❷壽春　縣名。❸穀梁春秋　書名。闡發《春秋》的儒家經典著作之一。又稱《穀梁傳》、《春秋穀梁傳》。其作者歷來說法不一。據唐楊士勛《春秋穀梁傳序疏》載，因戰國時魯人穀梁赤受《春秋》於子夏，並為之作傳，故名。❹郡文學　漢代學官名。漢於州郡及王國置文學，掌學校教育。❺南昌　縣名。今江西南昌。❻尉　官名。縣尉。秦漢縣級行政機構佐官之一。大縣二人，小縣一人，秩四百石至二百石。由中央任命，執掌軍事治安事宜。❼因縣道上言變事　謂因縣道之使而上奏非常之事。縣道，漢制，邑無少數民族者稱縣，少數民族雜居者稱道。陳直《漢書新證》云：「壽春左近，并無道之名，縣道聯文，成為兩漢人之習俗語，例如《續漢書・禮儀志》云：『仲秋之月，縣道皆案戶比民』是也。」變事，非常之事。❽假　借。❾軺傳　古代驛站車子的一種。漢制，一馬或二馬拉的車為軺傳。《晉書・輿服志》：「一馬曰軺車，二馬曰軺傳。」❿行在所　天子所在之處。也專指天子巡行所到之地。⓫條對　謂逐條對答皇上的垂詢。⓬急政　緊要之政。⓭報罷　謂批覆之事作罷。⓮委任　託付；交託。⓯王鳳　（西元前？—前二二年），字孝卿，魏郡元城（今河北大名）人。元帝皇后王政君之兄。詳見卷九十八〈元后傳〉。⓰專勢　專擅權勢。⓱擅朝　獨攬朝政。⓲王章　字仲卿，西漢泰山巨平（今山東泰安）人。詳見卷七十六〈王章傳〉。⓳浸盛　漸盛。⓴災異　自然災害和怪異不祥之事。㉑見　同「現」。顯現；出現。㉒正言　直言；說實話。㉓箕子佯狂　箕子，殷紂王的叔父，封於箕（今山西太谷東北），故稱箕子。紂暴虐，箕子直諫，紂囚箕子以為奴，箕子披髮佯狂。周武王滅商，釋箕子，諮以國事。佯狂，裝瘋。㉔洪範　《尚書》篇名。舊說為箕子所作，言天地之大法。㉕叔孫通　秦末薛（今山東滕州）人。初以文學徵，為秦博士。後逃亡歸薛，從項梁、項羽反秦。楚漢戰爭時，率弟子百餘人歸降劉邦。詳見卷四十三〈酈陸朱劉叔孫傳〉。遁，逃。㉖儀品　禮儀制度。《論衡・謝短篇》云：「高祖詔叔孫通制作儀品，十六篇何在？」《後漢書・曹褒傳》：「章和元年正月，令小黃門持班固所上叔孫通漢儀十二篇，敕褒依禮條正。」當依〈曹褒傳〉作

「十二篇」。本書叔孫通本傳所稱起定朝儀，漢諸儀法、宗廟儀法及諸經注疏所引禮器制度，即此之儀品十二篇也。㉗夫　助詞。用於句首，有提示作用。㉘叔孫先　即叔孫先生。先，先生之簡稱。㉙畔　通「叛」。㉚為言　與言。㉛不及　顏師古注曰：「恐失之也。」㉜轉圜　圓體運轉。言其順。圜，通「圓」。㉝舉功不考其素　顏師古注曰：「直取其功，不論其舊行及所從來也。」素，平素；往常；舊時。㉞陳平　詳見卷四十〈張陳王周傳〉。㉟韓信　詳見卷三十四〈韓信傳〉。㊱行陳　亦作「行陣」。行伍。代指軍隊。㊲建　立。㊳上將　大將軍。㊴雲合　如雲之聚集。言四面而至。㊵知　通「智」。㊶鴻毛　鴻雁的毛，比喻極輕。㊷楚　古國名。此指項羽所建的楚國。漢王元年，項羽自立為西楚霸王，都下邳（今江蘇睢寧西北），漢六年國除。㊸拾遺　拾取旁人遺失的東西。言其易。㊹起於代谷　言由代王而為皇帝。代谷，地區名。在今河北蔚縣及今山西繁峙一帶。㊺周召　亦作「周邵」。周成王時共同輔政的周公旦和召公奭的並稱。兩人分陝而治，皆有美政。㊻伊呂　伊尹、呂尚。商伊尹輔商湯，西周呂尚佐周武王，皆有大功，後因並稱伊呂，泛指輔弼重臣。㊼幾平　幾至太平。幾，幾乎；差不多。㊽亡道　暴虐，沒有德政。亡，通「無」。上文「亡敵」之「亡」同。㊾仲尼　孔子的字。㊿迹　業績；事跡。51軌法　法則；法度。52井田　古代的一種土地制度。以方九百畝為一里，劃為九區，形如「井」字，故名。其中為公田，外八區為私田，八家均私百畝，同養公田。公事畢，然後治私事。53五等　此指五等爵制，即公、侯、伯、子、男五等爵位。54禮廢樂崩　指為維護君臣上下等級秩序而建立的一套典章制度、禮儀教化遭到極大的破壞。55王道　儒家提出的一種以仁義治天下的政治主張。與霸道相對。56至言　最高超的言論；極其高明的言論。57出爵不待廉茂二句　顏師古釋此二句之意為：「謂諫爭合意即得官爵，不由薦舉及軍功也。」廉茂，孝廉、茂材，皆漢代舉用人才的科目。慶賜，賞賜。顯功，顯赫的軍功。58布衣　平民百姓。59厲志　即勵志。勉勵心志；集中心思於某種事業。厲，通「勵」。60竭精　用盡精力。61闕廷　朝廷。闕，宮門兩側的高臺，中間有道路，臺上起樓觀。62衒鬻　誇耀；兜售。63不可勝數　形容數目極多，數不過來。勝，盡；完。64漢家　即漢朝。65升平　小康。顏師古注引張晏曰：「民有三年之儲曰升平。」66快心　猶稱心。謂感到滿足或暢快。亦指使感到滿足或暢快。67胡越　胡與越。北方的匈奴與南方的越族。亦泛指北方和南方的各民族。68淮南王安　即劉安（約西元前一七九－前一二二年）。西漢宗室。淮南厲王劉長之子。詳見卷四十四〈淮南衡山濟北王傳〉。69計慮　謀劃。70其大臣　指淮南王劉安的臣屬。71勢陵　顏師古注引服虔曰：「臣勢陵君也。」王念孫認為此二字為衍文。72蜀郡是也　指成帝鴻嘉年間廣漢郡男子鄭躬等聚眾造反。蜀郡，戰國秦置，治成都，今四川成都。與廣漢郡毗鄰。73山陽　郡名。景帝置山陽國，武帝改為郡，治昌邑縣，今山東金鄉西北。74亡徒　逃亡的奴隸。75蘇令　（西元前？－前一四年），西漢成帝時人。山陽鐵官徒。永始三年（西元前一四年），率二百二十八人起義，自稱將軍。活動遍及十九郡國，殺東郡太守及汝南都尉。後為汝南太守嚴訢捕斬。76蹈藉　亦作「蹈籍」。踐踏。77黨與　朋黨。78隨和　指隨從者。79輕量　猶輕視。80爭衡　較量輕重；比試高低。81重器　指國家的寶器。此處喻指能任大事的人。82濟濟多士二句　見《詩經・大雅・文王》。謂周文王任用眾多賢士，故國家賴以得到安寧。濟濟，眾多。83廊堂　指朝廷。84草茅　在野未出仕的人；平民。85卒伍　古代軍隊編制，五人為伍，百人為卒。此指士兵。86齊桓　齊桓公姜小白（西元前？—前六四三年）。春秋時齊國國君，西元前六八五—前六四三年在位。87九九　算法名。即九九乘法。88非特　不只；不僅。89陛下　對帝王的尊稱。90距　同「拒」。拒絕。91秦武王　戰國時秦國國君。西元前三一〇—前三〇七年在位。92任鄙　戰國時秦國的力士。官至漢中郡守，昭王十九年（西元前二八八年）死。93叩關　叩擊關門或城門請求進入。春秋戰國時期各諸侯國都在邊界設關，檢查過往行人。94自鬻　自賣其身；自售其才能。95繆公　即秦穆公。西元前六五九—前六二一年在位。繆，通「穆」。96行伯　推行爭霸之道。伯，通「霸」。97繇余　春秋時秦國大夫。一作「由余」。先世為晉人，流亡入戎。他為戎王聘秦，受穆公禮遇。穆公用反間計使其歸秦，用其議攻戎，大勝，益國十二，開地千里，遂霸西戎。98致　招引；招致。99秩　官吏的俸祿。100升斗　容量單位。十合為升，十升為斗。比喻微薄的薪俸。101束　量詞。指帛五匹。《左傳・襄公十九年》：「賄荀偃束錦、加璧、乘馬。」杜預注：「五匹為束。」102憤懣　氣憤；抑鬱不平。此指鬱積在心中的話。103嘉謀　良謀。104條貫　條理；系統。105表裡　事物的內外情況，一切原委。106爛然　分明貌。107指世陳政　猶言指陳時政。108質　驗證。109先聖　先代聖人。110繆　紕繆；錯誤。111時務　指當世有利於國計民生的大事。112爵祿　爵位和俸祿。113底石　磨刀石。114厲世摩鈍　激勵世人，使魯鈍的人奮發有為。摩，通「磨」。磨礪。115工欲善其事二句　見《論語・衛靈公》。工，喻國政。利器，喻賢才。116罔　同「網」。117毆　同「驅」。118倒持泰阿　亦作「倒持太阿」。倒持寶劍，將劍柄交給別人。比喻輕率地授人權柄，自己反受其害。泰阿，劍名。相傳為春秋時歐冶子所鑄。119辟　同「闢」。開闢；開拓。120世宗　漢武帝的廟號。言其文治武功為一世之宗。121伯者　霸者；成霸王之業者。伯，通「霸」。122伯樂　姓孫，名陽。春秋秦穆公時人。以善相馬著稱。123騏驥　良馬。124陳平之過　指其盜嫂受金之事。陳平（西元前？—前一七八年），秦末陽武（今河南原陽）人。125晉文召天王　晉文公迫使周王狩於河陽，見《左傳・僖公二十八年》。天王，天子，此指周襄王。126齊桓用其讎　齊桓公任用管仲為相。管仲曾輔助公子糾，箭射齊桓公，中其帶鉤。讎，同「仇」。仇恨；仇人。127伯道　指國君憑藉武力、刑法、權勢等進行統治的政策。伯，通「霸」。128駮　同「駁」。色彩錯雜。129承平　治平相承；太平。130緒　謂餘業。131鄉飲酒之禮　古之鄉學，三年業成，考其德藝，以其賢能者薦於君。

時由鄉大夫主其事，為之設宴送行，待以賓禮，飲酒酬酢，皆有儀式，稱鄉飲酒禮。(132)軍市　軍中的交易場所。(133)鳶　鳥名。即鴟，俗名鵭鷹、貓頭鷹。(134)仁鳥　指鸞鳳。(135)知士　才智之士。知，同「智」。(136)間者　近來。(137)不急　不切需要。(138)或有的；有人。(139)廷尉　官名。漢承秦置。主管全國刑獄。漢景帝中六年（西元前一四四年）更名大理。武帝建元四年（西元前一三七年）復舊稱。秩中二千石，列位九卿。(140)陽朔　漢成帝的年號，西元前二四—前二一年。(141)朝廷尤甚　顏師古注曰：「防人之口，法楚嚴切。」(142)上指　即「上旨」。皇上的旨意。(143)大不敬　封建時代重罪之一。謂不敬皇帝。《唐律疏議・名例・十惡》：「六曰大不敬。」(144)卜　推斷；推測。(145)一矣　《漢書補注》引王念孫說本應作「可見矣」，與上文「何以明其然也」正相呼應。(146)王章　字仲卿，西漢泰山巨平（今山東泰安）人。成帝時，指斥大將軍王鳳專權，建議更選忠賢，以馮野王代之。鳳得悉後以辭職相挾，成帝遂使尚書劾章罪至大逆。死獄中，妻子徙合浦。詳見卷七十六〈趙尹韓張兩王傳〉。(147)資質　人的天資、氣質。包括能力、智力。(148)面引　當面指責別人的過失。(149)廷爭　在朝廷上向皇帝極力諫諍。(150)具臣　謂備位充數之臣。(151)矯　矯正。(152)曲朝　謂不正直的朝臣。(153)惡惡止其身　語出《公羊春秋・昭公二十年》。惡惡，憎恨邪惡。前一個「惡」用作動詞。(154)反畔　即「反叛」。背叛；叛變。畔，通「叛」。(155)辜　罪行。(156)直士　正直、耿直之士。(157)結使緘口；閉口不言。(158)最　假借為「絕」。表示程度，相當於「極」、「尤」。(159)杜　塞；堵塞。(160)御　彈奏；吹奏。(161)十月之歌　指《詩・小雅・十月之交》。這首詩諷刺掌權貴族亂政殃民，遇到災異又不知警惕。顏師古注引孟康曰：「〈十月〉之詩，刺后族太盛也。」(162)亡逸之戒　亡逸，是《尚書・周書》的篇名，傳說是周公所作，「以戒成王」。(163)疏賤　關係疏遠、身分卑下的人。(164)辟四門二句　引自《尚書・虞書・舜典》，言開四門致眾賢，則明視於四方。四門，指明堂四方的門。四目，能觀察四方的眼睛。(165)往者不可及二句　見《論語・微子》接輿之歌。(166)君命犯　謂大臣犯君之命。(167)景　「影」的古字。後多作「影」。影子；景象。此指自然現象。(168)建始　漢成帝的第一個年號，西元前三二—前二九年。(169)率　比例；比率。(170)三倍春秋　三倍於《春秋》中關於災異的記載。(171)亡與比數　顏師古注曰：「言其極多，不可比校而數也。」(172)金鐵為飛　顏師古注引張晏曰：「河平二年，沛郡鐵官鑄鐵如星飛上去，權臣用事之異也。」(173)呂霍上官　指高祖時的外戚呂氏、昭帝時的外戚霍氏和上官氏。(174)親親　親近親人。前一個「親」用作動詞。(175)全　保全。(176)右　上。(177)魁柄　指朝政大權。(178)夷滅消滅；殺盡。(179)自　即使；雖。(180)易世　改朝換代。此處作換代解，即到了下一代。(181)毋若火二句　見《尚書・周書・洛誥》。是說火勢開始微小，如果不及時撲滅，就會熾盛。比喻大臣專權，如不趁早制止就會不可收拾。庸庸，微小貌。今《尚書》作「焰焰」，火熾貌。(182)亦　已；已經。(183)遂　結果；最後。

【語　譯】梅福，字子真，九江郡壽春縣人。少年時到長安學習，通曉《尚書》、《穀梁春秋》的義理，任郡文學，又補缺任南昌縣縣尉。後來辭去官職回到壽春，幾次藉縣道的使者之助上奏非常之事，求借驛站的馬車，到天子巡行所在的地方逐條對答緊要政事，都沒有被採納。

2 這時，成帝將國家大事託付給大將軍王鳳處理，王鳳專擅權柄獨攬朝政。京兆尹王章一向忠心剛直，譏刺王鳳，被王鳳所殺。王氏權勢逐漸隆盛，自然災害和異常現象多次出現，群臣中沒有人敢說直話。梅福又上書說：

3 「臣聽說箕子在殷朝裝瘋，卻為周朝陳述〈洪範〉，論天地之大法；叔孫通在秦朝時辭官遁逃卻主動歸附漢高祖劉邦，為漢朝制定禮制。叔孫先生不是不忠心，箕子也不是要疏遠家族背叛親人，而是因為他們不能再向君王進獻諫言了。從前高祖接納好的建議唯恐有遺失，聽從規勸好像轉動圓球一樣順暢，聽從諫言不要求建議者能做到，論功不考慮他平素的行為。陳平由一個亡命之徒而成為劉邦的謀主，韓信被提拔於行伍之中而立為上將。所以天下的英才俊士像雲彩聚合一樣歸附漢朝，爭相進獻奇思異謀，智士竭力奉獻謀略，愚者窮盡思慮，勇士盡致節操，怯懦的人激勵自己不怕犧牲。聚合天下的智慧，集中天下的威力，因此，推翻秦王如同舉起鴻毛，攻滅楚國好像拾取別人失落的東西，這就是高祖無敵於天下的原因。孝文皇帝興起於代谷，沒有周公、召公那樣的太師輔弼，也沒有伊尹、呂尚那樣的重臣佐助，他遵從高祖的法度，加上自己的謙恭與儉樸。在這個時候，天下幾乎達到太平。由此說來，遵從高祖的法度就安定，不遵從就有動亂。為什麼呢？秦朝施行暴政，刪除仲尼的學說，毀滅周公的法度，破壞井田制度，取消五等封爵，禮樂制度破壞廢棄，王道不能通行，所以，當時想推行王道的人無法收到功效。孝武皇帝喜聽忠正之諫，樂聞高明之論，授爵不一定必須具備孝廉、茂材的資格，賞賜不一定非要有顯赫的功勳，因此，天下布衣之士都激勵心志、竭盡精誠到宮門前上書誇耀自薦，人多得數不清。漢朝得到賢才，在此時最多。如果孝武皇帝聽從採用他們的計謀，昇平社會可以達到。但他在這時快意於征伐胡越，使將士積屍暴骨於原野，於是淮南王劉安乘機反叛。淮南王之所以計慮不成而謀議洩漏，是因為眾多賢才聚集在中央朝廷，因此淮南王的臣僚懾於朝廷的威力不敢附和追從。現在平民百姓竟然窺視國家的漏洞，趁機起事造反，蜀郡的鄭躬就是這樣。等到山陽郡亡命之徒蘇令等人，踐踏名都大郡，發展黨羽，網羅隨聲附和之徒，而沒有逃亡藏匿之意。這些都是輕視大臣，無所畏忌，國家權力輕，所以匹夫想和朝廷抗衡。

4 「士人，是治國的寶器；得到士人則國家權力重，失去士人就權力輕。《詩經・大雅・文王》說：『任用眾多賢士，文王的國家賴以安寧。』朝廷裡的計議，不是草野之人所應當評論的。臣唯恐拋身野草之中，與士卒的屍體為伍，所以多次上書求見，都沒有得到批准。臣聽說齊桓公時，有人以九九算法的特長求見，桓公沒有拒絕，他是想成就大業。今天臣所奏並非只是九九算法之類的事，陛下已經三次拒絕了我，這就是天下士人不來報效朝廷的原因。從前秦武王愛好大力士，任鄙便叩擊關門，自我推薦；秦穆公推行霸業，繇余歸心於德義，為秦效命。現在要招致天下的士人，如果民間有上書要求接見者，就讓他們到尚書處詢問其建議，言論可以採納的，給予微薄的薪俸，賜給一束帛。像這樣，那麼天下之士就會說出鬱積在心中的話，吐出忠言，皇上天天都能聽到嘉謀良策，天下有條理，國家內外事務治理有序，政績顯明燦爛可觀。以全國之廣大，士民之眾多，能提出好建議的人多極了。然而其中俊傑之士指陳時政，所言成為文章，用先聖的理論驗證而不謬誤，用之於當世能解決國計民生大事的，像這樣的人，也沒有幾個。所以用於賞賜的爵位俸祿和束帛，是治理天下的磨刀石，高祖用它來激勵士人，磨礪魯鈍的人。孔子說：『工匠要想做好他的工作，一定要先備妥他的工具。』至於秦朝卻不是這樣，張開誹謗的法網，實際上是把民眾驅趕到漢朝，如同倒持泰阿劍，把劍柄交給楚人。因此，如果真的能夠不失掉劍柄，天下即使有不歸順者，他們也不敢觸摸劍鋒，這就是孝武皇帝能夠開拓疆土、建立功業、成為漢朝世宗皇帝的緣故。現在，不遵循稱霸者之道，卻打算用三代時的選舉之法來獲得當世的賢士，這就好比看著伯樂畫的駿馬圖，到市集上尋求良馬一樣，得不到良馬，是很明顯的了。所以高祖不計較陳平的過失而獲得了他的奇謀，晉文公召來周天子到河陽與諸侯朝見，齊桓公任用仇人管仲，這些行為都是只要有益於當時，而不考慮處境的逆順，這就是所謂霸道政治了。整體是一種顏色叫作純，白色與黑色相雜稱作駁。想以承平時的法度治理暴秦之後的漢朝政事，就猶如用鄉飲酒的禮節處理軍市的交易糾紛。

「現在，陛下既不採納天下的諫言，又殺戮進諫的人。鷂鷹受到傷害，那鸞鳳就會遠走高飛；愚者被殺，那智謀之士就會深藏遠避。近來愚民進呈奏章，多觸犯『不急』的律條，有些人交給廷尉處理，而被殺的很多。自陽朔年間以來，天下人以進言為忌諱，朝廷臣僚尤其嚴重。群臣都遵奉順從皇上的旨意，沒有人敢於糾正。怎麼證明這一問題呢？拿一封百姓的上書，是陛下認為好的上書，將其交給廷尉處理來試試，廷尉必定說：『這不是你上書者所應該說的，當處以「大不敬」罪。』以這件事來推測，其他事就可想而知了。京兆尹王章天資稟賦忠義正直，敢於當面指責別人的過失，在朝廷上向皇帝極力諫諍，孝元皇帝提拔他，用以鞭策備位充數之臣而矯正不正直朝臣的歪風邪氣。等到了陛下，將他殺戮，並株連他的妻子兒女。況且憎恨邪惡只罪及其身，王章沒有反叛的罪行，卻殃及全家。這樣就摧折了正直之士的志節，箝制了諫臣的口舌，群臣都知道這樣做是不對的，但卻不敢爭辯，天下人都以進言為戒，緘口不語，這是國家的極大禍患啊。希望陛下遵從高祖的正確路線，堵塞亡秦所走過的邪路，經常諷誦〈十月〉之歌，留意〈亡逸〉的戒語，廢除『不急』的律條，下達進諫不須避諱的詔書，博覽兼聽，謀劃顧及到疏遠卑下之人的意見，使深居者不隱匿，處於邊遠之地者不閉塞，這就是《尚書・堯典》所說『打開四門招來眾賢，讓觀察四方的眼睛明亮』的意思。況且根據『不急』之法，誹謗只是小罪。『過去的無法再挽回，後來者還是可以補救的』。現在，大臣冒犯君主之命而皇上的權威削弱，外戚的權勢一天比一天隆盛，陛下看不見具體情形，請觀察一下自然現象。建始年間以來，日食、地震的次數之多，按比率來說，三倍於《春秋》所記，水災次數多得無法比較。陰盛陽衰，沛郡鐵官鑄鐵的鐵水像星一樣飛上天去，這是什麼景象啊！漢朝興起以來，社稷遇到三次危難。呂氏、霍氏和上官氏都是母后的家族，熱愛自己的親人，保全他們是上策，應當給他們聘請才德兼備的老師，教授他們忠孝之道。可是現在卻給予他們尊貴寵幸的地位，授予朝政大權，使他們驕橫悖逆，終於發展到被誅殺，這就大大違背了愛自己親人的原則了。即使以霍光的賢明，都不能為子孫深思遠慮，所以權臣之家到了下一代就危險了。《尚書・洛誥》中說：『不要像燒火那樣，開始時火苗雖小，如不及時撲滅，就會熾盛起來。』臣下的氣焰淩駕於君主之上，權勢超過君主，然後再來防範他，已經來不及了。」

6 皇上最終沒有採納。

1 成帝久亡繼嗣❶，福以為宜建三統❷，封孔子之世❸以為殷後，復上書曰❹：

2 「臣聞『不在其位，不謀其政❺』。政者職也，位卑而言高者罪也。越職觸罪，危言❻世患❼，雖❽伏質❾橫分❿，臣之願也。守職不言，沒齒⓫身全，死之日，尸未腐而名滅，雖有景公⓬之位，伏歷千駟⓭，臣不貪⓮也。故願壹登文石之陛⓯，涉赤墀⓰之塗，當戶牖之法坐⓱，盡平生之愚慮。亡益於時，有遺⓲於世，此臣寑所以不安，食所以忘味也。願陛下深省⓳臣言。

3 「臣聞存人所以自立也，壅⓴人所以自塞也。善惡之報，各如其事。昔者秦滅二周㉑，夷六國㉒，隱士不顯，佚民㉓不舉，絕三統，滅天道㉔，是以身危㉕子殺㉖，厥孫不嗣㉗，所謂壅人以自塞者也。故武王克殷，未下車，存五帝之後㉘，封殷於宋，紹㉙夏於杞㉚，明著㉛三統，示不獨有也。是以姬姓半天下，遷廟之主㉜，流出於戶，所謂存人以自立者也。今成湯㉝不祀，殷人亡後，陛下繼嗣久微，殆㉞為此也。春秋經㉟曰：『宋殺其大夫㊱。』穀梁傳㊲曰：『其不稱名姓，以其在祖位，尊之也[38]。』此言孔子故殷後也，雖不正統[39]，封其子孫以為殷後，禮亦宜之。何者？諸侯奪宗[40]，聖庶[41]奪適[42]。傳[43]曰『賢者子孫宜有土』，而況聖人，又殷之後哉！昔成王以諸侯禮葬周公，而皇天動威，雷風著災[44]。今仲尼之廟不出闕里[45]，孔氏子孫不免編戶[46]，以聖人而歆[47]匹夫之祀，非皇天之意也。今陛下誠能據仲尼之素功[48]，以封其子孫，則國家必獲其福，又陛下之名與天亡極[49]。何者？追聖人素功，封其子孫，未有法也，後聖必以為則[50]。不滅[51]之名，可不勉[52]哉！」

4 福孤遠[53]，又譏切[54]王氏，故終不見納[55]。

5 初，武帝時，始封周後姬嘉[56]為周子南君[57]，至元帝時，尊周子南君為周承休侯，位次諸侯王。使諸大夫博士求殷後，分散為十餘姓，郡國往往得其大家，推求子孫，絕不能紀[58]。時匡衡[59]議，以為「王者存二王[60]後，所以尊其先王而通三統也。其犯誅絕[61]之罪者絕，而更封他親為始封君，上承其王者之始祖。春秋之義，諸侯不能守其社稷者絕。今宋國已不守其統[62]而失國矣，則宜更立殷後為始封君，而上承湯統[63]，非當繼宋之絕侯也，宜明得殷後而已。今之故宋，推求其嫡，久遠不可得；雖得其嫡，嫡之先已絕，不當得立。禮記[64]孔子曰：『丘，殷人也(65)。』先師所共傳，宜以孔子世為湯後」。上以其語不經(66)，遂見寢(67)。至成帝時，梅福復言宜封孔子後以奉湯祀。綏和(68)元年，立二王後，推迹(69)古文，以左氏(70)、穀梁、世本(71)、禮記相明，遂下詔封孔子世為殷紹嘉公(72)。語在成紀(73)。是時，福居家(74)，常以讀書養性為事。

【章旨】以上為〈梅福傳〉的第二部分，寫梅福又上書建議封孔子的後嗣來接續殷朝的後代，因其遠離皇帝，地位低微，又尖銳地譏諷外戚王氏，建議被擱置。數年後，成帝才下詔封孔子的後代為殷紹嘉公。

【注釋】❶繼嗣　傳宗接代的子嗣。❷三統　指夏、商、周三代的正朔。「正」指一歲之首，即農曆正月，「朔」指一月之始，即初一日。夏正建寅為人統，商正建丑為地統，周正建子為天統。亦謂之三正。此處建三統指建立接續夏、商、周三代的統緒，即賜封三代後人以維續對先人的祭祀。❸世　後嗣；後人。❹上書曰　下文是〈上書請封孔子子孫為殷後〉。❺不在其位二句　見《論語・泰伯》。意謂不居於那個職位，便不考慮他的政務。❻危言　直言。❼世患　世間的禍患。❽雖　即使。❾伏質　古代執行腰斬死刑時，犯人裸身伏在砧上，稱作「伏質」。質，通「鑕」。砧。古代腰斬用的墊座。❿橫分　橫截為兩段，腰斬。⓫沒齒　一輩子；終身。⓬景公　春秋時齊景公杵臼。西元前五四七—前四九〇年在位。為國君五十八年。⓭伏歷千駟　《論語・季氏》云：「齊景公有馬千駟，死之日，民無得而稱焉。」伏歷，亦作「伏櫪」。指養在廄中的馬。千駟，四千匹馬。駟，四匹馬。⓮貪　貪戀；貪心。⓯文石之陛　即「文石陛」。用文石砌成的宮廷臺階。文石，有紋理的石塊。⓰赤墀　亦稱「丹墀」。指宮殿的赤色臺階或赤色地面。⓱當戶牖之法坐　謂面對背靠屏風面南而坐的皇上。戶牖，門窗。當戶牖，面對戶牖，謂負扆。顏師古注曰：「戶牖之間謂之扆。」法坐，正座。聽朝之處，猶言法官、法駕也。⓲遺　留。⓳深省　猶深察。深入考察。省，考慮；考察。⓴壅　壅蔽；隔絕蒙蔽。㉑二周　指戰國末期周室分裂成的西周與東周兩個小國。雷學琪《竹書紀年義證》云：「鞏城、緱氏、王城為西周；平陰、偃師與鞏為東周。」西元前二五六年，秦滅西周，赧王卒，秦取九鼎寶器。至此，東周君雖尚存，則不再稱王，史家遂以秦王紀年。㉒六國　齊、楚、燕、趙、韓、魏。㉓佚民　逸民。舊時稱遁世隱居的人。㉔天道　猶天理、天意。㉕身危　指以下二事：燕太子丹派荊軻行刺秦王政。秦滅韓後，張良遣刺客在博浪沙謀刺秦始皇。㉖子殺　指趙高迫令秦始皇少子秦二世胡亥自殺。㉗厥孫不嗣　指秦王子嬰先降劉邦，後為項羽所殺。厥，代詞。其；他的。㉘存五帝之後　顏師古注曰：「謂封黃帝之後于薊，帝堯之後于祝，帝舜之後于陳，并杞（夏之後）、宋（商之後），是為五帝。」㉙紹　繼。㉚杞　古國名。西元前十一世紀西周所封諸侯國。相傳武王伐紂後，封夏禹後代東樓公於杞，稱杞國。西元前四四五年滅於楚。初在今河南杞縣，後遷至今山東安丘東北。㉛明著　明白著錄。㉜遷廟之主　祧內的神主，即嫡系祖先之最尊者。遷廟即祧。參見《禮記・曾子問》。主，木主；神主。木製的神位。上書死者姓名以供祭祀。俗稱牌位。㉝成湯　商朝的開國之君。又稱成唐、武湯、武王、天乙等。㉞殆　表推測，相當於「大概」。㉟春秋經　書名。相傳為孔子根據魯國史修訂而成。㊱宋殺其大夫　引文見《春秋經・僖公二十五年》。㊲穀梁傳　《春秋穀梁傳》的省稱。戰國穀梁赤撰。㊳其不稱名姓三句　引文見《穀梁傳・僖公二十五年》。顏師古注曰：「事在僖二十五年。《穀梁》所云『在祖位』者，謂孔子本宋孔父之後，防叔奔魯，遂為魯人。今宋所殺者亦孔父之後留在宋者，于孔子為祖列，故尊而不名也。」㊴正統　此指嫡傳或直接繼承之意。㊵奪宗　奪取嫡長子地位。顏師古注引如淳曰：「奪宗，始封之君尊為諸侯，則奪其舊為宗子之事也。」㊶聖庶　天子的庶子。㊷奪適　古代君位世襲，以庶子嗣位而廢其嫡子者，謂之「奪嫡」。適，通「嫡」。顏師古注引如淳曰：「奪適，文王舍伯邑考而立武王是也。孔子雖庶，可為殷後。」㊸傳　指《春秋公羊傳》。引文見《公羊傳・昭公三十一年》。㊹昔成王三句　顏師古注曰：「《尚書大傳》云：『周公疾，曰：「吾死必葬于成周，示天下臣于成王也。」周公死，天乃雷雨以風，禾盡偃，大木斯拔。國恐，王與大夫開金縢之書，執書以泣曰：「周公勤勞王家，予幼人弗及知。」乃不葬之于成周而葬之于畢，示天下不敢臣。』」皇天，對天及天神的尊稱。㊺仲尼之廟不出闕里　顏師古注曰：「闕里，孔子舊里也。言除此之外，更無祭祀孔子者。」闕里，在今山東曲阜城內。㊻編戶　編入國家戶籍的平民。無貴賤之分而有貧富之別。㊼歆　歆享。指鬼神享受祭品、香火。㊽素功　素王之功德。素王猶空王。謂具有帝王之德而未居帝王之位者。此處指孔子。漢王充《論衡・定賢》：「孔子不王，素王之業在《春秋》。」㊾亡極　沒有窮盡。亡，通「無」。㊿則　法則；準則。(51)不滅　不可磨滅。(52)勉　努力；盡力。(53)孤遠　指遠離皇帝，地位低下。(54)譏切　尖銳地譏諷。(55)見納　被採納。(56)姬嘉　漢武帝時人。以周人後嗣封為周子南君。(57)周子南君　周，周朝之後。子南，其封邑之號。君，尊稱。其封地在今河南臨汝東北。(58)分散為十餘姓四句　意謂不自知其昭穆之數。推求，尋求；探索。紀，世；代。(59)匡

衡 字稚圭，西漢東海承（今山東棗莊）人。詳見卷八十一〈匡張孔馬傳〉。(60)二王 兩個天子。指商湯、周文王。(61)誅絕 殺盡。(62)統 世代相承的系統。如帝統、統嗣等。(63)湯統 商湯的嗣續關係。(64)禮記 書名。儒家經典之一。亦稱《小戴記》或《小戴禮記》。戰國時到西漢初的儒家各種禮儀制度的選集。西漢劉向編定《禮記》一百三十篇。戴德刪其繁重，選定八十五篇，稱作《大戴禮記》；戴聖又從《大戴禮記》選定四十九篇，稱作《小戴禮記》。內容為孔子弟子及其再傳、三傳弟子等所記，為研究中國古代禮制、儒家哲學思想的重要資料。(65)丘殷人也 引文見《禮記・檀弓上》。丘，孔子之名。(66)不經 不符合經典。(67)寢 擱置；扣壓。(68)綏和 漢成帝的年號，西元前八—前七年。(69)推迹 根據跡象推求，追蹤尋跡。(70)左氏 即《春秋左氏傳》。亦稱《左氏春秋》，簡稱《左傳》。(71)世本 書名。本書卷三十〈藝文志・六藝略〉載有《世本》十五篇。記黃帝以來至春秋時（後人增補至漢）帝王公侯卿大夫的氏姓、世系、居（都邑）、作（制度）等。原書大約佚於宋代，清代學者有多種輯本。(72)殷紹嘉公 《漢書補注》引錢大昕曰：「孔何齊初封殷紹嘉侯，尋進爵為公。」(73)成紀 即〈成帝紀〉。(74)居家 疑當作「家居」。《漢書補注》王先謙說。

【語譯】 成帝長期沒有繼位的兒子，梅福認為應當建立三代的統系，封孔子的後嗣作為殷朝的後代，又上書說：

2 「臣聽說『不在那個職位上，就不要考慮他的政務』。政治就是一種職能，地位低下而談論高等職位的事是有罪的。越職而觸犯刑法，講直話評論世間的禍患，即使遭到腰斬，身體被斬為兩段，臣也是願意的。為了保守職位而不進諫，一輩子生命安全，到死的那一天，屍體沒有腐爛而名譽已經消失，即使有齊景公那樣的高位，馬廄中有駿馬一千駟，臣也不貪戀。所以我希望有朝一日登上有文采的宮殿石階，行走在紅色的殿廊上，面對背靠屏風面南而坐的皇上，暢言平生憂慮之事。如果無益於當時，也能夠遺留給後世，這就是臣寢所以不安、食所以無味的原因。希望陛下深刻考察臣的話。

3 「臣聽說，保全他人是為了自立，壅蔽他人的結果是阻塞了自己。善惡的報應，各與自己的行事互為因果。從前秦滅東周與西周，掃滅六國，隱士不得顯達，逸民無緣舉薦，斷絕三代的統緒，滅絕天道，因此秦始皇幾乎遭到不測，兒子被逼自殺，孫子也未能繼承皇位，所以說壅蔽他人終將阻塞自己前進。以前周武王推翻了殷朝，還沒有走下戰車，就存恤五帝的後嗣，封殷人的後代於宋，接續夏后氏的後代賜封於杞，明白著錄三代的統緒，表示天下不為自己所獨有。因此，姬姓人的封土占了天下的一半，遷廟的神主，多得像水一樣流出戶外，所以說保全他人是為了自立。現在成湯無人奉祀，殷人沒有後代接續祭祀，陛下長期沒有傳宗接代的人，大概就是這個緣故。《春秋經》說：『宋國殺了他們的大夫。』《穀梁傳》說：『這裡不稱呼他的姓名，是因為他在孔子的祖輩之列，這是為了尊敬他。』這是說孔子是殷人的後代，雖然不是一脈相承的嫡系子孫，但封他的子孫接續殷人的後代，按禮也是適宜的。為什麼呢？諸侯有奪取嫡子王位的，聖王也有立庶子廢嫡子的。《公羊傳》說『賢者的子孫應該有封地』，何況孔子是聖人，又是殷朝的後代呢！從前周成王用諸侯之禮隆重安葬周公，而上天動怒，雷電大風毀壞禾稼，吹拔樹木，造成災害。現在孔子的祠廟沒有超出闕里，他的子孫未能免於成為編入戶籍的平民，以孔子這樣的聖人卻享受平民百姓的祭祀，這不是上天的意志。現在陛下果真能夠依據孔子素王的功德，以此分封他的子孫，那麼國家一定會得到福祐。而且，陛下的名聲就會與天一樣沒有窮盡。為什麼呢？追思聖人的素功，分封他的子孫，從來沒有成法，後世聖人一定以此為準則。這是不可磨滅的名聲，能不盡力嗎！」

4 梅福遠離皇帝，地位低微，又痛切地譏諷外戚王氏，所以他的建議始終未被採納。

5 當初，武帝時，開始封周朝的後代姬嘉為周子南君，到元帝時，尊奉周子南君為周承休侯，地位僅次於諸侯王。令諸大夫、博士們尋求殷朝的後代，後代已分散為十多個姓，各郡國往往找到大一點的家族，尋求是誰的子孫，已經弄不清輩數了。當時匡衡建議，以為「王者應當分封此前兩個王朝的後代，以此尊奉他們的先王而上通三代的正統。如果他們因犯下滅絕後嗣的罪而斷絕了分封，就另封其他親屬為始封之君，對上承繼其王者的始祖。《春秋》的義理，諸侯不能守護自己社稷的就斷絕封號。現在宋國已不能守護其統系而丟掉了社稷，就應當另立殷朝的後代為始封君，而上承商湯的王統，不應當只是接續宋國斷絕的侯封，應當明確命令找到殷朝的後代為止。現在，對於從前的宋國，尋找他的嫡系後代，因年代久遠找不到；雖能找到嫡系子孫，他們的先人已斷絕了分封，因而不應當立他們為侯。《禮記》記載孔子說：『我孔丘是殷朝人的後代。』

按照先師們所共同傳授的，應當以孔子那一代作為商湯的後代」。皇上認為他的話不見於經典，便把這件事擱置起來。到成帝時，梅福又上書說應當封孔子的後代來供奉商湯的祭祀。綏和元年，成帝分封前兩個王朝商、周的後代，從古代文獻中追蹤尋跡，根據《春秋左氏傳》、《春秋穀梁傳》、《世本》、《禮記》中的記載互相印證闡明，終於下詔封孔子的後代為殷紹嘉公。這件事記載在〈成帝紀〉中。這時，梅福居住在家中，經常做的事是讀書和頤養性情。

至元始❶中，王莽顓政❷，福一朝棄妻子，去九江❸，至今傳以為仙。其後，人有見福於會稽❹者，變名姓，為吳❺市❻門卒❼云。

【章　旨】以上為〈梅福傳〉的第三部分，寫梅福的下落。王莽秉政時，他離家出走，或云其成仙；或云其改名換姓，為吳縣市場的門卒。

【注　釋】❶元始　漢平帝的年號，西元一—五年。❷顓政　獨攬朝政大權。顓，同「專」。❸九江　郡名。秦置。治壽春縣，今安徽壽縣。❹會稽　郡名。秦置。治吳縣，今江蘇蘇州。❺吳　縣名。今江蘇蘇州。❻市　街市。❼門卒　守門隸卒。

【語　譯】到漢平帝元始年間，王莽專擅朝政，有一天，梅福拋棄妻子兒女，去了九江郡，到現在傳說他成了仙。他離家之後，有人曾在會稽郡見過他，說他改變了姓名，在吳縣的市場做門卒。

云敞，字幼孺，平陵人也。師事同縣吳章，章治尚書經為博士❶。平帝以中山❷王即帝位，年幼，莽❸秉政❹，自號安漢公。以平帝為成帝後，不得顧私親❺，帝母及外家❻衛氏皆留中山，不得至京師。莽長子宇，非莽鬲絕❼衛氏，恐帝長大後見怨。宇與吳章謀，夜以血塗莽第門，若鬼神之戒，冀❽以懼❾莽。章欲因對其咎。事發覺，莽殺宇，誅滅衛氏，謀所聯及❿，死者百餘人。章坐要斬⓫，磔尸⓬東市⓭門。初，章為當世名儒，教授⓮尤盛，弟子千餘人，莽以為惡人黨，皆當禁錮⓯，不得仕宦。門人盡更名他師⓰。敞時為大司徒⓱掾⓲，自劾吳章弟子，收抱章尸歸，棺斂葬之⓳，京師稱焉。車騎將軍⓴王舜㉑高㉒其志節，比之欒布㉓，表㉔奏以為掾，薦為中郎㉕諫大夫㉖。莽篡位㉗，王舜為太師㉘，復薦敞可輔職㉙。以病免。唐林㉚言敞可典郡㉛，擢為魯郡㉜大尹㉝。更始㉞時，安車㉟徵敞為御史大夫，復病免去，卒于家。

【章旨】以上為〈云敞傳〉。寫云敞志節高尚，甘冒丟官遭禁之險，義葬因觸犯王莽而被腰斬的老師吳章。因此獲得世人敬重，兩次進入三公府擔任要職。

【注釋】❶師事同縣吳章二句　云敞所治，乃《大夏侯尚書》，其師事吳章，章師事許商，商師事周堪，堪師事夏侯勝。師事，拜人為師或以師禮相待。治，研究。❷中山　郡國名。漢景帝前三年（西元前一五四年）析常山郡置，封皇子劉勝為王。治盧奴（今河北定州）。宣帝至成帝時，或為郡，或為國。成帝綏和元年（西元前八年），益中山國五縣，轄境遂東擴至今徐水、安國、蠡縣。❸莽　即王莽（西元前四五—二三年）。漢元帝皇后姪。詳見卷九十九上、中、下〈王莽傳上、中、下〉。❹秉政　執政。❺私親　自己的親屬。❻外家　泛指母親和妻子的娘家。❼鬲絕　即隔絕。鬲，通「隔」。阻隔。❽冀　希望；企圖。❾懼　恐嚇。❿聯及　牽連所及。⓫要斬　即腰斬。要，「腰」的古字。⓬磔尸　亦作「磔屍」。陳屍。亦指戮屍。⓭東市　漢代在長安東市處決死刑犯，後來泛稱刑場為「東市」。⓮教授　講解傳授知識、技能。⓯禁錮　禁止做官或參加政治活動。⓰門人盡更名他師　顏師古注曰：「門人更以他人為師。諱不言是吳章的弟子。」門人，門生。漢代人稱老師親自受業者為弟子，相傳受業者為門生。後世門生與弟子無別，甚至依附名勢者，也自稱門生。⓱大司徒　官名。漢代為三公之一。西漢成帝時以丞相、大司馬、大司空為三公。哀帝元壽二年（西元前一年）以丞相之名不見於經書，故改為大司徒。⓲掾　古代副官、佐吏的通稱。⓳自劾吳章弟子三句　《漢書補注》引沈欽韓曰：「《西京雜記》云：平陵曹敞在吳章門下，『獨稱吳章弟子，收葬其尸，平陵人為立碑于吳章墓側，在龍首山南幕嶺上。』案：〈傳〉作「云敞」，彼為「曹敞」，參錯。」自劾，檢舉自己的過失。斂，通「殮」。給死者穿衣，入棺。⓴車騎將軍　官名。西漢初將車騎士，故名。後為高級武官稱號，位次大將軍。㉑王舜　（西元前？—一一年），西漢末年人。王莽從弟。成帝時為中郎將。哀帝時嗣爵安陽侯。哀帝死，以車騎將軍迎立中山王為平帝，旋為太保。王莽稱帝後，以太傅、左輔、驃騎將軍為太師，封安新公。㉒高　推崇；崇尚。㉓欒布　（西元前？—前一四五年），梁（今河南商丘）人。與彭越友善。彭越被殺，布哭祭之，為吏所捕。詳見卷三十七〈季布欒布田叔傳〉。㉔表　啟奏；上奏章給皇帝。㉕中郎　漢代郎官之一。即省中之郎。居宮省之內，親近於皇帝。惠帝時詔令中郎、郎中滿六歲則賜爵三級。秩比六百石，無員數。隸屬光祿勳，由五官、左、右三署中郎將主之。㉖諫大夫　官名。漢武帝元狩五年（西元前一一八年）始置。原屬郎中令。後郎中令更名光祿勳，遂改隸之。掌論議，秩比八百石。王珪《齊職儀》以為秦已有，漢初不置，武帝因秦而置之。無定員，多至數十人。㉗篡位　謂奪取君位。㉘太師　官名。秦以前稱國君師傅為太師。漢平帝元始元年（西元一年）置。金印紫綬，位在太傅、太保之上。新莽「四輔」中有太師，位在三公之上。㉙可輔職　可為輔弼之任。㉚唐林　西漢成帝至王莽時，清名之士。卷七十二有其傳。㉛典郡　主管一郡政事，謂任郡守。㉜魯郡　郡名。西漢初改薛郡置魯國。治魯縣，今山東曲阜東。王莽時改魯國為郡，東漢復為魯國。㉝大尹　官名。新莽始建國元年（西元九年）改太守為大尹，東漢復為太守。㉞更始　更始皇帝劉玄的年號，西元二三—二四年。㉟安車　指有座位的兩輪車。《後漢書．輿服志》李賢注引徐廣曰：「立乘曰高車，坐乘曰安車。」以蒲草包裹車輪，取其安也。多為皇帝徵召年高德劭者時的一種恩寵。

【語　譯】云敞，字幼孺，是平陵縣人。拜同縣吳章為師。吳章研究《尚書經》成為博士。平帝以中山王登上帝位，年幼，王莽執掌朝政，他自命名號為「安漢公」。以平帝繼嗣成帝的後代為由，不讓他照顧自己的親屬，平帝的母親和他的外家衛氏都留在中山國，不准到京師。王莽的長子王宇，反對王莽阻隔平帝與衛氏的往來，擔心平帝長大以後怨恨。王宇和吳章密謀，夜裡把血塗抹在王莽的府門上，製造鬼神告誡他的假象，企圖以此恐嚇王莽。吳章想趁機指出王莽的過錯。事情被發覺，王莽殺了王宇，誅殺了衛氏家族，因密謀此事而受到株連的人，死了一百多個。吳章被處以腰斬死刑，屍體放在長安東市門示眾。當初，吳章是當代名儒，教授的學生非常多，弟子有一千多人，王莽認為他們是惡人的黨徒，都應當禁錮，不准做官。吳章的門人都改名換姓，另投他人為師。云敞當時任大司徒掾，主動檢舉自己是吳章的弟子，為吳章收屍，抱著他的屍體回家，用棺材裝殮埋葬，京城的人都稱讚他。車騎將軍王舜高度評價他的志節，把他比作漢高祖時的欒布，上奏章讓云敞做他的掾屬，並舉薦他任中郎諫大夫。王莽篡位以後，王舜任太師，又推薦云敞可以勝任輔佐大臣。云敞因為有病被免職。後來，唐林舉薦云敞可以主管一郡政事，於是提拔他為魯郡的大尹。更始年間，朝廷用安車徵召云敞為御史大夫，又因為有病被免職，在家中去世。

贊曰：昔仲尼稱不得中行，則思狂狷❶。觀楊王孫之志，賢於秦始皇遠矣❷。世稱朱雲多過其實，故曰「蓋有不知而作之者，我亡是也❸」。胡建臨敵敢斷，武昭❹於外。斬伐姦隙，軍旅不隊❺。梅福之辭，合於大雅，雖無老成，尚有典刑❻；殷監不遠，夏后所聞❼。遂從所好，全性❽市門。云敞之義，著於吳章，為仁由己❾，再入大府❿，清則濯纓⓫，何遠之有？

【章旨】本段是班固的贊語，對楊王孫、朱雲、胡建、梅福、云敞這五位傳主分別做了簡短扼要的評價，肯定了各人的長處。

【注　釋】❶不得中行二句　見《論語・子路》。孔子曰：「不得中行而與之，必也狂狷乎！狂者進取，狷者有所不為也。」中行，行為合乎中庸之道的人。狂狷，亦作「狂獧」。指志向高遠的人與拘謹自守的人。狂，指狂放不羈的人。狷，拘謹無為。❷觀楊王孫之志二句　此有諷漢之意。漢代厚葬風盛，西漢諸陵，無一不為赤眉軍所發掘，故班氏借秦為喻。❸蓋有不知二句　見《論語・述而》。意謂大概有一種自己不懂卻憑空造作的人，我沒有這種毛病。蓋，大概。亡，通「無」。❹武昭　武功昭著。昭，明。❺軍旅不隊　指軍隊紀律不會遭到破壞。隊，同「墜」。喪失；毀壞。❻雖無老成二句　見《詩經・大雅・蕩》。意謂雖然沒有舊臣元老，還有典章制度歷歷在目。典刑，指先王傳下來的舊法常規。❼殷監不遠二句　見《詩經・大雅・蕩》。言夏桀之亡，可為殷商作鑑戒。殷監，指殷的子孫要把夏的滅亡作為鑑戒。監，鑑戒。夏后，夏朝。此指夏桀。后，君主；帝王。❽性　楊樹達《漢書窺管》以為「性」當讀為「生」。❾為仁由己　《論語・顏淵》載孔子言：「為仁由己，而由人乎哉！」謂實踐仁道全在於自己，不依靠他人。為仁，實踐仁德。❿再入大府　顏師古注云：「謂初為大司徒掾，後為車騎將軍掾也。」此說過於拘泥。大府，指丞相、御史大夫府。云敞曾為御史大夫，當可謂大府。⓫清則濯纓　顏師古注曰：《楚辭・漁父》之歌曰：『滄浪之水清，可以濯我纓；滄浪之水濁，可以濯我足。』遇治則仕，遇亂則隱。云敞謝病去職，近于此義也。」楊樹達以為，「滄浪歌首見《孟子・離婁篇》，不當稱《楚辭》，清則濯纓用《孟子》引孔子語，尤當引《孟子》也。」濯纓，洗濯冠纓。

【語　譯】史官評議說：從前，孔子說，得不到言行合乎中庸的人和他相交，就要想到激進的人和狷介的人。觀察楊王孫薄葬的志向，比秦始皇賢明多了。世人稱讚朱雲大多言過其實，正像孔子說的「大概有一種自己不懂卻憑空造作的人，我沒有這種毛病」。胡建臨敵敢於決斷，武功昭顯於外。斬殺奸惡的人，軍紀嚴明。梅福上書的言詞，符合《詩・大雅・蕩》之意，雖然沒有舊臣元老，還有先王傳留的典章制度；殷人得失的借鑑不遠，就在夏桀這一代。他能堅持自己的主張，保全性命於市場門卒之位。云敞的品德表現在義葬吳章上，實踐仁道全在於自己，因此兩次進入大府任職。清潔的水可以洗濯冠纓，云敞距離這個境界還能說遠嗎？

【研　析】本卷以狂狷諸人合傳。范曄《後漢書》有〈獨行傳〉，本此傳也。楊、胡、朱、梅、云，皆為一節之士。〈楊王孫傳〉只取其裸葬一節；〈胡建傳〉只取其斬監軍御史一節；〈朱雲傳〉只收其折檻一節；〈梅福傳〉只取其上書一節；〈云敞傳〉只取其義葬吳章一節。這五個人，如果按照聖賢的標準衡量，都有些偏激；按照普通人的要求來評價，則皆翹然自異，足以風末世而勵薄俗。班固以五人合傳，是取孔子狂狷之意，在贊語開頭即已明言：「昔仲尼稱不得中行，則思狂狷。」

楊王孫厚養、薄葬的主張，建立在對人生的深刻認識基礎上，也是其無神論思想的表達。梅福明知當時有不少人因直諫而遭殺戮，仍然指斥王鳳專擅朝政，給人以明知山有虎，偏向虎山行的印象；可是至王莽專權，又能超然遠逝，以全其身，卓識峻節，在當時無出其右者。云敞奮不顧身，義收其師而葬之，志節之高，漢初的欒布亦不能過。胡建是一位剛正耿直的官吏，依法斬殺監軍御史，受到人們的稱讚。這件事，既寫出了胡建不畏權貴的精神，也勾劃出權貴們橫行不法、惡人先告狀的種種醜態。胡建不肯受辱，憤而自殺，這種正直之士的悲劇性結局，在封建社會屢見不鮮。人們公然為他建立祠堂，發出了伸張正義的呼喊。朱雲狂放耿直，折檻犯顏直諫，出語擲地有聲，可以上尊朝廷，下肅臣僚，近表一時，遠風百代。辛慶忌所說「使其言是，不可誅；其言非，固當容之」，頗有幾分民主思想。成帝收回成命，保存被攀折的欄杆，以表彰直臣，也一直受到稱道。專制制度要求臣民沒有性格，或者只能有奴才性格；而本傳的五個人都各具個性，實在是難能可貴。

卷六十八

霍光金日磾傳第三十八

【題解】本傳敘述霍光、金日磾附其子金安上的事跡。霍光，霍去病異母弟。出入禁闥二十餘年，小心謹慎，未嘗有過，頗受武帝親信。武帝臨終，任命他為大司馬大將軍，封博陸侯，與金日磾、上官桀、桑弘羊同受遺詔，輔佐少主。粉碎上官桀父子、桑弘羊等人的政變後，威震海內，專斷朝政。昭帝無嗣，立武帝之孫昌邑王劉賀，昌邑王荒淫無道，果斷將其廢黜，擁立宣帝，使國家得以安定。前後執政二十年，輕徭薄賦，與民休息，百姓富足，社會安定，四夷賓服。親屬顯貴，權傾中外，驕奢放縱。霍光死後，霍氏以謀反罪，族誅。受牽連被誅滅者數千家。金日磾，本是匈奴休屠王太子，被俘歸漢，侍從武帝盡職，賜姓金。日磾嚴於律己，殺死與宮女淫戲的長子，受武帝敬重。預防並擒獲謀刺武帝的莽何羅兄弟，聲名大振，愈得武帝親信，後亦因此封為秺侯。受遺詔輔佐昭帝，歲餘病逝。日磾一生忠厚謹慎，以忠孝勇武聞名。

霍光，字子孟，票騎將軍❶去病❷弟也。父中❸孺，河東❹平陽❺人也，以縣吏給事平陽侯家❻，與侍者❼衛少兒❽私通而生去病。中孺吏畢歸家，娶婦生光，因絕不相聞⑨。久之，少兒女弟⑩子夫⑪得幸於武帝，立為皇后，去病以皇后姊子貴幸。既壯大，迺自知父為霍中孺，未及求問。會⑫為票騎將軍擊匈奴，道出河東⑬，河東太守郊迎⑭，負弩⑮矢⑯先驅⑰，至平陽傳舍⑱，遣吏迎霍中孺。中孺趨⑲入拜謁⑳，將軍迎拜，因跪曰：「去病不早自知為大人遺體㉑也。」中孺扶服㉒叩頭，曰：「老臣得託命㉓將軍，此天力也。」去病大為中孺買田宅奴婢而去。還，復過㉔焉，迺將㉕光西至長安，時年十餘歲，任㉖光為郎㉗，稍㉘遷諸曹㉙侍中㉚。去病死後，光為奉車都尉㉛光祿大夫㉜，出則奉車，入侍左右，出入禁闥㉝二十餘年，小心謹慎，未嘗有過，甚見親信。

征和㉞二年，衛太子㉟為江充㊱所敗，而燕王旦㊲、廣陵王胥㊳皆多過失。是時上㊴年老，寵姬鉤弋㊵趙倢伃㊶有男㊷，上心欲以為嗣㊸，命大臣輔之。察群臣唯光任㊹大重㊺，可屬㊻社稷㊼。上迺使黃門畫者㊽畫周公負成王朝諸侯㊾以賜光。後元二年㊿春，上游五柞宮(51)，病篤(52)，光涕泣問曰：「如有不諱(53)，誰當嗣者？」上曰：「君未諭(54)前畫意耶？立少子，君行周公之事(55)。」光頓首讓曰：「臣不如金日磾(56)。」日磾亦曰：「臣外國人，不如光。」上以光為大司馬大將軍(57)，日磾為車騎將軍(58)，及太僕(59)上官桀(60)為左將軍(61)，搜粟都尉(62)桑弘羊(63)為御史大夫，皆拜臥內[64]牀下，受遺詔輔少主。明日，武帝崩，太子襲尊號[65]，是為孝昭皇帝。帝年八歲，政事壹[66]決於光。

先是，後元年[67]，侍中僕射[68]莽何羅[69]與弟重合[70]侯通謀為逆，時光與金日磾、上官桀等共誅之，功未錄[71]。武帝病，封璽書[72]曰：「帝崩發書以從事[73]。」遺詔封金日磾為秺[74]侯，上官桀為安陽[75]侯，光為博陸[76]侯，皆以前捕反者功封。時衛尉[77]王莽[78]子男[79]忽侍中，揚[80]語曰：「帝崩，忽常在左右，安[81]得遺詔[82]封三子事！群兒自相貴耳。」光聞之，切讓[83]王莽，莽酖[84]殺忽。

【章　旨】以上為〈霍光傳〉的第一部分，簡介霍光身世。寫其出入禁闥二十餘年，小心謹慎，未嘗有過，頗受武帝親信。故武帝臨終時，任命他為大司馬大將軍，封博陸侯，與金日磾、上官桀、桑弘羊同受遺詔，輔佐少主昭帝。

【注　釋】❶票騎將軍　漢代將軍名號。漢武帝時始置，官秩與大將軍同。票，通「驃」。❷去病　即霍去病。詳見卷五十五〈霍去病傳〉。❸中　通「仲」。❹河東　郡名。治安邑，今山西夏縣西北。❺平陽　縣名。在今山西臨汾西南。❻以縣吏給事平陽侯家　顏師古注曰：「縣遣吏于侯家供事也。」給事，言當差。平陽侯，指平陽侯曹參的曾孫曹壽。❼侍者　女婢。❽衛少兒　衛青的同母姊。❾絕不相聞　指霍中孺與衛少兒斷絕關係而不通音信。❿女弟　妹妹。⓫子夫　即漢武帝的衛皇后。此時為平陽公主的歌女。詳見卷九十七〈孝武衛皇后傳〉。⓬會　恰巧；正好。⓭道出河東　路過河東。⓮郊迎　到郊外迎接。⓯弩　用機械發箭的弓。⓰矢　箭。⓱先驅　開道。⓲傳舍　驛站的客房，猶今之招待所。⓳趨　古代的一種禮節，小步快走，表示恭敬。⓴拜謁　拜見。㉑遺體　古人稱自身為父母的遺體。㉒扶服　通「匍匐」。以腹貼地前進。㉓託命託寄生命。㉔過　探望。㉕將　帶領。㉖任　保舉；保任。㉗郎　官名。光祿勳所屬的議郎、中郎、侍郎、郎中等統稱為「郎」。無定員，西漢時多至千人。㉘稍　逐漸。㉙諸曹　即左右曹，在內廷做祕書工作。㉚侍中　列侯以下至郎中的加官，可入侍禁中，親近皇帝。㉛奉車都尉　官名。掌管皇帝的乘輿。漢武帝始置，秩比二千石。多由皇帝親信充任。㉜光祿大夫　官名。秩比二千石，執掌論議，備顧問，在大夫中地位最尊。奉車都尉與光祿大夫都是光祿勳的屬官。㉝禁闥　宮門。闥，宮中小門。㉞征和　漢武帝的年號，西元前九二—前八九年。㉟衛太子　即武帝長子劉據，衛皇后所生。諡戾，故又稱戾太子。詳見卷六十三〈戾太子劉據傳〉。㊱江充　（西元前?—前九一年），字次倩，趙國邯鄲（今河北邯鄲）人。武帝之臣，設計陷害衛太子。詳見卷四十五〈江充傳〉。㊲燕王旦　武帝第三子。㊳廣陵王胥　武帝第四子。詳見卷六十三〈武五子傳〉。㊴上　皇上。此指武帝。㊵鉤弋　宮名。在長安城西直門南城外。舊址在今陝西西安西北郊。㊶趙倢伃　（西元前?—前八八年），即鉤弋夫人、拳夫人，河間（今河北獻縣）人。武帝巡狩河間時得幸，進為倢伃，居鉤弋宮。太始三年（西元前九年）生子弗陵。詳見卷九十七〈孝武鉤弋趙倢伃傳〉。倢伃，同「婕妤」。女官名。漢武帝時置。位視上卿，秩比列侯。㊷男　指劉弗陵。㊸嗣　繼承人。㊹任　堪；承當。㊺大重　指重任。㊻屬　委託。㊼社稷　土神和穀神，古時君主都祭祀社稷，後來就用社稷代表國家。㊽黃門畫者　宮中的畫工。黃門，官署名。管理為宮中服役的各種技工。㊾周公負成王朝諸侯　周武王死後，成王年幼即位，周公恐天下有變，代成王主持朝政七年，而後歸政。周公，姬旦，周武王弟，周成王叔。㊿後元二年　西元前八七年。後元，漢武帝的年號，西元前八八—前八七年。(51)五柞宮　漢宮名。在上林苑，因宮前有五棵柞樹而得名。舊址在今陝西周至東南。(52)病篤　病重。(53)不諱　無法忌諱之事，指死，此指武帝死。(54)諭　理解；明白。(55)行周公之事　意謂像周公輔佐成王一樣輔助少主。(56)金日磾　本匈奴人，歸漢後受到武帝重用。本傳後半節詳述其人其事。(57)大司馬大將軍　大將軍為漢代最高軍銜，漢武帝撤消太尉後置。大司馬是加銜。霍光任此職銜，為中朝官之首，掌握軍政大權。(58)車騎將軍　將軍名號。僅次於大將軍、驃騎將軍的軍銜。(59)太僕　官名。秦置，漢因之。執掌皇帝專用車馬，遇皇帝出行，則為之駕車。秩中二千石，列位九卿。因與皇帝關係密切，故多由皇帝親信任職。兼管官府牧畜業。(60)上官桀　（西元前?—前八〇年），字少叔，隴西上邽（今甘肅天水）人。參見卷九十七〈孝昭上官皇后傳〉。(61)左將軍　將軍名號。漢代設前、後、左、右將軍，均位比九卿。(62)搜粟都尉　官名。漢武帝置。本書卷十九〈百官公卿表〉：「搜粟都尉，武帝軍官，不常置。」屬大司農。執掌農耕及屯田等事。(63)桑弘羊　（西元前一五二—前八〇年），洛陽商人之子，十三歲為侍中，武帝時的理財大臣。(64)臥內　臥室。(65)襲尊號　言繼承帝位。襲，繼承。尊號，尊崇帝后或其先王及宗廟等的稱號。(66)壹　皆；一律；完全。

(67)後元年　即後元元年，西元前八八年。(68)侍中僕射　官名。漢承秦置。侍中的首領。(69)莽何羅　本姓馬，東漢明帝馬皇后厭惡與其同姓，改馬為「莽」。按：馬何羅弟馬通的曾孫馬援，即馬皇后之父。謀反事見本傳後部〈金日磾傳〉。(70)重合　縣名。(71)功未錄　未論功行賞之意。(72)封璽書　將詔書加封蓋印。(73)發書以從事　打開詔書，照詔令行事。(74)秺　縣名。在今山東成武西北。(75)安陽　縣名。西漢置。治今河南正陽西南。(76)博陸　一說為鄉聚名，無此縣名。一說為博陸城，在今北京密雲東南。(77)衛尉　官名。掌守衛皇宮。秩中二千石，列位九卿。(78)王莽　字稚叔，天水人。與後來建立新朝的王莽同名同姓。見本書卷十九〈百官公卿表〉。(79)子男　兒子。(80)揚　宣揚；張揚。(81)安　怎麼；哪裡。(82)遺詔　沈欽韓認為「遺詔」有假，楊樹達《漢書窺管》駁之甚詳。(83)切讓　嚴厲斥責。切，嚴厲。(84)酖　傳說中的一種毒鳥，用牠的羽毛泡的酒，喝了能毒死人。此指酖酒。

【語譯】霍光，字子孟，是驃騎將軍霍去病的弟弟。父親霍中孺，是河東郡平陽縣人，在縣裡做差吏時被派到平陽侯府中當差，與婢女衛少兒私通而生下了霍去病。霍中孺當差期滿就回家了，娶妻子生下霍光，便和衛少兒斷絕了關係，彼此不通音信。過了很久，衛少兒的妹妹衛子夫得到武帝的寵幸，被立為皇后，霍去病因為是皇后姊姊的兒子，顯貴受寵。霍去病成年後，才知道自己的父親是霍中孺，還未來得及去查訪尋找。時逢擔任驃騎將軍出擊匈奴，路過河東郡，河東郡太守到郊外迎接，親自背著弓箭在前面帶路，到了平陽縣驛站的客房，霍去病派屬吏去接霍中孺。霍中孺快步走進來拜見，霍去病迎上前去回拜，於是跪下說：「去病早先不知道自己是大人的親骨肉。」霍中孺匍匐在地叩頭，說：「老臣得以託寄生命於將軍，這是上天的力量啊。」霍去病給霍中孺買了很多田地房屋和奴婢，然後離去。出擊匈奴回師時，又來探望了霍中孺，於是帶著霍光西行來到長安，這時霍光才十幾歲，霍去病保舉他做了郎官，後來逐漸升遷為諸曹侍中。霍去病死後，霍光任奉車都尉兼光祿大夫，武帝出行時他侍從車駕，回宮後便侍奉左右，出入宮禁二十多年，小心謹慎，不曾有什麼過失，非常受武帝信賴。

征和二年，衛太子劉據被江充讒害而死，而燕王劉旦、廣陵王劉胥都有很多過失。這時皇上年老，寵姬鉤弋夫人趙倢伃生有一男，皇上內心想要立他為繼承人，任命大臣輔佐他。武帝觀察朝廷群臣，只有霍光能擔此重任，可以把國家託付給他。皇上便讓黃門署的畫工畫了一幅周公背著成王朝見諸侯的畫賜予霍光。後元二年春天，皇上到五柞宮遊玩，病重，霍光流著淚問道：「如發生不可諱言的事，誰應當做繼承人呢？」皇上說：「你不明白以前送給您那幅畫的寓意嗎？立小兒子，您履行周公職責。」霍光叩頭推讓說：「臣不如金日磾。」金日磾也說：「臣是外國人，不如霍光。」皇上任命霍光為大司馬大將軍，金日磾為車騎將軍，及太僕上官桀為左將軍，搜粟都尉桑弘羊為御史大夫，他們都在臥室內床前跪拜受封，接受遺詔輔佐少主。第二天，武帝駕崩，太子繼承了皇帝尊號，這就是孝昭皇帝。皇帝時年八歲，政事全部由霍光決斷。

先前，後元元年，侍中僕射莽何羅和弟弟重合侯莽通密謀叛逆，當時霍光與金日磾、上官桀共同誅滅了他們，還沒有論功行賞。武帝患病時，寫了一封詔書，蓋上御璽封好，說：「朕死後，打開詔書，按詔令行事。」遺詔封金日磾為秺侯，上官桀為安陽侯，霍光為博陸侯，都是因為以前捕獲反叛者有功而賜封。當時衛尉王莽的兒子王忽為侍中，他宣揚說：「皇上病危時，我經常在左右侍奉，哪裡有遺詔封此三人為侯的事！這群小子相互自抬身價罷了。」霍光聞聽此事，嚴厲斥責王莽，王莽用酖酒毒死了王忽。

1 光為人沉靜詳審❶，長財❷七尺❸三寸，白皙，疏眉目，美須❹頯❺。每出入下殿門，止進有常處，郎僕射❻竊識❼視之，不失尺寸，其資性端正如此。初輔幼主，政自❽己❾出，天下想聞其風采❿。殿中嘗有怪，一夜群臣相驚，光召尚符璽郎⓫，郎不肯授光。光欲奪之，郎按劍曰：「臣頭可得，璽不可得也！」光甚誼⓬之。明日，詔增此郎秩⓭二等。眾庶⓮莫不多⓯光。

2 光與左將軍桀結婚⓰相親，光長女為桀子安妻。有女年與帝相配，桀因⓱帝姊鄂邑蓋主⑱內⑲安女後宮為倢伃，數月立為皇后。父安為票騎將軍，封桑樂侯。光時休沐⑳出，桀輒㉑入代光決事。桀父子既尊盛㉒，而德㉓長公主。公主內行不修㉔，近幸㉕河間㉖丁外人㉗。桀、安欲為外人求封，幸㉘依國家故事㉙以列侯尚公主者，光不許㉚。又為外人求光祿大夫，欲令得召見，又不許。長主大㉛以是㉜怨光。而桀、安數為外人求官爵弗能得，亦慙。自先帝時，桀已為九卿，位在光右㉝。及父子並為將軍，有椒房中宮㉞之重㉟，皇后親安女㊱，光迺其外祖㊲，而顧㊳專制朝事，繇㊴是與光爭權。

3　燕王旦自以昭帝兄，常懷怨望㊵。及御史大夫桑弘羊建㊶造酒榷㊷鹽鐵㊸，為國興利，伐㊹其功，欲為子弟得官，亦怨恨光。於是蓋主、上官桀、安及弘羊皆與燕王旦通謀，詐令人為燕王上書㊺，言：「光出㊻都肄郎羽林㊼，道上稱蹕㊽，太官㊾先置㊿。」又引(51)：「蘇武(52)前使匈奴，拘留二十年不降，還迺為典屬國(53)，而大將軍長史(54)敞(55)亡功為搜粟都尉。又擅調益(56)莫府(57)校尉(58)。光專權自恣(59)，疑有非常(60)。臣旦願歸符璽(61)，入宿衛(62)，察姦臣變。」候司(63)光出沐日奏之。桀欲從中(64)下其事(65)，桑弘羊當(66)與諸大臣共執退光(67)。書奏，帝不肯下。

4　明旦，光聞之，止畫室(68)中不入。上問：「大將軍安在？」左將軍桀對曰：

「以燕王告其罪，故不敢入。」有詔召大將軍。光入，免冠(69)頓首謝(70)，上曰：「將軍冠(71)。朕知是書詐也，將軍亡罪。」光曰：「陛下何以知之？」上曰：「將軍之(72)廣明(73)，都郎(74)屬(75)耳。調校尉以來未能十日，燕王何以得知之(76)？且將軍為非，不須校尉。」是時帝年十四，尚書(77)左右皆驚，而上書者果亡(78)，捕之甚急。桀等懼，白(79)上小事不足遂(80)，上不聽。

後桀黨與(81)有譖(82)光者，上輒怒曰：「大將軍忠臣，先帝所屬(83)以輔朕(84)身，敢有毀者坐(85)之。」自是桀等不敢復言，迺謀令長公主置酒請光，伏兵格殺之，因(86)廢(87)帝，迎立燕王為天子。事發覺，光盡誅桀、安、弘羊、外人宗族。燕王、蓋主皆自殺。光威震海內。昭帝既冠(88)，遂(89)委任(90)光，訖十三年(91)。百姓充實，四夷(92)賓服(93)。

【章　旨】以上為〈霍光傳〉的第二部分，寫霍光獎勵恪盡職守、以身護璽的郎官，反對賜封丁外人，說明他執法為公，敢於堅持原則，因此獲得昭帝的信任。有此基礎，才較為順利地粉碎了上官桀父子等人的政變。此後，霍光威震海內，專斷朝政，百姓富足，四夷賓服。

【注　釋】❶沉靜詳審　沉著謹慎。❷財　通「才」。只；僅。❸尺　漢制一尺約合今二三點一公分。❹須　指人臉上的毛；鬍鬚。❺顊　兩頰上的長鬚。❻郎僕射　郎官的首領。❼識　記住。❽自　由；從。❾己　自己。❿風采　風度文采。⓫光召尚符璽郎　顏師古注曰：「恐有變難，故欲收取璽。」尚符璽郎，官名。亦稱尚符璽郎中。符節令的屬官。以郎官而掌符璽，故名。陳直《漢書新證》云：「尚符璽郎，不見于〈百官表〉，但見于《續漢書·百官志》，屬于少府之府節令。蓋東漢之制，因于西漢。」⑫誼　同「義」。認為合乎道義而加以稱許。⑬秩　官吏的俸祿。⑭眾庶　民眾。⑮多　稱美。⑯結婚　結為姻親。⑰因　通過；借助。⑱鄂邑蓋主　武帝的長女，封為鄂邑長公主。因嫁給蓋侯王信之子為妻，故又稱蓋主。蓋，縣名，在今山東沂源東南。⑲內　通「納」。使進入。⑳休沐　休息洗沐，猶休假。漢代官吏五日一休沐。㉑輒　就。㉒尊盛　位高勢盛。㉓德　感恩。㉔內行不修　私生活不檢點。內行，私生活。㉕近幸　親近寵愛。㉖河間　郡名。治樂成，今河北獻縣東南。㉗丁外人　姓丁，名外人。陳直《漢書新證》云：「此外人之名，在西漢極為普遍，當作『闕外之人』解，丁外人是河間人，是其明證。」㉘幸　希望。㉙故事　舊例。漢時舊例。凡娶公主為妻，皆可封侯。㉚光不許　霍光認為丁外人只是長公主的情夫，故不同意封侯。㉛大　很。㉜以是　因此。㉝位在光右　武帝時，桀為太僕，在九卿之列，霍光為奉車都尉、光祿大夫，位在九卿之下。右，當時以右為尊。㉞椒房中宮　指皇后。椒房，殿名。漢時未央宮中有椒房殿，為皇后所居，用椒和泥塗壁，取溫、香、多子之義。椒，香料。中宮，皇后的住處。後亦常用作皇后的代稱。㉟重　倚重。㊱親安女　即上官安的親女兒。㊲外祖　母之父。俗稱外公。㊳顧　反而。㊴繇　通「由」。㊵常懷怨望　指燕王旦因未當上皇帝而懷恨。怨望，怨惱忿恨。㊶建　倡議；創設。㊷酒榷　酒專賣。榷，專營專賣。㊸鹽鐵　指官營鹽鐵。㊹伐　矜誇；自我炫耀。㊺詐令人為燕王上書　參見卷六十三〈武五子傳〉之燕刺王傳。㊻出　指出京城。據下文可知，是到長安東郊廣明亭。㊼都肄郎羽林　顏師古注曰：「謂總閱試習武備也。」都，考試。肄，演習；操練。羽林，羽林軍，皇帝的近衛軍。㊽稱趩　傳令戒嚴。趩，通「蹕」。止行。古代帝王出行時，禁止行人以清道。㊾太官　官名。執掌皇帝膳食。少府屬官。㊿先置　先置辦飲食。(51)引　引證；引奏；向帝王稟告。(52)蘇武　（西元前？—前六〇年），字子卿，杜陵（今陝西西安）人。詳見卷五十四〈蘇武傳〉。(53)典屬國　官名。漢承秦置。秩二千石。掌諸屬國少數民族事務。(54)長史　官名。秦置。漢因之。漢代三公、大將軍、車騎將軍、前後左右將軍等皆置，為所在掾屬之長，秩皆千石。(55)敞　楊敞，華陰（今陝西華陰）人。詳見卷六十六〈楊敞傳〉。(56)調益　選拔增加。(57)莫府　即幕府。本指將帥在外的營帳。此指大將軍府。莫，通「幕」。(58)校尉　武官名。地位次於將軍。(59)自恣　放縱自己，不受約束。(60)非常　指圖謀不軌之事。(61)歸符璽　歸還燕國的符璽，辭去王位之意。(62)宿衛　在皇宮值宿警衛。(63)候司　亦作「候伺」。等候。(64)中　宮中；禁中。(65)下其事　將此事批交有關部門處理。(66)當　承擔；負責。(67)執退光　迫使霍光退位。(68)畫室　殿門西閣之室，其中有古帝王畫像。(69)免冠　摘下帽子。這是古代表示謝罪的一種方式。(70)謝　向人認錯道歉。(71)冠　戴上帽子。(72)之　往；到。動詞。(73)廣明　驛亭名。在長安城東都門外。74都郎　考核所屬郎吏。都，試；考核。按：此句舊本以「郎屬」連讀，楊樹達《漢書窺管》以為「郎屬」不應連讀。75屬　近。76燕王何以得知之　燕國在今河北北部，都薊（今北京），與長安相距甚遠，按照當時的交通條件，燕王不可能獲悉此事並派使者上書。77尚書　官名。少府屬官。掌文書章奏。78亡　逃亡。79白　稟告；報告。80遂　竟；深究。81黨與　朋黨。82譖　誣陷。83屬　通「囑」。囑託。84朕　皇帝的自稱。85坐　定罪；治罪。86因　乘機。87廢　廢黜。88冠　古時男子二十歲加冠，表示已經成年。元鳳四年（西元前七七年），昭帝十八歲行冠禮，霍光仍未歸政。89遂　竟；始終。90委任　付託；交託。91訖十三年　指昭帝在位的十三年，始終由霍光執政。訖，終。92四夷　古代華夏族對四方少數民族的統稱。含有輕蔑之意。93賓服　歸從；臣服。

【語譯】霍光為人沉靜穩重，身高才七尺三寸，膚色白皙，眉目疏朗，美鬚髯。每次出入宮中下殿出門，站立進退都有固定的位置，郎僕射偷偷記下來觀察他的行動，每次都不差分寸，他的天性就是這樣端莊嚴謹。開始輔佐幼主時，政令由他頒行，天下百姓都想瞻仰他的風采。宮殿中曾經發生過怪異的事，有一天夜裡，群臣驚恐不安，霍光召見尚符璽郎要收取御璽，尚符璽郎不肯交給霍光。霍光想搶御璽，尚符璽郎按劍說道：「我的頭可得，御璽不可得！」霍光認為他做得非常對。第二天，下詔令把這個郎的官秩增加了兩級。百姓聽說後無不稱讚霍光。

2 霍光與左將軍上官桀結為親家，霍光的長女是上官桀之子上官安的妻子。有個女兒年齡和昭帝相當，上官桀通過昭帝姊姊鄂邑蓋主把上官安的女兒送進後宮做了倢伃，過了幾個月，立為皇后。皇后的父親上官安為驃騎將軍，封桑樂侯。霍光休假出宮之時，上官桀便進宮代替霍光處理政事。上官桀父子得到尊貴顯赫的地位，因而很感激長公主的恩德。長公主私生活不檢點，親近寵幸河間郡人丁外人。上官桀和上官安想幫丁外人求取封爵，希望霍光依照漢代娶公主為妻者可以封侯的舊例處理此事，霍光不同意。他們又要求任命丁外人為光祿大夫，想使他得到皇上召見，霍光又不答應。長公主因此十分怨恨霍光。而上官桀和上官安幾次為丁外人謀求官爵都沒有達到目的，也感到羞愧。在武帝時，上官桀已經位列九卿，地位在霍光之上。等到父子二人都做了將軍，又有皇后的倚重，皇后是上官安的親生女兒，霍光只是她的外祖父，反而專斷朝政，因此上官桀父子開始與霍光爭奪權力。

3 燕王劉旦認為自己是昭帝的哥哥卻沒能繼承帝位，常懷怨恨。御史大夫桑弘羊建議官府壟斷酒和鹽鐵的經營，為國家財政增加了收入，誇耀自己的功勞，想為子弟謀求官職未能如願，也怨恨霍光。於是蓋長公主、上官桀、上官安、桑弘羊都和燕王劉旦串通謀合，派人詐稱是燕王的使者給朝廷上書，說：「霍光到長安郊外檢閱、考試郎官和羽林將士練武情況時，像皇上出巡一樣沿途戒嚴，斷絕通行，派皇上的膳食官先行為其準備飲食。」又奏稱：「蘇武從前出使匈奴，被拘留二十年而不投降，回國後才擔任典屬國，而大將軍的長史楊敞沒有功勞卻當了搜粟都尉。霍光還擅自選拔增加大將軍幕府的校尉。霍光專權放縱，懷疑他圖謀不軌。臣劉旦願意交回封國的符節印璽，入宮擔任宿衛，以監察奸臣的變謀。」他們等到霍光例行出宮休息的日子送上這道奏書。上官桀想趁自己在宮中值班時促成把此事批交大臣議處，桑弘羊負責與大臣們共同逼迫霍光辭職。奏書呈進宮中，昭帝不肯批交給大臣議處。

4 次日早晨，霍光聽到了這件事，早朝時留在殿前畫室裡不上殿。皇上問：「大將軍在哪裡？」左將軍上官桀說：「因為燕王告發了他的罪行，所以他不敢進殿。」昭帝下令召見大將軍。霍光進殿，摘下帽子叩頭謝罪，皇上說：「將軍戴上帽子。朕知道這封奏書是偽造的，將軍無罪。」霍光問：「陛下根據什麼知道它是假的呢？」皇上說：「將軍去廣明亭檢閱郎官，很近嘛。調派校尉至今還不到十天，燕王憑什麼會知道這些事？況且將軍要幹壞事，也用不著增加校尉。」這時昭帝才十四歲，尚書近臣都非常吃驚，而那個上書者果然逃亡了，皇上下令緊急追捕。上官桀等人害怕了，稟告皇上說這是小事，不值得窮追深究，皇上不聽。

5 後來，上官桀的黨羽中有誣陷誹謗霍光的，皇上總是發怒說：「大將軍是忠臣，是先帝囑託他輔佐朕，有膽敢詆毀大將軍者就治他的罪。」從此上官桀等不敢再說霍光的壞話了，便密謀讓長公主安排酒席宴請霍光，埋伏士兵格殺他，趁機廢掉昭帝，迎立燕王為天子。事情被發覺後，霍光把上官桀、上官安、桑弘羊、丁外人的家族全都殺了。燕王和蓋長公主自殺。霍光威震海內。昭帝舉行冠禮以後，仍然把政事交給霍光處理，直到昭帝去世，前後十三年，百姓富足，四方外族歸服。

1 元平元年❶，昭帝崩，亡嗣。武帝六男獨有廣陵王胥在，群臣議所立，咸持❷廣陵王。王本以行失道❸，先帝所不用。光內❹不自安。郎有上書言：「周太王❺廢太伯❻立王季❼，文王舍伯邑考❽立武王❾，唯在所宜，雖廢長立少可也。廣陵王不可以承宗廟❿。」言合光意。光以其書視⓫丞相敞⓬等，擢郎為九江⓭太守，即日承皇太后⓮詔，遣行⓯大鴻臚⓰事少府⓱樂成⓲、宗正⓳德⓴、光祿大夫吉㉑、中郎將㉒利漢㉓迎昌邑王賀。

2 賀者，武帝孫，昌邑哀王㉔子也。既至，即位，行淫亂。光憂懣㉕，獨以問所親故吏㉖大司農㉗田延年㉘。延年曰：「將軍為國柱石，審此人不可，何不建白㉙太后，更選賢而立之？」光曰：「今欲如是，於古嘗有此不？」延年曰：「伊尹相殷㉚，廢太甲㉛以安宗廟，後世稱其忠。將軍若能行此，亦漢之伊尹也。」光迺引㉜延年給事中㉝，陰㉞與車騎將軍張安世㉟圖㊱計，遂召丞相、御史、將軍、列侯、中二千石㊲、大夫㊳、博士㊴會議未央宮㊵。光曰：「昌邑王行昏亂，恐危社稷，如何？」群臣皆驚鄂㊶失色，莫敢發言，但唯唯㊷而已。田延年前㊸，離席㊹按劍，曰：「先帝屬將軍以幼孤，寄將軍以天下，以將軍忠賢能安劉氏也。今群下鼎沸㊺，社稷將傾，且漢之傳謚常為孝者㊻，以長有天下，令宗廟血食㊼也。如今漢家絕祀，將軍雖死，何面目見先帝於地下乎？今日之議，不得旋踵㊽。群臣後應者，臣請劍斬之。」光謝曰：「九卿㊾責光是也。天下匈匈㊿不安，光當受難51。」於是議者皆叩頭，曰：「萬姓52之命在於將軍，唯大將軍令。」

3 光即與群臣俱53見白太后，具54陳昌邑王不可以承宗廟狀55。皇太后迺車駕幸56未央承明殿57，詔諸禁門毋內58昌邑群臣59。王入朝太后還，乘輦60欲歸溫室61，中黃門宦者62各持門扇，王入，門閉，昌邑群臣不得入。王曰：「何為？」大將軍跪曰：「有皇太后詔，毋內昌邑群臣。」王曰：「徐之63，何迺驚人如是！」光使盡驅出昌邑群臣，置金馬門64外。車騎將軍安世將羽林騎收縛二百餘人，皆送廷尉65詔獄66。令故昭帝侍中中臣67侍守68王。光敕69左右：「謹宿衛，卒70有物故71自裁72，令我負天下，有殺主名。」王尚未自知當廢，謂左右：「我故群臣從官安73得罪，而大將軍盡繫74之乎？」頃之，有太后詔召王。王聞召，意恐，迺曰：「我安得罪而召我哉？」太后被75珠襦76，盛服77坐武帳78中，侍御79數百人皆持兵80，期門81武士陛戟82，陳列殿下，群臣以次上殿，召昌邑王伏前聽詔。光與群臣連名奏王，尚書令83讀奏曰：

4 「丞相臣敞、大司馬大將軍臣光、車騎將軍臣安世、度遼84將軍臣明友85、前將軍臣增[86]、後將軍臣充國[87]、御史大夫臣誼[88]、宜春[89]侯臣譚[90]、當塗[91]侯臣聖[92]、隨桃侯臣昌樂[93]、杜侯臣屠耆堂[94]、太僕臣延年[95]、太常[96]臣昌[97]、大司農臣延年[98]、宗正臣德、少府臣樂成、廷尉臣光[99]、執金吾[100]臣延壽[101]、大鴻臚臣賢[102]、左馮翊[103]臣廣明[104]、右扶風[105]臣德[106]、長信少府[107]臣嘉[108]、典屬國臣武[109]、京輔都尉臣廣漢[110]、司隸校尉[111]臣辟兵[112]、諸吏[113]文學[114]光祿大夫臣遷[115]、臣畸[116]、臣吉[117]、臣賜、臣管、臣勝、臣梁、臣長幸[118]、臣夏侯勝[119]、太中大夫[120]臣德[121]、臣卬[122]昧死言皇太后陛下：臣敞等頓首死罪。天子所以永保宗廟總壹[123]海內者，以慈孝禮誼[124]賞罰為本。孝昭皇帝早棄天下[125]，亡嗣，臣敞等議，禮曰『為人後者為之子[126]也』，昌邑王宜嗣後，遣宗正、大鴻臚、光祿大夫奉節使徵昌邑王典喪[127]。服[128]斬縗[129]，亡悲哀之心，廢禮誼，居道上[130]不素食[131]，使從官略[132]女子載衣車[133]，內所居傳舍。始至謁見[134]，立為皇太子，常私買雞豚以食。受皇帝信璽、行璽[135]大行[136]前，就次[137]發璽不封[138]。從官更[139]持節[140]，引內昌邑從官騶宰[141]官奴二百餘人，常與居禁闥內敖戲[142]。自之[143]符璽[144]取節十六，朝暮臨[145]，令從官更持節從。為書曰：『皇帝問侍中君卿[146]：使中御府令[147]高昌奉黃金千斤，賜君卿取[148]十妻。』大行在前殿，發樂府[149]樂器，引內昌邑樂人，擊鼓歌吹作俳倡[150]。會下[151]還，上前殿，擊鐘[152]磬[153]，召內[154]泰壹[155]宗廟樂人輦道[156]牟首[157]，鼓吹歌舞，悉奏眾樂。發長安廚[158]三太牢[159]具祠閤室[160]中，祀已，與從官飲啗[161]。駕法駕[162]，皮軒[163]鸞旗[164]，驅馳北宮、桂宮[165]，弄彘[166]鬭虎。召皇太后御小馬車[167]，使官奴騎乘，遊戲掖庭[168]中。與孝昭皇帝宮人蒙等淫亂，詔掖庭令[169]敢泄言要斬[170]。」

5 太后曰：「止[171]！為人臣子[172]當悖亂[173]如是邪！」王離席伏[174]。尚書令復讀曰：

6 「取諸侯王、列侯、二千石綬[175]及墨綬、黃綬以并佩昌邑郎官者[176]免奴[177]。變易節上黃旄[178]以赤。發御府[179]金錢刀劍玉器采繒[180]，賞賜所與遊戲者。與從官官奴夜飲，湛沔[181]於酒。詔太官上乘輿[182]食如故。食監[183]奏未釋服[184]未可御[185]故食[186]，復詔太官趣具[187]，無關[188]食監。太官不敢具，即使從官出買雞豚，詔殿門[189]內，以為常。獨夜設九賓[190]溫室，延見[191]姊夫昌邑關內侯[192]。祖宗廟祠[193]未舉[194]，為璽書使使者[195]持節，以三太牢祠昌邑哀王園廟[196]，稱嗣子皇帝[197]。受璽以來二十七日，使者旁午[198]，持節詔諸官署徵發，凡千一百二十七事。文學光祿大夫夏侯勝等及侍中傅嘉數進諫以過失，使人簿責[199]勝，縛嘉繫獄[200]。荒淫迷惑，失帝王禮誼，亂漢制度。臣敞等數進諫，不變更[201]，日以益甚，恐危社稷，天下不安。

7 「臣敞等謹與博士臣霸[202]、臣雋舍[203]、臣德[204]、臣虞舍、臣射[205]、臣倉[206]議，皆曰：『高皇帝[207]建功業為漢太祖[208]，孝文皇帝慈仁節儉為太宗[209]，今陛下嗣孝昭皇帝後，行淫辟[210]不軌[211]。詩云：「藉曰未知，亦既抱子[212]。」五辟[213]之屬[214]，莫大不孝[215]。周襄王不能事母[216]，春秋曰「天王出居于鄭[217]」，繇不孝出之[218]，絕[219]之於天下也。宗廟重於君，陛下未見命[220]高廟[221]，不可以承天序[222]，奉祖宗廟，子萬姓[223]，當廢。』臣請有司[224]御史大夫臣誼、宗正臣德、太常臣昌與太祝[225]以一太牢具，告[226]祠高廟。臣敞等昧死以聞。」

8 皇太后詔曰：「可。」光令王起拜受詔，王曰：「聞天子有爭臣七人，雖亡道不失天下[227]。」光曰：「皇太后詔廢，安得天子！」迺即[228]持其手，解脫其璽組[229]，奉上太后，扶王下殿，出金馬門，群臣隨送。王西面拜，曰：「愚戇[230]不任[231]漢事。」起就乘輿副車[232]。大將軍光送至昌邑邸[233]，光謝曰：「王行自絕於天，臣等駑怯[234]，不能殺身報德。臣寧負王，不敢負社稷。願王自愛，臣長不復見左右[235]。」光涕泣而去。群臣奏言：「古者廢放之人屏[236]於遠方，不及[237]以政，請徙王賀漢中[238]房陵縣[239]。」太后詔歸賀昌邑，賜湯沐邑[240]二千戶。昌邑群臣坐[241]亡輔導之誼，陷王於惡，光悉[242]誅殺二百餘人。出死[243]，號呼[244]市中曰：「當斷不斷，反受其亂[245]。」

【章　旨】以上為〈霍光傳〉的第三部分，寫霍光擁立和廢黜昌邑王劉賀的經過。昭帝無嗣，武帝之子廣陵王劉胥素多過失，霍光廢長立少，立武帝之孫昌邑王劉賀為嗣。不料，昌邑王荒淫無道，霍光與田延年密議，決意廢立，遂聯絡群臣，奏陳昌邑王的種種邪亂行徑，太后下詔將劉賀廢黜。

【注　釋】❶元平元年　西元前七四年。元平，漢昭帝年號，共一年。❷咸持　都主張。咸，都；全。❸失道　行事失去準則；違背道義。❹內　內心。❺周太王　周文王之祖古公亶父的尊號。周人本居豳，自古公始遷居岐山之下，定國號曰周，自此興盛，故武王克殷，追尊為太王。❻太伯　周太王的長子。❼王季　周太王的少子。❽伯邑考　周文王的長子。❾武王　名姬發。周文王的次子。❿承宗廟　指繼承皇位。⓫視　通「示」。給人看。⓬敞　楊敞。⓭九江　郡名。治壽春，今安徽壽縣。⓮皇太后　昭帝之上官皇后，昌邑王即帝位後，尊其為皇太后。這裡是追稱。⓯行　代理。⓰大鴻臚　官名。秩中二千石，列位九卿。執掌接待少數民族君長及諸侯王事務。⓱少府　官名。秩中二千石，列位九卿。執掌供養皇帝的池澤收入和皇室手工業製造。⓲樂成　姓史。⓳宗正　官名。掌宗室事務。九卿之一。⓴德　劉德，字路叔。㉑吉　丙吉（西元前？—前五五年），字少卿，魯國（今山東曲阜）人。詳見卷七十四〈丙吉傳〉。㉒中郎將　官名，光祿勳的屬官。執掌宿衛宮殿，出充車騎。㉓利漢　人名。㉔昌邑哀王　劉髆，武帝第五子。詳見卷六十三〈昌邑哀王劉髆傳〉。㉕懣　憤悶。㉖故吏　原來的屬吏。㉗大司農　官名。漢武帝太初元年（西元前一〇四年）改大農令為大司農，簡稱大農。秩中二千石，列位九卿。執掌全國租賦和財政收支。㉘田延年　（西元前？—前一七二年），字子賓，左馮翊陽陵（今陝西咸陽）人。昭帝時，以材略給事大將軍幕府，為霍光所重，遷長史。詳見卷九十〈田延年傳〉。㉙建白　建議。謂對國事有所建議及陳述。㉚伊尹相殷　伊尹為商湯之相，湯死後，掌朝政，專廢立，曾逐太甲。㉛太甲　商湯的長孫。繼位後無道，被伊尹放逐到桐宮。後來悔過自新，伊尹迎接他復位。㉜引　薦舉。㉝給事中　官名。漢承秦置。為加官。給事中即給事禁中之意。凡加此官者，即可侍從皇帝。三公、將軍、九卿等亦或加此官。㉞陰　暗中；暗地裡。㉟張安世　字子孺，杜陵人。詳見卷五十九〈張安世傳〉。㊱圖　謀劃。㊲中二千石　漢代官吏秩位之一。中即滿，九卿皆為中二千石，銀印青綬，西漢月俸百八十斛，一歲凡得穀二千一百六十石。或亦兼發錢穀。㊳大夫　官名。原屬郎中令，太初元年郎中令更名光祿勳後，改隸光祿勳。掌論議，有太中大夫、中大夫、諫大夫，皆無員數，多至數十人。侍奉皇帝左右，備顧問應對，多由貴戚大臣、名儒或有軍功者充任，地位甚為尊崇。㊴博士　官名。太常的屬官，備顧問。㊵未央宮　漢代宮殿名，在西安市長安故城內西南隅。㊶驚鄂　驚訝。鄂，通「愕」。驚訝。㊷唯唯　應答詞，猶如「是是」。㊸前　向前。用作動詞。㊹離席　離開座位。㊺鼎沸　水湧流翻騰的樣子。比喻形勢紛擾動亂。鼎，古代烹煮用的器物。一般為三足兩耳。㊻漢之傳諡常為孝者　言漢帝諡法常稱「孝」，如孝惠、孝武、孝昭等。諡，古代帝王、貴族、大臣、傑出官員或其他有地位的人死後所加的帶有褒貶意義的稱號。㊼宗廟血食　謂宗廟祭祀不斷。血食，謂受享祭品。古代殺牲取血以祭，故稱。㊽不得旋踵　謂宜速決。旋踵，掉轉腳跟，比喻時間極短。踵，腳後跟。㊾九卿　此指田延年。㊿匈匈　同「洶洶」。騷擾不安的樣子。(51)光當受難　言光當受群臣責難。難，責難；責備。(52)萬姓　百姓；萬民。(53)俱　一起。(54)具　詳細；詳盡。(55)狀　狀況；情形。(56)幸　指帝后親臨。(57)承明殿　殿名。在未央宮中，是皇帝著述和召見儒生的地方。(58)內　通「納」。使進入。(59)昌邑群臣　指劉賀從昌邑王國帶來的舊臣。(60)輦　秦漢以後專指帝王后妃所乘的車。(61)溫室　殿名。冬日避寒之處，這裡指未央宮的溫室殿。(62)中黃門宦者　居禁中在黃門之內當差的宦官。(63)徐之　慢慢來。(64)金馬門　未央宮正門。門外有銅馬，故名。(65)廷尉　官名。漢承秦置。主管全國刑獄。秩中二千石，列位九卿。(66)詔獄　專門處治皇帝特旨案犯之處。(67)中臣　有兩說：《漢書補注》引朱一新曰：「『臣』當作『常』。」「中臣侍」當係「中常侍」之誤。陳直《漢書新證》以為，「中臣」疑為「中官」之訛。中官是宦者之統稱。(68)侍守　名侍而實守，猶今言軟禁，以防發生意外變故。(69)敕　告誡；囑咐。(70)卒　通「猝」。突然。(71)物故　死亡。(72)自裁　自殺。(73)安　怎麼；哪裡。(74)繫　拘囚。(75)被　同「披」。(76)珠襦　貫珠為飾的短上衣，古代帝、后所服。(77)盛服　謂服飾齊整。表示嚴肅端莊。(78)武帳　設有兵器和衛士的帷帳。(79)侍御　此指侍奉皇太后的人。(80)兵　武器。(81)期門　漢代禁軍名。漢武帝建元三年（西元前一三八年）初置。無員數，多至千人。隸光祿勳。職責為執兵送從、護衛皇帝。偶被徵調作戰。(82)陛戟　持戟侍衛於殿階兩側。(83)尚書令　官名。漢承秦置。少府屬官。尚書的長官。執掌機密文書章奏。為皇帝近臣，秩輕任重。(84)度遼　將軍名號。(85)明友　范明友（西元前？—前六六年），西漢人，昭帝時為中郎將。元鳳三年（西元前七八年）拜度遼將軍，因功封平陵侯。後為霍光女婿。(86)增　韓增（西元前？—前五六年），漢初異姓諸侯王韓王信之後。詳見卷三十三〈韓王信傳〉。(87)充國　趙充國（西元前一三七—前五二年），字翁叔，隴西上邽（今甘肅天水）人。詳見卷六十九〈趙充國傳〉。(88)誼　蔡誼（西元前？—前七一年），河內溫（今河南溫縣）人。一作「蔡義」。詳見卷六十六〈蔡義傳〉。(89)宜春　縣名。漢高祖六年（西元前二〇一年）置。治今江西宜春。(90)譚　王譚。宜春侯王訢之子，襲父爵。詳見卷六十六〈王訢傳〉。(91)當塗　縣名。西漢置。治今安徽懷遠南。(92)聖　魏聖。當塗侯魏不害之子，襲父爵。(93)昌樂　趙昌樂。其父本南越蒼梧王，降漢後封隨桃侯。昌樂襲父爵。(94)屠耆堂　匈奴人。繼承祖父復陸支的封爵為侯。(95)延年　杜延年。詳見卷六十〈杜延年傳〉。(96)太常官名。漢承秦置。本名奉常，後改名太常。掌管宗廟禮儀和陵墓事務。秩中二千石，列位九卿。97昌　蘇昌。98延年　田延年。99光　李光。100執金吾　官名。漢武帝太初元年更名中尉置，秩中二千石。執掌京師治安。101延壽　李延壽。102賢　韋賢（西元前一四三—前六二年），字長孺，魯國鄒（今山東鄒縣）人。詳見卷七十三〈韋賢傳〉。103左馮翊　西漢京畿地方行政長官之一。武帝太初元年改左內史置，職掌如郡太守。因其地屬三輔，故不稱郡。秩中二千石（一說秩二千石），地位較一般郡守高，位列九卿。104廣明　田廣明（西元前？—前七一年），字子公，京兆鄭（今陝西華縣）人。詳見卷九十〈田廣明傳〉。105右扶風　官名。武帝太初元年改主爵都尉置，職掌如郡太守。因其地屬三輔，故不稱郡。秩中二千石（一說秩二千石），地位較一般郡守高，位列九卿。106德　周德。107長信少府　官名。掌管皇太后所居長信宮事務。108嘉　顏師古注：「不知姓。」陳直《漢書新證》以為：「疑即下文之侍中傳嘉。」109武　蘇武。110廣漢　趙廣漢（西元前？—前六五年），字子都，涿郡蠡吾（今河北博野）人。詳見卷七十六〈趙廣漢傳〉。111司隸校尉　官名。漢武帝征和四年（西元前八九年）因巫蠱之獄始置。督察百官及三輔（京兆、左馮翊、右扶風）、三河（河東、河內、河南）、弘農七郡，秩二千石。112辟兵　不知其姓。113諸吏　官名。加官。西漢屬中朝官。114文學　官名。以通曉經術者為之。115遷　王遷。116畸　宋畸。117吉　景吉。118臣賜句　賜、管、勝、梁、長幸等人，皆不知其姓。119夏侯勝　姓夏侯，名勝，字長公，西漢東平（今山東東平）人。曾從夏侯始昌受《尚書》及《洪範五行傳》，又從歐陽生問學，為學精湛，所問非一師，世稱「大夏侯」。詳見卷八十八〈夏侯勝傳〉。120太中大夫　官名。西漢初隸郎中令，後改隸光祿勳。掌議論。秩千石。121德　不知其姓。122印　趙印。趙充國之子。123總壹　統一。124誼　通「義」。125早奄天下　過早去世，拋棄了天下。126為人後者為之子　引文見《春秋公羊傳．成公十五年》。意謂承繼於人者為人之子。127典喪　主持喪禮。128服　服喪；居喪。129斬縗　用粗糙的生麻布粗製的孝服，其左右和下邊都不縫。130居道上　在來京途中。131素食　菜食無肉。132略　通「掠」。搶掠。133衣車　一種有帳幔遮蔽，可供臥息的車子。134謁見　指拜見皇太后。135信璽行璽　都是皇帝之印。據衛宏《漢官舊儀上》，漢代皇帝有六璽。即：皇帝行璽、皇帝之璽、皇帝信璽、天子行璽、天子之璽，天子信璽。又有傳國璽，合稱七璽。天子之璽由皇帝隨身攜帶，其餘均存於符節臺掌管符節印璽之官署。136大行　指剛死而未定謚號的皇帝。這裡指昭帝。137次　指居喪之處。138發璽不封　打開璽匣不封存。139更　交替。140節　使者用作憑證的信物，用竹、木製成。141騶宰　掌管馬廄之官。142敖戲　遊戲。143之　到。144符璽　指符節臺。保管符節璽印的官署。145朝暮臨　早晚至昭帝靈前哭祭。臨，哭喪。146君卿　昌邑之侍中，名君卿，不知其姓。147中御府令　掌宮中衣服財寶之官，屬少府。148取　通「娶」。149樂府　管理音樂的官署，屬少府。150俳倡　雜戲表演。俳，雜戲。倡，表演歌舞雜戲的藝人。151下　指昭帝靈柩下葬。152鐘　古代樂器。青銅製，懸掛於架上，以槌叩擊發音。祭祀或宴享時用。153磬　古代打擊樂器。狀如曲尺。用玉、石或金屬製成。懸掛於架上，擊之而鳴。154召內　召入。155泰壹　亦作「太一」。天神名。即太一神。156輦道　帝王車駕經過的道路。157牟首　池名。在上林苑中。158長安廚　京兆尹屬下的官署。專供皇帝餚膳。159太牢　古代帝王貴族祭祀時，牛、羊、豬三牲具備，稱「太牢」。160閣室　閣道中的房屋。161啗　吃。162法駕　皇帝出行的車駕。皇帝祭祀天地社稷等大典時才使用的乘輿儀仗。163皮軒　以虎皮為屏障的乘車。164鸞旗　以羽毛為飾的旌旗。皮軒鸞旗都是法駕所用的儀仗。165北宮桂宮　二宮名。均在未央宮北。166彘　野豬。167小馬車　太后在宮中遊玩時乘坐的車。小馬，高僅三尺。可以在果樹下馳行，故又名「果下馬」。168掖庭　宮中旁舍，妃嬪居住的地方。169掖庭令　令官名。漢武帝太初元年改永巷令置。屬少府。主宮內后妃宮人事，以宦者充任。170要斬　古代刑法，從腰部把身體斬為兩段。要，通「腰」。171止　命令停止讀奏書。172臣子　昌邑王對於昭帝和太后而言，既是臣，又是子，所以稱「臣子」。173悖亂　忤逆淫亂。174伏　拜伏於地。175綬　繫印紐的絲帶。漢制，諸侯王綠綬，列侯紫綬，二千石青綬，比六百石以上墨綬，比二百石以上黃綬。按綬佩綬，不得僭越。176者　王先謙《漢書補注》以為是「衍文」。楊樹達《漢書窺管》疑為「諸」之訛。177免奴　已赦免為平民的奴隸。178旄　用旄牛尾作的裝飾品，按等級規定顏色，不得隨便變更。179御府　帝王的府庫。180采繒　彩色絲織品。181湛沔　同「沉湎」。沉溺；沉迷。182乘輿　本指皇帝乘坐的車輛。這裡代指皇帝。183食監　官名。監管皇帝飲食。184未釋服　未脫喪服，即指居喪未滿期。185御　用；進。186故食　平時的飲食。187趣具　催促辦理。趣，通「促」。催促；督促。188關　關白；通知。189殿門　指守衛殿門者。190九賓　有三說：一、九種規格不同的禮節，即顏師古注：「《周禮》九儀也。謂公、侯、伯、子、男、孤、卿、大夫、士也。」二、由禮官九人依次傳引貴賓上殿的禮節。三、九種地位不同的禮賓人員。此處以第二說為妥。191延見　接見。192關內侯　漢代二十級爵的第十九級。僅次於列侯。第二十級是最高級。193廟祠　到祖廟祭祀祖先。194未舉　未舉行。按：漢制，在安葬了故君三十六日之後，舉行祭祀祖廟的儀式，新君才算正式即位。此時昌邑王即位才二十多天，所以稱「未舉」。195使使者　派遣使者。第一個「使」用作動詞，派遣。196祠昌邑哀王園廟　祭祀昌邑哀王的陵園寢廟。昌邑哀王，劉髆，劉賀之父。劉賀在祭祀祖廟之前先祭祀自己的父親，違反了禮制。197稱嗣子皇帝　按照禮法，劉賀既已過繼為昭帝之子，繼承了昭帝的皇位，就應放棄同劉髆的父子關係，而不應再對昌邑哀王稱「嗣子」。198旁午　縱橫之意，形容來往不絕。199簿責　依據簿籍所記責問，實即審訊。200繫獄　囚禁於牢獄。201更　改正。202霸　孔霸。孔光之父。詳見卷八十一〈孔光傳〉。203雋舍　姓雋，名舍。因與後面的虞舍既同官，又同名，所以冠姓以示區別。204德　不知其姓。205射不知其姓。(206)倉 后倉。(207)高皇帝 謚法無「高」字，以為功最高而為帝，故特起此名。(208)太祖 開國皇帝的通稱。宋朝以後，皆追尊王朝的始建者為太祖。(209)太宗 開國第二代皇帝。始治天下者為宗。(210)淫辟 亦作「淫僻」。放蕩淫亂。辟，通「僻」。邪惡。(211)不軌 不守法度。(212)藉曰未知二句 引詩見《詩經・大雅・抑》。衛武公譏刺周厲王的詩。意思是說，假如說你不知禮，但你也已身為人父有兒子了。藉，假如。未知，無知。(213)五辟 五刑：墨、劓、剕、宮、大辟。泛指刑法。(214)屬 類。(215)不孝 罪名。不孝敬父母。(216)周襄王不能事母 意謂周襄王不能孝敬後母惠后。周襄王，姬鄭，周惠王子。西元前六五一─前六一九年在位。襄王生母早死，後母惠后生子叔帶，得惠王寵，欲立己子叔帶。周襄王三年，叔帶出奔齊國。(217)天王出居于鄭 見《春秋・僖公二十四年》。周襄王十六年，叔帶與狄人勾結，率兵伐周，襄王逃往鄭國。後晉文公殺叔帶，襄王才得以復位。(218)繇不孝出之 意謂周襄王出奔鄭國是由於同後母不融洽。繇，通「由」。(219)絕 棄絕；拋棄。(220)見命 受命。見，被。(221)高廟 指漢高帝廟。(222)天序 帝王的世系。(223)子萬姓 以萬姓為子民。即統治百姓之意。(224)有司 指有關部門的官吏。古代設官分職，各有專司，故稱。此指蔡誼、劉德、蘇昌。(225)太祝 官名。太常的屬官，掌祭祀祈禱之事。(226)告 奏告；稟告。(227)聞天子二句 見《孝經・諫諍》。爭臣，即「諍臣」。直言敢諫之臣。爭，通「諍」。漢制，使天下誦《孝經》，故以昌邑之狂惑，猶能稱引其文。楊樹達語。(228)即 走近。(229)璽組 即璽綬。組，繫印璽的絲帶。(230)愚戇 愚蠢魯莽。戇，魯莽。(231)不任 不能勝任。《漢書窺管》楊樹達按：「朱一新云：觀昌邑臨廢兩言，猶非昏悖，特童騃不解事耳。班氏載此，具有深意。」(232)乘輿副車 皇帝出行時的侍從車，又稱「屬車」。(233)昌邑邸 昌邑國在京城的館舍。邸，諸侯王及諸郡朝宿之館，在京師者謂之邸。(234)駑怯 低能怯懦。(235)左右 身邊。(236)屏 通「摒」。放逐；摒棄。(237)及 參與。(238)漢中 郡名。治西城，今陝西安康西北。(239)房陵縣 今湖北房縣。(240)湯沐邑 謂以其賦稅供湯沐之具。收取賦稅以自供，不入國家倉廩府庫。(241)坐 定罪，由……而獲罪。(242)悉 盡。《漢書窺管》楊樹達按：「王吉與龔遂以數諫正得免死，髡為城旦，王式以《詩》諫，亦免死。見〈吉傳〉及〈儒林傳〉。又諫昌邑者皆超遷，見〈于定國傳〉。」(243)出死 出獄赴市處死。(244)號呼 大聲呼喊。(245)當斷不斷二句 蓋自古相傳之語。意謂後悔沒有先下手除掉霍光，反為霍光所害。

【語 譯】元平元年，昭帝駕崩，沒有後嗣。武帝的六個兒子只有廣陵王劉胥還在世，群臣在討論誰應當做皇帝時，都主張立廣陵王。廣陵王本來就因為品行不端，武帝沒選他做繼承人。霍光內心憂慮不安。有位郎官上書說：「周太王廢棄長子太伯而立少子王季，周文王捨棄長子伯邑考而立次子武王，只要所擁立的人合適，即使廢長立少也是可以的。廣陵王不可以繼承皇位。」這番話正合霍光的心意。霍光把這封奏章給丞相楊敞等人看，並提升這位郎官做了九江郡太守。當天霍光奉皇太后的詔令，派兼理大鴻臚職務的少府史樂成、宗正劉德、光祿大夫丙吉、中郎將利漢等人，迎接昌邑王劉賀來京。

2 劉賀是武帝的孫子，昌邑哀王的兒子。到京師繼承了帝位，行為放縱淫亂。霍光心裡憂愁煩悶，就此事獨自詢問自己親信的舊部下大司農田延年。田延年說：「將軍是國家的棟梁，既然察覺此人不合適，為什麼不向太后建議，另選賢明的人立為皇帝呢？」霍光說：「現在我打算這樣做，在古代曾經有過這樣的先例嗎？」田延年說：「伊尹做殷朝的宰相時，為了國家的安定廢掉了太甲，後世稱讚他的忠誠。將軍如果能這樣做，也就是漢朝的伊尹了。」霍光於是推薦田延年做了給事中，又暗中與車騎將軍張安世謀劃計議，然後召集丞相、御史大夫、將軍、列侯、中二千石、大夫、博士等到未央宮共同商議大事。霍光說：「昌邑王行為昏庸淫亂，恐怕會危害國家，怎麼辦？」群臣都大驚失色，沒有人敢發表意見，只是唯唯諾諾應答而已。田延年離座向前，手按利劍說：「當年先帝將幼主託付給將軍，把天下交給將軍，是因為將軍忠誠賢明，能安定劉氏江山。如今百姓動盪不安，國家眼看就要傾覆，況且漢朝世代相傳，帝王諡號都用一個『孝』字，就是希望子孫永保天下，使宗廟永享祭祀。如果讓漢朝斷絕了祭祀，將軍就是死了，又有什麼臉面見先帝於九泉之下呢？今天商議的事情要迅速決斷，不能拖延。大臣們若有猶豫遲疑者，我請求用劍斬了他。」霍光認錯說：「大司農對我的責備完全正確。如今天下騷動不安，我應當受到責難。」於是參加議事的人都跪下叩頭，說：「天下百姓的命運取決於將軍，一切聽大將軍的命令。」

3 霍光立即與群臣一同進見太后，詳細陳奏了昌邑王劉賀不能勝任皇位的情況。於是皇太后乘車駕來到未央宮承明殿，命令各宮門不准放從昌邑國來的臣下進宮。昌邑王進宮朝見太后回來，乘車打算回溫室殿，中黃門宦官守在各自負責的宮門兩側，昌邑王一進去，宮門就關閉了，昌邑王的臣下不能進入。昌邑王問：「這是為什麼？」大將軍跪下說：「皇太后有詔，不准昌邑群臣進宮。」昌邑王說：「慢一點嘛，何必搞得這樣驚人！」霍光派人把昌邑王帶來的臣下全部趕了出去，趕到金馬門外。車騎將軍張安世率領禁衛軍羽林騎兵逮捕了昌邑王的臣下二百多人，全部送交廷尉關進詔獄。霍光派以前侍奉昭帝的侍中、中官們看守昌邑王。並告誡他們說：「要小心看護，如果昌邑王突然死亡或自殺了，就會使我對不起天下人，要擔當殺君的惡名。」昌邑王這時還不知道自己要被廢黜，對看守他的人說：「我帶來的那些大臣、隨從犯了什麼罪，大將軍竟把他們都逮捕了？」過了一會兒，傳來太后召見昌邑王的詔令。昌邑王聽說太后召見，心中害怕，才說：「我犯了什麼罪，太后要召見我？」太后披著珍珠綴飾的短襖，身穿莊嚴的禮服端坐在武帳中，守衛在左右的數百名侍從都手持武器，期門武士都拿著戟，排列在殿階下。大臣們按官階依次上殿，命令昌邑王伏在太后面前聽詔。霍光與大臣們聯名參奏昌邑王，尚書令宣讀奏章說：

4 「丞相臣楊敞、大司馬大將軍臣霍光、車騎將軍臣張安世、度遼將軍臣范明友、前將軍臣韓增、後將軍臣趙充國、御史大夫臣蔡誼、宜春侯臣王譚、當塗侯臣魏聖、隨桃侯臣趙昌樂、杜侯臣屠耆堂、太僕臣杜延年、太常臣蘇昌、大司農臣田延年、宗正臣劉德、少府臣史樂成、廷尉臣李光、執金吾臣李延壽、大鴻臚臣韋賢、左馮翊臣田廣明、右扶風臣周德、長信少府臣傅嘉、典屬國臣蘇武、京輔都尉臣趙廣漢、司隸校尉臣辟兵、諸吏文學光祿大夫臣王遷、臣宋畸、臣景吉、臣賜、臣管、臣勝、臣梁、臣長幸、臣夏侯勝、太中大夫臣德、臣趙卬冒著死罪啟奏皇太后陛下：臣楊敞等叩頭死罪。天子之所以能夠永遠供奉宗廟統一海內，是因為以慈孝、禮義、賞罰分明為本。孝昭皇帝過早去世，沒有後嗣。臣楊敞等商議後認為，禮中說『過繼給人家做後嗣，就應該是人家的兒子』。昌邑王適合做昭帝的嗣子，便派遣宗正、大鴻臚、光祿大夫為使者，捧著使節徵召昌邑王來京主持喪事。昌邑王雖然身穿孝子的喪服，卻沒有悲哀之心，廢棄禮義，在來京途中不吃素食，派隨從官員搶掠民間女子裝在衣車裡，帶入所住的驛站客舍。初至京師，拜見了皇太后，被立為皇太子，就經常私下買雞、豬來吃。在大行皇帝靈前接受了皇帝信璽、行璽之後，回到守喪處所，打開了放御璽的匣子不及時封存。派遣隨從官員輪流拿著符節，帶著從昌邑國來的侍從、家臣、官奴二百多人進宮，經常和他們在宮禁遊戲。自己到保管符節璽印的官署拿了十六枚旄節，早晚到昭帝靈前哭祭時，令隨從官員輪流持節跟隨。他寫詔書說：『皇帝問候侍中君卿：派中御府令高昌送上黃金一千斤，賜與君卿娶十個妻子。』

大行皇帝的靈柩還在前殿，就取出樂府的樂器，將昌邑國的樂人帶入宮中，擊鼓奏樂，歌舞吹彈，表演雜戲。剛剛送葬回來，就到前殿去敲擊鐘磬，召來泰壹廟、宗廟的樂人，從輦道至上林苑的牟首池，一路上敲鼓吹彈歌舞，演奏各種樂曲。從長安廚中要來三副太牢，在閣道密室中祭祀，祭祀以後，跟隨從官一起大吃大喝。使用法駕儀仗，乘坐皮軒車，打著鸞旗，驅馳到北宮和桂宮，與野豬、老虎玩耍博鬥。調用皇太后乘坐的小馬車，讓官奴騎乘，遊戲於掖庭之中。與孝昭皇帝的宮女蒙等人淫亂，命令掖庭令：膽敢洩露此事，判處腰斬死刑。」

5 太后說：「停！為人臣子者能這樣忤逆淫亂嗎！」昌邑王離開自己的座位伏在地上。尚書令繼續宣讀奏書說：

6 「昌邑王拿出諸侯王、列侯、二千石級官員繫印的綬帶以及黑綬帶、黃綬帶，都交給昌邑國的郎官和免去了奴隸身分的人佩帶。擅自把符節上的黃旄改成紅色。拿出皇帝府庫中的金錢、刀劍、玉器和彩色絲織品，賞給跟他一起遊樂玩耍的人。和從官、官奴在深夜裡喝酒，沉迷於酒中。命令太官給他上皇帝平時吃的飲食。食監奏稱，沒有脫喪服不能進用平時的膳食，他就再次命令太官趕快置辦，不准告訴食監。太官不敢置辦，就讓從官出宮去買雞和豬，命令守衛殿門的人放行，定為常規。夜晚單獨在溫室殿安排九賓之禮，接待姊夫昌邑國關內侯。到宗廟祭拜祖宗的祭祀還沒有舉行，就寫璽書派遣使者持節出使，用三副太牢祭祀昌邑哀王的陵園寢廟，自稱嗣子皇帝。他接受御璽以來的二十七天，派出的使者往來不斷，持節到各官署下令徵用物品，總共一千一百二十七件事。文學光祿大夫夏侯勝等人和侍中傅嘉針對他的過失多次勸諫，他卻派人責問夏侯勝，把傅嘉關入監獄。他荒淫迷亂，失去了帝王應有的禮義，擾亂了漢朝的制度。臣楊敞等多次進諫，他根本不改正，而且一天比一天厲害，恐怕會危害國家，使天下不安。

7 「臣楊敞等慎重地和博士臣孔霸、臣雋舍、臣德、臣虞舍、臣射、臣后倉等商議，都說：『高皇帝建立開國功業尊稱為漢太祖，孝文皇帝慈仁節儉尊稱為太宗，現在陛下過繼為昭帝的後嗣，行為知識放蕩而不守法度。《詩經．大雅．抑》說：「假如說你不知禮，而你已身為人父有了兒子了。」五刑之類的刑法，沒有比

「不孝」罪更大的。周襄王不能揣摩後母的心意侍奉她，《春秋》說「周襄王出奔鄭國」，他因為不孝而離京逃往鄭國，就被天下人拋棄了。宗廟比皇帝更重要，陛下沒有祭拜高廟承受天命，不可以繼承皇統，奉祀祖宗祠廟，治理百姓，應當廢黜。』臣等請求有關官員御史大夫臣蔡誼、宗正臣劉德、太常臣蘇昌、和太祝用一副太牢的祭禮，祭告於高帝廟。臣楊敞等冒著死罪奏聞。」

8 皇太后下詔說：「准奏。」霍光讓昌邑王起來跪拜接受詔令，昌邑王說：「聽說天子如果有七位直言諫諍的大臣，即使無道也不至於失去天下。」霍光說：「皇太后已經下令廢了你，你哪裡還是什麼天子！」於是走向前抓起昌邑王的手，解下他佩帶的御璽，雙手捧著獻給太后，然後扶著昌邑王下殿，走出金馬門，群臣跟隨送行。昌邑王朝西跪拜，說：「我愚笨魯莽，不能勝任漢朝的大事。」起身坐上皇帝的副車。大將軍霍光一直將他送到昌邑王官邸，謝罪說：「王的行為自絕於上天，臣等怯懦無能，不能用死報答您的恩德。臣寧可辜負您，也不敢對不起國家。希望您愛惜自己，臣今後再也不能侍從在您的身邊了。」霍光流著眼淚離去。群臣上奏說：「古時候被廢黜放逐的人要流放到遠方，不准他參與政事，請求把昌邑王劉賀流放到漢中郡房陵縣。」太后詔令讓劉賀仍舊回昌邑封國，又賜給他湯沐邑二千戶。從昌邑來京的群臣因為沒有盡到輔導君王的職責，使昌邑王陷於邪惡而獲罪，霍光把這二百多人全殺了。這些人從監獄被押赴刑場處死時，在街上大聲哭喊道：「應當決斷時猶豫不決，反而被他殺害。」

1 光坐庭中，會丞相以下議定所立。廣陵王已前不用，及燕刺王反誅，其子不在議中。近親唯有衛太子孫號皇曾孫❶在民間，咸稱❷述焉。光遂復與丞相敞等上奏曰：「禮曰：『人道親親故尊祖，尊祖故敬宗❸。』大宗❹亡嗣，擇支❺子孫賢者為嗣。孝武皇帝曾孫病已❻，武帝時有詔掖庭養視，至今年十八，師受❼詩、論語、孝經，躬行❽節儉，慈仁愛人，可以嗣孝昭皇帝後，奉承祖宗廟，子萬姓。臣昧死以聞。」皇太后詔曰：「可。」光遣宗正劉德至曾孫家尚冠里❾，洗沐賜御衣❿，太僕以軨獵車⓫迎曾孫就齋⓬宗正府，入未央宮見皇太后，封為陽武侯⓭。已而⓮光奉上皇帝璽綬，謁于高廟，是為孝宣皇帝。明年，下詔曰：「夫褒有德，賞元功⓯，古今通誼也。大司馬大將軍光宿衛忠正，宣德明恩，守節秉誼，以安宗廟。其以河北⓰、東武陽⓱益封光萬七千戶。」與故所食凡二萬戶。賞賜前後黃金七千斤，錢六千萬，雜繒⓲三萬疋⓳，奴婢百七十人，馬二千疋，甲第⓴一區㉑。

2 自昭帝時，光子禹及兄孫雲㉒皆中郎將，雲弟山㉓奉車都尉侍中，領胡越兵㉔。光兩女壻㉕為東西宮㉖衛尉，昆弟㉗諸壻外孫皆奉朝請㉘，為諸曹大夫、騎都尉㉙、給事中。黨親連體㉚，根據㉛於朝廷。光自後元秉持㉜萬機，及上即位，迺歸政。上謙讓不受，諸事皆先關白㉝光，然後奏御㉞天子。光每朝見，上虛己斂容㉟，禮下㊱之已甚㊲。

3 光秉政前後二十年，地節二年㊳春病篤，車駕㊴自臨問光病，上為之涕泣。光上書謝恩曰：「願分國邑㊵三千戶，以封兄孫奉車都尉山為列侯，奉兄票騎將軍去病祀。」事下丞相御史，即日拜光子禹為右將軍。

4 光薨[41]，上及皇太后親臨光喪。太中大夫任宣[42]與侍御史[43]五人持節護喪事。中二千石治莫府冢上[44]。賜金錢、繒絮[45]，繡被百領[46]，衣五十篋[47]，璧[48]珠璣[49]玉衣[50]，梓宮[51]、便房[52]、黃腸題湊[53]各一具，樅木[54]外臧椁[55]十五具[56]。東園[57]溫明[58]，皆如乘輿制度[59]。載光尸柩以輼輬車[60]，黃屋左纛[61]，發材官[62]輕車[63]北軍[64]五校[65]士軍陳[66]至茂陵[67]，以送其葬。謚曰宣成侯。發三河[68]卒穿復土[69]，起冢祠堂[70]，置園[71]邑三百家，長丞[72]奉守如舊法。

5 既[73]葬，封山為樂平[74]侯，以奉車都尉領尚書事[75]。天子思光功德，下詔曰：「故大司馬大將軍博陸侯宿衛孝武皇帝三十餘年，輔孝昭皇帝十有餘年，遭大難[76]，躬[77]秉誼，率三公九卿大夫定萬世冊[78]以安社稷，天下蒸庶[79]咸以康寧。功德茂盛[80]，朕甚嘉之。復[81]其後世，疇其爵邑[82]，世世無有所與[83]，功如蕭相國[84]。」明年夏，封太子外祖父許廣漢[85]為平恩[86]侯。復下詔曰：「宣成侯光宿衛忠正，勤勞國家。善善[87]及後世，其封光兄孫中郎將雲為冠陽[88]侯。」

【章　旨】以上為〈霍光傳〉的第四部分，寫霍光擁立宣帝，使國家得以安定。他權勢日顯，地位益尊。遠親近戚均身居要職，結成黨羽，盤踞朝廷，根深蒂固。霍光前後執政二十餘年，病逝後，享受了與皇帝相同的隆重葬禮。

【注釋】❶皇曾孫　武帝的曾孫劉病已，後改名詢，即漢宣帝。❷稱　稱讚；稱道。❸人道親親二句　節引自《禮記・大傳》。親親，親愛自己的親族。祖，始祖。宗，世族的大宗。❹大宗　宗法社會以嫡系長房為「大宗」，餘子為「小宗」。此指武帝長子戾太子劉據。《漢書窺管》楊樹達按：「言此者，嫌于以戾太子為大宗，冤其死而立其後，故特明言支子以釋其嫌，文隱而志則顯也。」❺支　宗族的支系；旁支親屬。❻病已　漢宣帝即位前的名，即位後改名詢。卷八〈宣帝紀〉顏師古注曰：「蓋以夙遭屯難而多病苦，故名病已，欲其速差也。後以為鄙，更改諱詢。」❼師受　從師受業。❽躬行　身體力行；親身實行。❾尚冠里　里巷名。在長安南城。❿賜御衣　《漢書補注》引王念孫說，「賜御衣」當作「賜御府衣」，即把宮中府庫的衣服賜給劉病已。⓫軨獵車　射獵時使用的輕便小車。⓬齋　齋戒。此指病已在拜見皇太后之前，沐浴更衣，不喝酒，不吃葷，以示虔誠莊敬。⓭封為陽武侯　漢制，庶人不得為皇帝，故先封劉詢為侯。陽武，縣名。在今河南原陽東南。⓮已而　不久。⓯元功　首功。⓰河北　縣名。在今山西芮城西北。⓱東武陽　縣名。在今山東莘縣南。⓲雜繒　雜色絲織品。⓳疋　即匹。四丈為一匹。⓴甲第　上等住宅。第，住宅。㉑一區　一所。㉒兄孫雲　霍去病的孫子霍雲。㉓山　霍山。霍去病的孫子。㉔胡越兵　由歸附外族組成的軍隊。胡，指北方的部族，主要指匈奴。越，主要指南方的越族。㉕光兩女壻　霍光的兩個女婿。范明友為長樂宮衛尉，鄧廣漢為未央宮衛尉。㉖東西宮　東宮指皇太后所居長樂宮，西宮指皇帝所居未央宮。㉗昆弟　兄弟。㉘奉朝請　漢代朝廷給予退休大臣、列侯、皇族、外戚的一種政治優待。他們以奉朝請的名義參加朝會，以示尊寵。㉙騎都尉　官名。統領護衛皇帝的騎兵。㉚黨親連體　指姻親同宗結成集團。㉛根據　盤據。如樹木一樣紮根深固。㉜秉持　操持；把持。㉝關白　請示；報告。㉞奏御　上奏帝王。㉟虛己斂容　謙虛嚴肅，以示恭敬。㊱下　謙下；謙恭。㊲甚　太。表程度。㊳地節二年　西元前六八年。地節，漢宣帝的年號，西元前六九－前六六年。㊴車駕　代指皇帝。㊵國邑　指霍光博陸侯國的封邑。㊶薨　古代稱諸侯之死。後世有封爵的大官之死也稱薨。㊷任宣　霍光的親信。㊸侍御史　官名。簡稱御史。西漢為御史大夫屬官，隸御史中丞。執掌察舉官吏違失及非法，兼掌律令、刻印、齋祀和廄馬、護駕等事宜。或奉旨安撫郡國，持節為大臣典護喪事，收縛、考問有罪官吏。㊹治莫府冢上　在墓地設立辦理喪事的幕府。莫，通「幕」。㊺繒絮　絲綢絲綿。㊻領　量詞。㊼篋　箱。㊽璧　圓形的玉。㊾珠璣　寶珠；珠寶。璣，不圓的珠子。㊿玉衣　即金縷玉衣，又稱玉匣。衣以金絲連綴玉片而成，用以包裹屍體。(51)梓宮　本指皇帝、皇后的棺材。用梓木製作，霍光用天子之制，故亦稱梓宮。(52)便房　古代帝王、諸侯王等墓葬中象徵生人臥居之處的建築，棺木即置其中。重臣死後，亦有受賜而享此殊遇者。(53)黃腸題湊　用黃心柏木壘成的槨室。因是黃心柏木，故稱「黃腸」，木頭皆向內為槨蓋，故稱「題湊」。題，物體開端的部分。湊，聚合。54楤木　冷杉。材質輕軟。55外臧椁　指黃腸題湊外之外槨。貴族墳墓有外藏與正藏之分，正藏是死者置棺之地，外藏為殉葬的人或器物安放之所。臧，通「藏」。椁，外棺。56十五具　指楤木板十五塊。57東園　官署名。屬少府。掌置辦喪葬器物。58溫明　葬器名。放在屍體上的漆方桶。內置鏡。59乘輿制度　意謂霍光的葬禮與皇帝葬禮的制度一樣。乘輿，皇帝車駕，此代指天子。60輼輬車　原是有遮蓋的臥車，有窗可調節溫度，故稱輼輬。後用作喪車。61黃屋左纛　是皇帝乘輿之制。黃屋，古代帝王專用的黃繒車蓋。以黃綢作蓋裡。左纛，古代皇帝乘輿上的飾物，以犛牛尾或雉尾製成，設在車衡左邊或左騑上。62材官　步兵。63輕車　戰車兵。64北軍　漢代居於城北的中央禁軍。有時充任皇帝出殯的儀仗隊。65五校　五營。校，漢代軍營的一種建制。66軍陳　軍隊排列成行。陳，通「陣」。排列；列陣。67茂陵　漢武帝陵。在今陝西興平東北。霍光墓在興平茂陵鎮。68三河　漢時指河內（治懷縣，今河南武陟西南）、河東（治安邑，今山西夏縣西北）、河南（治洛陽，今河南洛陽東北）三郡。69穿復土　挖墓穴和聚土築墳。70起冢祠堂　在墓地建造祠堂。71園　陵園。指霍光墓地。72長丞　指園邑的正副主管官員。73既　已經。74樂平　縣名。在今山東聊城西。75領尚書事　官名。即以他官兼領尚書政事。始於西漢昭帝時。此職位尊權重。76遭大難　指昭帝早死和昌邑王即位後淫亂無道。77躬　親自；親身。78萬世冊　指廢昌邑王和立宣帝之事。冊，通「策」。79蒸庶　民眾；百姓。蒸，同「烝」。眾；多。80茂盛　形容德行卓著。81復　免除賦稅徭役。82疇其爵邑　言不遞減封爵食邑。漢制，功臣封邑每傳一代，封戶減少十分之二。疇，等同。83無有所與　言不出租賦，不事徭役。84蕭相國　即蕭何（西元前？—前一九三年），秦末泗水郡沛縣（今屬江蘇）人。詳見卷三十九〈蕭何傳〉。85許廣漢　（西元前？—前六一年），昌邑（今山東巨野）人。宣帝許皇后之父。曾為昌邑王郎，因坐法腐刑，為暴室嗇夫。宣帝養育宮中時，曾與之同舍居，因以女妻之。86平恩　縣名。在今河北曲周東南。87善善　褒揚善者。前一個「善」字用作動詞，讚許、褒揚。88冠陽　今地不詳。

【語　譯】霍光坐在朝堂上，召集丞相以下官員商議立誰做皇帝。廣陵王以前已經不被信用，還有燕刺王劉旦因謀反自殺，他的兒子也不在討論之列。昭帝的近親中，只有衛太子的孫子號稱「皇曾孫」的在民間，人們都稱讚他。霍光於是又和丞相楊敞等人上奏皇太后說：「《禮記・大傳》上說：『做人的道理是，人們總是親愛自己的父母，所以才尊敬自己的始祖；因為尊敬自己的始祖，所以也敬重家族的大宗。』大宗沒有後代，就選擇同族近支子孫中賢能的人做繼承人。孝武皇帝的曾孫名叫病已，武帝在世時有詔，命掖庭撫養照顧，他現在已經十八歲了，跟著老師學習了《詩經》、《論語》和《孝經》，為人節儉樸實，仁慈愛人，可以做孝昭皇帝的繼承人，奉承祖宗祠廟，治理萬民。臣等冒著死罪稟奏。」皇太后下詔說：「准奏。」霍光派宗正劉德到長安尚冠里的皇曾孫家，讓他洗了澡，又賜給他宮中府庫的衣服穿，太僕用輕便小車迎接皇曾孫到宗正府齋戒，然後進未央宮拜見了皇太后，封皇曾孫為陽武侯。不久，霍光捧著皇帝御璽獻給皇曾孫，又去拜謁了高祖廟，這就是漢宣帝。第二年，宣帝下詔說：「表彰有德的人，獎賞立大功的人，這是古今共同的道理。大司馬大將軍霍光多年宿衛宮廷，忠心耿耿正直無私，宣揚闡明皇家恩德，謹守節操堅持正義，從而安定了漢室江山。把河北、東武陽兩縣的一萬七千戶加封給霍光。」與霍光原來的封邑合起來共計二萬戶。前後共賞賜霍光黃金七千斤，銅錢六千萬，雜色絲織品三萬匹，奴婢一百七十人，馬二千匹，上等住宅一所。

2 從昭帝時起，霍光的兒子霍禹和霍光哥哥的孫子霍雲都擔任中郎將，霍雲的弟弟霍山任奉車都尉侍中，統領歸附胡人、越人組成的軍隊。霍光的兩個女婿是東西兩宮的衛尉，霍家兄弟的女婿、外孫都享有「奉朝請」的殊榮，分別擔任諸曹大夫、騎都尉、給事中等。霍光的親戚族人連成一體，根深蒂固地盤據於朝廷之中。霍光從武帝後元年間開始把持朝政，直到宣帝繼位，才把政權交給宣帝。宣帝謙讓不肯接受，一切事情都先報告霍光，然後呈奏天子。霍光每次朝見，宣帝都虛心肅容，對霍光十分謙恭有禮。

3 霍光執政前後共二十年，地節二年春天病重，宣帝親自登門探問霍光病情，宣帝為其病情沉重而流了淚。霍光上書謝恩說：「希望從臣的封邑中分出三千戶，把它封臣哥哥的孫子奉車都尉霍山為列侯，以供奉臣哥哥驃騎將軍霍去病的祭祀。」宣帝將此事交給丞相、御史大夫辦理，當天任命霍光的兒子霍禹為右將軍。

4 霍光病逝，皇上和皇太后親臨霍府弔喪。太中大夫任宣和五名侍御史持節護理喪事。中二千石級官員在墓地設置了喪事辦理機構。宣帝賜給金錢、絲綢絲綿，繡被一百領，衣服五十箱，金縷玉衣，梓木棺材、楩木套棺、黃心柏木疊成的槨室各一副，樅木外藏槨十五具。東園溫明祕器等隨葬物品，都與皇帝葬禮的規格一樣。用輼輬車運送霍光的靈柩，黃綾車蓋，左邊車衡上插有裝飾了羽毛的大旗。調遣步兵、戰車兵、北軍五個營的士兵列隊直到茂陵，為霍光送葬。霍光的謚號稱宣成侯。又徵調河東、河內、河南三郡的士卒為霍光掘土築墳，在墓地建造祠堂，在墓地附近安置了護陵的人家三百戶，守陵的正副長官按照舊例守護奉祀陵墓。

5 葬禮結束後，封霍山為樂平侯，以奉車都尉領尚書事。宣帝思念霍光的功德，下詔說：「前大司馬大將軍博陸侯在宮中護衛孝武皇帝三十多年，輔佐孝昭皇帝十幾年，遭遇國家大難，他勉力躬行，主持正義，率領三公、九卿、大夫們決定萬世長策，安邦定國，天下百姓都因此而康樂安寧。他功高德著，朕非常嘉慰。免除他後代子孫的賦役，永遠不減少他的封爵食邑，世世代代不出租賦，不事徭役，功勳比照蕭相國。」第二年夏天，宣帝封太子的外祖父許廣漢為平恩侯。又下詔說：「宣成侯霍光做宮中侍衛忠心正直，為國家辛勤操勞。應當褒獎功臣的後代，賜封霍光的哥哥的孫子中郎將霍雲為冠陽侯。」

1 禹既嗣為博陸侯，太夫人❶顯❷改光時所自造塋❸制而侈大❹之。起三出闕❺，築神道❻，北臨昭靈❼，南出承恩❽，盛飾祠室，輦閣❾通屬❿永巷⓫，而幽⓬良人⓭婢妾守之。廣治第室⓮，作乘輿輦⓯，加畫繡絪⓰馮⓱，黃金塗⓲，韋絮薦輪⓳，侍婢以五采絲輓⓴顯，游戲第中。初，光愛幸監奴㉑馮子都㉒，常與計事，及顯寡居，與子都亂㉓。而禹、山亦並繕治第宅，走馬馳逐平樂館㉔。雲當朝請㉕，數稱病私出，多從賓客，張圍獵黃山㉖苑中，使蒼頭奴㉗上朝謁㉘，莫敢譴者。而顯及諸女，晝夜出入長信宮㉙殿中，亡期度㉚。

2 宣帝自在民間聞知霍氏尊盛日久，內不能善。光薨，上始躬親朝政，御史大夫魏相[31]給事中。顯謂禹、雲、山：「女曹[32]不務[33]奉大將軍餘業，今大夫給事中，他人壹間[34]，女能復自救邪？」後兩家[35]奴爭道，霍氏奴入御史府，欲蹋[36]大夫門，御史[37]為叩頭謝，迺去。人以謂霍氏，顯等始知憂。會魏大夫為丞相，數燕見[38]言事。平恩侯[39]與侍中金安上[40]等徑[41]出入省中[42]。時霍山自若[43]領尚書，上令吏民得奏封事[44]，不關[45]尚書，群臣進見獨[46]往來，於是霍氏甚惡[47]之。

3 宣帝始立，微時[48]許妃[49]為皇后。顯愛小女成君，欲貴之，私使乳醫[50]淳于衍[51]行毒藥殺許后，因勸光內成君，代立為后。語在外戚傳。始許后暴崩，吏捕諸醫，劾[52]衍侍疾亡狀[53]不道[54]，下獄。吏簿問[55]急，顯恐事敗，即具以實語光。光大驚，欲自發舉，不忍，猶與[56]。會[57]奏上，因[58]署[59]衍勿論[60]。光薨後，語稍[61]泄。於是上始聞之而未察，迺徙光女壻度遼將軍未央衛尉平陵[62]侯范明友為光祿勳[63]，次壻諸吏[64]中郎將羽林監[65]任勝出為安定[66]太守。數月，復出光姊壻給事中光祿大夫張朔為蜀郡[67]太守，群孫壻[68]中郎將王漢為武威[69]太守。頃之，復徙光長女壻長樂衛尉鄧廣漢為少府[70]。更以禹為大司馬，冠小冠[71]，亡印綬[72]，罷其右將軍屯兵[73]官屬[74]，特使禹官名與光俱大司馬者[75]。又收范明友度遼將軍印綬，但為光祿勳。及光中女壻趙平為散騎[76]騎都尉[77]光祿大夫將屯兵，又收平騎都尉印綬。諸領胡越騎、羽林及兩宮衛將屯兵，悉易以所親信許、史[78]子弟代之。

4 禹為大司馬，稱病。禹故長史任宣候問[79]，禹曰：「我何病？縣官[80]非我家將軍不得至是[81]，今將軍墳墓未乾[82]，盡外[83]我家，反任許、史，奪我印綬，令人不省死[84]。」宣見禹恨望[85]深，迺謂曰：「大將軍時[86]何可復行！持國權柄，殺生[87]在手中。廷尉李种[88]、王平[89]、左馮翊賈勝胡[90]及車丞相[91]女壻少府徐仁[92]皆坐逆將軍意下獄死。使樂成[93]小家子[94]得幸將軍，至九卿封侯。百官以下但事馮子都、王子方[95]等，視丞相亡如[96]也。各自有時，今許、史自天子骨肉，貴正宜耳。大司馬欲用是[97]怨恨，愚以為不可。」禹默然。數日，起視事[98]。

5 顯及禹、山、雲自見日侵削[99]，數相對啼泣，自怨。山曰：「今丞相用事[100]，縣官信之，盡變易大將軍時法令，以公田賦與貧民[101]，發揚[102]大將軍過失。又諸儒生多窶人子[103]，遠客饑寒，喜妄說狂言，不避忌諱，大將軍常讎[104]之，今陛下好與諸儒生語，人人自使書封事，多言我家者。嘗有上書言大將軍時主弱臣強，專制擅權，今其子孫用事，昆弟益驕恣[105]，恐危宗廟，災異數見，盡為是也。其言絕痛，山屏[106]不奏其書。後上書者益黠[107]，盡奏封事，輒下中書令[108]出取之，不關尚書，益不信人[109]。」顯曰：「丞相數言我家，獨[110]亡罪乎？」山曰：「丞相廉正，安得罪？我家昆弟諸壻多不謹。又聞民間讙言[111]霍氏毒殺許皇后，寧[112]有是邪？」顯恐急，即具以實告山、雲、禹。山、雲、禹驚曰：「如是，何不早告禹等！縣官離散斥逐諸壻，用是故[113]也。此大事，誅罰不小，奈何？」於是始有邪謀矣。

6 初，趙平客[114]石夏善為天官[115]，語平曰：「熒惑守御星[116]，御星，太僕奉車都尉也，不黜則死。」平內憂山等。雲舅李竟所善張赦見雲家卒卒[117]，謂竟曰：「今丞相與平恩侯用事，可令太夫人言太后[118]，先誅此兩人。移徙[119]陛下，在太后耳。」長安男子張章告之[120]，事下廷尉。執金吾捕張赦、石夏等，後有詔止勿捕。山等愈恐，相謂曰：「此縣官重[121]太后，故不竟[122]也。然惡端已見，又有弒[123]許后事，陛下雖寬仁，恐左右不聽，久之猶發，發即族[124]矣，不如先[125]也。」遂令諸女各歸報其夫，皆曰：「安所相避[126]？」

7 會李竟坐與諸侯王交通[127]，辭[128]語及[129]霍氏，有詔雲、山不宜宿衛，免就第[130]。光諸女遇太后無禮[131]，馮子都數犯法，上并以為讓[132]，山、禹等甚恐。顯夢第中井水溢流庭下，竈居樹上，又夢大將軍謂顯曰：「知捕兒不[133]？亟下捕之[134]。」第中鼠暴多，與人相觸，以尾畫地。鴞[135]數鳴殿[136]前樹上。第門自壞。雲尚冠里宅中門亦壞。巷端人共見有人居雲屋上，徹[137]瓦投地，就視，亡有，大怪之。禹夢車騎聲正讙來捕禹，舉家憂愁。山曰：「丞相擅減宗廟羔、菟[138]、鼃，可以此罪[139]也。」謀令太后為博平君[140]置酒，召丞相、平恩侯以下，使范明友、鄧廣漢承太后制引斬之，因[141]廢天子而立禹。約定未發，雲拜為玄菟[142]太守，太中大夫任宣為代郡[143]太守。山又坐寫[144]祕書[145]，顯為上書獻城西第，入馬千匹，以贖山罪。書報聞[146]。會事發覺，雲、山、明友自殺，顯、禹、廣漢等捕得。禹要斬，顯及諸女昆弟[147]皆棄市[148]。唯獨霍后[149]廢處昭臺宮[150]。與霍氏相連坐[151]誅滅者數千家。

8 上迺下詔曰：「迺者[152]東織室令史[153]張赦使魏郡[154]豪[155]李竟報[156]冠陽侯雲謀為大逆[157]，朕以大將軍故，抑而不揚，冀[158]其自新[159]。今大司馬博陸侯禹與母宣成侯夫人顯及從昆弟[160]子冠陽侯雲、樂平侯山諸姊妹壻謀為大逆，欲詿誤[161]百姓。賴宗廟神靈，先發得[162]，咸伏其辜[163]，朕甚悼之。諸為霍氏所詿誤，事在丙申[164]前，未發覺在吏者[165]，皆赦除[166]之。男子張章先發覺，以語[167]期門董忠，忠告左曹[168]楊惲[169]，惲告侍中金安上。惲召見對狀[170]，後章上書以聞。侍中史高與金安上建[171]發[172]其事，言無入[173]霍氏禁闥，卒不得遂[174]其謀，皆讎[175]有功。封章為博成侯[176]，忠高昌[177]侯，惲平通侯[178]，安上都成侯[179]，高樂陵[180]侯。」

9 初，霍氏奢侈，茂陵徐生曰：「霍氏必亡。夫奢則不遜[181]，不遜必侮上。侮上者，逆道[182]也。在人之右[183]，眾必害[184]之。霍氏秉權日久，害之者多矣。天下害之，而又行以逆道，不亡何待！」迺上疏言：「霍氏泰盛[185]，陛下即[186]愛厚之，宜以時[187]抑制，無使至亡。」書三上，輒報聞。其後霍氏誅滅，而告霍氏者皆封。人為徐生上書曰：「臣聞客有過[188]主人者，見其竈直突[189]，傍有積薪，客謂主人，更為曲突[190]，遠徙其薪，不者且有火患。主人嘿[191]然不應。俄而[192]家果失火，鄰里共救之，幸而得息。於是殺牛置酒，謝其鄰人，灼爛者[193]在於上行[194]，餘各以功次坐，而不錄言[195]曲突者。人謂主人曰：『鄉使[196]聽客之言，不費牛酒，終亡火患。今論功而請賓，曲突徙薪[197]亡恩澤，燋頭爛額為上客耶？』主人迺寤[198]而請之。今茂陵徐福數上書言霍氏且有變，宜防絕[199]之。鄉使福說得行，則國無裂土出爵之費，臣亡逆亂誅滅之敗。往事既已，而福獨不蒙[200]其功，唯陛下察之，貴徙薪曲突之策，使居焦髮灼爛之右。」上迺賜福帛十疋[201]，後以為郎。

10 宣帝始立，謁見高廟，大將軍光從驂乘[202]，上內嚴[203]憚之，若有芒刺在背[204]。後車騎將軍張安世代光驂乘，天子從容肆體[205]，甚安近[206]焉。及光身死而宗族竟誅，故俗傳之曰：「威震主者不畜[207]，霍氏之禍萌[208]於驂乘。」

11 至成帝時，為光置守冢百家，吏卒奉祠(209)焉。元始二年(210)，封光從父昆弟(211)曾孫陽為博陸侯，千戶。

【章旨】以上為〈霍光傳〉的第五部分，寫霍光死後，霍家驕奢放縱。宣帝對霍氏長期尊盛不以為然，後又聽說霍顯毒死許后，乃採納魏相的建議，削奪霍家權力。霍家見權勢被奪，又恐宣帝追究許后被毒事，遂密謀發動政變，廢黜宣帝，立霍禹為帝。尚未發動，即被人告發，自武帝以來貴盛一時的霍氏家族遭到滅族之禍，受霍家牽連被誅滅者數千家。

【注釋】❶太夫人　漢制，列侯之妻稱夫人，母親稱太夫人。❷顯　霍光妻子之名。❸塋　墓地。❹侈大　擴大。❺三出闕　墓前有三個門的石闕。❻神道　墓前的通道。❼昭靈　館名。在茂陵。❽承恩　館名。在茂陵。❾輦閣　通車輦的閣道。❿屬　接連。⓫永巷　指陵墓上的長巷。⓬幽　禁閉。⓭良人　平民。⓮第室　猶宅第。⓯作乘輿輦　仿製帝王后妃乘坐的輦車。⓰絪　車上的坐墊。⓱馮　「憑」的古字。指所靠之物。車上的靠背、扶手。⓲塗　塗飾；裝飾。⓳韋絮薦輪　用熟牛皮和絲絮包裹車輪，以減輕行車時的震動。韋，熟製的皮革。絮，絲綿絮。薦，襯墊。⓴輓　拉；牽引。㉑監奴　管家。顏師古注曰：「監奴，謂奴之監知家務者也。」㉒馮子都　名殷。古詩〈羽林郎〉記載有他的劣跡：「昔有霍家奴，姓馮名子都，依倚將軍勢，調戲酒家胡。」㉓與子都亂　霍光前妻為東閭氏，生女嫁上官安，後生昭帝上官皇后。東閭氏死後，顯由婢妾轉為正室，寡居後一直與馮子都私通。㉔平樂館　是上林苑中的跑馬場。㉕朝請　此指外戚定期朝見皇帝和太后。㉖黃山　宮名。故址在今陝西興平西南。㉗蒼頭奴　頭包青巾的奴僕。㉘謁　晉見；拜見。㉙長信宮　當時是霍光外孫女上官太后居住的宮殿。在長安城內東南角。㉚亡期度　沒有時間、次數限制。㉛魏相　（西元前？—前五九年），字弱翁，濟陰郡定陶（今山東定陶）人。詳見卷七十四〈魏相傳〉。㉜女曹　你們。女，通「汝」。你。曹，輩。㉝務　致力。㉞間　離間。㉟兩家　謂霍氏及御史家。㊱蹋　踢。㊲御史　此指魏相的屬下侍御史。㊳燕見　指帝王閒暇時召見。燕，通「宴」。閒暇。㊴平恩侯　許廣漢。㊵金安上　（西元前？—前五六年），字子侯，西漢人。父倫，本匈奴休屠王子，武帝元狩中與兄日磾俱降漢。㊶徑　直接。㊷省中　宮中。㊸自若　仍然；照舊。㊹封事　密封的奏章，不經尚書審閱，直接呈奏皇帝。㊺關　通過。㊻獨單獨；獨自。(47)惡　厭惡；憎惡。(48)微時　微賤之時，即未即位時。(49)許妃　即許皇后（西元前？—前七一年），許廣漢之女平君，昌邑（今山東巨野）人。詳見卷九十七〈孝宣許皇后傳〉。(50)乳醫　婦產科醫生。(51)淳于衍　姓淳于，名衍。女醫生。(52)劾　檢舉揭發罪狀。(53)亡狀　無善狀，即表現惡劣。亡，通「無」。(54)不道　行事不軌，不符合封建道德標準。(55)簿問　拿著簿籍審問。(56)猶與　通「猶豫」。猶疑不決。(57)會　恰巧；正好。(58)因　乘機。(59)署　批示。(60)勿論　不追究。(61)稍　逐漸。(62)平陵　縣名。西漢五陵縣之一。漢昭帝築陵置縣。治今陝西咸陽西北。(63)光祿勳　官名。本名郎中令，漢承秦置。執掌宮殿門戶宿衛。漢武帝太初元年（西元前一〇四年）更名光祿勳，秩中二千石，位列九卿。職司範圍有所擴大。(64)諸吏　加官名。得檢舉不法。(65)中郎將羽林監　掌管羽林軍的長官。(66)安定　郡名。治高平，今寧夏固原。(67)蜀郡　郡名。治成都，今屬四川。(68)群孫壻　猶言「諸孫婿」。(69)武威　郡名。治姑臧，今甘肅武威。(70)少府　指長信少府。(71)冠小冠　漢制，大司馬冠武弁大冠。此時讓霍氏冠小冠，顯然貶之。(72)亡印綬　無印綬則無實權。(73)屯兵　守衛的兵。(74)官屬　屬下官吏。(75)特使句　此句意謂霍禹被罷去兵權，只有大司馬之虛名。特，僅僅；只是。(76)散騎　漢代加官。掌顧問應對。屬中朝官。(77)騎都尉　官名。統領護衛皇帝的騎兵。(78)許史　指宣帝皇后許氏之親屬和宣帝祖母史良娣之親屬。官職的大調動，意在分散霍氏勢力及削奪其兵權。(79)候問　問候；探望。(80)縣官　指皇帝。(81)至是　至此，指做皇帝。(82)墳墓未乾　言人才死不久。(83)外疏遠；排斥。(84)不省死　至死不明。不省，不明白；不理解。(85)恨望　怨望；怨恨。(86)大將軍時　指霍光位高權盛的時期。(87)殺生　生殺大權。(88)李种　一作「李仲」，字季主，洛陽人。始元元年為廷尉，因故縱死罪，始元五年下獄死。(89)王平　齊人，昭帝時任廷尉。被霍光腰斬。(90)賈勝胡　昭帝時任左馮翊，因包容桑弘羊之子桑遷，元鳳三年棄市。(91)車丞相　車千秋，本姓田，詳見卷六十六〈車千秋傳〉。(92)徐仁　字中孫，齊人。昭帝時任少府，因包容桑弘羊之子桑遷，元鳳元年被霍光逼迫自殺。王平、徐仁案件，詳見卷六十〈杜周傳附杜延年傳〉。(93)使樂成　即史樂成。(94)小家子　出身低微的人。(95)王子方　霍光家奴。(96)亡如　蔑視；無視。(97)用是　因此。(98)視事　指官吏到職辦公。(99)侵削　侵奪；削奪。(100)用事　執政；當權。(101)以公田賦與貧民　意謂將公田分給貧民耕種。賦，給予；授予。(102)發揚　宣揚；張揚。(103)窶人子　出身貧窮的人。窶，貧而無禮。(104)讎　仇視；嫉恨。(105)驕恣　驕縱；驕傲自大，放縱專橫。(106)屏　同「摒」。摒棄；擱置。(107)黠　狡猾。(108)中書令　官名。即中書謁者令，掌管尚書事務的宦官。(109)益不信人　越來越不相信人（霍山）。(110)獨　難道。(111)讙言　議論紛紛。讙，通「喧」。喧議。(112)寧　難道。(113)用是故　因這個緣故。(114)客　門客。(115)天官　天文；天象；觀察天象預測吉凶。(116)熒惑守御星　火星停留在御星旁。熒惑，即火星。守，犯。御星，又稱「鉤鈐」，屬房宿。房宿今屬天蠍星座。古人認為，御星象徵為天子駕車者，熒惑守御星，太僕或奉車都尉不黜即死。霍山時為奉車都尉，故趙平憂之。(117)卒卒　惶惶不安的樣子。
(118)太后　指昭帝上官皇后，此時已尊為太皇太后。(119)移徙　廢黜、放逐的委婉說法。(120)張章告之　褚先生補《史記・建元以來侯者年表》引《後續記》云：張章，故潁川人。為長安亭長，失官，之北闕上書，寄宿霍氏第舍，臥馬櫪間，夜聞養馬奴相與語，言霍氏子孫欲謀反狀，因上書告反。(121)重　難；礙難。(122)竟　謂窮竟其事。追根究底。(123)弒　以臣殺君曰「弒」。
(124)族　滅族。(125)先　先謀反。(126)安所相避　意謂走投無路，只有鋌而走險。安所，何處。(127)交通　勾結；串通。(128)辭　供詞。
(129)及　連及；牽連。(130)就第　指免職回家。(131)光諸女遇太后無禮　顏師古注引服虔曰：「光諸女自以于上官太后為姨母，遇之無禮。」遇，對待。(132)并以為讓　言以諸事一併責備。讓，責備。(133)知捕兒不　言知將捕兒否。不，通「否」。(134)亟下捕之　言即將下詔捕之。亟，急。(135)鴞　鴟鴞，即貓頭鷹。古人以為不祥之物。(136)殿　上屋。古時室屋高大，則通呼為殿，非止天子宮中。其語亦見〈黃霸傳〉。(137)徹　發。(138)菟　通「兔」。(139)以此罪　顏師古注引如淳曰：「高后時定令，敢有擅議宗廟者，棄市。」羔、兔、蛙均為宗廟祭品，數量有所規定。丞相魏相擅自減少，故可問罪。(140)博平君　宣帝的外祖母王媼，地節四年封。博平，縣名。在今山東茌平西北。(141)因　乘機。(142)玄菟　郡名。治高句麗，在今遼寧新賓西南。(143)代郡　郡名。治代縣，在今河北蔚縣東北。(144)寫　洩漏；洩露。(145)祕書　祕密文書或檔案。(146)書報聞　言已報送皇帝得知。實際上是「不准」。顏師古注曰：「不許之。」(147)昆弟　顯的兄弟。(148)棄市　棄之於市。謂處死刑。(149)霍后　即霍光小女兒霍成君。詳見卷九十七〈孝宣霍皇后傳〉。(150)昭臺宮　在上林苑。(151)連坐　一人犯法，其家屬、親族等連帶受罰。(152)迺者　從前。(153)東織室令史　顏師古注引應劭曰：「舊時有東西織室，織作文繡郊廟之服。令史，其主者吏。」(154)魏郡　郡名。漢高帝十二年置。治鄴縣，今河北臨漳西南。(155)豪　舊指有錢有勢或依仗權勢橫行不法的人。(156)報　傳言；串通。(157)大逆　封建時代稱危害君父、宗廟、宮闕等罪行為「大逆」。為「十惡」之一。(158)冀　希望。(159)自新　自己改正錯誤，重新做人。(160)從昆弟　堂兄弟。
(161)詿誤　欺矇牽連他人犯罪。詿，連累；貽誤。(162)先發得　言事先發覺而捕得。(163)伏其辜　承擔自己的罪責受誅。辜，罪。
(164)丙申　干支紀日的日期。指漢宣帝地節四年（西元前六六年）夏曆七月十八日。(165)未發覺在吏者　未發覺罪行而被官吏立案審查者。(166)赦除　赦免。(167)語　告訴。(168)左曹　加官。《漢舊儀》曰：「左曹，日上朝謁，秩二千石。」(169)楊惲　（西元前？—前五四年），字子幼，華陰（今屬陝西）人。丞相楊敞次子，司馬遷的外孫。詳見卷六十六〈楊惲傳〉。(170)對狀　當面陳述事狀。(171)建　立。立意；決意。(172)發　揭發。(173)入　納。(174)遂　成。(175)讎　等；相類。(176)博成侯　食邑在淮陰，今江蘇淮陰西南。(177)高昌　縣名。在今山東博興西南。(178)平通侯　食邑在博陽，今河南商水縣東南。(179)都成侯　食邑在廩丘，今山東鄆城西北。(180)樂陵　縣名。在今山東樂陵東南。(181)奢則不遜　用語本於《論語・述而》。遜，謙遜；恭順。(182)逆道　叛逆之道。(183)右　上。此時以右為尊，為上。(184)害　嫉恨。(185)泰盛　指權勢太盛。泰，通「太」。過分。(186)即　假若。(187)以時　及時；及早。(188)過　來訪；前往拜訪；探望。(189)直突　直的煙囪。(190)曲突　彎曲的煙囪。(191)嘿　同「默」。(192)俄而　不久；一會兒。(193)灼爛者　被燒傷的人。(194)上行　上座。(195)錄言　記錄談論。(196)鄉使　假使；假如。鄉，通「向」。(197)曲突徙薪　《藝文類聚》卷八十引漢桓譚《新論》記載，淳于髡與其鄰居有相同之事，淳于髡是建言者，鄰居為失火的主人。後用以比喻事先採取措施，防患於未然。(198)寤　通「悟」。覺悟；認識到。(199)防絕　提防並杜絕。(200)蒙　受。(201)十疋　《漢書補注》引王念孫曰：「告霍氏者皆封侯，而徐福僅賜帛十匹，而輕重相去太遠。『十匹』當為『千匹』。」《漢紀》、《太平御覽・居處部十四》引此均作「千匹」。疋，又作「匹」。量詞，一匹四丈。(202)驂乘　亦作「參乘」。陪乘或陪乘的人。古時乘車，尊者在左，御者在中，又一人在右，稱車右或驂乘。負責警衛。(203)嚴　怕；害怕。(204)芒刺在背　形容極度不安。芒刺，草木上的小刺。(205)從容肆體　身體舒展，毫無拘束之意。肆，舒展。(206)近　親近。(207)畜　容留。(208)萌　萌芽；萌生。(209)奉祠　祭祀。(210)元始二年　西元二年。元始，漢平帝的年號，西元一—五年。(211)從父昆弟　堂兄弟。從父，叔父或伯父。昆，兄。

【語　譯】霍禹承襲博陸侯爵位後，霍光之妻太夫人顯修改霍光生前自己設計的陵墓，將其擴建得奢侈宏大。墓前三個出口處兩側都建起石闕，修築神道，北接昭靈館，南抵承恩館，祠堂屋室裝飾得華貴富麗，能通行輦車的空中閣道連接到墓穴裡的長巷，還幽禁了一些良人婢妾在這裡守陵。廣建府第住宅，仿造帝王后妃乘坐的輦車，車墊、靠背、扶手上都用繪畫刺繡裝飾，用黃金塗飾，以熟牛皮、絲絮包裹車輪，侍女用五彩絲繩拉著霍顯的輦車在府中遊戲。當初，霍光愛幸管家馮子都，經常同他商議事情，等到霍顯寡居，便與馮子都私通。而霍禹、霍山也都大肆修繕興建府第，到平樂館賽馬馳逐。霍雲到應該去朝見皇帝和太后時，屢屢藉口有病私自外出，帶著很多賓客，到黃山苑張圍打獵，讓官奴代他上朝謁見，沒有人敢譴責。而霍顯和女兒們，不論白天黑夜，隨便出入長信宮各個宮殿，沒有時間、次數限制。

2 宣帝在民間時，就聽說霍家位高勢盛已經很久了，內心認為不好。霍光去世後，皇上才親自主持朝政，授予御史大夫魏相給事中官銜。霍顯對霍禹、霍雲、霍山說：「你們不致力於鞏固大將軍留下的事業，現在御史大夫做給事中，如果有人一挑撥離間，你們還能拯救自己嗎？」後來，霍家與魏家的奴僕爭搶道路，霍家的奴僕闖到御史府，揚言要踢爛御史大夫府門，一個侍御史給他們叩頭謝罪，他們才罷休離去。有人將此事告訴了霍家，霍顯等人才知道擔憂。正好魏相做了丞相，多次在皇上閒暇時進見談論政事。平恩侯許廣漢與侍中金安上等人也可以直接出入宮禁。這時霍山仍舊管理尚書事務，皇上命令官吏百姓可以上奏密封奏章，不通過尚書，大臣們進見皇上可以單獨來往，對此霍家非常憎惡。

3 宣帝剛即位時，他在民間時所娶的許妃為皇后。霍顯疼愛自己的小女兒霍成君，想使她尊貴，暗中指使婦產科醫生淳于衍用毒藥害死了許皇后，乘機勸霍光送霍成君入宮，接替許后做皇后。這些話記載在〈外戚傳〉裡。當初許皇后突然去世，官吏逮捕了相關的醫生，控告淳于衍給皇后看病表現惡劣，行事不軌，把她關入監獄。官吏審理此案十分緊急，霍顯擔心事情敗露，就詳細把實情告訴了霍光。霍光大驚，想要自己揭發檢舉，又不忍心，猶豫不決。恰好處理此案的奏章呈了上來，霍光就乘機批示對淳于衍不予追究。霍光死後，事情逐漸洩露。當時皇上才聽到一些傳聞，還沒有調查核實，就調霍光的女婿度遼將軍未央宮衛尉平陵侯范明友為光祿勳，調霍光的二女婿諸吏中郎將羽林監任勝出任安定郡太守。幾個月之後，又調霍光姊姊的女婿給事中光祿大夫張朔出京任蜀郡太守，孫婿中郎將王漢為武威郡太守。不久，又調霍光長女婿長樂宮衛尉鄧廣漢為少府。改任霍禹為大司馬，戴小冠，沒有印綬，撤消他作為右將軍統領的屯兵和部屬，僅僅讓霍禹的官名同霍光一樣都是大司馬而已。又收回范明友度遼將軍的印綬，只擔任光祿勳。還有霍光的中女婿趙平任散騎騎都尉光祿大夫統率屯兵，也被收去了騎都尉印綬。所有率領胡越騎兵、羽林軍和東西兩宮衛尉常備軍的職務，全部改用皇上親信的許家和史家子弟取而代之。

4 霍禹擔任大司馬，稱病不理事。霍禹以前的長史任宣去探望，霍禹說：「我有什麼病？皇上如果不是我家將軍就不會得到今天的地位，如今將軍墳墓上的土還沒有乾，就完全排斥了我們霍家，反而任用許家和史家的人，奪去我的印綬，令人到死都不理解。」任宣見霍禹怨氣深重，就對他說：「大將軍的朝代怎麼能再現呢！他掌握國家權柄，生殺大權握在手中。廷尉李种、王平、左馮翊賈勝胡和車丞相的女婿少府徐仁都因為違逆將軍被下獄處死。使樂成出身低微，得到將軍的寵幸，官至九卿，被封為侯。百官以下只侍奉馮子都、王子方等人，根本沒把丞相放在眼裡。各人自有各人的時運，現在許家和史家是天子的骨肉至親，顯貴是理所當然的啊。大司馬要是因此怨恨，愚見以為不行。」霍禹默然不語。過了幾天，才起來到職辦公。

5 霍顯和霍禹、霍山、霍雲見自己的權勢被日益削奪，屢屢相對哭泣，暗自怨恨。霍山說：「如今丞相當權，皇上信任他，徹底改變了大將軍時制定的法令，把公田分給貧民，宣揚大將軍的過失。還有儒生們大多是出身於貧窮人家，從僻遠之地來到京師，缺吃少穿，愛胡言亂語，不避忌諱，大將軍常以敵視的態度對待他們，如今陛下喜歡和儒生們交談，人人可以自行上書對答政事，多有議論我們家的。曾有人上書說大將軍掌權時主弱臣強，大將軍專制擅權，現在他的子孫當權，兄弟們更加驕橫放縱，恐怕會危害國家，災異多次出現，全是因為這些。書中言詞極其令人痛恨，我把它扣下了，沒有上奏。後來上書者更加狡猾了，全都上奏密封奏章，皇上就叫中書令來取這些密奏，不通過尚書，越來越不信任我了。」霍顯說：「丞相多次說我家壞話，難道他就沒有罪過嗎？」霍山說：「丞相說法正直，哪有什麼罪過？我家的兄弟和女婿們做事多不謹慎。還聽到民間紛紛傳說霍家毒死了許皇后，難道真有此事嗎？」霍顯又怕又急，就詳細地把實情告訴了霍山、霍雲、霍禹。霍山、霍雲和霍禹大驚道：「既然如此，怎麼不早點告訴我們！皇上分散、排斥、驅逐我們家的幾個女婿，就是因為這個緣故。這是大事，誅罰絕對小不了，怎麼辦？」從此他們開始有邪惡的圖謀了。

6 當初，趙平的門客石夏善於觀察天象，他對趙平說：「火星停留在御星旁，御星象徵著太僕和奉車都尉，預示著他們不是黜退就是死亡。」趙平內心為霍山等人擔憂。霍雲舅舅李竟的好友張赦見霍家惶恐不安，對李竟說：「如今丞相和平恩侯掌權，可以讓太夫人對皇太后說，先殺了這兩個人。動搖、變動皇上的地位，權力在太后啊。」長安人張章告發了這件事，案子批交廷尉辦理。執金吾逮捕了張赦、石夏等人，後來有詔令停辦此案，不要抓人。霍山等更加惶恐，在一起議論說：「這是皇上礙於太后的面子，所以沒有徹底追究。然而壞事的端倪，已經暴露，還有殺害許皇后的事，陛下雖然寬厚仁慈，恐怕左右的人不聽，時間長了，還是會被揭發出來，事情一旦揭穿就會滅族，不如先動手。」於是叫女兒們各回各家通知自己的丈夫，都說：「哪裡有我們避難的地方？」

7 恰逢李竟因與諸侯王勾結而獲罪，供詞牽連到霍家，有詔令說霍雲、霍山不適合擔任宮中侍衛，免職回家。霍光的女兒們對太后無禮，馮子都屢次犯法，皇上一併予以責備，霍山、霍禹等人非常恐懼。霍顯夢見府中井水漫溢，流到庭院裡，鍋灶在樹上，又夢見大將軍對她說：「知道將要逮捕兒子嗎？馬上就要來逮捕了。」府中老鼠突然增多，和人相撞，用尾巴在地上亂畫。貓頭鷹多次在堂前的樹上鳴叫。霍家的大門自己毀壞了。霍雲尚冠里住宅的門也壞了。巷口的居民都看見有人在霍雲家屋頂上，揭起屋瓦扔到地上，走近一看，什麼也沒有，都非常奇怪。霍禹夢中聽見車馬聲喧譁著來抓自己，全家人無不憂愁。霍山說：「丞相擅自減少宗廟祭品羔羊、兔子和蛙的數量，可以拿這件事來問他的罪。」於是謀劃讓太后安排酒席宴請宣帝的外祖母博平君，召集丞相、平恩侯以下大臣來陪宴，叫范明友、鄧廣漢假稱奉太后之命把他們拉出去斬了，乘機廢掉皇上，擁立霍禹。計議商定後還沒有發動，霍雲被調任為玄菟郡太守，太中大夫任宣調任代郡太守，霍山又因洩露機密文書而獲罪，霍顯為此上書請求獻出長安城西的宅第，獻上一千匹馬，用來給霍山贖罪。奏書沒有被批准。就在這時，霍家的事被發覺了，霍雲、霍山、范明友自殺，霍顯、霍禹、鄧廣漢等被捕。霍禹被腰斬，霍顯和她的女兒、她的兄弟都被判處棄市死刑。只有霍皇后被廢，幽禁在上林苑昭臺宮。受霍家株連而遭誅滅的有幾千家。

8 皇上於是下詔說：「從前東織室令史張赦指使魏郡豪強李竟串通冠陽侯霍雲密謀叛逆，朕因為大將軍的緣故，壓下此事沒有張揚，希望他悔過自新。如今大司馬博陸侯霍禹和母親宣成侯夫人霍顯以及堂姪冠陽侯霍雲、樂平侯霍山和他的姊夫、妹夫們共謀叛逆，意圖矇騙牽連他人犯罪。幸賴祖宗神靈福佑，事先發覺捕獲，全部依法受誅，朕十分痛心此事。凡是受霍家欺矇而犯罪的，只要事情發生在丙申日以前，未查明罪行而被官吏立案審查者，一律赦免不究。平民張章首先發覺了霍家的陰謀，將它告訴了期門武士董忠，董忠報告左曹楊惲，楊惲報告侍中金安上。楊惲在召見時面陳了事件的情況，後來張章又上書奏聞。侍中史高和金安上決心揭發霍家的陰謀，建議不准讓霍家的人進入皇宮，最終使霍家的陰謀沒有得逞，他們都同樣有功。封張章為博成侯，董忠為高昌侯，楊惲為平通侯，金安上為都成侯，史高為樂陵侯。」

9 當初，霍家生活奢侈，茂陵人徐先生說：「霍家必定會敗亡。奢侈的人一定不謙遜，不謙遜必然會欺侮君上。欺侮君上就會走上叛逆之路。而且地位在人之上，必定會招致眾人的嫉恨。霍家掌權的時間很長了，嫉恨他家的人多啦。天下人多嫉恨霍家，而他們自己又走的是叛逆的路，不滅亡還等待什麼！」於是他上書說：「霍家的權勢太隆盛了，陛下如果愛護厚待他們，應當及時加以抑制，不要使他們發展到敗亡。」上書三次，都只是答覆說知道了。後來霍家被誅滅，告發霍家的人都得到了封賞。有人替徐先生說：「臣聽說有個人到別人家做客，看見主人家鍋灶的煙囪是直的，旁邊堆積著柴草，客人就對主人說，要換個彎曲的煙囪，把柴草挪遠一點，否則會發生火災。主人默然不答。不久，主人家果然失火了，鄰里都來救火，幸好火被撲滅了。於是主人殺牛備酒，答謝他的鄰居，燒傷的人安排在上座，其他人按出力大小依次就座，卻沒有請那位建議改裝煙囪的人。有人對主人說：『以前要是聽了那位客人的話，就不用破費牛酒，最終也沒有火災。現在論功請客，建議改裝煙囪、搬走柴草的人沒有得到酬謝，而被燒得焦頭爛額的人怎麼倒成了上等客人呢？』主人才恍然大悟，把那位客人請來。如今茂陵人徐福多次上書說霍家將有變亂，應當預防、杜絕它。假如徐福的意見得到採納，那麼國家就沒有裂土封爵的花費，臣下也沒有叛逆作亂而被誅滅的敗亡。過去的事情已經過去了，而唯獨徐福沒有因功獲賞，希望陛下明察此事，重視曲突徙薪、防患於未然的建議，使其居於因救災而被燒得焦頭爛額的人之上。」皇上於是賜給徐福十匹帛，後來任命他為郎官。

10 宣帝剛即位時，去拜謁高帝廟，大將軍霍光隨同陪乘，皇上心裡非常懼怕，背上像有針刺一樣。後來，車騎將軍張安世代替霍光陪乘，皇上覺得舒服自在，一點兒也不拘束，很安適並親近他。等到霍光一死，他的家族竟被誅滅，所以民間相傳說：「威勢震撼君主的人不能為君主所容留，霍家的災禍萌生於霍光為皇上作陪乘之時。」

11 到成帝時，給霍光安置了一百戶守墓的人家，派官吏士兵祭祀他。元始二年，封霍光堂兄弟的曾孫霍陽為博陸侯，食邑一千戶。

金日磾❶，字翁叔，本匈奴休屠王❷太子也。武帝元狩❸中，票騎將軍霍去病將兵擊匈奴右地❹，多斬首，虜獲休屠王祭天金人❺。其夏，票騎復西過居延❻，攻祁連山❼，大克獲。於是單于❽怨昆邪❾、休屠居西方多為漢所破，召其王欲誅之。昆邪、休屠恐，謀降漢。休屠王後悔，昆邪王殺之，并將其眾降漢。封昆邪王為列侯。日磾以❿父不降見⓫殺，與母閼氏⓬、弟倫俱沒入官⓭，輸黃門⓮養馬，時年十四矣。

久之，武帝游宴見馬⓯，後宮⓰滿側⓱。日磾等數十人牽馬過殿下，莫不竊視⓲，至日磾獨不敢。日磾長八尺二寸⓳，容貌甚嚴，馬又肥好，上異而問之，具⓴以本狀㉑對。上奇焉，即日賜湯沐衣冠，拜為馬監㉒，遷侍中駙馬都尉㉓光祿大夫。日磾既親近，未嘗有過失，上甚信愛之，賞賜累千金，出則驂乘，入侍左右。貴戚多竊怨，曰：「陛下妄㉔得一胡兒，反貴重之！」上聞，愈厚㉕焉。

【章旨】以上為〈金日磾傳〉的第一部分，首先介紹金日磾的身世，他本為匈奴休屠王的太子，被俘降漢，在黃門署養馬多年。一個偶然的機會，為武帝所賞識，逐步得到提拔重用。

【注釋】❶金日磾　漢武帝得休屠王祭天金人，故賜其子姓金。名曰磾。❷休屠王　匈奴族部落首領之一。休屠，地名。匈奴休屠王的都城，在今甘肅武威北。❸元狩　漢武帝的年號，西元前一二二—前一一七年。❹右地　西部地區。對「左地」而言。❺祭天金人　天神之主的金身偶像，相當於後世的金身佛像。❻居延　一、古縣名。本漢初匈奴中地名，指居延澤附近一帶，為當時河西地區與漢北往來要道所經。西漢置縣。故城在今內蒙古額濟納旗東南，為張掖都尉治所。二、古邊塞名。漢武帝太初三年（西元前一〇二年）路博德築於居延澤上，以遮斷匈奴由此侵入河西之路，故一名遮虜障。至今遺址猶存。❼祁連山　山名。在今祁連山脈中部。❽單于　匈奴君長的稱號。❾昆邪　漢時匈奴的一個部落，活動在今甘肅中部。昆邪王，部落首領。❿以　因。⓫見　被。⓬閼氏　匈奴王后的稱號。⓭沒入官　沒入官府為奴。⓮黃門　官署名。備乘輿，養狗馬。⓯游宴見馬　顏師古注曰：「方于宴游之時，而召閱諸馬。」游宴，遊樂。⓰後宮　借指妃嬪宮女。⓱側　旁邊；身邊。⓲竊視　指偷看宮人。⓳長八尺二寸　約合今身高一八九公分。⓴具　完備；詳盡。㉑狀　情形；狀況。㉒馬監　官名。負責養馬，黃門令的屬官。㉓駙馬都尉　官名。執掌皇帝從車。漢武帝初置，秩比二千石。多以皇帝親近之人充任。卷十九〈百官公卿表〉顏師古注：「駙，副馬也，非正駕車，皆為副馬。」㉔妄　隨便；胡亂。㉕厚　厚愛；厚待。

【語譯】金日磾，字翁叔，原本是匈奴休屠王的太子。武帝元狩年間，驃騎將軍霍去病領兵攻打匈奴西部地區，斬殺了很多人，繳獲了休屠王的祭天金人。這年夏天，驃騎將軍又向西經過居延，進攻祁連山，大勝，繳獲很多。這時匈奴單于怨恨昆邪、休屠部落所居西部地區大部分被漢軍攻破，召見那兩個部落的首領打算殺掉他們。昆邪王和休屠王害怕了，謀劃投降漢朝。休屠王又後悔了，昆邪王殺了休屠王，並帶著他的部屬投降了漢朝。漢朝封昆邪王為列侯。金日磾因為父親不願降漢而被殺，與母親閼氏、弟弟金倫一起被沒入官府做奴隸，送到黃門署養馬，這時他十四歲。

過了很久，武帝在後宮遊玩時順便觀賞駿馬，旁邊站滿了妃嬪宮女。金日磾等幾十人牽著馬走過殿堂下，牽馬的人沒有不偷看宮女的，到金日磾走過時，只有他不敢看。金日磾身高八尺二寸，容貌很嚴肅，牽的馬既肥壯又漂亮，皇上覺得他與眾不同，便問起他的身世，金日磾詳細地以自己的出身情況對答。皇上感到奇異，當天便賞賜沐浴衣冠，任命他做馬監，後來提升為侍中駙馬都尉兼光祿大夫。金日磾自從做了親近大臣，不曾有什麼過失，皇上十分信任寵愛他，賞賜累計達千金，皇上外出時他陪乘，入宮時侍奉左右。皇親國戚中有好多人私下抱怨說：「皇上隨便得到一個胡人的小兒，反而當作寶貝似的！」皇上聽到了，更加厚待他。

日磾母教誨兩子，甚有法度❶，上聞而嘉之。病死，詔圖畫❷於甘泉宮，署❸曰「休屠王閼氏」。日磾每見畫常拜，鄉❹之涕泣，然後迺去。日磾子二人皆愛，為帝弄兒❺，常在旁側。弄兒或自後擁❻上項❼，日磾在前，見而目❽之。弄兒走且啼曰：「翁❾怒。」上謂日磾：「何怒吾兒為？」其後弄兒壯大，不謹，自❿殿下與宮人戲，日磾適⓫見之，惡其淫亂，遂殺弄兒。弄兒即日磾長子也。上聞之大怒，日磾頓首謝，具言⓬所以殺弄兒狀。上甚哀，為之泣，已而⓭心敬日磾。

初，莽何羅與江充相善，及充敗⓮衛太子，何羅弟通用⓯誅太子時力戰得封。後上知太子冤，迺夷滅⓰充宗族黨與。何羅兄弟懼及⓱，遂謀為逆。日磾視其志意⓲有非常，心疑之，陰獨察其動靜，與俱上下⓳。何羅亦覺日磾意，以故久不得發。是時上行幸⓴林光宮㉑，日磾小疾臥廬㉒。何羅與通及小弟安成矯制㉓夜出，共殺使者，發兵。明旦，上未起㉔，何羅無何㉕從外入。日磾奏廁㉖心動，立入㉗坐內㉘戶下㉙。須臾㉚，何羅褏白刃㉛從東箱㉜上，見日磾，色變，走㉝趨㉞臥內㉟

欲入，行觸寶瑟㊱，僵㊲。日磾得抱何羅，因傳㊳曰：「莽何羅反！」上驚起，左右拔刃欲格㊴之，上恐并中日磾，止勿格。日磾捽胡㊵投何羅殿下，得禽㊶縛之，窮治皆伏辜㊷。繇㊸是著忠孝節。

日磾自在左右，目不忤視㊹者數十年。賜出宮女，不敢近。上欲納其女後宮，不肯。其篤㊺慎如此，上尤奇異之。及上病，屬㊻霍光以輔少主，光讓日磾。日磾曰：「臣外國人，且使匈奴輕漢。」於是遂為光副㊼。光以女妻㊽日磾嗣子賞。初，武帝遺詔以討莽何羅功封日磾為秺㊾侯，日磾以帝少㊿不受封。輔政歲餘，病困(51)，大將軍光白封日磾，臥授印綬。一日，薨，賜葬具冢地，送以輕車介士(52)，軍陳(53)至茂陵，諡曰敬(54)侯。

【章旨】以上為〈金日磾傳〉的第二部分，寫金日磾之母教子有方，受到武帝嘉獎。日磾嚴於律己，殺死與宮女淫戲的長子，更受武帝敬重。他預防並擒獲謀刺武帝的莽何羅兄弟，聲名大振，後亦因此封為秺侯。武帝臨終，受遺詔輔佐昭帝，歲餘病逝。日磾一生忠厚謹慎，以忠孝勇武聞名。

【注釋】❶法度　法則；方法。❷圖畫　繪製畫像。❸署　題字。❹鄉　通「向」。面向；面對。❺弄兒　供戲弄的幼童。❻擁　抱。❼項　頸；脖子。❽目　這裡指瞪著眼。❾翁　老頭子，這裡指父親。❿自　在；於。⓫適　正好；恰好。⓬具言　備言；詳細告訴。⓭已而　過後不久；後來。⓮敗　敗壞。此處意為陷害。⓯用　因。⓰夷滅　消滅；殺盡。⓱及言　及於禍。⓲志意　意願；意向。⓳上下　上殿下殿。⓴行幸　指皇帝留宿妃妾宮中。㉑林光宮　在甘泉宮附近。㉒廬　在宮中值班時的住處。㉓矯制　偽託皇帝命令。㉔上未起　《漢書補注》引王念孫考證，「未起」二字上脫「臥」字。當作「上臥未起」。㉕無何　無故。㉖奏廁　上廁所。奏，趨向。㉗立入　立即進殿。㉘內　指殿房。㉙戶下　門邊。㉚須臾　片刻；一會兒。㉛褏白刃　袖裡藏著鋒利的兵器。㉜東廂　東廂房。正房兩側的房屋。㉝走　跑。㉞趨　趨向；奔向。㉟臥內　此指天子臥室。㊱瑟　撥絃樂器。㊲僵　呆滯；僵呆。㊳傳　傳呼；呼喊。㊴格　擊殺；搏殺。㊵捽胡　揪住頭頸。捽，揪住。胡，頸部。㊶禽　通「擒」。㊷伏辜　服罪；承擔罪責而死。㊸繇　通「由」。㊹不忤視　意謂兩眼直視，目不斜視。忤視，逆視。㊺篤　忠誠；厚道。㊻屬　通「囑」。囑咐。㊼副　副手。㊽妻　以女嫁人。㊾秺　地名。在今山東成武境。㊿少　年幼。(51)病困　猶言病篤。病情沉重。(52)介士　武士。(53)陳　通「陣」。列隊。(54)敬　《逸周書．謚法》：「夙夜警戒曰敬，夙夜恭事曰敬，善合法典曰敬。」

【語　譯】金日磾的母親教育兩個兒子，很有法則，皇上聽到了很稱讚她。她病死後，皇上命畫工繪製遺像掛在甘泉宮，題名為「休屠王閼氏」。金日磾每當看見遺像，常常跪拜，對著遺像哭泣，然後才離開。金日磾的兩個兒子都得到皇上喜愛，成了皇上的弄兒，常在他身旁玩耍。弄兒有時從背後抱住皇上的頸項，金日磾在前面看見了，就用眼睛瞪他。弄兒一邊跑一邊啼哭說：「父親發怒。」皇上對金日磾說：「為什麼對我兒發脾氣？」後來弄兒長大了，行為不謹慎，在殿堂上和宮人戲耍，金日磾恰好撞見了，憎恨弄兒淫亂，就殺死了他。弄兒就是金日磾的長子。皇上聽說後大怒，金日磾叩頭謝罪，詳細告訴皇上之所以殺死弄兒的情狀。皇上很悲痛，為弄兒之死哭泣，但從此以後，內心卻敬重金日磾。

當初，莽何羅跟江充交好，到江充陷害了衛太子，莽何羅的弟弟莽通因討伐衛太子時力戰有功而封為列侯。後來皇上知道衛太子冤屈，就殺盡了江充的家族和黨羽。莽何羅兄弟害怕被牽連，便陰謀叛逆。金日磾察覺到他們的意向不同尋常，心裡懷疑他們，私下暗中偵察他們的動向，與他們一起上殿下殿。莽何羅也發覺了金日磾的意圖，因此很久沒有行動。這時皇上留宿林光宮，金日磾因有小病睡在宮中的值班室裡。莽何羅和莽通及他們的小弟莽安成假稱皇上詔命深夜外出，共同殺死了使者，調發士兵。第二天清晨，皇上還沒有起床，莽何羅無緣無故地從外面進來。金日磾正向廁所走去，忽然心裡感覺異常，立即進入殿房，坐在門邊。一會兒，莽何羅衣袖中藏著利刃從東廂房上來，看見金日磾，神色大變，跑向武帝臥室要闖進去，行進間碰到寶瑟發出響聲，驚呆了。金日磾趁機抱住莽何羅，並呼喊道：「莽何羅造反了！」皇上驚起，左右侍衛拔出刀來要格殺他，皇上怕誤傷金日磾，制止格殺。金日磾揪住莽何羅的脖子把他扔到殿下，侍衛擒住他綁了起來，徹查此案，同黨都服罪受誅。金日磾從此以忠孝的節操聞名。

金日磾自從在皇上身邊做侍衛，幾十年目不斜視。皇上恩賜放出宮的宮女，他從不敢親近。皇上要納他的女兒進後宮，他不肯。他忠厚謹慎就是像這樣，皇上更認為他是奇特、罕見之人。到皇上病重時，囑託霍光輔佐少主，霍光謙讓，推薦金日磾。金日磾說：「臣是外國人，這樣做會讓匈奴輕視漢朝。」於是便做了霍光的副手。霍光把女兒嫁給了金日磾的嗣子金賞。起初，武帝留下遺詔，因金日磾誅殺莽何羅有功，封他為秺侯，金日磾因為昭帝年幼而不肯受封。他輔佐朝政一年多，身患重病，大將軍霍光報請賜封金日磾，他臥在床上接受了印綬。過了一天，就病逝了，朝廷賜給葬具和墓地，調遣輕車武士送葬，軍隊一直排列到茂陵，諡號叫敬侯。

日磾兩子，賞、建，俱侍中，與昭帝略同年，共臥起。賞為奉車❶、建駙馬都尉。及賞嗣侯，佩兩綬，上謂霍將軍曰：「金氏兄弟兩人不可使俱兩綬邪？」霍光對曰：「賞自嗣父為侯耳。」上笑曰：「侯不在我與將軍乎？」光曰：「先帝之約，有功迺得封侯。」時年俱八九歲。宣帝即位，賞為太僕，霍氏有事❷萌牙❸，上書去妻❹。上亦自哀之，獨得不坐。元帝時為光祿勳，薨，亡子，國除。元始中繼絕世❺，封建孫當為秺侯，奉日磾後。

【章旨】以上為〈金日磾傳〉的第三部分，是金日磾之子金賞和金建的傳記。

【注釋】❶奉車　即奉車都尉。❷霍氏有事　指霍氏謀反之事。❸萌牙　即萌芽。牙，通「芽」。❹去妻　休妻。❺繼絕世　延續斷絕了的世系。

【語譯】金日磾有兩個兒子，名叫金賞、金建，都是侍中，他們跟昭帝大致同年，一起睡覺、生活。金賞擔任奉車都尉，金建做了駙馬都尉。到金賞繼承了父親的封爵，佩帶兩個印綬，皇上對霍將軍說：「金家兄弟兩人難道不能讓他們都佩帶兩個印綬嗎？」霍光回答說：「金賞是繼承父親的爵位為列侯啊。」皇上笑著說：「封侯不是朕和將軍決定嗎？」霍光說：「先帝的規定，有功才能封侯。」這時他們的年齡都是八九歲。宣帝即位後，金賞擔任太僕，霍氏謀反的事剛剛萌芽，他便上書休妻。皇上也自然哀憐他，只有他沒有因霍氏謀反而受株連。元帝時金賞擔任光祿勳，死後無子，封國被廢除。平帝元始年間，朝廷為延續功臣斷絕了的後代，賜封金建的孫子金當為秺侯，繼承金日磾的後嗣。

1 初，日磾所將俱降弟倫，字少卿，為黃門郎，早卒。日磾兩子貴，及孫則衰矣，而倫後嗣遂盛，子安上始貴顯封侯。

2 安上字子侯，少為侍中，惇❶篤有智，宣帝愛之。頗與❷發舉楚王延壽❸反謀，賜爵關內侯，食邑三百戶。後霍氏反，安上傳❹禁門闥，無內霍氏親屬，封為都成侯，至建章❺衛尉。薨，賜冢塋杜陵❻，諡曰敬侯。四子，常、敞、岑、明。

3 岑、明皆為諸曹中郎將，常光祿大夫。元帝為太子時，敞為中庶子❼，幸有寵，帝即位，為騎都尉光祿大夫，中郎將侍中。元帝崩，故事⑧，近臣皆隨陵為園郎⑨，歆以世名忠孝，太后詔留侍成帝，為奉車水衡都尉⑩，至衛尉。歆為人正直，敢犯顏色⑪，左右憚之，唯⑫上亦難⑬焉。病甚，上使使者⑭問所欲，以弟岑為託。上詔岑，拜為郎⑮，使主客⑯。歆子涉本為左曹，上拜涉為侍中，使待幸綠車⑰載送衛尉舍。須臾卒⑱。歆三子，涉、參、饒。

4 涉明經⑲儉節，諸儒稱之。成帝時為侍中騎都尉，領三輔⑳胡越騎㉑。哀帝即位，為奉車都尉，至長信少府㉒。而參使匈奴，拜匈奴中郎將㉓，越騎校尉㉔，關內都尉㉕，安定㉖、東海㉗太守。饒為越騎校尉。

5 涉兩子，湯、融，皆侍中諸曹將㉘大夫㉙。而涉之從父弟欽舉明經，為太子門大夫㉚，哀帝即位，為太中大夫給事中，欽從父弟遷為尚書令，兄弟用事。帝祖母傅太后㉛崩，欽使㉜護作㉝，職辦，擢為泰山㉞、弘農㉟太守，著威名。平帝即位，徵為大司馬司直㊱、京兆尹㊲。帝年幼，選置師友，大司徒㊳孔光㊴以明經高行為孔氏師，京兆尹金欽以家世忠孝為金氏友。徙光祿大夫侍中，秩中二千石，封都成侯。

6 時王莽㊵新誅平帝外家㊶衛氏㊷，召明禮少府宗伯鳳㊸入㊹說為人後之誼，白今公卿、將軍、侍中、朝臣[45]並聽，欲以內厲[46]平帝而外塞[47]百姓之議。欽與族昆弟秺侯當俱封。初，當曾祖父日磾傳子節侯賞，而欽祖父安上傳子夷侯常，皆亡子。國絕，故莽封欽、當奉其後。當母南即莽母功顯君[48]同產弟[49]也。當上南大行為太夫人[50]。欽因緣[51]謂當：「詔書陳日磾功，亡有賞語。當名為以孫繼祖也，自當為父、祖父立廟[52]。賞故國君，使大夫主其祭[53]。」時甄邯[54]在旁，庭叱[55]欽，因劾奏[56]曰：「欽幸得以通經術，超擢[57]侍帷幄[58]，重蒙厚恩，封襲爵號，知聖朝[59]以世有為人後之誼。前遭故定陶太后[60]背本逆天，孝哀不獲厥[61]福，迺者呂寬[62]、衛寶復造姦謀，至於反逆，咸伏厥辜。太皇太后[63]懲艾悼懼[64]，逆天[65]之咎[66]，非[67]聖誣[68]法，大亂之殃，誠欲奉承[69]天心，遵明聖制，專壹為後之誼，以安天下之命，數臨正殿，延見[70]群臣，講習禮經。孫繼祖者，謂亡正統持重者也[71]。賞見嗣日磾，後成為君，持大宗重[72]，則禮所謂『尊祖故敬宗』，大宗不可以絕者也。欽自知與當俱拜同誼[73]，即數揚言殿省中[74]，教當云云[75]。當即如其言，則欽亦欲為父明立廟而不入夷侯常廟矣。進退異言，頗惑眾心，亂國大綱，開禍亂原[76]，誣祖不孝，罪莫大焉。尤非大臣所宜，大不敬[77]。秺侯當上母南為太夫人，失禮不敬。」莽白太后，下四輔[78]、公卿、大夫、博士、議郎[79]，皆曰：「欽宜以時即罪⑧⓪。」謁者召欽詣詔獄，欽自殺。邯以綱紀國體⑧①，亡所阿私⑧②，忠孝尤著，益封千戶。更封長信少府涉子右曹⑧③湯為都成侯。湯受封日，不敢還歸家，以明為人後之誼。益封之後，莽復用欽弟遵，封侯，歷九卿位⑧④。

【章旨】以上為〈金日磾傳〉的第四部分，是金日磾弟弟金倫之子金安上及其子孫的傳記。

【注釋】❶惇　敦厚；誠實。❷與　參與；參加。❸楚王延壽　楚元王六代孫劉延壽。其謀反事詳見卷三十六〈楚元王劉交傳〉。❹傳　傳呼。❺建章　宮名。在長安城西南城外，舊址在今陝西西安西。❻杜陵　縣名。漢宣帝元康元年（西元前六五年）改杜縣置，因宣帝築陵於東原上，故名。治今陝西西安東南。❼中庶子　官名。漢置，為太子侍從。西漢屬太子太傅、少傅。❽故事　先例；舊日的典章制度。❾園郎　官名。守陵園，園令的屬官。❿奉車水衡都尉　「奉車都尉、水衡都尉」的省稱。水衡都尉，官名。漢武帝元鼎二年（西元前一一五年）始置，秩比二千石。掌管鑄錢和皇室財物等。⓫犯顏色　亦作「犯顏」。敢於冒犯君主或尊長的顏面、威嚴。⓬唯　雖。⓭難　礙難；為難。⓮使使者　派遣使者。前一個「使」字，用作動詞。派遣。⓯郎　舊本原無「郎」字，不妥。《漢書補注》王先謙引宋祁曰：「『拜為』下當添『郎』字。」吳恂《漢書注商》以為，當是客曹尚書郎。⓰使主客　使典賓客。⓱綠車　又名皇孫車，本用以載皇孫，今用以載金涉，以示寵幸。⓲卒　金敞卒於漢成帝陽朔四年（西元前二一年）。⓳明經　通曉經術。⓴三輔　漢景帝二年（西元前一五五年）分內史為左、右內史，與主爵中尉（不久改主爵都尉）同治長安城中，所轄皆京畿之地，故合稱「三輔」。武帝太初元年（西元前一〇四年）改左、右內史、主爵都尉為京兆尹、左馮翊、右扶風。轄境相當今陝西中部地區。後世政區分劃雖時有更改，但直至唐，習慣上仍稱這一地區為「三輔」。㉑胡越騎　由歸附胡人、越人組成的騎兵。顏師古注曰：「胡越騎之在三輔者，若長水、長楊、宣曲之屬是也。」㉒長信少府　官名，掌長信宮事務。長信，宮名，太后所居。㉓拜匈奴中郎將　拜字原缺。《漢書補注》引周壽昌說，認為「匈奴」前應有「拜」字。「各本俱脫，唯淩本有，宜從之。」㉔越騎校尉　官名。漢武帝初置。為北軍八校尉之一。秩二千石。掌越騎，戍衛京師，兼任征伐。㉕關內都尉　《漢書補注》引宋祁曰：「當刪『內』字。」關都尉，官名。漢承秦置。函谷關、武關、玉門關、陽關皆有都尉，掌守衛關隘，稽察行人，徵收關稅。其中函谷關尤為重要。

西漢文獻凡稱「關都尉」而不冠地名者，皆指函谷關都尉。㉖安定　郡名。漢武帝元鼎三年（西元前一一四年）置。治高平，今寧夏固原。㉗東海　郡名。秦置。楚、漢之際也稱郯郡。治郯縣，今山東郯城西北。㉘將　指中郎將。㉙大夫　為太中大夫，諫大夫，光祿大夫之通稱。㉚門大夫　官名，太子東宮司門之官。㉛傅太后　即元帝傅昭儀（西元前？—前二年），河內郡溫縣（今屬河南）人。詳見卷九十七〈孝元傅昭儀傳〉。㉜欽使　《漢書補注》引王文彬曰：「『欽使』疑當作『使欽』。」楊樹達認為，「王說非」。見《漢書窺管》。㉝護作　即護喪，治理喪事。㉞泰山　郡名。治奉高，今山東泰安東。㉟弘農　郡名。治弘農，在今河南靈寶東北。㊱司直　官名。丞相高級屬員。漢武帝元狩五年（西元前一一八年）始置，秩比二千石，佐助丞相督錄州郡和糾舉不法。㊲京兆尹　官名，西漢京畿地方行政長官之一。漢武帝太初元年（西元前一〇四年），改右內史置，職掌如郡太守。因其地屬京畿，為「三輔」之一，故不稱郡。秩中二千石（一說秩二千石），地位較一般郡守高，位列九卿。㊳大司徒　官名。漢代為三公之一。西漢成帝時以丞相、大司馬、大司空為三公。漢哀帝元壽二年（西元前一年）以丞相之名不見於經書，故改為大司徒。㊴孔光　（西元前六五—五年），字子夏，曲阜（今屬山東）人。孔子十四世孫。詳見卷八十一〈孔光傳〉。㊵王莽　（西元前四五—二三年），字巨君，魏郡元城（今河北大名）人。新朝皇帝。漢元帝皇后王政君之姪。詳見卷九十九〈王莽傳〉。㊶外家　泛指母親和妻子的娘家。此指平帝母親家。㊷衛氏　指平帝舅父衛寶、衛玄等。王莽誅衛家，事詳卷九十七〈中山衛姬傳〉。㊸宗伯鳳　姓宗伯，名鳳，字君房。㊹入　入朝；入宮。㊺朝臣　朝廷官員。㊻厲　通「勵」。勸勉。㊼塞　止；阻止。㊽功顯君　封號。㊾同產弟　此指同母妹妹。弟，女弟，即妹妹。㊿當上南大行為太夫人　言金當上書向大行令請求封南為太夫人。漢制，凡是列侯的夫人，兒子也為列侯者，乃得為太夫人。金當雖為侯，但其父未封侯，故不得稱其母為太夫人。金當此請，是依仗其母南為王莽姨母之故。大行，官名。即大行令。51因緣　乘機；趁機。52當名為二句　意謂金當是以孫子的名分繼承自己的祖父的爵位，自然應該為自己的父親、祖父建立祠廟。53賞故國君二句　意謂金賞原本就是封國的國君，應該由大夫主持他的祭祀。54甄邯　（西元前？—一二年），平帝時為侍中奉車都尉，封承陽侯，後遷輕車將軍。得王莽親信。為莽褒揚功德，助定制度。及莽稱帝，拜大司馬，封承新公。55庭叱　在朝庭中叱責。56劾奏　檢舉或彈劾其罪狀。57超擢　超越常規提拔。58帷幄　指帝王。天子居處必設帷幄，故稱。59聖朝　封建時代稱本朝。此指漢朝。60定陶太后　（西元前？—前五年），西漢山陽瑕丘（今山東兗州）人。哀帝生母。初為定陶共王姬。河平四年（西元前二五年）生子劉欣（即哀帝）。及哀帝即位，尊為帝太后。王莽執政時，貶號為丁姬。61厥　其；他的。62呂寬　（西元前？—三年），王莽長子王宇的妻兄。他與王宇因反對王莽隔絕平帝外家衛氏被殺。參見卷九十九〈王莽傳〉。63太

皇太后　指元帝皇后王政君（西元前七〇－一三年），魏郡元城（今河北大名）人。元帝皇后，王莽姑母。詳見卷九十八〈元后傳〉。64懲艾悼懼　被懲創而戒懼。艾，通「乂」。懲戒。悼，恐懼。65逆天　謂違背天意或天道。66咎　災禍；罪過。67非　非議；非難。68誣　誣衊；欺騙。69奉承　承受；遵行。70延見　接見；引見。71孫繼祖者二句　意謂庶孫繼承祖父，說的是沒有嫡長子祭祀祖先的情況。正統，指大宗世系。持重，謂主持喪祭或宗廟社稷祭祀之事。72持大宗重　意謂主持大宗的祭祀。重，謂宗法社會嫡長子之大宗繼承權。73同誼　意義相同。誼，通「義」。74省中　宮禁之中。75云云　顏師古注曰：「云云者，多言也，謂上所陳以孫繼祖也。」76原　「源」的古字。本原；根本。77大不敬　封建時代重罪之一。謂不敬皇帝。78四輔　西漢太師、太傅、太保、少傅合稱。漢平帝元始元年（西元一年）置，位居三公上。時孔光為太師，王舜為太保，甄豐為少傅，而以王莽為太傅，領四輔之事，總攬朝政。79議郎　郎官之一。隸屬光祿勳。無專設郎署，執掌顧問應對，而不執戟宿衛宮禁。地位略高於中郎、郎中。80以時即罪　立即就罪。即，就；接受。罪，治罪；懲處。81國體　國家的典章制度。82阿私　偏私；不公道。83右曹　加官名。諸曹之一。《漢官儀》說：「右曹，日上朝謁，秩二千石。」84歷九卿位　指所任官職達到九卿。

【語譯】當初，金日磾帶著一起投降漢朝的弟弟金倫，字少卿，任黃門郎，早逝。金日磾的兩個兒子顯貴，到孫子輩就衰落了，而金倫的後代卻興盛起來，從他的兒子金安上開始顯貴封侯。

2 金安上字子侯，少年時做侍中，忠厚篤實而有才智，宣帝喜歡他。他積極參與揭發楚王劉延壽的反叛陰謀，賜爵關內侯，食邑三百戶。後來霍家謀反，金安上傳令禁閉宮門，不准放進霍家親屬，被封為都成侯，官至建章宮衛尉。他死後，皇上在杜陵賞賜了墓地，謚號稱敬侯。他有四個兒子：金常、金敞、金岑和金明。

3 金岑、金明都擔任諸曹中郎將，金常任光祿大夫。元帝做太子時，金敞做太子中庶子，貴幸得寵，元帝即位，金敞擔任騎都尉光祿大夫，中郎將侍中。元帝駕崩，按照舊例，皇上的近臣都應該跟隨先帝到陵園做園郎，金敞因為金家世代以忠孝聞名，太后下詔把他留下來侍奉成帝，擔任奉車都尉、水衡都尉，官至衛尉。金敞為人正直，敢於冒犯尊長的威嚴，左右大臣都怕他，就是皇上對他也有幾分顧忌。他病重時，皇上派使者問他有什麼要求，他把弟弟金岑託付給皇上。皇上召見金岑，任命為郎官，接待賓客。金敞的兒子金涉本來擔任左曹，皇上任命他為侍中，安排皇孫使用的綠車送他去衛尉館舍。不久金敞就病逝了。金敞有三個兒子：金涉、金參和金饒。

4 金涉通曉經術，為人儉樸而有節操，儒生們都稱道他。成帝時擔任侍中騎都尉，兼領三輔胡越騎兵。哀帝即位，擔任奉車都尉，官至長信宮少府。金參出使匈奴，任匈奴中郎將，後來又歷任越騎校尉、關都尉、安定太守、東海太守等職。金饒擔任越騎校尉。

5 金涉有兩個兒子，名叫金湯、金融，都擔任過侍中、諸曹中郎將、大夫等職。金涉的堂弟金欽被舉薦為明經，擔任太子門大夫，哀帝即位，擔任太中大夫給事中，金欽的堂弟金遷做尚書令，兄弟當權。哀帝的祖母傅太后去世，派金欽主持喪事，喪事辦得好，擢升為泰山郡太守，又調任弘農郡太守，威名卓著。平帝即位，徵召金欽為大司馬司直、京兆尹。平帝年幼，為他選擇設置老師和學友，大司徒孔光因通曉經術、品行高尚選為孔姓老師，京兆尹金欽因家族世代忠孝而選為金姓學友。後來，調任光祿大夫侍中，官秩中二千石，封為都成侯。

6 這時王莽剛剛誅滅平帝外祖父家衛氏，召通曉禮儀的少府宗伯鳳進宮講解為人後嗣的道理，建議命令公卿、將軍、侍中、朝中大臣都去聽講，想以此對內勸勉平帝而對外堵塞百官的議論。金欽與同族兄弟秺侯金當一起受封為侯。當初，金當的曾祖父金日磾的爵位傳給了兒子節侯金賞，而金欽的祖父金安上的爵位傳給了兒子夷侯金常，金賞和金常都沒有兒子，封國便斷絕了，所以王莽賜封金欽、金當為列侯分別繼承金常、金賞的後代。金當的母親南就是王莽的母親功顯君的同胞妹妹。金當上書給大行令請求封南為太夫人。金欽趁機對金當說：「詔書上只陳述了金日磾的功績，沒有提到金賞。你金當是以孫子的名分繼承自己祖父的爵位，當然應該給自己的父親、祖父建立祠廟。金賞原本就是封國的國君，應該派大夫主持他的祭祀。」這時甄邯在旁邊聽見了，在朝廷上就叱責金欽，並上書檢舉說：「金欽有幸得以憑藉通曉經術，被破格提拔侍奉皇上，一再蒙受厚恩，承襲封爵尊號，應該知道聖朝幾代都有過符合為人後嗣的道德。此前遭遇了故定陶太后背叛大宗、違逆天意的事，以致孝哀皇帝未能享受他應有的福分，前不久呂寬、衛寶又玩弄奸計陰謀，竟發展到反叛，他們都認罪伏誅了。太皇太后懲戒往事而警惕戒懼，違逆天意的罪過，非議聖道和誣衊禮法，都是招致大亂的禍殃，誠懇希望奉承天意，遵守宣揚聖賢的禮制，堅持為人後嗣的原則，以安定天下百姓的命運，所以幾次親臨正殿，接見群臣，講習《禮經》。所謂庶孫繼承祖父的封爵，說的是沒有嫡長子祭祀祖先的情況。金賞繼承金日磾的爵位，後來成為封君，主持大宗的祭祀，就是《禮經》裡所說的『人們尊敬始祖所以敬重大宗』，大宗是不可以斷絕的。金欽知道自己與金當一起封侯具有相同的意義，就多次在宮禁殿堂之中大聲宣說，教唆金當應該如何如何。金當如果按照他的話去做，那麼金欽也要為父親金明建立祠廟而不去祭祀夷侯金常的祠廟了。金欽在不同場合說不同的話，很能迷惑人心，擾亂國家大綱，開啟禍亂之源，誣衊祖宗，忤逆不孝，罪過沒有比這更大的了。尤其不是大臣應該說的，他犯了大不敬罪。秺侯金當上書請求封母親南為太夫人，也失禮不敬。」王莽報告太后，太后將此事交給四輔、公卿、大夫、博士、議郎們討論，都說：「金欽應當立即接受懲處。」謁者召喚金欽到詔獄，金欽自殺。甄邯維護國家綱紀，沒有偏私，忠孝名聲更加昭著，增加食邑一千戶。改封長信宮少府金涉的兒子右曹金湯為都成侯。金湯受封那天，不敢回自己的家，以表明遵守為人後嗣的原則。加封金湯之後，王莽又起用金欽的弟弟金遵，封為列侯，所任官職達到九卿。

贊曰：霍光以結髮❶內侍，起於階闥❷之間，確然❸秉志，誼形❹於主。受襁褓之託❺，任漢室之寄，當廟堂❻，擁幼君❼，摧燕王，仆❽上官，因權制敵，以成其忠。處廢置之際❾，臨大節而不可奪，遂匡❿國家，安社稷。擁昭立宣，光為師保⓫，雖周公、阿衡⓬，何以加此！然光不學亡術⓭，闇⓮於大理，陰⓯妻邪謀，立女為后，湛溺⑯盈溢⑰之欲，以增顛覆之禍，死財三年，宗族誅夷，哀哉！昔霍叔⑱封於晉⑲，晉即河東，光豈其苗裔⑳乎？金日磾夷狄亡國，羈虜㉑漢庭，而以篤敬寤主，忠信自著，勒功㉒上將，傳國後嗣，世名忠孝，七世內侍㉓，何其盛也！本以休屠作金人為祭天主，故因賜姓金氏云。

【章　旨】以上是班固所寫贊語，評判既嚴，褒貶亦當。對於霍光、金日磾二人的得姓受氏，用閒筆道出，令人擊節讚賞。

【注　釋】❶結髮　古人童年開始束髮，故稱年輕時為結髮。又古時男子二十歲束髮加冠，亦稱結髮。這裡指霍光年輕時。❷階闥　指宮廷。階，殿前階級。闥，宮中小門。❸確然　堅定地。❹形　顯露。❺襁褓之託　言託孤。這裡指霍光受武帝託孤昭帝之重任。襁，背負幼兒用的布帶。褓，包裹幼兒的布被。❻當廟堂　主持朝政。當，主持。廟堂，朝堂；朝廷。❼幼君　指昭帝。❽仆　倒下。使動用法。此處作「擊敗」解。❾廢置之際　指廢昌邑王劉賀、立宣帝劉詢之時。❿匡　匡扶；拯救。⓫師保　古代稱教導輔弼君主之官為師或保。⓬阿衡　商朝的宰相。此指伊尹。⓭不學亡術　原指沒有學問因而沒有辦法。現指沒有學問，沒有本領。亡，通「無」。⓮闇　昏昧；不明。⓯陰　隱瞞；掩蓋。⓰湛溺　沉溺。湛，通「沉」。沉溺。⓱盈溢　水滿而溢出。⓲霍叔　名叔處，武王之弟，封於霍（今山西霍州東北），故稱霍叔。春秋時，霍為晉所滅，併入晉。⓳晉　古國名。西周分封的諸侯國。姬姓。⓴苗裔　後裔；後代子孫。㉑羈虜　拘繫，俘虜。被動用法。㉒勒功　把記功文字刻在石上。勒，刻；記。㉓七世內侍　楊樹達《漢書窺管》以為此說有誤，謂：「日磾至湯不過五世，七字疑誤。即謂日磾母死得圖畫宮中，生時必嘗內侍，亦不足七世也。」

【語　譯】史官評議說：霍光年輕時入宮侍奉皇上，興起於宮廷階闥之間，堅守志節、忠義為主上所知。接受輔佐幼主的託付，承擔漢朝皇室的寄託，主持朝政，擁立幼君，摧折燕王，擊敗上官父子，運用權謀制服政敵，成就了自己的忠貞。處在廢立皇帝的危急時刻，面臨君臣大節的考驗卻不改變自己的志向節操，因而拯救了國家，安定了社稷。擁戴昭帝，冊立宣帝，霍光做漢朝的師保，就是周公、阿衡那樣的賢相，又用什麼超過他呢！然而霍光不學無術，不明白大事理，隱瞞妻子的邪惡陰謀，立女兒為皇后，沉溺於盈溢的權勢欲望之中，從而加速了覆亡之禍，死去才三年，家族就被誅滅，可悲啊！過去霍叔封在晉國，晉國就是現在的河東郡，霍光難道就是霍叔的後代嗎？金日磾出身夷狄，國家滅亡了，做了俘虜，在漢朝宮廷當奴隸，卻憑著忠誠恭敬感悟了漢朝君主，忠誠信實的名聲全憑自己的表現而昭著，建立了上將的功勳，封國傳到後嗣，世代都以忠孝著稱，連續七代侍衛宮廷，多麼昌盛啊！原來因為休屠王曾經製作金人作為祭天神主，所以便賜姓金氏。

【研　析】霍光是西漢中期重要的政治家，從政五十餘年，歷經武、昭、宣三代。漢武帝死後，霍光以大司馬大將軍領尚書事輔佐昭帝、宣帝，執政二十年，「政事壹決於光」，成為西漢後期外戚專擅朝政的濫觴，同時改變了武帝之前以丞相為中心的三公執政，這是西漢封建政治體制方面的重大變化。霍光執政期間，採取了「輕傜薄賦，與民休息」等一系列措施，與匈奴也重新恢復了和親關係，對於穩定武帝後期以來動盪不定的封建統治，恢復和發展凋敝的社會經濟起了重要作用。班固以「百姓充實，四夷賓服」高度評價了霍光的功績。武帝託孤；輔佐幼主；誅滅政敵上官桀，廢昌邑王立宣帝等事跡，展示了霍光的政治家風采。金日磾，出身匈奴，以降虜而成為漢朝輔臣，全憑一腔篤信忠誠。武帝遺詔封日磾及霍光、上官桀為列侯，日磾不受封，霍光亦不敢受。至日磾病危，強以印綬加其身。日磾不死，霍光尚且懼之，又何況上官桀呢？

霍光、金日磾兩人俱以輔幼主著勳，即以輔幼主合傳。霍光傳分三層寫：受遺詔輔昭帝為一層，廢昌邑立宣帝為一層，族滅為一層。而於傳後詳載徐生上書始末，說明宣帝不善於處理與霍光的關係；又載謁廟驂乘之事，可見霍光也不善於自處。金日磾傳也分三層寫：在宮中事武帝為一層，同霍光輔昭帝為一層，後世昌盛為一層。而敘其後世昌盛處，處處與霍光對照。霍光與日磾，立身之謹慎同，事主之忠勤同；但霍光治家不嚴，不能懲治弒殺皇后的妻子，包庇親屬仗勢弄權，任人唯親，培植私黨，子婿親朋遍布朝廷內外；金日磾大義滅親，毅然處死調戲宮女的兒子，此其所以不同也。正因為有此不同，霍光死後僅三年，家族便遭誅滅，霍氏身敗名裂；而金日磾的子孫卻一直兢兢業業，保持了他們的地位，「七世內侍，何其盛也」。霍、金兩家後代截然相反的結局，留給人們的啟示是深刻的。「威震主者不畜，霍氏之禍萌於驂乘」，反映了皇權與權臣的矛盾，而皇權與權臣的矛盾，始終是專制制度下反覆出現的問題。

贊語褒揚霍光忠誠功高，譏刺其「不學亡術」。霍光利一時之榮寵，與上官桀聯姻，包庇妻子之謀，埋下滅族禍要。「厲熏心」，鮮不亡矣。霍光之咎，非但不學無術也；如果不貪圖名利，雖有憸人與煽妻逆子，亦不致有滅族之禍矣！如金日磾者，又何曾學而有術哉！

本傳是一篇史、文並茂的佳作。李景星《四史評議》認為，〈霍光傳〉敘廢立事，尤為出色。當是時也，上官皇太后以一弱齡女主端坐於上，眾文武大臣羅列於旁，一昏庸廢帝匍匐於下，依次寫來，摹繪如畫。關於廢帝劉賀的過失，只用奏議一通道出，絕不自作斷語。更在群臣讀奏議之中，用一個「止」字頓挫，最後以一個「可」字收束，酣暢淋漓，逐字生動，千載而下，如見如聞。及霍光去世，敘其喪事之隆，喪器之備，幾乎空前絕後。凡此等處，皆見作者匠心，為他傳所未有，故李氏以此傳為《漢書》第一。